N°2
137

HISTOIRE
DES PERSES

L'auteur et l'éditeur déclarent réserver leurs droits de reproduction et de traduction à l'étranger.

Ce volume a été déposé au ministère de l'intérieur (direction de la librairie) en novembre 1869.

PARIS. — TYPOGRAPHIE DE HENRI PLON, IMPRIMEUR DE L'EMPEREUR,
RUE GARANCIÈRE, 8.

HISTOIRE
DES PERSES

D'APRÈS

LES AUTEURS ORIENTAUX, GRECS ET LATINS

ET PARTICULIÈREMENT

D'APRÈS LES MANUSCRITS ORIENTAUX INÉDITS,
LES MONUMENTS FIGURÉS, LES MÉDAILLES, LES PIERRES GRAVÉES, ETC.

PAR

LE COMTE DE GOBINEAU

TOME PREMIER

PARIS

HENRI PLON, IMPRIMEUR-ÉDITEUR

RUE GARANCIÈRE, 10

M DCCC LXIX

Tous droits réservés

HISTOIRE DES PERSES.

LIVRE PREMIER.
PREMIÈRE ET SECONDE FORMATION DE L'IRAN.

CHAPITRE Ier.

APERÇUS GÉOGRAPHIQUES.

A des époques très-lointaines, la race blanche s'ébranla dans ses demeures primitives de la haute Asie. Elle commença à descendre avec lenteur vers l'ouest et le sud-ouest du continent. Successivement, ses masses accumulées se partagèrent. Plusieurs, parvenues jusqu'en Europe, y devinrent les nations celtiques, thraces, italiotes, helléniques, slaves. Mais d'autres branches non moins puissantes du vieux tronc, s'étendant vers la direction méridionale, y portèrent des populations abondantes dont un groupe resta longtemps attaché au voisinage de la commune patrie ; ce furent les Scythes. Un second, quittant ceux-ci, tourna vers l'est et produisit les aïeux des Hindous[1] : un troisième enfin, s'isolant beaucoup plus tard et des Scythes et des futurs sectateurs de Brahma, laissa les

---

[1] Les Hindous se considèrent aujourd'hui comme autochthones, mais ils ne semblent pas avoir eu cette idée au temps d'Alexandre, puisque Mégasthène raconte, probablement d'après eux, qu'à l'origine ils étaient nomades aussi bien que les Scythes, et habitaient, comme ceux-ci, dans des chariots. — MÉGASTH., éd. Didot, p. 418.

sources de l'Indus à sa gauche, pénétra dans les terres de l'Asie centrale, et donna naissance aux assemblages que les Grecs et les Romains ont appelés les Perses, mais qui se sont toujours donné à eux-mêmes le nom d'Iraniens.

C'est leur histoire que j'entreprends de raconter. Ces nations nous sont parentes et par l'origine première et par des alliances successivement renouvelées jusqu'à des époques assez basses avec les tribus issues des Scythes qui devinrent les Germains. Leurs institutions ont été les mêmes que celles de ces vainqueurs de la Romanité, de ces fondateurs de la société moderne dont nous avons la gloire de descendre, et, par suite, on retrouve des vestiges de leur individualité et dans nos idées, et dans nos mœurs, et dans nos lois. Enfin, les Iraniens ont occupé grandement le monde de l'intelligence, car, par la situation mitoyenne des contrées qu'ils ont successivement envahies, ils ont été de constants médiateurs entre l'Asie orientale et l'Europe, et ont eu charge de faire circuler de l'une à l'autre de ces régions les notions de toute nature élaborées chez chacune d'elles. La religion non moins que l'histoire a souvent passé par leurs mains. Ce sont des faits dignes d'attention.

Les Grecs, qui nous ont appris à appeler «Perses» les nations iraniennes, avaient adopté ce nom parce qu'à l'époque où ils connurent les dominateurs de l'Asie occidentale, la province de Perside («Pars» dans les langues indigènes) était à la tête de toutes les possessions de l'empire, et que les grands emplois du gouvernement, les principaux commandements militaires se conféraient d'habitude à des nobles de cette contrée. La famille régnante elle-même était sinon originaire du même pays, du moins domiciliée dans ses alentours, de sorte que ce titre de Perse désignant les classes prépondérantes de la monarchie de Cyrus, était facilement imposé à la race tout entière. Les chroniques musulmanes elles-mêmes portent des traces de cette antique habitude, et il n'est pas rare de leur voir substituer le mot « Parsy », ou, suivant la transcription arabe « Farsy », à la dénomination plus juste et plus ordinaire d'« Irany ».

Cependant, ainsi que je le disais tout à l'heure, c'est ce dernier mot qui est vrai et surtout usité. L'emploi en a précédé celui de l'autre et lui a survécu. Les sujets actuels de Nasr-Eddyn-Shah se l'appliquent comme faisaient leurs ancêtres émigrants du nord-est, de sorte qu'on peut affirmer, avec la plus rigoureuse exactitude, que la nation porte aujourd'hui le nom qu'elle se donnait longtemps avant que l'histoire eût commencé. Ce nom n'est autre que celui d'« Ayrian » ou « Arian [1] », appellation commune de toutes les nations blanches à leurs débuts et signifiant l'« homme honorable, digne de considération et de respect ». Les Hindous s'en paraient aussi à l'origine. Ils ne l'ont abandonné qu'à la longue. Les Germains le prenaient également, mais ils ont fini par le laisser à la classe inférieure de leurs hommes libres, les Arimans, et il s'est perdu. Les Iraniens presque seuls l'ont conservé, ne le modifiant qu'à peine. Ils ont gardé avec une précision presque égale le souvenir de la patrie primitive. Dans les annales des autres peuples de la famille, cette notion,

[1] Je ne m'explique pas pourquoi quelques auteurs modernes transforment ce nom en celui d'« Ariens » ou « Aryens. » Outre que le son de ce dernier est désagréable et donne lieu à un rapprochement involontaire d'idées qui n'a rien à faire avec le sens réel du mot, il ne saurait exister le moindre doute sur la forme la plus véritable. On voit que Ayryana-Vaëja produit bien la transcription française, « terre des Arians », et même la nécessite. On a aussi Dainhâvo airyâo, « les provinces arianes », qui ne laisse pas plus d'ambiguïté. L'ensemble des provinces iraniennes de l'est se nommait pour toute l'antiquité : « Ariana ». Le fleuve qui coule à Hérat, l'Héryroud, est appelé Arrianos par le Périégète; Hérat même est pour Pline Alexandria Ariana. Ptolémée connaît Ariaka à l'embouchure de l'Oxus; il me semble donc tout à fait régulier et uniquement régulier d'appeler « Arians » les peuples auxquels nous avons affaire ici.

quand elle ne s'est pas effacée tout à fait, s'est tellement entourée de poésie, de mystère et, pour bien dire, d'oubli, elle s'est reculée si loin de la réalité en montant jusqu'aux sphères de la fable, qu'il est souvent difficile de la reconnaître pour ce qu'elle vaut et de lui trouver une forme saisissable. Au contraire, la tradition iranienne la considère comme un fait positif et parle du séjour des aïeux comme d'un lieu dont la mythologie n'a pas droit de s'emparer.

Elle dit donc qu'avant leur exode, les Iraniens ou Arians vivaient dans une contrée d'une beauté incomparable, appelée de leur nom « Ayryana-Vaëja », terre des Arians. Le merveilleux climat de ce pays changea soudain, par un effet de la malice du mauvais esprit, et de doux qu'il était il devint tellement âpre et dur, que deux mois d'été y succédèrent désormais à dix mois d'hiver[1]. Alors les Arians se mirent en voyage, et la première contrée où arrivèrent leurs têtes de colonnes, ce fut Gau, « la demeure de Çughdà », autrement dit la Sogdiane. Il est impossible d'expliquer plus clairement que les établissements originels se trouvaient sur les plateaux de l'intérieur du continent, au nord de la Transoxiane.

On ne doit pas perdre de vue qu'à ce moment les nations qui descendaient ainsi vers le sud, en quittant le gros de leurs congénères, n'étaient pas plus iraniennes qu'hindoues ou scythiques. Elles étaient purement arianes, et les scissions qu'elles devaient connaître restaient encore dans l'avenir. On aperçoit clairement leur séjour prolongé sur les plateaux du Tashkend, du Khokend, et jusque dans les vallées du Ladakh. De là, grossies par leur propre fécondité, exigeant de plus vastes demeures, ou bien poussées par d'autres nations blanches accumulées derrière elles et impatientes de se déplacer, elles se dirigèrent

---

[1] *Vendidad*, I, 62, 9 et passim.

vers le sud-ouest et s'établirent, en premier lieu, dans le pays de Merw, la Margiane, ou, suivant l'expression du livre sacré des Parsys, dans les terres de Moourou la Sainte.

La Bactriane ou Bakhdhy, « la belle aux drapeaux élevés », les reçut ensuite. Ce pays est placé à peu près sur la même ligne que Merw, à l'orient. Du même coup, ou peu après, les colons envahirent les campagnes de Niça, qui, dit le texte, est située entre Moourou et Bakhdhy.

Cette indication a jeté un peu de trouble dans les idées des critiques. Feu M. Burnouf, s'appuyant sur l'autorité de Strabon, a maintenu que la Niça du Vendidad était la province que les anciens connaissaient sous le nom de Nisaïa et qu'ils faisaient confiner à l'Hyrcanie et à la Margiane. D'autres, comme M. Spiegel, après Anquetil, ont hésité, et ne seraient pas éloignés d'admettre une seconde Balkh, qui, située non plus à l'est, mais bien loin à l'ouest de Merw, permettrait de concilier, à peu près, le dire de Strabon avec celui du Vendidad.

L'unique cause de ces doutes me paraît être que les géographes classiques n'ont pas indiqué de lieu appelé Niça, là où il faudrait en placer un. Peut-être, pour sortir d'embarras, suffirait-il de considérer l'ubiquité de ce nom. On le trouve d'abord où Strabon l'a indiqué, puis autour de Niçapour ou Nishapour, « la ville de Niça ». On le revoit aux environs de Maragha, au fond de l'Azerbeydjan, sur les confins de l'Arménie. Rien ne s'oppose à ce que les plaines immenses qui séparent Balkh de Merw aient reçu comme tant d'autres lieux cette dénomination ambulatoire. D'autant plus que ce mot « neç » ou « neçe » signifie vaguement, en persan ancien, un lieu d'habitation et s'applique sans peine à toutes les localités, particulièrement à celles où l'étendue des plaines devait appeler et retenir des populations pastorales[1]. Ce qui est incontes-

[1] On connaissait sur la rive gauche du Volga la Νησιῶτις χώρα, qui est

table, en tout cas, c'est l'autorité du Vendidad. Il n'est pas admissible que les auteurs de ce livre aient commis une erreur qui impliquerait une ignorance complète de leur propre pays, et il ne l'est pas non plus que, pour sortir d'une difficulté, on se croie autorisé à passer de la région du nord-est si clairement indiquée entre Moourou et Bakhdhy, pour aller chercher une solution dans des contrées occidentales que les Iraniens n'ont occupées, sinon connues, que longtemps après la rédaction du texte sacré que je cite.

Il faut remarquer aussi, à cette occasion, que ce n'est pas une idée juste que de prêter aux anciens peuples des tendances formelles à la discrimination parfaite en quoi que ce puisse être. De même qu'ils n'avaient pas le pouvoir de bien distinguer les hommes les uns des autres par un nom nettement appliqué et uniquement propre à une seule personne, de même encore qu'ils ne se souciaient que fort peu de détailler les lieux, les temps, les distances, toutes les circonstances enfin dont nous nous montrons si curieux, de même ils n'éprouvaient aucun besoin de conférer à une localité quelconque un nom qui à l'avenir n'appartiendrait qu'à elle, et servirait à jamais à la faire reconnaître dans la série des autres localités. Ils rencontraient une

---

aussi un pays de Niça, un grand pays de plaine. La ville de Nisæa était aux sources du Héryroud. Il y avait encore une Nisæa dans la contrée, et peut-être sur l'emplacement de l'Hécatompylos des Parthes. Je ne cite pas les localités du même nom qui sont plus connues, et je m'arrête à la mention de ces vastes champs niséens, « πεδίον μέγα Νισαῖον », qui, dans le voisinage immédiat de Rhagès, servaient à l'élève des immenses troupeaux de chevaux, dont le nombre, suivant Diodore et Arrien, s'était élevé dans l'antiquité jusqu'à cent cinquante et cent soixante mille têtes, et qui, à l'époque d'Alexandre, en présentait encore le tiers. Bien que quelques auteurs aient contredit le fait et l'aient voulu reporter aux environs de Merw, où peut-être était-il également vrai, il est curieux d'observer que dans ces lieux mêmes il y a encore aujourd'hui des troupeaux de chevaux errants qui appartiennent au Roi, et qui, l'été, sont conduits dans les hautes vallées de l'Elbourz pour y pâturer.

plaine et l'appelaient « la plaine » ; une montagne, ils l'appelaient « la montagne » ; ils fondaient une ville, et c'était pour eux « la ville », et rien de plus [1]; et à mesure que les colonisations d'un même peuple allaient en avant et s'établissaient ailleurs que sur le point où d'abord avaient siégé les aïeux, elles promenaient avec elles ces dénominations simples et tout à fait générales, devenues plus tard des noms propres par le seul effet du mélange de langages et de dialectes qui, faisant vieillir certaines expressions, en ont, sans y prétendre, renfermé l'usage dans des limites étroites. C'est seulement aux époques où les faits d'un même genre se sont par trop répétés, et où les esprits ont été plus attentifs aux nuances, qu'il a paru nécessaire et possible de cataloguer des termes capables d'isoler décidément les objets auxquels on les appliquait, et alors seulement on a commencé à multiplier les noms destinés à des usages analogues. Une montagne n'a plus été seulement « la montagne », comme est l'Elbourz de la Parthyène, et les nombreux autres Elbourz qui existent en Asie; il y a eu aussi l'*Around*, « la grande montagne », et bien d'autres encore. Ces noms se compliquaient à mesure que les idées se dédoublaient et perdaient quelque chose de la notion de l'ensemble pour gagner du côté de celle des détails. Cette observation est d'une importance majeure dans les études historiques; sans elle on ne saurait absolument rien comprendre à l'antiquité, parce qu'on ne se placerait pas dans le milieu vague, grandiose, indéterminé, ami de l'action, étranger à la réflexion, qui est le sien. Mais je reviens à la description des pays iraniens primitifs.

[1] Cette confusion extrême dans les dénominations était telle, et le goût de conserver et d'appliquer partout les anciens noms si vif et si général, que même après l'époque de Zoroastre, par conséquent au moins sous les Achéménides, le Yaçna appelle l'Iran de la vieille et antique dénomination d'Ayryana-Vaëjo, qui n'aurait dû appartenir qu'au domaine primitif de la race blanche. — SPIEGEL, *Yaçna*, t. II, p. 73.

Niça étant colonisée, les tribus voyageuses descendirent dans le territoire de Hérat, « Haroyou », « riche en maisons », puis, remontant vers le nord, allèrent, à ce qu'il semble, sans s'arrêter ni se détourner, conquérir l'Hyrcanie, Khnenta, « la demeure de Vehrkana », et les côtes orientales de la Caspienne. C'est, en suivant sur la carte, la ligne de marche obligée des convois sortis de Hérat pour pénétrer jusque sur ce point, qu'on donnera plus raison encore à la définition fournie par le Vendidad de la situation des champs Niséens entre Merw et Balkh. Si ces campagnes avaient été placées entre Merw et la Caspienne, incontestablement l'Hyrcanie aurait été occupée avant Hérat, et le Vendidad affirme le contraire.

Mais avant d'étendre ainsi leur territoire vers l'ouest, les Arians, déjà maîtres de la Sogdiane, de la Margiane, de Balkh, des champs Niséens et de Hérat, s'étaient emparés de deux autres provinces : Vaëkereta, « la demeure de Douyak », et Ourva, « pleine de pâturages ». Cependant, comme on voit que la façon de procéder des envahisseurs tendait à s'arrondir et non pas à pousser indifféremment dans tous les sens des expéditions détachées de leur base, il n'y a pas de difficulté à admettre que Vaëkereta doit être identifié avec le pays de Kaboul. C'est l'opinion des commentateurs parsys du Zend-Avesta, au temps des Sassanides. Elle était probablement guidée par une tradition antérieure.

Après Vaëkereta, Ourva, plus difficile à reconnaître, pourrait être Houryoub, contrée placée au sud-est de Kaboul, et qui passe encore pour être particulièrement favorable aux troupeaux. C'est seulement après avoir atteint cette limite méridionale que le mouvement iranien se reporta vers le nord-ouest, en commençant par l'Hyrcanie, car au delà d'Ourva, du côté de l'est, le pays était aux mains des Arians-Hindous, avec lesquels les Arians-

Iraniens n'avaient pas jusqu'alors fait scission, ne formant tous ensemble qu'un même peuple. Il n'y avait pas lieu à colonisation ni à conquête. Cependant l'impulsion générale ne paraît pas être venue uniquement du côté du nord-est. Après la prise de possession de l'Hyrcanie, le flot, abandonnant cette direction, se reporta immédiatement vers le sud. Là, il couvre l'Arachosie, Harakayty, « la belle ». Puis il envahit l'Haëtoumat, « la brillante », « la lumineuse, » appelée Itomand par le commentaire parsy que j'ai déjà cité, et c'est l'Étymandre des historiens d'Alexandre, l'Helmend actuel, le pays appelé par les anciens Sacastania, et par les Arabes et les Persans, Sedjestan ou Seystan.

Arrivés à cette limite, les Arians paraissent avoir eu des raisons décisives pour ne plus marcher de préférence vers la région méridionale, soit que le pays, tout à fait stérile comme il l'est et défendu par un climat à peine supportable, ne leur parût plus valoir la peine d'être occupé, soit qu'il fût trop bien gardé par ceux qui le possédaient, soit, et cette opinion est encore la plus admissible, que les principales forces des conquérants, leur agrégation centrale, se trouvant cantonnées dans le trapèze dont Balkh, l'Hyrcanie, Hérat et Kaboul formaient les angles, des motifs d'équilibre les aient fait incliner naturellement vers l'ouest à ce moment de leur expansion.

Ici donc se présente dans la liste du Vendidad, Ragha, « aux trois châteaux ». Les Iraniens sont ainsi désormais arrivés dans la Parthyène, au cœur de leur pays, sur le point qui en sera toujours la métropole naturelle. C'est là Rhagès du livre de Tobie, la grande ville de Rey de l'époque musulmane, dont Téhéran, la nouvelle capitale de la Perse, n'était jadis qu'un faubourg.

Après la fondation de Ragha vient celle de Chakhra, « la forte ». Puis les Arians bâtissent Varena, « la carrée ».

Chakhra pourrait être assimilée à Charax, que Ptolémée compte au nombre des villes parthes. Le géographe Isidore, qui en était originaire, dit que Charax se trouvait au sein des montagnes caspiennes, et il est certain qu'il faut entendre sous ce nom la longue chaîne longeant la mer, c'est-à-dire l'Elbourz. Sir H. Rawlinson, en jugeant ainsi, place Chakhra soit près des Portes et du côté de Fyrouz-Kouh, au nord-est de Ragha, ce qui est peu probable, puisque Chakhra fut fondée après la cité aux trois châteaux et devait, par conséquent, marquer un progrès fait dans l'ouest ; soit, et ceci est plus admissible, à six ou sept lieues de Ragha, dans la direction occidentale, au pied de la montagne, à l'entrée de la plaine et près d'un lieu qu'on appelle aujourd'hui Keredj. Je remarque toutefois que ce dernier nom, qui n'est pas sans quelque analogie avec celui de Chakhra, appartient moins à l'emplacement indiqué qu'à une petite rivière qui le traverse, et ce cours d'eau, dont la direction est tracée très-inexactement sur les cartes, sort en effet de l'Elbourz, précisément à cet endroit, et court vers le sud ; mais jusque-là il a coulé de l'est à l'ouest, entre deux chaînes fort élevées, au creux d'une vallée assez large, où il a reçu plusieurs affluents. Dans cette vallée, à cinq farsakhs ou sept à huit lieues au nord-est de Téhéran à peu près, se présente une agglomération de quelques villages qu'on nomme Shehrestanek, « le district de la ville ». C'est sur ce terrain que je retrouverais volontiers le site de l'ancienne Chakhra.

Varena, « la carrée », paraît être Demawend [1], ville de la montagne dont on ne saurait contester l'extrême anti-

---

[1] Demawend est la capitale du district de Garên, que l'on verra souvent cité dans l'histoire héroïque, et qui, à l'époque de la conquête musulmane, garda son indépendance et l'ancienne foi au moins jusqu'au dixième siècle de notre ère.

CHAPITRE Ier. — APERÇUS GÉOGRAPHIQUES.

quité, ou encore Sary, située en face de la mer. On peut invoquer en faveur de cette dernière supposition l'autorité du Zend-Avesta, qui, dans une de ses parties, à la vérité les plus modernes, met le pays de Varena sur les bords du grand lac Voourou-Kasha, autrement dit la Caspienne[1].

En tout cas, et c'est là un fait capital, ni Chakhra ni Varena ne dépassent guère la longitude de Téhéran, et sont les dernières stations iraniennes; au delà, pour ces premiers peuples de la Bonne Loi, il n'y a plus que l'inconnu. Le Vendidad, après avoir mentionné ces postes avancés de la race, termine brusquement sa liste des possessions arianes dans l'ouest. Il retourne à la frontière orientale extrême et nomme les Sept-Indes, c'est-à-dire le nord du Pendjab, qu'il ne distingue pas des terres sacrées, parce qu'en effet il n'y avait pas lieu de le faire alors. Le livre dit ensuite quelques mots d'une contrée vague située à l'occident d'un territoire nommé Rangha, dont les habitants, dit-il, se gouvernent sans rois; et ici finit sa nomenclature, avec l'assurance qu'il existe encore d'autres lieux, d'autres places, d'autres plaines et d'autres pays. S'ils ne sont pas énumérés, c'est que certainement ils n'ont aucun droit à être considérés comme appartenant aux contrées pures, c'est-à-dire aux contrées arianes.

Il résulte de ce qui précède, que pour les temps primitifs, les temps qui ont suivi les premières migrations et qui furent témoins de la fondation du premier empire, l'Iran ne comprenait ni la Médie, ni la Susiane, ni la Perside, ni le Kerman, ni le Mekran. Le cœur de cet Iran originel, c'était Balkh, c'était Merw. Sa frontière vers le sud, c'était la limite du Seystan, dont il n'embrassait probablement pas la totalité. Vers l'ouest, il ne dépassait qu'à peine Rhagès, et restait ainsi à six ou sept journées de marche de la Médie. Au nord, il contournait le coin oriental de

[1] Yesht Ardevysoura-Kereshaspa.

la Caspienne, s'élevait du côté de l'Oxus, et se confondait sur toute la ligne septentrionale avec les territoires qui, plus tard, appartinrent exclusivement aux Scythes, dont rien alors, ni le sang, ni les mœurs, ni la langue, ni la foi, ne le séparaient, non plus que des Hindous.

Au sud de Rhagès et de Hérat, à l'ouest du cours inférieur de l'Helmend, il y a de fortes raisons d'admettre que la frontière des pays iraniens était tracée par les rivages d'une vaste mer intérieure, dont le bassin subsiste encore sous la figure du désert salin étendu sur tout le plateau central de la Perse.

Le lac Hamoun, à l'orient, le désert de Khawer, à l'occident, n'étaient que des golfes de cette masse d'eaux. Le Kerman faisait face au midi. L'oasis actuelle de Yezd, qui en occupe à peu près le centre, en était l'île ou une des îles principales. Aujourd'hui la stérilité la plus absolue, une chaleur dévorante, une sécheresse uniforme, ont remplacé la présence des vagues, sauf au lac Hamoun et dans la contrée de Khawer.

La particularité la plus remarquable du lac oriental est de changer d'emplacement. Dans son état actuel il occupe un bassin qui, à ses côtés, à l'ouest, en laisse un autre vide dont les contours sont parfaitement reconnaissables. Mais maintenant que les sables charriés par l'Helmend, débouchant dans le bassin, ont réussi à en exhausser le fond d'une manière considérable, le courant recommence à se frayer une issue vers le nord, et regagne insensiblement son ancien domaine, dont plusieurs parties sont déjà atteintes. Il est visible qu'après un temps donné, les sables, continuant à affluer, achèveront de combler l'étendue actuelle et reporteront le lac tout entier là où il était jadis. Il y séjournera jusqu'à ce que l'Helmend remaniant dans l'ancien lit l'encombrement qui en a jadis repoussé les flots, les chassera sur le nouveau et les forcera à se rouvrir vers le sud un autre passage jusqu'au lit actuel. Cette issue, à présent fermée, a laissé des traces, et c'est par là que le lac s'est déplacé. Ainsi un des golfes de l'ancienne mer existe toujours, et dans les conditions les moins stables qui se puissent imaginer.

L'autre attire l'attention par des souvenirs tout à fait historiques. On sait que dans les lieux appelés aujourd'hui désert de Khawer régnait aux temps passés une immense nappe d'eau, la mer de Khawer. Les traditions musulmanes affirment qu'elle disparut subitement le jour de la naissance du prophète. C'était une des marques miraculeuses de ce grand événement. Mais, en admettant, en général, l'exactitude de ce synchronisme, il faut croire que la disparition de la mer de Khawer n'eut pas lieu d'une façon tout à fait brusque, car ce terrain est demeuré impraticable pendant l'hiver. Je l'ai traversé à la fin de juin, et le sol présentait l'aspect d'un marécage desséché. Pendant la saison des pluies, la boue s'empare tellement de cette région, que les caravanes, forcées de l'éviter dans le trajet de Téhéran à Kashan, remontent vers les montagnes de la Médie. Il reste donc là une ombre de la mer de Khawer sous forme de fondrières dangereuses.

Aux deux faits que je viens de citer s'ajoutent certains récits dont les uns font partie de la tradition écrite, et je les donnerai en leur place; dont les autres appartiennent à la tradition orale, et je vais les exposer ici, parce que d'ailleurs ils n'ont trait qu'à la présence ancienne d'une mer dans ces régions.

Le premier se rattache à une haute tour située sur la montagne de Sawa, petite ville à deux journées de Téhéran, dans la direction d'Hamadan. Cette tour est isolée, extrêmement menue, et ne saurait avoir fait partie d'aucun ouvrage de défense. A première vue, on la prend pour un observatoire. Les gens du pays assurent que c'était un phare destiné à guider les vaisseaux qui naviguaient sur la mer de Khawer.

La seconde indication appartient à un village du territoire de Yezd, placé au bord du désert, à quelque distance de la ville. Ce village se nomme Myboud. On y voit des vestiges de constructions anciennes. Les gens du pays prétendent qu'il y avait là un port considérable sur une mer étendue, que c'était l'entrepôt des marchandises transportées par cette mer, et qu'on y acquittait les droits de douane.

Ces deux traditions dans des lieux si éloignés l'un de l'autre, la configuration générale de la contrée, l'existence historiquement prouvée de la mer de Khawer, fournissent autant de rapprochements qui ne sauraient être négligés. Le sol de l'Iran tout entier est du reste d'une nature à expliquer les plus grandes révolutions, même dans des époques relativement jeunes. Il est à peu près partout soumis à l'influence des feux souterrains, ravagé par les tremblements de terre, qui bouleversent bien des points du pays, de la Caspienne au golfe Persique. Il est riche en fossiles marins, coquilles et poissons, dans toute sa partie centrale, celle précisément dont il est question ici [1].

J'admets donc que dans les siècles où les Arians pénétrèrent jusqu'au pays de Hérat et sur les terres de Rhagès et de l'Helmend, une mer intérieure occupait toute la partie centrale de la région Persique, et ne permettait pas aux émigrants de se répandre dans le sud-ouest. C'est une raison puissante qui fait comprendre encore pourquoi ceux-ci n'avaient et ne pouvaient avoir aucune notion de la Perside, non plus que de la Susiane, contrées placées

---

[1] Sir John Malcolm a déjà fait remarquer que le grand désert central est plein de marécages salins; et ceux-ci attestent partout par leur présence l'ancienne existence de la mer. — *Histoire de la Perse*, édit. allem., 1830, t. I, p. 3.

au delà de la mer, bien loin de leur atteinte, et puisqu'on a vu plus haut que leurs colonies s'étaient arrêtées à la hauteur de Rhaga sans empiéter davantage sur l'occident du pays, il est certain qu'ils n'étaient pas davantage maîtres des territoires médiques.

Il faut donc se figurer le premier empire comme s'appuyant sur l'Hindou-Kouh et rayonnant autour de cette montagne. Les racines en sont encore à peine détachées des régions du nord, et parce que le nom de Scythes est celui qui rend le mieux l'idée de populations fortes, vigoureuses, belliqueuses, envahissantes, sortant la menace au front et l'arc à la main des ténèbres hyperboréennes pour se livrer à la fureur des conquêtes, c'est le nom de Scythes qui, à cette époque nébuleuse, conviendrait le mieux à ces guerriers, qui devaient un jour devenir les Iraniens et les Hindous.

CHAPITRE II.

PREMIERS HABITANTS DES CONTRÉES IRANIENNES.

Quand les Arians entrèrent dans les pays qu'ils venaient occuper, ils y trouvèrent une race d'hommes bien différente de la leur et que, par suite, ils considérèrent immédiatement comme impure, maudite et réprouvée.

Ces êtres, ces monstres, apparaissent dans les ouvrages liturgiques et dans les légendes sous un grand nombre de dénominations dont plusieurs éclairent assez le jugement. On les appelle Païrikas, Agra-Maynyous, Drouyas, Noubys, Siyahs, Bedjdjehs, Daëvas ou Dyws, Afryts et Djynns. Le Vendidad ne s'en tient pas à ces désignations générales, il y joint un choix considérable de noms indiquant des subdivisions, tels que Maranya, qui paraît s'appliquer aux indigènes du Mazendéran, Çaourous, Zayrykhas, Akavashas, et d'autres.

Plusieurs de ces derniers noms, inventés après coup, et dans des temps où la tradition avait déjà pris des directions mythiques, ont, sans doute, une portée théologique ou morale. Ce sont aussi des épithètes insultantes. Il en est de même d'Agra-Maynyou, peut-être de Drouya. Mais Djynn est originairement la forme arabe du mot *gên*, qui signifie simplement « l'être, la créature ». Nouby veut dire « l'homme de race noire ». Siyah a le même sens. Bedjdjeh, surtout digne de remarque, n'est que la transcription sémitisée de l'iranien « vegghês ou vaëgghês », « l'indigène », et Afryt se montre en rapport très-direct avec les mots « afer » et « Africa » ; il signifie donc à la fois le noir et le sauvage. Ceci rappelle que les légendes helléniques les plus anciennes plaçaient à l'orient comme au sud de la terre le peuple noir des Éthiopiens.

Avec le temps, on en est venu à comprendre surtout sous le nom de dyw, et sous les appellations analogues, un démon, un être d'essence surnaturelle, essentiellement méchant, et surtout placé en dehors de l'humanité[1]. Au début, il n'en était pas ainsi. Tout homme étranger à la race ariane était à la vérité un monstre qui n'avait de notre espèce que la ressemblance, encore se sentait-on disposé à la nier, pour s'attacher de préférence, et avec tout l'emportement de la haine, aux traits divergents. Il est certain aussi qu'à ces êtres malfaisants, détestés, on n'accordait pas une origine identique à celle de notre race. Cependant on ne mettait pas en doute leur réalité matérielle et positive. Le Vendidad distingue expressément le Dyw théologique du Dyw de l'histoire, créature

---

[1] Lassen, *Indische Alterthumskunde*, t. I, p. 535, remarque très-bien que, dans l'histoire primitive de l'Inde, les démons Rakshasas ne sont autres que les tribus des aborigènes résistant aux Arians.

de chair et d'os suivant lui. Un autre livre guèbre, de rédaction presque moderne, a aussi conservé le sens exact et la juste appréciation des faits; c'est l'ouvrage intitulé « Tshehar-é-Tjemen », les Quatre Prairies; il y est dit que le mot dyw désigne un être furieux et terrible, mais nullement un génie ou un géant, comme les ignorants le prétendent. D'ailleurs, s'il est un point bien établi dans les annales primitives, de quelque côté qu'elles viennent, c'est l'existence sur le globe de populations qui ont précédé l'homme et que celui-ci a dû combattre, soumettre, détruire ou s'assimiler avant de pouvoir asseoir sa royauté. La Bible, dans ses premiers chapitres, antérieurs ou postérieurs au déluge, est pleine d'indications obscures peut-être, mais puissamment affirmatives au sujet de ces hideux aborigènes. Les traditions arabes sont plus explicites encore; elles admettent plusieurs dynasties de djynns qui ont successivement possédé la terre avant la création de l'homme, et qui, enfin, de plus en plus clair-semées, se sont résumées dans Éblis. Ce terrible ennemi de notre espèce n'est autre qu'un Satan, étranger à la race angélique, par conséquent tout différent du Satan des Hébreux. Sa haine pour les fils d'Adam se fonde sur la violation faite à leur profit d'un droit souverain qu'il a perdu, par sa faute, il est vrai, et celle de ses ancêtres, mais qu'il n'en prétend pas moins maintenir contre Dieu lui-même.

Cette conception est au fond purement arabe; elle n'a surtout rien de biblique. Elle est plus ancienne que l'époque où les tribus de la Péninsule commencèrent à goûter les idées des Juifs relativement à Ismaël, et longtemps avant Mahomet, les hommes du désert portaient volontiers le nom d'Abd-oul-Djynn, « le serviteur du djynn », car l'antique ennemi avait fini par l'apothéose. Les Tonoukhites de Kodhaa adoptaient particulièrement le culte de cette personnalité devenue obscure par suite d'une substitution d'idées diamétralement contraires, fait commun à toutes les branches de l'histoire religieuse; il n'est rare nulle part de voir le mauvais esprit, détesté la veille, adoré le lendemain.

Quant au dyw, habitant autochthone des contrées envahies par les Iraniens, la tradition décrit avec soin ses principaux caractères physiques. Cette créature odieuse apparaît dans une stature qui dépasse la mesure commune du corps humain; elle a les dents longues et saillantes. Plus tard, on a dit que ses oreilles étaient grandes et détachées de la tête : c'est pourquoi on lui a donné le titre d' « Oreilles d'éléphant ». Le portrait du nègre est complet et la ressemblance absolue.

A côté de la description des signes physiques se place celle des caractères moraux. Le dyw est querelleur, malveillant, menteur, pauvre, malsain, paresseux à l'excès, féroce comme les animaux des bois, sinon plus. Parce qu'il ne fait rien, il ne possède rien. S'il prend quelque chose, il le détruit. Il n'a ni champs ni maisons. Il est vaguant dans les montagnes, cherchant à assouvir sa faim ou à mal faire. C'est le pareil des Khorréens de l'Écriture :
« de disette et de faim se tenant à l'écart, fuyant dans les
» lieux arides, ténébreux, désolés et déserts... chassés
» d'entre les autres hommes..., habitant les creux des
» torrents, les trous de la terre et des rochers, s'attrou-
» pant entre les chardons, gens de néant et sans nom,
» abaissés plus bas que la boue. »

Non-seulement les dyws ne veulent pas travailler, le travail d'autrui leur est odieux, et le Vendidad dépeint fortement cette horreur du sauvage pour l'aspect même de la vie sociale : « Là, dit ce livre, où se voient des
» arbres fruitiers, les dyws sifflent; des nourrissons, ils
» toussent; des épis, ils pleurent; des moissons épaisses,

» ils fuient, ils fuient jusqu'aux enfers en bouillonnant
» comme le fer en fusion[1]. »

Ce ne sont pas seulement les monuments écrits qui conservent ainsi la mémoire des aborigènes de l'Asie centrale, il y a encore les œuvres de la sculpture. Les imaginations des premiers peuples blancs, Chamites, Sémites, Arians, avaient été tellement frappées par la laideur de leurs antagonistes, par les formes de ceux-ci, différentes de celles de la race blanche, par leurs vices, par leur résistance emportée et obstinée à la conquête, par les dangers et les péripéties effrayantes de la lutte, que loin d'en rien oublier, ils en exagérèrent continuellement le souvenir. Les fouilles de la Mésopotamie ont mis au jour plusieurs types fantastiques dans lesquels on reconnaît les dyws. La longueur des dents, le prolongement des oreilles, la hauteur de la taille, s'y retrouvent avec les cheveux crépus. Puis vient la débauche de la laideur idéalisée. Ces êtres n'ont plus de visage, mais un museau. Leur férocité est exprimée par une peau tachetée comme celle du tigre, leur bestialité par une queue de lion dont ils se battent les flancs.

Quelques années en çà, un ingénieur français au service de la Perse, M. Sémino, d'origine piémontaise, découvrit dans les ruines de Persépolis une plaque de cuivre de deux pieds carrés environ, épaisse de trois pouces, sur laquelle deux dyws, exactement semblables au type fourni par les artistes assyriens, sont représentés, gravés en creux, l'un en face de l'autre et dansants. Cette plaque paraît avoir été un moule destiné à produire des empreintes en plâtre ou en terre. Le bruit se répandit qu'elle était d'or, et le gouvernement la réclama. Mais quand on se fut bien assuré à Téhéran qu'elle n'avait pas ce mérite, on la mit de côté,

---

[1] Spiegel, *Vendidad*, t. I, p. 85.

et elle est aujourd'hui déposée dans la mosquée de Shah-Abd-oul-Azym, voisine de Rey.

On trouve aussi très-fréquemment des cylindres d'hématite et des intailles, anciennes amulettes, agates, cornalines ou autres, qui représentent des dyws. Ces pierres viennent, les unes des bords du golfe Persique, les autres d'Hamadan, l'ancienne Ecbatane, ou de Rhagès, quelques-unes de Kandahar. J'en ai reçu de Merw. Ainsi cette préoccupation du dyw a existé pendant toute l'antiquité sur la surface entière de l'Iran, aussi bien que dans les pays du Tigre, et le type inventé par les sculpteurs d'Assyrie pour rendre tout à la fois sensible aux yeux la laideur physique et la laideur morale des premiers habitants de ces contrées a constamment été respecté. Je n'y connais guère qu'une exception : c'est une cornaline de mon cabinet, ouvrage de l'époque arsacide, où, sous l'influence du goût hellénique, les dyws sont devenus des demi-satyres. Mais, à part cet exemple, je retrouve des dyws pareils à ceux de l'antiquité araméenne, à ceux de la tablette de Persépolis, à ceux des cylindres et des intailles antiques, et sur les abraxas gnostiques du Bas-Empire, venus des environs de Bagdad, et dans les peintures des manuscrits persans du quatorzième et du quinzième siècle, et enfin dans les lithographies grossières qui accompagnent l'édition de l'« Adjayb-al-Mekhloukat », Merveilles des choses créées, publiée il y a deux ans à Téhéran.

Par une particularité qui achève de rendre parfaite l'attribution de ces laides ressemblances à la race nègre, les dyws des antiques sont toujours figurés dansants, les jambes pliées, les bras avancés, les mains pendantes, dans l'attitude bestiale que réclament la plupart des danses africaines. Cette convention n'admet pas de variantes essentielles sur les gemmes, et qui a vu une de celles-ci en a vu cent. Les livres anciens avaient parlé de la férocité, de la paresse et des vices de la race primitive. Les pierres gravées y ajoutent l'indication de sa légèreté d'esprit.

On a tout lieu de croire que les tribus de dyws établies dans les provinces où pénétrèrent successivement les Arians étaient nombreuses, car bien des siècles passèrent avant qu'elles eussent disparu complétement, et comme il s'en faut de beaucoup qu'elles aient été éteintes par extermination, comme il est certain, au contraire, qu'elles se mêlèrent à leurs conquérants dans des proportions assez fortes, on en verra des exemples, ces hordes de noirs doivent être considérées déjà comme un des facteurs de la race iranienne telle qu'elle devint postérieurement aux temps de pureté ethnique.

Quoi qu'il en soit, pleines de haine, de terreur et d'étonnement, elles épiaient alors les familles des Arians, qui, de toutes parts, pénétraient au milieu d'elles afin de les déposséder.

CHAPITRE III.

LA SOCIÉTÉ ARIANE.

Les émigrants, sortis du nord-est, s'avançaient dans les terres qu'ils découvraient, menant avec eux leurs femmes, leurs enfants, leurs chiens et leurs troupeaux. Ils marchaient, cherchant, pour s'y établir, un lieu propre à l'agriculture, abondant en pâtis, traversé par des eaux courantes et susceptible d'être défendu. Il semble en effet que l'emplacement de leurs premières villes ait été choisi de façon à servir de forteresses. Rhaga, aux trois châteaux, Chakhra, la forte, Varena, la carrée, le prouveraient. Ils fondaient ces résidences d'après un plan consacré par la religion, recommandé par l'expérience des ancêtres, et dont ils ne s'écartaient pas[1].

D'abord, ils traçaient une enceinte carrée de la longueur d'un « meydan », c'est-à-dire renfermant l'espace qu'un cheval lancé au galop parcourt de lui-même sans s'arrêter[2]. Au centre s'allumait le feu sacré, palladium du lieu. C'était à ce feu qu'on empruntait celui qui devait servir aux usages domestiques. On l'entretenait avec respect, jour et nuit, sans le laisser jamais s'éteindre. Au bout de trois jours, on le rapportait au foyer commun, où il retrouvait sa pureté, et on en prenait d'autre[3].

Ce rite du feu perpétuellement entretenu est assurément un des plus anciens de ceux qui constituaient la religion d'État de la race blanche primitive, puisque le rameau de cette race qui arriva en Italie fit connaître à cette contrée les exigences du culte de Vesta. Le mythe de Prométhée, en conservant aux Grecs, sous le nom d'un demi-dieu, le souvenir de l'instrument ingénieux, le pramantha, auquel on dut d'abord de pouvoir produire le feu à volonté, n'est pas une indication moins explicite ; cependant, comme on dut craindre, aux premiers essais que l'on tenta, de n'être pas toujours aussi heureux dans les résultats obtenus, on prit à tâche d'avoir le moins besoin possible de fabriquer le pramantha et d'y recourir ; c'est pourquoi on établit comme une règle qu'il fallait garder à perpétuité l'élément que cet outil avait suscité. Ce serait d'autre part mal comprendre l'esprit des temps anciens et le souffle religieux qui passait alors sur toutes choses et entrait dans toutes les idées, que de ne pas tenir compte du mystérieux respect dont tous les esprits étaient pénétrés à la vue de la flamme. C'était une existence, une vie sacrée

---

[1] Spiegel, *Vendidad*, t. I, p. 61.
[2] *Ibid.*, t. I, p. 73.
[3] *Ibid.*, t. I, p. 74.

d'autant plus importante à soutenir et à conserver que l'homme en était le créateur, et cela sans se rendre un compte exact d'une puissance qui le frappait lui-même d'admiration.

A côté du pyrée, on creusait un bassin d'une étendue proportionnée au chiffre de la population, et on y faisait affluer l'eau. Quand le bassin était plein, on avait à veiller incessamment à ce qu'il n'y tombât aucune impureté, d'abord par vénération, ensuite parce que le contenu était destiné aux usages domestiques [1].

Malgré le cours des temps et les différences nombreuses graduellement introduites dans la nature des notions, le respect pour le feu et pour l'eau n'a pas disparu des habitudes persanes. Généralement, un homme qui veut éteindre une lumière ne souffle pas dessus, il agite sa main à côté de la flamme jusqu'à ce qu'il l'ait fait disparaître; et souiller l'eau volontairement passe pour une action répréhensible; elle expose celui qui la commet à la puissance du démon.

Quand le pyrée et le réservoir étaient achevés, on s'occupait de construire les habitations. Elles étaient à un ou plusieurs étages, soutenues par des piliers, et autour de chacune s'étendaient les cours et les dépendances, plus ou moins grandes, suivant la richesse du propriétaire.

Tout ceci terminé, et lorsqu'on avait encore ménagé des plantations d'arbres et des jardins potagers à l'intérieur de la cité, le peuple en prenait possession. « C'était, dit » le Vendidad, une réunion d'êtres choisis, hommes et » femmes, parmi les plus beaux et les meilleurs. »

A côté de la première enceinte, à laquelle une seule porte, pratiquée dans une haute tour de garde, donnait accès, on en faisait une autre de dimension pareille. Celle-ci servait de retraite aux troupeaux, soit pendant la

[1] Spiegel, *Vendidad*, t. I, p. 74.

nuit, soit pendant les temps d'hiver où la neige rendait impossible le séjour au dehors, soit encore quand l'ennemi tenait la campagne. Autour de cet enclos, les chiens veillaient incessamment, et c'est sans doute à l'utilité de leurs services que ces animaux devaient la faveur, on peut même dire l'amour et la considération qu'on leur portait.

Dans la description de la société iranienne telle qu'elle est présentée par le Vendidad, les chiens sont nommés immédiatement après les hommes libres. Les frapper n'était rien moins qu'un crime. Leur trop ménager les aliments chauds et savoureux entraînait des expiations sévères. Ne pas donner à une lice en gésine les soins nécessaires, exposait le coupable à la honte et à de grands châtiments. Manquer d'attention pour les petits, c'était presque en manquer pour les enfants iraniens[1]. Dans aucune société comme dans celle-là, le chien n'a été l'ami, le compagnon, presque l'égal de l'homme, et aujourd'hui encore, par un souvenir de la garde fidèle qu'il faisait nuit et jour autour de la demeure des ancêtres, on dit en Perse qu'un dyw ne peut pas supporter son regard et s'enfuit.

J'ai appelé « cité » l'enceinte carrée habitée par les émigrants de l'Ayryana-Vaëja. Le persan et l'anglais fournissent un terme qui serait beaucoup plus convenable pour désigner cette sorte d'emplacement où les habitations étaient constamment mêlées aux cultures et ne se touchaient pas toujours. C'est « bouloug » dans la première de ces langues, et « borough » dans la seconde. Le français « bourg » a eu jadis le même sens. L'allemand « burg » rappelle seulement que le lieu était fortifié. Mais le bouloug persan, le borough anglais et américain, sont restés des circonscriptions administratives comme ils l'étaient

[1] SPIEGEL, *Vendidad*, t. I, p. 194-195, 215 et seqq.

sous les premiers Arians. Il arriva un jour où, des précautions militaires permanentes n'étant plus nécessaires, le bouloug sema plus librement ses logis et ses jardins sur une surface de terrain qui, dès lors, devint indéterminée et dans son étendue et dans sa forme. Ce fut l'état de choses établi après la conquête définitive et qui dure encore, tandis qu'au début on doit se figurer la cité comme garnie d'un rempart et maintenue sous la forme d'un carré. C'était ainsi qu'on avait construit les villes dans l'Ayryana-Vaëja de la Bonne Création, où Yima, le chef des hommes purs, entouré des siens, conversait avec Ahoura-Mazda, le dieu suprême, assisté des dieux inférieurs, les Yazatas. Peut-être, en se transportant à des époques antérieures encore à celles où les pères des Hellènes, des Scythes, des Iraniens et des Hindous sortirent de la patrie primitive, n'y aurait-il pas d'exagération à demander aux versets de la Genèse si le jardin que Jéhovah ou les Élohim avaient planté en Éden n'était pas le type sur lequel tous les peuples de la race blanche conçurent d'abord l'aménagement de leur cité, un parc entouré d'un mur de défense, et semé de maisons. Le mot « paradis », emprunté par la Bible aux langues iraniennes, a précisément ce sens, et « Éden » ne signifie qu'un lieu habité.

Ce qui est certain, c'est que le caractère principal de ce lieu choisi, si célèbre dans les souvenirs des Hébreux, était de contenir une quantité plantureuse d'arbres et de végétaux. Il en était de même des enceintes de l'Ayryana-Vaëja et plus tard de celles qui furent créées dans les pays nouveaux [1].

[1] Je ne vois mentionné dans aucun texte l'usage des habitations souterraines, et cependant on les connaît, et on les emploie aujourd'hui, tant pour les hommes que pour le bétail, dans toute la chaîne de l'Elbourz, dans le Caucase, dans la Géorgie, dans l'Arménie. Ce sont de fort bonnes demeures, très-vastes, très-aérées, chaudes l'hiver, fraîches l'été, et dont

Les Arians étaient essentiellement agriculteurs. Dans leurs idées toutes naturalistes, le monde entier vivait, sentait et comprenait sa vie, et ce monde entier, ciel et terre, était animé pour l'homme d'une bienveillance hospitalière et généreuse, qu'il fallait reconnaître par des soins diligents à soutenir et à développer l'œuvre de la création.

« Quand la terre se réjouit-elle davantage? disaient les
» Arians. — Quand s'approche un homme pur prêt à
» offrir un sacrifice. — Ensuite ? — Quand un homme
» pur se bâtit une demeure, la pourvoit de feu, de bétail,
» y amène une femme et des enfants, et que dans cette
» demeure abondent, avec l'honnêteté, les chiens, les
» fourrages, tout ce qui appartient à une bonne vie. —
» Ensuite ? — Quand une culture assidue fait regorger
» les moissons, les herbages, les arbres fruitiers, et que les
» eaux bien dirigées fertilisent les terrains secs et laissent
» les marécages s'affermir[1]. »

Tel était pour les Arians le fondement de la loi religieuse, et, quant au travail, c'est la terre elle-même, cette

je me suis souvent bien trouvé. Tous les peuples arians ont aimé les constructions de ce genre. Je veux croire qu'ils en avaient observé les modèles dans la nature, mais ils ont su, en tous lieux, en créer, même là où le terrain ne s'y prêtait pas. Les hommes du moyen âge germanique ont bâti presque autant sous la terre qu'à la surface. Les Sémites n'ont rien fait de semblable. Non loin de Demawend, on m'a montré de grandes cavernes artificielles attribuées à l'âge de Zohak. Sans me porter garant de cette date reculée, je ne vois pas un moment dans l'histoire où un peuple différent des Arians ou des Sémites aurait pu apporter dans la montagne de pareils usages. Or, puisqu'on vient de voir que les Sémites ne connaissent pas ce genre de retraite, et ils ne l'ont jamais connu, il faut évidemment qu'il soit d'origine ariane, et encore très-primitive. On verra plus bas que les auteurs de la race blanche se sont occupés des travaux des mines dès l'antiquité la plus haute. Probablement, les cavernes leur ont fait rencontrer les filons métalliques; ou, au rebours, l'habitude de suivre ces filons les aura amenés à se créer des logements analogues aux lieux où ils en cherchaient. En tout cas, les maisons souterraines sont trop connues dans tout le nord de la Perse, et d'origine évidemment trop ancienne, pour que, malgré l'absence des textes, je ne me tienne pas pour obligé d'en faire mention.

[1] Spiegel, *Vendidad*, t. 1, p. 79.

terre tant aimée, tant respectée, tant adorée, qui prend la parole et dit aux hommes de la Bonne Loi :

« Homme, toi qui me laboures avec le bras gauche
» à droite, avec le bras droit à gauche, je répondrai tou-
» jours à tes soins. Pour toi, je serai toujours fertile. Je te
» prodiguerai tous les mets nécessaires à ta nourriture.
» Mais toi, homme, qui ne me laboures pas avec le bras
» gauche à droite, avec le bras droit à gauche, tu passe-
» ras ta vie debout à la porte d'autrui, implorant ta pi-
» tance. On te l'apportera, à toi suppliant et oisif, au
» dehors de la maison. On te donnera le rebut des
» autres [1]. »

Il suffit presque de montrer quelles étaient les occupations de la vie iranienne pour donner une idée exacte de la moralité élevée et de la fierté de cette race d'élite. Les fragments que je viens de citer et qui sont empruntés au Zend-Avesta font honneur aux sentiments de ceux à qui il fallait tenir un pareil langage pour s'en faire admettre comme un envoyé céleste. Le Dieu de la Bible est assurément bien grand; mais son peuple, en comparaison des gens que l'on voit ici, écoutant de pareilles leçons, est bien humble, et je ne sais quel ressentiment d'honneur s'aperçoit dans ces passages du Vendidad, qui n'ont rien de commun, sans doute, avec les combinaisons cauteleuses, les calculs égoïstes et étroits, les mensonges, les perfidies et les bassesses rampant sous les tentes des patriarches. Ce n'est pas non plus par l'antiquité grecque que nous avons été accoutumés à de tels accents, et l'on comprend la gravité singulière, l'espèce d'étonnement avec lequel Hérodote parle de ces anciens Perses, déjà bien morts de son temps, qui estimaient avant tout la bravoure et la sincérité.

Outre les bourgs où se pressaient les principaux groupes de colons, il se forma encore deux autres classes d'établis-

[1] Spiegel, *Vendidad*, t. I, p. 84-85.

sements : des villages et des châteaux. Il semblerait que, sur une échelle réduite, les uns et les autres aient reproduit les dispositions principales de la cité : les deux enceintes carrées, le pyrée et le réservoir, au centre de la première, les chiens veillant sur la seconde. J'insiste avec d'autant plus de plaisir sur ces détails, qu'ils rappellent vivement les demeures des Arians-Germains, nos ancêtres. Les grandes métairies mérovingiennes des bords de la Somme et de l'Oise étaient encore bâties, à peu de chose près, sur le plan inventé jadis par les ancêtres de la haute Asie.

Le genre de vie des premiers habitants, s'il n'admettait pas le luxe, comportait le bien-être, résultat du travail, et une sorte de magnificence guerrière qui ne pouvait faire défaut à des imaginations attentives aux splendeurs de la terre et, partant, jalouses d'imiter quelque chose de la variété de leurs formes. Le Vendidad mentionne deux espèces de vêtements, ceux qui sont taillés dans les peaux de bêtes, et les tissus de poil et de laine. Cette fabrication était une œuvre domestique, et les femmes de chaque famille y prenaient la plus grande part. Du reste, il n'y a pas à penser que l'industrie proprement dite ait pu exister parmi les Arians. Leur état social ne comportait rien de semblable, et l'ordre d'idées dans lequel ils vivaient y mettait même empêchement. Pleins d'une vénération extrême pour les diverses manifestations de la nature, qu'ils supposaient toutes animées, sentantes, pensantes et susceptibles de souffrir comme de jouir, les Arians réprouvaient l'emploi et l'application du feu dans un grand nombre de circonstances. Beaucoup de métiers étaient donc, à l'avance, déclarés impurs et partant impossibles. On craignait que la sainteté du feu, que la pureté de l'eau, que l'inviolabilité de la pierre ne fussent compromises par des contacts hostiles, et on défendait d'y recourir, ou du moins on ne le permettait que dans des limites assez étroites. Cependant, la doctrine se relâchait de sa sévérité sur certains points ; l'exploitation des mines, par exemple, a été autorisée dès l'antiquité la plus haute[1]. Les Scythes, les Indiens, aussi bien que les hommes de l'Iran, ont connu très-vite l'usage de l'or et celui du fer. En tous cas, l'autorisation était étroite, et les scrupules religieux et la crainte d'abuser des éléments apportaient des restrictions et des obstacles infinis à tout développement de métiers. Puis, comme les Arians, voués avec amour à l'agriculture, tenaient cet emploi de l'activité humaine pour le plus noble, le plus digne du guerrier et de l'homme de haute naissance, rien de plus simple qu'ils aient répugné à abandonner la glèbe pour se vouer à une œuvre de fabrication. Cette opinion, essentiellement attachée à la race, a été celle des Argiens de l'époque homérique, des premiers Romains, des Germains et de tous les gentilshommes de l'Europe occidentale jusqu'au jour présent, et ces derniers ont reçu un pareil préjugé de leurs ancêtres, issus eux-mêmes de la souche ariane, ou fiers de le faire croire et de se former sur ses modèles. Jamais, au contraire, préoccupation semblable n'a existé dans les sociétés sémitiques, sémitisées ou romanisées, ni, par suite, dans les basses classes des sociétés modernes, qui ont constamment approuvé, considéré avec faveur et admiration les moyens d'augmenter la richesse et le bien-être

---

[1] Cette opinion n'est pas celle du savant M. Spiegel, et il s'appuie, pour considérer le travail des mines comme emprunté aux Sémites, sur le verset 254 du chapitre VIII du Vendidad. Tout en tenant compte de la répugnance évidente et par ailleurs très-connue des Iraniens pour l'emploi du feu à certains usages, un fait parle fortement dans le sens de l'invention primitive du travail métallurgique par les Arians : c'est que jamais les Sémites n'ont fait autant de travaux de ce genre que les Scythes, les Hindous et les peuples de la haute Asie dans la plus haute antiquité. Les traces s'en trouvent partout, et on ne peut réellement les considérer comme des imitations.

de l'homme, sans distinguer aucunement la valeur morale respective de ces moyens. Les industries les plus notoirement avilissantes pour ceux qui s'y livrent, les genres de commerce les moins propres à relever le moral de l'homme, toutes les façons de spéculer sur les passions, les vices et les faiblesses des multitudes, ont plu à l'esprit de lucre et à la soif de bien-être et de faste des populations abâtardies. Le Melkart tyrien, l'Hermès grec et le Mercure italiote, n'ont jamais éprouvé d'hésitation sur la manière d'augmenter le pécule.

Il est résulté de ces diversités de conscience que la seule et unique fraction de l'humanité qui ait jamais considéré le travail comme une vertu ennoblissante, qui l'ait recommandé à l'égal d'un acte religieux, qui en ait célébré dans ses livres saints toute la majesté, puisqu'elle a été jusqu'à dire que l'œuvre du laboureur avait pour effet de réjouir la terre, que la seule race, dis-je, qui ait flétri résolùment la paresse comme un vice dégradant, a passé pour hostile aux occupations pacifiques, parce qu'elle ne les concevait que dans des emplois épurés, propres à conserver et à agrandir la moralité de ceux qui s'y livraient, sans jamais la compromettre ni la flétrir. Elle a aimé et vanté le travail pour lui-même, et surtout pour les conséquences heureuses qui en résultent en faveur de l'individu intérieur et des liens de famille. Elle n'a envisagé la question de gain que d'une façon secondaire. Tandis que l'autre fraction, la partie sémitique ou finnique et les populations qui en sont résultées, depuis les Phéniciens jusqu'aux gens de nos jours, n'ayant jamais accepté la contention d'esprit et de corps que comme la vengeance la plus terrible dont le ciel ait pu s'aviser pour châtier les crimes des humains, et ayant tiré de cette doctrine le droit d'appliquer indifféremment des efforts toujours regrettés à n'importe quel genre d'occupation, cette fraction-là, de beaucoup la plus nombreuse, est tombée d'accord avec elle-même qu'elle était la plus digne de sympathie et d'éloges.

Les Arians, vêtus de sayons de peau ou de tuniques de laine, s'asseyaient au foyer sacré de leurs maisons. Ils se nourrissaient de la chair des troupeaux et surtout de laitages, qui sont spécialement recommandés par les textes saints comme fournissant un aliment pur. Parmi ces laitages, celui qui provient de la jument était déclaré le meilleur de tous et celui que la religion approuvait davantage. Les Grecs s'étonnèrent plus tard d'en retrouver le goût chez les Scythes, ce qui est encore une marque de l'identité d'origine de ces peuples avec les Iraniens, si toutefois il est besoin de chercher des preuves surabondantes d'un fait aussi clair.

Quant aux maisons et aux forteresses, on les construisait en blocs de pierre, encastrés les uns dans les autres d'après la disposition de leurs angles. Ces blocs on ne les taillait pas, pour ce motif qu'une telle opération aurait souillé la sainteté de la pierre et celui qui s'en serait rendu coupable. C'était un point de dogme auquel l'Arian, dans son respect pour la nature, était obligé de s'astreindre. J'ai vu un de ces monuments du premier âge; je n'en ai vu qu'un, et je suis porté à croire que s'il en existe d'autres, l'espèce en est, en tout cas, devenue très-rare sur le sol de la Perse.

C'est auprès de la ville de Demawend, située à quinze ou seize lieues au nord-est de Téhéran. Cette petite cité, assurément une des plus anciennes du monde, est cachée aujourd'hui dans d'épais bouquets de saules, sur le bord d'un ruisseau assez large et d'une grande fraîcheur, au fond d'un vallon étroit et très-herbeux. De l'autre côté du ruisseau s'élève rapidement une montagne abrupte terminée par un piton, surplombant à une hauteur considérable au-dessus de la vallée.

On arrive au sommet, du côté de l'orient, en montant une vaste pente assez douce s'élevant au centre d'un amphithéâtre de grandes collines. A la pointe du piton, tout à fait stérile et découverte, s'étend une terrasse de cent pas de développement à peu près, s'étendant du nord au sud, face au soleil levant. Cette terrasse est formée de blocs de rochers bruts d'une grosseur considérable, bien ajustés les uns dans les autres. C'est une construction absolument semblable, et sans la moindre différence, aux monuments appelés en Europe cyclopéens, et je ne fais aucune difficulté d'en identifier le style et le caractère avec ce que j'ai vu au Pelasgikon d'Athènes et dans les ruines de Tyrinthe. L'aspect de force et de grandeur est largement empreint et frappant au plus haut degré dans ce monument des anciens âges, et on admire, en le contemplant, l'adresse dont les constructeurs ont usé pour utiliser des matériaux si rebelles. De ce qu'il n'y a pas de débris considérables aux alentours et que les flancs de la montagne ne sont chargés d'aucun fragment roulant, on peut induire que l'ouvrage est, à peu de chose près, aussi entier qu'il le fut jamais, et que les siècles, si nombreux qu'ils aient passé sur lui, n'y ont pu mordre.

L'espace bâti est extrêmement étroit. Lorsqu'on a escaladé la terrasse, huit ou dix pieds seulement séparent de l'abîme ouvert à l'autre bord. Ce n'est donc pas une fortification. Ce ne saurait être le débris d'un château. Du reste, il n'y a pas d'eau sur cette roche aride ni aucune possibilité d'en faire venir que de très-loin. On n'a donc jamais pu songer à en faire un lieu d'habitation.

La légende locale rapporte que c'était là la « Nakhor-é-Khanéh », « la tribune aux tambours de Zohak », c'est-à-dire le lieu où tous les jours, au lever et au coucher du soleil, des hommes portant des tambours et de longues trompettes

CHAPITRE III. — LA FAMILLE ARIANE.

de cuivre faisaient entendre des fanfares. Cet usage, un des principaux attributs de la royauté iranienne, s'observe encore maintenant. Dans l'origine, il devait avoir un caractère religieux et était probablement destiné à saluer le soleil, quand cet astre paraît sur l'horizon et quand il le quitte.

La terrasse de Demawend était donc un édifice voué au culte des premiers colons arians de la contrée, et elle offre un précieux exemple de la façon dont ceux-ci pratiquaient l'art de construire. D'après ce que l'on voit encore des œuvres de leurs parents d'Europe, on s'imagine assez quelles masses énergiques et rudes devaient présenter les forteresses et les enceintes, et quelle majesté éclatait dans ces créations de la force.

Pour défendre de tels retranchements contre les attaques des autochthones et pour opérer la conquête du pays, la légende n'attribue d'abord aux Iraniens que des armes de bois et de pierre. A tout ils préféraient l'arc, et les Scythes, comme les Hindous, étaient du même avis. Parmi les outils de guerre, c'était le plus noble et celui auquel était confié particulièrement l'honneur national. Cette idée ne s'éteignit jamais. Les Achéménides se firent honneur d'y rester fidèles, et Eschyle, interprète magnifique de leur pensée, montre Xerxès « avec le regard sanglant et enflammé du dragon bondissant pour saisir sa proie », quand « il pousse les armées, les flottes et les chars de guerre de » l'Assyrie vers la bataille où les flèches doivent l'emporter » sur les lances. » Les Parthes, comme leurs prédécesseurs, mirent un archer sur leurs monnaies. Les Grecs avaient la plus haute opinion de l'arc arian, et Hérodore d'Héraclée rapporte qu'Hercule en possédait un de cette espèce dont le Scythe Teutar lui avait appris le maniement [1].

Il est probable qu'aux premiers temps les flèches étaient

---

[1] HERODOROS, p. 29, éd. Didot.

armées de silex ou d'os pointus et affilés. En outre, les Arians se servaient à la chasse, et sans doute aussi à la guerre, de cette longue corde à nœud coulant que l'on appelle « lasso » dans le nouveau monde et qu'ils nommaient « çnavara ». Ils portaient sur l'épaule la massue, restée chez les Grecs anciens attachée au souvenir héroïque d'Hercule. Enfin, ils se couvraient de cuirasses fabriquées avec le cuir des tigres et d'autres bêtes de proie.

Ils possédaient certainement des chevaux, puisqu'ils se nourrissaient de lait de jument. Cependant ils employaient aussi les taureaux et les vaches non-seulement comme bêtes de charge, mais comme montures. Les guerriers fameux des temps primitifs sont dépeints par la tradition chevauchant sur des taureaux. Cet usage s'est conservé dans quelques parties de la haute Asie, et notamment dans celles qui confinent au Thibet. Les voyageurs modernes parlent des taureaux de selle comme d'animaux vifs, alertes, difficiles et pleins de feu. Au moyen âge, vers le huitième siècle de notre ère, il existait dans les montagnes de Rey une tribu appelée Gaw-Séwaran, « les cavaliers montés sur des taureaux », et j'ai vu souvent dans cette même région (la vallée de Lâr et plusieurs autres parties de l'Elbourz) des nomades et leurs familles voyageant de cette manière. La race des bêtes à cornes employée de la sorte par les Arians appartenait à l'espèce bossue que les Persans actuels nomment « bœufs du Seystan », et qui se montre sur quelques espèces de dariques et sur beaucoup de pierres gravées et de monnaies arsacides. Ce sont des animaux à formes délicates et dont l'œil est brillant d'intelligence.

Dès cette époque même on voit les chars de guerre, machine assez compliquée et qu'on ne s'imagine pas aisément avoir roulé dans des contrées montagneuses et à tout le moins privées de routes. Aussi serais-je porté à croire que ce n'était pas dans sa rapidité que le char de guerre des premiers Iraniens avait son principal mérite. Il ne faut peut-être pas se le figurer pareil aux véhicules légers figurés sur les sculptures assyriennes, et dont la Bible, comme l'Iliade, a célébré les exploits. C'était plutôt la maison roulante du Scythe, couverte d'un toit d'osier, et où s'abritaient avec la famille de l'Arian voyageur, les provisions, les meubles, les ustensiles que le guerrier emportait avec lui. Par sa pesanteur même, par sa force, cette masse passait partout. Elle servait de rempart aux retranchements provisoires ; elle était elle-même une forteresse ambulante du haut de laquelle les hommes de chaque famille repoussaient leurs ennemis. Ses roues ne volaient pas encore à travers des nuages de poussière ; elles marchaient et tournaient sans s'arrêter et écrasaient sous leur poids les résistances. C'était aux flancs de cette demeure ambulante que s'attachaient les étendards bariolés dont parlent les Védas, et qui déjà alors étaient des signes d'honneur et de puissance.

On vient de contempler l'émigrant arian entouré des siens, menant ses troupeaux gardés par ses chiens, couvert de ses armes, guidant ses chariots, voyageant sous ses étendards ; on aperçoit distinctement les hommes grands, blancs, blonds, aux yeux bleus, à l'aspect belliqueux et fier de cette race aventureuse. De mœurs austères, mais dure et toujours avide de lutte et de conquête, on n'est pas étonné d'apercevoir chez elle, dès l'abord, deux passions peu retenues qui furent partout et toujours ses traits distinctifs. Les Iraniens, comme les Hindous, comme les Scythes, comme les Achéens, comme les Germains, comme les Scandinaves, aimaient l'ivresse et les jeux de hasard. Ils se livraient avec furie à ce double égarement. Pour les jeux de hasard, les Védas d'une part, les Sagas de l'autre, nous en parlent assez ; mais l'amour des boissons spiritueuses s'est marqué d'une manière plus curieuse encore.

Parmi les choses les plus vénérées et les plus vantées dont fassent mention les mythologies des peuples blancs, on trouve chez les Grecs une boisson divine, l'ambroisie; chez les Hindous, l'amrita, dont le nom paraît être une forme peu différente du même mot; chez les Scandinaves, c'est la bière céleste des dieux, et que les dieux brassent eux-mêmes avec un soin tout spécial; chez les Arians-Iraniens, le homa, que les Arians de l'Inde connaissent aussi sous le nom de soma.

Le homa est une plante qui croît dans le Turkestan actuel, l'ancienne Sogdiane, la Bactriane, et dans les régions situées plus au nord, séjour primitif des Arians. On en trouve aussi sur les montagnes du Kerman. La botanique la connaît sous le nom de « sarcostema viminalis ». Lorsqu'on en mêle les tiges ou pousses pulvérisées au lait caillé, à la farine d'orge ou à une céréale appelée par les Hindous « nivara » ou « trinadhanya », qui pourrait être du riz sauvage, et qu'on laisse ensuite fermenter le liquide qu'on en extrait, on obtient un breuvage fort et enivrant, considéré comme sain, nutritif et propre à donner à la fois de l'énergie et de la durée à la vie; c'est d'après cette idée que les dieux du panthéon hindou, grands amateurs du soma ou amrita, se réjouissent d'en faire usage.

On peut comprendre d'après ce récit comment les Arians-Hellènes ont tantôt considéré l'ambroisie comme un mets, ce qui ressort du texte d'Homère, tantôt comme une boisson, ce que l'on voit par Alkman et par Sappho. Une boisson faite de plantes triturées et de graines quelconques devait naturellement laisser un marc propre à servir de nourriture.

De même que les Arians-Hindous ont deux manières de désigner l'aliment divin, de même les Arians-Hellènes appellent aussi « nectar » ce qu'ils nomment ambroisie et qui est à la fois aliment et breuvage, jouissant d'un caractère d'incorruptibilité tel que les corps qui en sont frottés, comme celui de Patrocle, par exemple, ne peuvent plus se détruire. C'est une forme particulière de l'idée d'immortalité que les Hindous et les Grecs eux-mêmes nous ont déjà montrée être inhérente à l'aliment divin. Pour les Arians-Iraniens, s'ils ne connaissent que le mot « homa » pour indiquer la liqueur céleste, c'est que l'autre expression s'est attachée de bonne heure à des emplois tellement et si constamment vulgarisés que la sphère mythique n'a pu les saisir. Ainsi l'ameretat, cité par le Yaçna (III, 61 et ailleurs), et que le passage qualifie de « vache bien créée », n'est autre chose que du lait fermenté, et le rapport direct du mot zend « ameretat » avec le sanscrit « amrita » et le grec « ambroisie » ne saurait être méconnu. Quoi qu'il en soit, le homa est en grand honneur dans l'Avesta, qui ne le cède en rien aux hymnes hindous pour la magnificence des prérogatives qu'il lui accorde. Le homa donne la santé, la nourriture, la beauté, la force, des enfants, une longue vie, la victoire sur les mauvais esprits, une demeure parmi les saints, et enfin l'immortalité. Deux passages du Yaçna, traitant de la très-ancienne communication du homa aux hommes, assurent que le père de Zoroastre était, dans l'ordre des temps, le quatrième adorateur de ce présent céleste; quant au premier, c'est le père même du Roi, ou, pour mieux dire, des hommes, ce qui signifie assez clairement que les mérites du homa et la façon de les produire sont considérés par le Yaçna comme des découvertes absolument primordiales.

Chez les Scandinaves, le souvenir des mets favoris des premiers ancêtres n'est pas moins resté très-apprécié, très-connu. Odin le belliqueux ne vit éternellement que du vin qu'il se verse, assure le Grimnismal. Ici le fait s'est conservé sans le nom; le breuvage est immortel, incorruptible, il communique ses qualités à ceux qui en usent, mais il s'appelle tantôt vin, tantôt bière, tantôt hydromel. En réalité, chez les Hindous, les Iraniens, les Scandinaves, il s'agit d'une boisson enivrante, excitante, fortifiante, qui, en causant l'exaltation de l'esprit, paraissait donner de grands biens, et dont la composition a d'autant plus varié que ce qu'on remarquait en elle c'était bien moins sa substance que ses effets.

Religieux, les Iraniens l'étaient à un degré suprême. C'était l'âme de leur société et le pivot de toutes leurs actions que de se tenir dans une communion incessante avec ce qui nous semblerait être le monde surnaturel et qui n'était pour eux que le monde même dans lequel ils croyaient vivre. Rien n'était ni plus mystérieux ni moins expliqué à leur esprit que leur existence propre, et ils ne trouvaient pas plus difficile d'admettre la présence invisible et l'action incessante des dieux sur ce qui les touchait, que de concevoir comment et pourquoi ils se trouvaient eux-mêmes sur la terre. S'estimant comme des créatures d'un ordre décidément supérieur, il ne leur coûtait pas d'avouer qu'au-dessus il existait encore d'autres forces, et d'autant moins que s'imaginant leurs ancêtres au milieu de celles-ci, ils ne doutaient pas de pouvoir s'élever à leur tour à une semblable égalité, et dès lors ils considéraient avec respect sans doute, mais non pas avec crainte, non pas avec servilité, ces dieux, leurs futurs compagnons. S'ils les rabaissaient par de telles opinions, c'était en cela seulement qu'ils s'exaltaient eux-mêmes sans mesure. Ils se rangeaient sans scrupule dans les limites du monde supérieur. La foi qu'ils portaient à ce monde était aussi le résultat de leur mépris et de leur

CHAPITRE III. — LA FAMILLE ARIANE. 39

haine pour tout ce qui n'était pas eux dans l'humanité, ou pour les formes de la création qu'ils reconnaissaient comme impures et haïssables.

Cette doctrine par laquelle l'univers et son contenu sont séparés en deux parties antagonistiques odieuses l'une à l'autre, est le point le plus capital, le plus saillant, le plus vital de la religion primitive des peuples blancs. Aimer ce qui est pur, détester ce qui ne l'est pas, voilà le premier principe, je dis le plus ancien, voilà la base sur laquelle s'est développée toute la morale humaine.

La nuit, favorable aux surprises, grosse de terreurs, inquiétante aux yeux, était impure par le mal qu'elle facilitait, et les ténèbres, en conséquence, étaient la source même et l'image et le symbole constant de ce qu'il y avait de pis, car elles faisaient tout soupçonner. L'esprit de populations jeunes encore, n'ayant pas de longs siècles d'expérience, jugeait en bloc et distinguait peu. Les animaux féroces ou traîtres, la classe cauteleuse des reptiles, étaient impurs en tant que redoutables, et l'extermination était l'unique moyen que l'on comprît de se garder contre des adversaires de telle espèce[1]. Les êtres humains non Arians étaient impurs, car, attaqués ou attaquants, ils nuisaient, et parlant un langage incompréhensible, on les jugeait stupides, peut-être l'étaient-ils. Enfin, comme tout ce qui produisait le mal était impur, il arrivait qu'un Arian lui-même, qu'un objet de nature ordinairement inoffensive se pouvait classer par sa faute (on n'admettait pas d'action purement involontaire) parmi les choses impures, et ce fut en conséquence d'un premier emploi de la réflexion qu'on admit pour cette cause la possibilité des réconciliations, et le pardon motivé et l'effacement des offenses; de là les purifications plus ou moins laborieuses, plus ou moins difficiles, les expiations dont la forme, le caractère, la

[1] HÉRODOTE, I, 140. — SPIEGEL, *Vendidad*, t. I, p. 83.

portée ont changé avec la nature des doctrines, mais qui, en fait, ont existé chez tous les peuples blancs de l'antiquité, pour les hommes, pour les animaux, pour les armes, pour les pierres, pour tout au monde.

Il est bien constant que, dès l'époque première, et quand les Arians habitaient encore l'Ayryana-Vaëja, cette conception s'était formée, que la cause de toute impureté, de toute obscurité, de tout mal, gisait dans l'essence d'un esprit pervers qu'il fallait combattre et repousser à tout prix. Rien n'indique que cet esprit pervers fût alors considéré comme l'égal en puissance de l'Éternité lumineuse à laquelle se vouaient les adorations. Les Arians n'ont pas professé le dualisme. On ne trouve rien de ce dogme dans les Gathas, ces plus anciennes parties de l'Avesta; les Védas n'en indiquent rien; les Grecs primitifs ne le connaissent pas non plus; quoi que ce soit de semblable n'a été aperçu chez les Scythes, ni plus tard chez les Scandinaves. Le mal existe, sans aucun doute, à l'état de protestation et de révolte incessante contre la Divinité suprême; pourtant, celle-ci plane seule, assurée de la victoire finale et maîtresse de toutes choses dans l'immensité de ses créations.

Cette divinité primordiale, Ahoura-Mazda, Varounas, Ouranos, est incontestablement l'impression produite par la vue du ciel étendu, enveloppant et lumineux. On ne peut pas dire, en lisant les Gathas ou les Védas, que les Arians aient eu précisément l'esprit métaphysique; c'étaient beaucoup plutôt des hommes doués pour l'action et préférant les surfaces aux profondeurs; mais, comme ils avaient l'âme poétique, comme leur pensée généralisait facilement, il n'est pas non plus admissible de leur prêter pour le ciel, matériellement pris, une adoration qui n'eût pas cherché une âme dans ce ciel même et une force invisible agissant au sein de son infini.

CHAPITRE III. — LA FAMILLE ARIANE.

C'est pour cela que cette âme, que cette force invisible, ils la supposaient partout, dans le soleil, dans le feu, dans l'eau, bien plus dans la prière, dans l'ensemble du sacrifice, dans chacun des rites religieux; ils la voyaient et la décrivaient, pleine de vie, de puissance, d'intelligence et de volonté, dans les nuages, dans la pluie bienfaisante; dans les variations de la lumière à chaque heure du jour; malfaisante aussi, comme provenant de l'esprit mauvais, dans les éclats de la foudre et les coups frappés par la tempête. De là, les Yazatas, ces dieux inférieurs dont Ahoura-Mazda s'entourait, et qui, réunis à lui, conversaient familièrement avec les hommes de la race pure. Cette façon de comprendre la nature, qui se montre si bien chez les Grecs dans le mythe d'Ixion et des Centaures, dans celui des Dioscures et dans tant d'autres, qui n'est pas moins visible dans la théogonie scandinave, n'aboutit jamais chez ces derniers peuples, ni chez les Iraniens non plus, à l'anthropomorphisme où des circonstances spéciales la firent tomber dans l'Hellade, ni tout à fait au symbolisme effrayant qu'elle finit par revêtir dans l'Inde. Les premiers Iraniens n'élevaient pas de temples. Ils ne connaissaient pas de représentations matérielles des objets de leur adoration. Les sacrifices, les hymnes, les prières, leur tenaient lieu de tout. La nature entière leur était, comme aux Scythes, un sujet illimité et illimitable de respect; et quant aux rapports qui unissaient les hommes purs à cet ensemble sacré, j'ai déjà montré à quel degré ils étaient étroits. L'univers pur était créé pour eux, pour les servir, pour les favoriser en toutes choses, pour recevoir leurs éloges et leur rendre des bienfaits; et j'ai déjà dit aussi que la mort portant les Arians dignes de ce nom au sein des formes de la toute-puissante existence, leur donnait part à la majesté et à l'activité propres à celle-ci. De là le culte des ancêtres.

Dans ces temps anciens, on ne croyait pas que l'homme fût parvenu de lui-même à la sublimité de telles connaissances. Dieu non plus ne lui avait pas révélé sa foi sans intermédiaire. Il y avait eu déjà deux initiations. L'une provenait de l'oiseau Karshipta, et était la première, celle qui se perdait dans la profondeur des temps. L'autre avait eu pour propagateur un homme, et le nom de ce voyant était Ourvatat-Naro, au dire du Vendidad [1].

Il est plus facile de faire ici des rapprochements que d'obtenir une solution raisonnable et surtout positive de l'énigme que présente l'apparition d'un oiseau dans le personnage de prophète. Quand on aura rappelé le rôle joué par la colombe de l'Arche au moment où finit le déluge, et la place distinguée occupée par l'aigle aux pieds du Jupiter hellénique, on n'aura pas beaucoup avancé la question. Seulement, et sur le second point surtout, on aura relevé une coïncidence assez frappante dans les traditions de deux peuples parents, et par conséquent on aura pu établir au moins, surtout après avoir rappelé le souvenir du Garouda indien, bien identique avec le Karshipta, que la doctrine qui prêtait à ce dernier un rôle si important dans l'action religieuse datait de ces années où les Arians étaient encore réunis dans la patrie primitive.

Il n'en est pas de même d'Ourvatat-Naro. Ce nom ne signifie autre chose que « l'homme d'Ourva », et Ourva, « fécond en pâturages », et que je crois pouvoir retrouver à l'est de Kaboul, ne fut que le septième pays colonisé par l'émigration iranienne. Il se produisit donc dans cette nouvelle contrée un homme inspiré du ciel, qui apporta des modifications importantes aux idées du culte. Cependant, comme rien dans ce qui a été dit plus haut n'est particulier aux habitants de l'empire iranien, et que les peuples de l'Occident et du Nord, leurs parents, possédaient

---

[1] Spiegel, *Vendidad*, t. I, p. 77.

ces mêmes idées, je crois que les doctrines du prophète d'Ourva devaient tendre plutôt au maintien qu'à l'amplification des notions du passé, et j'en reparlerai quand le moment de traiter ce sujet sera venu. Restons, pour le moment, dans la haute antiquité où les peuples n'avaient pas encore besoin de réformateurs.

On vient de voir tout à l'heure que si les Arians n'avaient pas de temples ni de représentations visibles de la Divinité, l'autel domestique et, probablement de même, l'autel élevé par une communauté d'adorants plus vaste que le cercle restreint d'une famille, leur en tenait lieu sous les rapports principaux. Le sacrifice en devenait plus imposant, les rites suivis en étaient plus mystérieux et plus dignes de respect, puisqu'ils n'avaient pas à partager la vénération débordant de l'âme des fidèles avec des objets étrangers à eux. La partie la plus essentielle du culte, c'était certainement le sacrifice. Là se concentrait ce que l'homme pouvait faire de plus considérable pour les dieux, et ce que les dieux estimaient davantage dans les actions de l'humanité. Considéré sous cet aspect, le sacrifice a toujours constitué un acte si auguste, que les diverses religions ont tendu à en rendre l'objet le plus digne possible d'être offert à la Divinité. Dans le christianisme, les catholiques présentent à Dieu, Dieu lui-même. Les protestants, à défaut d'une telle victime que leurs dogmes ne mettent pas dans leurs mains, élèvent l'âme du suppliant à son créateur et la lui vouent. Pour les anciens peuples arians, on les a vus dans les stages les plus purs de leur existence, alors que leur conscience agissait libre de suggestions étrangères, immoler sur leurs autels des hommes vivants. Cette dévotion redoutable a été reconnue par l'universalité de la race comme étant la plus vénérable.

Les Scythes choisissaient du nombre de leurs prisonniers tous les centièmes. Ils versaient du vin sur la tête du captif, égorgeaient celui-ci au-dessus d'un vase où coulait le sang, qui ensuite était versé sur un bûcher au milieu duquel s'élevait l'épée, admise à représenter l'attribut divin auquel ils rendaient le plus d'hommage. Il ne faut pas oublier qu'il s'agit ici d'une époque relativement basse, où les Arians-Scythes avaient déjà élaboré des notions religieuses particulières. On coupait ensuite et on jetait en l'air les bras droits des hommes sacrifiés après en avoir séparé les mains ; où ces bras tombaient, ils restaient, et les cadavres étaient abandonnés sans sépulture [1].

Il serait superflu d'insister sur la continuation de ce mode de sacrifice chez les peuples issus des Arians-Scythes répandus successivement dans le nord et l'occident de l'Europe. On sait assez quel sort attendait les prisonniers romains sous les ombres des forêts sacrées des Chérusques, et jusqu'au milieu des temps mérovingiens on voit les Franks offrir des hommes aux dieux du Nord, quelquefois même aux dieux topiques des contrées qu'ils traversaient. Cette notion, conservée très-tard par les populations germaniques, était si fort généralisée dans l'ancien monde, que le christianisme a eu beaucoup de peine à la détruire, et jusque dans le dix-septième siècle, un chef cosaque, Stenko-Razin, croyait acquitter une dette de conscience en précipitant dans le Wolga, du haut de son navire, une fille persane enlevée dans une expédition heureuse.

Les Arians-Hindous ont pratiqué de même les sacrifices humains et les ont tenus pour particulièrement nécessaires dans cinq occasions capitales. La première, lorsqu'il s'agissait de la fondation d'un édifice. C'était afin d'assurer la durée du monument. Cette notion spéciale se rencontre dans les traditions romaines comme dans les souvenirs des Slaves et des Germains. La tête de la victime était séparée du tronc, qui était jeté dans l'eau destinée à la

---

[1] Hérodote, IV, 62.

préparation des briques. Quant à la tête, elle était enfouie avec les fondements [1].

· La seconde occasion était la consécration royale; la troisième était l'Açvamedha ou « sacrifice du cheval ». Il était alors de règle que l'homme dévoué fût conduit au fleuve, enfoncé dans l'eau jusqu'à étouffer, et alors on versait le sang du cheval sur sa tête [2]. Ce rite se rapporte assez à la libation du vin telle qu'on l'a vue tout à l'heure pratiquée chez les Scythes.

Pour le quatrième cas, qui avait lieu à la fête du solstice d'hiver, les cérémonies ordonnées sont tombées dans l'oubli, et il paraît n'en être resté aucun souvenir; mais en ce qui est du cinquième, célébré indifféremment à la volonté des dévots, on se procurait à prix d'argent un brahmane ou un kjattriya, et, pendant une année, on lui accordait toutes les jouissances possibles, sauf ce point qu'une chasteté absolue était nécessaire. Le moment du sacrifice arrivé, on couvrait la victime d'un riche vêtement rouge tissu des filaments de la plante appelée kouça, et on l'étouffait. On voit que, dans l'accomplissement de ces rites redoutables, les Arians-Hindous ne se contentaient pas de captifs étrangers, d'hommes et de femmes pris parmi les basses castes, de vagabonds ou de criminels ; ils voulaient des guerriers de race noble, et non-seulement des brahmanes, mais même des personnages appartenant à la famille particulièrement sacrée d'Atri [3].

D'après l'exemple des deux grands rameaux arians, les Scythes et les Hindous, qui restèrent le plus longtemps réunis aux nations iraniennes, il n'est pas croyable que celles-ci, qui, jusqu'à une époque avancée, accep-

---

[1] WEBER, *Ueber Menschenopfer bey den Indiern der vedischen Zeit*, p. 264.
[2] *Ibid.*, p. 268.
[3] *Ibid.*, p. 279.

tèrent les mêmes dogmes, n'aient pas connu et pratiqué les sacrifices humains et n'aient pas commencé par voir, non pas une souillure imposée à la terre nourricière et dépositaire de la vie, mais bien, au contraire, une restitution sacrée, dans l'effusion du sang et l'expiration forcée de l'âme sur un sol béni et dans des circonstances solennelles.

Hérodote raconte que Xerxès étant arrivé au fleuve Strymon, trouva au delà neuf routes qui y aboutissaient, et qu'aussitôt il fit enterrer vivants neuf garçons et neuf filles du pays, en vertu d'une idée particulière aux Perses, ajoute l'historien; et à ce propos il rappelle que lorsque la femme de Xerxès, Amestris, fut parvenue à une vieillesse avancée, elle fit de même enterrer deux fois sept enfants appartenant à des familles illustres, afin, dit-elle, de racheter son salut du dieu qui règne sous la terre [1]. On pourrait supposer, il est vrai, que de tels rites avaient été empruntés par les Perses aux populations sémitiques auxquelles ils étaient alors mêlés. Cependant, on doit remarquer que le rapport avec les Scythes et les Indiens ne permet pas de recourir à cette supposition, et que, bien que l'horreur inspirée plus tard aux Arians par le mode d'adoration observé ici ait dû contribuer à faire disparaître de l'Avesta les textes anciens qui s'y rapportaient, ce qui, du reste, est aussi arrivé chez les Indiens, autant que les théologiens du pays l'ont pu tenter, il reste certain que les Iraniens de l'époque primitive ont, comme tous les peuples blancs, pratiqué le meurtre hiératique des hommes.

Après cette offrande, jugée la plus excellente, ils sacrifiaient aussi des chevaux, de même que les Indiens, les Scythes, les Germains, les Franks, et c'était là un sacrifice d'une grande importance. Ensuite, à un rang inférieur, se plaçaient les offrandes de moutons et de chèvres [2].

---

[1] Hérodote, VII, 114. — [2] Hérodote, IV, 61.

CHAPITRE III. — LA FAMILLE ARIANE.

Les Iraniens, en tant que naturalistes, ne pouvaient, non plus que les autres peuples de leur race, appartenir à la série très-moderne des populations purement monothéistes. On a vu déjà que le Dieu céleste, le grand Dieu, se présentait à Yima entouré des Yazatas ou divinités secondaires. Il en était ainsi chez les Arians-Scythes et chez les Arians-Hindous; et le nombre de ces divinités secondaires, quand avec le cours du temps et le raffinement graduel des idées il vint à augmenter, finit par composer un véritable Panthéon que l'influence des idées sémitiques revêtit d'une teinte de mysticisme au temps des Achéménides, et qu'ensuite, vers la fin de cette dynastie, l'influence grecque tourna, tout au contraire, vers l'anthropomorphisme et la réalité un peu brutale des formes plastiques. Dans les temps vraiment anciens, les Yazatas se réduisaient à un petit nombre, et tels on les trouve chez les Scythes, tels ils étaient aussi chez les Iraniens, coreligionnaires de ceux-ci, et, pour les uns comme pour les autres, ils entouraient le Dieu céleste et ne semblent pas lui avoir été très-inférieurs.

C'était, après lui, la Terre ou Çpenta-Armaïti, féconde et nourricière; les Scythes la nommaient Apia; c'est un mot analogue au zend « apa », « sur, au-dessus », c'est-à-dire « la surface ». Venait ensuite le Feu, l'Agni indien, si vénéré des Perses de toutes les générations, qu'on a cru quelquefois devoir le considérer comme leur dieu suprême, tant ils lui multipliaient les hommages. Ce Feu sacré s'appelait pour les Scythes « Tabiti ». On peut y voir une combinaison des deux racines « dâ », « donner », et « vid », « connaître, savoir », « celui qui donne, qui crée, qui possède l'intelligence », autrement dit « l'Intellectuel ». Le soleil était encore, en même temps que le plus ancien symbole de l'empire iranien, un des premiers objets de l'adoration des multitudes. Les Scythes le nommaient

« OEtosyros », qu'on peut rapprocher de « aïti », « au-dessus », et de « soura », « le héros », ce qui signifierait « le Héros suprême ». Artimpasa l'égalait en vertu ; c'est cette divinité qu'Hérodote appelle la Vénus céleste et qu'ensuite Artaxerxès adora sous un nom que le même historien rend par l'expression sémitique d' « Anaïtis » ; en réalité, c'est la lune, et le nom scythique se décompose en deux mots zends, « arta », « noble, illustre », et « path », « marcher », « la déesse à la noble démarche ». A ces dieux, les Scythes royaux, dit Hérodote, en ajoutaient encore un. Comme les Scythes royaux sont les véritables Scythes-Arians, il n'y a pas lieu de passer sous silence un des objets de leur adoration : c'était un Neptune, Thamimasadas. Ce dernier nom est difficile à reconnaître ; peut-être pourrait-on le comparer avec le sanscrit « tama », « obscurité », et le zend « asha » et « ashivat », « doué de pureté », ce qui signifierait « la mer pure et sombre » ; on doit ici remarquer que les Indiens ont donné la qualification de « tâma » à deux rivières, la Tapti et la Yamouna. Mais un tel rapprochement est plus que conjectural et il vaut mieux le laisser, en se contentant de ce fait que Thamimasadas est le même que l'Ardvisoura des Iraniens, c'est-à-dire l'eau en général. L'important, c'est que les dieux des Scythes représentent parfaitement les dieux des Iraniens primitifs[1].

Résumant ce qui précède, on n'aura pas de peine à se représenter les nations sorties de l'Ayryana-Vaëja, les pensées qui les animaient, les ressources dont elles disposaient, le but qu'elles se proposaient, non plus que les ennemis qu'elles avaient à vaincre et à déposséder.

[1] Lassen, *Indische Alterthumskunde*, t. I, p. 517, remarque que les objets communs de l'adoration des Hindous et des Iraniens dans les Védas et dans l'Avesta ne sont rien de plus que le feu, le soleil, la lune, la terre, l'eau, et que tout ce qui est spécial dans les livres sacrés que je viens de citer appartient aux époques où la séparation des deux peuples avait déterminé deux cours de notions différentes.

A de longs intervalles, dans les contrées envahies, s'élevaient des bourgs fortifiés, des villages, des châteaux. Les populations immigrantes étaient trop faibles en nombre pour pouvoir dès l'abord occuper tous les points. Les cultures, aussi étendues que possible, ne l'étaient pas cependant assez pour franchir l'enceinte des retranchements qui, surtout dans les provinces de l'ouest et du sud, les protégaient contre les attaques des aborigènes. Les lieux déserts abondaient, et, non moins que les noirs, les loups, les ours, les tigres, les bêtes de proie de toute espèce, se montraient peu pressées de céder leurs domaines séculaires. Quand la nuit couvrait les campagnes, les hurlements des chiens aimés et vigilants avertissaient les Arians endormis des dangers que couraient leurs troupeaux. Alors l'homme de garde entretenait plus vif le feu du pyrée, et les guerriers sortaient pour faire face au péril.

Si, au lieu de quelques monstres des bois, les Arians armés voyaient de loin sauter et s'agiter dans les ténèbres les faces démoniaques des dyws, tout le monde averti était sur pied et courait repousser les assaillants. Pendant le combat, le guerrier de la Loi pure massacrait sans pitié et sans remords. Après la lutte, si sa colère était trop excitée, s'il avait quelque injure, quelque malheur à venger, il massacrait encore. A la fin, sa fureur s'épuisait, et les ennemis restés debout pouvaient vivre. Ils devenaient des esclaves et habitaient désormais sous l'ombre de leurs maîtres. Quand l'Iranien était vaincu et son enceinte forcée, il apprenait à ses dépens que les dyws en savaient long en fait de cruauté, et une tuerie générale, à laquelle échappaient à peine les femmes, était l'accompagnement d'un incendie qui à la place de la cité naissante ne laissait qu'un monceau de cendres.

C'est ainsi que la colonisation se faisait au milieu de dangers constants, de combats perpétuels, d'une vigilance de tous les instants, soutenue par le sentiment exalté que nourrissaient les Iraniens de leur noblesse, de leur supériorité, de l'évidence de leurs droits, et par leur mépris sans bornes pour les créatures dont ils venaient saisir le sol. On se représente assez bien leur situation en se mettant devant les yeux celle des puritains anglo-saxons, leurs neveux, colonisateurs de l'Amérique du Nord, et les luttes que ces derniers eurent à soutenir contre les sauvages.

Successivement et par de longs efforts, et avec l'aide de plusieurs siècles, les Arians s'emparèrent complétement de toutes les contrées que j'ai nommées, sans que ce nouvel empire leur fît jamais oublier leurs demeures de l'Ayryana-Vaëja, restées au fond de leur mémoire comme un paradis. Ils ne renoncèrent pas aux mœurs qu'ils avaient eues dans la patrie première. Ils en continuèrent la tradition et les habitudes. Ils en gardèrent les lois et les institutions. Jadis, le pays primitif avait été appelé par eux le « Vara », c'est-à-dire « l'enceinte ». Ils communiquèrent ce nom à leurs établissements, et en dehors ils ne reconnurent rien de sacré, de saint, de pur, c'est-à-dire, rien qui leur appartînt, qui leur donnât sécurité. Ce mot « vara » s'appliquait surtout aux bourgs, et à toute habitation ariane construite et défendue suivant les rites. Par extension, on le donnait à des districts, à des provinces, à des territoires tout entiers, absolument comme dans nos usages le mot « église » signifie aussi bien le temple étroit et rustique du dernier hameau que l'universalité de la société catholique qui couvre le monde. Dans le persan de l'époque sassanide, le mot « vere » ou « voourou » indiquait plus particulièrement une circonscription administrative; mais, je le répète, pour les premiers Iraniens, l'ensemble de leur empire s'appelait excellemment « le Vara ».

CHAPITRE IV.

LES DERNIERS ROIS DE L'AYRYANA-VAEJA.

La légende place en tête des généalogies royales un personnage qu'elle appelle Keyoumers. Avec une recherche d'exactitude qui paraît bien extraordinaire de sa part et dont il faut assurément lui savoir gré, elle ajoute que le monarque ainsi désigné ne portait pas ce nom avant de prendre le commandement suprême, et que l'on ne sait comment il s'appelait.

Keyoumers, en effet, n'est pas un nom à proprement parler. C'est un titre, qui ne signifie pas autre chose que « le roi du pays », et peut-être, en tenant compte de certaines particularités de l'orthographe persane, faut-il le traduire par « le roi des hommes ». « Key » est la dénomination du souverain chez toutes les branches de la famille ariane. Ce mot paraît se rattacher à une racine qui signifie « engendrer, créer ». Ainsi le « Key », le « Kava », « Kau », « Kung », « Konungr », « König », « King », a été originairement le père de famille, entouré de sa femme, de ses fils, de ses filles, puis ensuite de ses esclaves, de ses protégés, de ses tenanciers, de ses mercenaires, enfin de ses vaincus et de ses sujets. Il a tenu à l'esprit conquérant et organisateur de la race ariane de ne pas laisser la qualification glorieuse du chef s'atrophier au sein de la sphère patriarcale, où le titre à peu près analogue de « Sheykh », « le vieux », est, dans la plupart des cas, resté chez les peuples de race sémitique.

Le mot « Keyoumers », signifiant le roi du pays ou des hommes, et appliqué, ainsi qu'on vient de le voir, à un personnage dont on ignore le nom et dont, par conséquent, l'individualité reste très-indécise, prouve simplement que, dans une haute antiquité, l'Ayryana-Vaëja obéissait à des princes, que les différentes familles reconnaissaient le pouvoir monarchique, et que trouvant plus tard celles-ci, après leur dispersion, soumises unanimement à la même forme d'autorité, on n'a aucun motif de supposer que ce fut chez aucune d'elles une innovation [1].

Telle est aussi l'opinion des docteurs parsys qui ont composé le Déçatyr [2]. Ce livre est peu estimé en Europe, et, sous l'empire de préoccupations opposées à celles qui régnaient parmi les savants à la fin du dernier siècle, et qui tendaient à reporter l'origine des documents orientaux à des époques d'une antiquité effrayante, on s'est un peu hâté de rabaisser la rédaction du Déçatyr et surtout la naissance des idées qu'il expose jusqu'à des temps par trop rapprochés de nous. Plus on connaîtra l'Orient, plus on se convaincra qu'en pareille matière rien n'y a jamais été inventé, sinon la forme et la manière de représenter, de combiner et de juger les faits. Encore y faut-il beaucoup de temps, et il n'a pas existé, depuis l'Islam, une seule situation qui ait pu permettre aux Parsys de concevoir et

[1] La chronique de Hamza-Isfahany, rédigée sous une influence musulmane très-directe, confond Keyoumers, le premier roi iranien, avec le premier homme. Bien qu'elle ne dise pas qu'elle l'assimile à Adam, évidemment, c'est là ce qu'elle veut faire. Elle lui attribue un fils et une fille, Masha et Mashyanah, qui rappellent bien Maish et Isha du deuxième chapitre de la Genèse. La tradition scandinave a confondu de même le premier roi avec le premier homme, comme on le verra plus bas. Du reste, Hamza-Isfahany est un écrivain particulièrement systématique et à un point rare chez les Orientaux. La chronologie est sa grande préoccupation, et il aime infiniment les supputations astronomiques. Il a pourtant des renseignements pleins d'intérêt, et on a eu tort de douter de son livre. Il rapporte que Masha et Mashyanah restèrent soixante ans sans avoir d'enfants. Ensuite, en cinquante années, ils mirent au monde vingt-huit fils et filles.

[2] Le Dabystan-al-Mezaheb reproduit les idées du Déçatyr et contient, d'après ce livre, tous les faits dont l'exposé va suivre. J'ai préféré les prendre à la source où le Dabystan lui-même déclare les avoir puisés.

d'exécuter un travail aussi complexe que celui dont le Déçatyr est l'expression. C'est une œuvre sassanide, produit du travail des sectes sémitiques agissant sur les notions et les souvenirs de la race iranienne, leur donnant une teinte qui n'est pas la leur, se servant malgré tout de traditions conservées à travers de longs siècles et dont elle n'imaginait pas le fond. Toutefois, comme la façon dont le livre favori des Parsys accommode l'histoire primitive la noie, en quelque sorte, dans un océan d'apports et de couleurs hétérogènes, et qu'il est très-difficile d'en extraire toujours, d'une manière suffisamment sûre, les éléments positifs qui, sans nul doute, y sont conservés, je me bornerai à rappeler en quelques mots ce qu'elle présente de l'histoire primitive de l'Ayryana-Vaëja.

Suivant le Déçatyr, il y a eu cinq dynasties successives : la première, celle des Mahabadyans, a régné cent zads. Un zad vaut un vad, un vad trois mille djads ; un djad, mille mérous ; un mérou, mille véreds ; un véred, mille ferds ; un ferd, deux fois cinq cent mille ans, ou un million d'années, et chaque année des Mahabadyans est composée de trois cent soixante-cinq jours, dont chacun dure trente années ordinaires [1].

Il est bien évident que pour les esprits qui se charment à la lecture du Déçatyr, c'est à ces calculs et aux énormités chronologiques qui en résultent que s'attache surtout la séduction ; j'ai vu de ces raisonneurs, et je sais à quel point le chatoiement de myriades d'années les enivre et les éblouit : c'est précisément là ce que nous devons laisser à l'écart, et nous nous bornerons à saisir le nom

[1] On reconnaît sans peine, dans cette débauche chronologique, les calculs de sars, de ners et de sosses, dont Bérose fournit les exemples les plus ordinaires. Le sar valait 3600 ans, le ner 600, le sosse 120. De sorte que 60 était comme l'unité. Cette préoccupation d'esprit pourrait bien remonter à une origine indienne et se rattacher aux idées bouddhiques.

et la physionomie de la première race ou dynastie, les Mahabadyans. Ce sont les grands ancêtres, les hommes parfaits et incomparables qui ont commencé l'humanité, une humanité typique et supérieure de toutes les manières à celle qui s'est manifestée après eux.

Les Mahabadyans s'éteignirent, et les Djyans leur succédèrent. Ce fut encore une grande race, bien qu'inférieure en puissance et en mérites à celle qui l'avait précédée. Après les Djyans, qui se terminèrent à Djy-Alad, Kélyw, surnommé « Shay » ou « le serviteur de Dieu », forma une troisième dynastie de créatures humaines, qui furent moitié des souverains, moitié des ascètes. On les nomma la race des Shayans; elle finit à Shay-Mehboul. Puisque les ascètes étaient déjà nécessaires à cette époque, c'est que le monde était entré dans la période des luttes, et que le bien se trouvait en face du mal et forcé de le combattre. Seulement, comme la création était encore douée d'une grande vigueur, que tout s'y faisait dans de puissantes proportions, on peut assez s'imaginer que l'ascétisme des Shayans était gigantesque, comparativement à ce que les saints des époques postérieures ont pu entreprendre.

Après Shay-Mehboul vint Yasan, source d'une nouvelle lignée, moindre en valeur que la précédente; on l'appelle celle des Yasanyans, dont le dernier fut Yasan-Adjam. L'essence vitale allait s'affaiblissant à mesure que ces générations se remplaçaient les unes les autres. Néanmoins, les Yasanyans étaient toujours bien préférables à ceux qui devaient leur succéder. C'étaient au moins des demi-dieux, car ils donnèrent le jour aux héros. Keyoumers, ce roi innommé, ce chef des hommes, vaguement indiqué, fut le fils de Yasan-Adjam, un fils de nature moins haute, le père des grands personnages qui allaient suivre, et qui, tout vénérables qu'ils doivent nous paraître, ne

CHAP. IV. — LES DERN. ROIS DE L'AYRYANA-VAEJA. 55

sont cependant que des hommes comme nous, de l'avis du Déçatyr, et ce livre se borne à célébrer leurs vertus, non pas l'élévation de leur nature.

Je ne crois pas, je le répète, que cette légende ait été inventée dans le moyen âge, comme le veulent les critiques actuels ; je n'admets pas même qu'elle l'ait été sous les Sassanides, époque à laquelle il faut certainement faire remonter sa rédaction et la forme toute particulière dans laquelle elle nous est parvenue. Pour démontrer cette opinion, il n'est besoin que de comparer les récits du Déçatyr à certains passages des annales les plus antiques des autres rameaux de la race blanche. Ce rapprochement suffira pour démontrer combien une telle tradition est précieuse, et à quel point ce qu'elle renferme est d'un sens profond et digne d'être sérieusement médité [1].

Hésiode, si tant est que ce laboureur éolien d'Askra ait été l'auteur du poëme « les Travaux et les Jours », raconte que les dieux donnèrent successivement le domaine de la terre à cinq races bien distinctes. La première fut la race

---

[1] Bien que l'histoire des cinq races telle que la donne le Déçatyr ait une couleur assez arabe, elle n'est pas directement prise aux traditions sémitiques, ou du moins elle a subi des remaniements persans. Le Rouzet-Essefa présente une autre version de la même idée qui vaut aussi la peine d'être donnée ici et qui est tout à fait arabe. Dieu avait créé primitivement du souffle du semoun, et par conséquent d'une substance ignée, les habitants de la terre. Ils devinrent mauvais, et Dieu les extermina jusqu'à un petit nombre près qui, étant pardonnés, reçurent pour waly ou roi un certain Héliya. Cette seconde race ne s'étant pas mieux comportée que la première, subit le même châtiment, et ses faibles débris réformés durent obéir à Hamous, personnage très-vertueux, qui gouverna la troisième race jusqu'au moment où celle-ci, ayant imité ses devancières, succomba devant une armée d'anges. Parmi les captifs de la grande bataille, il se trouva Éblis, qui plut à Dieu et devint le supérieur, Aeroudj, de toutes les milices célestes. Là commença le règne de la quatrième race des djynns, et, son temps terminé, Dieu ne la détruisit pas, il se contenta de la détrôner et de donner ses droits aux enfants d'Adam, que les djynns considèrent avec mépris comme issus du limon de la terre, tandis qu'eux-mêmes sont sortis du feu.

d'or. Elle n'enfanta que des hommes excellents, vivant sans peine au sein d'un univers généreux, paisibles et heureux comme les dieux eux-mêmes. Pour eux, pas de maladie, pas de vieillesse. Ils ne connurent non plus jamais la mort, en tant que cette transformation doive s'accompagner de terreurs et de souffrances. Quand la limite de leurs jours était atteinte, ils s'endormaient doucement et devenaient des génies, des démons favorables, présidant à la conduite des humains, leur dispensant les biens qui leur sont nécessaires, et jugeant de leurs vertus et de leurs vices.

A cette première génération en succéda une seconde, qui fut la race d'argent. Hautaine, belliqueuse et altière, celle-ci n'était plus animée pour les dieux de ce respect affectionné qui avait fait la gloire de ses prédécesseurs. Elle n'offrait pas de sacrifices, elle ne songeait pas aux devoirs du culte divin. C'étaient pourtant des hommes magnanimes, puissants et vénérables, et quand Zeus, après les avoir combattus, les eut fait disparaître de la face du monde, il ne put leur refuser les honneurs et la félicité dont ils jouissent dans l'univers souterrain des enfers.

Ensuite vint la race d'airain. Méchante et féroce, rien ne pouvait la toucher. Elle était faite de frêne dur. Elle ne semait pas, elle ne se livrait à aucun des travaux des champs. La guerre seule l'occupait. Tout chez elle était d'airain, armes, instruments, demeures même, et comme elle s'entre-battait sans cesse, elle finit par se détruire de ses propres mains, et l'empire des morts la reçut sans lui accorder ni rang ni gloire.

La quatrième race ne porte pas le nom d'un métal. Ce fut celle des héros, de ceux qui combattirent aux guerres de Thèbes et de Troie. Après s'être illustrés par des travaux à jamais célèbres, ces nobles champions passèrent des bras de la mort dans les îles des bienheureux, où, sous la loi de Kronos, ils habitent une contrée merveilleuse qui, sans nul soin de leur part, leur livre par an trois récoltes.

Pour la cinquième race, qui est celle de fer, les générations postérieures à la guerre de Troie lui appartiennent, et le poëte des Travaux et les Jours se compte lui-même avec douleur parmi ses tristes enfants.

Je ne crois pas qu'on puisse méconnaître les rapports étroits et frappants qui unissent la légende iranienne à la légende hellénique. La séparation de l'humanité primordiale en cinq couches successives ne saurait être considérée comme une opération naturelle de l'esprit, fortuite dans l'une et l'autre des contrées où nous la rencontrons. L'excellence de l'homme à son début n'est pas non plus une conception nécessaire. Bien des nations, je ne parle pas des philosophes, ont cru et raconté que leurs premiers ancêtres avaient été des singes ou de stupides sauvages, et c'est même là une notion très-explicable et tout à fait congruente à la prétention qu'ont les peuples d'aller en se perfectionnant, et d'être toujours plus habiles et meilleurs que leurs ancêtres. Maintenant, si on passe aux détails, on y trouve de quoi confirmer la première impression qu'on a pu recevoir de l'ensemble.

Le Déçatyr n'est pas aussi explicite ni aussi précis qu'il le faudrait sur ce qu'il pense des Mahabadyans, des hommes de la première race, et c'est qu'en effet l'inspiration très-sémitisée de sa rédaction, l'ordre nouveau d'idées étrangères au sang iranien dans lequel il abonde, l'ont rendu et dû rendre sur ce point incorrect et insuffisant. Métaphysique comme l'est ce livre dans sa façon de comprendre, de travestir et de présenter les traditions du passé arian, il se perd dans le vague. Amenons donc à son aide un autre témoignage, rendant compte des mêmes faits, celui du Vendidad, et comparons-le à ce que rapporte Hésiode de la condition des rois et des peuples au premier âge.

Alors, dit l'Avesta, Ahoura-Mazda, le Dieu céleste, donna au souverain, au maître, au civilisateur des hommes, pour insignes de son pouvoir, une lance d'or, un aiguillon d'or [1]. Voilà l'idée de l'or associée à celle de la race première, comme elle l'est dans les Travaux et les Jours.

Les humains qui sont réunis dans l'Ayryana-Vaëja, dans la contrée de la Bonne Création, sont les meilleurs des êtres, les plus grands, les plus beaux, ni querelleurs, ni chagrins, ni malveillants, ni mendiants, ni menteurs, ni pauvres [2]. La maladie leur est inconnue; ils ne s'affaiblissent pas. Ils n'ont rien à craindre de la mort. Ils confèrent avec les Yazatas, avec les dieux, comme s'ils étaient leurs égaux. En tout cas, ils sont manifestement leurs bien-aimés. Quant à la terre, elle est de la couleur de l'or [3] (et voilà l'idée fondamentale qui se retrouve encore une fois), extrêmement fertile en toutes sortes d'arbres et de plantes; les végétaux les plus grands, les plus odorants, les légumes les plus savoureux, tout bien abonde dans cette région sacrée.

Je ne crois pas me tromper en considérant ce tableau comme absolument identique à celui qu'a tracé Hésiode. Identique, dis-je, et je n'y vois ni dans le fond ni dans la forme aucune différence de quelque importance. Ce qui me frappe surtout, c'est de contempler dans ces Yazatas, dans ces dieux qui composent la cour d'Ormuzd ou Ahoura-Mazda, le souverain céleste, des êtres qui manifestement ne sont pas les Amshaspands ni les Yzeds de différents ordres possédés plus tard par le parsisme, en même temps

---

[1] Spiegel, *Vendidad*, t. I, p. 71.
[2] *Ibid.*, p. 74-75.
[3] *Ibid.*, p. 74.

que les génies, les démons dont parle Hésiode de son côté ont justement étonné les critiques, parce qu'eux aussi ils sont tout à fait étrangers à la théogonie hellénique telle qu'elle s'est développée dans les temps postérieurs, et cependant Yazatas et démons se ressemblent parfaitement entre eux.

Viennent ensuite, dans le Déçatyr, les Djyans, vénérables encore, mais moins que leurs ancêtres. Hésiode représente ainsi sa race d'argent. Les vices ont déjà pénétré dans le monde. Le livre parsy l'avoue, comme l'œuvre du poëte de Béotie. Cependant les Djyans, cependant les guerriers de la race d'argent demeurent toujours dignes de respect, et les dieux, en les retirant de la terre, les traitent avec honneur.

Vient la troisième race. Ici il y a un dissentiment absolu entre les deux traditions, mais, j'ose le dire, un dissentiment plus instructif, plus intéressant, plus digne d'être examiné de près, et plus fécond en conséquences que ne seraient les similitudes les plus absolues. La portée en est telle que je ne ferai d'abord que poser ici la question qui s'y rattache, et dont la solution définitive va venir d'elle-même un peu plus tard se placer sous les yeux du lecteur.

Ainsi, les gens de la race d'airain sont, suivant Hésiode, les pires des méchants, les scélérats les plus endurcis, les plus malfaisants des êtres. Quelque sévérité qu'il montre ensuite pour la race de fer, dans laquelle nous sommes compris, il ne la juge pas aussi perverse que la race d'airain. Tout au contraire du Béotien, le Déçatyr voit dans les Shayans des saints, moins rois qu'ascètes, plus occupés de pénitences et de bonnes œuvres que de soins souverains. Avant eux, les rapports avec la cour céleste s'étaient maintenus sur un certain pied d'égalité; ils commencent à substituer le respect aux relations étroites, et, à vrai dire, ils sont les premiers des adorants. Ils inventent la religion proprement dite.

Le Déçatyr reste absolument fidèle à une conception qui, conduisant l'humanité, d'abord parfaite, sur une pente de plus en plus inclinée jusqu'aux bas-fonds où ses descendants combattent contre le mal avec des forces diminuées, procède par échelons, et ne se permet pas d'écarts dans la logique de l'idée et des faits. Au contraire, on le voit, Hésiode, en introduisant une troisième race corrompue et vicieuse, manque d'une manière tout à fait grave aux convenances apparentes de son sujet, puisque après la race de bronze il fait naître la race des héros, relevée de l'abjection où les hommes de bronze ont vécu, et se reliant d'une façon très-simple aux grandes âmes de la période d'argent. Ils correspondent aux Yasanyans du Déçatyr, après lesquels se montrent les aïeux des hommes d'aujourd'hui, comme le sont pour Hésiode les héros.

Je n'insiste pas sur les embarras que la classification hésiodique a donnés aux savants, embarras d'autant plus inextricables que ceux-ci n'ont pas cherché à sortir du terrain hellénique, où tous moyens d'analyse font défaut. Ils avaient leur texte sous les yeux avec ses obscurités, et rien pour en scruter la nature. Ils ont remarqué, ce que j'ai déjà dit tout à l'heure, que le blâme rigoureux jeté sur la troisième race était une anomalie ; ils ont encore observé que la quatrième race, par exception unique, ne porte pas un nom de métal ; ils se sont demandé si ces irrégularités ne trahissaient pas la présence de deux légendes d'origines très-différentes mal soudées ensemble ; en somme, ils n'ont pu conclure de façon à se satisfaire. Je considère déjà comme acquis par la comparaison des deux traditions que je viens de rapprocher, l'évidence qu'il n'y a pas ici deux légendes, mais une seule, dont la variation au sujet de la troisième race a un motif positif qu'il s'agit de rechercher ailleurs que là où l'on a cru pouvoir le supposer enseveli.

Pour continuer cette poursuite, je ne vois rien de mieux que de multiplier les comparaisons, et je demande d'abord aux traditions sémitiques si elles ont rien de semblable aux cinq races successives des Iraniens et des Hellènes. La Bible les donne précisément.

Où est la race d'or? Dans l'Éden, au sein de l'abondance vantée par les Travaux et les Jours et par le Vendidad, bonne, pure, douce, innocente, ne connaissant ni le mal moral ni le mal physique, inaccessible à la vieillesse et à la mort. Voilà les Mahabadyans.

Où est la race d'argent? où sont les Djyans? Les voilà dans les patriarches descendus de Seth et occupant la terre jusqu'au temps où paraissent les Noachides.

Ceux-ci, particulièrement recommandables par leur piété, ce sont les Shayans, les hommes de la troisième race. Ils craignent Dieu; ils ne confèrent plus familièrement avec lui, comme jadis Adam et Ève, les êtres de la race d'or, les Mahabadyans; ils ne vivent plus dans cette indépendance grandiose et armée de la seconde époque; ils craignent Dieu, ils le révèrent, ils le servent. Ils le voient encore de loin en loin, c'est pour eux un grand événement. Maintenant, ici même, se présente le point où les souvenirs du rameau hellénique et ceux du groupe iranien se sont montrés très-différents. Ce dernier n'a vu que les Noachides, que les hommes justes sauvés de la destruction du déluge par l'effet de leurs mérites. S'attachant à la contre-partie, les Hellènes n'ont gardé que la mémoire des populations et des rois objets du châtiment. Ainsi, comme je l'ai dit tout à l'heure, par cela même qu'elles se séparent, les deux traditions s'accordent d'une manière absolue. Seulement, on peut dire que l'iranienne a choisi le meilleur côté, car sa quatrième race continue les générations antérieures; en effet, les Yasanyans descendent de leurs prédécesseurs, les Shayans. Le récit hellénique, au rebours, en se préoccupant des coupables que leurs vices ont fait périr, et en les montrant engloutis dans l'Hadès, ne sait plus à qui relier la génération des héros qui vient ensuite. C'est pour cette cause qu'il recommence assez maladroitement toute sa série en les faisant sortir immédiatement du sang des dieux immortels, ce qui, logiquement, n'aurait pas dû se supposer pour une génération très-noble sans doute, mais tellement au-dessous de ce qu'avaient été les chefs de la race d'or et ceux de la race d'argent, qu'ils ont pu donner naissance aux hommes ordinaires.

L'histoire iranienne a fait comme la Bible, elle a choisi pour tenir place dans ses généalogies la seule partie de l'espèce humaine qui ait eu postérité. Aussi, après les vertueux Shayans, représentant les Noachides, place-t-elle leurs fils, les Yasanyans, qui sont les descendants des trois éponymes Sem, Cham et Japhet et dont les familles se maintiennent dans une situation vénérable jusqu'à l'époque où commence la dispersion des peuples. Alors, dit le livre saint :

« Toute la terre avait un même langage et une même
» parole.

» Mais il arriva qu'étant partis d'Orient, ils trouvèrent
» une campagne au pays de Sinhar, où ils habitèrent. »

Ici se place le récit de la tour de Babel, et se termine l'existence de la quatrième race. Depuis lors, l'espèce humaine actuelle règne sur la terre.

Il est indispensable pour donner à ces rapprochements toute leur valeur, d'absoudre complétement le Déçatyr des soupçons qu'une critique trop hâtive, je pense, a jetés sur ce livre. J'imagine qu'après avoir lu ce qui précède, on ne saurait plus admettre aisément qu'il se soit trouvé au quatorzième ou au quinzième siècle de notre ère un faussaire mazdéen capable de combiner autant de ruses qu'il en aurait fallu pour établir les concordances que je viens d'exposer et leur donner les caractères qui pouvaient les rendre acceptables à ses compatriotes. Un tel homme aurait dû avoir une connaissance directe de l'ouvrage hésiodique, auquel on ne s'intéressait guère de son temps dans aucune partie du monde, mais qu'il serait particulièrement téméraire de chercher alors dans l'Asie centrale. Il aurait soumis les premiers chapitres de la Genèse à un examen qu'ils ne suggèrent pas d'eux-mêmes, et cela pour plaire à des religionnaires qui n'en reconnaissaient pas l'autorité. Enfin, il se serait donné la peine d'écrire dans un langage compliqué et difficile qui n'était pas celui que les savants d'alors se figuraient avoir été le dialecte en usage sous les Sassanides et qui ne rappelle ni de près ni de loin la phraséologie soi-disant pure, soi-disant archaïque, employée quelques siècles plus tôt dans le Shah-nameh, dans l'histoire de Kerschasep, pour la poésie, et pour la prose, dans certains ouvrages d'agriculture certainement rédigés par des Guèbres, et surtout dans l'histoire de Masaoud, roi de Ghazny.

Ces suppositions sont plus inacceptables les unes que les autres. Néanmoins, à toute rigueur, il pourrait s'en former une autre qu'il est utile d'infirmer à l'avance. Certains esprits se sentiraient peut-être enclins à accorder que le Déçatyr, en effet, est très-antérieur au quatorzième siècle et qu'il en faut reporter la rédaction à l'âge où la placent les docteurs parsys, c'est-à-dire au temps des derniers Sassanides. Mais en avouant l'authenticité du livre, ils en prendraient sujet de nier d'autant mieux sa valeur, en faisant remarquer qu'à l'époque où il a été écrit, il restait beaucoup de payens, il y avait surtout beaucoup de néoplatoniciens en Asie; que les polémiques entre les religions et entre les sectes étant alors fréquentes, l'idée serait assez plausible que l'auteur ou les auteurs du Déçatyr auraient connu les généalogies hésiodiques, et que des rabbins juifs, en querelle eux-mêmes avec des Alexandrins attardés ou des Mazdéens, auraient fourni le système des cinq races successives retrouvées dans la Genèse. Ce serait de ces récits étrangers que le Déçatyr aurait, tout à fait arbitrairement et pour lui donner une tournure plus agréable à l'esprit de l'époque, enrichi la tradition iranienne, jusqu'alors étrangère à des notions semblables.

L'hypothèse que je présente pour la combattre aurait d'autant plus de poids que des emprunts de toute nature, ceci est incontestable, se rencontrent dans la religion de Zoroastre, et que même il n'y a pas de doctrine qui en ait pratiqué davantage et qui se soit toujours montrée plus disposée à abonder dans le syncrétisme, même aux dépens de ses dogmes les plus fondamentaux. C'est ce qu'on aura plus d'une occasion de voir. Quoi qu'il en soit, en ce qui concerne la grande conception historique dont il est question ici, on ne saurait la suspecter d'être le produit d'une combinaison quelconque avec des traditions étrangères; elle est bien purement et bien complétement iranienne, et pour l'établir d'une manière solide et asseoir définitivement l'autorité du Déçatyr à cet égard, il n'est besoin que d'appliquer encore au même point la méthode comparative dont je me suis servi jusqu'ici.

Je m'adresserai d'abord aux documents indiens. De même que chez les Grecs, ici tous les faits vont se trouver représentés comme autochthones; tout se passera sur le sol national. Pour bien pénétrer le sens de l'histoire primitive, il faut s'accoutumer à ne pas tenir compte de cette commune préoccupation, et à ne lui donner raison que lorsqu'il y a vraiment lieu de le faire.

Les Indiens placent donc au début de leurs généalogies primitives la race des Bharatas. Le grand poëme qui a pris son titre de cette tribu primordiale, le Mahabharata, raconte que le dernier prince qui la représenta, appelé Samwarana, vit tout à coup son règne paisible troublé par une révolte générale de ses sujets, et, attaqué par Pankalya, il dut fuir et abandonner la domination à ce compétiteur. Voici la première race, illustre, vénérable, et dont la légende indienne se sépare avec une peine extrême, car elle y trouve toute sainteté.

Les Pankalas régnèrent ensuite pendant un espace de mille années [1]. Ils furent très-puissants. Le saint Rishi Brihadouktha donna la consécration à leur prince Dourmoukha, lui en enseigna les vertus et les énergies, et, au moyen de cette connaissance, le mit en état de s'étendre dans toutes les directions et de soumettre toute la terre. Du reste, les Pankalas étaient parents très-proches de leurs prédécesseurs, et on voit qu'ils ne leur cédaient que peu en mérites.

Après eux, sur le pays appelé Madhyadeça, qui signifie l'Inde pour les Indiens, mais qui, ayant absolument le même sens que le mot scandinave « Midgard », veut dire en réalité le « pays du milieu », régna la race des Kauravas. Ceux-ci étaient descendus, par les mâles, des illustres Bharatas, mais par leur mère, femme d'extraction divine, ils se rattachaient à Manou. Toute considérable que doive paraître cette origine, Kourou, l'auteur de la famille, n'était pas cependant roi par le droit de sa naissance; il fut appelé au trône à cause de son équité et de sa connaissance profonde des lois et des rites. Ce fut un pénitent consommé dans la science des austérités et dans celle des sacrifices. Ainsi, les Kauravas, au moyen de leur intelligence de la loi, de leur piété, de leur esprit de

---

[1] LASSEN, ouvr. cité, t. I, p. 590.

renoncement, de leur descendance de Manou, le prototype humain, de leur élévation même, résultat de leurs vertus, conservent les traits essentiels de la physionomie des Noachides ou du moins les rappellent avec une exactitude suffisante ; les Indiens ont donc, à l'exemple des Iraniens, gardé de préférence la mémoire de la partie saine de l'humanité, au moment d'une grande scission.

Maintenant vient la quatrième race. C'est partout la race héroïque, ce sont les grands chasseurs devant l'Éternel, les guerriers valeureux, les souverains puissants, tout au plus, pourtant, des demi-dieux. L'Inde ne s'y est pas trompée plus que les autres pays de souche ariane ; elle considère ainsi les Pandavas, et, par un trait qui n'est pas à passer sous silence et qui pourra un jour servir de point d'appui à quelque tentative chronologique, les Pandavas, en même temps qu'ils sont les successeurs des pieux Kauravas, sont de même qu'eux alliés de près aux Bactriens ou Bahlikas, tantôt comptés dans la liste des Kauravas, tantôt supposés frères de Pandou. On est encore à l'époque ou du moins près de l'époque où les Iraniens de la Bactriane étaient tenus pour les frères des Indiens, et comme, à ce moment, les Yavanas, d'où sortirent les Grecs, et les Sakas ou Scythes, n'étaient pas effacés du cercle des connaissances brahmaniques, on serait peut-être fondé à apercevoir sur le haut Indus et dans le pays de Kaboul un théâtre plus réellement vrai du déploiement des existences héroïques que ne le sont les forêts de l'Aryavarta, les campagnes de Troie, les montagnes de l'Hellade, et d'autres terres désignées plus tard par les différentes traditions. Quant à la Bible, il n'y aurait pas besoin d'en tourmenter le texte pour apercevoir en ces mêmes lieux le séjour des patriarches qui succédèrent aux premiers Noachides.

L'histoire des Pandavas et de tous les faits qui y appartiennent est donc essentiellement l'histoire des héros. Ces combattants se montrent à la fin de la période qu'on peut appeler surhumaine, et on a dit très-bien qu'ils existent au moment où vont cesser les migrations primitives [1]. Après les cinq frères fils de Pandou et leurs deux premiers successeurs, la vieille tradition épique n'a plus rien à dire et se tait. On aborde ce qui ailleurs eût été le terrain de l'histoire positive, et qui, précisément pour ce motif, ne présentant plus que des images réduites, n'a pas valu la peine, au sens de l'imagination indienne, d'être rapporté, et par conséquent ne se caractérise que par sa nullité presque absolue. On est désormais au milieu des hommes ; la chronique dégoûtée le témoigne en ne donnant guère que des listes royales dénuées de détails, et ce mépris se prolonge à travers de longs siècles jusqu'à l'âge du Bouddha, où alors des intérêts religieux, la piété, l'enthousiasme, la curiosité sainte, les besoins théologiques, contraignent les docteurs à tenir quelque compte des événements, et, bon gré mal gré, à enregistrer un certain nombre d'événements étrangers à leurs préoccupations, mais forcément mêlés à la trame de leurs souvenirs.

Voilà ce que l'Inde nous apprend des cinq races, et on le confrontera avec profit avec ce que nous avons déjà trouvé ailleurs à ce sujet. Maintenant, à défaut des Scythes qui ne peuvent plus nous dire directement ce qu'ils en savaient, nous devons interroger au moins leurs héritiers les plus directs.

La tradition scandinave est la plus troublée de tous les souvenirs de la race blanche. Tandis que l'on réussit à saisir les autres légendes à des époques relativement assez lointaines et voisines du point où elles se rapportent, la forme actuelle du récit qui nous vient du Nord ne date en dernier lieu que du treizième siècle de notre ère, et elle n'est

[1] Lassen, ouvr. cité, p. 626.

arrivée au rédacteur des dernières Sagas qu'après avoir été promenée à travers une série fort longue de migrations qui lui ont fait traverser l'imagination et subir les retouches de bien des générations diversement mêlées. En outre, fixée à la fin dans des climats sans rapports avec l'aspect du pays où les scènes primitives ont eu lieu, des climats qui connaissent moins le soleil que la neige et la glace, commentée par des hommes non plus seulement braves et aventureux, comme tous les Arians, mais devenus téméraires à l'excès et exclusivement belliqueux, les récits ont pris une teinte de sombre exaltation qui devait leur donner et qui leur donne en effet une physionomie particulièrement sinistre, étrangère à celle que des faits purément historiques devraient avoir.

Et, cependant, malgré ces causes puissantes de dissentiment avec la tradition fondamentale, la Saga scandinave présente encore les traits essentiels que l'on remarque dans les documents iraniens, sémitiques, grecs, hindous, et tout ce qui peut établir l'identité de ces versions d'un même fait. Les scaldes islandais n'ont pas laissé tomber dans l'oubli qu'il y a eu cinq races successives dans le développement des âges.

La première de ces races est représentée par Ymir.

« Un jour, c'était le temps où Ymir vivait, dit la Völuspa.
» Il n'y avait pas de sable, il n'y avait pas de mer, il
» n'y avait pas de douces vagues, ni non plus de terre, ni
» de ciel enveloppant. C'était l'abîme béant, le gazon,
» nulle part, jusqu'au moment où les fils de Börr levèrent
» les yeux, eux qui créèrent la puissante Midgard. Alors le
» soleil du sud parut sur les rochers et l'herbage vert recouvrit le sol. Le soleil du sud, compagnon de la lune,
» dirigea de sa main droite les chevaux célestes. Le soleil
» ne savait pas où il aurait sa place, la lune ne savait pas
» où elle aurait sa puissance, les étoiles ne savaient pas où

» elles seraient fixées. Alors, les Consulteurs s'assirent sur
» leurs siéges, les dieux augustes tinrent conseil entre eux.
» A la nuit et à la lune nouvelle ils imposèrent des noms.
» Ils nommèrent le matin, ils nommèrent le midi, le cré-
» puscule et le soir, afin d'ordonner les temps [1]. »

C'est ainsi qu'avec la première race parurent les premières manifestations cosmiques. Les géants fils de Börr habitaient la puissante Midgard, c'est-à-dire le centre de l'univers, la région par excellence. Il faut savoir maintenant ce qu'étaient Börr et ses enfants. La Völuspa ne l'indique point, non plus que le rapport qui les unissait à la figure immense qu'elle place au-dessus d'eux, cet Ymir qu'elle ne décrit pas autrement que par la remarque mystérieuse qu'il vivait au début des âges, avant les âges même.

Le Grimnismal est plus explicite. Pour ce livre, Ymir est la substance du monde. De sa chair fut faite la terre, de sa sueur la mer, de ses os la montagne, de sa chevelure l'arbre, de son crâne la voûte céleste. Les Ases, les dieux bienfaisants, de ses paupières étendirent Midgard pour servir de demeure aux hommes, et les nuages sortirent de son cerveau [2].

Ainsi le Grimnismal confond Ymir avec la nature même. Le Vafthrudnismal détaille plus encore cette idée et attribue la naissance du soleil, de la lune, du jour, à différents géants issus de Börr. Il ne résulte pas autre chose de ces expressions différentes d'une même idée, sinon que les premiers êtres et la première nature étaient faits l'un de l'autre, l'un pour l'autre, et ne sont pas séparables dans la pensée du Scandinave. Mais le dernier des livres que je viens de citer considère si peu Ymir comme une abstraction cosmogonique qu'il lui attribue une descendance; c'est

---

[1] *Völuspa*, 3-6.
[2] *Grimnismal*, 40-41.

Börr, déjà nommé, et ses enfants, nés des gouttes d'eau glacée que le vent du sud faisait dégeler, et faisait dégeler dans la main ouverte d'Ymir.

Ymir paraît encore comme une personnalité bien accusée dans le Hymiskvidha. Ce poëme fixe sa demeure à l'orient, aux confins du ciel ; c'est un géant chasseur, l'idéal de la race antique [1], et de plus, à la façon ariane, il est berger et pasteur de bœufs. Il est puissant, il est riche ; il est possesseur d'un chaudron immense que les dieux eux-mêmes désirent pour y brasser la bière dont ils ont soif, et lutter contre lui est une entreprise si difficile qu'elle peut troubler les rois du ciel par les périls auxquels elle les expose.

La Petite Edda complète ce que l'on peut savoir sur la personne d'Ymir en assurant que c'est le même qu'OErgelmir, et que tous les géants proviennent de lui. Ainsi la première race est formée.

Les vers de la Völuspa continuent l'exposition des premiers temps.

Après les géants groupés autour d'Ymir, apparaissent les Ases. Ils se réunissent dans la campagne d'Yda, et, là, se construisent des demeures et des sanctuaires magnifiques. Ils cultivent la terre, forgent l'airain, façonnent des lances et des instruments de travail merveilleux. Ils s'amusent dans les cours du palais à jeter les dés, mais ils ne connaissent pas la convoitise. Ainsi vivait la seconde race [2].

Tout à coup, parut au milieu de ce bonheur grandiose un trio de filles de géants. Tout fut troublé. Les dieux abandonnèrent les êtres nés d'unions condamnées, et ils créèrent à nouveau la race infinie des nains, race sagace, avisée, savante, qui, sortant des pierres des montagnes et des profondeurs du sol, parut à la surface de la terre. Ce fut là la

---

[1] *Hymiskvidha*, 5 et 9, 15.
[2] *Voluspa*, 7-8.

troisième et la quatrième race. On voit que cette troisième race est méchante, perverse, et que les Grecs sont descendus des Scythes, puisqu'ils ont conservé comme ces aïeux des Scandinaves le mauvais côté de la légende. Mais ces derniers ont pourtant gardé aussi le sentiment de l'autre face du sujet, car de la dernière génération qui vient d'être nommée, trois personnages augustes et bienveillants naquirent, qui trouvèrent un jour sur le rivage de la mer Ask et Embla, formes humaines, insensibles et comme pétrifiées. Odin leur donna l'âme, Hönir leur donna la raison; quant à Lodur, il leur donna le sang et colora leurs joues des teintes de la vie[1]. Ainsi se trouvèrent successivement créées les cinq races, car les hommes d'aujourd'hui descendent des deux formes inertes que les dieux, ou peut-être même les nains doux et avisés de la quatrième race, avaient sinon produits, du moins doués du mouvement et de l'intelligence. Tel est, dans son ensemble, le rapport de l'Edda sur les cinq dynasties d'êtres raisonnants qui ont tour à tour possédé la terre.

J'avoue que je connais peu de situations historiques, se fussent-elles réalisées il y a dix ans, qui soient en droit de revendiquer des preuves d'une autorité égale à celles qui entourent l'affirmation de ce fait, qu'antérieurement à toute séparation des branches principales de la famille ariane, il y avait eu dans les contrées où celle-ci faisait sa résidence une succession de cinq races. Des formes diverses de la légende qui viennent d'être rapportées, les deux plus simples, les moins mêlées de combinaisons obscures et tout à fait surnaturelles, ce sont assurément celles dont les Hébreux et les Iraniens ont gardé la possession. La plus altérée, et qui contient les éléments les moins faciles à analyser, c'est celle du Nord, mais il n'y a rien là qui doive surprendre, puisqu'elle a subi, comme je l'ai fait remar-

[1] *Völuspa,* 9-10.

quer tout à l'heure, bien plus de causes de corruption que ses sœurs. Je reste stupéfait qu'elle existe.

Entre autres motifs d'intérêt rattachés à la comparaison qui vient d'être faite, un surtout mérite d'être mis en saillie, parce qu'il est d'une application absolument nécessaire à l'examen de tous les temps anciens ou même des époques plus récentes, que des incidents quelconques peuvent avoir recouverts d'une obscurité analogue à celle des temps primordiaux.

Puisque les Iraniens, les Hébreux, les Indiens, les Scandinaves, portent tous un même témoignage, il est certain que le fait a dû s'accomplir avant leurs séparations respectives, et non-seulement à des époques où la race ariane était encore concentrée dans ses résidences primitives, mais au temps plus lointain où les Sémites ne les avaient pas quittées. On se trouve ainsi transporté dans le fond le plus reculé des siècles.

Mais quand, à un moment relativement récent, chacune de ces populations, désormais constituée à part des autres et ne connaissant plus ses congénères, les ayant oubliés, se croyant dans le monde sans liens et sans famille, a voulu se rendre compte du sens de la tradition qu'elle conservait sans en comprendre tout le prix, elle a naturellement appliqué à elle, et à elle seule, la mémoire des choses passées, et elle a cherché sans le savoir, sans le sentir, sans le vouloir, à diminuer le caractère impersonnel des grandes existences trop voilées, trop effacées, dont pourtant elle se rappelait encore, et qu'elle cherchait à écarter du vague dans lequel tout semblait vouloir se perdre. Les Scandinaves ont dit et cru que la quatrième génération ainsi que la troisième étaient celles de leurs dieux propres, de ces dieux très-humains dont le séjour se laissait assigner vers la région du Wolga. Les Grecs ont placé à l'époque de la guerre de Troie la quatrième race, celle des héros. Les Indiens ont de même réalisé sur le sol de l'Aryavarta les exploits, les pénitences inouïes de leurs guerriers et de leurs ascètes favoris. La Bible n'a rien essayé de semblable. Les quatre races primitives vivent et meurent bien loin du pays des Hébreux, bien loin même de la Mésopotamie. L'interprétation qui place les scènes principales du déluge autour de l'Ararat actuel n'est qu'une interprétation, et encore n'est-elle pas universellement adoptée, car beaucoup d'auteurs orientaux mettent l'Ararat biblique, où l'arche s'est arrêtée, sur les hauteurs qui avoisinent Moussoul. On pourrait et on doit de même soulever beaucoup d'objections contre l'assimilation du site de la plaine de Sinhar avec les environs de Babylone, et reléguer cette plaine fameuse au fond du nord-est. En tout cas, le texte saint lui-même n'a pas prononcé, et dès lors il n'est comptable d'aucune des attributions des siècles postérieurs, et il est resté dans la vérité absolue en réservant les cinq races, ou du moins la totalité des quatre premières, pour les périodes les plus reculées de l'histoire humaine, et avant qu'aucune séparation de peuples eût eu lieu. Les Iraniens ont agi de même, et n'ont pas à l'avance troublé leur chronologie par des intrusions de faits appartenant à un passé plus lointain et indûment ressuscités. Il en résulte que ces faits, que l'on doit considérer comme vrais, puisque cinq autorités incorruptibles les attestent, ne sont pas représentés par elles comme s'étant accomplis dans les mêmes temps ni dans les mêmes lieux, ce qui serait pourtant indispensable; et puisque nous savons que ces faits datent de l'époque où les races ariane et sémitique étaient encore réunies dans leur domaine commun de la haute Asie, nous nous voyons rigoureusement conduits à admettre qu'un grand nombre des types divins ou héroïques de la Grèce et de la Scandinavie sont de beaucoup plus anciens que leurs adorateurs ne l'ont supposé, et qu'ils n'ont vécu ni dans les royaumes achéens, ni dans les plaines de la Scythie roxolane ; que ces héros étaient morts, et que leurs cendres avaient disparu longtemps avant qu'il fût question de Sicyone, d'Argos, de Mycènes et d'Ithaque, comme longtemps aussi, et à plus forte raison, avant que les palais des Ases fussent fondés ; enfin que ce sont leurs reflets seulement, et non leurs souffles propres, leurs souvenirs et non leurs âmes, leurs renommées et non leurs personnes, qui ont servi à grandir, à diviniser des personnages qui, beaucoup plus modernes et sans doute beaucoup plus petits, ont livré longtemps après eux le combat autour des vaisseaux et les batailles contre les Yotouns. Il est même certain que des noms surnageant dans le naufrage des annales antiques ont servi à rehausser des réputations d'hommes dont alors on a mis à l'écart et oublié les noms véritables.

Quand la chronologie ne se laisse pas déterminer d'une manière positive par le rapprochement des témoignages les plus directs, les plus certains, elle n'existe pas, et il il y a témérité à la supposer. Les faits par eux-mêmes, et en tant que faits, ne se suivent ni ne s'enchaînent nulle part d'une manière nécessaire, et cette situation provient de ce que les hommes du passé n'ont jamais considéré l'histoire comme un ensemble, mais seulement comme matière à observations et à récits anecdotiques. Il ne faut donc pas s'étonner d'avoir souvent à rejeter vers des époques plus reculées, ou à ramener vers des temps plus modernes, des événements et des personnages que des preuves de différentes natures ne permettent pas de laisser à la place où des convenances qui n'ont rien d'historique les ont fait placer par une postérité peu scrupuleuse au point de vue de la détermination des temps.

Après cette digression nécessaire, je reviens au premier roi de la cinquième race, à ce Keyoumers, dont le titre souverain est seul connu et la personnalité fort effacée, puisque la tradition ne sait rien raconter de son règne. Il y a plus : les livres parsys liturgiques les plus anciens ne nomment même pas Keyoumers. C'est à la légende seule et aux historiens qui l'ont prise pour base, qu'on voit le désir unanime de mettre un « roi des hommes ou du pays » en tête de la liste de la cinquième dynastie. Il n'y a nul inconvénient à les imiter, tout au contraire, et les raisons s'en feront immédiatement sentir.

Le Vendidad, précisant peut-être ce que la légende a laissé dans l'ombre, « considère comme ayant été le premier des monarques dans l'Ayryana-Vaëja de la Bonne Création, le héros qu'il nomme Yima. La gloire n'a pas manqué à ce nom. Les Indiens le connaissent et le prononcent Yama; c'est le Djem, ou Djem-Shyd, Djem « le Splendide[1] » de toutes les histoires iraniennes, et il faut sans nul doute le reconnaître encore dans le géant Ymir des Arians du Nord. Ces derniers, cédant à un vif ressentiment de la gloire de ce prince, perdue pour eux au fond des ténèbres du passé, en ont fait, par excès de vénération, le chef de la première race, et cependant ils ne se souvenaient de lui que précisément parce qu'il représentait les derniers souvenirs qu'ils eussent conservés de la mère patrie.

Je serais très-porté à retrouver Yima et Ymir dans le puissant Nemrod ou Nemr, dont l'ambition et l'orgueil insensés déterminèrent la dispersion des peuples, au dire des légendes hébraïques. Seulement je crois qu'il faut remarquer que le texte biblique ne dit absolument rien de

---

[1] C'est ainsi que les Persans traduisent le mot « shyd ». Mais il serait plus exact d'y voir la corruption du mot « khsaëta », « le roi ». LASSEN, *Ind. Alterthumsk.*, t. I, p. 517.

semblable. Nemrod ou Nemr n'est pas même nommé dans le récit de la tour construite au pays de Sinhar, et la Genèse, loin de le traiter avec sévérité, lui consacre deux versets empreints d'une sorte de vénération :

« Chus engendra aussi Nimrod, qui commença d'être
» puissant sur la terre.

» Il fut un puissant chasseur devant l'Éternel ; c'est
» pourquoi l'on a dit : Comme Nimrod, le puissant chas-
» seur devant l'Éternel. »

Rien de plus éloigné de l'invective que ces expressions, et si, comme je le pense, Nemrod ou Nemr est le personnage appelé Yima, Yama et Ymir par les autres branches de la famille, on peut assurer que les premiers rédacteurs du passage de la Genèse qui vient d'être cité considéraient ce grand ancêtre avec toute la vénération qui lui était due.

Il faut nécessairement reporter le règne de Djem à une époque très-reculée. D'abord parce que la séparation des Sémites, ou, pour mieux dire, du groupe blanc qui produisit plus tard les Sémites par des mélanges avec les aborigènes, remonte sans nul doute à des temps fort lointains ; ensuite et surtout parce que la façon toute mythique dont les plus anciens passages du Vendidad parlent de ce roi démontrent assez que c'est un éponyme. D'ailleurs, il suffit de considérer que les Védas ont déjà dépouillé la mémoire de ce personnage de toute réalité humaine, et en font complétement un dieu. Examinons maintenant la façon dont les chroniques iraniennes le traitent.

Son règne dura, disent les unes, trois cents ans; sept cents, disent les autres; huit cent cinquante-cinq, suivant une dernière opinion. Soit que l'on considère le premier, ou le second, ou le troisième de ces dires, les chiffres donnés dépassent de beaucoup les possibilités de la vie humaine.

Mais on a déjà vu que la tradition iranienne a placé en tête de la liste des rois dans l'Ayryana-Vaëja un monarque innommé, sur les faits duquel elle n'articule rien. D'autre part, le Vendidad, la Bible, les Védas, les Sagas, se réunissent pour présenter Yima sous l'aspect d'un éponyme. On vient facilement à bout de ces contradictions apparentes en étendant le nom de Yima à toute une dynastie dont les chroniques persanes se chargent de démontrer la nécessité.

Les livres liturgiques et les Védas mentionnent le père de Djem. Elles le nomment Vivanghao, Vivanghvat et Vivasvat [1]. L'éponyme vrai de la cinquième race serait donc cet ancêtre et non son fils, si l'on voulait absolument borner à ce dernier seul l'usage du nom de Yima. L'histoire du Seystan, appelée « Heya-el-Molouk », ou « les Vies des Rois », connaît Vivanghao, et le nomme Wydjoun. Une chronique du Fars, écrite à la fin du douzième siècle de notre ère, sous le prince gouride Ghyas-Eddyn, substitue à cette forme celle d'Aboun-Djehan, qui a le double avantage de ressembler à Wydjoun, tout en permettant, au moyen d'un petit artifice de prononciation, de retrouver dans sa physionomie le sens de « Père du monde ».

Ainsi, suivant la pensée de l'auteur de la chronique, Yima proprement dit n'eût pas été le fondateur de la dynastie, mais seulement le fils de ce fondateur. Il est encore une circonstance très-caractéristique qui donne raison à ce point de vue.

Les Indiens connaissent Yima, sans aucun doute, et l'appellent Yama, fils de Vivasvat. C'est donc certainement une seule et même personnalité. Ils donnent à son nom le sens de « dompteur », qualification excellente pour un

---

[1] « Vivasvat », *Nalus*, éd. Bopp, p. 203. — Spiegel, *Yaçna*, t. II, p. 69. Le passage relatif à Vivanghao l'appelle le premier homme qui ait préparé le homa.

monarque antique, et pourtant ils ne disent pas que Yama ait été roi, ait été éponyme ; ils en font le souverain et le juge de l'Hadès, et c'est son frère, fils comme lui de Vivasvat, qu'ils donnent pour l'auteur des races royales et le premier des chefs primitifs. Ce frère, ils l'appellent Manou. Tout au rebours, Manou est devenu pour les Grecs, sous le nom de Minos, le juge des enfers, et non pas Yama [1].

Ce nom de Manou est si auguste dans le premier passé de l'homme, il reparait dans tant de fragments épars et mutilés des annales antéhistoriques, que l'on ne doit le considérer qu'avec la plus grande vénération. Il se montre dans bien des livres différents, et paraît toujours rattaché à des origines arianes. Il est assurément singulier de le voir, chez les premiers Italiotes comme chez les Grecs, remplir un emploi analogue à celui que Yama possède dans l'Inde. C'est Mana qui est ici la divinité féminine des enfers, et elle a pour fils les Mânes [2]. Les Grecs connaissaient aussi les Maniae, avec le même caractère à peu près. Il n'y a pas de doute que la confusion dont ces faits ont conservé la trace indique bien la provenance commune de Yima ou Yama et des Mânes ou de Manou. Je n'insiste pas sur les autres traces que l'on rencontre de Manou avant d'arriver au Mann germanique, et j'observe de suite qu'il serait tout à fait inexplicable que les Iraniens eussent laissé perdre un nom si marqué. Les poëmes, comme le Koush-naméh, reconnaissent Menshedj pour l'ancêtre des Yadjoudj et des Madjoudj, les Scythes. On a encore eu raison d'apercevoir le souvenir de Manou dans le nom héroïque de Menoutjehr, « le rejeton de Manou », et le prince ainsi qualifié, que l'on verra plus tard jouer un rôle si considérable dans l'histoire iranienne,

---

[1] Lassen, ouvr. cité, t. I, p. 518.
[2] Plutarque, *Questions romaines*, 49.

est d'une importance qui s'allie convenablement à celle du personnage primitif dont on le disait descendre. Ainsi Yima ou Yama et son père Vivanghao et son frère Manou ou Menou, et même la multiplication de ce mot dans les Mânes et les Maniae italiotes et grecques, ce sont là des preuves qui ne permettent pas de borner à un être unique ce qui est raconté par les légendes primordiales au sujet de la royauté la plus ancienne, et si les Mânes et les Maniae ne paraissent pas encore constituer des traits suffisants de cette vérité, en voici un autre qui se rapporte directement à Yama ou Yima : Hécatée de Milet connaît un peuple scythe appelé les « Yamæ » ou « Yami », et Ptolémée nomme les « Yamaxatae » ou fils de Yama. Il est très-intéressant de voir les deux noms de Yama et de Manou passer par des états absolument semblables et satisfaire à des conceptions identiques.

Mais ce qui touche à la pluralité de Yima ne s'arrête pas ici, et les documents en produisent encore d'autres indices. Le « Heya-el-Molouk », que je citais tout à l'heure, présente la généalogie suivante, en partant de Keyoumers :

Keyoumers.	Sedjehry.
Syamek.	Wydjoun.
Ferawek.	Djem-Shyd.
Adyh ou Awyh.	

La chronique du Fars établit la même lignée d'une façon un peu différente :

Keyoumers.	Ashkehed.
Syamek.	Anykehed.
Ferwal.	Aboun-Djehan.
Housheng.	Djem-Shyd.

Un troisième document place un degré de plus entre Keyoumers et Syamek dans la personne de Pyshy. Enfin, le « Djennât-al-Kholoud » ou « les Cieux éternels » assure que Djem-Shyd eut trois fils qui lui succédèrent l'un après l'autre. Ce furent :

Bawalyk.   Ylyoun.
Houmayoun.

Il est clair qu'il y a peu ou point d'importance directement historique à attacher à chacun de ces noms en particulier, ni à l'ordre dans lequel ils sont fournis, non plus qu'à leur nombre. Ce ne sont que des débris mutilés, défigurés, mais ce sont des débris. Ils garantissent qu'un édifice a existé. Il faut donc s'en servir pour relever cette certitude que, dans l'histoire iranienne, ce n'est pas un règne plus ou moins apocryphe qui se cache sous le nom de Yima, sous celui encore plus effacé de Manou ; c'est réellement l'histoire d'une série de rois commençant au moment où Yima fonde la société humaine dans l'Ayryana-Vaëja, et se poursuivant jusqu'à l'heure où cette première forme de l'empire arian arrive à se dissoudre dans les mains de Djem. Ne cherchons pas à savoir ni si Yima fut un nom générique, ni si le prince qui s'appela ainsi vécut au commencement, au milieu ou à la fin de son lignage ; bornons-nous à constater qu'on ne saurait douter que le règne tant de fois séculaire qu'on lui attribue fut celui d'une longue suite de monarques. Afin donc de rester aussi près que possible de la réalité, en évitant du même coup tout ce qui pourrait ressembler à une course aventureuse à travers les champs de l'imagination, je parlerai tantôt d'un roi Djem, tantôt d'une dynastie de Djemshydites sous laquelle se sont accomplis les faits que je vais avoir à rapporter, sans chercher le moins du monde à attribuer à tel ou tel des membres de cette dynastie une action particulière.

Lorsque Keyoumers ou Yima fonda l'empire, c'est-à-dire la civilisation des hommes, dans l'Ayryana-Vaëja,

Ahoura-Mazda, le dieu céleste, plein d'affection et de confiance, s'approcha de lui et de son peuple, entouré lui-même des dieux secondaires, et lui dit [1] :

« Obéis-moi, ô Yima, le beau, fils de Vivanghao.
» Sois le propagateur et le soutien de la loi. »

Mais Yima était un guerrier, un pasteur, un laboureur, c'était surtout un chef, il ne voulut pas de l'œuvre que lui proposait Ahoura-Mazda, et il répondit avec la fierté d'un homme absolument voué à l'action :

« Je ne suis pas le créateur, je ne suis pas l'institu-
» teur, je ne suis pas le penseur, je ne suis pas le soutien
» qu'il te faut pour ta loi. »

Ahoura-Mazda ne se scandalisa nullement de cette réponse sincère, et il reprit aussitôt :

« Si tu ne veux pas m'obéir, Yima, comme propa-
» gateur et soutien de la loi,
» Alors, élargis mes mondes, rends mes mondes
» fertiles, et obéis-moi comme protecteur, nourricier et
» surveillant des mondes. »

Cette seconde proposition convenait mieux au chef des Arians, et le beau Yima s'empressa de répliquer :

« J'élargirai tes mondes, je rendrai tes mondes fer-
» tiles, je t'obéirai comme protecteur, nourricier et sur-
» veillant des mondes. »

Alors le Dieu céleste remit à Yima des armes victorieuses et l'institua souverain sur la terre. Trois cents contrées lui furent données à régir. Mais bientôt les bœufs, les bêtes de somme, les hommes, les chiens, les oiseaux, les pyrées flamboyants se multiplièrent de telle sorte, que les trois cents contrées ne suffirent plus pour contenir les peuples de Yima.

Dieu aussitôt lui en accorda trois cents autres, et la prospérité s'étendant sur ces nouvelles régions, il vint un

---
[1] Spiegel, *Vendidad*, t. I, p. 70 et seqq.

moment où, encombrées comme les premières, elles se trouvèrent aussi trop étroites pour les innombrables tribus des Arians. Alors le Dieu, toujours libéral, fit don aux hommes purs de trois cents nouvelles contrées.

Ils s'y répandirent comme un flot. Ils en prirent possession, ils y transportèrent leurs richesses, leur bravoure, leur activité, et bientôt les troupeaux, les cultures, les habitations pullulèrent, et si bien que les neuf cents pays donnés par Ahoura-Mazda à la race puissante devinrent aussi insuffisants que l'avaient été les trois cents premiers.

Alors Yima, intrépide, marcha vers les étoiles; il s'avança du côté du midi; il fendit la terre d'un coup de sa lance d'or, la perça de l'aiguillon donné jadis par le dieu, et la séparant avec force, il la rendit d'un tiers plus grande qu'elle ne l'était d'abord. C'était encore trop peu; il frappa de nouveau et parvint à augmenter la surface du sol de deux tiers. Toujours mécontent, il continua à frapper de ses armes d'or, jusqu'à ce qu'enfin la terre bienfaisante eut acquis le double de l'étendue qu'elle avait présentée antérieurement.

« Alors, dit le texte, les bœufs, les bêtes de somme
» et les hommes,
» Ont marché en avant, à leur fantaisie et comme ils
» l'ont voulu[1]. »

Les annales d'aucun peuple n'ont conservé un tableau aussi vif, aussi complet, aussi frappant des émigrations successives de la race blanche essaimant en dehors de ses territoires paternels. Le privilége réservé à la famille iranienne de nous garder ce fragment merveilleux de notre histoire généalogique n'est bien certainement dû qu'à une seule et capitale circonstance, c'est qu'elle a fait partie du dernier rameau dissident, et que de toutes les agglomérations arianes elle est celle qui s'est d'abord le moins

[1] Spiegel, *Vendidad*, t. I, p. 72.

éloignée de son berceau. Si les Scythes avaient laissé leurs chroniques, je ne fais aucun doute qu'ils n'eussent de même raconté les grandes choses dites par le Vendidad. Malheureusement la voix de ces cavaliers belliqueux s'est perdue dans l'espace, et ceux de leurs descendants qui les représentent, les nations germaniques, ont vu et traversé tant d'événements avant de rédiger dans le fond de l'Islande l'amas informe qu'elles ont sauvé pêle-mêle; il est d'ailleurs si difficile de déterminer à quel moment la branche scythique d'où ces guerriers sont descendus s'est elle-même écartée du tronc touranien, et sous l'empire de quelles circonstances elle l'a fait, qu'on peut comprendre pourquoi elle n'a gardé que des lueurs incertaines de tout ce que ses frères du sud ont si bien retenu.

Cependant les autres émigrants n'ont pas non plus omis de nous transmettre des détails qui se rattachent au récit du Vendidad et qui aident à en expliquer le sens intime. C'est ce qu'on va voir à l'instant.

Il y a, suivant le Vendidad, six migrations, divisées en deux grandes parties. L'une contient les extensions dans les neuf cents contrées envahies et colonisées successivement, trois cents par trois cents. L'autre a trait à la conquête graduelle de la terre étendue par Yima, c'est-à-dire à la prise de possession de régions tellement étrangères à l'Ayryana-Vaëja et si loin de son influence, qu'avant d'être amené par le besoin à aller les occuper, on n'en avait pas même connaissance.

Admettons sans réserve la distinction à laquelle le Vendidad paraît tenir, puisqu'il la marque de traits si particuliers, et voyons d'abord s'éloigner paisiblement les tribus de Yima dans la direction de l'ouest et du nord. La première émigration, c'est celle des Celtes ou Cimmériens. Ils marchent vers l'Europe et débarrassent ainsi l'Ayryana-Vaëja d'un premier surcroît de population. Cette période d'écoulement terminée, les nations demeurées dans la patrie y vivent quelque temps à l'aise, puis, par l'effet même de ce bien-être, un moment arrive où l'espace manque de nouveau, et une nouvelle migration commence. C'est la seconde; elle a lieu en suivant la même direction que la première, elle produit les Slaves, qui, dans une certaine mesure, se mêlent aux Celtes, premiers envahisseurs des terres qu'ils viennent chercher à leur tour, et ils poussent devant eux le reste de ces anciens frères jusque dans le plus lointain occident. Cette période se prolonge plus ou moins, elle donne naissance à une dérivation nécessairement importante; une ère de repos et de prospérité la suit pour les peuples de Yima.

Puis, de nouveau la pléthore se fait sentir dans l'Ayryana-Vaëja. Alors se détache un gros de nations qui fourniront plus tard les Mèdes, les Grecs, les Thraces et les peuples de l'Asie Mineure appartenant aux mêmes origines. Ici se termine la première partie du récit du Vendidad. A dater de ce moment, les conquêtes ne s'exécuteront plus du côté du nord et de l'ouest. Elles vont marcher toutes vers le sud. Elles ne procéderont plus pacifiquement, dans leurs débuts du moins. Elles marcheront l'épée à la main, et pour occuper de nouveaux domaines il leur faudra s'en emparer de vive force.

Les Arians, toujours disposés à déserter l'ancien domaine par masses épaisses, poussent d'abord vers le Sud les Chamites, gens puissants, terribles, qui perdent promptement leur caractère de peuples blancs en gardant leur intelligence. Il est manifeste par les dangers dont s'entourent leurs aventures, par le recours qu'ils ont immédiatement au droit de la force, que de nombreuses tribus noires font résistance à leurs pas. Ils les combattent, mais ils se mêlent à elles et ils descendent vers les rives de la Méditerranée, pareils à ces fleuves impétueux auxquels rien ne résiste, et qui par cela même roulent pêle-mêle dans leurs eaux limoneuses mille débris arrachés qui les souillent. Et nous pouvons d'autant plus aisément admettre que sur leur passage dans ce pays du Soleil, certainement le Khoraçan, dont le nom conserve cette signification jusqu'à nos jours, les Chamites ont dû se heurter à une population noire très-dense, que nous avons déjà vu, au chapitre II de cette histoire, les Iraniens, bien que venus dans les mêmes lieux beaucoup plus tard, y trouver de nombreux rassemblements d'aborigènes non moins difficiles à disperser et à soumettre. A plus forte raison ces populations devaient-elles être compactes lors de l'apparition des premiers hommes blancs.

Cependant elles avaient encore été troublées, avant la venue des Iraniens, par une seconde irruption descendue du nord-est. Celle-là, ce fut celle des Sémites, la cinquième dont parle le Vendidad et la dernière que connaisse la Bible, car on s'aperçoit sans doute que je commente, dans ce récit des migrations blanches, le témoignage du Vendidad au moyen des faits conservés par la Genèse, et je crois que l'on peut maintenant comprendre sans difficulté pourquoi notre Livre saint a placé les générations sorties de Japhet en tête de ses généalogies. C'est uniquement pour ce motif qu'elles furent les premières à quitter l'Ayryana-Vaëja, le berceau de la race, et à se lancer dans le vaste monde occidental à la découverte de patries assez larges pour les contenir. Les Japhétides m'ont fourni précisément les noms et les attributions des trois groupes que le Vendidad envoie, sans les nommer, dans le nord et l'ouest : lorsque ce dernier livre a parlé du changement de direction de la ligne de marche des populations blanches et a présenté le sud, immédiatement la Genèse a fait apparaître les générations issues de Cham, puis celles qui se réclament de Sem.

Ce qui est tout à fait digne de remarque, c'est qu'après

les Sémites, la Bible ne connaît plus d'émigrants, et, en effet, ceux-ci ne pouvaient plus savoir, une fois sortis de l'Ayryana-Vaëja, ce qui advenait de cette contrée et de ses habitants. Aussi le Livre saint ne fait-il aucune mention de la sixième et dernière migration du Vendidad qui entraîna les Iraniens, les Indiens et les Scythes, de même que le Vendidad n'a aucune connaissance des déplacements postérieurs.

On a sans doute observé aussi que la tradition conservée par le Vendidad de tous ces événements et la cause qu'il leur attribue, qui est uniquement la surabondance de population, corrige la façon trop absolue dont ce livre explique d'abord pourquoi les Iraniens s'étaient éloignés de la terre sacrée. Il dit que c'était à cause des refroidissements subits de la température. Ce motif a pu exister; les physiciens assurent même qu'il a dû se produire. Il est néanmoins évident qu'il n'a pas été seul à agir. Les peuples blancs ont abandonné le sol natal parce qu'ils s'étaient trop multipliés pour y trouver les ressources nécessaires à l'existence. Ils ont émigré, mais ils ne l'ont pas fait avec plaisir, et la douleur de cette sorte de déchirement trouve bien son écho dans la Bible.

Quand les Chamites arrivent dans la plaine de Sinhar, alors « que toute la terre avait un même langage et une même parole », ils se disent :

« Venez, bâtissons-nous une ville et une tour dont
» le sommet soit jusques aux cieux, et acquérons-nous de
» la réputation, de peur que nous ne soyons dispersés sur
» toute la terre. »

Ils voulaient fonder là où ils étaient arrivés un nouvel Ayryana-Vaëja [1], et, tout désolés d'avoir perdu le premier,

---

[1] J'ai déjà fait remarquer précédemment que le Yaçna donne le nom d'Ayryana-Vaëja à l'Iran même.

ne jamais quitter le second. Telle ne devait pas étre leur destinée.

Laissons-les. Nous aurons bien des motifs plus tard de nous intéresser aux actes et aux caractères bien changés alors de ces frères aînés des Iraniens. Il nous faut rentrer dans l'Ayryana-Vaëja, le pays commun, pour en considérer l'organisation au temps des Djems, et on ne saurait trop admirer combien les traditions comparées des peuples qui en sont sortis permettent de retracer cette image avec une fidélité presque minutieuse.

La population est divisée en familles ; les familles se groupent par tribus ; les tribus forment à leur tour l'association, et plusieurs de ces associations donnent la population d'une contrée [1]. Cette façon d'organiser l'État se retrouve avec une extrême netteté chez les plus anciens Grecs ; Israël l'a de même conservée, et les Germains montrent qu'ils l'ont bien connue. Elle est naturelle à la race. A la tête de chaque subdivision est un chef, le chef de famille, le chef de tribu, le chef d'association, le chef de la contrée, et le souverain n'est que la tête de cette hiérarchie qu'il ne saurait changer, qui a ses droits indépendants des volontés royales, avec lesquelles cette volonté compte. Il délibère au milieu des hommes puissants ; sans eux il ne peut rien que par la force, c'est-à-dire par l'abus

---

[1] La famille se nommait « nmana » ; le clan, « viç » ; la réunion de plusieurs clans, « zantou » ; plusieurs de ces groupes donnaient au territoire qui les contenait le nom de « daqyou » ou « daghou ». C'était là « la province ». Un ensemble de provinces constituant un ensemble politique plus étendu était le « daghouçaçti ». A la tête des clans ou zantous, il y avait nécessairement un « païti » ou chef ; mais il n'en était pas de même pour toutes les provinces, et j'en conclurai qu'elles étaient, dans leur ensemble, directement soumises à l'action des délégués royaux, limitée par le pouvoir local et héréditaire des païtis ou seigneurs féodaux, qui, à leur tour, avaient à compter avec l'autorité des chefs de « nmana », réunis en assemblée. (Spiegel, t. II, p. 4) — Cet auteur voit à tort, dans tout cela, une organisation démocratique. C'est précisément le contraire, et la monarchie féodale limitée n'a jamais eu un type plus reconnaissable.

et accidentellement. Les bases féodales sont ainsi posées et tellement incrustées dans les esprits de la famille, qu'elles subsisteront partout inébranlables jusqu'à ce que des mélanges de sang extrêmement multipliés, abondants et variés, fassent oublier aux lointains descendants des peuples blancs les principes et les sentiments les plus invétérés de leurs ancêtres.

On entrevoit, dès l'origine, deux formes de l'autorité : le magistrat, le roi gouvernant les Arians avec les pouvoirs limités que lui accordent les chefs, et les droits de ces chefs ; puis le général, le roi menant souverainement ses bandes par les nécessités mêmes du salut commun. De là découleront plus tard les principes contendants de la liberté des hommes et du despotisme des princes. Ces principes se combattront avec des fortunes diverses suivant les lieux, pour finir partout par donner la victoire au despotisme, car ainsi le voudront les mélanges du sang et l'oblitération généalogique des races fortes.

Les Arians, persuadés de l'idée que les dieux sont en préoccupation perpétuelle de leurs intérêts et de leurs affaires, tranchent les litiges douteux par l'épreuve judiciaire de l'eau bouillante et d'autres procédés semblables[1]. Ils offrent ainsi une occasion facile aux puissances gardiennes de la vérité de manifester ce qui est. Les Indiens, les Hellènes, les Hébreux, les Franks et tout le moyen âge, ont connu et approuvé ces pratiques. Jurer paraît une profanation et sans doute aussi une indignité dans un homme de race noble, dont la parole doit suffire. Pour suprême confirmation d'un accord, on se touche la main et c'est assez. Si un suppliant s'adresse à vous, on ne saurait lui refuser sa demande, car « celui-ci[1] est un voleur de la prière qui s'en empare violemment » et la garde pour lui

---

[1] SPIEGEL, *Vendidad*, t. I, p. 102.

en ne lui donnant pas satisfaction [1]. C'est un crime d'approcher d'une femme qui a conçu ; on peut nuire à elle ou à son fruit ; et si l'on a séduit une fille et qu'on l'abandonne, elle et son enfant, on est passible de peines sévères. Que si elle détruit le résultat de sa faute par crainte de la honte, elle se rend coupable envers ses parents, elle doit recevoir un châtiment redoutable. Du reste, c'est une action bonne, sainte, recommandable à tous les titres, que le mariage contracté entre très-proches parents [2], et voici l'union des frères et sœurs, dont s'étonnaient les Grecs au temps d'Hérodote, formellement approuvée. On remarque, sans doute, que si les populations arianes transportées dans l'Occident ont appris avec le temps à condamner ces sortes d'alliances, leurs propres traditions montrent d'une manière très-claire qu'au début elles avaient, sur ce point, les idées et partageaient la façon de vivre de l'Ayryana-Vaëja. Les premiers patriarches épousent leurs sœurs sans qu'on puisse expliquer le fait par la pénurie de femmes. Les dieux olympiens s'y accommodent de même. Il est manifeste que la fierté de famille, le désir de conserver le sang dans toute sa pureté, la crainte de partager les avantages d'une illustre origine avec des inférieurs, ont été les causes et les soutiens de cette coutume.

C'est un devoir pour tous les Arians de détruire les animaux nuisibles et tout ce qui appartient au monde de l'impureté, notamment de courir sus aux reptiles, de boucher leurs trous et d'exterminer leur engeance.

Tels sont les traits de mœurs que l'on doit attribuer aux temps de l'Ayryana-Vaëja, car on les observe chez des branches de la famille qui n'ont pu les apprendre que là et antérieurement à toute séparation. Je n'en ajouterai ici qu'un dernier. On a déjà vu que le regard d'un chien fait

---

[1] *Vendidad*, IV° fargard, p. 91.
[2] SPIEGEL, *Yaçna*, t. II, p. XXVIII.

fuir les démons. Pour cette cause, et certainement aussi pour l'estime que portait l'Arian aux plus sûrs amis de la famille, on faisait assister ces animaux aux funérailles. Les Grecs avaient perdu de vue la raison de cette habitude ; ils se rappelaient seulement que l'idée du chien s'unissait à celle du monde des Larves. Ils avaient placé un chien dans les enfers pour en être le gardien, et un dieu spécial, Hermès, était chargé de convoyer en sûreté les âmes jusqu'à leur dernier séjour. C'est avec raison que dans cet Hermès les critiques modernes ont retrouvé la commémoration du chien, chargé d'écarter des morts les assaillants sortis du monde impur et jouant ainsi le principal rôle auprès des lits funèbres. Le nom du chien en sanscrit est « sarameya », et comme l' « s » devient une aspirée en passant dans le grec, il y a identité parfaite entre le nom du dieu et celui de l'animal dont il représente le personnage [1].

Maintenant il est temps de quitter l'Ayryana-Vaëja sous la conduite du Djem qui présida à la sortie des Iraniens. Cette sixième émigration de la grande race a couvert les seize provinces où nous avons déjà vu s'établir ses colons. Le nouvel empire, le Vara, est fondé. Les nations iraniennes, hindoues et scythiques ont dit adieu pour toujours à leur première patrie. Mais, comme on le voit, les premières du moins ne l'oublieront jamais ; elles l'oublieront si peu, que bien longtemps après le départ elles nommeront encore quelquefois leur nouveau pays l'Ayryana-Vaëja, en souvenir de l'ancien.

[1] Spiegel, *Avesta*, t. II, p. cxv.

CHAPITRE V.

LES DJEMSHYDITES DE L'IRAN.

L'œuvre la plus considérable qui fut accomplie d'abord par les Djems, ce fut assurément la conquête successive et la mise en culture des différentes provinces du Vara. Quant à la constitution sociale de cet ensemble, ce furent fondamentalement les institutions de la race qui la déterminèrent, et dans le principal, du moins, celle-ci resta fidèle à ce que les ancêtres avaient approuvé. Pourtant un nouveau pays, de nouveaux rapports, des intérêts inconnus jusque-là et qui commencèrent à se faire jour, produisirent des déviations; et, il faut le dire, le contact avec des races étrangères et les mélanges de sang qui en furent la suite amenèrent de très-bonne heure des innovations considérables.

L'histoire raconte que le Djem choisit des ministres de son État sans le concours desquels il ne décidait rien. Le plus illustre de ces conseillers s'appelait Shehrest. C'était moins cependant un homme politique qu'un directeur spirituel. Sa piété est très-vantée et son nom se rattache à une réforme religieuse. On assure que ce fut lui qui, le premier, inventa les jeûnes et les prières de nuit. Il ne serait peut-être pas trop téméraire d'identifier le Shehrest des historiens persans avec « l'homme d'Ourva » du Vendidad. Quoi qu'il en soit, il semblerait qu'on peut dès cette époque, ou à peu près, signaler un commencement de scission entre les Iraniens proprement dits et les Scythes d'une part, les Indiens de l'autre. La religion quand elle ne réunit pas est de tous les dissolvants le plus énergique.

Les Iraniens avaient étendu au loin dans leurs provinces

l'organisation féodale de l'Ayryana-Vaëja. De même que le Djem régnait sur l'empire, de grandes races souveraines dirigeaient dans les diverses contrées la hiérarchie des seigneurs de villes, de villages, de châteaux, et les chefs de famille autour desquels s'étaient groupés, en acceptant les bénéfices précaires du patronage, le nombre probablement considérable de vaincus et d'étrangers auxquels la constitution ariane ne reconnaissait aucun droit. L'intérêt et la tournure d'esprit des seigneurs créaient à cette foule une sécurité. Il était utile, il était beau d'avoir une longue suite d'esclaves et de clients; il était conforme à l'orgueil de la famille de prétendre les protéger et les garantir envers et contre tous, en les maintenant justiciables de soi seul. C'est le principe sur lequel s'est fondée l'existence des nombreux aborigènes tributaires des tribus d'Israël, des Périèkes des Spartiates, des Perrhèbes des Thessaliens, des Hemsayehs ou voisins que gouvernent les Afghans d'aujourd'hui, des Rayas ou sujets dont s'entourent les tribus turkes et kurdes de la Perse moderne. Ces existences subalternes, méconnues par la loi, pouvaient avoir à craindre quelque chose de la superbe ou de la colère du chef dont elles relevaient, mais cette superbe et cette colère se chargeaient de les couvrir contre les attaques du dehors.

On a conservé les noms de quelques-uns des ancêtres des grandes maisons provinciales. C'est Sughdâ qui a donné son nom à la Sogdiane, nommée primitivement Gaû, « la contrée ». Vehrkana a reçu le même honneur dans son pays, appelé d'abord Khnenta et qui devint, pour cette cause, l'Hyrcanie. A Vaëkereta ou Kaboul, l'éponyme paraît s'être appelé Douyak. Le premier de ces grands seigneurs avait un nom de bon augure : il était « celui qui donne la pureté », « le purificateur », et, sans doute, c'était un titre reçu au temps où, mis en possession de la nouvelle province ariane, il l'avait rendue participante aux mérites de la race victorieuse. Vehrkana se parait d'un nom moins bénin, puisqu'il se vantait de tenir du loup ; Douyak, comme lui, s'appelait « le dur ». On peut s'imaginer que les chefs arians n'étaient pas plus disposés à la mièvrerie que ne le furent plus tard leurs arrière-neveux, Geoffroy Grise-Gonelle, comte d'Anjou, et Hugues Pille-Avoine, seigneur de Chaumont en Vexin. Ils avaient assurément l'idéal guerrier et chevaleresque, mais non pas philanthropique. Nous rencontrerons surtout, en leur temps, les plus fameux aïeux des grandes familles iraniennes dans les montagnes de Rey, lorsque l'histoire s'occupera plus particulièrement de ces derniers fiefs de l'Empire. En ce moment, il suffit de constater que l'éclat du trône souverain n'éteignait nullement celui de beaucoup de trônes secondaires. Le Djem était déjà le « roi des rois », comme le furent plus tard les Achéménides, et la monarchie ariane se présentait toute construite de droits auxquels le souverain ne pouvait pas toucher, toute libre, moins les vaincus et les étrangers.

Ceux-ci introduisaient donc, par le fait seul de leur présence, un élément hétérogène dans l'État, et c'était y apporter une cause prochaine ou lointaine, et, dans tous les cas, assurée, de perturbations considérables. Les mœurs des conquérants commencèrent bientôt à s'en ressentir. Entourés d'esclaves, il parut inutile aux maîtres de s'occuper davantage d'une quantité de soins matériels qui jadis n'avaient pas été au-dessous de leur dignité. Si la philologie a raison de nous apprendre, et elle l'a sans nul doute, que la fille de la maison était exclusivement chargée de traire les vaches et que les fils étaient les seuls domestiques que l'on ait connus d'abord, il vint un jour où la jeune héritière iranienne se fit gloire de laisser des soins fatigants, communs ou vulgaires, au travail des filles dyws, tandis que ses frères apprirent à se contenter de surveiller les serviteurs esclaves de la maison, sans prendre désormais une part aussi directe à leur ouvrage. En outre, ayant à disposer de beaucoup plus de bras, on cultiva plus de terres, on obtint plus de produits; de la richesse on passa à l'opulence, et on employa ces ressources à augmenter le nombre des dépendants, afin d'accroître l'ancien pouvoir et les respects qui s'y attachaient. L'Arian étant devenu de la sorte un directeur et un surveillant peu occupé des labeurs auxquels s'était bornée l'activité de ses pères, il lui resta des loisirs qu'il appliqua à d'autres soins, et de là naquit une vie sociale assez développée. Il en résulta des tendances vers des notions et des faits jusqu'alors inconnus.

La religion pourtant était un grand obstacle. Purement ariane et probablement rendue moins commode par la réforme de l'homme d'Ourva, elle s'opposait au progrès industriel. Dans son respect pour la nature, elle craignait de souiller les pierres en les travaillant, le feu en l'employant à certains usages, l'eau en y mêlant des substances hétérogènes autres que celles dont la vie matérielle indiquait rigoureusement le besoin. Pour venir à bout d'une difficulté que la direction donnée aux esprits rendait désormais intolérable, on imagina un expédient qui conciliait à la fois les exigences du dogme et les désirs de plus en plus sentis d'élargir le cercle des jouissances.

Si l'Arian ne devait pas et ne pouvait pas consentir à se souiller, il importait peu que ses esclaves dyws subissent des pollutions morales qui n'ajoutaient rien à la dégradation irrémédiable dont ils étaient frappés, de sorte que tout ce qu'on pouvait ambitionner devint subitement possible. Les dyws, servant d'instruments à la civilisation naissante, resteraient seuls chargés des fautes et des déshonneurs qu'elle pourrait traîner après elle, et les Arians n'auraient à en recueillir que les avantages.

On commença à tailler les pierres et à élever des palais, des maisons, des villes, des forteresses sur des plans plus somptueux que par le passé. On fouilla les entrailles de la terre, et on s'adonna plus largement à l'exploitation des mines. Ce travail n'avait rien de difficile, car il n'existe probablement pas dans le monde un pays dont la richesse métallurgique puisse l'emporter sur celle de l'Iran. Le sage vézyr Shehrest lui-même conseilla au Djem d'abandonner les anciennes armes de bois et de pierre, et on les remplaça par des armes de fer. On fabriqua des casques, des cuirasses, des épées, des lances, des flèches à tête de bronze. Pour orner ces nouvelles inventions, et les trônes et les chars, et les couronnes et les bracelets, on découvrit le mérite des pierres fines et précieuses, et l'on rechercha, dit Mirkhond, les diamants, les émeraudes, les rubis, les turquoises, les cornalines et les opales.

Ces richesses auraient mal figuré sur les simples vêtements dont on s'était contenté jusqu'alors. On s'appliqua à tisser la soie et le fil. Il est curieux de remarquer qu'il n'est pas dit un mot du coton. Ces matières textiles, plus souples, plus riches, plus délicates, mêlées à la laine que l'on apprit à mieux travailler, furent teintes de différentes couleurs et brodées de mille façons. On apprit à les disposer et à les coudre de manière à satisfaire un goût exigeant. On connut aussi le charme des parfums, et l'on mit en usage le musc, l'ambre, l'encens et l'aloès; ce furent principalement les bois de senteur, comme le sandal, qui d'abord se virent recherchés. Bientôt aussi une population forte et passionnée, de tout temps portée aux excès matériels, connut le vin, et voici comment la légende raconte la découverte de cette liqueur.

Le roi Djem était un jour assis dans un pavillon, assistant aux exercices de ses archers, quand apparut dans le ciel un grand oiseau qui fuyait à tire-d'ailes sans pouvoir se débarrasser de l'étreinte d'un serpent enroulé autour de son cou. C'était un spectacle insupportable pour l'œil d'un Arian, car les oiseaux appartiennent à la Bonne Création, tandis que les reptiles sont le pire produit de la mauvaise. Djem ordonna à un de ses guerriers de viser le serpent et de l'atteindre, en se gardant de toucher l'oiseau. Immédiatement le serpent, percé d'un coup mortel, lâcha sa proie, s'étendit et vint se briser sur le sol, tandis que le captif délivré disparaissait à l'horizon.

Peu d'instants s'étaient écoulés qu'il revint, s'abattit devant Djem, et, comme s'il voulait lui témoigner sa reconnaissance, il laissa tomber de son bec quelques graines inconnues.

On les recueillit, on les sema, et au bout de peu de temps il germa une plante qui, grandissant sous l'influence des saisons, se couvrit de feuilles et bientôt de fruits admirables à voir et réunis par grappes énormes. C'était la vigne.

Le roi observa que sous une pellicule très-mince ce fruit superbe avait une chair fluide facile à séparer du pepin; il fit donc accomplir cette opération par ses serviteurs, et quand elle fut terminée, on enferma dans une jarre la liqueur ainsi obtenue. Après quelques jours, le roi voulut la goûter, supposant sans doute qu'il trouverait quelque chose d'analogue à l'hydromel ou à d'autres préparations de ce genre; mais il fut rebuté par une amertume si forte et un goût si étrange, qu'il en conclut que ce devait être du poison, et il mit la liqueur mystérieuse à part, prévoyant, dit avec abandon le narrateur oriental, que ce poison pourrait être de quelque utilité dans les affaires du gouvernement.

Cependant Djem avait une esclave fort belle et très-aimée. Un jour qu'il était à la chasse, la favorite fut éprouvée par de violentes douleurs de tête, et, pendant plusieurs jours, elle ne put avoir un moment de repos. Tout ce qu'on essaya pour la soulager resta inutile. La jeune femme, désespérée et rendue folle par la souffrance, résolut de se tuer, et songea au poison que le roi tenait en réserve. Elle ouvrit la jarre et commença à boire. Elle but tant qu'elle s'endormit, et au réveil elle se trouva guérie parfaitement.

Quand Djem fut de retour, elle lui raconta ce qui s'était passé. Alors le souverain changea d'avis sur la nature du breuvage dont il avait trouvé la recette; il ne l'appliqua pas aux embarras de l'État, mais bien il s'en fit un remède qu'il employa avec tant de succès dans un grand nombre de maladies, que les anciens Persans appelaient le vin « Darou-é-Shah », « la médecine du roi ».

Quant à l'oiseau immense, attaqué par l'impur serpent, délivré par une flèche ariane, et qui, reconnaissant, apportait aux hommes des bienfaits dont ils n'avaient pas encore joui, c'est assurément l'oiseau Karshipta, celui qui, au refus de Yima de remplir le rôle de prophète, avait été chargé de cette tâche par le dieu céleste.

Pendant que le souverain lui-même découvrait des médicaments, l'art de guérir se créait parmi ses sujets, et l'invention de cette pratique, que l'on rattache au nom de Thrita, bien connu des Indiens, se répandait dans toutes les terres arianes. Il est probable que longtemps avant de quitter l'Ayryana-Vaëja, les hommes de la Bonne Création avaient déjà posé, à l'aide de certaines remarques et de quelques expériences, les bases de ce genre de savoir. Je le conclurais d'autant plus volontiers de la nature même du fait, qui doit faire supposer un assez long usage, et du respect dont les Indiens entourent la mémoire de Thrita, que les médecins héroïques de la Grèce, comme Machaon, par exemple, semblent bien se rapporter à des souvenirs tout à fait antiques. Quoi qu'il en puisse être, ce fut certainement dans le Vara des Djems que la profession de guérisseur devint l'objet des études d'un nombre assez considérable d'adeptes, et que les gardiens des intérêts publics commencèrent à apercevoir de graves inconvénients à ce que chacun pût à son gré entreprendre, sans contrôle, sur la santé de ses semblables. On fit une loi destinée à établir la certitude que tous les médecins seraient réellement habiles dans leur art. Voici ce que cette loi ordonnait :

Tout homme arian ayant l'intention de se livrer à l'exercice de la chirurgie et de la médecine devait préalablement, et avant d'entreprendre la cure d'un de ses concitoyens, faire trois essais sur les dyws. Si après la troisième épreuve il y avait trois morts, le candidat était repoussé et déclaré à jamais indigne de soigner personne. Il était contraint de renoncer à toute nouvelle tentative, sous les peines les plus sévères.

Le Vendidad expose que la science médicale d'alors se composait de trois parties également importantes, et qui semblent même avoir constitué ce qu'on appelle de nos jours des spécialités[1]. Certains docteurs traitaient au moyen de formules propitiatoires ; une autre classe s'attachait à l'application, soit interne, soit externe, de plusieurs plantes salutaires ; une troisième recourait à des opérations chirurgicales. La première méthode, celle du manthra-spenta, est, au sentiment du Vendidad, la plus recommandable. Je ne pense pas qu'il faille la confondre avec l'usage des formules magiques si répandues plus tard et qui eurent leur raison d'être dans la nature toute particulière de la philosophie sémitique[2]. Ce n'étaient encore ici que de pures supplications adressées aux dieux pour obtenir leur secours ; on espérait en leur bonté, et on ne

---

[1] SPIEGEL, *Vendidad*, t. I, p. 131 et seqq.
[2] *Traité des écritures cunéiformes*, t. II, p. 223 et pass.

songeait nullement, comme cela eut lieu ensuite, à leur arracher de force et par des moyens auxquels ils ne pouvaient résister, le résultat désiré. La théorie des enchantements est tout à fait opposée à la façon dont la race ariane envisage Dieu et la nature, et les rapports de l'un avec l'autre. Cette doctrine a fait dans le monde une très-grande fortune; on l'a vue et on la voit encore agir sur tous les points de la terre, mais ses succès n'ont commencé qu'avec les mélanges ethniques, véhicule nécessaire de la diffusion du sang et des idées sémitiques. A l'époque de Thrita et aux premiers temps de l'empire iranien, on ne doit pas supposer que les prières eussent, aux yeux des Arians, une autre autorité que celle de la supplication proprement dite, adressée soit aux dieux, soit aux hommes. C'est une puissance pure, considérable, digne d'être divinisée elle-même, et qui le fut, en effet, par les Iraniens comme par leurs frères de l'Inde; elle a beaucoup d'efficacité sur les âmes généreuses, à plus forte raison sur les natures célestes, et cela parce qu'il est coupable de n'y pas céder, ainsi qu'on l'a vu plus haut; mais ce n'est pas une force, une contrainte sèche, absolue, brutale, scientifiquement déterminée, géométriquement conçue, comme les formules magiques.

Les prescriptions de l'Avesta au sujet de la médecine nous laissent apercevoir un point de l'état économique des premiers Iraniens qu'il serait fâcheux de négliger. Le livre saint ne dédaigne pas de fixer lui-même les honoraires des hommes de l'art[1].

Un Athrava, un prêtre guéri récompensera son bienfaiteur par une pieuse bénédiction. C'était beaucoup, puisqu'on avait une confiance si grande dans les effets de semblables paroles. Le seigneur d'une maison, le chef de famille, donnera une petite bête de somme. Le seigneur

[1] SPIEGEL, *Vendidad*, t. I, p. 131 et seqq.

d'un village sera quitte au moyen d'une bête de somme de valeur moyenne, mais le seigneur d'un château devra présenter une bête de somme de forte taille. S'il s'agit du prince de la contrée, le médecin en recevra un attelage de quatre bœufs. Une maîtresse de maison donnera une ânesse, la femme d'un seigneur de village, une vache; la femme d'un seigneur de château, une jument; une princesse devra une chamelle, et ainsi de suite. On voit, d'après ce tarif, qu'il n'y avait pas récompense quand il n'y avait pas guérison. En outre, on trouve ici la pratique du grand principe sur lequel s'est toujours basée l'estimation que les Asiatiques font des objets ou des services, et qui est non pas la reconnaissance d'une valeur intrinsèque inhérente aux uns ou aux autres, mais la considération de la qualité propre au rémunérateur. Le pauvre paye peu ce que le riche paye cher. C'est une règle immuable et qui est tout aussi bien reconnue en Orient au jour actuel qu'à l'époque de Thrita. Enfin, pour dernier trait, on s'aperçoit qu'alors la monnaie, ou même l'emploi des métaux en lingots ou autrement, pour opérer un payement, n'existait pas.

Avec la médecine, disent les auteurs persans, on introduisit dans le Vara, dans l'empire des Djemshydites, la musique, science plutôt qu'art au sentiment des Asiatiques, puis la sculpture, puis la peinture, puis d'autres genres de connaissances. Les lettres furent inventées ou importées, et leur usage se répandit. Le souvenir de cette grande innovation se rattache de deux manières à la personne même du souverain. En premier lieu, on raconte que Djem-Shyd possédait une coupe, et qu'en regardant au fond on y apercevait tout ce qu'on souhaitait connaître. C'est là une conception qui n'a rien d'arian, qui est toute sémitique, et qui, pour cette cause, ne saurait se rattacher qu'aux temps derniers de l'État des Djemshydites. Les coupes de ce genre sont bien connues des Hébreux et des Arabes. Joseph, fils de Jacob, en possédait une.

Sur le bord de celle qui appartenait au grand roi arian était une inscription composée de sept écritures différentes, disposées sur sept lignes. La première s'appelait « djouz » : on la nomme aussi « leb-è-djam », ou celle qui est placée au bord de la coupe ; la seconde était dite « écriture de Bagdad » ; la troisième, « écriture de Basrah » ; la quatrième, « écriture d'Azrek » ou « écriture noire » ; la cinquième, « écriture droite » ; la sixième, « écriture d'orfèvre » ; la septième, « écriture de commentaire. » On voit, d'après plusieurs de ces noms, que la coupe de Djem venait réellement des pays sémitiques et représentait quelques-unes des idées en vigueur dans ces territoires [1].

La seconde tradition rapporte que pour les différentes fonctions du gouvernement, Djem possédait quatre anneaux dont il cachetait ses dépêches, afin de leur donner un caractère authentique.

Sur les ordres militaires, il imprimait ces mots : « prudence et modération » ; sur les documents judiciaires, « s'enquérir » ; sur les ordres administratifs, « droiture et promptitude » ; enfin, sur les papiers d'État, « sévérité et justice. »

L'usage de l'écriture devint bientôt commun dans l'empire, et des savants et des hommes lettrés s'y formèrent de toutes parts. On les vit dès lors prétendre à occuper une place parmi les gens puissants. Ceux-ci jusqu'alors n'avaient compté dans leurs rangs que les grands propriétaires et les braves guerriers.

Les rois djemshydites ont laissé la réputation d'avoir beaucoup favorisé ces nouveaux venus, et ce fut sans

[1] *Traité des écritures cunéiformes,* t. II, p. 250. Je m'y suis étendu suffisamment sur les particularités qui se rattachent à la coupe de Djem-Shyd.

doute à la suggestion de ces conseillers facilement écoutés que les monarques arians commencèrent à prendre garde aux peuples étrangers habitant en dehors des frontières. La curiosité s'éveilla à leur égard. On députa chez eux des personnes d'intelligence et de savoir chargées d'examiner comment les choses s'y passaient, ce qu'on y faisait, comment on s'y gouvernait. On avait certainement pensé d'abord qu'on ne verrait là que des sauvages. Quand on fut convaincu du contraire, on se piqua d'apprendre et d'étudier, et d'apporter dans le Vara les inventions qui pouvaient être de quelque utilité ou de quelque agrément aux hommes de la Bonne Loi. Ce fut afin de faciliter et d'activer les relations profitables nées de ces nouveaux contacts que les Djems ordonnèrent de construire en grand nombre des vaisseaux qui sillonnèrent les régions maritimes. Alors un peuple de matelots vint multiplier encore les relations avec le dehors et donna un grand essor au commerce.

Si l'on réfléchit à la situation géographique de l'empire, il est manifeste que ces récits de la légende ne peuvent s'appliquer qu'aux deux mers intérieures, la Caspienne et la grande agglomération d'eaux placée au centre du plateau de la Perse actuelle, et de même que le Vendidad nous fait connaître le nom antique de la première en l'appelant le lac Voourou-Kasha, de même il nous indique le second dans le lac Pouytika. Entre les deux, ce livre établit des communications déterminées par les influences atmosphériques, et voici ce qu'il admet : les évaporations enlevant dans l'atmosphère les eaux du Voourou-Kasha sous forme de vapeurs, les condensent en nuages que le vent pousse vers le Pouytika. Là, ces nuages se dissolvent et pleuvent au sein de cette mer méridionale, où les vapeurs arrivent purifiées, par la chaleur, des exhalaisons que l'influence du nord apporte et mêle à la Caspienne ou Voourou-Kasha. Puis ensuite, ces mêmes eaux que le soleil pompe et suspend de nouveau dans l'atmosphère sont reportées par les vents contraires dans la direction du Hvapa, vastes forêts où croissent des arbres de toute espèce. Là, elles recommencent à tomber en ondées abondantes et fertilisent le sol. Le Hvapa ne saurait être autre que le Ghylan, très-boisé en effet, et rendu plantureux par une humidité perpétuelle. Je ne vois que cette partie de la Perse à laquelle se puisse appliquer la description du Vendidad [1].

L'empire paraît avoir eu plusieurs capitales qui se succédèrent les unes aux autres. Il est impossible aujourd'hui de retrouver les plus anciennes. La tradition ne les nomme pas ; mais elle affirme qu'aux derniers temps de la domination des Djems, quelques-uns de ces rois ont résidé dans une ville située au centre d'un district indéterminé du Seystan, et d'autres dans une métropole qui occupait à peu près l'emplacement de l'ancienne ville de Tous, en Khoraçan, ce qui n'était pas loin de la mer Pouytika et indiquerait que les relations avec les peuples étrangers, noirs, Chamites, Sémites, établis au delà de cette nappe d'eaux, avaient eu quelque influence sur le choix d'une métropole destinée à rendre les contacts plus faciles. Ce que je remarque principalement ici, c'est l'exactitude évidente de la légende, qui, dans ses hésitations, ne nomme pas même Balkh. Assurément, si elle avait travaillé uniquement sur des souvenirs parsys, elle se serait immédiatement attachée à cette dernière cité, que les Mazdéens ont toujours considérée comme la ville sainte des temps primitifs, et qui, cependant, n'a eu de grandeur et de renommée que longtemps après la chute du premier empire. A l'époque où nous sommes encore, le Vendidad, d'accord avec la tradition, ne reconnaît à Balkh aucune suprématie sur les autres villes de

[1] Spiegel, *Vendidad*, t. I, p. 107.

l'Iran. Il faut constater cette coïncidence, qui répond de l'exactitude de beaucoup d'autres faits, et montre que l'histoire persane ne s'est nullement construite sur des données d'imagination. En reconnaissant que la capitale était placée aux derniers temps du Vara soit dans le sud, soit dans le sud-ouest, les annales anciennes qui ont servi de base aux rédactions plus modernes laissent deviner sans peine ce que nous avons dit plus haut, que le centre de gravité du pays était attiré vers les points où les relations avec l'étranger se multipliaient, augmentaient la richesse générale, et créaient des intérêts complexes qui sollicitaient l'attention directe du gouvernement suprême [1].

Les choses étaient, en effet, devenues bien différentes de ce qu'on les avait vues aux premiers temps de la migration. Le riche était plus puissant et le pauvre plus faible. Il ne suffisait plus d'être un Arian pour se trouver un grand personnage. Le contact journalier entre les conquérants et la multitude des esclaves dyws avait produit ses effets ordinaires, et dès lors se forma l'idée que les créatures inférieures sur lesquelles on dominait n'étaient pas toujours laides, mais, au contraire, se signalaient quelquefois par un charme séducteur qui s'attacha désormais au nom même des payrikas ou fées.

Une classes de métis, produits d'amours furtifs plus ou moins réprouvés par la religion, mais inévitables,

---

[1] On pourrait inférer d'un détail donné par Myrkhond que la capitale de l'Iran était Rhagès, car, tout en la nommant Istakhr, ce qui ne signifie autre chose qu'une place forte, il ajoute que cet Istakhr avait « trois châteaux », et c'est précisément la particularité distinctive de « Rhaga aux trois châteaux. » L'une de ces citadelles se nommait « Istakhr », proprement dite; la seconde, « Shekesteh »; la troisième, « Esketwan ». Dans la première étaient déposés les trésors de l'empire; dans l'autre se tenait la maison du prince avec les serviteurs et tout le mobilier; à Esketwan on avait l'arsenal. La capitale ainsi faite fut terminée l'an 315 du règne de Djem-Shyd.—Le « Resaleh-é-Heft-Keshwer », ou « Mémoire sur les sept climats », rapporte que Djem-Shyd avait fondé l'ancienne Tous dans le Khoraçan.

CHAPITRE V. — LES DJEMSHYDITES DE L'IRAN.

répandit partout des mulâtres qui aux traits modifiés de leurs mères joignaient une intelligence vive et d'une espèce toute nouvelle. Les rois djemshydites, dans leur partialité pour la puissance de l'esprit, firent certainement ce qui a toujours eu lieu en pareille circonstance. Ils constatèrent que ces gens de demi-sang étaient des serviteurs plus soumis, plus dévoués et surtout plus dépendants que les feudataires d'origine pure, et ils cherchèrent et réussirent à en tirer un certain nombre de l'abjection. D'autre part, les professions industrielles s'étendant dans le pays, bien que méprisées par les hommes des familles arianes, furent abandonnées aux métis, et on vit abonder chez ceux-ci les richesses et la considération qui en résulte dans toute société où les occupations agricoles et guerrières ont cessé d'être les plus réellement importantes. L'esprit devenait plus fort que l'arc, l'opulence plus considérable que l'extraction, et dès lors, l'ancienne et simple distinction entre l'Arian et le dyw ne suffisait plus à exprimer l'état respectif des classes.

Il y eut donc une autre formation de hiérarchie qui n'eut pas pour base l'origine, mais bien les occupations. Ainsi furent instituées quatre castes : les savants, les guerriers, les laboureurs et les artisans [1].

Sous la dénomination de savants, les annalistes musul-

---

[1] Je reproduis ici la tradition persane; mais il est certain que le livre sacré ne nomme que trois castes : les prêtres, les guerriers et les laboureurs. (*Vispered*, t. II, p. 12.) — Néanmoins il me paraît positif également que dans une société qui s'organisait si complétement, un élément puissant par le nombre, tel que l'était celui des esclaves et des étrangers, a dû représenter sinon une caste dans le sens religieux et strictement légal, du moins un corps déjà reconnu par l'État; et, en ce sens, la tradition persane est dans le vrai en mentionnant la classe des artisans, qui d'ailleurs se retrouve directement indiquée dans un autre passage du Yaçna (SPIEGEL, t. II, p. 99). Probablement cette insertion appartient à une époque plus tardive, mais le fait existait incontestablement avant d'être reconnu par la loi religieuse, qui d'ailleurs, jusqu'à l'époque musulmane, s'est toujours montrée excessivement dure pour les gens de métiers.

mans entendent désigner les prêtres. Le Vendidad, dans ses parties que l'on peut considérer comme les plus anciennes, ne fait pas mention d'un tel ordre de personnes, et il n'y a aucune raison de croire que des prêtres à la façon hébraïque, ou tels qu'ils existèrent à une autre époque dans le mazdéisme, aient paru avant le temps de Zoroastre. La raison tout à fait concluante que l'on en peut donner, c'est que bien des siècles après les prédications de leur législateur, les Iraniens n'admettaient pas tous la légitimité d'un sacerdoce proprement dit. La plupart maintenaient que les fonctions du culte appartenaient à chaque chef de famille, et ce ne fut que très-tard, et pas avant le règne des Sassanides, qu'un clergé rigoureusement constitué parvint à triompher de ce principe et des répugnances qu'il faisait naître. Mais en généralisant beaucoup le cercle des idées qui s'attachent à la qualification de prêtre, il n'est pas impossible que la première caste des Djemshydites fût formée de personnes prenant part aux travaux de l'État à un titre religieux quelconque, absolument comme le vézyr Shehrest, tout ministre qu'il était, avait organisé une réforme spirituelle. Il s'y joignait sans doute aussi des hommes particulièrement versés dans les rites sacrés, connaissant héréditairement les hymnes et les récits liturgiques, rédigeant et conservant les souvenirs de l'histoire, les poëtes, les hommes chargés de déterminer le sens de la loi, et de telles personnes étaient déjà désignées très-anciennement, avant la séparation d'avec les Indiens, par le titre d'Athrava [1]. Mais ce n'étaient pas plus des prêtres que ne le sont les brahmanes, et ils avaient le droit comme ceux-ci de se livrer à toute autre profession que celle du sacerdoce.

Les guerriers étaient les hommes de descendance ariane conservant l'habitude et le goût des armes. Les laboureurs,

---

[1] Lassen, ouvr. cité, t. I, p. 523.

un peu moins purs de sang, moins illustres et moins riches, tenaient aussi aux familles de la Bonne Création. Les dyws soumis ne pouvaient être avec les métis et les étrangers domiciliés que le noyau de la classe des artisans, dont le code religieux mettait presque toutes les occupations hors la loi. Quoiqu'il en soit, cette dernière catégorie de personnes, jusque-là réduite à un état précaire, cessait d'être un accident, une chose bénévolement épargnée, et prenait place dans la population légale. J'ai fait observer plus haut que cependant l'Avesta la compte fort peu ; il ne la mentionne même qu'une unique fois. Je reviens encore sur ce point important pour dire que ce n'est pas là une preuve qu'elle n'existât pas. Seulement, si l'État reconnaissait son existence, la religion continuait à protester et à repousser cet élément hostile. Elle ne le recevait pas dans la communauté des prières et des vœux. Elle n'avait rien à lui donner, et son mépris haineux dura toujours, et se manifestait encore avec beaucoup d'éclat à la fin du règne des Sassanides. Néanmoins, la caste reniée avait conquis un droit à l'existence dès le temps des Djems, par cela seul qu'on ne saurait concevoir un empire de quelque étendue qui se puisse passer de serviteurs. Grâce à cette nécessité, à partir de l'installation des classes, il fut interdit d'attaquer et de détruire les impies ; l'essayer, ce fut violer les institutions du pays. Lorsque cette organisation eut lieu, les Arians-Iraniens et les Arians-Hindous ne formaient toujours qu'un seul et même peuple, n'ayant qu'une même et unique religion et vivant sous un même gouvernement, puisque la loi djemshydite est bien celle qui a donné naissance aux quatre castes primitives de l'Inde : les brahmanes, qui ne sont jamais devenus des prêtres proprement dits, les kjattriyas, les vaisyas et les soudras. De même, on voit qu'à cette époque l'empire n'était plus lié au gros des populations scythiques, puisque celles-ci ne paraissent pas avoir connu les quatre subdivisions sociales qui viennent d'être montrées.[1]

C'est ici qu'il faut remarquer que les Scythes ne représentèrent jamais une population permanente, mais bien des masses ambulantes que d'autres masses poussèrent constamment vers l'ouest et vers le nord, et cela depuis les époques les plus anciennes jusque vers les cinquième et sixième siècles de notre ère. Cette observation est de la plus haute importance. Les premiers Scythes, ceux dont il est question à ce moment et beaucoup de ceux qui vinrent plus tard, étaient des gens de race ariane. Mais il arriva un temps, vers la fin des grandes migrations, où pareil à un tonneau qui, en s'écoulant, a épuisé ce qu'il avait de vin généreux et ne donne plus que de la lie, les invasions scythiques présentèrent des multitudes mêlées au sang des Jaunes, et enfin des Jaunes presque purs. On était encore bien loin, sous le règne des Djemshydites, d'avoir dans l'Iran de pareils voisins. Seulement, j'ai voulu rendre déjà attentif à ce fait que les terres scythiques n'ont jamais été, à proprement parler, qu'une grande route où les émigrants arians passaient avec plus ou moins de lenteur, sans s'arrêter jamais indéfiniment.

Je ne compléterais pas le tableau des institutions du Vara, si j'omettais de noter que c'est déjà alors que s'établit la fête du Norouz, si chère aux Persans de toutes les époques. On la considère comme destinée à célébrer le premier jour de l'année. Elle a lieu au moment où le soleil entre dans le signe du Bélier. Alors, dit la tradition, Djem le Splendide se plaçait sur un trône magnifique au

---

[1] Cependant je n'oserais pas me prononcer d'une manière tout à fait rigoureuse à cet égard, et il n'y aurait rien d'impossible à ce que la classification scandinave des trois ordres ne remontât aussi, quant au principe du moins, à l'institution djemshydite.

milieu de son palais. Il était revêtu de ses habillements les plus somptueux et d'armes étincelantes. Les pierreries ruisselaient sur lui et autour de lui. Les grands de l'empire, également parés, venaient offrir au souverain leurs vœux et leurs présents, et le peuple, accourant en grande foule, prenait part à ces démonstrations.

L'empire était arrivé à un degré extraordinaire de puissance et d'éclat. Pour décrire d'une façon plus saisissante la prospérité dont jouissait alors le peuple iranien, l'histoire locale a imité les procédés de la légende grecque. Elle a fait descendre jusqu'à cette époque toute humaine la prérogative la plus saillante de cette ancienne race d'or qui n'avait jamais connu l'Iran. Elle a dit que la condition des sujets de Djem-Shyd était devenue si parfaite que la nature humaine échappait aux conséquences de sa débilité, et que pendant trois cents ans la maladie, la vieillesse et la mort cessèrent d'exercer leur pouvoir. Ce que voyant, le souverain fit briser toutes les bières devenues inutiles, et pour donner encore plus de réalité à ce récit, on désigne comme le jour anniversaire de cet événement le jour Khordad du mois de Ferwerdyn, c'est-à-dire le sixième de mars et le dernier des fêtes du Norouz.

CHAPITRE VI.

DÉCADENCE ET CHUTE DU PREMIER EMPIRE.

Au milieu de cette prospérité se développèrent les germes de destruction qui allaient faire succéder toutes les calamités à tant de joie. L'ancienne vertu des Arians se corrompit. La religion déchut. Dans cette société où le sang devenait très-mêlé pour pur qu'il avait été jadis, les innovations l'emportèrent ; les idées perdirent leur équilibre ; on se mit à raisonner d'après des instincts, des besoins, des intérêts, des bases différentes. Merw se rendit fameux par son esprit de controverse ; Niça tomba dans le scepticisme ; Hérat, livré à la paresse, fut envahi par la pauvreté ; Ourva se souilla de différentes manières ; l'Hyrcanie poussa la débauche jusqu'à l'amour des garçons ; l'Arachosie osa pratiquer l'enterrement des morts ; le Seystan s'abandonna aux querelles et aux meurtres ; Rägha lutta avec Niça pour la témérité de ses doutes ; Chakhra, renchérissant sur l'infamie des Arachosiens, adopta l'incinération des cadavres. Enfin, le désordre moral éclata partout et sous toutes les formes.

Il semblerait que l'usage le plus ancien quant au mode de funérailles des Arians ait été l'exposition, à peu près telle que les Iraniens l'ont toujours conservée tant qu'ils sont restés attachés à leur loi native. On le peut induire des cérémonies usitées en pareille occasion chez les Scythes, où, à la vérité, on enterrait les corps, mais seulement après les avoir montrés sur des chars et les avoir promenés à travers un territoire plus ou moins vaste. Encore, pour les tombeaux des rois, laissait-on indéfiniment à l'air libre les chevaux et les cavaliers égorgés dans les pompes du deuil. De même, dans l'Hellade et la Grèce asiatique, on conservait longtemps les défunts couchés sur des lits de parade, et si l'on faisait disparaître ensuite leurs débris, on aimait à placer leurs statues au sommet des mausolées, en souvenir des temps où les personnages eux-mêmes étaient ainsi exposés.

Les chroniques et surtout les chroniques en prose qui attribuent aux rois djemshydites les torts reprochés plus justement par le Vendidad à l'ensemble de la nation, racontent d'une manière détaillée et qui n'est pas sans vigueur, la façon dont l'impiété se fraya un chemin et parvint à tout dominer.

Un jour donc, suivant ces récits, un être qui n'était autre que le mauvais esprit apparut aux yeux du roi. Il le salua. Le souverain lui demanda qui il était. « Je suis, répondit-il, un des anges célestes, et je viens te donner un conseil. Mais, d'abord, toi-même, qui es-tu ? »

Djem-Shyd répondit : « Je suis un homme mortel. »

« Tu te trompes, répliqua Ahriman. Depuis le temps que tu as paru sur la terre, vois combien d'hommes sont successivement devenus malades ou vieux, et sont morts; pour toi, tu es resté libre de toute infirmité, jeune comme jamais, et la dissolution agit autour de toi sans t'atteindre. En vérité, tu es Dieu, le Seigneur du ciel et de la terre [1]. Pense à ce que tu as fait pour l'organisation du monde; combien de grandes choses tu as réalisées et que de bienfaits tu as répandus sur les créatures. Un jour, tu retourneras au ciel d'où tu es descendu, et, en ce moment, t'oubliant toi-même, tu as perdu le sentiment de ta véritable nature. Moi, qui suis un de tes anges et ton esclave, je me manifeste à toi afin de faire cesser cette illusion et te rendre à la conviction de ta grandeur. Cesse de te méconnaître, car, par là, tu induis les hommes à en faire autant. Ils ne t'accordent pas l'adoration qui t'est due, et méritent ainsi de terribles châtiments. Fais-leur connaître la vérité; demande-leur de te rendre les honneurs divins; récompense tes fidèles. Quant aux rebelles mal inspirés qui oseront te désobéir, tu les précipiteras dans des fournaises ardentes. »

Djem-Shyd, confondu de ce qu'il entendait et réfléchissant à la magnificence de l'œuvre qu'il avait accomplie, se trouva très-ébranlé et disposé à croire ce qui lui était

---

[1] Une autre version se borne à dire que Satan prétendit venir de la part de Dieu pour révéler au roi que de même que le Créateur était le dieu du ciel, Djem était le dieu de la terre, et devait se faire reconnaître en cette qualité.

dit. Cependant, par un reste de scrupule, il demanda à Ahriman :

« Quelle preuve me donneras-tu de ce que tu avances? »

Le diable répondit : « Un homme né de femme put-il jamais voir un ange? Tu m'as vu. » En prononçant ces mots, il disparut.

Djem-Shyd se laissa persuader. Il réunit les grands de l'empire, les guerriers et le peuple. Il raconta ce qui venait de lui arriver, et commanda, sous peine de mort, qu'on eût à l'adorer. Puis, il fit fabriquer un grand nombre d'idoles à sa ressemblance, les répandit en tous lieux et les imposa à la dévotion commune. Il ne serait pas impossible que ce fut au milieu des tumultes introduits par ces grandes nouveautés que les Arians d'au-delà de l'Indus, déjà bien établis au milieu des Sept-Fleuves et plus occupés par les affaires de l'Aryavarta que par celles des contrées iraniennes, se soient définitivement séparés de leurs frères et de l'empire djemshydite pour vivre de leur existence propre. Alors auraient commencé ces haines qui séparèrent les deux rameaux de la race blanche méridionale. Les brahmanes apprirent à leurs disciples à qualifier de nations impures et réfractaires ceux dont ils avaient partagé les anciennes destinées et dont l'histoire primitive était la leur. Désormais, dans tous les événements qui suivirent, ils se montrèrent remplis contre eux d'une animosité cruelle.

J'ai déjà laissé voir l'opinion que les troubles développés dans l'empire n'étaient pas uniquement le résultat de dispositions locales. Tout porte à croire, au contraire, d'après l'analogie avec ce qui s'est passé ailleurs en pareil cas, que l'action des étrangers activait l'ébranlement de la foi nationale et l'abandon des anciennes vertus et des anciennes mœurs. Les rois djemshydites, en se mettant en rapport avec les contrées situées hors des provinces pures, en créant le commerce maritime, durent attirer au sein de leurs États un nombre assez considérable d'hommes du dehors qui arrivèrent comme voyageurs, comme marchands, comme négociateurs politiques. Ces intrus apportant avec eux leurs opinions de tout genre, bien différentes de celles de l'Iran, leur morale particulière, leur façon d'envisager les règles du gouvernement et de la vie, provoquèrent nécessairement des discussions; ces discussions donnèrent naissance à l'esprit d'examen, si facile à éveiller chez la race blanche, et ainsi le ferment du doute s'introduisit partout et les consciences furent troublées. Ces faits se produisirent avec d'autant plus de facilité, que le sang arian n'était pas resté parfaitement pur ; des alliances avec les dyws avaient modifié l'homogénéité de la race [1]. L'espèce d'étrangers à laquelle surtout on avait affaire trouvait un secours naturel dans la qualité même des mélanges, dans le facteur principal qui agissait pour la dissolution.

Au delà de l'Indus, il n'existait que des Arians et des aborigènes noirs, c'est-à-dire la même population que dans l'empire. Ainsi, de ce côté, les Iraniens n'avaient rien à apprendre qu'ils ne sussent déjà. Du côté du nord vivaient d'autres Arians, les Scythes, beaucoup plus purs que leurs congénères méridionaux, ayant des habitudes plus rudes, plus conformes à la simplicité antique, considérés en conséquence comme une race non cultivée, et, partant, parlant peu et mal écoutés. C'était dans le sud et dans l'ouest que régnaient les peuples d'où venait le

---

[1] SPIEGEL, *Vendidad*, t. I, p. 238. Le Vendidad, en qualifiant de « vengeance » la plus grande offense que l'homme puisse exercer contre Ahoura-Mazda, et la plus grande souffrance qu'il puisse lui infliger, c'est-à-dire l'alliance d'un Arian avec un étranger, prouve combien le mal était répandu et funeste; ce sont là les malédictions de la Bible contre les filles de Moab et d'Amalek. Mais la réprobation, pour être absolue, n'arrêtait le mal ni dans Israël ni chez les Iraniens.

mal. Ils n'avaient pas une origine ariane, et il existait parmi eux, à ces époques si lointaines, des foyers de civilisation assez forts, assez puissants pour contraster avec les principes sur lesquels avait jadis été construit le Vara, et produire des doctrines bien coordonnées, susceptibles de frapper l'imagination des partisans de la Bonne Loi.

Les chroniques arabes racontent que précisément alors une nation très-puissante, araméenne, assyrienne de sang, et par conséquent sémitique, occupait la Mésopotamie. Les Orientaux la considèrent avec toute raison comme faisant partie de la famille arabe, et ayant donné naissance à des peuples qui furent comptés tous parmi les membres de cette famille. Ce sont les Européens mal instruits qui ont jeté du trouble dans ces généalogies suffisamment difficiles pourtant, en établissant entre les Assyriens et les Arabes des subdivisions tranchées qui ne sont pas réelles, et qui tout au plus représentent des nuances ethniques, mais non pas des oppositions [1].

La nation dont je parle ici est celle des Adites, et leur descendance est tracée de deux manières par le « Rouzet-Essefa », ou « Jardin de pureté », dans un passage où, suivant l'usage asiatique, l'intention de l'auteur n'a pas été d'imposer une opinion aux lecteurs du livre, mais uniquement de rapporter les versions qui ont cours et de laisser choisir celle que l'on peut préférer, si tant est qu'on veuille en préférer une. La double lignée est celle-ci. D'abord :

    Armend ou Aram.   Ad.
    Aous.

Ensuite :

    Nouh (Noé).   Aous.
    Sam ou Sem.   Ad.

---

[1] *Traité des écritures cunéiformes*, t. I, p. 14 et seqq.

La Genèse, sans faire aucune mention des Adites, garantit pourtant ainsi qu'il suit les quatre premiers degrés de cette table, et donne :

Nouh.	Aram.
Sam.	Hous.

De sorte qu'elle concilie les deux lignes données par le Rouzet-Essefa, en plaçant seulement Aram entre Sam et Hous ou Aous.

Si les Adites sont reconnus pour Arabes par les écrivains orientaux, ils n'habitaient pas pour cela la péninsule, du moins au début de leur puissance. Néanmoins le sang et la langue de ces fils d'Aram était l'arabe. Leur énergie les avait placés à la tête d'une vaste expansion de leurs parents sémites, et ils agrandissaient la puissance de la famille en mettant à profit l'esprit d'entreprise et l'inextinguible avidité qui animait tous ses membres. C'était le temps où, comme le dit Myrkhond, l'auteur du « Jardin de pureté », « les enfants de Sem étant devenus très-nom- » breux dans le pays de Babel, dans l'Yémen, dans l'Ha- » dramaut, dans l'Oman, dans les deux Araghs et dans le » Fars, un certain nombre d'entre eux s'en alla vers l'orient, » d'autres tirèrent vers l'occident, et ils se mêlèrent dans » toutes ces contrées aux fils de Japhet aussi bien qu'à » ceux de Cham. »

D'après les termes de cette répartition, la Médie, la Perside et la Susiane, qui incontestablement avaient déjà un fond de population aborigène de sang noir, étaient devenues des annexes de la région mésopotamique, et, appartenant aux Sémites, nourrissaient des colonisations de leurs tribus. Ce sont donc là des pays sinon sémitiques, au moins fortement sémitisés, et il importe beaucoup de les bien considérer comme tels si l'on veut avoir la clef de tout ce qui va suivre.

Les Adites ainsi établis ont laissé la réputation d'un peuple vigoureux, violent, superbe et tyrannique. Dans leur penchant à exprimer par des images sensibles les qualités diverses de l'esprit et du corps, les Arabes ont dit que ces Adites, leurs ancêtres, étaient des géants d'une taille démesurée, soixante ghezs pour la petite taille, dit le Nasekh-Attevarykh, cent pour la grande. C'étaient des impies gonflés de l'orgueil de leur puissance. Ils faisaient preuve d'un génie surprenant dans la construction de leurs demeures, sachant les élever sur d'immenses piliers qui soutenaient des plates-formes d'une vaste superficie. Ils donnaient à ces bâtisses une telle solidité que, longtemps après la dispersion de leur race et l'anéantissement de leur empire, d'autres Arabes, leurs successeurs, les fils de Semoud, employèrent encore à se loger les palais, les temples, les villes fondés par eux. Cruels d'ailleurs, ils précipitaient ceux qu'ils voulaient punir du haut de leurs terrasses.

Quand leurs crimes eurent comblé la mesure, une famine de sept années les décima, et un nuage noir acheva leur extermination. Le peu qui échappa quitta la Mésopotamie, et alla coloniser l'Yémen et l'Hadramaut. Cependant ces terribles personnages n'avaient pas eu que des vices. Lokman était sorti de leur sang, et Shedad lui-même, le héros de l'impiété, avait un frère appelé Shedyd qui gouvernait avec tant d'équité que, de son temps, le loup et l'agneau suçaient à la même mamelle et vivaient en compagnons. Ce qui est plus caractéristique encore et plus glorieux, c'est que l'on a cru pouvoir prêter aux Adites la généalogie suivante, par laquelle ils se rattachent de tous côtés à des saints illustres :

Nouh (Noé).
Sam.
Aram.
Aous.
Ad.

Harès.
Remah.
Abdallah.
Abraham.

Ainsi Abraham lui-même serait sorti de ce sang, et si l'on veut comprendre simplement par là que le fils de Tharé ou Abdallah appartenait à la plus pure race sémitique, il n'y a rien à objecter. Tels étaient les Adites.

C'était avec ces peuples que les Iraniens étaient entrés en relations de plus en plus étroites, depuis que leur civilisation les avait portés à s'enquérir de ce qui se passait au delà de leurs frontières. C'était pour aller à leurs villes que le roi djemshydite avait fait construire les vaisseaux qui sillonnaient le lac Pouytika, cette grande mer intérieure au moyen de laquelle, des rivages du Seystan et du Khoraçan, les voyageurs passaient à ceux de la Médie et de la Perside. Mais là n'était pas l'unique moyen que possédaient les deux empires pour communiquer de l'un à l'autre. Deux routes suivaient la voie de terre. L'une, au nord, passait de la Médie au territoire de Ragha, puis à celui de Haroyou ou Hérat; l'autre, au sud, traversant d'abord la Perside, puis le Kerman actuel, qui, dans ce temps-là et bien longtemps après, y était incorporé, aboutissait, à travers le Mekran, à la frontière méridionale du Seystan, et remontait vers les pays où sont situés Kandahar et Kaboul. Ces deux chemins étaient ceux des caravanes. La traversée maritime devait, à tous égards, être préférable, comme moins pénible et plus courte.

A voir la difficulté d'invention que les peuples arians ont toujours montrée pour les arts plastiques, il est à supposer que l'empire iranien, devenu ami du luxe, dut tout ce qu'il en put connaître au contact avec les Adites, ou, pour être plus clair, avec les Assyriens. On sait assez que les peuples de la Germanie n'eurent d'autre goût que celui qui leur fut donné par les Romains, et c'est pour cela que dans les tombeaux des guerriers scandinaves on ne retrouve que des épées romaines et des débris de parures empruntées à l'usage des légions, puis des ornements dans le style de Byzance. De même les Thraces et les Scythes n'admirèrent jamais une œuvre d'art que sur la parole des colons helléniques établis parmi eux, et qui la leur vendaient ; de même encore les Doriens de Sparte, les Macédoniens, les Thessaliens, les Béotiens, ne furent que les élèves des Ioniens sémitisés ; et enfin les Perses, eux aussi, eux surtout, dans leur plus grande époque de raffinement et de magnificence, n'imaginèrent rien en architecture ni en sculpture, tandis que l'Assyrie était, avec l'Égypte, la grande institutrice du genre humain pour ce qui parle aux yeux, et resta longtemps dans le monde la source de toute inspiration et de toute production artistiques. Ce rôle de la Mésopotamie vis-à-vis des grands rois successeurs de Cyrus, maîtres de Persépolis et de Suse, exista de même, et longtemps auparavant, à l'égard des Djemshydites et de leurs peuples.

Les artistes de la vallée du Tigre, aussi raffinés dans leurs idées intellectuelles qu'ils étaient imposants dans leurs conceptions plastiques, professaient, en matière de foi et de morale, des opinions extrêmement éloignées de tout ce que les Arians avaient trouvé par eux-mêmes, et dont ils avaient pu composer leurs dogmes et leurs maximes.

Les Sémites reconnaissaient, à la vérité, pour point de départ de leurs notions religieuses le naturalisme comme les Arians ; mais la façon dont les premiers avaient envisagé ce naturalisme, les conséquences qu'ils en avaient tirées, l'ensemble d'idées qui en était résulté, le culte qui s'en était produit, tout différait d'une manière essentielle de ce qui se passait dans l'âme, dans la réflexion, dans la pratique de leurs anciens congénères, et les parties d'opposition étaient telles que, bien que les ancêtres blancs des Assyriens et de leurs pareils fussent sortis

CHAP. VI. — DÉCADENCE ET CHUTE DU PREM. EMPIRE. 119

des plaines de la haute Asie comme ceux des Arians, et eussent avec ceux-ci la communauté des grands souvenirs primitifs, il serait peut-être dangereux d'admettre qu'il y ait eu identité absolue d'origine entre les auteurs des deux rameaux, et que le mélange survenu dans les veines des descendants de Sem avec les populations noires autochthones rencontrées par eux sous leurs pas aux jours de leurs migrations, ait suffi à lui seul pour donner à leur intelligence une direction si complétement étrangère à celle qui paraît avoir été naturelle aux Arians. J'ai déjà émis des doutes de ce genre, et pour des causes différentes [1]. Quoi qu'il en soit, le naturalisme des Sémites était d'une espèce toute particulière.

Il ne s'attachait pas aux phénomènes extérieurs de la vie; il recherchait avec passion les causes et leur essence. Il croyait les avoir trouvées et réduites toutes à une seule, qui, se manifestant de différentes manières au sein des êtres et des choses, y portait une puissance universelle singulièrement mystérieuse dans sa façon de se produire, partout agissante, partout la même, bien que le premier coup d'œil ne la fît pas apercevoir; on la découvrait dans les pierres, par exemple, dans les arbres, dans les plus grandes aussi bien que dans les moindres des créations inanimées. Cette essence ineffable, redoutable, que poursuivaient l'œil et la réflexion des sages, restait impossible à définir dans son entier, bien qu'on la saisît partout dans ses effets. Elle n'était ni le bien ni le mal. Il ne fallait pas espérer de se la concilier par des bienfaits, ni craindre non plus de l'irriter par des torts; elle subsistait sans conditions, éternelle, forte, mouvante, terrible; là étaient ses principaux attributs, et si l'on parvenait d'une façon quelconque à s'emparer de l'action de quelqu'un d'entre eux, à la diriger vers un but, on réussissait jus-

[1] *Essai sur l'inégalité des races humaines*, t. I, pass.

qu'à un certain point à se couvrir de l'attaque des autres, et à vivre relativement rassuré au milieu des terreurs innombrables et permanentes que cette nature cachée, énigmatique, indéchiffrable dans sa source, faisait constamment planer sur la misérable humanité, qui pourtant était une partie d'elle-même.

Le suprême but de la science et de la sagesse était donc de se rendre maître d'une de ces variétés de la force, et comme pour arriver à ce but il importait de connaître cette variété et les moyens d'agir sur elle, il en était résulté une étude particulière de l'univers, qui avait donné naissance à l'astrologie, à la minéralogie, à l'histoire naturelle, et surtout à la philosophie. Mais les recherches avaient pour intention principale de produire à volonté une action supernaturelle; dès lors, toutes les sciences qui viennent d'être nommées étaient ramenées avec plus ou moins d'adresse à ce qu'on appelle la magie. C'était là le corps enveloppant, l'élément synthétique de la doctrine, et la talismanique dans toutes ses expressions en était la forme [1].

Ainsi, des différences radicales séparaient le culte des Arians de celui des Sémites. Dans le premier, les sacrifices et les cérémonies rituelles constituaient des hommages et des marques d'adoration dont les dieux avaient droit de se montrer jaloux; dans le second, ces mêmes sacrifices exerçaient sur les puissances célestes une action savamment combinée à laquelle celles-ci n'échappaient pas. Dans le premier, le Dieu céleste était un être immense, intelligent, essentiellement bienfaisant et bon, aimant les hommes, recommandant la vertu; dans le second, le Dieu éternel, le Dieu fort, était une énergie en quelque

---

[1] *Traité des écritures cunéiformes*, t. II, p. 116 et pass. Je me borne à donner ici le tableau général des idées que j'ai développées dans l'ouvrage que je cite.

sorte mécanique, mais capricieuse, parce que le mystère profond dans lequel cette énergie restait comme ensevelie empêchait de saisir l'ensemble des lois de sa nature et d'en prévoir l'action. On devait chercher constamment à maîtriser cette action en agissant d'une façon conforme à ce qu'on découvrait de ses modes d'existence. Les Arians, une fois la prière faite et les devoirs accomplis, étaient sûrs de la protection divine et ne se tourmentaient pas à ce sujet. Ils ne tenaient pas à se représenter sous des images sensibles une idée flottante qu'il ne leur importait pas de saisir de plus près; les Sémites, au contraire, multipliaient les figures, multipliaient les expressions plastiques des forces divines, autant qu'ils parvenaient à se les imaginer, au moyen d'une constante analyse. Ils avaient des idoles, grandes et petites ; ils avaient des pierres adorées, ils avaient des bracelets, des anneaux, des bagues sacrées, et toutes ces productions de leur science renfermaient une partie quelconque de l'autorité suprême, et par conséquent, animées de ce souffle, devaient être traitées comme cette autorité même. Ce n'était pas là du symbolisme ; les théraphim de Laban n'étaient pas des symboles ; c'étaient des dieux, des dieux très-réels, concentrés, manifestés, artificiels, en somme des dieux; et, comme on le voit, la religion qui les recommandait aux adorations de ses fidèles n'était autre qu'un naturalisme différent de celui des Arians, plus philosophique, plus tourmenté, plus inquiet, plus compliqué, plus sombre, allant aux profondeurs et ne se contentant pas des surfaces, moins sympathique, moins confiant, moins affectueux, moins pittoresque, c'était pourtant toujours un naturalisme.

Il arriva que les premiers Hébreux, dont les idées paraissent avoir eu beaucoup plus d'analogie avec celles des Arians qu'avec celles des autres Sémites, rencontrèrent çà et là, dans Melchisédech, par exemple, des hommes qui partageaient leurs dispositions dogmatiques de plus près que tels ou tels de leurs nouveaux voisins du Chanaan. Cependant il est à observer aussi que, jusqu'au temps de Moïse, les diverses tribus de l'Asie antérieure paraissent avoir eu un fonds commun de doctrines. Les Moabites reconnaissaient le même Dieu qu'Israël. Balaam s'entretenait avec lui tout aussi bien que Moïse. Job et ses amis, qui n'étaient pas Hébreux, confessaient l'unité primordiale reconnue par les Juges. Seulement, plus le temps avançait, moins on était d'accord sur l'idée qu'on se devait faire de cette unité, de sa nature, de ses attributs, de sa façon de procéder vis-à-vis des hommes et du monde, et ainsi le naturalisme, d'abord un dans les consciences, alla de plus en plus se bifurquant en deux rameaux qui s'écartèrent graduellement l'un de l'autre, jusqu'au moment où une tentative fut faite pour concilier les deux points de vue. Cette tentative vint très-tard. Elle produisit le symbolisme. Je n'ai pas à m'en occuper ici.

J'insiste sur le point principal afin de rendre plus attentif aux grandes ressemblances qui se manifestent dans les idées des peuples antiques, tout en signalant les contrastes. Ces derniers ressortent assez d'eux-mêmes. Ils proviennent de l'infusion de sangs différents, qui, en modifiant tel groupe originairement blanc, modifiait aussi ses tendances morales et ses idées dans une proportion de rapidité et de force égale à la somme des mélanges eux-mêmes. Quant aux ressemblances, elles avaient pour cause l'identité primitive d'origine, qui, bien que s'altérant par le mariage avec des races hétérogènes, n'en persista pas moins longtemps, et elles portent témoignage que la séparation ethnique ne remonte pas à des époques par trop lointaines, puisqu'on les observe encore si nombreuses et si marquées aussi loin que le souvenir peut atteindre.

En voyant des opinions contraires à celles des peuples arians s'introduire dans l'empire des Djems à la suite des relations ouvertes avec les pays étrangers, surtout en considérant que les innovations portaient à la fois sur la religion et sur les mœurs, on n'est pas surpris d'apprendre que ce ne furent là que les préludes d'un rapprochement de plus en plus intime des habitants du Vara avec l'Assyrie. Ce rapprochement se termina, comme il arrive toujours, par la guerre et par la conquête.

Le désordre arriva à son comble dans l'empire djemshydite. Les peuples qui, sous l'action d'une minorité plus lettrée, plus riche que les masses, avaient d'abord paru accepter les cultes sémitiques imposés par les ordres royaux, relevèrent la tête, et une vive résistance amena des supplices nombreux. La caste guerrière presque en totalité se révolta. La légende nomme plusieurs chefs qui la conduisirent contre le monarque. Azerpejouh a rapporté dans son livre intitulé « Setaysh-é-Khosrewan », la « Louange des rois », que Khesran avait été l'auteur de la révolution. D'autres auteurs disent que ce fut Djouy-Zeher, ou Asfiyour, le propre frère du Djemshydite. Mais comme la résistance fut proportionnée à l'attaque, les rebelles, ne pouvant réussir à détrôner leur prince, implorèrent le secours des Ninivites, et offrirent la couronne à un des chefs de ces Étrangers, appelé Zohak, qui accepta la proposition.

Zohak était le neveu du souverain des Adites, appelé Shedad, et son feudataire. Suivant la plupart des chroniqueurs, ses domaines personnels étaient situés dans le sud de la Perside, et probablement aussi dans la Susiane. Comme de toute antiquité cette province, ainsi que le Fars, a été unie à la Médie et possédée par la même race de conquérants, il est admissible qu'à l'époque dont il est question il en était de même. Tout neveu du monarque d'Assyrie qu'il était, Zohak est également reconnu pour avoir été proche parent de Djem. Les uns le font descendre de Keyoumers au moyen de la généalogie suivante :

Keyoumers.	Wyzersenk.
Pyshy.	Denykan.
Syamek.	Aroundasep.
Newarek.	Peyourasp.
Taz.	Zohak.

Cette combinaison est d'origine évidemment iranienne. La forme des noms le révèle assez. De plus, Peyourasp est présenté ici comme père de Zohak, et on va voir plus bas que certains généalogistes donnent ce nom à Zohak lui-même.

La tradition arabe, la plus écoutée aujourd'hui dans l'Asie musulmane, ne fait pas remonter si haut le lignage de l'envahisseur de l'Iran, et le compose de noms purement sémitiques, qui sont :

Medjouyh-al-Temyy.	Oulevan.
Abyd.	Zohak.

Moslyh-Eddin Mohammed Lary présente un peu différemment un système qui a du rapport avec celui qui précède, et dresse la liste suivante :

Aram,
Ad,
Amlyk ou Amalek,
Shedad, sa sœur Djesyeh ou Werek, mariée à Oulevan ou Anva-Oulevan,
Zohak.

Hamza Isfahany établit ainsi la descendance :

Keyoumers.	Madeh-Sareh.
Masha.	Rykaven.
Syamek.	Aroundasef.
Ferwal.	Peyourasef.
Tadj, père des Arabes.	Zohak.

Myrkhond, qui reconnaît comme exacte la parenté arabe du côté paternel et qui assure que le tyran était originaire de la Perside, donne pour mère à Zohak une sœur du dernier roi iranien. Quelques-uns, tels que l'auteur du Nasekh-Attevarykh, le marient à deux filles de Djem, Arnevaz et Shehrnaz. Enfin on le nomme tantôt Zohak, tantôt Dehak, venu de la forme zende Dahaka, tantôt Gheys-Lehboub, tantôt Peyourasp, ainsi que je l'ai dit tout à l'heure.

D'autres fois, quand c'est son père qui porte ce dernier nom, on l'appelle aussi Erdad, et on lui assigne pour grand-père un autre Erdad, issu de Fars, fils de Tahmouras, représenté cette fois comme fils de Housheng. C'est encore Mardas ou Aroundeh, lequel serait fils de Renkta, fils de Taz, fils de Syamek ; ceux qui ont conservé cette version assurent que Zohak et ses ancêtres n'étaient ni des Sémites, non plus que leurs sujets et leurs vassaux, ni des Iraniens, puisque l'empire de Djem-Shyd n'englobait pas leurs possessions. C'étaient des Arians-Scythes qui, descendus par les chemins du Caucase jusque dans la Médie et les États dépendants, s'étendaient entre l'Iran primitif et l'Assyrie.

Sans doute ces Scythes auraient dû être plus disposés à former les têtes de colonnes de leurs anciens congénères contre les pays de l'ouest, qu'à se tourner contre eux dans l'intérêt de populations qui ne leur étaient pas apparentées d'aussi près. Mais, outre que ce genre de considération n'agit pas toujours dans les affaires des peuples, il se trouva en cette occasion que les gens de la Médie combattaient pour leur propre cause, car la maison régnante des Adites n'est pas rattachée par la tradition à la race gouvernée par elle, et l'on est ainsi amené à voir dans Shedad, l'oncle de Zohak, un représentant de cette seconde dynastie médique qui, suivant certaines chronologies, régnait à Babylone vers le huitième siècle avant notre ère. Je n'attache d'ailleurs aucune importance à cette date.

Ce qui est certain, c'est qu'un conflit entre l'Assyrie et l'empire des Djems ne pouvait avoir lieu sans le concours des trois provinces de Médie, de Perside et de Susiane, placées géographiquement entre les deux États, et il faut encore, pour l'expliquer, se transporter à l'époque où la Médie dépendait des pays assyriens, car après Phraorte cette province fut réunie pour toujours à l'Iran. Antérieurement la Médie, pauvre et faible, n'aurait pu, bornée à ses seules ressources, atteindre jusqu'aux pays de l'Helmend ou jusqu'à Hérat, encore bien moins jusqu'à la Bactriane. En conséquence, on ne la doit supposer en état de se signaler par de grandes entreprises que lorsqu'elle se trouva appuyée sur l'Assyrie; poussée par elle, dirigée par elle, c'est-à-dire à un moment où les deux pays étaient étroitement liés, et ce moment ne se rencontre, ainsi que je viens de l'indiquer, qu'à l'époque où, suivant les renseignements grecs, une dynastie médique régnait à Babylone, et où les domaines directs de cette dynastie étaient gouvernés par les agnats du grand roi assyrien. Tout concorde donc pour faire comprendre comment Zohak, ou, ainsi qu'on l'a interprété avec raison, Déjocès, reçut l'ordre de Shedad, son suzerain, d'accepter les propositions des rebelles iraniens et d'envahir les États djemshydites [1].

---

[1] Je n'insiste pas sur la légende de Déjocès telle que la raconte Hérodote, sur sa justice intéressée, sa ruse pour se faire élire roi par les Mèdes, le soin qu'il prit tout d'abord de se construire une forteresse et de s'entourer d'une garde dévouée, la fondation d'Ecbatane et des sept enceintes blanche, noire, rouge, bleue, verte, argentée et dorée, répondant aux sept planètes, la façon dont il se dérobait aux regards pour se rendre plus vénérable, etc. Toute cette conception est bien sémitique et convient parfaitement à Zohak. Ce qui est surtout intéressant, c'est de voir l'auteur grec placer Déjocès entre un Phraorte qui est son père et un autre Phraorte qui est son fils. HÉRODOTE, I, 96.

La guerre se présentait sous les aspects les plus favorables pour les étrangers. Outre les désordres et les troubles qui déchiraient les provinces de la Loi pure, celles-ci étaient attaquées avec fureur sur les frontières de l'est par les Hindous, devenus des ennemis acharnés, et qui ne considéraient plus leurs frères d'autrefois que comme des hérétiques et des créatures d'abomination. Sous le nom de Mehradj, fils de Keschen, qui résume pour les Iraniens les souvenirs de cette haine, on retrouve facilement le titre de « Maharadja », « le grand Roi », commun aux dynasties de l'autre côté de l'Indus. Comme la plupart des vestiges de ces temps reculés ont été principalement recueillis dans les provinces occidentales du Vara, on n'en sait pas très-long sur cette partie de la catastrophe. Les meilleures autorités s'accordent cependant à laisser entrevoir de grands désastres. Le Livre des Rois, le Kershasep-nameh et le Koush-nameh y insistent, et la position seule de l'empire iranien sur la frontière de l'Inde, les anciens et étroits rapports des populations, leur antagonisme inévitable, devaient nécessairement déterminer l'intervention des uns dans l'agonie des autres.

Bref, Zohak attaqua le territoire pur. Les insurgés lui apportèrent la couronne, et le Djemshydite, assailli de tous côtés et sentant la résistance impossible, prit la fuite et laissa le champ libre à son compétiteur. Le Vara, le premier empire d'Iran, cessait d'exister, et l'Assyrie devenait la puissance prépondérante du monde.

CHAPITRE VII.

RÈGNE DE ZOHAK.

On a vu, à travers toutes les obscurités de la tradition, que le vainqueur immédiat du Djemshydite n'était pas le souverain suprême de la grande monarchie sémitique, agissant par lui-même, mettant sa personne en jeu, mais bien un feudataire exécutant les ordres de son souverain et très-certainement soutenu par les forces dont celui-ci disposait.

Ce que laissent apercevoir à ce sujet les documents persans, les historiens grecs le confirment. Voici ce que raconte Diodore de Sicile.

Ninus ayant, le premier de tous les princes de l'Asie, rassemblé et discipliné une armée permanente, s'unit d'une alliance intime avecAriæus, roi des Arabes. On a vu que certaines traditions persanes font précisément de Zohak un prince arabe habitant les contrées riveraines du golfe Persique. Aidé de cet allié, Ninus réduisit sous son gouvernement toute la Mésopotamie, puis ayant attaqué l'Arménie, il contraignit Barzanes, roi de cette contrée, à se soumettre et à s'unir à lui, comme l'avait déjà fait Ariæus; il poussa droit contre les Mèdes, alors soumis au sceptre d'un certain Pharnus. Celui-ci, vaincu, fut mis en croix avec ses sept fils et sa femme.

Ces exploits accomplis, l'empire assyrien se trouva fondé; alors Ninus songea à la conquête des pays de l'Asie situés entre le Tanaïs et le Nil. Mais, et c'est ici que l'identité du récit de Diodore avec celui de la chronique persane se prononce, il employa principalement à cette grande expédition un de ses fidèles déjà institué satrape de la Médie.

CHAPITRE VII. — RÈGNE DE ZOHAK.

Ce prince n'est pas nommé par l'auteur grec, mais il s'identifie de lui-même avec Koush-Héféran, en même temps que ce dernier, se confondant pour la légende orientale avec Zohak, tantôt donné comme étant le grand roi des Assyriens, tantôt comme n'étant que l'ami indiqué par Diodore, feudataire dans la Médie, province arrachée à la domination d'une ancienne race certainement ariane, probablement scythique, devient tout naturellement Déjocès.

Ce fut donc ce Zohak, ce Koush-Héféran et son fils Koush-Pyldendan, ce Déjocès, car ces noms divers s'unissent pour représenter l'allié de Ninus et le chef de la nouvelle dynastie médique, qui entreprit la conquête de l'empire des Djems. Dans un espace de dix-sept années, il réduisit à l'obéissance les Caduses et les Tapyres, habitants des rives méridionales de la Caspienne, les Hyrcaniens et les Drangiens, les Derbikkes, les Carmaniens, les Choramniens, les Borcans et les Parthes, tous les peuples du Nord en un mot, sauf les Bactriens. Il soumit également, assure Diodore, beaucoup d'autres nations moins importantes dont il serait trop long de parler, et j'admire comme les renseignements dont se servait l'écrivain grec avaient bien conservé, sans qu'il le pût comprendre, le fait du fractionnement politique établi par la féodalité dans l'empire iranien. Diodore, qui écrit en aveugle, ajoute pourtant que le feudataire de Médie s'empara aussi de la Perside et de la Susiane. Il se trompe évidemment, car par cela seul que l'ami de Ninus était roi des Mèdes, il l'était aussi des deux provinces annexées à cette région, et qui n'en ont jamais été séparées. Les Perses, en effet, n'étaient qu'une colonie mède, Persée et sa descendance étant issus du sang de Médée ; ce point sera établi en son lieu.

A toutes ces conquêtes, Diodore montre d'ailleurs que le roi des Arabes,Ariæus, prit toujours une grande part, car ce ne fut que lorsqu'elles se trouvèrent accomplies que Ninus renvoya chez lui son allié en le comblant de présents. Cet allié est donc à attirer aussi dans la personnalité déjà si multiple de Zohak, puisqu'il a contribué, ainsi qu'on l'a vu, à fournir des traits notables de cette physionomie.

Les conquêtes achevées, le souverain suprême de tant d'États pensa à se donner une capitale, et dans un espace aréal embrassant quatre cent quatre-vingts stades, il fonda Ninive. Jusqu'alors ville si grande et si magnifique ne s'était pas vue dans l'univers. Les murs d'enceinte mesuraient cent pieds de hauteur, et trois chars lancés de front pouvaient circuler à leur sommet. Quinze cents tours hautes de deux cents pieds dominaient ces remparts superbes. Une population composée de puissants Assyriens s'était adjointe toutes les multitudes étrangères qui avaient voulu habiter avec elle; les nouveaux venus s'étaient surtout établis dans les immenses faubourgs entourant la cité.

Ensuite, Ninus résolut de parfaire la soumission des territoires iraniens, en mettant fin à la résistance prolongée de la Bactriane. Le roi de Médie, son vassal, le roi des Arabes, le roi d'Arménie, n'avaient pu venir à bout de cette province où s'était concentré le dernier effort du souverain djemshydite, et lui-même y avait échoué une première fois. Il ordonna une seconde expédition.

Ici se place l'histoire des premières années de Sémiramis, comment, fille de la déesse assyrienne Derkéto, exposée dans le désert, nourrie par des colombes, elle avait été recueillie par des pasteurs qui avaient conduit l'enfant au gardien des juments royales, Simma, lequel l'avait adoptée pour sa fille. Un grand seigneur assyrien, Onnès, chef du conseil royal et gouverneur de toute l'Assyrie, étant venu pour inspecter les troupeaux, devint amoureux de la jeune fille, l'épousa, et en eut deux fils, Hyapatès et Hydaspès.

On a vu que d'après l'annaliste que je paraphrase ici et qui ne fait que copier Ctésias, l'histoire de Sémiramis commence avec la conquête de la Bactriane. A la vérité, Diodore assigne à cette héroïne une origine assyrienne. Mais il donne des noms iraniens aux enfants du premier mari, et c'est d'une manière tout analogue que la tradition persane, en hésitant aussi à attribuer des noms de même origine à Zohak, comme, par exemple, celui de Peyourasp, et en le montrant allié par le sang à la maison des Djems, porte témoignage que l'histoire de la grandeur de l'Assyrie ne commence réellement qu'avec la conquête des terres iraniennes, ou du moins telle était l'opinion qui prévalait dans les mémoires sur lesquels Ctésias, le guide de Diodore, avait composé ses récits.

En nous fournissant, ce que ne fait pas la légende orientale, les détails de la prise de possession des contrées pures, et en nous montrant que cette opération a exigé des années, des efforts répétés et l'emploi de toutes les forces de l'Occident sémitique, Ctésias n'avance que des faits nécessaires et incontestables. Un empire centralisé tombe du jour au lendemain; une monarchie féodale a la vie plus dure parce que le principe de l'existence est entretenu chez elle dans beaucoup de foyers qu'on ne parvient à étouffer que successivement. La révolte intérieure, sans laquelle il serait même impossible de tenter l'aventure, peut ouvrir les portes aux envahisseurs, mais elle ne les dispense pas de fatigues et de peines qui même n'aboutissent pas toujours au succès. Les compilateurs grecs des anciennes chroniques perses donnent donc ici l'aspect vrai des choses.

Ninus, certain des difficultés qu'il allait rencontrer pour en avoir déjà éprouvé de pareilles, se mit en marche à la tête d'une armée de sept millions de fantassins, deux cent dix mille cavaliers et seize cents chars armés de faux. Il fit son plan de manière à attaquer à la fois toutes les villes et tous les cantons de la Bactriane, dans le but de prévenir l'appui que les seigneurs auraient pu porter à leur chef suprême ou bien qu'ils auraient voulu se donner entre eux.

Le roi de la Bactriane s'appelait alors Oxyartes. Il est à croire qu'il s'agit ici du dernier Djemshydite et non pas du feudataire qui occupait sous lui la province. Ce prince rassembla quatre cent mille guerriers exercés, laissa les Assyriens pénétrer dans le plat pays, se jeta brusquement sur eux, et les ayant mis en fuite, les poursuivit jusqu'aux montagnes, où il tua cent mille de leurs gens.

Cette victoire aurait dû assurer son salut; mais il arriva ici ce que produisent d'ordinaire les organisations féodales. L'armée victorieuse d'Oxyartes se dispersa, et chacun retourna dans son château, dans son village ou dans sa ville. Le roi d'Assyrie rallia ses troupes, attaqua ses vainqueurs, les défit en détail, s'empara de leurs cités, et vint enfin mettre le siége devant Bactræ ou Balkh, réduite à ses seules ressources. Ces ressources étaient grandes encore. La place était forte, la garnison nombreuse, la défense formidable. Ninus ne prenait pas la ville. Il arriva alors qu'Onnès, le mari de Sémiramis, ennuyé de ne pas voir la femme dont il était épris et qu'il avait l'habitude de consulter dans toutes ses affaires, lui manda de venir au camp. Elle s'empressa de se rendre aux désirs de son mari, et pour accomplir un voyage si long et si fatigant, elle inventa un vêtement qui ne pouvait trahir son sexe ni gêner la liberté de ses mouvements. Ce fut ce genre d'habit, dont la grâce est telle, dit Diodore, que par la suite les Mèdes et ensuite les Perses s'empressèrent de l'adopter et le portèrent universellement. Ainsi, Sémiramis avec ses enfants aux noms iraniens, portait de plus le costume qui fut toujours connu depuis les temps historiques pour être celui des Mèdes et, par conséquent, des hommes de la Loi pure, car c'est ainsi que l'entendent les Grecs.

Sémiramis, douée d'un esprit et d'un coup d'œil merveilleux, ne tarda pas à remarquer la situation critique où se trouvaient les Assyriens, et elle se rendit compte que, ceux-ci ne faisant aucune démonstration contre la citadelle, tout occupés qu'ils étaient à assaillir les endroits les plus faibles, cette citadelle était mal gardée par les défenseurs de la place, trop confiants dans la difficulté des approches. Elle réunit un certain nombre de soldats accoutumés à escalader les hauts lieux, et grimpant avec eux le long des escarpements les plus difficiles, elle parvint jusqu'aux remparts de l'acropole, en occupa le sommet, et de là avertit les siens de son succès. Les guerriers iraniens, surpris et épouvantés, désertèrent leurs postes qu'ils jugeaient dès lors intenables, et la place tomba entre les mains des assaillants.

L'admiration et les récompenses ne manquèrent pas à Sémiramis. Mais Ninus, allant au delà de la reconnaissance et frappé de sa beauté, en devint éperdument amoureux. Il la demanda à son mari, qui refusa de la céder. En vain, Ninus lui offrit en dédommagement la main de sa fille Sosana, probablement Sousan, « le lys »; voyant qu'il ne pouvait vaincre sa résistance, il le menaça de lui faire arracher les yeux, et Onnès désespéré se pendit. Sémiramis devint femme du monarque d'Assyrie et reine souveraine.

Ninus mourut. Sa veuve lui fit ériger un tombeau glorieux, tumulus immense, large de dix stades et haut de neuf, sur lequel on construisit ensuite une forteresse qui exista plus longtemps que l'empire ninivite et longtemps encore après que les Mèdes eurent renversé l'État dont jadis ils étaient les vassaux [1].

[1] Diod. Sic., II, 1-9.

Je reviendrai tout à l'heure à la personnalité de Sémiramis, qui mérite d'être examinée ; en ce moment, il s'agit de terminer ce qu'il y a à dire sur Zohak. Il est certain, d'après ce qui précède et qui s'incorpore d'une manière si manifeste dans la légende iranienne, que ce prince, personnifiant la conquête sémitique au milieu de l'Iran et l'agrandissement formidable de l'empire des Adites, ou, si l'on aime mieux, des Ninivites, doit être considéré comme une figure synthétique dans laquelle Ninus et tous les chefs secondaires que j'ai nommés et que mentionnent aussi bien les Orientaux que les Grecs, se réunissent, tout en laissant apercevoir des traces notables de leurs existences séparées. La confusion établie sur les origines, sur les titres, sur les noms véritables du colosse assyrien, en est la preuve manifeste. On peut conserver le nom de Ninus comme étant celui qui convient le mieux au souverain suprême pour lequel et par lequel se sont accomplies toutes les conquêtes dans l'Iran ; on peut donner le nom de Déjocès, ou Dahaka, ou Zohak, à son puissant vassal de Médie ; dans l'un comme dans l'autre système, pourvu qu'on ne supprime rien des indications fournies par les autres personnages aperçus sous ces deux appellations, on restera fidèle au véritable esprit de la tradition.

L'idée de vassaux grands et puissants attachés à la monarchie ninivite est un fait si important pour les Orientaux, et qui est demeuré si ferme dans leur esprit, qu'un très-ancien historien arabe, Aboul-Faouarès, cité par Moslih-Eddyn Mohammed Lary, assure que Nemrod n'était autre que le gouverneur institué par Zohak sur les pays de la Loi pure.

D'ailleurs, aussitôt la conquête accomplie, Zohak ne parait plus comme souverain direct du sud de la Perse. Ce titre appartient à Héféran ou Koush-Héféran que j'ai déjà nommé, qui s'identifie tout naturellement avec le roi des Mèdes institué par Ninus, et qui, d'ailleurs, réside à Hamadan, c'est-à-dire Ecbatane. Il est fils du roi Nywaseb, et l'auteur du Koush-nameh fait ce dernier fils de Zohak; ailleurs il n'est donné que comme son parent par alliance.

Peut-être est-ce encore ici une indication obscure de l'existence de la dynastie médique de Ninive. Puis Zohak fait en ce point pendant à Djem-Shyd : sa personnalité représente non-seulement tout le mouvement militaire et conquérant de l'Assyrie à l'époque de la conquête de l'Iran, mais encore une série entière et fort longue de dynasties dont la tradition persane, qui en a oublié le détail, se souvient dans l'ensemble, puisqu'elle dit que Zohak a régné mille ans moins un jour. Ici les documents conservés par Ctésias et Diodore trouvent leur place, ainsi que ceux dont se sert Hérodote, et nous pouvons en toute certitude revenir à l'histoire de Sémiramis. C'est à la fois une reine assyrienne, mède et iranienne.

On la voit consolider et étendre l'empire fondé par l'éponyme Ninus. Elle bâtit Babylone, assure Diodore, bien que Bérose s'élève contre ce sentiment, et il paraît avoir raison. Elle peut avoir agrandi la ville, ou, pour être plus vrai, la domination ninivite que représente son nom a accompli une telle œuvre et bien d'autres. Quant à la création de Babylone proprement dite et même à celle de Ninive, le mieux est de n'en pas parler avec trop d'insistance. La Bible dit, au rebours de l'histoire profane, que la première de ces villes a été construite avant l'autre et fut l'œuvre de Nemrod :

« Et le commencement de son règne fut Babel, Érek,
» Akkad et Kalné, au pays de Sinhar.

» De ce pays-là sortit Assur, et il bâtit Ninive et les
» rues de la ville, et Kalah [1]. »

---

[1] *Genèse*, x, 10-11.

Ce qu'il importerait de savoir d'une manière certaine, c'est ce que le Livre saint prétend désigner par le pays de Sinhar. J'ai déjà présenté mes doutes sur l'identification avec la Mésopotamie, et j'ai dit combien je serais enclin à voir là une contrée située à l'orient, séjour antérieur des populations émigrantes. Quant aux noms de Babel et de Ninive, j'ai indiqué aussi que l'antiquité ne donnait jamais de dénominations précises et directes, mais seulement des noms vagues. En considérant que Babel ne signifie autre chose que « la Porte de Dieu », c'est-à-dire un lieu consacré quelconque, on conçoit que bien des localités ont pu, ont dû être ainsi dénommées. Quant à Ninive, c'est une forme de l'arabe « newy », « la maison, la demeure », et ce terme est encore plus indécis que celui de Babel. L'opinion la plus vraisemblable, c'est que personne n'a fondé ni la Ninive ni la Babel de l'Assyrie, et que, nées obscurément du concours des populations, ces deux cités se sont graduellement agrandies, fortifiées et embellies sous le règne des souverains de la dynastie zohakite, adite ou quel que soit le nom qu'on voudra lui donner.

Sémiramis fit encore de grandes créations dans la Médie, enrichit Ecbatane de monuments considérables, au nombre desquels on cite surtout les travaux d'irrigation. Dans la Perside, elle multiplia tellement les constructions, que partout, jusqu'au temps où écrivait Ctésias, il était d'usage de lui attribuer les restes de palais et de remparts ruinés répandus çà et là, et l'on prétendait que c'étaient ses camps, absolument comme en France les vestiges des Romains passent encore aujourd'hui pour devoir leur origine à César.

Je n'insiste pas sur les prétendues conquêtes de la reine d'Assyrie, elles sont par trop immodérées; s'il est admissible et même presque assuré qu'à l'ensemble des provinces de la Mésopotamie, de la Médie, de la Perside, de la Susiane, composant le noyau de l'empire, et aux États iraniens conquis, la monarchie assyrienne ait réuni, comme le veut Diodore, la Cilicie, la Pamphylie, la Lycie, la Carie, la Phrygie, la Mysie et la Lydie ; la Troade jusqu'à l'Hellespont, la Propontide, la Bithynie et la Cappadoce, il semble prudent d'en retrancher les territoires des Barbares situés vers le Tanaïs, et surtout l'Égypte et la Phénicie, la Libye, l'Éthiopie et l'Oracle d'Ammon. Rien n'empêche cependant que les gouverneurs assyriens de Bactræ ou Balkh aient pu diriger des expéditions contre l'Inde. Il semble, au contraire, que de telles collisions aient dû être dans la nature des choses. Le roi hindou Stabrobates, qui paraît avoir été nommé réellement « Sthavira-Pati » ou « Sthavara-Pati », « seigneur de la terre ferme », fut battu dans une première rencontre et dut laisser le passage de l'Indus libre aux agresseurs ; mais il prit sa revanche dans une seconde affaire, et Sémiramis, rejetée au delà du fleuve et ayant perdu les deux tiers de son armée, renonça à toute prétention sur un domaine si bien défendu [1].

La grande Reine mourut à soixante ans, après un règne de quarante-deux ans, et les Assyriens prétendaient qu'elle avait été changée en colombe. Le nom et l'idée de cet oiseau domine toute la vie de cette femme. Elle est nourrie par des colombes, elle est belle comme une colombe, elle est lascive comme une colombe, et quand son destin est achevé, elle devient colombe. Athénée et d'autres historiens se sont refusés à voir en elle une fille de Derkéto, adoptée par un grand seigneur ; suivant eux, ce n'était qu'une courtisane. J'ai fait remarquer que les noms des fils qu'elle avait eus de son premier mari étaient arians, peut-être médiques, peut-être iraniens. Dans tous les cas, elle

---

[1] Diod. Sic., II, 16-19. — Lassen, ouvr. cité, t. I, p. 859.

138 LIVRE Iᵉʳ. — PREM. ET SEC. FORMATION DE L'IRAN.

indique bien un moment de contact étroit entre la race sémitique et les peuples blancs du Nord [1].

Après elle régna son fils Ninias, et ici Diodore, n'en racontant pas plus sur cette dynastie, se borne à établir que les descendants de Ninus se maintinrent sur le trône pendant trente générations jusqu'à Sardanapale. Hérodote introduit Nitocris dans la liste et place cette reine cinq générations après Sémiramis. En supposant à chaque génération trente-trois ans de durée, ce qui produit le chiffre assez normal de trois générations par siècle, on obtiendrait neuf cent quatre-vingt-dix ans et quelque chose pour la durée totale de la dynastie ninivite ; ce calcul correspondrait assez bien aux assertions des Persans relativement à la durée du règne de Zohak, et achèverait de démontrer que ce qu'ils rapportent des actions, des conquêtes, de la puissance de ce prince s'applique à ce que les Grecs ont appris à Suse des monarques ninivites. Nous avons donc la même tradition reproduite par des esprits de nature différente.

Les habitudes, les mœurs, non-seulement des rois de Ninive, mais surtout de leurs feudataires de Médie, dont les Iraniens dépendaient plus directement et dont ils sentaient davantage l'action, contrastaient si fort avec les

---

[1] Les Orientaux ont gardé un souvenir très-obscur de Sémiramis ; cependant ce souvenir existe. Hamza-Isfahany place au nombre des rois hymyarites Shamyr-Yourysh, fils d'Abou-Karyb, fils d'Ifryk, fils d'Abrah, fils d'Al-Raysh. Suivant lui, les historiens de l'Yémen le confondent, bien qu'à tort, avec Alexandre le Grand, auquel il ressemble par les exploits et les conquêtes. C'est à lui et non au conquérant grec qu'appartient réellement le titre de « Dzou-lkarneyn », ou « Maître des deux cornes ». Il avait conquis le Khoraçan et renversé les murailles de Sogd, qui fut ensuite nommée, d'après lui, « Shamyrkhand » ou Samarkand, c'est-à-dire « la ville de Shamyr ». Quelques-uns pensent que Shamyr vivait au temps de Kishtasp ; d'autres assurent qu'il était antérieur et qu'il fut tué par Roustem, fils de Destan. D'après ce récit, Sémiramis change de sexe et devient un homme. On trouvera dans l'histoire des Achéménides un reflet de Sémiramis sur la reine Homay.

usages des pays de la Loi pure, qu'une assimilation complète était plus que difficile à amener entre les deux populations. Le souvenir de cet antagonisme moral s'est conservé avec une vivacité qui étonne. Originairement, sans doute, les Mèdes, en tant qu'Arians-Scythes, sentaient dans leurs veines le même sang que les hommes de la Bonne Loi. Mais un grand nombre d'entre eux s'étant alliés aux Sémites, avaient pris la direction et la couleur des idées de ceux-ci. Toutefois le fait n'était pas absolu, la confusion n'était pas entière, et la facilité avec laquelle la Médie se rallia quelques siècles plus tard aux pays iraniens porterait à croire que les populations scytho-médiques s'étaient recrutées d'apports d'essence ariane par l'invasion de nouvelles tribus du Nord, ce qui leur avait permis de lutter sans désavantage contre l'immixtion également croissante des éléments sémitiques. Ceci paraît admissible pour les sujets ; quant à la maison régnante, elle était absolument pervertie.

Les princes de cette famille faisaient fabriquer des figures à la ressemblance des personnes qui leur étaient chères, raconte le Koush-nameh, de leurs femmes, de leurs maîtresses, de leurs filles, et les mettant à côté de leurs propres images, commandaient aux grands et au peuple de les adorer. La résistance à de tels ordres était punie de mort, et c'est de la menace perpétuelle des supplices que nous entretient la Bible aussi bien que les poëmes persans ; il en faut déduire le peu de goût des populations médoscythiques pour de pareils cultes. On ne saurait mieux exposer le caractère de cette idolâtrie personnelle et sanguinaire qu'en laissant le Koush-nameh raconter une des actions de son héros, dans un passage dont la physionomie vraiment antique s'est admirablement conservée sous le vernis plus moderne donné par le narrateur.

Koush, surnommé Pyldendan, « l'homme aux dents

d'éléphant », fils de Koush-Héféran, roi des Mèdes, quitta un jour sa capitale, Ecbatane ou Hamadan, située sur les bords de la mer de Khawer, pour conduire son armée dans le Mekran. C'était là, comme on l'a vu plus haut, une des deux routes de terre qui conduisaient dans l'ancien Iran.

Au milieu de la mer de Khawer s'élevait une île bien boisée, où un habitant du pays mena le roi. Celui-ci admira la beauté du lieu et voulut y laisser un souvenir éternel de son passage. Par ses ordres, ses soldats se mirent à tailler des pierres immenses. Ce travail dura quatre mois, au bout desquels s'éleva une muraille d'une grandeur, d'une hauteur, d'une force extraordinaires. Quand elle fut terminée, les ouvriers y encastrèrent une vaste table de marbre sur laquelle fut sculptée l'image de Koush-Pyldendan lui-même. Il était représenté la main ouverte, et au bas se lisait une inscription dont le sens était : « Cette figure est celle du magnanime Koush, sem- » blable au feu dans les combats, portant la couronne des » rois avec majesté, maître du Khawer en toute splendeur » et magnificence. » Puis suivait le récit des grandes actions du monarque et la liste des villes et des régions qu'il avait conquises.

Ne voulant pas que ce monument élevé à sa gloire restât dans la solitude, ignoré du monde, Koush-Pyldendan fonda tout auprès une ville où il colonisa trente mille personnes, hommes et femmes, laboureurs, marchands et artisans, amenés des pays d'alentour. Il commença par leur distribuer en abondance ce qui pouvait être nécessaire à leur complet établissement, des vivres, des bœufs, des ânes, des moutons, des instruments de travail. Il leur partagea des terres fertiles à l'entour de la ville et fonda un bazar. Comme il voulait que la cité créée par lui devînt illustre, il la nomma Koushan, de son propre nom. On pourrait reconnaître sans trop d'efforts dans la légende que je rapporte, l'histoire de l'origine de la ville actuelle de Kashan, qui aurait ainsi commencé par occuper une position insulaire dans la mer de Khawer, ce que l'état actuel des lieux ne rend pas invraisemblable.

Comme c'était pour s'honorer lui-même que Koush-Pyldendan avait fondé la nouvelle cité, il ordonna qu'au commencement de chaque année les habitans de Koushan se réuniraient devant la muraille, en face de la plaque de marbre ornée de sa gigantesque ressemblance, et que là ils accompliraient avec respect les rites de l'adoration due à la Divinité.

Bien que ce récit, tel qu'on peut le lire aujourd'hui, ne date que des temps musulmans, il provient évidemment d'une époque bien antérieure, et eût-on le bonheur de posséder la relation contemporaine de la fondation d'une ville par un prince médo-assyrien, les couleurs du récit, les détails, ne pourraient guère être plus caractéristiques.

Cette idolâtrie du maître et de sa personne, et par suite de ses affections, voire de ses caprices, comportait une extension illimitée de l'apothéose. Outre le culte officiel, qui s'étendait, se modifiait, se transformait à chaque nouveau règne, les sujets avaient encore liberté plénière de se fabriquer tous les dieux dont ils se sentaient l'envie, et le Livre de Koush remarque qu'on possédait des idoles de la grandeur de la main, auxquelles chacun rendait hommage à sa fantaisie. Sous ce rapport, point d'empêchement, nulle défense. Les dogmes acceptés reconnaissaient que des forces divines pouvaient se concentrer et opérer dans n'importe quelle manifestation de la forme [1]. Mais s'il était permis de tout adorer, de tout transformer en talismans, de se faire, sous l'empire de quelque fantaisie que ce fût, une amulette quelconque, il était strictement

[1] *Traité des écritures cunéiformes*, t. II, p. 217 et pass.

interdit de nier cette ubiquité de l'unité divine, et, à plus forte raison, de particulariser en une seule et restrictive conception du Souverain des êtres et de ses principaux esprits, une doctrine religieuse qui, laissant le prince au sein de l'humanité, arrivait par là au crime de haute trahison. La mort et les tortures menaçaient, comme je l'ai dit tout à l'heure, les hommes assez malavisés pour repousser le naturalisme sémitique. La Bible montre bien, en ce qui concerne les Juifs, combien l'État assyrien était inquiet sur ce point, et tout ce qu'on risquait à ne pas pousser jusqu'au bout avec lui ce qu'il devait considérer, en effet, comme le plus important de ses principes constitutionnels.

Les peuples étaient ainsi démoralisés par le fond, et il le fallait pour que le système entier devînt applicable. Quand l'État est tout, il doit, un jour ou l'autre, avoir tout, et ce qu'on lui retient, on le lui vole. C'était l'avis de l'empereur romain, comme celui du souverain ninivite. L'un et l'autre prétendaient trôner divinement dans la conscience des sujets, et, afin de se rendre plus vénérables, l'un et l'autre avaient également compris la nécessité de se soustraire autant que possible à la vue des adorants. Si le prince assyrien apparaissait, quelquefois et de loin, aux regards des sujets, c'était à travers une multitude d'eunuques, d'esclaves, de gardes, de grands. Il vivait derrière cent portes fermées et cent rideaux tirés au fond de pavillons cachés dans des jardins silencieux, entouré de femmes rassemblées de toutes parts et qui devenaient des offrandes consacrées. Ces femmes, placées sans cesse entre la passion du souverain et son dégoût subit, passaient leur vie inconnues au monde ou du moins oubliées de lui, et livrées à toutes les chances de l'existence la plus variable.

On raconte du même Koush-Pyldendan, dont il a été

dit tout à l'heure comment et pourquoi il fonda Koushan, qu'il était sans cesse livré aux fureurs de ses amours. Il idolâtrait une maîtresse, et, pour un caprice, la massacrait dans son lit même. Aussitôt le désespoir le prenait, non moins désordonné que sa rage, non moins effréné que sa tendresse. De sa victime il faisait une déesse, et les villes, sous peine de carnage, se prosternaient tremblantes devant cette fantaisie inattendue. Puis la fille que le meurtrier avait eue de la malheureuse, et dont les traits lui rappelaient ce qu'il avait détruit, lui inspirait un beau soir un appétit furieux. A la résistance il répondait par un nouvel égorgement, suivi d'un nouveau désespoir, d'où naissait une nouvelle déesse, un nouveau besoin d'oublier, d'autres appels à d'autres troupeaux de femmes parmi lesquels le cœur exaspéré et toujours inassouvi du taureau royal pût trouver un moyen de s'apaiser. Recherche impossible. Chaque nuit nouvelle amante, nouvelle crise, accès de furie devant l'impossible, et un meurtre.

Quand il ne tue pas, le roi médo-sémite conçoit une autre idée. Il ne veut pas que telle fille devienne enceinte parce qu'elle est issue d'une race ennemie ou qui peut le devenir, et l'enfant, si c'était un fils, ne serait-il pas enclin à venger les malheurs de sa mère et de sa nation? Les épouses royales restent tremblantes des conséquences possibles de l'amour du souverain. Si par malheur elles se croient en danger, elles cherchent à anéantir l'être qui n'existe pas encore. C'est là le harem, cette retraite sacrée où vit le monarque, ressemblance exacte, portraiture parfaite de son âme, la débauche sans limites, des sens effrénés, la haine accouplée au plaisir, un cœur qui s'affole et ne s'apprivoise pas, des assassinats, des incestes, des infanticides, des avortements, et des multitudes ahuries que la loi prosterne devant des bronzes de trois pouces de haut, résultats derniers de toutes ces horreurs. Sans l'idée de l'influence de la race qui les rendait possibles, de pareilles institutions sont absolument inexplicables.

Les annales persanes confirment ainsi ce que nos livres sacrés et même les écrivains grecs ont raconté des monstruosités de la société sémitique. Les grandes monarchies de la Mésopotamie, principalement, ne se contentèrent pas de les imaginer pour elles-mêmes. Elles les étendirent aux régions tombées dans l'orbite de leur influence, et surtout à l'ancien empire des Djemshydites.

Mais, précisément, lorsque ces vices répugnants firent invasion à l'est et à l'ouest des pays assyriens, il n'est pas supposable qu'ils se soient présentés seuls aux populations, sans l'appui, sans la recommandation de quelques avantages assez sensibles, assez brillants pour en dissimuler l'infamie, du moins au début. Les masses se trompent, sont trompées; nulle part elles ne sont scélérates, et elles ne s'aveuglent pas sciemment. Les grandes monarchies assyriennes, par cela même qu'elles divinisaient le pouvoir souverain, jouissaient de forces beaucoup plus concentrées que n'en purent jamais avoir les États féodaux, et se trouvaient ainsi en état de réaliser de beaucoup plus grandes choses. Elles se signalaient à l'admiration des peuples étrangers par deux grands faits dont le souvenir est resté très-présent : l'existence de grandes armées permanentes, n'obéissant qu'au maître, et lui obéissant ponctuellement et toujours, des armées de mercenaires dont la guerre était l'unique métier; puis l'accomplissement sur la plus vaste échelle de ces immenses travaux publics, canaux, routes, forteresses, temples, palais, tombeaux qui ont fait l'admiration et l'étonnement des siècles, et qui, avant de devenir des sujets de déclamation et d'études archéologiques, furent pendant de longues périodes les énergiques véhicules d'une richesse agricole, d'un commerce, d'une industrie, d'une prospérité matérielle telle

CHAPITRE VII. — RÈGNE DE ZOHAK.

que le monde d'alors ne pouvait voir ailleurs rien qui y pût être comparé, si ce n'est l'Égypte, régie, par suite de la nature de son sol et aussi par celle de sa race, d'après des principes au moins très-analogues à ceux de l'Assyrie. L'Iranien devait se laisser éblouir par des résultats si frappants, par un spectacle d'apparence si grandiose, et surtout, quand il n'avait pas encore éprouvé lui-même les conséquences journalières du système, il devait penser que l'organisation inventée par ses aïeux était bien loin de donner les beaux résultats dont il admirait les fruits chez ses voisins de l'Ouest. De loin, il n'apercevait pas l'impiété fondamentale, le pouvoir absolu de la force sans autre contre-poids que la force elle-même, l'absence de droits chez le gouverné, une discipline de fer et qui ne raisonnait ni ne laissait raisonner, et parce qu'il ne remarquait rien de tout cela, il ne réfléchissait pas à la noblesse des institutions qu'il allait perdre. Il ne se rappelait plus que, chez lui, le roi avait à respecter à la fois et les droits de ses dieux et ceux de son peuple ; que la puissance souveraine contrôlée par les grands était partout limitée et par le pouvoir féodal et par les lois religieuses ; que le père de famille était un personnage si vénérable qu'il était lui-même son prêtre, et que dans cette société libre, la moralité était si haute, la notion de l'indépendance, du droit personnel si vaste, que rien ne pouvait les embrasser ni les contenir. Au contraire, elles contenaient tout. Mais c'était précisément là ce qu'on méconnaissait, parce que ces droits rigides ne donnaient ni l'opulence ni les ressources de la volupté, et que la société iranienne se sentait désormais assez entamée par les métis et les étrangers pour n'avoir plus le plein et libre usage de son sens propre et primitif. Elle était tombée dans la contradiction et le désordre, et s'était ouverte d'elle-même aux envahisseurs. Ainsi avait eu lieu la conquête, et on peut en rattacher l'idée à une tradition arabe très-persistante qui se retrouve chez tous les auteurs orientaux. On dit que dans une des portes de la ville de Samarkand était anciennement encastrée une table de fer couverte d'une inscription portant que la ville était éloignée de mille parasanges de la capitale de son souverain, le Tobba, résidant à Sanaa, dans l'Yémen. Ici, les détails importent peu. Vers le temps de Mahomet, les Arabes ne croyaient pas qu'il eût jamais existé des souverains de leur race plus grands que les Tobbas de l'Arabie méridionale. Ces princes étaient leur point extrême de comparaison en fait d'omnipotence. L'empire de ces dynastes venait alors de s'écrouler, et les peuples de la Péninsule en avaient encore l'imagination remplie. S'il faut se garder d'attacher une importance quelconque à l'indication du monarque, ni au nom de sa prétendue capitale, ni même à celui de la ville qui était censée relever de lui, on n'en doit pas moins remarquer que le pouvoir de certains rois de race arabe avait été autrefois étendu jusqu'aux limites du nord de l'Iran primitif, et il n'est pas douteux que ce souvenir se rattache aux temps de Zohak, tout aussi bien que ce que les écrivains grecs ont pu savoir des conquêtes de Ninus et de Sémiramis.

L'établissement assyrien s'assit dans les contrées djemshydites et de façon à y étouffer toutes tentatives de résistance. Des colonies y furent conduites et installées, afin de mieux s'assurer des territoires de la Bonne Loi. On prétend retrouver dans l'ancienne Kandahar, sous le nom de Kophen, une de ces antiques fondations qui serait parvenue de très-bonne heure à une glorieuse prospérité.

Cependant, ainsi dominés, ainsi séduits, les Iraniens ne gardèrent pas longtemps leurs illusions. A la vérité, ils étaient trop bien garrottés avant d'en être revenus, pour pouvoir se dégager aisément des liens dont on venait de les charger. Pourtant toutes les annales sont unanimes sur ce point. Les protestations commencèrent presque avec l'intronisation de l'autorité étrangère. Probablement étouffées sans beaucoup de peine dans le pays plat, dans les villes riches et populeuses qui les premières avaient trahi la cause nationale, elles persistèrent davantage au sein des contrées montagneuses, principalement sur les frontières du nord où les populations étaient restées plus ariannes et touchaient aux Scythes; et ce fut à ce double titre que ce qu'on peut appeler déjà la résistance, naquit, pour ne plus mourir, sur un point de l'ancien État qui n'avait pas eu beaucoup de réputation dans les jours de prospérité, parce qu'il était le dernier pays colonisé et très-probablement le plus pauvre de tous. A dater de ce moment cette terre devint une province particulièrement illustre dans l'Iran.

Le Djebel ou « la Montagne », la contrée qui s'étend entre les confins de la province de Hérat, Haroyou, l'Arie des Grecs et la limite extrême du pays de Rhagès, allait jouer désormais un grand rôle. C'est à proprement parler, avec quelques modifications de frontières, la Parthyène; la région de l'Elbourz, nommée par les livres zends Hareberezeyty; une terre qui, disent les légendes, s'est nommée primitivement le Hebyreh[1], forme moderne du nom antique; enfin, c'est ce qu'on appelait au moyen âge et qu'on nomme encore quelquefois le Kohistan ou le Djebel de Rey, la contrée montagneuse au pied de laquelle est Rhagès. Les principales villes de ce pays étaient, aux temps primitifs, Rhaga aux trois châteaux, Chakhra la forte, et Varena la carrée.

Zohak installa des garnisons sur plusieurs points de la Montagne; le fait est attesté pour Demawend. Il ne paraît pas que les Assyriens se soient occupés de fonder des établissements dans une région rude et sauvage où

---

[1] Koush-nameh : « Iran n'était pas alors le nom de la terre d'Iran; c'est « Hebyreh » que l'appelait l'homme de la Loi pure. »

des laboureurs et surtout des bergers fort agrestes ne méritaient pas d'être surveillés de bien près. Ce fut là pourtant que l'esprit de haine contre l'étranger se développa tout d'abord et se maintint sans jamais faiblir. Longtemps on put le méconnaître ou le mépriser, car il n'avait pas de moyens de se faire jour. Cependant, dans un demi-secret, la religion des ancêtres se conservait au fond des châteaux et des villages. Avec la religion survivaient l'amour des anciennes coutumes et le regret des anciens rois. Toute domination est nécessairement plus adroite, plus ferme, plus sage, plus précautionneuse à ses débuts que quand elle a déjà vieilli et se croit bien assise. Il arriva qu'avec le temps l'oppression assyrienne, déjà odieuse à ces descendants plus purs des anciens Arians, devint plus odieuse encore. On oublia les torts des derniers Djemshydites pour ne plus se souvenir que de leur noble et grande origine; on oublia qu'une partie des Iraniens avaient eux-mêmes voulu devenir les sujets de Zohak. On se rappela les lois, les mœurs du passé, et on les jugea excellentes parce qu'on ne les avait plus, ou du moins parce qu'elles ne dominaient plus. Les populations de la Montagne passèrent graduellement de l'opposition sourde à l'opposition déclarée, et il se prépara peu à peu un jour où, les circonstances s'y prêtant, l'insurrection allait devenir patente. Avant de raconter les événements auxquels cette tendance des esprits donna lieu, il importe de connaître avec quelque précision et la nature physique de la contrée qui va en être le théâtre, et bien des faits de détail appartenant aux derniers moments de l'empire djemshydite et aux premiers jours de la domination de Zohak, que je n'ai pas encore eu l'occasion de rapporter. Je commencerai par la description géographique.

CHAPITRE VIII.

ASPECT DE L'ELBOURZ.

L'étendue de ces territoires varie suivant les différentes époques ; je l'ai déjà laissé entrevoir. Il en est ainsi à peu près pour tous les pays anciennement historiques. Le centre de la région, son noyau, pour ainsi dire, fut toujours ce que les auteurs grecs et romains appellent les Montagnes Caspiennes, c'est-à-dire le pays qui va de Raghès à l'ancienne Hécatompylos, marqué aujourd'hui par la ville de Damghan, dans le Khoraçan. Quant à la largeur de la zone, elle est indiquée par l'épaisseur même de la masse montagneuse. Du côté du sud, elle s'arrête à peu près au pied des escarpements. Du côté du nord, les forêts marécageuses du Mazendéran la terminent. Cependant il est arrivé quelquefois qu'au nord-est le Kohistan s'est agrandi de façon à toucher les rivages de la mer.

Justin trace en quelques lignes d'une exacte sévérité la physionomie de cette terre :

« Le pays parthe, dit-il, est presque partout possédé
» par des extrêmes de chaleur et de froid ; car, tandis
» que la neige infeste les montagnes, une ardeur torride
» dévore les plaines. »

Écrivant ces pages au cœur même de la contrée parthique, je souscris sans peine à l'exactitude de ce jugement.

Dans la partie qui s'étend vers le sud, aux pieds de l'Elbourz, les ruines de Rey, et Téhéran, la nouvelle capitale, sont étouffées sous un soleil impitoyable. L'air brûle et miroite. Les nuits n'ont pas plus de fraîcheur que les journées. Une campagne déserte dont quelques jardins épars entourés de murs élevés, et les monticules de terre qui marquent au loin la direction des canaux, ne troublent pas l'immensité, prolonge sous les pas et sous les yeux du voyageur ses interminables surfaces de cailloux, de sable et de courts buissons épineux. La verdure éphémère du printemps a disparu. Les moissons hâtives sont rentrées. Les chaumes desséchés sont devenus poussière. L'atmosphère est si brûlante que les muletiers eux-mêmes, bronzés par les intempéries de toutes sortes, ne cheminent plus dans le jour et ne font guère que des marches de nuit. Assis en rond au bord de quelque ruisseau d'eau bourbeuse, leurs ballots de marchandises épars sur le sol, ils attendent le lever de la première étoile pour se remettre en route, tandis que le vent soulève au loin des trombes de poussière qui circulant rapidement dans l'espace, droites, longues, menues, tournoyantes, brillent au soleil comme des colonnes de feu et disparaissent.

Mais, aussitôt que l'on a quitté les abords du désert de Véramyn, ou franchi les portes de Téhéran en se dirigeant vers la chaîne neigeuse des montagnes, cette chaleur accablante s'allége comme par enchantement. Aucun pays au monde ne saurait présenter un contraste si rapidement tranché. Une lieue est à peine faite, et déjà l'on respire, et du sommet de l'Elbourz, que l'on croirait pouvoir toucher de la main tant sa pente est rapide, descend une fraîcheur qu'entretiennent des neiges et des glaces persistant d'ordinaire jusqu'au mois de juillet.

A quatre heures de la ville, les roses ne fleurissent qu'à la fin de mai. On a d'autant plus de peine à comprendre cette différence de climat à des distances si courtes, que la pureté incomparable de l'air les rapproche encore davantage. De partout on voit non-seulement la capitale kadjare, mais encore ces montagnes qui, vers le sud, séparent les plaines téhéranies du désert de Khawer, de sorte que l'horizon entoure quelque quinze ou vingt lieues d'une étendue claire, limpide, partout lumineuse.

Au pied de l'Elbourz s'ouvrent des vallées constamment couvertes de verdure et parcourues par des ruisseaux débordant d'une eau rapide et fraîche. Au-dessus d'un hameau nommé Derbend, une cascade abondante se précipite avec fracas de rocher en rocher. Les villages de Boumehend, de Roudehend, d'Ahas, et surtout la ville de Demawend et les nombreux jardins qui parsèment les pentes voisines, sont des lieux d'enchantement. Sans doute, à les comparer aux sites des Pyrénées ou même des Alpes, ce sont des enchantements médiocres, et l'enthousiasme peut sembler aux amants des forêts du Nord s'exercer là à bon marché. Mais rien ne vaut que par les oppositions.

Quand on a les yeux brûlés par la réverbération des déserts pierreux auxquels on vient d'échapper, que, de toutes parts la vue est encore poursuivie par une mer de collines stériles, gorgées de matières volcaniques et de minéraux, par des pentes sablonneuses, et qu'au pied de tous ces spectres trop réels de l'austérité méridionale l'œil se repose enfin sur des massifs verdoyants de platanes, de grenadiers, de mûriers, de noyers, se plonge dans de hautes herbes et des cultures ondoyantes, et voit sourdre et serpenter, au milieu de cette vie, des eaux abondantes dont les bruits ne charment pas moins l'oreille que le peut faire le chant des oiseaux, c'est presque un devoir de gratitude que de s'abandonner à la joie et à l'admiration.

Pendant quelques heures, on chemine ainsi au milieu de vallons boisés. On aperçoit çà et là des villages dont les maisons d'argile, de forme cubique, à toits plats, disparaissent à demi sous les saules, l'arbre favori des Persans parce qu'il pousse vite, et s'élèvent par étages au revers des ravins. Bientôt cette Arcadie étroite est parcourue. On la dépasse en s'élevant toujours, et on n'a bientôt plus autour de soi que des rochers, de l'eau, de la verdure, et pas un seul arbre, pas même un buisson. A travers une contrée où les ravages du feu semblent avoir cessé d'hier, on passe, foulant aux pieds des bancs de charbon à fleur de terre, observant avec étonnement un étalage inouï de richesses, du fer, du soufre, des filons de cuivre natif qui sillonnent les flancs des montagnes où bouillonnent des sources chaudes.

La richesse métallique de ces contrées, ou, pour mieux dire, de tout l'Iran, est véritablement extraordinaire. Comme les montagnes du Kurdistan, comme celles de la contrée seystanie, comme celles du pays de Samarkand, l'Elbourz renferme dans ses flancs calcinés des gîtes et des filons inépuisables auxquels aujourd'hui personne ne touche, mais qui, dans les temps antiques, étaient l'objet d'une exploitation régulière. Les mines de fer de Demawend sont restées célèbres dans la tradition comme les mines de plomb du Kurdistan et les mines d'or de l'Helmend. En bien des endroits, d'anciens travaux abandonnés depuis des siècles montrent encore la trace des recherches et des travaux de l'homme. Désormais, les paysans se contentent de ramasser le minerai et de le fondre par des procédés traditionnels très-grossiers. Les ustensiles à leur usage sont fabriqués par eux-mêmes. Il y a de fortes raisons de croire que l'étain, qu'on disait, aux époques antiques, importé uniquement des îles Cassitérides par les Phéniciens, se rencontre également dans l'Elbourz. En parcourant cette contrée, on se trouve donc au sein d'un vaste atelier qui appelle les Cyclopes; on s'étonne de cette opulence, et, en avançant toujours, en continuant à monter, on arrive inévitablement, quel que soit le chemin qu'on ait pris, à quelqu'un de ces passages que dans le Fars on appelle des kotels, et que dans l'Aragh on nomme plus ordinairement, soit du nom persan « gherdeneh », « un tournant », soit du mot turk « ghedouk. »

Un kotel, gherdeneh ou ghedouk est un sentier qu'il faut suivre si l'on veut passer, mais qui ne constitue en aucune façon une route bien commodément accessible. Les chevaux y gravissent dans les éboulements du sable ou sur la roche vive, contournent les précipices en en suivant le bord étroit, traversent des torrents avec de l'eau par-dessus les sangles, mettent au sortir de ce tapage leur sabot où Dieu leur indique et arrivent au terme, parce que leur sûreté de pied, leur patience et leur instinct tiennent du prodige; mais l'homme n'a absolument rien à faire pour s'aider que de s'abandonner à la conduite de sa monture.

Plus on gravit, plus les difficultés augmentent. Pendant des heures on tournoie avec un large ruisseau dans des défilés que dominent des murailles énormes. Ce ruisseau, architecte de la route, il faut le traverser dix fois, au risque de tomber dans ses eaux, étourdi par leur fracas et par la rapidité furieuse de leur cours. On contemple, à droite et à gauche, les fleuves de pierres que chaque hiver fait descendre du front des montagnes, et dont il encombre l'entre-deux.

Enfin, on trouve la neige avec le voisinage des nuées, sous ses pieds. Cette neige, à chaque pas qu'on fait, devient plus épaisse et plus forte. Elle couvre les torrents de ponts immenses. Elle forme le long de leur cours comme une sorte de chaussée, et les éboulements qui la chargent ne la forcent point à fléchir. Ce sont les restes accumulés des avalanches amalgamés avec elle. A des hauteurs considérables ruissellent des filets d'eau aériens; ils se font jour à travers les fentes des rochers, les travaillent, les minent incessamment, et en annoncent l'effritement et la chute.

A chaque pas, on croit d'abord qu'on n'ira pas plus loin. On voit, on touche la paroi d'apparence infranchissable qui se dresse menaçante devant vous. On passe, cependant, et si l'on se retourne, l'issue, que l'on a aperçue à peine, semble s'être refermée derrière vous, comme dans les contes de génies. On circule quelquefois dans des espèces de couloirs étouffés entre des pans de rochers dont, en levant la tête, on a peine à apercevoir la cime et où un cheval ne pourrait se retourner. C'est cependant là le grand chemin des armées et des conquêtes, des caravanes et du commerce. Rien de moins difficile que de trouver dans ces lieux des Portes Caspiennes : il y en a cent pour une.

Puis tout à coup, sans nulle préparation, au bout d'un labyrinthe, le passage s'éclaircit, la muraille de rochers s'abaisse, la voie s'élargit. Une croupe verte se montre. On entre dans une vallée où le torrent se précipite avant vous et perd son horreur en perdant sa colère avec les obstacles amoncelés qui la causaient. Point d'arbres, ni même de buissons, mais des herbages savoureux, mais des prairies de fleurs de toute espèce, du thym, du serpolet, des nénufars, des iris, des tapis bleus de germandrées, des assa-fœtida, et, à la place du torrent, une véritable, large et paisible rivière où abondent les truites, et qu'entretiennent mille sources cristallines jaillissant de toutes parts.

La solitude est absolue. Depuis longtemps on a quitté les derniers villages. Il faut un jour de marche et plus pour en rencontrer un. On ne voit au versant des collines, au bord des cours d'eau, sur les plateaux qui dominent les pâturages, que çà et là les tentes noires et basses de quelques nomades, et le désert en est plus complet par le sentiment qu'éveillent ces demeures de l'instabilité de leurs habitants [1]. Des haras de juments errant sans gardiens,

---

[1] Quatorze tribus seulement viennent, à différentes époques de l'année, occuper certaines parties du Djebel. Ce sont les Ala-wends, les Syl-sou-

CHAPITRE VIII. — ASPECT DE L'ELBOURZ.

des moutons à la toison rousse ou noire, des chèvres, les plus charmantes créatures et les plus gracieuses de leur espèce, les bêtes de quelque muletier qui revient du Mazendéran ou qui sort de l'Aragh, une fois par mois un passant, ce n'est pas là de quoi troubler le silence universel, ému de temps en temps par les rafales d'un vent violent. Quelques sangliers, des troupes de gazelles sont les véritables maîtres de ces domaines perdus. Au milieu des touffes de thym s'ébattent par milliers des cigales aux ailes violettes.

Scènes grandioses, spectacle sublime, nature véhémente, excessive dans toutes ses œuvres, et que rehausse, soit de jour, soit de nuit, d'un éclat incomparable, la limpidité de ce ciel iranien, auprès duquel l'azur de l'atmosphère italienne la plus épurée ne saurait s'imaginer sans désavantage.

Après plusieurs journées de voyage dans ces gorges abruptes, dans ces vallons herbeux que l'automne encombre bientôt de frimas, car l'été ne dure ici que trois mois, après avoir erré encore de méandre en méandre, sans perdre jamais de vue pour peu de temps le cône glacé du Demawend, volcan à peine assoupi et qui sans cesse

pours, les Bourbours, les Kourd-batjehs, les Karkanehs, les Shastys, les Alekays, les Arabs, les Arab-mishmehs, les Pazékys, les Kémounkeshs, les Shah-é-séwends, les Kashkahys et les Kourd-karasourlous. Ces nomades n'amènent jamais tout leur monde, en réalité, que quelques-unes de leurs familles ou de leurs branches qui fréquentent la montagne. Il faut y joindre quelques bohémiens ou Kaoulys de différentes tribus, principalement de celles des Shehryarys et des Sanadys. Les Syl-soupours, les Kourd-batjehs, les Shah-é-séwends et les Kashkahys sont Turks; les autres, pour la plupart, se disent indifféremment Farsys, Loures, Kurdes ou Arabes; et ces différentes dénominations ont le même sens dans leur bouche, c'est-à-dire qu'ils réclament une origine persane. Les Pazékys seuls se reconnaissent à la fois Persans et Turks. Tous ces Ilyats ou nomades habitent pendant l'hiver les plaines de Wéramyn, à dix ou douze farsakhs au sud des montagnes, sauf les Shah-é-séwends, qui viennent du pays de Kaswyn, et les bohémiens, dont la résidence la plus ordinaire est aux environs de Kirmanshah.

tourmente au loin le pays de ses ruineux tressaillements, on arrive aux versants septentrionaux de cet amas cyclopéen de plaines hautes et de crêtes. On descend. On retrouve des bourgs, des hameaux, des champs. Mais bientôt, ce ne sont plus les déserts de l'autre versant qui vont se présenter sous les pas. Ce sont les forêts profondes du Mazendéran et du Ghylan, remplies de dédales dangereux où des boues sans fond ont quelquefois dévoré des caravanes entières. Des fièvres cruelles y sévissent pendant presque toutes les saisons de l'année. Dans ces bois inextricables, la cognée du bûcheron réussit à grand'peine et pour bien peu de temps à faire çà et là quelques trouées. Une végétation infatigable multiplie de tous côtés les pousses et les feuilles. Les villages, les maisons sont cachés dans les fourrés. Des arbres magnifiques, chênes, ormes, noyers, pins, toutes les essences d'Europe entre-croisent à l'envi leurs rameaux et servent d'encadrement aux orangers, aux citronniers, aux grenadiers, aux mûriers couverts de leurs fruits, tandis que des vignes somptueuses, grimpant jusqu'au plus haut sommet de ces géants, secouent, quelquefois à quatre-vingts pieds de haut, leurs grappes savoureuses et pesantes au milieu des dernières branches. Le soleil ne perce qu'à grand'peine les voûtes de verdure sous lesquelles s'abritent des tribus innombrables de volatiles et où passent les sentiers tracés par les daims, les ours et les tigres, frères de ceux de l'Inde.

Dans les éclaircies, les cultures profitent, favorisées par un climat humide. Les rizières s'étendent au loin, et, ainsi que je viens de le dire, on salue de nouveau les bois d'orangers que la Perse centrale ne connaît pas et dont les derniers, du côté du sud, se font voir à Kazeroun, entre Shyraz et le golfe Persique. Ici, ils croissent à l'aise aux environs d'une large grève courant de l'est à l'ouest et que baignent les flots nombreux de la mer Caspienne.

Tel est le pays de l'Elbourz. La plus éclatante beauté ; au sud, des chaleurs étouffantes ; au centre, sauf quelques vallées qui jouissent d'une température de transition, un hiver presque constant ; au nord, des chaleurs encore, l'humidité torpide, la fièvre. Justin n'a parlé que des extrêmes, et il a eu raison, car ils représentent la règle dans cette région grandiose.

CHAPITRE IX.

HISTOIRE DE L'ELBOURZ.

La tradition fait venir de la Bactriane les premiers colons iraniens de la Montagne. Elle affirme que le chef de ces colons était le propre frère du roi qui régnait à Balkh. Les gens de Demawend prétendent que ce chef, nommé Syamek, appelait son suzerain « Bala-Akh », « le frère de là-haut », pour indiquer que celui-ci demeurait dans le nord-est.

Cette étymologie à la manière de Platon n'est pas plus admissible que toutes celles dont le philosophe a égayé ses écrits. D'ailleurs, le mot « akh » est arabe, et il n'est pas à supposer que ce vocable sémitique ait eu cours dans les établissements arians aux premiers jours de la conquête. Cependant, toute fausse que soit l'hypothèse, elle révèle un sentiment vrai en lui-même. La Chronique du Taberystan d'Abdoullah-Mohammed, fils de Hassan, fils d'Isfendyar, dit positivement que l'Elbourz avait été colonisé au temps de Djem-Shyd, et comme ce livre est compilé sur des documents pehlewys, on peut admettre sans peine qu'il reproduit une opinion reçue dès le temps des Sassanides. Que le guide de la population ainsi transplantée ait été ou non frère, neveu, cousin, parent du souverain qui gouvernait alors l'empire, il importe peu. Ce qui est clairement attesté, c'est que ceux qui le suivaient, et lui-même, étaient de race iranienne et venaient de l'est.

La plupart des chroniqueurs attestent que le premier prince des hommes de la Bonne Loi dans l'Elbourz fut Keyoumers [1]. Ce titre, signifiant, ainsi qu'on l'a vu ailleurs, « le Roi des hommes », et n'étant pas, de l'aveu de la légende elle-même, un nom à proprement parler, il n'y a nulle difficulté à l'accorder au chef des émigrants établis dans la Montagne.

Je ne vois pas non plus qu'il soit nécessaire d'établir une identité entre le Roi des hommes ou du pays dont il est ici question, et l'autre Roi des hommes qui s'est trouvé également placé en tête de la liste des souverains primitifs de l'Ayryana-Vaëja. Cette dénomination n'est pas personnelle, et peut-être pourrait-on même la retrouver dans le nom guerrier de l'ancien dieu italiote, Mars, qui serait ainsi le fantôme d'un des anciens chefs de ces Arians qui pénétrèrent aussi et le plus loin dans les terres occidentales. De même, du reste, que les premiers monarques iraniens n'ont pas laissé d'eux-mêmes un souvenir bien distinct, de même leurs grands vassaux de l'Elbourz ont vu s'effacer, sous le flot du temps, la meilleure part de leur personnalité.

Le Keyoumers dont il s'agit ici porte aussi la qualification de « Gyl-é-Shah » ou « Roi du marécage, du limon, de la boue ». On explique ce titre en disant que

---

[1] Le Rouzet-Essefa prétend que Keyoumers était le même qu'un certain Amer, fils de Japhet. On se retrouve ici en présence d'un souvenir obscur de Yima ou mieux de Ymir. — Dans ce sens, le Keyoumers ou Amer du Rouzet-Essefa ne serait pas celui de l'Elbourz, mais le roi plus ancien des tribus arianes dont il a déjà été question, et qui personnifie toute la dynastie et même toute la race primordiale.

CHAPITRE IX. — HISTOIRE DE L'ELBOURZ.

lorsqu'il arriva dans ses domaines, il n'y trouva que de la terre et de l'eau et rien davantage. Les commencements de sa puissance furent donc des plus humbles. Le poëte du Shah-nameh, Ferdousy, rapporte que Keyoumers n'était vêtu que d'une peau de panthère, et qu'avant lui on n'avait dans le pays qu'il occupait aucune idée de civilisation. On ne bâtissait pas de demeures, on ne savait pas même préparer les aliments. Le prince arian débuta par la guerre, mais la légende assure que ce fut après avoir vainement essayé de vivre en paix avec les aborigènes, et quand ceux-ci eurent rompu perfidement les traités que d'abord ils avaient consentis. Aidé de ses enfants, de ses parents, de ses compagnons, fort de son droit, il attaqua les dyws et les contraignit à lui faire place. Alors il fonda deux villes, Demawend et Istakhr.

La première de ces cités, nous l'avons déjà traversée. Soit qu'il faille y reconnaître Varena la carrée, soit toute autre création de la plus ancienne époque, il n'est pas douteux qu'elle date des premiers âges. Quant à la seconde, Istakhr, c'est, suivant l'opinion des Persans actuels, Persépolis, située au centre de la Perside. Ils en attribuent la fondation à Keyoumers, et quelquefois aussi, plus fréquemment même, à Djem-Shyd, supposition également impossible, puisque dans l'âge des Djemshydites, les Iraniens n'étaient pas encore descendus jusqu'aux pays du sud. D'ailleurs, le mot « Istakhr » signifie un lieu retranché et palissadé, une forteresse, et peut s'appliquer à bien des établissements d'époques diverses. Il vaut mieux identifier l'Istakhr de Keyoumers avec Chakhra la forte.

Les constructions entreprises par le roi furent accomplies avec l'aide des dyws prisonniers, contraints de travailler pour leurs vainqueurs. Malheureusement, il s'en fallait de beaucoup que toute cette population fût captive.

Le plus grand nombre errait librement dans les montagnes et menaçait sans cesse les colons.

Keyoumers régna trente ans et mourut. Il paraît avoir eu pour successeur son fils Syamek, que reconnaissait et protégeait le suzerain de Balkh. Hamza Isfahany croit Syamek petit-fils de Keyoumers par Masha. Syamek continua la colonisation et combattit les dyws ennemis. Surpris par eux dans une embuscade, il fut tué. La légende fait grande estime de Syamek. Le plus ordinairement elle le représente comme un ascète qui avait renoncé à la royauté et s'était retiré dans le voisinage du mont Demawend, au fond d'un ermitage. C'est là que, suivant quelques auteurs, les dyws le surprirent pendant qu'il était absorbé dans la prière, et précipitèrent sur sa tête un énorme rocher sous lequel il resta écrasé. Une telle manière de comprendre la personnalité d'un des premiers rois de l'Elbourz fait partie d'un système historique tout particulier qui semble appartenir à une époque assez basse, probablement au temps des Sassanides, où les Parsys s'accordèrent à considérer les anciens rois comme des saints. Cette idée a toujours été se développant chez eux; elle s'est particulièrement exaltée chez les Guèbres de l'Inde, et elle a produit parfois les plus singuliers contresens. A Demawend, la tradition orale ne pense rien de tout cela au sujet de Syamek. Elle le tient pour un véritable souverain. On montre à peu de distance de la ville un hameau appelé Mamek-abad, ou « la demeure de Mamek ». Là demeurait la mère du prince assassiné par les dyws.

Le souverain arian résidant à Balkh, autrement dit le Djemshydite, continua à Housheng, fils de Syamek, ou, suivant Hamza Isfahany, fils de Ferwal, fils de Syamek, la bonne volonté qu'il avait eue pour son père [1]. Celui-ci

[1] La forme zend du nom de Housheng est dans le Yesht-Avan, « Houshyogho-Paradhato », « Housheng le Pyshdadien ».

fut une espèce de Numa, et la légende lui donne le surnom de Justicier. Il mit un peu d'ordre dans ses domaines, et avança l'œuvre civilisatrice en exploitant les mines de fer et en façonnant des armes nouvelles. Il apprit à son peuple à travailler le métal, à fabriquer des meubles de bois, à creuser des puits, à prendre des ouvriers à gages. Il ne laissa pas non plus de gagner du terrain sur les dyws, qu'il battit en plusieurs rencontres, et il fonda des établissements étendus, bien qu'on ne s'accorde pas sur les noms de ses villes ou qu'on en propose d'impossibles à admettre. Il mourut après avoir commandé pendant quarante ans. Il avait eu un frère appelé Wyghert, qui a passé comme lui, chez quelques auteurs, pour avoir été un prophète. Du reste, c'est à Housheng que Hamza Isfahany commence la lignée des souverains, et il le fait régner dans une ville très-vaguement désignée sous le nom d'Istakhr ou « Boum-é-Shah », « la Terre royale ».

Après lui parut Tahmouras, qui voulut mériter et qui obtint le titre de « Dyw-bend », « le Lieur de dyws ». Il fut surtout guerrier, et fit sentir aux aborigènes la pesanteur de son bras. On l'appelle aussi Zényawend. Quelques auteurs le donnent pour fils de Housheng. Plusieurs assurent qu'il n'était que son petit-fils, et qu'il avait pour père Dyw-Djehan. D'autres, comme Hamza Isfahany, mettent entre ces deux noms trois générations ainsi dénommées :

Hunkadh. Veyven-Djehan.
Ayounkadh.

Mais c'est par une confusion manifeste avec la lignée des Djems.

Thamouras remporta de nombreuses victoires sur les sauvages, en réduisit un grand nombre en servitude, et tout ce qu'il ne put dompter il le repoussa dans les marais du Mazendéran, de sorte que sous son règne la conquête de l'Elbourz fut achevée. On ne lui prête pas seulement des exploits guerriers; on veut aussi qu'il ait été un protecteur de la science, et qu'il ait introduit l'écriture dans les cités de la Montagne. On assure même que de son temps parut un certain sage appelé Youzasef ou Djoudasp, de la race de Besab, fils du prophète Idrys, qui fit connaître aux Iraniens de l'Elbourz les doctrines sabéennes, c'est-à-dire chaldéennes [1]. Ce même apôtre institua aussi les jeûnes. Comme en même temps on reproche à Tahmouras, malgré ses grands mérites, d'avoir donné dans l'idolâtrie et consacré des images, on peut admettre que son règne, époque de tranquillité relative, de sécurité et de richesse, coïncida avec cette époque où les doutes religieux, suivant le Vendidad, s'introduisirent dans Ragha, et où toutes les contrées de l'empire, se livrant au luxe et aux discussions frivoles, virent poindre les dissentiments qui les livrèrent d'abord aux idées de révolte, puis à la conquête étrangère. Tahmouras occupa le trône pendant une période de trente ans.

Il eut Djem-Shyd pour successeur immédiat. On en doit inférer que lorsque la dynastie des grands rois fut renversée par Zohak, la lignée secondaire des souverains de l'Elbourz éprouva le même sort, et que le torrent de l'invasion sémitique atteignit l'existence politique de la Montagne comme celle des autres provinces, et y abolit tout gouvernement particulier.

Après la bataille où il fut vaincu, le dernier Djemshydite prit la fuite, et l'on raconte très-diversement sa destinée ultérieure. Suivant les uns, il se retira dans un ermitage et y mena longtemps la vie ascétique. Livré au repentir de ses fautes, il parvint au plus haut degré de la perfection, et mourut comme un saint. Suivant d'autres, il erra sur le bord oriental de la Caspienne pendant quelques

[1] *Traité des écritures cunéiformes*, t. II, p. 177 et seqq.

années, n'ayant d'autre abri que le creux des arbres. A la fin, malgré le soin qu'il prenait de se cacher, il fut aperçu par des cavaliers de Zohak, qui, sur les ordres de leur maître, le saisirent et le scièrent en deux par le milieu du corps. On dit même que cette opération se fit non pas avec un instrument de fer, d'acier ou d'airain, mais avec une arête de poisson.

Une autre version, qui ne représente le dernier Djem ni comme un martyr ni comme un ascète, prétend savoir que le monarque iranien voyagea dans tous les coins de l'univers, et finit, quand les poursuites dont il était l'objet parurent se ralentir, par s'arrêter secrètement dans un certain canton du Seystan ; qu'il s'y fixa, s'y maria à une fille du pays, mena une existence obscure et inconnue, et mourut en laissant des fils qui furent les ancêtres de la famille souveraine du pays. Hafez Abrou a raconté cette histoire dans ses Annales, et dit lui-même qu'il l'a empruntée au Kershasep-nameh, où elle se trouve en effet.

Enfin une dernière relation, d'accord sur un point avec celles qui font périr Djem-Shyd de mort violente, représente pourtant les choses d'une tout autre manière. Elle dit que le roi, aux jours de sa prospérité, avait épousé la fille d'un souverain du Nord, c'est-à-dire une princesse du sang des Arians-Scythes. Après son désastre, il se réfugia dans les États de son beau-père avec sa femme et deux fils qu'il en avait eus. Il y vivait paisiblement, quand Mehradj, le roi des Hindous, eut connaissance de sa retraite. Cette circonstance donne lieu de penser que la légende a ici en vue, pour le royaume du roi scythe, quelque pays du nord-est situé aux environs du petit Thibet. Quoi qu'il en soit, Zohak, averti par son allié, réclama Djem-Shyd, et, sur le refus de le livrer, envoya Héféran, roi des Mèdes, contre le prince scythe. Héféran battit son adversaire, le tua, s'empara de ses provinces,

11.

et ayant saisi le proscrit, le mit à mort. Mais les deux fils que Djem-Shyd avait eus de la fille du roi scythe ne se laissèrent pas prendre. Ils trouvèrent le moyen de s'enfuir, et les persécuteurs ne surent pas les retrouver. Avant de voir ce qu'ils devinrent, il convient de s'arrêter une dernière fois sur la personnalité des Djems.

Elle remplit trop visiblement toute la première période de l'histoire iranienne pour n'avoir pas été l'objet principal de la méditation des écrivains orientaux. Tenant encore, et plus d'à moitié, à l'époque primitive où les populations saintes encore compactes occupaient l'Ayryana-Vaëja, elle touche aux temps où la nationalité iranienne déjà bien formée et délimitée eut à subir sa première catastrophe. Cette longue possession de l'histoire, ou, si l'on aime mieux, de la légende, donne au nom de Djem un relief extraordinaire.

Le clergé mazdéen des Sassanides s'était déjà aperçu qu'il y avait mieux à faire de ce grand souvenir qu'un roi plus ou moins illustre. Il prétendit le personnifier dans un saint, dans un ascète d'un mérite si extraordinaire que l'abstraction de ses idées s'étendit à l'abstraction de sa personne. Le « Tjehar-é-Tjemen » ou « les Quatre Prairies », assure que son nom signifie « intelligence », parce que ce fut là sa raison d'exister. On le nomme aussi « Monerzeh » ou « le Saint par excellence ». Il fut aussi appelé « Khour-Shyd », « Soleil ». Dans la première période de sa vie, il s'appliquait uniquement à la vie anachorétique et parcourait les montagnes et les plaines, livré à ses méditations et absorbé par son énergique pénitence. L'hiver, il se plongeait dans un étang jusqu'au cou. L'été, allumant un feu énorme, il se tenait à côté, et quand il avait supporté des ardeurs terribles pendant sept jours et sept nuits, il buvait quelques gouttes d'eau et se retirait ensuite dans un lieu obscur. Cette existence dura

jusqu'à ce que Djem-Shyd eût entendu une voix qui lui disait :
« Tu es plus près de moi que tous les autres hommes. »

Ce résultat obtenu, Séroush, l'ange céleste, fit sortir Djem de sa solitude et lui ordonna de retourner auprès de ses parents, c'est-à-dire de son frère Tahmouras et de sa mère Gulnar, fille de Ferhad, fils de Housheng. Il obéit; mais dans cette nouvelle situation, il ne renonça pas à ses pieux exercices. Pendant cinquante ans une adoration muette l'absorba, il ne leva pas même la tête une fois. Son pouvoir devint immense, et il fut un prophète. Les hommes l'acceptèrent unanimement comme tel, et dès lors il n'est pas admissible que le diable ait jamais pu le séduire, car on sait que Satan n'a aucune prise sur les prophètes. Djem persévéra au contraire fermement dans la foi, et y devint si grand, que, suivant l'expression même que certains traditionnalistes persans prêtent à Mahomet, il put dire de lui-même, comme celui-ci : « Tout homme qui m'a vu a vu Dieu. »

A ce point de vue, Djem-Shyd est donc complétement innocent de la perversité qui s'empara de l'empire vers la fin de son règne; non-seulement il n'y eut aucune part, mais Azerpejouh a enseigné dans son livre intitulé « Setaysh-é-Khosrevan », ou « la Louange des rois », que lorsque les peuples du Vara se détournèrent de la religion, Dieu leur ôta Djem, qu'il rappela à lui, et les livra à Zohak.

Cette façon de transformer l'ancienne légende porte la trace d'une pensée indienne. Quoique le livre où on la rencontre soit fort répandu aujourd'hui parmi les Guèbres du Guzarate, il est ancien, il est vraiment persan, et je ne doute pas que la composition n'en remonte au temps où l'action des bouddhistes se fit sentir sur la Perse. C'est là qu'il faut retrouver la source de ce goût d'idéalisation qui domina toujours depuis dans les conceptions des docteurs mazdéens. Ceux-ci se trouvèrent influencés alors par deux côtés très-différents, mais toujours dans le même sens : celui des missionnaires hindous, pour lesquels la réalité disparaît dans l'abstraction, et qui, à force d'étendre, d'agrandir, d'élargir, de raffiner et de subtiliser ce qui est, le réduisent à ne plus être, du moins comme nous entendons le mot « être »; celui également des philosophes chaldéens, des Juifs, élèves de ceux-ci, des chrétiens plus ou moins orthodoxes, imitateurs au moins en partie des uns et des autres, qui tous, à force de rechercher dans la vie la partie pure et concrète, finissent par méconnaître à peu près la matière, et se perdant dans une spirale d'analyses et d'éliminations, arrivent à des résultats identiques à ceux des bouddhistes.

On observe sous la forme donnée ci-dessus à la légende de Djem-Shyd des indices de cette double manière d'opérer. Les pénitences gigantesques du héros sont de l'enseignement de Sakyamouni. L'opinion qui absout les prophètes des tentatives du diable, l'idée de prophétie elle-même, l'idée du diable enfin, sont des notions chaldéennes, juives, chrétiennes. C'est là l'esprit du parsisme sassanide, religion toute de compromis, d'emprunts et de placages, mais disposée à se croire beaucoup plus pure que dans son état ancien, par cela même qu'elle transforme davantage, transfigure et rejette dans le monde des idées tout ce qui jusqu'alors avait dans l'histoire des nations iraniennes présenté la solidité de faits réels. Ce n'est pas Djem-Shyd seulement qui se vaporise de cette manière, ce sont successivement tous les rois anciens, réduits par cette méthode à la condition de grandes ombres métaphysiques; et non-seulement on a imposé cette négation aux créatures humaines, on l'a étendue au milieu dans lequel elles avaient vécu. Le Vara, l'empire, a été relégué par delà la région des chimères, dans une sorte de conception idéale très-étrangère à l'univers positif, et qui n'a pas même assez de densité pour servir de demeure aux âmes du paradis futur. Le lac Voourou-Kasha, le lac Pouytika, sont de même devenus des espèces de métaphores. Toute l'histoire a été dépouillée de sa réalité et transportée dans le domaine des songes. Les livres postérieurs des Parsys ont adopté à l'envi l'un de l'autre cette sorte de scepticisme singulier. On y voit sans doute des vestiges incohérents, des contradictions, des tiraillements qui protestent contre les violences d'une telle méthode; mais, en somme, cette méthode convient si bien à la nature des Orientaux, elle choque si médiocrement l'instinct très-faible qu'ils peuvent avoir de la nécessité de distinguer entre ce qui est dans le temps et l'espace, de ce qui est en dehors de ces conditions actuelles, qu'elle a survécu jusqu'à nos jours et se maintient. Elle fait plus; elle a séduit des savants européens, qui, la trouvant ingénieuse et bizarre, pour cela même l'ont adoptée. Pourtant elle est, comme je viens de le dire tout à l'heure, trop en désaccord avec elle-même, et ensuite trop contredite par les textes les plus anciens et par la tradition positive restée entre les mains des musulmans et conservée par eux, pour qu'il soit possible de se confier à elle et de ne voir avec elle que des fictions pieuses et des êtres de raison dans ce que les annales ont conservé des temps primitifs de l'Iran.

Il a existé également parmi les Juifs et les chrétiens des sectes mystiques qui n'ont aperçu dans la Genèse que des expositions fantastiques de faits dont l'accomplissement ne s'était jamais passé sur la terre. D'autres encore, prenant au sens symbolique des récits qui s'appliquent à des réalités, n'ont pas moins prétendu à dépouiller aussi le Livre saint de toute portée historique. C'est parce que les Juifs et les chrétiens ont eu cette tendance, inspirée aux uns et aux autres par les théories chaldéennes, que les Parsys ont cru faire merveille en essayant à leur tour ce qui vient d'être exposé. Mais la Bible, comme le Vendidad, est restée éternellement en dehors de cette tentative, et ne s'y prête pas. Laissons donc de côté le travail critique des théologiens parsys et les conséquences négatives qui en résultent, ou du moins n'en tenons compte que comme d'un fait intellectuel qui, lui aussi, est historique.

La preuve la plus manifeste que l'on puisse donner du succès très-borné obtenu par ces combinaisons sur la masse des esprits, c'est que l'Islam, dès son premier établissement dans les contrées iraniennes, ne crut pas pouvoir se refuser à accepter comme des vérités positives l'existence des premiers rois, et en particulier ce qui se rapportait à Djem-Shyd. Ne trouvant rien ni d'eux ni de lui dans les traditions juives ou chrétiennes non plus que dans le Koran, il jugea indispensable, suivant la tendance commune à toutes les sciences, de faire rentrer, bon gré mal gré, ce qu'il ignorait dans le cercle de ce qui lui était déjà connu. De là un autre mode de critique bien particulier. On doit sans doute à ce système la généalogie arabe de Zohak que j'ai citée plus haut. On lui doit de même l'insertion du nom de Dieu, Allah, dans un certain nombre d'inscriptions antiques de la Perse et de l'Asie Mineure; on lui doit l'assimilation de Keyoumers [1], avec Adam ou au moins Caïnan, de Housheng avec Malaléel et d'autres encore. Pour Djem-Shyd, il avait été le plus grand et le plus sage des hommes. C'était assez dire qu'il fallait l'identifier avec Salomon, fils de David, le seul des mortels qui ait eu droit à ce double titre. Cette opi-

---

[1] L'auteur du Rouzet-Essefa, plus pénétré qu'aucun autre de la légitimité de cette interprétation, assure que les anciens rois de l'Iran et leurs peuples parlaient le souryany, c'est-à-dire la langue syrienne, et que dans cet idiome « Keyoumers » signifie « le Vivant. »

nion a été adoptée par beaucoup d'historiens. Cependant elle n'a pas été non plus sans contradicteurs. Myrkhond traite d'ignorants les savants du Fars qui l'ont accueillie, et ses raisons pour ne pas se rendre à leur avis sont, d'abord, que le règne de Djem-Shyd est séparé de celui de Salomon par un intervalle de deux mille ans; ensuite, que Djem devint infidèle dans le cours de son règne, malheur qui n'est jamais arrivé à Salomon; enfin, et cela est notoire, que jamais ennemi quelconque ne prévalut contre le souverain d'Israël, tandis que Zohak put vaincre et faire périr Djem-Shyd. Myrkhond se range donc à l'avis d'Abou-Hanyfeh Dynwéry, d'après lequel Djem-Shyd serait un petit-fils d'Arfakshad, fils de Sem, fils de Noé, nommé lui-même Arfakshad-Iran.

Cette idée, malgré la grande autorité de Myrkhond, est tout aussi loin d'avoir acquis la faveur générale que toute autre combinaison de même espèce. Certains auteurs préfèrent l'opinion de Heseb, fils de Membeh, d'après lequel Djem-Shyd aurait vécu au temps où le prophète Houd s'efforça de ramener les Adites à des sentiments pieux.

Dans ce système, on cherche bien à établir un synchronisme entre le règne du monarque iranien et un fait biblique; mais on s'abstient de confondre l'histoire du Peuple pur avec celle du peuple de Dieu, et c'est là au fond le sentiment qui a prévalu, malgré les efforts du zèle musulman. L'instinct général en Perse s'est, somme toute, conservé libre des rêveries des Parsys et de celles des moullas. Il tient pour assuré qu'il possède une histoire particulière au pays, très-réelle, très-positive, très-ancienne. Il ne cherche pas à peser le degré de possibilité des faits, ni la rectitude de leur enchaînement. Il prend le tout comme il lui est parvenu. Un historien de profession me disait avec un soupir qui ne trahissait d'ailleurs ni chagrin ni embarras : « Il y a beaucoup de mensonges dans tout cela. » Après cette réflexion, il n'en recueillait pas moins avec la plus complète sérénité les récits les plus exorbitants, et se contentait de les livrer comme il les avait reçus, les faisant suivre seulement, quand ils lui semblaient par trop extraordinaires, de cette réflexion consolante : « Dieu seul sait avec exactitude ce qui en est! » Ce en quoi il suivait encore l'exemple de ses prédécesseurs. Je fais comme lui, persuadé que cette manière de conserver les annales est préférable aux systèmes d'interprétation que je viens de faire connaître, et à beaucoup d'autres encore dont je parlerai plus à loisir. Pour le moment, je reviens aux deux fils de Djem-Shyd que j'ai laissés errant par le monde après le meurtre de leur père.

Ils se jetèrent à travers le désert du sud-ouest et s'avancèrent avec beaucoup de précaution dans la direction du Mazendéran et de l'Elbourz. Pendant assez longtemps, ils se tinrent compagnie dans ces lieux sauvages, cachés à tous les yeux et soutenant leur existence à grand'peine. Un jour, le plus jeune, appelé Faregh, dit à l'autre : « C'est sans profit que nous partageons les misères d'une
» pareille vie. Notre père nous a prédit, tu le sais, que de
» toi sortirait le vengeur de notre famille et le réparateur
» du pouvoir des Iraniens. Quant à moi, en entendant ces
» paroles infaillibles, j'ai déclaré que je renonçais au trône
» et prétendais embrasser la vie contemplative. Notre père
» s'en est réjoui et m'a donné trois livres qui contien-
» nent toutes les prescriptions de la sagesse. Va donc où la
» volonté de Dieu t'appelle. Pour moi, je deviens ascète. »

Il serait inutile aujourd'hui de prétendre fixer la date de cette tradition. Ce qui est certain, c'est qu'elle provient d'un récit guèbre, et les trois livres doivent être le Vendidad, le Yaçna et le Vispered. On est ainsi transporté à à l'époque des Sassanides, où les mages enflés de leur puissance politique aussi bien que religieuse, à peu près égale à celle des rois, peuvent avoir eu la pensée de rattacher leur institution à un fils de Djem-Shyd.

Quand Faregh eut parlé ainsi qu'on vient de le voir, Nounek, le frère royal, accablé de chagrin, éprouva un surcroît de douleur en comprenant qu'il allait se trouver seul. N'ayant cependant rien à opposer aux paroles de l'ascète, il accepta ses adieux et poursuivit son voyage. A travers mille dangers, il réussit à atteindre l'Elbourz, qu'occupaient ou du moins sillonnaient les bandes assyriennes, et il s'établit du côté du couchant, c'est-à-dire dans les vallées hautes à l'ouest de Ragha.

Zohak fit chercher partout les deux frères. On ne put les découvrir, et comme ni l'un ni l'autre n'essaya de sortir de l'obscurité dans laquelle ils s'étaient ensevelis, les inquiétudes du vainqueur finirent par s'éteindre, et on oublia que Djem-Shyd n'était pas mort tout entier.

Pourtant ce ne fut pas Nounek qui le ressuscita. Un tel honneur ne lui était pas dévolu. Il ne le fut pas non plus à son fils Méharew, qui mourut avant lui. Mais son petit-fils, Abtyn, connu du Vendidad sous le nom d'Atwya et que la légende nomme aussi Angyvan, Yteghyar et Athfyan, probablement par suite de mauvaises transcriptions, s'il ne fut pas lui-même le soleil du grand jour de la délivrance, en fut du moins l'étincelante aurore.

En ne séparant Abtyn de Djem-Shyd que par deux générations, j'ai suivi le texte du Koush-nameh. La Chronique du Fars, plus fidèle au sentiment de la longue durée qui s'écoula entre la chute du premier empire et la fondation du second, multiplie bien davantage les degrés de cette généalogie, quoique d'une manière très-insuffisante encore. Ce livre raconte d'abord comment, après le meurtre du grand roi, ses fils, cachés dans la montagne, y menèrent le même genre de vie que les Iraniens, anciens habitants de la contrée. Ils se firent agriculteurs comme eux. Comme eux, ils possédèrent des troupeaux de bœufs, de moutons et de chèvres, et ne s'occupèrent qu'à cultiver leurs champs. L'auteur expose la généalogie suivante, qui, par les qualifications dont les noms sont accompagnés, révèle une origine très-ancienne :

Djem-Shyd.
Abtiyan-Byferoust.
Abtiyan-Remy-gaw, ou du Taureau de combat.
Abtiyan-Seher-gaw, ou du Taureau vigilant.
Abtiyan-Asfyd-gaw, ou du Taureau blanc.
Abtiyan-Siyah-gaw, ou du Taureau noir.
Abtiyan-Kour-gaw, ou du Taureau furieux.
Abtiyan-Bour-gaw, ou du Taureau gris.
Abtiyan-Zour-gaw, ou du Taureau rouge.
Abtiyan-Fyl-gaw, ou du Taureau éléphant.
Abtiyan-Per-gaw, ou du Taureau fort.

Ce nom d'Abtiyan, répété pour tant d'individus, signifie « roi », suivant la Chronique du Fars. Il est possible, en effet, qu'il ait servi de titre aux descendants des Djems devenus des gentilshommes terriens, de simples seigneurs de châteaux, de villages ou de districts dans l'Elbourz. Puis, les qualifications tirées de la nature des différents taureaux sont des surnoms. Probablement le nom personnel de chacun des Abtiyans a disparu entre le nom et le surnom, ce qui a toujours été très-ordinaire en Perse et l'est encore. Nounek et Méharew peuvent être les deux premières de ces dénominations personnelles oubliées. Ainsi, il y aurait eu dans l'Elbourz, au temps de la domination assyrienne et après Djem-Shyd, une famille issue de la race royale primitive et occupée, faute de mieux, à se couvrir d'obscurité et à réserver pour l'avenir ses précieuses prérogatives. C'est du moins ce que veut la légende.

CHAPITRE IX. — HISTOIRE DE L'ELBOURZ.

Toutefois, le Yaçna, qui connaît très-bien Atwya[1] et lui rend un respect convenable, n'a marqué nulle part un point aussi important que le serait le lignage dont il est fait honneur à ce prince dans le Koush-nameh et la Chronique du Fars. C'est de quoi le rendre suspect, et d'autant plus que si l'on voulait en croire les Persans, leur maison royale ne se serait jamais éteinte depuis les plus anciens temps jusqu'à ceux d'aujourd'hui, et aurait donné au monde cet exemple singulier d'une fortune qui à une branche détrônée aurait toujours fourni pour héritière une autre branche se rattachant à un point quelconque du même tronc. Tous les peuples germaniques ont eu cette préoccupation. Les anciens Grecs ont tenté l'impossible dans le but de concentrer sur un même point de départ des descendances inconciliables; et ce ne fut pas assez pour nos vieux chroniqueurs de faire sortir les Capets du sang mérovingien de saint Arnoul, il leur fallut encore Francus, et allier nos rois par Hector à la dynastie qui, au moyen d'Énée et de Lavinie, descendait ensuite et se prolongeait jusqu'aux Césars de Rome.

La mémoire d'Abtyn, d'Abtiyan-Per-gaw, ou du « Taureau fort », est sans doute particulièrement chère à la race iranienne, parce que ce héros fut le père du libérateur. C'est son plus beau titre de gloire; ce n'est pas le seul. Le descendant des Rois possède en propre des mérites considérables et qui le font honorer pour lui-même. Au temps où il vint au monde, la domination assyrienne paraissait consolidée et affermie à jamais. Les résistances partielles, si tant est qu'il y en ait eu, car aucune tradition n'en parle, avaient cessé depuis longtemps, et un silence complet de soumission régnait dans les contrées pures. La majeure partie des populations pouvait même avoir perdu à demi le souvenir de l'ancien empire, car plus de neuf cents ans, suivant les

[1] Spiegel, *Yaçna*, t. II, p. 70.

légendes, avaient passé sur la ruine du Vara. Néanmoins de tels faits ne s'oublient pas, et les populations modernes de la race latine ont eu beau traverser des siècles non moins nombreux de domination germanique, leurs instincts n'ont jamais cessé de tourner, comme l'aimant vers le pôle, du côté de la Romanité, qu'elles restaurent maintenant.

Ce qui avait empêché l'Iran de se fondre avec les provinces assyriennes, c'était la différence des races, les antipathies de sang et les conséquences qui en découlaient. Un Iranien pouvait être un sujet soumis dans ce sens qu'il comprenait l'inutilité de la révolte et son impuissance à secouer le joug. Il ne pouvait être un sujet fidèle, parce qu'il lui était impossible de raisonner comme un Sémite, de voir les choses de la vie, d'apprécier celles de la morale, de comprendre celles de la foi de la même manière, d'approuver ce que l'autre approuvait, de blâmer ce qu'il blâmait. Sa raison avait une autre forme, sa logique d'autres procédés, son affection et sa haine poursuivaient d'autres buts en tournant sur d'autres mobiles. Les traditions des uns et des autres, leur esprit, leur manière de se représenter toutes choses, révèlent cette vérité avec une clarté complète. Le peuple d'Iran était donc en insurrection latente mais perpétuelle, et la marque de cette révolte, c'était sa religion, trait essentiellement asiatique, et qui, lorsqu'on en tient compte, explique dans les annales des nations de cette partie du monde les faits les plus considérables, qu'on ne saurait comprendre en le négligeant. C'est la religion qui est, dans ces pays, non-seulement la vie de l'âme et la lumière qui colore chaque passion et chaque instinct, mais qui constitue également ce qu'ailleurs on appelle l'amour de la patrie. Là, si l'affection pour le sol existe, on la partage avec des gens que l'on déteste et que l'on méprise, qu'au besoin on égorge, parce que les races les plus disparates sont juxtaposées et entrelacées dans les mêmes régions. Ce qui surtout donne à chaque groupe son signe distinctif, sa marque de reconnaissance, son mot de passe, le drapeau qu'il adore, qui lui fait compter ses amis et lui désigne ses adversaires, c'est le mode de croyance. A ce titre, il n'importe même pas toujours que les différences entre les bannières soient aussi apparentes qu'elles l'étaient entre le mazdéisme et les théories chaldéennes, il suffit de la moindre différence avouée. Les schismatiques grecs ne portent pas moins d'aversion aux catholiques indigènes qu'aux musulmans ou aux idolâtres. L'antagonisme théologique suffisait donc, et au delà, pour conserver vivante l'antipathie qui séparait les vaincus des vainqueurs, quel que fût le nombre des siècles qui se fussent succédé en vain pour l'effacer. A chaque instant, il se présentait des occasions publiques de scandale et de malédiction réciproque. J'ai déjà parlé du culte des images, si révoltant pour les Parsys qu'à tout moment les traditions y reviennent. S'agissait-il des honneurs funèbres? le mazdéen voulait exposer ses morts, et il les offrait en pâture aux animaux des champs et aux oiseaux de l'air. Au contraire, l'Assyrien, peu soucieux de souiller le sein vénérable de la terre, inhumait les siens. Il faisait pis; il pratiquait les embaumements, source de mille profanations. Ce qui était plus impie et plus effroyable encore, il s'en prenait au feu de bien des manières, et à l'eau; il ne montrait aux éléments purs aucun respect, et mettait le comble à son iniquité en prodiguant les adorations, en élevant des sanctuaires aux serpents, ces créatures maudites que la loi ariane ordonnait à ses fidèles d'exterminer partout où ils les rencontraient.

Il faut laisser à part, comme constituant des offenses que le temps peut adoucir et même faire oublier, les déboires et les humiliations auxquels les chefs de famille et les seigneurs féodaux étaient exposés dans l'exercice de leur autorité héréditaire, et l'indignation que devait leur causer l'exercice d'un pouvoir remis à des hommes de rien que l'omnipotence royale plaçait sans cesse au-dessus d'eux. Les Iraniens n'avaient qu'à choisir entre des motifs plus profonds encore de souffrir et de s'irriter.

Les monarques de la Mésopotamie possédaient, il est vrai, un moyen très-énergique de lutter contre de si irréconciliables antipathies. Ils savaient déporter les populations les plus mutines et implanter à leur place des colons de leur propre sang, qui, en se mêlant, autant que faire se pouvait, aux familles restées dans le pays, augmentaient la confusion ethnique, cause principale de la chute du premier empire, et multipliaient le nombre des sujets dociles au joug. Mais sur d'aussi vastes territoires que ceux de l'ancien Iran, une telle ressource ne saurait jamais être appliquée avec une efficacité suffisante. On ne déplace pas des nations, mais seulement une faible partie de ces nations, et c'est ce qu'on peut voir par l'exemple des Juifs quand ces mêmes Assyriens les emmenèrent plus tard en captivité. Les vainqueurs furent impuissants à enlever le fond des populations. Ils n'y touchèrent pas. Ils laissèrent les laboureurs et les vignerons; ils ne dépaysèrent que les nobles, les riches, les artisans de mérite, en tout dix mille personnes. C'était peu dans un État qui à la fin du règne de David comptait plus d'un million d'hommes en état de porter les armes, et qui s'était même agrandi sous Salomon. L'Iran était encore plus difficile à dépeupler que la Judée. C'était une région immense touchant de bien des côtés à des pays indépendants, et qui n'avait pas ses masses principales agglomérées autour d'une capitale comme Jérusalem, où à la rigueur il eût semblé possible de les saisir. Aussi les déportations et les colonisations ne pouvaient-elles changer que peu de chose, et encore fort lentement et d'une manière trèssporadique, à l'ancien esprit arian. Celui-ci persista donc là surtout où il était le moins attaquable, au fond des montagnes de l'Elbourz, et se tint à la disposition des événements.

Abtyn fut l'homme qui réunit tous les éléments de combustion ainsi préparés, et disposa une conflagration qui devait finir par dévorer l'empire de Zohak. Il ne reste plus, avant d'entrer dans le récit de la lutte, qu'à faire connaître le vaste cercle de pays qui s'y trouvèrent intéressés.

CHAPITRE X.

CONTRÉES SITUÉES AUTOUR DE L'ELBOURZ.

La région de l'Elbourz s'élève au centre des territoires que je vais décrire. C'est de là que partira le mouvement agressif contre les Assyriens. C'est là que la victoire finale sera célébrée; c'est là enfin que le nom de l'Iran, transporté une fois déjà des régions tout à fait primordiales du nord-est dans le Vara de Djem-Shyd, et depuis de longs siècles politiquement effacé, se retrouvera tout à coup plus brillant que jamais et manifestera sa seconde apparition. Dans la période qui commence, l'Iran, ce sera par excellence la Montagne, et jusqu'à la conquête musulmane, à partir de ce temps, c'est-à-dire pendant un laps de siècles très-considérable, la Montagne continuera à être l'Iran, sinon d'une manière exclusive, du moins dans ce sens qu'elle en sera la partie la plus vraiment nationale et la plus chère à la tradition historique et religieuse. Des provinces riches, favorisées par la nature et par les travaux de l'art, pourront devenir le siége d'une civilisation plus brillante et prendre une importance plus apparente, mais, en réalité, le cœur de la nation restera toujours dans l'Elbourz.

A l'ouest était située la Médie. C'est ce que la Chronique persane appelle le royaume de Khawer. Ecbatane ou Hamadan, ou encore Khendan et même Batan, car on trouve toutes ces formes, était la capitale de cette contrée possédée par Koush-Héféran, dont la maison formait une branche du lignage de Zohak, et régnait directement sur les Mèdes et sur les populations situées à l'orient de l'Assyrie. Le royaume de Khawer était ainsi l'instrument naturel des volontés du suzerain ninivite quand il voulait agir dans le pays des Djemshydites.

La population de la Médie était double, je l'ai déjà indiqué, mais c'est le moment de revenir avec plus d'insistance sur ce point. Le fond, les basses classes, appartenait à ces résidus de races mêlées qui, avec l'adjonction des aborigènes noirs, formaient les nuances chamites, sémites et chamo-sémites, dont l'ensemble, déjà assez bigarré, constituait la masse de la famille assyrienne. Au-dessus de cet élément populaire et le dominant, apparaissaient des tribus pastorales, auxquelles l'histoire a donné plus particulièrement le nom de Mèdes. Elles étaient arianes, mais scythes, et non pas iraniennes, et en voici les preuves : primitivement elles avaient porté le nom même d'Arians, Arii, et Hérodote, qui le certifie, ajoute qu'elles n'y renoncèrent que lorsque Médée fut venue s'établir au milieu d'elles[1] ; puis le nom de Chozirus, un de leurs rois, se retrouve dans celui de la nation célèbre et certainement scythique des Khazars, campée à une certaine époque sur les bords de la Caspienne, qui en avait reçu le nom de mer de Khozer ; ensuite un autre nom de roi issu de la souche médique, Mardokempad, est formé sur le mot « mard », « un homme », dénomination d'une

[1] Hérodote, VII, 62.

célèbre tribu scythique ; enfin les peuples habitant sur la frontière septentrionale de la Médie, ceux qui séparaient cette province de l'Elbourz, possession extrême des races iraniennes, ceux qui vivaient dans le Ghylan, dans l'Arran, dans les plaines de Soultanyeh, dans le pays de Sava et de Goum, les Tapyres, les Amardes, les Gèles, les Caduses, les Dahæ, étaient tous de race scythique, et ainsi les Mèdes se trouvant enveloppés au nord et à l'est dans un réseau de nations scythes et n'ayant pas un seul point de contact avec les Iraniens, à moins d'aller chercher ces derniers chez eux pour les combattre, rien n'indique qu'ils aient pu appartenir à leur groupe. Le Koush-nameh dit positivement qu'ils n'en faisaient pas partie. Pour ce livre, les peuples d'Hamadan ou du Khawer ne sont pas Iraniens à l'époque de Zohak et ne l'ont jamais été auparavant. C'est une dépendance des nations occidentales. En même temps l'auteur ne confond pas du tout le Khawer avec les territoires purement sémitiques, ses alliés ou ses maîtres, et il établit très-bien que cette terre, quoique en relations étroites avec l'empire assyrien, en est cependant distincte. D'autre part, il répète fréquemment que les peuples de l'Elbourz ne pouvaient pas comprendre le langage parlé à Hamadan, et qu'il leur fallait, pour l'expliquer, recourir à des interprètes, aussi bien que lorsqu'ils avaient à s'entretenir avec les peuples du Caucase ou des rives de la Caspienne. Hérodote établit le même fait quand il nous montre les Scythes en possession d'usages mèdes, parlant un langage qui est le médique, et portant jusqu'au bord de l'Adriatique sur leurs chariots voyageurs des usages identiques à ceux des habitants mèdes des monts Alwend.

Il est si intéressant de voir la Chronique persane en accord parfait avec les documents grecs, que je ne résisterai pas au désir de m'appuyer sur ces derniers toutes les fois que s'en présentera l'occasion, et, dans le cas actuel, ce n'est pas seulement Hérodote qui peut servir de garant au poëte du Koush-nameh, c'est aussi la mythologie, de sorte qu'en la comparant aux dires des annales orientales, on confirme ces dernières, et on parvient encore à jeter sur les récits les plus obscurs de la genèse hellénique des clartés qui en font mieux comprendre le mode de formation, l'âge reculé et l'importance historique.

Hérodote disait que les Mèdes eux-mêmes se prétendaient originaires des pays du Caucase. Pour l'historien d'Halicarnasse, cette opinion, se rattachant à la fable de Médée, n'avait rien que de très-acceptable. Il raconte d'abord que lorsque les Scythes envahirent l'Asie à l'époque où les Mèdes faisaient sous Cyaxares le siége de Ninive, ils étaient commandés par un roi nommé Madyès, et ce nom est assurément identique avec celui des Mèdes, soit que les Scythes dont il s'agit ici fussent originairement la nation même dont les Mèdes proprement dits s'étaient détachés, soit que la racine du mot « mad » se fût conservée et chez les Mèdes et chez les Scythes avec un sens honorable. Dans le paragraphe suivant, Hérodote ajoute que depuis le Palus-Méotide, au delà duquel habitent les Scythes, jusqu'en Colchide, il y a trente journées de marche, mais qu'aussitôt parvenu dans la Colchide, on a peu de chemin à faire pour arriver en Médie; qu'une seule nation, les Saspires, sépare les deux territoires, et par conséquent présente un obstacle assez faible.

Il est clair que de la Colchide, dont Hérodote détermine l'emplacement d'une manière très-nette en rappelant que ce pays est situé sur le Phase, jusqu'en Médie, il y a plus loin que ne le suppose l'historien grec. Mais précisément son erreur sert d'autant mieux à montrer combien il jugeait le rapport intime entre la Colchide et la Médie, et comme il n'a pas connu lui-même la route qu'il décrit, il ne fait que partager et reproduire l'impression des Mèdes de Babylone, qui, persuadés de la connexité ethnique des deux pays, diminuaient, probablement sans le vouloir, les difficultés des distances et les embarras de différente nature qui semblaient s'élever contre leur opinion. Ici, on le voit, l'histoire grecque est bien d'accord avec la tradition persane.

Quant à la mythologie, voici comment elle conçoit ce qui se rapporte à la nation des Mèdes. Le Soleil, dit Homère, fut père d'Æétès et de Circé, et Æétès donna le jour à Médée. Celle-ci n'est indiquée que par l'Odyssée, sous le nom qui lui est généralement attribué. L'Iliade l'appelle Agamédé et la fait fille d'Augias. Mais ce poëme fixe l'identité avec Médée en disant qu'Agamédé « connaît tous les poisons ou remèdes que la terre nourrit », et comme Augias est pour plusieurs mythographes, tels que Pausanias, par exemple, fils du Soleil aussi bien qu'Æétès, il n'y a pas moyen de s'y tromper. D'après Diodore, Médée est fille d'Æétès et d'Hécate, fille elle-même de Persé, et elle est sœur de Circé, et d'Ægialée.

Elle a pour enfants Mermeros et Phérès, suivant Hésiode, ainsi que Médeius. Kinæthon ne connaît qu'Ériopis et Médus, qu'il donne comme issus de Jason. D'après Diodore et quelques autres, Médée avait eu Médus d'un roi d'Asie, postérieurement à la rupture de son mariage avec le chef argonaute, et après qu'elle fut revenue au lieu de sa naissance. D'après un autre souvenir, également conservé par Diodore et par Hygin, Médus avait pour père Égée; Médée s'enfuit avec lui en Colchide, et là le jeune héros tua Persès qui s'était emparé du trône, et rendit le pouvoir à son grand-père Æétès.

Il est inutile d'insister sur la partie du mythe qui au moyen de Jason rattache la famille de Médée aux généalogies éoliennes, et par l'intervention d'Égée rend Athènes participante à la gloire de la déesse de Colchide. Mais il faut examiner ce qui vient d'être dit au point de vue asiatique.

Les noms de Phérès et de Mermeros sont l'un et l'autre familiers à la légende iranienne. Dans le premier on reconnaît le mot « Fars », qui dès la plus haute antiquité a été attribué aux Perses, et c'est bien aussi l'intention de la légende de rattacher les Perses à la même souche que les Mèdes, puisque l'on voit dans une de ses variantes, qui paraît déjà dans l'Odyssée et dans Hésiode, Persé figurer comme mère d'Æétès et de Circé, et en même temps Persée est aussi fils du Soleil et de Persé, et frère d'Æétès et de Circé. Homère dans l'Hymne à Cérès, Hygin et Apollodore racontent ainsi le fait, et Hérodote, se transportant sur le terrain de l'histoire positive, déclare que l'éponyme des Perses était le fils de Persée et d'Andromède. Je reviendrai en son lieu sur cette dernière version, je me borne ici à remarquer que la tradition hellénique ne doutait pas plus de l'identité primitive d'origine des Mèdes et des Perses que ne le fait la légende iranienne.

Quant à Mermeros, il est beaucoup moins célèbre que son frère, et visiblement les mythographes grecs ne savent qu'en dire. Les uns le font tuer par sa mère à Corinthe; les autres, comme l'auteur des Vers naupactiens, qui semble n'avoir pas adopté l'idée de l'infanticide, assurent que Mermeros périt à la chasse sur le continent d'Épire, en face de Corcyre, où vivaient ses parents. La tradition persane a fait moins encore pour ce héros, elle s'est bornée à conserver son nom, et on le verra plus tard porté par un des guerriers les plus illustres de la guerre contre les Assyriens.

Il n'y a rien à dire des noms de Médée elle-même,

Médeius, Médus, qui parlent assez d'eux-mêmes. Pourtant Agamédé renferme quelque chose encore qui n'a pas été dit. Hygin raconte qu'elle eut de Poseïdon, ou Neptune, trois fils, Bélus, Aktor et Diktys. Le premier se rattache à l'histoire mésopotamique; le second figure comme ancêtre de Phinée, tué par Persée, et comme Phinée est aussi considéré comme fils de Bélus, frère d'Ægyptus, de Danaüs et de Céphée, le nom d'Aktor indique une origine et une descendance asiatique. Diktys se joint de même à l'histoire de Persée, car c'est lui qui sur l'île de Sériphe trouva le coffre dans lequel Danaé et son fils étaient exposés, et qui les sauva. De l'ensemble de ces noms et de leur enlacement dans des légendes connexes, il résulte que la tradition hellénique avait gardé la mémoire d'une parenté mutuelle entre les Mèdes, les Perses, et au moins certains groupes arians descendus en vainqueurs jusqu'à Babylone et ailleurs, jusqu'en Égypte même, et que tous ces groupes, toutes ces nations parentes avaient pour point de départ, ou plus exactement pour dernière station commune, les pays du Caucase, depuis la Colchide jusqu'à la Caspienne. Ces populations antiques, on peut les nommer scythes; ce seront alors des Scythes très-anciens; on peut encore, si on le préfère, et peut-être plus exactement, les nommer arianes, sans chercher à les définir de plus près. Dans l'un et l'autre cas, on ne doutera pas qu'à un certain moment elles n'aient contenu dans leur sein et considéré avec raison comme leurs congénères ces tribus grecques qui devaient les quitter pour marcher non pas avec elles au sud du Caucase, mais isolées et bien à l'ouest. Les récits obscurs et désordonnés qui viennent d'être relevés plus haut sont les souvenirs de faits accomplis avant et au temps de la séparation, sans quoi les Grecs, les plus oublieux des hommes de tout ce qui ne les touchait pas directement, les plus absorbés dans leur individualité, les plus dédaigneux de l'histoire d'autrui, se seraient gardés de les recueillir et surtout de les mêler étroitement à leurs annales mythiques. Ils ont fait pour se les approprier d'une manière absolue tout ce qu'il était possible de tenter. Ils ont transporté à Corinthe, à Athènes, à Corcyre, aux environs de la Sicile, ces noms, ces actes relatifs à des personnages qui n'ont jamais approché de l'Europe de plus près que les rivages orientaux de la mer Noire. C'est là une opération qu'ils ont pratiquée pour un très-grand nombre de détails relatifs aux temps où ils n'étaient pas encore descendus dans l'Hellade. Il faut en démêler la raison. Alliés plus tard aux populations aborigènes de cette dernière région, descendus parmi elles non pas en masses compactes, mais par petites troupes d'émigrants, de coureurs, d'envahisseurs, d'alliés domiciliés, et cela à des époques différentes embrassant un laps de temps plus ou moins considérable, ils ont été contraints d'entrer dans des nationalités étrangères, par conséquent d'adopter des traditions autochthones et de se dire autochthones eux-mêmes, et aussi de conserver l'impression plutôt que la mémoire bien vive et bien nette des événements qui leur étaient exclusivement propres, et qu'ils apportaient d'Asie soit par la Thrace, soit en suivant les rivages de l'Hellespont. De là pour une même ville deux légendes absolument dissemblables et impossibles à concilier ; de là un effort constant pour introduire dans les généalogies une logique, une cohésion qui à tout moment échappe ; de là des tentatives plus ou moins adroites pour transporter sur le sol de la Grèce, où absolument on voulait que la race hellénique eût commencé, des incidents accomplis ailleurs ; de là enfin ce goût pour établir des synchronismes, faute desquels la manie, devenue générale chez les Éoliens surtout, les plus nombreux et les plus anciens des Grecs, de se donner pour aborigènes, ne pouvait trouver satisfaction, et qui pourtant révélait à chaque instant par des contradictions flagrantes que, quoi qu'on en eût, une partie de la race au moins, et assurément la plus belle, la plus active, n'était pas autochthone, ce dont on n'était pas disposé à convenir, car il eût fallu avouer un lien d'origine avec des peuples qu'on prétendait barbares. Et cependant, la vérité était si pressante qu'elle se faisait place. Il fallait la confesser quelquefois, même en face de la foule grecque la plus entêtée de son indigénat prétendu, et c'est ainsi qu'Eschyle faisait dire à Atossa, en plein théâtre de Bacchus, devant les Athéniens rassemblés :

« Il m'a semblé voir deux femmes apparaître, magnifi-
» quement vêtues ; l'une était parée de l'habit des Perses,
» l'autre de l'habit dorien ; leur taille avait plus de ma-
» jesté que celle des femmes d'aujourd'hui ; leur beauté
» était sans tache ; c'étaient deux filles de la même race,
» c'étaient deux sœurs. Le sort avait fixé à chacune sa
» patrie : l'une habitait la terre de Grèce, l'autre la terre
» des Barbares. »

Assurément, si un sentiment confus sans doute, mais cependant très-vif, de la réalité d'un fait aussi nettement exposé n'avait pas existé chez les spectateurs, le poëte n'aurait pu même concevoir l'idée, au lendemain de Salamine, de venir parler aux vainqueurs de leur parenté avec les vaincus. Il l'a fait, parce qu'au fond, et sans s'expliquer exactement comment la chose était possible, les Grecs pensaient ce qu'il osait dire. Le Grec fut toujours le moins logique, le moins précis et le plus sophistique de tous les hommes, et il ne parut jamais difficile à son imagination ni à sa vanité de concilier des choses inconciliables. Il importait aux Éoliens de Corinthe, dépositaires les plus directs des souvenirs de la Colchide relatifs aux migrations des Mèdes, de conserver ces traditions; ils les conservaient donc, mais en les mélangeant avec l'histoire des aborigènes au milieu desquels ils s'étaient fondus, et comme ils avaient oublié que leurs ancêtres eussent résidé ailleurs qu'à Corinthe, les enfants de Médée devenaient des Grecs. La facilité avec laquelle s'opérait ce dépaysement des légendes est attestée par des exemples très-modernes. Philostrate, dans la vie d'Apollonius de Tyane, rapporte que les habitants d'Antioche s'étaient emparés de la fable arcadienne de Daphné, et si complétement, que non-seulement ils montraient sur leur territoire un fleuve qu'ils appelaient Ladon, comme le père de la nymphe, mais ils possédaient aussi un laurier qui n'était autre que le produit de la métamorphose de Daphné elle-même. De sorte que Daphné n'était plus une fille hellénique; l'expansion de la race grecque l'avait forcée de s'expatrier, et il paraît bien que les gens d'Antioche étaient aussi satisfaits de leur conception relativement à l'amante d'Apollon, que ceux de Corinthe avaient dû l'être en ce qui concernait la fille d'Æétès et sa famille.

Mais, pour en revenir à notre sujet, on doit induire de ce que les Grecs connaissaient le lien d'origine des nations unies des Mèdes et des Perses, que la migration de celles-ci avait eu lieu avant que les bandes helléniques qui produisirent les Éoliens se fussent séparées des groupes arians occidentaux dont elles faisaient primitivement partie. En conséquence, la formation en corps de peuples distincts est plus ancienne pour les Mèdes et pour les Perses que pour les plus anciens Grecs eux-mêmes. Je rentre maintenant dans la nomenclature des pays et des peuples situés autour de l'Elbourz.

Au nord de la Médie, on pénétrait sur le territoire des Arméniens. La composition des différentes couches ethniques constituant ce peuple était à peu près la même que celle de ses voisins : un fond sémitique, des Arians-Scythes venus du Caucase; il y faut joindre des Arians-Thraces arrivés de l'Hellespont. Hérodote et Eudoxe affirment ce dernier point, et je ne crois pas que les efforts tentés dans ces derniers temps aient réussi à le rendre douteux. Peut-être y avait-il aussi là des Slaves ou des Celtes.

En passant maintenant au sud de la Médie, on trouvait la Perside et la Susiane. Le Koush-nameh divise ces territoires en plusieurs parties : il y dénomme le Rézyleh, le Mahy, le Shazedeh qu'il qualifie de « pays fameux », le Fars proprement dit, le Roubeleh-Gherd, le Youlès, le Terfeh et le Kyrwan. Il semblerait qu'il faut reconnaître surtout la Susiane dans le « deh » ou territoire de Shaz. Le « Livre des routes et des provinces » d'Ibn Khordadbeh compte deux districts appelés *Mah* parmi les régions de la montagne de Rey. Évidemment ce n'est pas de ces provinces qu'il s'agit ici. Restons dans le sud. La terre y est habitée de la même façon que la Médie, mais avec une surabondance d'éléments aborigènes, chamites, chamo-sémites, sémites, entourant la population ariane. En joignant aux contrées qui viennent d'être nommées le Kerman, qui pendant de longs siècles n'a pas été distinct de la Perside, on a à peu près le contour du royaume de Khawer, vassal de l'Assyrie, et comprenant ainsi l'Arménie, la Médie et la Perside avec le Kerman et la Susiane. Quelques savants modernes de la Perse, qui ont rencontré le nom des Germains dans des livres traduits des langues européennes, commencent à émettre l'avis que les Kermanys ont avec ces peuples une identité d'origine. Je l'ai entendu soutenir à Lessan-el-Moulk, l'auteur du Nasekh-Attevarykh. Mais c'est une idée que je ne mentionne ici que pour mémoire. Elle n'a rien d'original.

Les villes principales de la Médie étaient Hamadan ou Ecbatane, Kazéryn, dans le Fars, et Afrykyeh. C'était dans cette dernière cité que le roi tenait ses trésors. On peut y voir une capitale ancienne de la Susiane.

Le Koush-nameh divise en quatre races les sujets du roi de Kawer : les Zohakys ou Tazys, ce sont les Assyriens, les Chamo-Sémites et Sémites; les Pyl-Goushans, gens à oreilles d'éléphant, ce sont les aborigènes noirs; les Tjynys, ce sont les Arians-Scythes, les Mèdes proprement dits et les Perses, leurs parents et leurs alliés; enfin il nomme les Iraniens, et il faut voir dans ces derniers les colons établis sur quelques points des territoires médiques après avoir été enlevés à leurs contrées natales, les otages que les nouveaux maîtres se procuraient et détenaient dans leurs villes, et enfin la population même de l'ancien empire iranien annexé désormais au royaume médique.

Il est curieux de comparer encore cette classification d'un poëte asiatique avec les souvenirs que nous a transmis le mythe grec. Persée, on l'a vu plus haut, est issu du Soleil au même titre que Médée; il lui est étroitement apparenté. Il a un autre point de contact ou plutôt de ressemblance avec l'éponyme des Mèdes, c'est que si le nom porté par la déesse se multiplie sur la tête de ses enfants Médeius, Médus, il en est absolument de même pour le nom de Persée, puisqu'on trouve Persé, fille de l'Océan, femme d'Hélios, mère d'Æétès et de Circé; Persès, père d'Hécate, fils du Soleil et de Persé, frère d'Æétès et de Circé; Persès, fils de Persée et d'Andromède. Ces deux racines « Med » et « Pers » ainsi redoublées, montrent leur extrême importance, et, en effet, on devait y tenir, puisqu'il s'agissait de l'origine de deux peuples considérables, issus de la plus noble des races.

Sur ce dernier point, la légende hellénique ne marchande rien. Ce n'est pas assez que l'origine de Circé, d'Æétès, de Persé, de Persès, se rattache au Soleil, l'image la plus sensible de la Divinité telle que les Arians l'avaient comprise, une tradition plus auguste encore relève le lignage des Perses jusqu'à la source même des êtres. C'est le Dieu céleste qui descend auprès d'une mortelle et vient donner le jour à Persée. Il vient, et sous la forme que le Vendidad lui-même aurait sans doute indiquée comme la plus digne du dieu, s'il avait raconté cette histoire, il vient comme une pluie d'or. On n'a pas oublié combien cette idée d'assimiler la race ariane et ce qui a rapport à elle au métal précieux par excellence se reproduit fréquemment. L'or d'une part, le soleil de l'autre, ce sont là pour les livres parsys, pour l'histoire écrite et pour la tradition orale et pour les habitudes de langage de la Perse, les points ordinaires de comparaison quand il s'agit du peuple persan, de ses grands hommes et de son pays. On n'a pas oublié non plus que les Grecs appelaient « hommes de la race d'or » les premiers habitants qu'ait eus l'univers.

Ainsi, Persée vient à la fois de l'or et du Soleil, et par-dessus tout du Dieu céleste [1]. Son premier exploit est d'avoir affaire à la Gorgone, car, dans la forme du récit mythique la plus ancienne, dans celle qu'a conservée Homère, il ne se montre qu'une seule de ces créatures terribles, Gorgo. Son regard est épouvantable. Sa tête, coupée par le héros, est attachée à l'égide de Jupiter. Le nom de Gorgo n'est pas autre chose que le mot « vehrka », dans la forme persane « gourg », qui signifie un loup. Le zend nomme Vehrkana la province que le dialecte qui a prévalu appelle aujourd'hui Gourgan; c'est l'Hyrcanie.

[1] L'embarras de la légende hellénique est très-sensible dans Hérodote. Persée, y est-il dit, étant Assyrien, devint Grec; mais ses ancêtres ne l'étaient pas; les aïeux d'Acrisius n'étaient rien à Persée, car, continue Hérodote, ils étaient Égyptiens. Tout cela est on ne peut moins clair, et prouve très-bien qu'il existait des difficultés insurmontables pour faire de Persée un Hellène. — VI, 54.

Persée, comme tous les héros arians, trouvait l'emploi le plus ordinaire de son audace et de sa force dans la poursuite et la destruction des bêtes de proie, parmi lesquelles le loup était singulièrement redoutable et par sa rapacité et surtout par sa multiplication. L'idée des loups, la peur des loups se représentent constamment dans les contes de l'Iran et du Caucase; Persée put donc être considéré excellemment comme un destructeur de loups, ainsi qu'Apollon Lycien.

Mais à cette façon de concevoir ce personnage, on doit en ajouter une autre qui peut-être est plus complète, et c'est Diodore qui en fournit l'occasion [1]. Égaré par les confusions géographiques dont s'entoure le nom de l'Éthiopie, pays qui pour les Grecs embrasse les confins de la terre aussi bien à l'orient qu'au midi, l'auteur hellénique place en Afrique, quand ce devrait être à l'est du monde, l'empire de cette race d'hommes qu'il appelle les Atlantes, et qui ne sont autres que les Arians primitifs. Sans violenter en rien son texte, dans ce qu'il a d'important pour nous, il nous faut en transporter la scène à l'est du Caucase, au delà de la Caspienne. La clarté y gagnera.

Les Atlantes donc, raconte Diodore, habitaient une contrée fortunée, munie d'un grand nombre de villes non petites. Les dieux y ont pris naissance dans le voisinage de l'Océan. C'est tout à fait l'opinion scandinave. Le bonheur de ces populations d'élite fut troublé par une invasion d'Amazones qui firent d'abord de grands ravages; mais enfin, apaisées par la soumission des Atlantes, les femmes guerrières s'établirent dans la contrée, et, renonçant à lui nuire, se chargèrent de la défendre. Myrine, leur reine, se montra pleine de bon vouloir pour ses alliés, et elle attaqua, en leur nom, un peuple redoutable

[1] Dioc. Sic., III, 54.

qui les gênait depuis longtemps et que l'on nommait les Gorgons.

Les chances de la guerre ne furent pas favorables aux Amazones. Après des combats sanglants, les Gorgons obtinrent et gardèrent la supériorité, jusqu'au jour où Persée, fils de Jupiter, parut et tua Méduse, leur reine. On peut considérer cette manière de présenter les faits comme fournissant l'indice de guerres locales entre les Arians proprement dits, les nations amazones dont je parlerai plus tard, et les Gorgons, tribu propre à l'Hyrcanie et descendue plus tard dans la Médie. Persée en vint à bout et remporta une victoire passagère qui n'empêcha pas les Mèdes de régner longtemps sur sa nation. Luimême paraît être la représentation d'une bande voyageuse à la recherche d'une demeure fixe.

Il descendit vers le sud, du côté du golfe Persique, et y épousa Andromède. Celle-ci était la fille d'un Éthiopien, chef d'aborigènes, Céphée ; ce n'était pourtant pas un noir, puisqu'il était issu de Bélus. C'était un Sémite commandant à une population noire. Andromède était une métisse, et les descendants qui provinrent d'elle et de Persée, par Persès, leur fils, furent des métis comme leur mère. On peut constater ici à quel point la légende grecque se conforme aux allégations conservées par le Koush-nameh : des Assyriens, c'est Céphée[1] ; des noirs, ce sont les Éthiopiens, sujets de Céphée ; des Arians-Scythes, c'est bien Persée, héros vagabond descendu de la

---

[1] Hérodote rend témoignage que le nom ancien des Perses était, chez les Grecs, « Céphènes ». Ceux-ci le tenaient certainement des populations sémitiques, et il peut se rapporter à la racine araméenne « keph », « rocher », qui indiquerait un peuple de montagnards. (Hérodote, VII, p. 61.) — Quant aux Perses eux-mêmes, ils se nommaient « Artéens », d'après les tribus d'origine ariane qui formaient la meilleure partie de leur sang, tandis que les Képhènes n'étaient que les aborigènes sémitisés, mieux connus des Phéniciens, parce qu'ils habitaient le pays plus anciennement.

Colchide, et de plus, on voit comme le nom des Mèdes se reproduit sans cesse à côté de lui, dans le développement entier de sa vie et à propos de ses principaux exploits ; c'est d'abord Méduse, puis c'est Andromède, enfin son meurtrier est Médus, fils de Médée. Tant d'indications sont éloquentes sans doute.

Je ferai encore remarquer un point confirmatif de ce que j'ai avancé plus haut quant au rapport chronologique unissant l'époque où les Mèdes se sont séparés des nations arianes à celui où, à leur tour, les Grecs ont quitté ces mêmes nations. Évidemment, les Mèdes étaient partis les premiers, puisque le mythe grec connait l'histoire de leur formation. Il en est de même pour les Perses. Les Grecs savaient, au moment où leurs souvenirs commencèrent à se troubler, que les Perses n'étaient qu'une branche détachée des Mèdes, que ces émigrants avaient marché beaucoup plus loin que ces derniers vers le sud des pays de l'Aurore, que là ils s'étaient alliés par mariage aux Sémites, lesquels l'étaient aux Éthiopiens, aux noirs composant la population primitive du pays. On connaissait tous ces détails au temps d'Homère, et, ainsi que les chants de ce poëte l'indiquent, on n'avait guère alors que des notions vagues sur les contrées dont il est question ici ; ce peu qu'on en savait remontait à une date très-reculée, où les destinées des Perses aussi bien que celles des Mèdes avaient intéressé directement les parents laissés par eux dans la patrie du Caucase et des contrées environnantes, et au nombre desquels étaient les aïeux des Grecs, encore bien éloignés du jour où ils devaient se rendre dans leurs demeures définitives. Tel est le résultat que présente la comparaison de la tradition grecque avec la tradition asiatique.

Avant de quitter la Médie et les pays annexes, je dois expliquer la dénomination générale de Khawer que, d'accord avec les écrivains orientaux, j'ai appliquée souvent

CHAP. X. — CONTRÉES SITUÉES AUTOUR DE L'ELBOURZ.

jusqu'ici à l'ensemble de ces pays. La signification de ce mot est vague en elle-même. Suivant le point où l'on se place en pensée, « Khawer » peut signifier tout aussi bien l'Orient que l'Occident. Mais ici, la nature des choses indique que ce terme s'applique aux territoires situés au nord, au sud et à l'ouest d'Hamadan. Tous les auteurs persans ou arabes ne s'en sont pas unanimement servis. Ceux qui l'emploient sont, ou des hommes de l'est, du Khoraçan principalement, ou des compilateurs des livres produits par ces hommes. Mais si le mot Khawer a besoin d'une explication pour être bien compris, il en est un autre que j'ai déjà cité une fois, tout à l'heure, qui revient sans cesse dans les grands poëmes historiques de la Perse et qui demande à être examiné de plus près encore. C'est Tjyn ou Tjyny ; ce nom sert généralement à désigner les Scythes, mais il trouve aussi d'autres applications.

Le Tjyn, dans le sens le plus ordinaire, veut dire le pays gouverné directement ou indirectement par Zohak. Dans la proportion où la domination assyrienne perd du terrain, le Tjyn se resserre. Lorsqu'il ne sera plus question de Zohak et que son empire aura disparu, le Tjyn sera la contrée située au nord de l'Elbourz, à l'est et à l'ouest de la Caspienne, et, par conséquent, les Tjynys seront les Arians-Scythes.

Cette façon de parler date, pour les chroniqueurs persans et arabes, de la conquête mongole. Ce temps leur a appris à considérer la Chine comme un grand et puissant empire. Sur cette notion, ils ont greffé celle-ci, que cet empire était situé dans le nord-est; puis ils ont remarqué que c'était aussi du nord-est que venaient les innombrables et irrésistibles armées qui, couvrant périodiquement toute l'Asie, lui portaient la servitude ; enfin, ils ont vu ces mêmes armées s'étendre également dans l'ouest au delà de leurs provinces et dans le nord-ouest au-dessus. De toutes ces observations il est résulté que le mot Tjyn a désigné : 1° un immense état, quel qu'il fût ; 2° les peuples non chinois du nord, du nord-est et du nord-ouest, belliqueux et redoutables, à l'exemple des Mongols ; 3° les Assyriens, possesseurs de ces qualités et antiques créateurs de grands établissements ; 4° les Scythes, jadis fort à craindre et résidant au nord de l'Iran.

Une dénomination si approximative a été, pour cette cause, accompagnée de plusieurs autres. Ainsi on lui a substitué souvent celle de « Turk » ou de « Tourany » avec les mêmes acceptions, et lorsqu'on a voulu parler d'une façon plus particulière, plus spéciale de l'Assyrie, en l'isolant des pays mèdes et scythes, on a dit le « Bakhter ». Cette expression était déjà connue sous les Sassanides, et les livres liturgiques écrits à cette époque mentionnent l'Apakhtara, mais ils en font le pays du Nord. Les Persans et les Arabes l'ont conservée, et surtout les auteurs des dixième et onzième siècles l'emploient avec prédilection. C'est encore un de ces mots sans précision et que l'on voit reparaître, en maintes circonstances, pour indiquer toute l'Asie antérieure et même l'Europe. Le plus communément toutefois, le Bakhter, c'est l'Orient par rapport au Khawer, qui, alors, est l'Occident ; le Tjyn devient le nord-est ou le nord. L'Iran seul reste un pays strictement défini dans le catalogue de ces contrées changeantes, bien que lui non plus n'occupe pas toujours la même place. Il a été d'abord au delà du Thibet, avec les habitants de l'Ayryana-Vaëja ; il s'est ensuite transporté jusqu'aux rives du lac Pouytika, perdant du terrain par derrière ; au moment où nous sommes arrivés, la légende ne le voit plus guère que dans la seule contrée de l'Elbourz, jusqu'à ce que, grandissant par des conquêtes successives, il vienne longer l'océan Indien d'une part, le golfe Persique de l'autre. Mais il n'en est pas encore là.

Après le Kerman, partie de la Perside, extrémité orientale du Khaver ou royaume médique, se présentaient, au sud, des territoires peuplés d'aborigènes à peu près indépendants ; puis le Mekran qui se trouvait dans le même état ; seulement, vers les derniers temps de la domination de Zohak, ce pays fut conquis par les Assyriens, et reçut, avec des colonisations sémites, une maison royale qui resta dans le vasselage des dynasties d'Hamadan.

Au delà du Mekran, en remontant vers le nord, on parvenait à la frontière des anciens pays iraniens. Depuis la chute de la souveraineté nationale, des changements considérables avaient eu lieu dans la constitution ethnique et dans la distribution politique de ces contrées. Les Assyriens n'avaient pas pu garder le domaine intégral de toute la région. Peut-être, vers la fin du premier empire, les Arians-Scythes, descendant de l'extrême nord, avaient-ils déjà réussi à enlever au sceptre des Djemshydites quelques-uns des pays situés en deçà de l'Oxus. On le pourrait induire de ce qui a été dit plus haut de ce royaume scythique auquel le dernier Djemshydite avait demandé une épouse, et où, après sa défaite, quelques auteurs le font chercher un asile.

Quoi qu'il en soit, dans les derniers temps de la domination ninivite, on aperçoit au nord du Kaboul un État vassal de Zohak, en relations continues d'amitié ou de guerre avec l'Inde ; c'est le royaume de Zawoul. Ennemi constant de son voisin méridional, le peuple de Zawoul réussit à tourner son adversaire et à faire des conquêtes durables à l'ouest de ses domaines. De là, il descend sur l'Itomand ou Étymandre, qu'il couvre de colonies scythiques, et toute cette contrée s'appelle désormais, du nom de ses nouveaux possesseurs, le Sekestan ou la Sacastène,

13.

le Seystan, suivant la prononciation moderne, le pays des Sakas ou Scythes.

A l'est de ce royaume de nouvelle formation, Kandahar ou Kophen, avec ses immigrations assyriennes, se caractérise par une alliance étroite avec le Kaboul, dont les rois, fort occupés à résister à l'esprit d'entreprise de leurs rivaux les Scythes, et de leurs adversaires de tous les temps les Hindous, montrent un dévouement absolu à Zohak, qui les soutient tantôt contre les uns, tantôt contre les autres.

Au-dessus du Kaboul se place le Thibet, dans lequel il faut reconnaître avec le Zawoul et les pays occidentaux étendus jusqu'à l'Oxus, le Ladakh actuel et ses annexes. A l'ouest apparaît Hérat ; ce territoire porte, au moment de la légende dont nous nous occupons, le nom de Ferkhar.

Ces contrées diverses sont dépeintes comme étant d'une grande richesse et regorgeant de population. Stériles aujourd'hui, on sait, en effet, combien leur sol, dévasté par les tribus turkomanes et surtout par le défaut d'habitants, est foncièrement productif, car il a été, sous les premières dynasties musulmanes et jusqu'à l'époque de Tamerlan, le point le plus opulent, le mieux cultivé de l'Asie. Au déclin de la puissance assyrienne, les invasions scythiques, en pénétrant ces provinces de part en part, leur avaient apporté une recrudescence considérable de vivacité, d'énergie et de pureté arianes. Plus que jamais on les trouve alors fidèles à l'ancien culte. Mais les intérêts qui les séparent et les rendent hostiles les unes aux autres, retardent l'explosion d'affranchissement.

En marchant toujours vers le nord et dépassant cette fois la Sogdiane, occupée au moins en grande partie par les Scythes, on arrive, dit le Koush-nameh, à des déserts infranchissables. Ces déserts bordent la bande septentrionale de la Caspienne et forment la partie inconnue de cette géographie primitive. On les laisse donc, et, descendant vers le midi, on traverse l'Hyrcanie, puis on entre sur les terres de l'Iran proprement dit, à Asterabad. On suit les rivages de la mer, contrée toute marécageuse et abandonnée, et l'on se trouve à l'angle occidental, que la légende nomme le Matjyn et qui est aujourd'hui le Ghylan.

Le Matjyn indique par son nom qu'il n'appartient pas aux Tjynys, et il ne faut pas perdre de vue qu'à ce stage de la légende, les Tjynys, contrairement à ce qu'on verra plus tard, ne sont pas ici les hommes du Nord, les Scythes, mais bien tout au contraire les hommes du Sud, les Assyriens et les Mèdes, les gens du Bakhter et du Khawer. Mais si le Matjyn n'est pas un pays soumis à Zohak, ce n'est pas non plus une annexe de l'Iran. Adossé au Caucase, c'est un royaume scythique. Il a pour capitale Zybay, situé probablement sur l'emplacement de la Resht actuelle, qui est de fondation très-moderne, ou dans quelque lieu peu distant. C'est l'entrepôt d'un immense commerce qui, par la Caspienne, échange les produits et les marchandises de la Mésopotamie et ceux de la région scythique, quelque chose d'analogue pour l'Asie intérieure à ce que furent pour la Grèce les colonies de l'Euxin.

Les marchands qui trafiquent avec le Nord s'embarquent à Zybay, et, en un mois de navigation, arrivent à une côte annoncée de loin par les crêtes successives d'énormes montagnes près desquelles est une île nommée Siyah-Kouh, « la Montagne Noire », ou Ebr-Kouh, « la Montagne des Nuages. »

On pénètre au centre de ce pays par un défilé des plus étroits, au milieu d'escarpements épouvantables. Mais aussitôt qu'on a gagné l'intérieur, les yeux découvrent de toutes parts des cultures magnifiques, des villages, des châteaux, des villes, et, parmi ces dernières, Bésila, la métropole, un des séjours les plus brillants et une des places les plus fortes du monde.

D'après les idées que les modernes se sont faites des Scythes et de leur prétendue barbarie, une pareille description d'une ville de l'extrême nord à des époques aussi éloignées que celles dont il s'agit, a tout sujet de choquer la vraisemblance. Mais le témoignage persan est pourtant confirmé de bien des manières. Les Grecs ne pensaient pas des Scythes autant de mal que nous. Hérodote en parle avec une estime respectueuse et vante leur justice, ce qui, dans le langage de son temps, s'applique mieux à la régularité des institutions qu'on remarquait chez ces peuples qu'à des notions générales et naturelles d'équité, dont il faudrait, en tout cas, rechercher la source dans un sens moral perfectionné qui ne peut se produire sans une certaine culture supérieure de l'intelligence. Nymphodore et d'autres écrivains ont tenu le même langage qu'Hérodote. Chez certaines nations de ce pays, car il ne faudrait pas trop étendre le dire de Diodore [1], les femmes montaient sur le trône et régnaient; un tel fait ne se produit que là où les mœurs politiques sont influencées par des considérations de droit théorique bonnes ou mauvaises, mais inconciliables, en tout cas, avec les idées grossières de tribus purement sauvages. Cléarque de Soles s'est complu à décrire la richesse accumulée chez les Scythes et la magnificence des vêtements, des meubles, des armes qu'étalaient leurs chefs [2]. A la vérité, il attribue ce bien-être aux chances heureuses des expéditions de pillage. Mais les nations ne deviennent pas riches par cet unique moyen. Les grands poëmes indiens nous représentent les tribus scythiques des Çakas, des Tokhares, des Kankas, apportant au roi des Pandavas un choix de présents qui semble

---

[1] II, 44, 1.
[2] P. 306, édit. Didot.

indiquer une situation sociale tout à fait relevée. Ce sont des pelleteries, du fer, de la soie, de la laine, des plantes médicinales, des parfums, des pierreries, de l'or et des chevaux[1]. D'après ces raisons, il n'y a rien d'impossible à ce que la tradition persane soit dans le vrai en plaçant à l'extrême nord de la Caspienne une ville opulente, un royaume puissant et civilisé, dans les temps reculés dont il s'agit[2].

Le royaume de Bésila étant scythique comme celui du Matjyn, est également étranger à l'Iran. Il n'a point été conquis par les Assyriens et demeure en dehors de leur action ; il n'a non plus, à aucune époque, appartenu au Vara, à l'ancien empire, dont de grandes distances le séparent. Pourtant il professe la même foi que les anciens sujets de Djem-Shyd. Cette affirmation constante au sujet des Scythes jusqu'à l'époque de la prédication de Zoroastre est un des faits les plus importants de l'histoire du monde, car il explique l'identité des opinions de nos aïeux germains avec les doctrines premières de la Perse et de l'Inde, et confirme ainsi, mieux que toute autre preuve, l'étroite parenté qui persista si longtemps dans ses effets entre les rameaux les plus écartés de la souche ariane.

Ainsi réunis par le mode de culte aux Iraniens opprimés dont ils sont si complétement séparés politiquement, les Scythes de Bésila vénèrent la mémoire de Djem-Shyd et maudissent la domination zohakide. Ils sont donc très-bien disposés pour offrir un point d'appui à tous les mécontents du Vara.

[1] Lassen, ouvr. cité, t. I, p. 848.
[2] Aristobule et Ératosthène racontent, d'après les mémoires fournis par Patrocle, gouverneur d'Hyrcanie au temps de Séleucus Nicator et d'Antiochus, qu'un grand nombre de marchandises indiennes descendaient par l'Oxus dans la Caspienne, arrivaient de là à l'embouchure du Cyrus, et remontant ce fleuve, passaient ainsi jusqu'au Pont-Euxin. Une route commerciale suppose des stations, et ces stations des villes. — Patrocle, p. 444, éd. Didot.

Lorsqu'on veut sortir de cet état de Bésila par une autre route que celle du Matjyn, le choix n'est pas long à faire. Impossible de naviguer ni à l'est ni au nord. La mer est rendue impraticable aux navires par les bas-fonds, qui s'étendent sur une longueur immense. Aucun passage de terre ne s'ouvre non plus à l'orient. C'est une région sauvage, je l'ai déjà dit, déserte, inconnue aux voyageurs, et si mal recommandée par ses abords que personne n'a jamais osé s'y risquer. Il ne reste donc à prendre que la route de l'ouest, et bien que l'on doive s'attendre à rencontrer là encore mille dangers, au moins a-t-on quelques chances raisonnables d'arriver sans périr au bout du voyage. On suit premièrement une côte plate et sablonneuse qui conduit à un pays très-productif et très-peuplé. De là on s'enfonce dans une contrée montagneuse qui n'est autre que le Kaf, autrement dit la chaîne du Caucase. On s'avance avec peine et de grandes fatigues de plateau en plateau, et l'on se trouve dans la haute région qu'habite le Symourgh, cet oiseau gigantesque doué d'une sagesse profonde, oracle infaillible et instructeur des humains.

Sur ces sommets campent aussi les races belliqueuses des Yadjoudjs et des Madjoudjs, le Gog et Magog de la Bible. Après avoir dépassé les frontières de ces peuples, on entre sur le territoire de Bolghar, puis sur celui des enfants de Sekaleb, les Slaves, qui, suivant certaines traditions, ont eu leur séjour primitif au delà du septième climat, dans les parties tout à fait boréales, où, pour se défendre contre la rigueur du froid, ils se creusaient des habitations souterraines. C'est un procédé encore usité par les Kamtjadales et d'autres populations de la Sibérie.

Après avoir quitté les enfants de Sekaleb, on traverse de nouveaux déserts, probablement les steppes entre Tiflis et Bakou, et l'on arrive au bord de la Caspienne, vers les environs de Salyan. On s'embarque de nouveau, on touche au pays des Khozers, et de là on parvient enfin au Matjyn.

Pour tenter avec quelque chance de succès l'explication de ce curieux itinéraire donné par le Koush-nameh, et dont on retrouve bien des traits chez le voyageur arabe Abou-Ishak-el-Istakhiy, qui écrivait au dixième siècle de notre ère, il faut admettre que la configuration de la Caspienne a beaucoup changé depuis les temps antiques, et surtout que son étendue s'est considérablement restreinte. Quant aux bas-fonds dont le poëte assure que la partie septentrionale de cette mer était encombrée, c'est un trait qui garantit à lui seul l'exactitude générale de ses renseignements, et qui montre le soin avec lequel il a évité de faire un tableau d'imagination. C'est le propre de la Caspienne, et surtout dans le nord, d'avoir de longues plages sans eau. Il m'est arrivé à moi-même, me trouvant en mer à dix-huit lieues d'Astrakhan, de courir le risque de voir le navire qui me portait retenu par les sables, bien qu'il eût un fond plat, car les sondages ne donnaient fréquemment, à cette longue distance de la côte, que trois pieds à trois pieds et demi d'eau. Les physiciens sont d'accord que cette disposition à l'ensablement, dont le Wolga et ses innombrables embouchures sont une des causes principales, n'a pu moins faire que de transformer incessamment le bassin de la mer intérieure, et ainsi l'on pourrait admettre qu'aux époques dont il est question ici, le lac Aral réuni à la Caspienne devait en former l'extrémité septentrionale, et que Bésila était située dans cette direction. Cependant, il reste une difficulté. Bésila est construite dans un pays montagneux. Il est donc plus exact de supposer que le lac Aral étant un avec la Caspienne, celle-ci couvrait au loin le pays vers le nord, et que ses flots allant battre le pied des derniers embranchements de l'Oural, c'était un des rameaux de cette chaîne qui représentait la montagne au sein de laquelle s'élevait Bésila [1].

En naviguant à l'ouest, on dépassait les bouches du Wolga et celles du Térek, puis, par une marche dont on comprend encore aujourd'hui la difficulté, on était conduit vers le passage où s'élève Wlady-Kavkas. La contrée était habitée au loin par des tribus d'Arians-Scythes, les Yadjoudjs et les Madjoudjs, tous descendus de Menshedj, le Mann des traditions germaniques. C'était assurément un rameau considérable de ces peuples, auxquels il faut rattacher les Skolotes d'Hérodote. Ferdousy les appelle les Alains, « Alany ».

Au delà du Caucase, dans la Géorgie, dans le Shyrwan, dans le Karabagh, on rencontrait quelques peuplades slaves, les enfants de Sekaleb. Il est curieux de voir ces tribus parvenues si bas vers le sud à une pareille époque, et c'est un fait qu'il est bon de rapprocher de l'assertion de la Bible donnant pour père à l'éponyme arménien Toghorma, Gomer, appelé Kémary par les Asiatiques. Ainsi, la composition du sang arménien admettait aussi du sang slave. J'ai dit dans un autre ouvrage, qui est la base de celui-ci, que je croyais la distinction difficile à établir entre les ancêtres blancs des Slaves et les ancêtres blancs des populations cimmériennes ou celtiques [2]. Ce sont des Cimmériens-Slaves qu'il faut reconnaître dans les enfants de Sekaleb dont parle le Koush-nameh.

Aux environs de Salyan on reprenait la mer, et en quelques jours on touchait au Ghylan ou Matjyn.

Laissant alors à droite l'Armen ou Arménie, appelée

---

[1] Voir, quant aux variations infinies du bassin septentrional de la Caspienne dans des temps très-rapprochés de nous, VON BAER, *Kaspische Studien*, 1854-1860.

[2] *Essai sur l'inégalité des races humaines*, t. III, p. 393 et pass.

de temps en temps le Roum, en tant que pays occidental, on parvient, au sortir du Matjyn, à la ville de Myly, peut-être le village actuel de Myly-Vany, dans le Khamseh, entre Zendjan et Sultanyeh.

Si Myly-Vany n'est pas le pays antique, il ne saurait en aucun cas en être très-éloigné, car c'était la route suivie par les rois d'Hamadan lorsqu'ils venaient attaquer le Matjyn, et ils n'avaient pas à choisir une autre direction.

Après Myly, on entre sur le territoire du Khawer, et ainsi le cercle décrit autour de la partie iranienne de l'Elbourz se trouve achevé : la Médie et ses dépendances, contrée dominatrice à l'égard des pays iraniens, bien que vassale elle-même de l'Assyrie ; l'ancien Vara, modifié dans ses populations primitives par des immigrations sémitiques d'une part, scythiques de l'autre ; les provinces du nord, jadis colonisées par les compagnons des premiers Djems, devenues des états scythiques ; plus loin, au delà, des royaumes scythes, puis des Arians proprement dits, puis des Slaves ; enfin un royaume arian-scythe, le Matjyn, confinant à la Médie, sur la frontière du nord.

Il importe de montrer, pour donner au document que je viens d'analyser toute la valeur qu'il comporte, que l'auteur du Koush-nameh, auquel on le doit, a bien réellement, ainsi qu'il l'affirme, composé son poëme sur des traditions antiques, et n'a pas tracé un tableau partie d'imagination, partie d'emprunts à la lecture des itinéraires arabes contemporains. Je rapprocherai sa géographie d'un morceau très-ancien qui vient là d'autant plus à propos, que, tout en établissant l'authenticité de la description qui précède, il se trouvera lui-même éclairé d'une lumière qui, au dire des gens experts, lui a manqué totalement jusqu'ici. Je veux parler des voyages d'Io, tels qu'Eschyle les expose dans le « Prométhée enchaîné. »

La jeune fille, chassée de la maison paternelle par l'ordre de l'oracle, s'élance des flots limpides de la fontaine de Cenchrée en Argolide, et se cache dans les marais de Lerne. Elle y vit quelque temps sous la garde du bouvier, fils de la Terre. Puis elle court jusqu'au pays des Molosses, en Épire; elle traverse Dodone et les chênes de la Thesprotie, et dans sa course désordonnée vers le nord-ouest arrive à la mer, au golfe de Rhéa. C'est l'Adriatique. Cette mer, qui, enfoncée dans les terres, va prendre de la génisse immortelle le nom de mer Ionienne ou d'Io, elle la quitte; elle revient sur ses pas et se trouve au lieu où est enchaîné Prométhée, ce qui ne permet pas de douter qu'elle ait marché alors vers le nord-est.

On a reconnu généralement qu'il s'agissait du Caucase dans le paysage terrible évoqué par le poëte autour du Titan captif de Jupiter; mais quelquefois aussi on l'a nié, en faisant ressortir des traits qui réellement ne sauraient s'appliquer à la montagne dont le nom est pourtant invoqué par Eschyle. De même que les Grecs, les Asiatiques ne savent pas trop ce qu'il faut entendre par le mot Kaf ou Kaf-kas. En soi, cette expression signifie simplement « la montagne »; mais c'est une montagne sacrée, qui a laissé la plus profonde impression dans la mémoire des peuples blancs. Tantôt elle est aux extrémités de la terre, où elle limite et domine le monde; c'est l'idée des Arabes. Tantôt elle sépare l'Europe de l'Asie; c'est l'idée des Grecs, et, au fond, Arabes et Grecs paraissent se souvenir ainsi des monts Ourals et les grandir dans la perspective d'un passé qui n'a pour eux que des ombres imposantes. Mais soit que le Caucase s'élève aux extrémités de la terre, soit qu'il se rapproche des hommes, et courant sur les rives de la mer Noire, à travers l'isthme caspien, ne représente que le prolongement de l'Elbourz, qui lui-même n'est que l'extension du divin Himalaya, c'est en somme une montagne sacrée, où habite le Symourgh, prophétique instituteur des hommes pour les Asiatiques, et le Titan Prométhée, leur bienfaiteur malheureux, pour les Hellènes. Symourgh, Prométhée, c'est le même personnage. Toujours aperçu dans le même lieu, c'est-à-dire dans une contrée montagneuse, il montre clairement que ce fut là que s'accomplit quelque événement capital de la civilisation de la race. Chez les Iraniens, qui ont donné aux Arabes la connaissance de la montagne de Kaf et du Symourgh, cette civilisation se manifesta par la prédication de la Loi pure dont l'oiseau Karshipta, type évident et primitif du Symourgh, fut le premier révélateur. Dans la mémoire des Grecs, l'invention de l'instrument composé de deux morceaux de bois sec qui, frottés rapidement l'un sur l'autre, produisait le feu à volonté, et que l'on nommait le « pramantha », fut l'incident caractéristique. Je suis disposé à admettre que lorsqu'il s'agit du Caucase mythique, comme dans le « Prométhée enchaîné », il faut laisser de côté toute recherche d'une idée géographique rigoureuse, d'une détermination bien claire par latitude et longitude, et se borner à reconnaître qu'il est question là de la sainte Montagne à laquelle se rattachent les premières légendes. C'est pourquoi il ne faut pas s'effrayer des contradictions, ni leur donner trop de poids. L'Océan qui bat le pied du rocher où Prométhée exhale ses imprécations n'est pas le Pont-Euxin absolument; il n'est pas sûr non plus que ce soit l'antique Caspienne; c'est un peu l'une et un peu l'autre de ces mers. Les deux images également obscurcies, bien que venant d'époques différentes, se sont mêlées dans l'idée hellénique ; et pourtant, on l'a vu déjà plus haut à l'occasion des légendes de Médée et de Persée, c'est certainement pour représenter la dernière résidence commune des nations qui devaient être un jour les Grecs et les Arians-Asiatiques; cette résidence commune fut précisément la Colchide, la région du Caucase dernier nommé, et les plaines du Palus-Méotide; en outre, le Koush-nameh vient ici indiquer clairement ce second Caucase. Je crois donc pouvoir affirmer que c'est de lui qu'il s'agit non pas absolument, mais plus que de l'autre, dans l'exposé des voyages d'Io, et, en conséquence, quand Prométhée dit à l'infortunée : « Tu tourneras, au sortir de ces lieux, vers les plages » de l'Orient », il faut entendre que le poëte fait parler son héros sur une roche qui n'est pas très-éloignée du pays où s'élève actuellement le poste russe de Soukoum-Kaleh.

Elle part, « elle fuit dans ces déserts qui n'ont jamais senti la charrue ». C'est le pays sauvage que le Koush-nameh côtoie en naviguant à l'ouest de Bésila, mais Io n'en parcourt que l'extrémité occidentale. Au delà, vers le sud, habitent les Scythes nomades; il lui est ordonné par le Titan de ne pas approcher de ces peuples terribles. Ce sont les Yadjoudjs et les Madjoudjs. Elle doit descendre, en s'éloignant de leurs domaines, vers les bords rocailleux de la mer gémissante. Elle marche droit à l'est, et arrive sur la Caspienne. « A gauche habitent les Cha- » lybes, habiles à façonner le fer. » Ces Chalybes, qui ont tant embarrassé les critiques, qu'à cause d'eux ils ont déclaré avec M. Grote le récit d'Eschyle incompréhensible, n'ont rien de commun avec les Chalybes de l'Asie Mineure; ce sont les enfants de Sékaleb, que le Koush-nameh établit précisément en ce lieu, et la preuve qu'Eschyle fait comme lui, c'est qu'il a encore insisté sur cette notion dans les « Sept contre Thèbes », où il place les Chalybes qu'il a en vue, là, où ils doivent être : « Le fer », dit-il dans ce passage, « cet hôte destructeur, né dans la

» Scythie, au pays des Chalybes », c'est-à-dire des Sékalebs, des Slaves.

Je regrette que cette appréciation n'ait pas pu arriver à l'esprit lucide et savant de Schaffarik lorsqu'il a écrit sur les origines de son peuple. Mais je continue l'examen du texte eschylien.

« Tu arriveras aux bords de l'Hybristès, « l'Insolent », » ce fleuve digne de son nom ». En effet, Salyan est bâtie au bord d'un fleuve formé par la réunion du Kour et de l'Araxe, rivières tristes, aux eaux bourbeuses, rapides, et dont les bords exhalent la fièvre.

« N'essaye pas de le traverser, remonte jusque vers le » Caucase, le plus élevé des monts, jusqu'au lieu où de la » tempe même de la montagne le fleuve s'élance bouillon- » nant, impétueux. »

Voici la preuve qu'il s'agit bien du Caucase caspien, car la description du cours du fleuve est d'une exactitude rigoureuse. Le Kour prend en effet sa source au pied de la montagne et en longe la tempe, c'est-à-dire l'embranchement arrondi qui forme la limite du royaume imérétien. C'est là, au-dessus de Tiflis, au-dessus de Gori, qu'Io doit parvenir pour changer ensuite de direction.

Ici s'arrête la partie des voyages d'Io qui se rapporte au sujet que je traite, le reste n'y appartient que peu et, dans tous les cas, d'une façon très-générale ; cependant, comme il y a plaisir et qu'il peut y avoir profit à continuer un éclaircissement considéré jusqu'ici comme impossible et devenu très-précis au contact des renseignements orientaux, je conduirai jusqu'à la fin de son pèlerinage l'épouse de Jupiter.

S'arrêtant aux environs de Batoum, dans la direction qu'elle a suivie en remontant le Kour, elle descend « vers les plages du midi » et se trouve en effet au sud de la mer Noire, dans la contrée de Trébizonde. Là, elle rencontre les Amazones, populations errantes qui ont paru partout, qui ont même prolongé leurs voyages jusqu'en Attique. Faisant traverser la mer à Io, elles l'amènent, « guides empressés », à l'isthme cimmérien, c'est-à-dire à Pérécop.

Mais Io n'y reste pas plus qu'elle n'est restée nulle part. Elle s'élance « vers la porte resserrée du marais Méotide », et traversant le détroit, foule de nouveau le sol de l'Asie. Elle marche « vers les champs gorgoniens de Cisthène ». Je ne sais quel pays antique perdu, oublié, dans tous les cas bien défiguré, se cache sous ce nom, qui ne présente rien au souvenir. Mais par la qualification de « gorgonien » rappelant l'histoire de Persée qui précisément était par sa famille de ces pays-là, et qui a pu, comme il a été dit plus haut, y combattre les Gorgons ou les loups errant sur ces plages montagneuses, le poëte nous donne ici une marque certaine que nous nous retrouvons dans les environs du séjour d'Æétès et de sa famille entière, des Persée, des Médée, dans la Colchide enfin ; et il y a plus, Eschyle appelle ces champs gorgoniens « les pla- » ges resplendissantes de l'orient d'où s'élance le Soleil ». Nous sommes donc aux lieux où le Soleil mit au monde sa belliqueuse descendance, soit Augias, soit Danaé, soit Akrisius, l'Homme d'or. Nous sommes au berceau de la race médo-persique ; il n'y a pas à s'y tromper, et je ne vois pas comment on a pu reprocher l'obscurité au chantre de Prométhée.

Le Koush-nameh nous a déjà dit, bien que sobrement, à quel point ces lieux terribles étaient peuplés d'épouvante. Le Titan qui tout à l'heure avait recommandé à Io de craindre le voisinage des Scythes nomades établis au nord de cette contrée, l'avertit maintenant d'éviter « les » Gryphons à la gueule pointue, chiens muets de Jupiter », et les « Arimaspes, cavaliers infatigables, voisins des » bords du Pluton, qui roule l'or dans ses ondes. »

Les Gryphons, comme le Symourgh, sont des représentations trop indéterminées d'êtres réels en eux-mêmes, pour qu'il soit toujours prudent de chercher à reconnaître ce que la légende a en vue en les mentionnant; il en est de même des Arimaspes, et on prendrait des peines inutiles à poursuivre sans autre guide que le bruit de leurs noms ces cavaliers fugitifs qui ont promené leurs ombres dans bien des plaines. Mais on a déjà vu que le Caucase, le pays du Soleil, était assez peuplé de tribus belliqueuses et de bêtes de proie pour en posséder dont les portraits exacts ne soient pas venus jusqu'à nous. Quant au Pluton qui roule de l'or dans ses eaux, quant au fleuve « riche » que ce nom indique, il n'est pas possible d'y méconnaître le Phase.

Mais Io ne tient pas ferme au milieu de ces terreurs. Elle poursuit sa marche, et le poëte lui dit, sans plus s'embarrasser du catalogue des régions qu'elle traverse en courant, et courant lui-même devant elle : « Avance ! » pénètre jusqu'à la terre lointaine où près des sources » du Soleil habite le peuple noir, et où coule le fleuve » d'Éthiopie. »

Ici la légende ne fournissait plus à Eschyle que de grands traits. Elle avait perdu tous les détails, et lui ne cherche pas à les restituer, à les inventer. Quelle route suit la fille d'Inachus, par où passe-t-elle, personne ne le sait. C'est beaucoup déjà que de s'être souvenu de la géographie des régions caucasiennes. Par delà, c'est de plus en plus le pays du Soleil, celui de la race d'or; un seul point est demeuré clair : ce pays est peuplé de noirs, et toute l'antiquité a bordé de cette race les limites d'une mer qui terminait les continents. De sorte que voici encore un témoignage qui, rapproché de ce que la légende orientale nous a fourni aux premières pages de ce livre, garantit que l'opinion unanime des âges mythiques a été que l'Asie intérieure était originairement habitée par les dyws, par les Éthiopiens.

Io fait donc le tour de la terre, et après les méandres d'une marche non décrite, elle entre en Égypte, et là ses pérégrinations sont terminées.

Je ne rapporterai pas le récit sommaire des courses d'Io que le poëte donne encore dans « les Suppliantes ». Outre qu'on n'y apprend rien qui puisse être de quelque usage en ce lieu, il est si superficiel et si manifestement insignifiant, qu'il ne complète ni ne contredit la première rédaction. Il ne la contredit pas, car rien n'empêche que dans ses courses en Asie Io, errant au hasard, ait traversé les provinces bien connues des Grecs où « les Suppliantes » la font passer. Que si l'on veut qu'Eschyle ait, dans les passages fameux du « Prométhée enchaîné », proposé à la piété des Athéniens un récit simplement composé par lui-même et dont les mythographes, dont les exégètes des temples n'auraient eu aucune connaissance, ce que, pour ma part, je repousse absolument comme contraire à l'instinct des peuples jeunes, qui n'inventent jamais rien en matière religieuse et qui n'y admettent pas le caprice, il restera toujours positif qu'au temps d'Eschyle on connaissait la géographie de la Caspienne et celle du Caucase, absolument de la même manière que l'auteur du Koush-nameh la rapporte, et ce concours de témoignages me suffirait encore pour reconnaître que ce dernier a réellement puisé, comme il s'en vante plusieurs fois dans le cours de son ouvrage, à des sources descendant de l'antiquité.

Maintenant, cette matière étant épuisée, il convient de quitter l'examen des textes grecs pour retourner aux renseignements orientaux, dont l'autorité, je l'espère, s'est désormais beaucoup accrue aux yeux des lecteurs, et rentrer avec eux dans l'Elbourz, où la guerre de l'indépendance contre les Assyriens va commencer.

CHAPITRE XI.

GUERRES D'ABTYN.

La situation d'Abtyn et sa personne rappellent l'histoire du roi Pélage lorsque, se levant au fond des Asturies, il commença la lutte des tribus gothiques contre les Maures et fonda la monarchie espagnole. On a pu remarquer, d'ailleurs, que les légendes iraniennes relatives aux premiers temps de la race ont des inspirations toutes semblables à celles de certaines parties du Romancero. Ainsi, elles n'ont pas manqué de montrer le dernier Djem, vaincu et repentant, devenant un ascète livré aux pratiques de la plus austère pénitence. De même, Rodrigue, après avoir perdu son pays par ses fautes, devint ermite et passa ses derniers jours dans les macérations.

Abtyn, sorti d'une famille de seigneurs terriens, avait à sa disposition peu de puissance, et il commença donc avec peu de ressources. Il réunit autour de lui des hommes énergiques et s'en prit d'abord aux garnisons assyriennes de la Montagne, les attaquant l'une après l'autre, détruisant les plus faibles. Cette tactique réussit. Il parvint à débarrasser la contrée de quelques-uns de ses oppresseurs. Sa bande, très-faible au début, vit accourir des recrues qui en firent une petite armée, et favorisé par les populations, peu hardies pourtant à le suivre, il se hasarda à sortir de ses vallées hautes et à descendre dans les campagnes du Khawer, où il porta le ravage par des incursions bravement conduites. Il faisait ce que les Turcomans d'aujourd'hui appellent le *tjapao*, se lançant sur un district sans méfiance, pillant, brûlant, emmenant des captifs, et quand il avait frappé assez de coups et réuni assez de butin, il regagnait des retraites inaccessibles au fond des gorges, sur la cime des rochers, d'où se défendant à coups de flèches et de pierres, il bravait la colère des Mèdes.

Ses succès furent tels qu'il jugea possible de faire davantage. Il ne se contenta plus de mettre à sac des villages et des bourgs sans défense. Il assiégea et prit des villes fortes ; il attendit de pied ferme ses ennemis et les battit, brisant leurs lances. De succès en succès, et son courage montant avec sa fortune, il marcha un jour sur Hamadan et assaillit les murailles de cette capitale. Mais c'était trop tôt. Il épuisa ses forces devant cette grande cité, ne put la prendre, et n'eut bientôt d'autre ressource que de se retirer. Outre que la puissance des conquérants était supérieure à la sienne, un point d'appui réel lui manquait. Sans doute ses coreligionnaires, les gens de sa race, avaient les yeux sur lui, faisaient des vœux pour lui, attendaient son triomphe avec bonne volonté, mais ils ne se décidaient pas à rendre le succès possible, en se mettant, l'arme au poing, aux côtés de l'insurgé. Ils ne croyaient pas assez à la certitude du succès final. La monarchie assyrienne leur semblait trop énorme pour être renversée. Abtyn figurait à leurs yeux un illustre téméraire, non pas encore un héros.

Il l'était cependant. Ainsi que pour tous les protagonistes de la race, qu'ils soient iraniens, hindous ou germains, le suprême honneur de la royauté consistait, pour Abtyn, à combattre plus que ses compagnons, à jouer sa vie où chacun reculait, et à vaincre où les plus braves auraient succombé. Dans les occasions malheureuses, quand sa troupe avait le dessous, c'était lui qui, la massue ou l'arc à la main, contenait la poursuite de l'ennemi. C'était lui qui, couvrant l'arrière-garde, donnait aux siens le temps de gagner un refuge. Au passage des rivières, à l'issue des défilés, ce que les Assyriens, avec leurs longues lances, ivres de colère, trouvaient leur barrant la place, c'était la stature gigantesque du descendant de Djem-Shyd, et avant d'atteindre à ses hommes, il fallait passer par ses mains. Beaucoup y restaient, et couchés par monceaux désormais immobiles aux pieds du chef inébranlable, ils attestaient aux yeux des survivants sa valeur, aux yeux des Iraniens, ses droits.

Malgré tant d'énergie, la supériorité du nombre, les ressources infinies d'une puissance séculaire, dominaient encore de trop haut les droits du partisan du passé. Traqué de toutes parts, poursuivi de refuge en refuge, ayant perdu des soldats qu'il ne pouvait remplacer, délaissé par les peuples tremblants, Abtyn fut contraint de céder en attendant des temps meilleurs. Il prit congé de ces montagnards qui l'avaient aimé et soutenu sans oser embrasser sa cause, et les ayant exhortés à tenir bon du moins dans leur foi et à ne pas désespérer de leur haine, il trompa la vigilance des Assyriens, traversa les districts septentrionaux de la chaîne de l'Elbourz, et avec une faible troupe, tout ce qui lui restait de ses meilleurs compagnons, il parvint à se jeter dans le Matjyn.

Le roi de ce pays s'appelait Béhek. L'arrivée d'Abtyn le troubla. Il était Scythe, il professait la religion de la race pure, il était l'ennemi des Assyriens; mais il se sentait débile, et craignait d'engager avec ces derniers une guerre dont il pouvait prévoir que l'issue ne serait pas heureuse. Il reçut donc Abtyn avec honneur, mais, en même temps, lui exposa sa situation, et n'eut pas de peine à lui démontrer qu'une hospitalité si dangereuse n'était pas un bien qui pût tenter l'obligé plus que le bienfaiteur.

Après avoir fourni au chef iranien des vivres et des vêtements pour lui et pour les siens, et lui avoir fait, en outre, de riches présents, il lui donna des vaisseaux sur lesquels les insurgés s'embarquèrent, et qui, après un mois de navigation, les portèrent au fond de la Caspienne, à la grande cité de Bésila, où régnait le roi scythe Tyhour ou Tyhourès [1].

Dans ce royaume non moins florissant, non moins commerçant mais plus vaste, plus riche encore et mieux garanti que celui de Béhek contre les efforts des Ninivites, professant, d'ailleurs, comme l'ensemble des populations scythiques, l'ancienne religion du Vara, Abtyn se vit accueillir avec les empressements qu'il pouvait souhaiter, et l'affection de Tyhour devint bientôt si vive et si franche

[1] Je n'ai rencontré toute la partie de l'histoire d'Abtyn qui a trait au royaume de Bésila que dans le Koush-nameh, et ce n'est pas une des moindres preuves de la haute importance des documents sur lesquels ce poëme a été composé. Bésila est incontestablement la Βασιλεῖον Τάπη de Strabon. Le point est important et veut être examiné de près. Strabon parlant de l'Hyrcanie assure que c'est une province aussi opulente que vaste. Il lui attribue plusieurs villes considérables, entre autres Talabroca, Samariana, Carta et Basileion-Tapi; cette dernière est située, dit-on, à une petite distance de la mer et éloignée des Portes Caspiennes de mille quatre cents stades à peu près. La contrée qui l'entoure est favorisée par excellence : la vigne, les figuiers y sont d'une fécondité extraordinaire; le blé pousse spontanément; les abeilles essaiment dans les arbres et le miel découle du feuillage. Mais l'accès de cette terre promise est extrêmement difficile, et la mer n'est pour ainsi dire pas abordable : voilà le récit de Strabon. Les autorités sur lesquelles s'appuyait le géographe d'Amasée ne lui étaient point contemporaines, il répétait ce qu'il avait lu dans Aristobule, et celui-ci ne faisait que copier le rapport adressé par Patrocle à Séleucus. Par conséquent, la ville de Basileion-Tapi, et tout ce qui a trait à sa description ainsi qu'à celle de son territoire date du temps d'Alexandre, et remonte au delà, car le conquérant macédonien n'a exercé absolument aucune influence sur la région située au nord de la Caspienne. Ainsi, avant Alexandre, il existait à l'extrémité septentrionale de la Caspienne, au témoignage des Grecs, des villes florissantes, entrepôts de ce vaste commerce déjà indiqué par Hérodote et qui mettait en relations la Chine et l'Inde avec l'Asie antérieure et la Grèce, et parmi ces villes on distinguait particulièrement Basileion-Tapi. Il convient maintenant d'examiner ce nom. Le mot Tapi ou Tépéh est considéré aujourd'hui comme turc, et on le trouve dans beaucoup de dénominations de lieux : Gumush-Tépéh, Kizzil-Tépéh, etc. Il est turc, en effet; mais d'origine ariane. C'est le « Top » de la Bactriane, c'est le « Stoupa » indien. Il signifie une éminence, une élévation, soit pyramide construite, dôme de pierre, de brique ou de terre rapportée, et, par suite, palais ou temple, soit un

pour son hôte, qu'il lui donna sa fille en mariage. C'est ainsi que le grand aïeul d'Abtyn s'était lui-même allié à un roi scythe.

La gravité de l'histoire ne permet pas de suivre la légende dans tous les développements romanesques qu'elle se plaît à tirer de ce thème. Elle ne manque pas de raconter le mariage d'Abtyn avec les détails auxquels nos romans chevaleresques nous ont accoutumés en pareille circonstance. Férareng, la fille de Tyhour, princesse incomparable, est frappée, au premier aspect, de la beauté héroïque du guerrier ira-

---

simple tumulus servant de tombeau, ou dernier vestige d'un monument écroulé. J'ai vu de ces derniers tépéhs dans la vallée de Lar; mais, originairement, les tépéhs, on le comprend par l'application de ce nom aux monuments bouddhiques, sont bien en eux-mêmes des édifices importants, et tels qu'une ville pouvait et devait s'en glorifier et les prendre comme la représentant par excellence, c'est-à-dire les faire figurer dans son nom. « Basileion » ou « le Royal » est-il un mot traduit de l'ancien mot scythe? Peut-on admettre qu'il faille le rendre par « *Regia* »? Dans ce cas, la tradition persane dont s'est servi l'auteur du Koush-nameh aurait travaillé sur des documents fournis originairement par les Grecs, et se serait renseignée soit dans Strabon lui-même, ce qui n'est pas très-probable, soit dans le rapport de Patrocle auquel Strabon devait tout ce qu'il a dit. On le peut admettre, et dans ce cas le nom persan de « Bésila » n'est pas autre chose que le « Basileion » de la traduction hellénique. Mais les Grecs ont souvent transformé ainsi des mots étrangers à leur langue, dont le son se prêtait à être compris d'une certaine façon. Le sanscrit a un verbe, « vasa », qui signifie « habiter »; « vasy » veut dire « l'habitation »; en y joignant l'affixe « la », qui figure dans beaucoup de dénominations géographiques de l'Inde, comme Pattala, Kouçasthala, Pankala, Vrikasthala et une foule d'autres, on aurait dans le mot Vasyla ou « Bésila » le nom très-explicable et naturel d'une vieille cité ariane, « le lieu habité », auquel on aurait joint plus tard la mention du « tépéh », ou principal monument qui la décorait. J'avoue que je penche vers cette dernière interprétation; mais, en tout cas, soit que la tradition persane ait puisé la connaissance qu'elle a eue de Bésila à la source scythique ou à la source grecque, on voit ici de la manière la plus incontestable qu'elle a possédé ce renseignement très-ancien et qui jette une vive lumière sur cet état de prospérité, de civilisation avancée et de puissance commerciale dont les régions scythiques ont été le théâtre à une très-ancienne époque, et sans lequel, il faut l'avouer, on ne saurait en aucune façon s'expliquer ni la raison d'être, ni la multiplication, ni la richesse des colonies grecques de l'Euxin.

nien. Ce qu'elle apprend de la noblesse de sa naissance et surtout de ses exploits la transporte d'admiration et bientôt d'amour. Elle laisse deviner l'état de son âme au brillant aventurier. Il s'ensuit des rendez-vous dans les jardins au milieu de la nuit, tandis que les rossignols emplissent de leurs concerts un air embaumé par les senteurs des plantes. Des serments mutuels sont échangés entre les amants. Le roi Tyhour est averti par des surveillants indiscrets. Suivent des scènes de colère, de menaces, de craintes douloureuses d'éternelle séparation, qui enfin se terminent par l'apaisement du père et le plus doux des hyménées. Férareng est une des favorites de la tradition persane. C'est une merveille d'attraits, de grâce, de douceur, de tendresse et de dévouement. On va voir bientôt qu'elle le sera également de courage et d'énergie, et elle se montrera aussi grande que les devoirs qui vont marcher devant elle.

Pendant quelques années Abtyn habita le royaume de Bésila, jouissant de son bonheur mais non pas amolli et encore moins oublieux. Il le prouva en quittant une fois son refuge pour aller au secours du roi Béhek, que menaçait une armée médique et qui demandait de l'aide. Il repoussa les agresseurs et revint victorieux.

Mais ce n'était pas assez, et son repos ne le satisfaisait pas. Sa situation finit par lui être intolérable. Des songes ou plutôt des visions multipliées lui ordonnèrent de ne pas s'écarter plus longtemps de sa tâche et de reprendre ses travaux libérateurs. Les circonstances qui l'avaient jadis désarmé et contraint de fuir étaient pourtant les mêmes, et l'ennemi n'avait rien perdu de sa force. Cependant, et malgré les supplications de Tyhour qui ne voulait point se séparer de sa fille, Abtyn se résolut à partir, et afin que le roi des Mèdes, Koush-Héféran, ne pût être averti de ses desseins et lui disputer le passage de la frontière, ce qui serait arrivé s'il eût pris la route la plus fréquentée pour aller au Matjyn, il se résolut à tenter un nouveau chemin, et s'étant embarqué, il fit voile directement vers le sud, emmenant sa femme et la troupe d'amis éprouvés qui ne l'avaient pas quitté. Après de longues fatigues et des périls sans nombre heureusement surmontés, les exilés vinrent silencieusement longer, dans leurs barques, les rivages méridionaux du Mazendéran, et ils descendirent aux environs d'Amol, sur la lisière d'une forêt profonde où ils s'empressèrent de se cacher.

Amol, comme Ragha et les autres cités de la montagne, avait une garnison assyrienne. C'était une ville célèbre, et qui devint bientôt si importante dans l'Iran de seconde formation, qu'elle en fut longtemps la capitale ; je dois donc, avant d'aller plus loin, rapporter l'histoire de sa fondation d'après Abdoullah-Mohammed, fils de Hassan, fils d'Isfendyar.

A une époque très-reculée, dit ce chroniqueur, il existait dans le Deylem, c'est-à-dire dans la région caspienne, deux frères, Eshtad et Yèzdan, qui eurent querelle avec un des hommes les plus puissants du pays. Ils le tuèrent et prirent la fuite suivis de leurs familles, et ils se réfugièrent dans un canton forestier où ils n'avaient rien à craindre des vengeurs du sang répandu.

En ce même temps, le roi de l'Iran régnait à Balkh. Cette circonstance indique déjà que la légende se reporte au règne des Djemshydites. Ce roi s'appelait Fyrouz, c'était un prince glorieux, honoré de ses peuples, et qui ne connaissait pas de bornes à sa puissance.

Une nuit, il eut un songe merveilleux. Il vit une jeune fille d'une beauté si extraordinaire que la splendeur des astres pâlissait devant elle. Surpris à cette vue, il se sentit soudain enflammé d'un amour irrésistible, et quand la vision eut disparu et qu'il eut réfléchi à l'impossibilité de trouver sur la terre un tel prodige de perfection, il tomba dans une tristesse si profonde que tout fut impuissant à l'en tirer.

Le chef des prêtres s'efforça en vain de le détourner de ses pensées. La religion, au nom de laquelle il parlait, resta cette fois sans influence. Les ministres épuisèrent tous les arguments tirés de la raison d'État. Le roi Fyrouz resta plongé, accablé dans la mélancolie et s'y enfonça tous les jours davantage, au grand détriment des intérêts de son peuple, dont il n'avait plus même la force de s'occuper. Une pareille situation étant trop critique, on prit le parti de chercher par tout l'empire une beauté qui répondît aussi bien que faire se pouvait à la description dont le malheureux monarque était prodigue. Les envoyés visitèrent avec soin les contrées où on les adressa, mais ils ne surent rien découvrir, et la douleur du roi s'en augmenta.

Un jour, il avait auprès de lui un de ses parents qui portait comme lui le nom de Fyrouz, et auquel on donnait d'habitude le titre de « mehr » ou seigneur. Il aimait fort son maître, et, désolé de le voir dans l'état où l'amour et le désespoir l'avaient réduit, il lui vint en pensée que les mandataires à l'intelligence desquels on s'était remis n'avaient peut-être pas fait des recherches suffisantes, et qu'en s'appliquant lui-même à cette affaire, il serait sans doute plus heureux. Il prit des renseignements auprès des envoyés, et après les avoir tous écoutés et avoir comparé et contrôlé leurs récits, il se convainquit qu'on était allé partout, excepté dans la partie de l'Elbourz voisine de la Caspienne et qu'on nomme le Taberystan. Alors il fit part au roi de sa volonté de tenter la fortune, et celui-ci lui ayant donné son approbation et formant des vœux ardents pour son succès, l'engagea à partir au

CHAPITRE XI. — GUERRES D'ABTYN.

plus tôt, et le fit accompagner de trésors et de dons magnifiques.

Après une route assez longue, Mehr-Fyrouz arriva dans la contrée qu'il avait l'intention de parcourir. Pendant une année entière, il la visita dans tous les sens, s'enquérant des jeunes filles avec un soin extrême, les examinant avec le plus vif désir d'en trouver une qui répondît tant soit peu aux merveilleuses descriptions du roi. Mais, lui non plus, il ne découvrit rien; et quand il eut cherché de son mieux, fouillé les bourgs, les villes, les villages, force lui fut de renoncer à tout espoir. Très-affligé et ne voyant plus rien à tenter, il dut se résigner à retourner à Balkh les mains vides. Il fit charger ses bagages sur les bêtes de somme, et, le cœur gros, prit son chemin du côté de la mer, afin de gagner le nord et se diriger ensuite vers l'est du côté de l'Iran. Bientôt il se trouva engagé dans un dédale de marécages, perdu dans des forêts sombres, et il ne sut plus de quel côté tourner ses pas.

Les mulets et leurs muletiers, ses chevaux et ses serviteurs ou s'égarèrent, le perdirent de vue et ne purent le rejoindre, ou périrent dans les fondrières. Lui-même il tomba avec sa monture au passage d'une rivière; l'animal se noya, et le cavalier eut grand'peine à se dégager et à gagner terre à la nage. Échappé à ce péril, quand il eut pris pied et regardé autour de lui, il se vit seul et n'entendit rien que les bruits confus des feuilles et du vent. Il erra sans direction sur les bords d'un ruisseau assez large dont les eaux étaient singulièrement limpides et fraîches. Il pensait que l'attrait de ce courant aurait peut-être décidé quelques colons à s'établir sur la rive, et dans cette espérance il remonta le long du flot. Enfin, il arriva à la source d'où les ondes jaillissaient, et près de la fontaine sa surprise fut grande et son effroi presque égal d'apercevoir tout à coup une jeune fille si belle, qu'il la prit d'abord pour un être surhumain. « Si » c'est un démon, se dit-il, je le tuerai; mais si c'est un » être de notre espèce, certainement j'ai trouvé ce que je » cherche. »

Il mit l'épée à la main et marcha droit à la créature dont il doutait. Elle lui parla la première et avec tant de grâce et de séduction qu'il perdit aussitôt sa méfiance, et demanda à être conduit près des parents de la jeune merveille qu'il ne se lassait pas d'admirer.

L'enfant de la fontaine, marchant devant lui, le mena jusqu'à une maison construite au milieu des bois. Elle le laissa devant la porte, et entra seule. La famille était allée dans la forêt couper des branches, et il ne restait au logis que la mère et un jeune garçon. La vieille femme envoya aussitôt celui-ci à la recherche de son mari, accueillit l'étranger et le fit asseoir. Le mari arriva suivi de ses fils aînés, souhaita cordialement la bienvenue à Mehr-Fyrouz, et pendant trois jours l'hébergea de son mieux sans lui faire aucune question. Le cousin du roi ne fut pas moins charmé des parents qu'il ne l'avait été d'abord de leur fille, et ceux-ci de leur côté ne pouvaient comprendre quelle bonne fortune leur amenait un voyageur aussi accompli.

Quand le moment des confidences fut arrivé et que, sans manquer aux lois de l'hospitalité, on put se permettre les questions, on se nomma réciproquement, et il se trouva que la jeune fille était appelée Amaleh et que son père était ce Yezdan, jadis fugitif du Deylem et meurtrier d'un des grands du pays. Eshtad, en sa qualité d'aîné, fut consulté sur la demande que fit Mehr-Fyrouz de la main d'Amaleh pour son royal parent, et il ne manqua pas de consentir volontiers à une telle alliance.

Le roi Fyrouz épousa donc la femme qui lui était apparue en songe, et il l'aima parfaitement. Au bout d'une année, elle lui donna un fils qui fut appelé Khosrou. Cependant le roi, toujours avide de plaire à Amaleh, lui avait demandé d'exprimer un désir, et elle avait répondu qu'elle souhaitait de voir peupler le lieu où elle avait été découverte par Mehr-Fyrouz, en ajoutant qu'il faudrait donner son propre nom au ruisseau, qui jusque-là se nommait l'Hormouz, du nom même de la Divinité.

L'amoureux souverain s'empressa de donner les ordres nécessaires pour que les vœux de la reine fussent accomplis. De nombreux pionniers accoururent dans le désert qu'il s'agissait de coloniser, et se mirent courageusement à l'œuvre; mais, quels que fussent leurs efforts, ils ne parvinrent pas à détourner le cours de l'Hormouz de manière à le faire passer sur l'emplacement de l'ancienne demeure d'Amaleh, qui leur avait été désigné comme devant être celui de la ville future.

La reine, informée de ces difficultés, ordonna d'interrompre les travaux. Elle laissa passer quelque temps, et un jour elle se plaignit au roi que l'air de Balkh était nuisible à sa santé. Le souverain lui permit de quitter la ville et d'aller s'établir dans son pays natal, où elle se mit à diriger elle-même la fondation qu'elle prétendait faire. Modifiant ses premières idées, elle laissa la rivière conserver le nom divin qu'on ne lui pouvait ôter, et changeant d'emplacement, elle traça l'enceinte un peu au-dessous de l'endroit où elle était née, et lui donna son nom. Ce fut Amol.

Elle voulut que la nouvelle cité fût digne de porter sa mémoire à la postérité. Le palais était en briques cuites, ce qui est d'un grand luxe dans un pays où l'on n'emploie pas la pierre et où les plus somptueux édifices sont construits, pour la majeure partie, en carrés d'argile séchés au soleil. Les murailles étaient assez épaisses pour que trois cavaliers pussent cheminer de front sur leur crête. Des fossés profonds ceignaient les remparts, et on pénétrait dans l'enceinte par quatre portes, qu'on nomma : porte du Gourgan ou de l'Hyrcanie, porte du Ghylan, porte de la Montagne et porte de la Mer, suivant la direction des routes qui y aboutissaient.

La surface contenue entre les murailles était de quatre cents djérybs. Quant au palais, ajoute Abdoullah-Mohammed, fils de Hassan, fils d'Isfendyâr, avec un véritable sentiment d'antiquaire, il était situé dans cette rue que, du temps où vivait le narrateur, on appelait la « Rue des crieurs publics. »

C'est là qu'Amaleh vécut et régna glorieusement pendant de longues années. Après sa mort, son fils Khosrou augmenta beaucoup le nombre des édifices. Ses successeurs firent de même, et ils furent imités par tous les Merzebans ou seigneurs de leur État, qui se firent un honneur de posséder dans la capitale de beaux logements, des jardins ombragés, et d'y fonder des bazars et des caravansérails pour la commodité des marchands et du peuple.

En finissant, Abdoullah-Mohammed, fils de Hassan, fils d'Isfendyar, s'attache à donner l'étymologie du nom d'Amol et par conséquent celle du nom d'Amaleh. Il dit que dans le langage parlé par les Iraniens au temps où se passe son histoire, ce mot signifiait « la mort », et fut employé comme expression d'un vœu d'immortalité. Une façon si peu correcte de présenter un fait exact en lui-même, prouve que le chroniqueur répétait fidèlement une tradition ancienne qui n'était pas claire à ses yeux, mais qu'il n'inventait ou ne modifiait aucunement. Les deux lettres *l* et *r* se confondent et se remplacent aisément dans les dialectes de la Perse. Les populations habituées au zend n'avaient pas la première, dit-on ; mais peut-être serait-il plus vrai de dire que leur écriture ne la distinguait pas de la seconde. Les Afghans, au contraire, en abusent et métamorphosent en *l* le plus d'*r* qu'ils peuvent, ce qui donne à leur langue une physionomie assez étrange, propre à tromper sur sa nature réelle et sur ses affinités incontestables avec les autres idiomes arians.

Le mot « mere » signifie « mourir » en zend, et l'*a* est privatif. Ainsi « amere » ou « amele » signifie bien « ne pas mourir », « être immortel ». Il n'y a donc rien à reprendre à l'étymologie produite par l'historien du Taberystan. Cependant on peut se rappeler aussi qu'une des dynasties des rois goths de la Russie, renversée par l'invasion des Huns, s'appelait la famille des Amales, et l'on donne pour sens à ce mot, « sans tache » et « divin ».

Qu'une reine iranienne ait porté le même nom que des rois goths dans un temps et dans des lieux où son peuple venait à peine de se séparer des Arians-Scythes, père des nations gothiques, il n'y aurait rien là de bien extraordinaire. La signification donnée à son nom par Abdoullah-Mohammed peut être exacte en général, et celle donnée à la désignation des rois goths peut bien aussi ne pas être erronée. Il me paraît très-possible que l'une et l'autre se soient rattachées en commun à l'une de ces deux explications également bonnes. Ceci, du reste, importe beaucoup moins ici que de saisir le vrai caractère de la légende qui vient d'être racontée.

On ne saurait découvrir au juste ce qu'était cette reine Amaleh, non plus que la dynastie issue de son hymen avec le roi de l'Iran. Étaient-ce là des princes rivaux ou vassaux de Housheng et de Tahmouras, les grands feudataires de la Montagne? Pareille question n'est pas à résoudre. On peut se demander tout aussi bien si ces souverains n'étaient pas les ancêtres ou les descendants des chefs de l'Elbourz. Mais ce que l'on aperçoit clairement et ce qui donne au récit de la fondation d'Amol un extrême intérêt, c'est sa complète ressemblance avec le ton des traditions germaniques de l'Europe. C'est ainsi que nos aïeux concevaient et présentaient des événements semblables ; c'est ainsi que l'identité d'origine des héros scandinaves et des héros iraniens prend une évidence extraordinaire. Les uns et les autres voient, pensent et parlent de la même façon. Les faits prennent à leurs yeux les mêmes couleurs et se déroulent par les mêmes procédés. Iraniens et Germains sont des frères, c'est un seul et même peuple, toujours uni, toujours reconnaissable malgré les distances [1].

Amol, au temps d'Abtyn, était donc une des villes les plus considérables de la Montagne, peut-être plus encore que Ragha, Chakhra ou Varena, et les Assyriens y faisaient bonne garde. Soit espoir de parvenir à la surprendre, ou par toute autre raison, Abtyn vint débarquer avec sa troupe sur le rivage qui l'avoisinait, et campa dans l'épaisseur des bois bordés par les flots de la mer.

Son premier soin, quand sa femme et ses compagnons se trouvèrent établis, fut d'aller à la découverte. Il s'avança seul à travers la solitude et le silence de la forêt, et après avoir erré quelque temps, il fit la rencontre d'un jeune homme qui, surpris de trouver un étranger dans ces lieux déserts, s'arrêta de son côté à le considérer. Le

---

[1] L'Histoire du Taberystan d'Abdoullah-Mohammed, fils de Hassan, fils d'Isfendyar, à laquelle est empruntée la légende de la fondation d'Amol, est un des ouvrages persans les plus précieux que je connaisse. L'auteur écrivait au début du treizième siècle ; il a composé son livre 1° sur des documents pehlewys déposés dans la bibliothèque des rois du Taberystan ; 2° sur un manuscrit scyndhien, traduit en arabe soixante-seize ans seulement après l'arrivée des musulmans en Perse ; 3° sur l'Awend-nameh, recueil spécial des traditions du Mazenderan ; et enfin 4° sur les œuvres de cet Ibn-el-Mogaffa, fils d'un Guèbre converti, un des plus anciens historiens musulmans de la Perse, et dont tous les fragments ont une valeur inestimable. Je n'hésite pas dès lors à considérer la tradition relative à Amol comme extrêmement ancienne.

chef iranien questionna le voyageur. C'était un messager envoyé par Kershasep, roi scythe du Seystan, vassal de Zohak, mais attaché de cœur à la religion ariane. Le Seystany, ne connaissant pas Abtyn, lui raconta que la domination des Assyriens et de leur prince était plus solidement assise que jamais. Tout tremblait devant eux et gardait le silence. Ceux qui suivaient la Loi pure, persécutés partout lorsqu'ils osaient lever la tête, étaient obligés de se cacher, et quand on les découvrait, ils étaient mis à mort. Les populations, frappées de terreur, feignaient d'être idolâtres et fréquentaient les temples. Dans l'Elbourz même, resté pur si longtemps, il n'existait plus de protestation ouverte et de résistance déclarée que de la part d'un seigneur nommé Selket, retiré dans un château inaccessible sur le sommet du mont Demawend. Souvent les Mèdes avaient attaqué cette forteresse, mais sans pouvoir la prendre, et Selket, grâce à sa position inexpugnable et à son courage obstiné, réussissait à déjouer tous leurs efforts et à maintenir libre un dernier mais bien petit coin du pays.

« Ne sais-tu rien », demanda Abtyn, « de l'héritier de
» Djem-Shyd et de ses braves?

» — Cette question », répondit le jeune homme, « je l'ai
» faite moi-même depuis longtemps à tel que je croyais
» capable de m'éclairer. Depuis longtemps je voudrais
» apprendre où s'arrête le premier des Iraniens. On m'a
» dit qu'il s'était retiré au delà de la mer sans fin, et qu'il
» se tenait caché sur la cime d'une montagne où il se
» dérobe aux recherches de Koush. »

Le roi s'enquit ensuite du messager, s'il connaissait le chemin du château de Selket. Le Seystany répliqua qu'en trois jours, en partant du lieu où ils étaient, on pouvait s'y rendre, mais qu'il ignorait la route.

« Homme pur », dit en terminant le jeune homme à son

interlocuteur dont il avait deviné la religion et les sentiments, « qui es-tu? je te prie, dis-le-moi.

» — Je suis », répondit Abtyn, « un de ces malheureux
» Iraniens réduits à fuir et à se cacher pour échapper à la
» tyrannie de Zohak.

» — Bien des hommes de l'Iran ont même sort que
» toi, et ce sont les plus illustres. Mais comment se fait-il
» que leur roi, que leur chef évite le combat et consume
» inutilement sa vie dans l'exil? »

Abtyn baissa la tête et garda le silence, puis, après un peu de temps, il recommanda au jeune messager de ne parler à personne de leur rencontre, et lui ayant fait quelques présents, lui dit adieu et se perdit dans la profondeur de la forêt.

Pendant plusieurs jours le roi parcourut le pays, recueillant les bruits populaires et se persuadant que si les Iraniens étaient muets sous la terreur, ils étaient aussi plus hostiles que jamais à la domination étrangère. Quand il eut appris tout ce qu'il lui importait de savoir, Abtyn revint auprès des siens qui l'attendaient en proie à la plus cruelle inquiétude, et, sans hésiter davantage, il recommença la guerre.

Les surprises, les embuscades, les pillages, les victoires, les revers, se succédèrent comme par le passé, et au milieu des angoisses et des joies rapides et poignantes de cette vie de proscrit Férareng mit au monde un fils. Ce fils fut Férydoun. Le Vendidad assure qu'il naquit à Varena. La Chronique du Taberystan prétend que ce fut dans les environs du mont Demawend. Ces deux opinions peuvent être considérées comme concordantes [1].

Il serait trop long, et d'ailleurs inutile pour l'histoire, d'entrer dans tous les détails dont la légende entoure le

---

[1] Un autre auteur, Sehyr-Eddyn, désigne particulièrement le village de Werek dans le Mazenderan. En somme, toutes les traditions s'accordent.

grand événement de la naissance de Férydoun[1]. Des prodiges annoncèrent la venue du Libérateur, et le désignèrent d'abord au respect et à l'adoration de ses parents eux-mêmes et de leurs fidèles. Les soins qu'on prit de lui furent infinis et minutieux. On lui donna deux nourrices iraniennes de race pure, choisies avec soin pour leur beauté, leur force, leur piété et leurs vertus. Pendant trois ans, ces femmes élues prodiguèrent leur lait à l'enfant merveilleux.

A mesure que le petit Férydoun grandissait, les miracles se multipliaient. Des visions augustes se pressant autour d'Abtyn, l'avertissaient impérieusement de veiller sur son fils. Chaque jour on voyait dans l'enfant se manifester la confirmation de ces merveilles, et il eût fallu être bien aveugle pour ne pas s'apercevoir, en le regardant, que le moment était arrivé où les promesses faites à Djem-Shyd par le Dieu suprême allaient se réaliser.

A l'âge où les forces ne sont pas encore venues chez les hommes ordinaires, Férydoun était déjà un héros. A l'âge où chez le commun des êtres la raison s'éveille à peine, Férydoun était un sage. Son père, sa mère, leurs compagnons l'entouraient, comme un jeune Messie, de cette tendresse respectueuse et craintive que les temps primitifs et les grandes époques de troubles, où l'homme est transporté et élevé au-dessus de lui-même, éprouvent seuls. Il faut des géants; il faut du courage, de la passion et de la foi sans mesure pour plier aussi bas la tête avec candeur devant un enfant, et mettre tout son espoir dans une promesse.

Bien que la petite troupe des Iraniens fût convaincue que la puissance des méchants ne pouvait prévaloir contre les destinées réservées à Férydoun, sans cesse elle

[1] La forme ordinaire du nom de Férydoun en zend est « Traëtaono », mais le Yesht-Avan l'appelle « Thryjafno ».

tremblait pour le jeune garçon dans l'existence tumultueuse à laquelle il était associé. Fuir, attaquer, reculer, se cacher, courir les campagnes au hasard, c'était trop exposer le précieux héritier aux résultats douteux des sanglantes rencontres; c'était trop risquer.

On se résolut à confier le trésor de l'Iran à Selket, afin que ce guerrier le retirât dans sa forteresse et lui apprît ce que Férydoun devait savoir pour remplir sa mission. La réputation de bravoure et de sainteté du châtelain était très-grande. Cependant Abtyn, dans sa sollicitude, voulut mieux connaître l'homme avant de lui remettre un dépôt de cette valeur. Il lui députa un de ses affidés, qui lui fit subir un examen complet.

Selket prouva victorieusement qu'aucun des points de la foi pure ne lui était inconnu, et, soit dit en passant, il n'est pas peu curieux de voir avec quelle complaisance l'auteur du Koush-nameh, musulman, soi-disant zélé, écrivant pour un prince seldjoukide, s'étend sur les détails d'une doctrine réprouvée par celle qu'il prétend professer. En mettant dans la bouche d'un guerrier des époques primitives des subtilités qui n'ont pu naître qu'au milieu des écoles théologiques des Sassanides, et en copiant ainsi sans le savoir le goût des historiens grecs et latins pour les discours invraisemblables dont ils font honneur à la faconde de leurs personnages, il prouve très-bien qu'il avait étudié avec amour et conscience les anciennes leçons de ses pères, et c'est un indice de plus avec tant d'autres qui se reproduisent dans tous les temps et encore dans celui-ci, de la sympathie secrète qui, sous le voile du mahométisme, a subsisté et subsiste au cœur de tous les Persans pour la religion de leurs aïeux.

Une fois Selket reconnu digne de la confiance des Iraniens, le petit Férydoun lui fut amené, et il devint le gouverneur et le gardien de l'enfant.

La tradition que je viens de rapporter est celle que donne le Koush-nameh. Mais ce n'est pas la seule qui ait cours sur l'enfance de Férydoun. Les historiens en prose, et principalement l'auteur du Rouzet-Essefa, racontent que le héros naissant fut remis à un berger et nourri par une vache. Le Nasekh-Attewarykh assure que le nom de cette vache était Pormayeh [1]. Ainsi les premières années du Libérateur se seraient écoulées au milieu des troupeaux. Zohak, averti de sa présence, vint lui-même pour le saisir; mais Férareng, appelée ici par corruption Féramek, cacha son fils, et le tyran furieux se vengea en massacrant toutes les vaches.

Il ne faut pas choisir entre les deux récits. Ils contiennent l'un et l'autre des traits empruntés à de très-anciens souvenirs. On se rappelle que les ancêtres directs de Férydoun, les Abtiyans, mentionnaient le taureau dans leurs surnoms, et Abdoullah-Mohammed, fils de Hassan, fils d'Isfendyar, prétend qu'au temps de Férydoun il n'existait pas de chevaux dans la Montagne, et que le prince, ainsi que ses compagnons, chassait et faisait la guerre monté sur un de ces animaux. J'ai déjà parlé ailleurs des « Gaw-Séwarans » ou Chevaucheurs de taureaux, tribu de l'Elbourz au temps où les Abbassides persécutaient les descendants d'Aly. Les détails relatifs à ces usages m'ont été fournis par le Behr-el-Nésab et le Medjalys-el-Moumenyn, « la Mer des généalogies » et « les Entretiens des croyants ». En plaçant les premières années de Férydoun au milieu des troupeaux, le Rouzet-Essefa et les auteurs qui reproduisent les mêmes récits ne disent nullement, du reste, que Selket n'ait pas été son gardien, et ne contredisent pas la version du Koush-nameh. Ils rappellent seulement que le jeune prince et ses amis vi-

[1] Le Borhan-é-Gaté et le Ferheng-Souroury appellent cet animal Peymayoun.

vaient de l'existence pastorale de leurs ancêtres, et à la manière des Arians-Scythes, ce qu'ils expriment aussi en les montrant toujours armés de massues à tête de taureau. Les peintures persanes n'y manquent jamais, et sur les pierres gravées de toutes les époques, à commencer par les cylindres les plus anciens, les taureaux sont un des sujets les plus ordinaires choisis par l'artiste.

Abtyn, après avoir embrassé son fils qu'il ne devait jamais revoir, ne s'occupa plus que de poursuivre ses propres entreprises. Pendant plusieurs années, pendant dix ans, dit le poëte, Koush-Pyldendan, fils de Koush-Héféran et après lui roi des Mèdes et neveu de Zohak, ignora que son adversaire était revenu de Bésila. Comme Abtyn cachait son nom avec soin, les Assyriens trompés mettaient ses attaques sur le compte de quelqu'un de ces aventuriers qui, à l'exemple de Selket, se montraient de temps en temps dans le pays. Enfin, le roi d'Hamadan connut la vérité. La guerre, dès lors, fut poussée par lui avec plus de vigueur. Il invoqua le secours de son oncle le souverain de Ninive, et tandis qu'il se chargeait de faire face aux Scythes de Bésila, accourus au secours d'Abtyn, Zohak lui-même marcha en personne contre le prince iranien.

Le roi mède pénétra dans le Matjyn, tua Béhek après avoir pris sa capitale, puis, malgré l'éloignement et les difficultés d'une longue traversée, franchit la Caspienne, et forçant les défilés qui couvraient la ville où Tyhour s'était réfugié avec ses trésors, mit le siége devant Bésila. Pendant ce temps Zohak, non moins heureux, battait les Iraniens, et bientôt il envoya à son vassal la joyeuse nouvelle qu'Abtyn et deux fils que celui-ci avait encore eus de Férareng, venaient d'être tués dans un combat et leurs têtes apportées à ses pieds.

Le Ninivite triomphait, mais c'était le règne de Férydoun qui commençait et la fin de ses prospérités. Avant de passer au récit de cette nouvelle et grande époque, il est indispensable de comparer tout ce que la tradition persane nous a fourni sur le compte d'Abtyn avec certaines parties des historiens grecs qui, se trouvant avoir de nombreux points de ressemblance avec ce qu'on vient de lire, pourraient bien se rapporter au même sujet. Je m'adresserai à Ctésias.

Cet auteur place en tête de la dynastie médique qui aboutit à Astyage, grand-père de Cyrus, une généalogie ainsi construite :

Cyaxares.	Arbyanès.
Arbas.	Artayos.
Mandakès.	Artynès.
Sosarmès.	Astybaras.
Artykas.	Aspadas ou Astyage [1].

Cette liste, par la répétition des mêmes formes de noms, rappelle assez bien celle des Abtiyans. On peut, sans trop de hardiesse, penser qu'elle a pu avoir même l'intention de les reproduire, car nous les avons vus transcrits de manières bien différentes par les textes asiatiques eux-mêmes : Atwya, Athfyan, Angywan, Iteghyar. Toutes les variantes d'orthographe causées par les confusions de lettres dans les manuscrits sont possibles. Mais ce n'est pas sur ce point que je veux insister. Il y a plus de profit à rapprocher les faits.

Au temps d'Artayos, continue Ctésias, une grande guerre s'engagea entre les Mèdes et les Scythes-Caduses. On se souvient que ces dernières tribus avaient leurs demeures entre l'Iran et la Médie. Un Perse, nommé Parsondès, se révolta contre les Mèdes, dont il était le sujet, et s'unit à leurs ennemis, qui le reconnurent pour leur souverain.

Afin de bien comprendre le sens de ce morceau, il faut

[1] CTÉSIAS, IV, 32, 33, 34. — DIOD. SIC., II, 32, 33.

se placer à l'époque et dans le milieu où Ctésias a recueilli les éléments de son ouvrage. Il était à Suse, et l'on considérait alors comme ayant été Mède tout ce qui appartenait au passé de la nation gouvernée par les Achéménides. Ce qui n'avait pas été Mède étant toutefois Iranien, avait été Perse, puisque les Perses, anciens vassaux, avaient fini par arracher l'empire à leurs maîtres. Ainsi le chef insurgé contre les Mèdes ayant été un Iranien, avait nécessairement, dans les idées telles qu'on les concevait à Suse, au milieu des populations méridionales, été un Perse, et Ctésias devait considérer cette façon de déterminer la nationalité exacte du rebelle Parsondès comme d'autant plus exacte que, pour lui Grec, le nom d'Iranien ne se pouvait rendre que par le mot Perse.

Ceci posé, l'alliance de Parsondès avec les Scythes-Caduses représente bien celle d'Abtyn avec le roi scythe du Ghylan.

Puis, Parsondès est reconnu comme souverain par les Scythes. De même on a vu Abtyn exercer l'autorité sur les armées unies de Zybay et de Bésila et les mener contre les Mèdes de Koush-Héféran.

A dater du jour où les Scythes-Caduses se trouvent sous la conduite de Parsondès et de ses successeurs, ils deviennent forts et puissants. Ils désolent la Médie, assure toujours Ctésias, par des incursions perpétuelles, et cet état de choses se prolonge jusqu'au temps de Cyrus.

Voilà, en vérité, le tableau exact de ce que nous venons de voir commencer, et qui va continuer, en effet, jusqu'à l'avénement de Key-Khosrou ou Cyrus. C'est l'antagonisme bien marqué, bien violent de la Médie d'une part, et de l'autre des Scythes du Ghylan, associés aux Iraniens du Kohistan de Rey, sous la conduite d'Abtyn.

Puis Ctésias ajoute que sous Astybaras les Parthes étaient en insurrection contre les Mèdes. C'est, avec plus de précision encore, la guerre de l'Iran proprement dit, des peuples purs de la Montagne contre la dynastie médo-ninivite.

Afin de soutenir leur résistance, poursuit l'auteur grec, les Parthes s'unirent aux Scythes, qui vinrent occuper leur pays.

Voilà une nouvelle phase des mêmes événements; seulement il ne s'agit plus ici des Scythes-Caduses, mais des Scythes-Saces, qui, venant du nord, représentent les peuples de Bésila, les cavaliers de Tyhour.

Ces Scythes-Saces, accourus au secours des Parthes, sont commandés par une reine appelée Zeryna. C'est le mot persan « zeryneh », qui signifie « d'or », « de couleur d'or », l'équivalent du nom de la fille de Tyhour, de l'épouse d'Abtyn, de la mère de Férydoun, Férareng, c'est-à-dire « de couleur splendide, brillante, éclatante comme l'or. »

Ainsi ce que raconte la tradition iranienne venue jusqu'à nous, d'une alliance des habitants de la Montagne avec les Scythes du Nord, fortifiée par un mariage, a été raconté de même à Suse au médecin d'Artaxerxès, car, suivant ce que rapporte celui-ci, Zeryna épousa le roi des Parthes, ce qui ne signifie pas autre chose sinon que Férareng avait épousé Abtyn. Seulement, de même que dans la première partie du récit Abtyn était représenté par Parsondès, son Sosie est ici un prince nommé Mermer, et c'est ainsi que se retrouve ce nom asiatique de Mermer, Mermeros, déjà produit chez les Grecs par la légende de Médée, et que j'avais annoncé plus haut comme devant reparaître.

Il est vrai qu'il nous est donné par un auteur hellénique, mais il n'est pas perdu pourtant d'une manière complète pour les écrivains asiatiques. On le voit aussi dans le Heya-el-Molouk. L'auteur rapporte que des héros d'un âge postérieur à celui dont il est ici question, Roustem et Barzou, fils de Sohrab, s'étaient enfin réunis après une longue séparation. Il dépeint la joie que cet événement avait fait naître parmi les populations du Seystan, fief de Roustem, et chez tous les guerriers de l'empire, puis il ajoute : « On vit alors arriver, pour partager le » bonheur du vieux champion embrassant son petit-fils, » tous les paladins de l'Iran, Gonderz, Gyw, Bijen, et les » descendants des rois, comme Mermer, et Lehwas, et » Koustehem, et tous les grands chefs. »

Le Heya-el-Molouk n'explique pas pourquoi il donne à Mermer le titre si considérable de « descendant des rois ». On pourrait n'y voir qu'une exagération de style, si le texte de Ctésias n'était là pour nous mieux renseigner. Grâce à l'auteur grec, nous savons qu'il s'agit d'un personnage éminent et qui tenait une grande place parmi les puissances de la Montagne, pays des paladins qui viennent d'être nommés et qui l'entourent. D'autre part, le texte du Heya-el-Molouk montre le prix qu'il faut attacher à celui de Ctésias. En conséquence, on ne saurait laisser de côté un autre récit relatif à Zeryna ; c'est encore le médecin grec qui le donne, la tradition iranienne ne me l'a pas fait rencontrer.

Au temps où Zeryna était devenue la femme de Mermer, elle prit part à ses côtés à un combat livré par les Parthes contre les Perses, et dans l'action elle déploya le plus grand courage.

Il faut encore remarquer ici que le mot Perses, employé à Suse par les traditionistes qu'écoutait Ctésias, signifie « Mèdes », puisque c'était avec les Mèdes que les Parthes étaient en guerre, ainsi que Ctésias l'a dit lui-même plus haut.

Les Parthes ayant cependant eu le dessous, Zeryna s'enfuyait avec les siens, quand, tout à coup blessée, elle fut saisie par le roi Stranghiæos ou Striaglios, qui allait la tuer, lorsque, touché de sa beauté et de ses supplications, il lui rendit la liberté.

Peu de temps après, le vainqueur, vaincu à son tour, devint le captif de Mermer, et celui-ci voulut le mettre à mort. Zeryna représenta à son mari la générosité dont Stranghiæos avait naguère usé envers elle et insista pour obtenir sa grâce. Mermer ne voulut rien entendre ; alors Zeryna le tua lui-même et épousa le prisonnier, lui apportant en dot le royaume des Parthes.

Ce récit a beaucoup de mérite à mes yeux. En faisant la part des erreurs que Ctésias a pu y introduire de son cru, en ajoutant encore à cette part ce qui appartient au goût romanesque du rhéteur Démétrius et de l'Anonyme qui nous ont transmis la rédaction venue jusqu'à nous, car ce fragment, perdu dans l'original, ne nous arrive que de seconde et de troisième main, on y voit assez bien comment les légendes se composent.

Si Zeryna a tué son mari, les Iraniens ont voulu que ce fût par générosité. Les Mèdes ont voulu que ce fût un Mède qui ait été distingué par elle et qui soit devenu la souche des rois. Les Perses n'ont pas été fâchés de laisser croire, de croire eux-mêmes que ce Mède était un des leurs. Mais les Iraniens proprement dits, les insurgés de la Montagne, n'avaient aucune raison de mettre soit un Mède, soit un Perse, au milieu de la lignée de leurs souverains, et plus tard ils purent trouver peu louable une action comme celle dont leurs nouveaux compatriotes, leurs vaincus devenus leurs maîtres, les Mèdes, puis les Perses, avaient quelque sujet de faire honneur à une femme dont ceux-ci voulaient prendre pour eux la gloire ; quant à eux, Iraniens, qui prétendaient que le caractère de Zeryna ou Férareng restât absolument idéal et la conduite sans ombre, ils rejetèrent cette tradition, et c'est peut-être un des motifs qui ont contribué à leur faire écarter le plus possible le nom de Mermer de leur chronique, tout en le reconnaissant pour appartenir à la race souveraine.

Mais il est visible aussi que ce qui se passait dans la Parthyène, dans la Montagne, allait être un jour matière de grande considération de la part des contrées conquises par les peuples de ce pays, qui formèrent graduellement un empire dont la suprématie passa des vainqueurs aux vaincus, puis de ceux-ci à leurs vassaux. La religion étant devenue commune, la tradition et l'histoire le devinrent également, et l'esprit national tendit à effacer les traces les plus saillantes de dissentiments qui ne tournaient pas toujours à un égal honneur pour les différentes provinces désormais réunies, mais jadis contendantes.

Puis, graduellement, quand la Montagne ne fut plus qu'un territoire lointain, d'importance médiocre relativement à la Médie, bien autrement riche, glorieuse et civilisée, il s'entendit de soi que les faits illustres de l'histoire de l'empire avaient dû se passer au profit de la Médie, que la Médie avait toujours été ce qu'on la voyait être depuis des siècles déjà, et que les hommes sublimes, les fondateurs de l'État, les héros de la religion, étant des Iraniens, avaient été des Iraniens-Mèdes et non pas des Iraniens-Parthes, gens grossiers qui n'étaient plus en situation de réclamer leur gloire. La spoliation dans ce genre fut poussée si loin qu'il arriva même un moment, à la vérité tardif et seulement sous les Sassanides, où il fut convenu par la science d'alors, que l'Ayryana-Vaëja avait été situé dans le nord de la Médie [1].

Suivant cette façon de comprendre les choses, les Abtiyans devinrent des rois mèdes, et on les intercala tant bien que mal dans les généalogies royales. Comme l'ef-

[1] Lassen, ouvr. cité, t. 1, p. 6.

fort était violent et que les traditions déjà peu sûres n'y gagnaient pas en cohésion, elles se démembrèrent, et en même temps des parties qui en étaient distinctes se fondirent avec elles. L'unique Abtyn se sépara en deux personnages, qui furent Parsondès et Mermer, ou bien encore, car ce serait manquer de raison que de prétendre ici sortir du vague et faire plus que de chercher à expliquer des procédés de composition, les Iraniens, venant après les Mèdes, reprirent dans la Montagne leur tradition primitive, la résumèrent, la resserrèrent, et, à la place de plusieurs princes successifs, firent d'un prince unique le héros époux de Zeryna ou Férareng, que sa renommée recommanda pour remplir le personnage plus ou moins vrai de la mère de Férydoun.

Ctésias n'est pas le seul des Grecs qui ait conservé la mémoire de l'insurrection et des succès d'Abtyn. Diodore de Sicile, qui puisait aux mêmes sources que lui et peut-être à d'autres encore, rapporte qu'un certain Mède, homme magnanime et brave, nommé Arbaces, commandait les troupes de sa nation en garnison à Ninive [1]. Il fut encouragé par un devin chaldéen, célèbre parmi les prêtres de Babylone et appelé Bélésys, à renverser l'empire que gouvernait alors Sardanapale.

Arbaces, séduit par la perspective d'une couronne que les astres lui garantissaient, commença à pratiquer des intelligences avec les hommes disposés à le servir. Il fit si bien, que non-seulement il détermina les Mèdes et les Perses à la révolte, mais entraîna même les Babyloniens et les Arabes, promettant à tous les peuples la liberté.

Sardanapale, averti de ce qui se passait, marcha au-devant des rebelles, les battit, et força leurs bandes à s'enfuir dans des montagnes situées à soixante-dix stades de Ninive. La tête d'Arbaces fut mise à prix, et le roi

[1] Diod. Sic., II, 28.

ninivite fit savoir partout que celui qui pourrait lui amener le rebelle vivant, non-seulement recevrait les deux cents talents d'or qui avaient été promis, mais en aurait le double, et en outre la principauté du pays mède. Personne ne se présenta pour gagner une si riche récompense; le monarque se mit donc à la poursuite des fugitifs. Un nouveau combat eut lieu, dans lequel beaucoup des partisans d'Arbaces furent tués, et le reste se cacha dans les rochers.

Abattu par ces défaites successives, Arbaces réunit ses amis et les consulta. La majorité opina pour qu'on eût à retourner en Médie et à s'y défendre de son mieux dans des lieux forts; mais Bélésys, insistant sur les signes mystérieux de la volonté divine qu'il était en son pouvoir de connaître, garantit un heureux événement, et décida ses compagnons à tenter encore le sort des armes.

Une nouvelle épreuve ne fut pas plus favorable que les précédentes. Sardanapale s'empara du camp des insurgés, et les poursuivit jusqu'aux frontières de la Babylonie. Arbaces lui-même, combattant avec intrépidité, fut blessé par les Assyriens et contraint de se retirer.

Il n'y avait plus moyen de tenir, toute espérance était perdue; les chefs résolurent d'abandonner l'entreprise et de se disperser pour rentrer chacun dans leur pays. Mais Bélésys, plus ferme, avait passé la nuit à observer les astres, et il y lut des choses si consolantes, que le matin il annonça un changement complet des affaires et une victoire décisive, si seulement on consentait à persévérer encore cinq jours. Il appuya son dire de serments solennels, et insista pour qu'on lui donnât satisfaction. Les cinq jours furent accordés.

Soudain la nouvelle arriva que des troupes nombreuses se montraient au loin; elles étaient envoyées au secours de Sardanapale par le roi de la Bactriane. Arbaces essaya de gagner ces auxiliaires par l'espérance de liberté qui lui avait valu ses autres amis, et il réussit.

Si je poussais plus loin l'exposition du texte de Diodore, j'empiéterais plus que je ne le fais déjà sur le règne de Férydoun. Il me paraît visible que les sources où a puisé l'historien, si toutefois il n'a pas fait autre chose que répéter le texte perdu de Ctésias dont Athénée a conservé un fragment en le mêlant à la version de Duris, ont fait une seule personne d'Abtyn et de son fils, et dans la durée d'un seul règne ont renfermé l'attaque et la ruine de l'empire de l'Assyrie. Je me bornerai donc à donner ce qui a évidemment rapport à Abtyn. Sous le nom d'Arbaces, sous le titre d'un officier au service du roi ninivite, on retrouve l'ensemble des aventures du descendant de Djem-Shyd. On doit mettre à part quelques-unes des circonstances qui viennent d'être racontées et qui s'appliquent assez bien à Férydoun, ainsi qu'on le verra plus tard. Tout ce que je prétends ici, ce n'est pas établir une analogie parfaite dans les narrations : cette exactitude n'existe pas ; mais je cherche à relever et à rapprocher des rédactions assez ressemblantes de faits identiques que la légende persane a conservés d'une façon tandis que les Grecs les ont exposés d'une autre, et à bien déterminer qu'en réalité ce sont les mêmes actions qui servent de texte aux deux légendes. Avec leurs personnages distincts, leurs époques et leurs attributions complétement indépendantes, les traditions persanes appartiennent au groupe d'événements auxquels s'attachent et Parsondès, et Mermer, et Zeryna, et Stranghiæos. Il ne serait pas impossible que le vieux guerrier iranien Selket, si instruit dans la Loi pure, et qui devint, après avoir été signalé longtemps comme un des plus fermes soutiens de la résistance contre les Assyriens, le gouverneur de Férydoun enfant, il ne serait pas impossible, dis-je, que ce personnage ait été travesti, avec le temps, sous la robe assyrienne du savant Bélésys, prêtre d'une naissance illustre, suivant Diodore, prince des Chaldéens, suivant Ctésias, dans tous les cas très-habile dans les connaissances astrologiques, et qui joue comme conseiller un rôle déterminant dans l'histoire de l'insurrection d'Arbaces.

Ce qui me semble, malgré les apparences chronologiques, déterminer le mieux l'identité du récit de Diodore avec ce que les Orientaux nous apprennent de l'insurrection iranienne, c'est avant tout l'apparition des Bactriens, c'est-à-dire des Iraniens, dans toute cette période. Il serait difficile de faire remonter une intervention victorieuse des peuples de la Loi pure dans les affaires ninivites à l'époque du premier empire ; un tel fait ne saurait non plus trouver place après l'avénement de Férydoun ; par conséquent il faut le reporter au temps d'Abtyn.

LIVRE DEUXIÈME.

TROISIÈME FORMATION DE L'IRAN.

CHAPITRE Ier.

FAÇON DE COMPRENDRE L'HISTOIRE IRANIENNE ET SES SOURCES.

L'histoire a ce rapport avec les autres productions de l'art, que le commun des hommes s'imagine y trouver une représentation servile de la nature, un décalque en quelque façon mécanique des faits qui se sont accomplis. Suivant cette notion, tout ce qui n'est pas vrai d'une vérité définie et directe, tout ce qui n'est pas procès-verbal n'est pas de l'histoire; et ce qu'on appelle la dignité de l'histoire se renferme dans la poursuite de l'exposition châtiée de ce genre de réalité.

Il n'y a pas à nier que ce serait un grand avantage que de posséder avec un détail minutieux le compte rendu de ce que les hommes ont fait ou essayé sur la terre, de ce qu'ils y ont pensé et dit depuis qu'ils y sont. Mais les magistrats savent très-bien que malgré la présence presque matérielle des délits dont ils ont connaissance, malgré le concours de témoins oculaires en nombre plus ou moins considérable et dont la mémoire n'a pas eu le temps de se troubler, malgré le secours de certains points irrécusables qui, servant de jalons, conduisent la conviction d'une démonstration à une autre, de telle sorte qu'il semble inadmissible qu'elle s'égare, les magistrats, dis-je, savent très-bien que s'il leur est loisible de prétendre à dégager une vérité suffisamment vraie, il s'en faut pourtant que l'erreur soit absolument écartée des résultats qu'ils obtiennent, et que la sincérité des choses leur parvienne à l'état pur. S'il en est ainsi pour les travaux de la recherche judiciaire armée de tout ce qu'on imagine de plus propre à faciliter sa tâche et à la rendre parfaite, on ne s'étonnera pas que les livres historiques conçus d'après cette méthode et qui, traitant des époques les plus rapprochées de nous, ne manquent ni de pièces probantes, ni de mémoires publics ou privés, ni même de traditions orales livrées par les bouches les plus véridiques, n'aient cependant pas évité le cri d'un long cortége de réfutations. On a critiqué non-seulement leur façon de décider des intentions, mais l'authenticité même de ce qu'ils croyaient évident. Là, où ils se considéraient comme inattaquables, on leur a montré la faiblesse de leur défense. On leur a reproché de brûler sans justice ce qui était adorable et d'adorer ce qu'il fallait brûler. C'est qu'en effet il n'est pas possible à un système tel que le leur d'arriver au but qu'il poursuit, attendu que ce but est hors de toute atteinte. Les auteurs ont exactement vu, je le veux croire, et bien rendu, je le confesse. Ils ont ressenti à un haut degré l'amour de l'équité, je n'en doute pas. Et en définitive, dans leurs plus complets triomphes, à quoi ont-ils réussi? A dessiner des profils; mais tout ce qui de la figure dressée devant eux ne s'est pas trouvé compris dans le trait copié en a été naturellement exclu, et l'œuvre de la ressemblance est restée incomplète, partant fausse. Beaucoup manquait, le principal assurément, pour tous ceux qui avaient considéré les mêmes objets sous un autre angle.

L'esprit étant petit n'embrasse guère; il croit prendre l'essentiel dans l'amas placé pêle-mêle devant lui et dont il voudrait pourtant ne rien laisser perdre. Il regarde de son mieux, mais avec les yeux que la nature lui a faits, que son tempérament a troublés, que ses habitudes ont dérangés, que ses préventions ont obscurcis. Quoi qu'il en ait, et souvent sans le croire, il regarde avec une intention bien arrêtée de voir telle chose et non telle autre, qui cependant est tout aussi bien devant lui.

Tite-Live n'a qu'une vision, la grandeur romaine; il méprise ce qui pourrait contredire chez lui cette conviction. Si par hasard, à côté des grandes idées et des vertus superbes, il aperçoit les grands vices et les misères d'une société brutale, il se refuse à en calculer la somme, et sauve, bon gré mal gré, la magnificence de ses tableaux. Il fait mention des taches, mais comme d'accidents, et l'ensemble de son panégyrique ne veut pas en être altéré. Tacite se garderait bien de montrer en opposition aux horreurs de la cour impériale le trait atténuant de ces temps nouveaux. Il ne dit rien de l'adoucissement des mœurs dans la masse des populations, de l'administration plus régulière, partant moins oppressive, de l'instinct religieux plus approfondi, rêvant quelque chose de supérieur à l'observation pointilleuse des rituels; il ne veut accorder au christianisme naissant qu'un regard de réprobation et de haine; soupant chez les consuls, faisant de la littérature avec les Pline, enveloppé dans toutes les élégances, n'ayant entrevu qu'au passage des livres les bœufs, les charrues, les fumiers de Caton et les boucliers mamertins, il joue au Romain antique; c'est un idéal dont il hausse son cœur; mais ce n'est pas faire de l'histoire, autant du moins qu'il le suppose.

A des époques moins éloignées de nous et au sein de nos pays même, nous trouvons que des causes semblables amènent de pareils effets. Aux premières périodes du moyen âge, l'ascétisme des cloîtres rend les historiens religieux outrageusement sévères aux ambitions terrestres. Les hommes d'État, les gens de guerre, leur semblent de pauvres égarés donnant des soins à des intérêts sans valeur, et qui feraient mieux de n'écouter que la voix suprême de la solitude. Les affaires du monde sont mesquines et misérables, nourricières de mauvaises passions, et comme il est bon et méritoire de le prouver, les pieux annalistes s'attachent complaisamment à noircir des plus tristes couleurs ce qui ne s'est pas accompli dans les cloîtres. Dénigrant cette société qui se forme et aveugles pour ses mérites, ils ont forgé les armes cruelles dont les écrivains du dernier siècle ont meurtri la mémoire des chevaliers. Ainsi les pages d'Orderic Vital ne sont pas moins partiales que celles du gendre d'Agrippa. Plus tard, on a vu les simples chroniqueurs, bonnes gens, uniquement occupés à regarder à leurs pieds, ne se proposer comme sujets de leurs livres que l'éloge des belles récoltes, l'apparition des météores, les ravages des grandes pluies et des inondations, ou encore, avec un plaisir non dissimulé, les dépenses notables faites à l'entrée des personnages illustres dans leurs villes. Ceux-là ont eu maintes occasions de se tromper sur les dates, d'exagérer les événements; ils ont observé des squelettes et non des êtres vivants; ils ont fait plus que de se méprendre, ils n'ont pas vu.

L'inconvénient le plus saisissant de ce procédé, car bien qu'avec des formes différentes c'est toujours le résultat d'un même genre de conception, consiste à laisser perdre dans l'oubli beaucoup de faits que des appréciations exactes de l'ensemble auraient pu seules conserver et qu'il importerait fort de connaître. On a un plan, et ce qui en sort, traité comme non avenu, retombe dans le néant et ne laisse nulle trace. Dès lors on est en droit de dire, sans injustice, que les historiens contribuent au moins autant à mutiler, à défigurer, à ruiner les annales humaines, que les archéologues et les savants, sous prétexte d'étude et d'amour de l'art, réussissent à mutiler et à détruire plus

CHAP. Ier. — L'HISTOIRE IRANIENNE ET SES SOURCES. 245

de monuments que des siècles d'abandon n'en auraient entamé. Ce qui s'appelle historien, et qui écrit pour prouver, laisse ce qu'il prouve dévorer ce qui démontrait le contraire; celui qui écrit pour raconter rejette ce qui trouble la beauté, la force, la grandeur ou la douceur de son récit; il n'hésite pas, s'il le faut, à faire gagner à Pompée la bataille de Pharsale; celui qui écrit pour être vrai et qui confond l'idée du vrai tantôt avec celle du possible, tantôt avec celle du digne ou du convenable, se fait un mérite de repousser comme fable ce qu'il comprend mal ou ce qui le scandalise.

L'homme ne ment pas. Il ne cherche pas volontairement, sciemment, à travestir les faits. Mais il s'abuse aisément sur leur caractère, sur leur nature, sur leur portée, et il introduit ainsi cet élément réfractaire que ni les écrivains philosophes, ni même les conteurs, ni même les chroniqueurs, ne réussissent à dompter. L'homme s'abuse encore sur l'enchaînement de ces mêmes faits que déjà il juge si médiocrement; il méconnaît leurs rapports, leurs liens généalogiques; du fils il fait le père, et du frère la sœur. Il oublie la date de leur naissance, et la transpose; il ignore leur nationalité, et ce qui s'est passé en Chine il le met sans malice au Japon. Si Masséna fait une réponse frappante, avant peu d'années la mémoire publique l'aura attribuée à Soult ou à Junot, d'où elle deviendra plus tard l'honneur de quelque général d'Afrique; et s'il s'agit d'une époque extrêmement reculée, les proportions s'exagèrent d'une telle manière que des hommes grands et forts deviennent des géants, des esprits subtils des enchanteurs, des cavaliers hardis des centaures, des rois des dieux, et autres transformations semblables. Qu'on vienne ensuite à examiner avec scrupule les affirmations de ce genre, on les rejette en les qualifiant d'inepties; on tombe dans la banalité, qui se tire d'affaire en dénonçant l'imposture des pontifes, la perfidie des hommes d'État, les folles imaginations des poëtes; à un degré d'examen plus élevé, on se perd dans les steppes de l'évhémérisme; on raconte mal, on reproduit imparfaitement, sous prétexte de placer les choses dans leur jour véritable, qui n'est autre que celui de la lampe dont le critique a composé d'avance la lumière, et par ces voies diverses on arrive à des résultats dissemblables sans doute, mais en définitive également faux, trompeurs, destinés à être reconnus pour tels dans un temps donné, et qui font comprendre pourquoi on a pu dire avec vérité que l'histoire se refait tous les cinquante ans fort différente de ce qu'elle était d'abord. Aujourd'hui nous sommes si bien convertis à cette évidence, que personne ne s'accorde plus sur le véritable sens, pas même sur les événements, encore bien moins sur les personnages de la Grèce, de Rome, du moyen âge, de l'Orient, des temps modernes. Il est certain que Boulainvilliers a été un penseur trop systématiquement inexact en invectivant pour la noblesse; mais Augustin Thierry, de son côté, en voyant matière à pamphlet dans l'héroïsme normand conquérant de l'Angleterre, n'a produit que des plaidoyers en faveur du tiers état.

Au-dessus de cette confusion générale des notions et des systèmes, une œuvre bien célèbre et fort ancienne survit toujours. Elle échappe mieux que ce qu'on a fait depuis à tout reproche, et se maintenant par cette cause, non moins que par son antiquité, sur une sorte de piédestal, elle sert à montrer, du moins en partie, ce que l'on doit faire et les moyens à choisir pour composer, pour conserver, autant que cela est possible à l'homme, un portrait quelque peu sincère et ressemblant d'une époque, d'un pays ou d'une civilisation. Cette œuvre, née de circonstances assez particulières et très-favorables à sa production, n'a pas été certainement la seule du même genre,

mais elle reste, et les autres ont péri. Je veux parler des
« Muses » d'Hérodote.

L'auteur était un Grec, mais un Grec d'Ionie. Rien ne
le renfermait dans le cercle étroit des idées où le devoir
patriotique parquait les citoyens des petites villes de l'Hellade. Il connaissait sans doute la distinction entre Grec
et Barbare; mais la seconde de ces qualifications indiquait surtout pour lui un étranger, et dans sa conscience
il ne la trouvait pas injurieuse. Il ne s'étonnait pas, il ne
s'indignait pas à la pensée qu'on pût trouver en Égypte,
chez les Perses, chez les Scythes, chez les Éthiopiens,
même au delà de l'Imaüs, des sciences, des arts, des dogmes vénérables, des mœurs dignes d'être admirées, des
vertus valant qu'on les enviât. Placé par la grandeur de
sa naissance dans la familiarité des affaires, habitué par
les révolutions à savoir que l'art du gouvernement ne se
contente pas d'une seule forme, instruit par l'exil à réfléchir sur les débilités aussi bien que sur les violences des
partis, et, par-dessus tout, doué d'une âme assez forte
et d'une intelligence assez fine pour élaborer ses expériences en matière solide et précieuse, le voyageur d'Halicarnasse était armé comme il le fallait et traversa avec la
dignité d'un témoin compétent le vaste théâtre qui lui
fut ouvert, et dont il reproduisit les peintures dans des
pages que le monde ne cessera jamais d'admirer.

Les vainqueurs de Marathon et de Platée l'intéressaient
sans doute en première ligne. Il écrivait surtout pour leurs
fils. Mais les colonies grecques de l'Asie ne lui tenaient
guère moins à cœur; il leur appartenait par la naissance,
et comme la plupart de celles-ci vivaient sous la loi des
Perses, soit à titre d'alliées, soit à titre de sujettes ou de
protégées, que dans les guerres médiques elles avaient,
bon gré mal gré, avec plus ou moins d'énergie, défendu
des drapeaux dont leur vanité nationale leur faisait chérir

l'abaissement; comme beaucoup de choses étaient à apprécier, à ménager, à reconnaître, à mettre au jour (dans un jour parfois douteux) au sein d'une situation si complexe, il se trouva que l'ouvrage d'Hérodote ne pouvait pas être un simple chant de triomphe, ni un panégyrique déclamé très-haut à l'adresse d'un vainqueur. En dehors de ce thème principal, il restait beaucoup de griefs mutuels à indiquer, beaucoup de situations fausses à justifier; de là sortit cette exposition superbe, peinte de couleurs si diverses, qui, partant de la guerre de Troie et de l'enlèvement d'Hélène, conduit jusqu'à la victoire définitive des Athéniens, en recueillant sur la route tout ce qu'il était possible de savoir de l'univers d'alors; car les Grecs tenaient à l'occident de l'Europe, les colonies de l'Euxin ne vivaient que du commerce de la Scythie, et l'immense monarchie des Achéménides étendait ses longs bras aussi bien jusqu'à l'Inde que, par les relations de ses annexes, par delà Calpé et Abyla.

Qu'Hérodote eût été un des fils de l'Attique, issu d'une race d'Eupatrides pleine des traditions d'Harmodius, son œuvre aurait nécessairement perdu en étendue, en caractère, en profondeur. Nous eussions été mieux initiés aux causes de la haine vouée par tout citoyen à la mémoire d'Hipparque. Nous eussions connu le détail et le menu des intrigues du tyran avec les satrapes. Des opinions colères sur la conduite des rois de la Macédoine et des Thessaliens, des insinuations perfides contre les Spartiates, l'exposé des fluctuations de l'Agora, un parti pris pour ou contre Thémistocle, en un mot une image anticipée de la manière de Thucydide, voilà ce que nous aurions eu, et avec plus de sentiment politique et infiniment moins d'appréciation purement humaine. L'auteur, principalement intéressé par les choses d'État, leurs déve-

CHAP. Ier. — L'HISTOIRE IRANIENNE ET SES SOURCES. 249

loppements, leurs sources, leurs fins, se serait gardé de nous dire comment les Perses s'habillaient, comment les Indiens se nourrissaient, ce que savaient les prêtres de l'Égypte ; il se serait interdit de nous rapporter les fables, il nous aurait privés de la représentation si vive des existences de tant de peuples ; nous posséderions un mémoire de plus sur des combinaisons d'intérêts locaux que leur nature même rend toujours à peu près semblables dans tous les temps et dans tous les lieux ; nous eussions perdu le plus complet peut-être des documents qui ont pu jusqu'ici aider l'homme à retrouver l'homme dans le passé.

Hérodote n'est pas un écrivain sans défaut, assurément, il n'en existe pas de tels. Je viens de le témoigner déjà : il était moins spécial que Thucydide. Plût au ciel qu'il eût été plus crédule et plus superstitieux encore qu'on ne le lui a reproché, il nous eût raconté plus de mythes, fait connaître plus de croyances. Il avait la déduction courte, défaut commun des anciennes générations ; mais, ceci avoué, il a possédé cette qualité suprême, don des poëtes et des philosophes, si rare chez les historiens, que rien de ce qui est humain ne l'a laissé froid. Il s'est peu occupé des théories, des doctrines, des faits généraux, et il a eu tort ; mais avec raison il leur a préféré la connaissance, l'étude, l'exposition de l'homme même, sous quelque climat, ou loi, ou nationalité qu'il l'ait rencontré. Il a dû à cette poignante sympathie pour l'individu, soit Grec, soit Barbare, d'apprendre à estimer, d'aimer à rassembler un nombre d'indices épars que leur nature un peu fantasque, souvent frivole d'apparence, eût certainement fait mépriser par les annalistes que l'on considère comme les plus corrects, les plus vraiment sérieux ; mais chaque jour nous apprenons à revenir sur de pareils dédains.

Hérodote est un Asiatique. Il l'est plus qu'il n'est Grec. Comme tel il aime les détails. La vérité absolue l'attache moins que l'intérêt du récit. La vérité, si l'on pouvait la dégager, si l'on pouvait être sûr de la tenir, de la reconnaître, de la présenter telle qu'elle est, comme elle est, aussi grande qu'elle est, ferait l'histoire à elle seule, et devant son rayonnement il n'y aurait besoin ni d'art ni de mérite pour captiver l'attention. Mais c'est précisément elle qui ne s'atteint, qui ne se saisit, qui ne s'embrasse pas. Je l'ai assez dit. On se voit donc obligé de tendre péniblement vers elle par bien des moyens différents, et sans y songer peut-être, et peut-être uniquement parce qu'il y songeait moins, Hérodote a découvert la ressource qui en procure et en fixe la partie la plus notable, la plus indispensable.

Un fait existe de deux manières, et en lui-même et par l'impression qu'il produit, ce qui amène la façon dont il est jugé. Si je ne puis m'emparer tout à fait de son corps, je puis le plus souvent appréhender telles de ses projections ou l'ensemble même des projections, qui me permet de conclure assez bien à ce que le fait a été; et si, par un malheur, je ne réussis pas non plus à percevoir une réfraction bien claire de la réalité, il me restera encore l'opinion exprimée, soit par les contemporains, soit par telle des générations suivantes, sur ce fait échappé sans remède à mon appréciation directe. Par là j'aurai toujours de l'histoire, par là j'aurai toujours une vérité; je connaîtrai la nature d'idées d'une des générations dont je parle, sa façon de déterminer les actes contemporains ou antérieurs; je contemplerai son esprit, je me trouverai en droit d'avoir un avis sur son tempérament.

Lorsque François Ier est fait prisonnier à Pavie, on raconte dans tout le royaume qu'il a prononcé cette parole : « Tout est perdu, fors l'honneur! » La critique, plus tard, découvre qu'il n'a rien dit de pareil, qu'il a dit tout le contraire ou l'a écrit. Un homme placé dans une situation critique et dont l'esprit cruellement ballotté monte et descend sous l'action de passions contraires, peut aisément se démentir dans l'espace d'une heure. Mais de ce que la nation entière, à la nouvelle d'un désastre qui la frappait à l'endroit le plus sensible du cœur, trouvait pour formuler son impression dominante ce mot qu'elle prêtait à son souverain, à son représentant, à l'être dans lequel elle s'incarnait, il résulte certainement que le sentiment exprimé de la sorte a un caractère parfaitement, complétement historique, et aussi vrai que s'il était absolument incontestable que François Ier eût dit le mot qu'on lui a prêté. S'il ne l'a pas dit, tant pis pour le prince, et d'autant plus tant pis que tout le monde l'a répété à sa place, croyant qu'il l'avait dit, parce qu'au point de vue des idées d'alors, pour être de son époque et de son pays, il le devait faire. Si donc un historien, doutant des circonstances matérielles de l'anecdote, la supprime, il a tort : il mutile le portrait du temps dont il s'occupe; il est peut-être positivement vrai, certainement il est moralement faux. C'est en évitant un tort si grave qu'Hérodote a enregistré beaucoup de légendes peu probables, mais que l'opinion du milieu dans lequel il les recueillait tenait pour authentiques. Cette opinion, ce milieu, n'avaient pas d'autre façon de représenter des réalités obscurcies qui pourtant avaient existé dans une forme quelconque. Il faut donc louer l'historien de n'avoir pas épilogué sur la possibilité ou l'impossibilité de la tradition. Grâce à sa candeur, il a sauvé trois choses : la mémoire d'un fait quelconque devenu trop fruste pour être bien reconnu, et, toutefois, certain ; puis l'impression produite par ce fait, qui, telle quelle, avait conservé de lui une image ; en dernier lieu, la façon dont les peuples avaient conçu, formé et coloré cette image, ce qui permettait de conclure sur leur propre tempérament.

Hérodote était Asiatique. C'est en cette qualité qu'il introduit très-bien à l'étude des annalistes asiatiques. Ceux-ci n'ont pas les mêmes conditions de style que lui ; ils n'ont pas, du moins pour la plupart, le vif sentiment de la vie et de la réalité supérieure qui fait la meilleure partie de son charme ; cependant, ils possèdent l'essence précieuse de ce qu'on peut appeler sa manière : j'entends son absolu désintéressement dans les faits qu'il rapporte et dont le principal mérite à ses yeux est d'avoir été vus par lui, lus par lui, ou à lui racontés dans ses voyages. Quant à la valeur intrinsèque de ces faits, il n'en décide que faiblement ; croyant tout, il ne se passionne guère, et c'est précisément ainsi que se présentent les meilleurs narrateurs orientaux. Ce qu'on leur donne leur plaît, les amuse extrêmement, et ils le livrent. Leur bonne volonté de le rendre tel qu'ils l'ont reçu est si grande, que d'ordinaire ils n'hésitent pas à enregistrer les différentes versions d'un même événement, quelque divergentes qu'elles paraissent, et leur critique est satisfaite quand ils ont terminé un exposé de contradictions flagrantes devant lequel l'esprit du lecteur reste perplexe, par la considération décisive qu'après tout, Dieu n'ignore de rien.

Une telle méthode a l'immense avantage d'accepter pour incontestable la débilité fondamentale des témoignages humains et de conserver, en conséquence, beaucoup de versions que des esprits systématiques (ce sont les plus réellement crédules) auraient pris soin de laisser perdre comme ne cadrant pas avec les modes de leur conception. C'est en procédant de la sorte que les écrivains d'histoires qui ont composé en Asie d'immenses recueils de traditions ont emmagasiné sans choix, sans préférence, sans répugnance, la collection entière des épaves que le cours des temps a pu charrier jusqu'à eux. Si l'on considère ce que le système opposé nous a fait perdre en

Occident, afin de servir des théories dont aucune ne doit paraître désormais moins défectueuse que l'autre, on se sent disposé à payer de reconnaissance tant d'innocents compilateurs pour la bonne foi avec laquelle ils nous livrent des éléments dont nous sommes maîtres de faire ensuite ce qui nous conviendra le mieux.

Je viens de prononcer le mot « compilation ». Il ne faudrait cependant pas l'entendre dans le sens peu favorable qu'on attribue d'ordinaire aux œuvres rabaissées par ce titre. Les grandes histoires orientales sont aussi des monuments de l'art. L'art préside partout à leur construction et entre dans leurs détails les plus minimes. Ceux qui ont exécuté ces ouvrages étaient des hommes d'un mérite éminent dont le point de vue, pour être différent du nôtre, n'en est pas plus dépouillé des qualités inhérentes à tout travail supérieur de l'esprit.

Le plan sur lequel ces vastes tableaux sont conçus est uniforme ; il est consacré par l'usage des siècles, et je tiens pour assuré qu'à Ninive, à Babylone et à Suse, on a compris et écrit l'histoire d'après des données analogues. L'auteur expose en premier lieu la création du monde, raconte la vie des prophètes, arrive à Mahomet, et ainsi se trouve complété le cycle de ce qui est antérieur, au moins quant au principe, aux différentes manifestations de la vie des peuples. La religion, née avant tout, précède tout. Ensuite viennent les annales de la Perse, qui ont leurs racines dans les premiers âges du monde et indiquent le centre auquel tout se rallie. A mesure que les événements l'exigent, les Juifs, les Grecs, les Romains, les Francs ou Européens apparaissent sur la scène, et dans leurs rapports avec l'empire d'Iran ; on chemine ainsi jusqu'aux temps modernes où ces mêmes Francs, d'abord assez vaguement dessinés, prennent des formes plus précises et deviennent les Anglais, les Russes, les Français, mais tous se rattachant à Sem par Ésaü. Vers la fin du livre, l'histoire perd le ton narratif pour prendre les allures circonspectes, cérémonieuses et adulatrices du panégyrique. Il s'agit du souverain vivant, et on ne saurait en parler d'autre manière. Mais ce costume pompeux dont on le revêt lui est retiré aussitôt qu'il est mort, et passe à son successeur. De sorte que la flatterie ne trouble pas autant la mémoire des choses qu'on pourrait le supposer, son influence n'étant que temporaire. Telle est l'histoire orientale sous les mains des auteurs spéciaux. Ces créations généralement très-volumineuses se recommandent aux amateurs des beautés littéraires par un emploi illimité des artifices et des fleurs du style, de tous les charmes de la rhétorique et du piquant de la poésie didactique et morale. Mais, en outre, lues avec attention et dans leur ensemble, on y trouve un sentiment plus élevé et plus philosophique que les critiques européens n'ont été disposés à l'admettre jusqu'ici. Tout en leur rendant cette justice nécessaire, j'avouerai pourtant que ce ne sont pas les sources uniques où l'on doive puiser pour retrouver les traces du passé. Les chroniques provinciales, plus modestes, me paraissent de valeur plus grande lorsqu'il s'agit de goûter la saveur de faits caractéristiques et de retrouver des détails perdus.

Une préoccupation moins raffinée de la forme, un goût moins envahissant pour le beau langage, laissent les auteurs de ces livres topiques plus libres de réunir des curiosités. La pente à glorifier une contrée en conservant avec toute la minutie possible le souvenir des faits qui s'y sont accomplis ou des grands hommes qui y ont vécu, rend l'écrivain particulièrement attentif à ne rien laisser inaperçu. Non-seulement il prend tout ce qui entre dans son cadre, bien que déjà contenu dans les histoires générales, il y ajoute ce que les documents locaux et la tradition orale peuvent lui livrer et ce qu'il a vu de ses propres yeux. Ce ne sont pas tout à fait des chroniques à notre manière, car, le plus souvent, l'auteur n'abandonne pas la recherche des effets grammaticaux et ne veut pas non plus laisser croire qu'il n'ait pas tout vu de l'histoire universelle, ce dont il résulte assez de hors-d'œuvre et de lieux communs ; mais ces livres montrent plus d'indépendance dans les idées : surtout on y aperçoit davantage la personnalité de ceux qui les ont composés, et cela si bien, que des systèmes différents s'y donnent carrière beaucoup plus que dans les grandes œuvres.

Tel écrivain, par exemple, fidèle au point de vue musulman le plus strict, fait un effort constant et soutenu pour ne reconnaître que des personnages de l'Ancien Testament dans les héros les plus fameux des annales persanes. Aux yeux de celui-là, l'idée religieuse domine tout. Il habille les miracles anciens à la musulmane ; il prend parti pour tel personnage qu'il déclare avoir eu la vraie foi, celle d'Abraham ou de Jésus, contre tel autre qui lui semble l'avoir combattue. Chez un esprit européen, une pareille méthode aurait de nos jours les résultats les plus tristes, les événements ne sortiraient que tenaillés et tordus d'une telle manière, qu'il serait impossible de les reconnaître. Mais les pieux moullas, absorbés dans ces aberrations, n'ont pas même l'idée de rien tenter de semblable. Le fait reste pour eux tel qu'ils l'ont reçu, ils n'y changent quoi que ce soit, et c'est uniquement dans les réflexions dont ils l'accompagnent et dans le jugement qu'ils placent à côté que s'étale l'effort de leurs théories. En faisant abstraction de cette partie de leur œuvre, la plus précieuse à leurs yeux, mais la moins estimable aux nôtres, on dégage sans peine et on reconnaît des fragments intéressants, conservant une véritable valeur que l'effort des temps et le malheur d'avoir passé par tant de mains différentes avant de parvenir jusqu'à nous ne leur a pas fait perdre. Les chroniques locales n'ont que deux inconvénients sérieux : le désir d'augmenter indûment la gloire du pays auquel elles appartiennent et qui les porte souvent à réclamer comme leur tel personnage qui n'est pas de la province ; puis l'entraînement avec lequel elles font honneur des fondations de leurs villes, soit anciennes, soit récentes, à des héros de l'antiquité biblique ou persane avec lesquels ces villes n'ont absolument rien de commun. C'est à peu près tout ce qu'il y a de grave à leur reprocher, et de telles erreurs peuvent être combattues avec assez de facilité par le seul procédé de la comparaison des textes.

Une ressource très-grande pour la critique des œuvres empreintes d'un esprit trop mahométan, se trouve dans les écrits émanés des Guèbres, ou d'autres auteurs musulmans du nombre de ceux qui ont conservé dans le fond du cœur et dans les préférences de leur intelligence un goût plus ou moins vif pour l'ancienne religion nationale. Le nombre des historiens animés soit des premières dispositions, soit surtout des secondes, est plus nombreux parmi les écrivains provinciaux qu'on ne serait disposé d'avance à l'imaginer, et la chaîne des admirateurs secrets des temps primitifs s'étend sans interruption depuis le dixième siècle jusqu'à l'âge actuel. C'est un point d'une réalité incontestable et très-essentiel à noter, si l'on veut se faire un jugement sûr de la valeur des monuments de l'ancienne histoire de l'Asie centrale, que si, vers la fin du septième siècle de notre ère, l'Islam est devenu la religion officielle de toutes les contrées comprises entre le Tigre et l'Indus, l'état de la conscience publique n'a jamais été un seul instant conforme à cette apparence. Jusqu'au dixième siècle et même plus tard, des principautés gouvernées par des dynasties mazdéennes ont continué à subsister dans la Montagne, dans ce Kohistan de Rey, dans cet Elbourz le second berceau de la race et son dernier rempart. Les plaines mêmes et toutes les provinces depuis la Caspienne jusqu'au golfe Persique, comptèrent toujours de nombreuses populations rurales répugnant à la foi nouvelle et qui, jusqu'à l'époque des Mongols, ont vécu sous les lois d'une aristocratie de leur sang, composée de seigneurs terriens, les Dehkans, gens riches, passionnés pour les souvenirs du passé, et gardant avec respect dans leurs palais et leurs manoirs les documents de la gloire et des malheurs de leurs ancêtres. On prétend même qu'il existe encore de telles pièces, et j'ai ouï parler, bien que je ne les aie pas vus, de contrats de propriété écrits en pehlewy. Les persécutions furent toujours faibles dans ces pays, où les musulmans indigènes partageaient une partie des prédilections de leurs compatriotes restés infidèles, et où les gouvernements, dans leur réaction contre le khalifat, voyaient non sans faveur se conserver tout ce qui donnait force à l'esprit national et, réagissant contre le sentiment arabe, servait le rétablissement des États purement persans. Les invasions des Mongols d'abord, celles des Tartares ensuite, eurent une tout autre tendance et amenèrent pour le parsisme des conséquences vraiment mortelles. Les Guèbres souffrirent, avec toutes les populations musulmanes, ce que celles-ci supportaient. Alors seulement le plus grand nombre des Dehkans se trouvant ruinés, les groupes parsys qui les entouraient et s'appuyaient sur eux, se voyant sans protection directe, tombèrent dans la misère et en même temps éprouvèrent l'oppression parce qu'elles excitèrent le mépris. Ce fut bien moins à cause de leur obstination dans l'erreur que pour la pauvreté et l'ignorance qui en résultèrent bientôt. Les révolutions successives si multipliées accablèrent ces malheureux restes un peu plus qu'elles ne firent la communauté musulmane, non parce qu'ils étaient guèbres, mais parce qu'ils avaient moins de défense ; et cependant ils étaient si nombreux qu'ils persistèrent longtemps encore. Au milieu de l'abaissement général du chiffre de la population, on comptait en Perse, à la fin du siècle dernier, soixante mille familles guèbres, ce qui peut donner l'idée que peu de siècles auparavant la religion abandonnée ne l'était pas si complétement qu'on le suppose.

Les annalistes, soit guèbres déclarés, soit musulmans assez tièdes, ont toujours cherché leurs renseignements au sein de cette communauté. C'est à cette source longtemps ouverte dans le nord, au sud, sur les confins des Kurdes comme aux bords du lac Hamoun, qu'il faut faire remonter ce que les narrateurs nous ont transmis, ce qu'ils ont prêté en gros à leurs collègues plus orthodoxes des grandes histoires, mais ce qu'ils présentent plus simplement, plus clairement, et surtout avec plus de détail que ne le font ceux-ci. Enfin c'est là qu'il faut surtout reporter l'origine d'une espèce particulière d'écrits bien supérieure à certains égards aux deux classes déjà mentionnées, les poëmes qui, sous le nom de « Nameh » ou livres proprement dits, véritables chansons de gestes, ont eu pour but de conserver avec un amour extrême tout ce que les ancêtres savaient sur les événements et les personnages de la monarchie, et en somme sur toute l'antiquité de la nation.

La plupart de ces belles œuvres sont inspirées par la cour de Ghagny, et des prédilections très-hétérodoxes en sont l'âme. Leurs auteurs se plaisent à attribuer les récits qu'elles consacrent aux renseignements fournis par les Dehkans. Plusieurs parlent directement de tel manuscrit ancien sur l'autorité duquel ils racontent ce qui est contenu dans leurs pages ; ils le décrivent avec complaisance ; ils disent son état de vétusté vénérable et ne cachent pas qu'il était écrit sur peau de gazelle. A des époques basses et raffinées, on dissimule souvent l'invention pure sous de telles allégations. Mais ce n'est pas là une méfiance qui puisse atteindre les poëmes dont il est ici question.

Sans doute ils ont amplifié et orné l'étoffe qui leur était fournie. Elle restait néanmoins bien réelle, et le placage littéraire a eu d'autant moins à l'altérer, que la poésie la pénétrait déjà avant de tomber dans les mains des versificateurs. Ceux-ci n'ont pas songé à lui ôter son caractère, car leurs doctrines politiques, morales, historiques et esthétiques leur imposaient la vénération pour ces traditions et le respect le plus absolu pour leur esprit, qu'ils cherchèrent toujours à s'assimiler.

Les princes, comme ceux, par exemple, de la maison de Ghagny, qui s'efforcèrent vers la fin du onzième siècle de se créer des États indépendants aux dépens des khalifes et qui eurent beaucoup d'émules, étaient contraints par les nécessités de leur ambition de s'appuyer sur l'ancien sentiment persan, de détacher par tous les moyens les populations de l'influence arabe, de leur bien rappeler et de toujours leur mettre sous les yeux que les vainqueurs avaient installé dans leur pays une révolution à bien des égards haïssable. La conséquence naturelle de cette remarque était, dans l'opinion du sultan Mahmoud, de ses conseillrs et de ses rivaux, qu'il fallait servir de tout son pouvoir et de toute sa fidélité des souverains dont l'action tendait à rendre aux pays persans l'autonomie perdue.

Les politiques s'arrêtaient là. Surtout ils ne voulaient en aucune manière attaquer la religion nouvelle, dont ils se montraient au contraire de fermes sectateurs. Sur ce point, ils avaient tout à fait raison. Il ne faut pas méconnaître que l'Islam, introduit dans les provinces iraniennes depuis cent cinquante ans à peine et très-imparfaitement assis, y représentait, répandait et fécondait un ensemble d'idées indispensables alors et de beaucoup supérieur à tout ce qu'avait donné le mazdéisme. C'était, et quel fait plus capital, la formule commune d'une société qui, grâce à elle, depuis l'Espagne et le midi de la France, les gorges des Alpes helvétiques, la Sicile, la côte d'Afrique en dehors de Gibraltar, travaillait et poussait jusqu'aux rives de l'Indus et aux îles lointaines de l'Océan du sud, une civilisation moins originale sans doute qu'on ne l'a cru, mais néanmoins très-forte, très-vraie, très-capable de tenir tête à la chrétienté de l'Occident encore jeune, la surpassant en magnificence, en savoir, en éclat, en curiosité, et surtout en conscience d'elle-même. C'était une arme admirable de conquête. Avec elle seulement on se voyait en état de menacer l'Inde entière et les vastes pays voisins de la Chine; elle seule pouvait, par l'éclat du prosélytisme, transformer ce qui autrement n'eût paru qu'une série de brutales usurpations, en prises de possessions louables et salutaires dont l'humanité avait à se réjouir.

En outre, le mazdéisme, sur le sol même de la Perse, n'avait jamais été qu'une secte triomphante, dominante, exclusive; mais, malgré tout, une secte, et constamment détestée et combattue par les communautés chrétiennes, par les juifs, par les bouddhistes, par les payens hellénisants, par l'indifférence haineuse des innombrables tribus nomades. Pour toutes ces raisons, du moment que le sceptre de l'État s'était brisé sous les pieds des zélateurs sortis de la Péninsule arabique, l'édifice entier de la lourde et oppressive religion officielle s'était écroulé avec une instantanéité si grande, que si on ne tient pas compte de toutes les causes qui le minaient, on a peine à concevoir un tel résultat.

L'Islam, au contraire, offrait une contradiction absolue avec les formes et les prétentions du mazdéisme.

Il n'était ni exigeant ni inquisitif, quant à la conviction du moins. Il se bornait en ce genre à demander à ses convertis une profession de foi excessivement large et n'exigeant rien de plus pour les admettre au bénéfice de ses victoires ; il protégeait en même temps les chrétiens et les Juifs, les avouait pour ses frères, et tolérait, plus qu'il n'était séant d'en convenir, les religions à ses yeux les moins respectables, toutes les fois qu'elles ne lui faisaient pas obstacle direct. Si les princes qui encourageaient les poëtes et les historiens à remettre en lumière les gloires du passé, avaient fait un pas de plus et cherché le retour réel à ce même passé en s'efforçant d'en relever les dogmes, on voit qu'il leur aurait fallu rompre avec le présent dans lequel ils étaient englobés, renoncer aux avantages qui en résultaient, se faire sectaires, réveiller autour d'eux des haines assoupies et pourtant bien fortes puisqu'elles avaient renversé le grand pouvoir sassanide, se résigner enfin à travailler en petit pour se contenter de maigres succès, de maigres victoires, de maigres effets qui auraient certainement fini par les conduire à une immense ruine. Bien qu'au gré des préventions qui nous dominent aujourd'hui, le sentiment que je vais exprimer puisse sembler paradoxal, il n'en est pas moins à poser en axiome qu'au dixième siècle l'Islam constituait en Asie ce que dans la phraséologie moderne on appelle le progrès, la tendance vers les lumières, le libéralisme et la tolérance. Ce qui n'était pas lui était étroit et mesquin ; un politique sérieux ne pouvait se tourner de ce côté-là.

Mais les écrivains, comme tous les gens assez malheureux pour être spéciaux, ne voyaient la question que par un seul bout ; ils eussent volontiers conclu tout au rebours des politiques. Le prince les encourageait à rompre en visière à la tradition arabe, et à montrer aux peuples qu'ils avaient été beaucoup plus grands et plus riches et plus heureux quand ils étaient autonomes. Les auteurs des « Namehs », courant à l'absolu, se prirent d'un amour immodéré pour les moindres détails de l'ancienne existence, et s'efforcèrent de se faire les contemporains, au moins par l'esprit, de tant de héros dont ils racontaient les exploits. Ils furent des rétrogrades dans la force entière du terme, et de là naquirent des tiraillements dont leurs œuvres portent partout la trace. Les docteurs des musulmans les surveillèrent d'un œil inquiet, et les dénoncèrent aux souverains et aux croyants rigides. Ils craignaient, et avec pleine raison, beaucoup de désordres[1]. Les souverains qui protégeaient les poëtes et les suscitaient ne leur épargnèrent pas les persécutions. Ferdousy non-seulement se crut obligé d'écrire un poëme dévot, « Ioussouf et Zélikha », pour se laver du soupçon de mazdéisme qu'attirait sur lui le Shah-nameh, mais cela ne suffit pas, il dut s'enfuir et se cacher. Ses émules, comme Azery, comme Djemaly, comme Asedy, à travers une vie non moins difficile, tantôt portés aux nues et comblés d'honneurs et de présents, tantôt sévèrement châtiés pour avoir été au delà de ce qu'on demandait d'eux, furent obligés de donner une sorte de frontispice d'orthodoxie à des œuvres dont le premier mérite et toute la signification étaient de réagir contre l'orthodoxie, contre la foi même. Ils n'osèrent jamais commencer leurs poëmes autrement que par les louanges du Dieu unique et celles de son prophète. Mais, cette précaution prise, ils s'abandonnaient avec plus ou moins de prudence à leur enthousiasme pour les opinions anciennes. Ils célébraient les saints du passé, maudissaient les ennemis d'Ormuzd, recherchaient avec amour

---

[1] Au commencement du khalifat des Abbassides, un certain mage, appelé Behzad, avait déjà converti trente mille hommes, dans le Khoraçan, à la loi de Zoroastre, quand Abou-Moslem-Morouzy marcha contre lui, le battit et dispersa ses disciples.

CHAP. Ier. — L'HISTOIRE IRANIENNE ET SES SOURCES. 263

les vestiges du parti vaincu, et se vantaient d'être en communication intime, étroite et confiante avec ses représentants. Où pouvait être, à ce point de vue, leur mérite suprême, sinon dans la reproduction aussi complète que possible des documents que ces derniers conservaient et qui étaient assez bien connus de tout le monde?

Aussi ne doit-on pas supposer qu'il y ait eu jamais solution de continuité entre les traditions parvenues jusqu'aux Sassanides et celles dont les temps musulmans se trouvèrent possesseurs. J'ai déjà rapporté dans le premier livre de ces histoires que le Guèbre converti Ibn-el-Mogaffa avait traduit en arabe des mémoires rédigés soixante-douze ans seulement après l'Islam. L'intérêt pour les annales antiques ne faiblit jamais au sein des populations, et on vient de voir qu'au dixième siècle cet intérêt était devenu de la passion. Les historiens proprement dits, les annalistes provinciaux, les poëtes des Namehs, concoururent à réunir, à coordonner, à rassembler dans un ordre fourni par la tradition, une masse énorme de faits remontant aux époques les plus lointaines et descendant successivement jusqu'à eux[1]. J'avoue que je suis moins

[1] L'auteur d'un des livres les plus importants que j'aie trouvés en Perse, et que je cite assez souvent dans ces pages, « l'humble Abdoullah-Moham-» med, fils de Hassan, fils d'Isfendyar », ainsi qu'il se nomme lui-même, et qui était né l'an 606, montre assez bien dans sa préface quelle était la préoccupation de son temps pour le passé. Il raconte qu'étant un jour dans la bibliothèque du collège du Roi des rois, le victorieux Roustem, fils de Shahryar, il trouva parmi les livres qu'il compulsait quelques volumes sur la dynastie des Gawyans. Il lui revint alors en mémoire que le roi Sayd-Hessam-Eddoouleh lui avait demandé souvent de quelle famille et de quelle race étaient ces rois du Taberystan appelés « Gawyan », et s'il ne pouvait lui donner à leur égard quelques renseignements. « Mais, continue » Abdoullah-Mohammed, je dus lui répondre que, excepté par les ques-» tions qu'il m'adressait, je n'avais jamais entendu parler ni de ces princes » ni de leur titre dans aucun des pays ni dans aucune des villes que » j'avais pu visiter, et qu'on ne savait de l'histoire du Taberystan que ce » qui avait été compilé dans l'Arend-nameh ou Awend-nameh au temps » du roi Hessam-Eddoouleh, Shahryar de Garen, d'après les dires des

frappé et moins scandalisé de l'incohérence remarquée par nos critiques dans plusieurs rédactions de ces antiques souvenirs, que je n'admire la quantité qui s'en est conservée, et l'aspect vivant et vrai que sous tant de retouches la plupart ont conservé.

Il y a des lacunes, il y a des endroits frustes, il y a des transpositions évidentes de dates, tel fait étant donné pour ancien est relativement moderne et au rebours, et cependant un amas immense, imposant, d'une réalité certaine, subsiste. Je puis douter de tel détail, je ne le saurais faire de l'ensemble. Il est incontestable, toutefois, que si je veux aborder le jugement, l'appréciation, l'exposition de ces annales en suivant la méthode cartésienne, et si je prétends tout soumettre aux résultats d'une analyse rationaliste et rien de plus, je n'obtiendrai guère qu'un squelette à moitié pétrifié, dont certaines parties considérables manqueront et dont j'aurai détaché et laissé dissoudre toutes les chairs. Un pareil travail n'a pas de quoi tenter. D'abord il répugne, et surtout les résultats n'en auraient rien qui apprît à personne quoi que ce soit de digne d'être connu.

Mais si j'agis en admirateur médiocre de ce que les historiens les plus récents se flattent d'avoir élevé jusqu'à la certitude ; si je me maintiens convaincu que cette certitude est par elle-même un leurre et ne saurait jamais être mathématiquement vraie, comme elle le prétend, par ce

» gens de la campagne et les traditions du peuple. Plein du souvenir de
» cette conversation, je m'empressai alors de lire les fragments que je
» découvrais, et je reconnus qu'ils avaient justement pour sujet l'histoire
» du Taberystan. Charmé de l'élégance du style dans lequel ils étaient
» rédigés et de l'intérêt du contenu, je me décidai à les traduire. Ensuite,
» cinq ans après, je trouvai un Livre de généalogies qui me fut vendu par
» un boutiquier, et que Daoud Yezdy avait fait traduire du syndhien en
» arabe par un Syndhien, nommé Ela-Ibn-Sayd, dans l'année 97. Je
» trouvai, dans la même occasion, une autre généalogie traduite du pehlewy
» en arabe par Ibn-el-Mogaffa. »

motif que l'homme n'est jamais assuré de bien voir, de bien entendre ni de bien toucher, alors je prends mon parti; je ne me préoccupe qu'avec assez peu d'exigence de la réalité matérielle des faits; je me contente de la réalité relative dont il est impossible de douter, et dès lors je me sens maître d'écrire une histoire qui, ne dédaignant rien, prenant tout, enregistrant avec la conscience de son droit les assertions les plus invraisemblables et, si l'on veut, les plus folles, non-seulement conserve à l'avenir des matériaux dont les progrès graduels de la science pourront peut-être tirer un jour plus de parti que je ne le sais faire, mais qui bien plus, malgré les inconsistances de plusieurs parties de sa trame, et peut-être précisément à cause de ces défauts, aura, sous un point de vue qui est le plus juste, une vivacité de temps, une verdeur de vie et, je ne crains pas de le dire, cette vérité générale possédée par Hérodote, et très-rarement rencontrée ailleurs. Sans doute, quand je raconte que Yima, saisissant et brandissant sa fourche d'or, en frappe la terre et l'agrandit, je n'ai en aucune manière la prétention de représenter une action positivement commise, mais j'ai celle de conserver une forme de conception, une idée vraiment acceptée par une race tout entière. Si je ne puis pas dire au juste ce qu'était Zohak, et s'il est bien possible qu'au cas où il aurait vécu il ait été moins féroce que la légende iranienne ne le prétend, je m'en console, car, malgré les efforts des compilateurs de Mémoires, il y aura toujours deux ou trois jugements fort divers à propos de Louis XIV; mais sur quoi je n'ai pas à hésiter une minute, c'est de bien savoir que la nation iranienne a jugé et prononcé que la conquête assyrienne représentée pour elle par Zohak avait été telle que je l'ai décrite. En un mot, l'histoire à laquelle je tends est beaucoup moins celle des faits, matière éternelle de soupçons, de réfutations et de discussions fondées, que celle de l'impression produite par ces faits sur l'esprit des hommes au milieu desquels ils se sont manifestés. Si je ne suis pas sûr, il s'en faut de tout, d'avoir trouvé et donné de tel événement, voire de telle bataille, le récit le plus authentique, je le suis du moins, et cela m'est bien autrement important, d'avoir reproduit l'image que le peuple de l'Iran a pensé être la sienne à ses différents âges. L'esprit occidental, en touchant ce portrait, le pourra juger d'un point de vue que la race qui l'a créé n'a pu connaître, et il résultera de cette nouvelle conception quelque chose de semblable à une statue de proportions en vérité assez grandes et assez nobles, bien que d'attitude peut-être un peu étrange, et qui méritera sans doute d'occuper une place dans un coin quelconque de l'arc triomphal de l'humanité.

On ne trouvera donc pas mauvais que je ne me livre sur les mythes que je rapporte à aucune de ces recherches épineuses qui tendent à fournir des explications toujours douteuses au moyen de suppositions plausibles. Je n'y vois nul avantage. Quand une explication peut être soutenue par des raisons bonnes, j'essaye de la présenter, et j'en fais remarquer les appuis et les côtés qui pourraient être satisfaisants ; mais la première loi à observer dans de pareils essais me paraît être de se tenir toujours en garde contre les exclusions, afin de ne pas être entraîné par une conviction imaginaire à dénaturer les traits des faits un peu rebelles au système que l'on a cru devoir adopter. L'historien qui ne cherche pas à déterminer les parties obscures des annales par des inductions n'est qu'un compilateur, et ne saurait produire une œuvre convenable ; mais celui qui déduit des suppositions sans force et les soutient par la mutilation des textes, n'est rien de plus qu'un romancier.

Quant à la critique des matériaux dont je me sers, elle

ne peut avoir, en général, qu'un seul objet. Puisqu'il faut lui refuser en principe tout droit à se prononcer sur le caractère historique de tel ou tel récit, attendu que ce caractère n'est pas déterminé par la réalité positive, mais simplement par cela seul que le fait est rapporté dans une forme quelconque, le seul droit qui puisse s'élever, c'est de savoir si un récit ayant pour sujet des noms historiques n'a pas été primitivement conçu comme une fiction. En ce cas, il serait évident que donner place dans l'histoire à des inventions pures, ce serait se tromper d'une façon complète; de tels produits ne doivent figurer que dans l'histoire des idées, et ne sauraient s'admettre ailleurs. Pour faire comprendre ma pensée par un exemple, je puis dire que dans les Namehs dont je parlais tout à l'heure, la vérité entre comme ingrédient nécessaire, et que le but des compositions est peut-être de l'embellir; cependant, avant tout, c'est de la donner. Mais au quinzième siècle de notre ère, il se forma en Perse une nouvelle école politique, peu jalouse de représenter des faits proprement dits et de sauver de l'oubli les annales anciennes; elle se piqua d'un grand mérite de forme, et dans un goût très-différent de celui des Namehs, elle prétendit peindre les passions et tracer des caractères, par conséquent elle moralisa. Alors on écrivit des histoires d'Alexandre comme celle de Nizamy, où personne n'a jamais été chercher autre chose que des jeux d'imagination. Plus tard encore, et de nos jours même, il ne fut plus question de charmer les esprits par des délicatesses de pensée ou d'expression, on ne visa qu'à amuser, et on composa le Roman d'Alexandre, aujourd'hui tellement à la mode à Téhéran qu'il a détrôné les Mille et une Nuits. On ne raconte guère autre chose dans les carrefours et dans les bazars. C'est une façon de dire accessible aux intelligences les plus vulgaires. Le livre est écrit en prose, entremêlé de poésies très-ornées, mais peu senties, et on y a accumulé des monceaux d'aventures à faire pâlir d'envie ce que les auteurs d'Esplandian, de Fierabras et de Lisward de Grèce ont inventé de plus propre à indigner le soldat de Lépante et son curé.

Pour venir à bout d'établir les distinctions que je signale, la critique a bien des ressources à sa disposition. Les annales persanes ne sont pas dénuées de points de comparaison pris hors d'elles-mêmes. Ce n'est pas leur faute si des jugements portés à la hâte après des examens superficiels et appuyés sur une enquête incomplète ont prononcé qu'elles ne s'accordaient pas avec les documents grecs. On pourra voir le contraire, on l'a déjà vu, dans un nombre de cas très-majeurs et fort concluants, et, outre ces documents grecs, on s'apercevra qu'on a pour opérer des confrontations les témoignages de la Bible, ceux des livres de l'Inde, ceux des ouvrages parsys de l'époque sassanide, ceux des rabbins juifs, ceux enfin des médailles et des pierres gravées. Loin d'être isolée, l'histoire perse est peut-être, de toutes celles que l'on peut étudier, la plus soutenue par des mémoires ou des monuments étrangers à elle-même. Seulement il faut, pour la dégager des nuages, aller la contempler partout où elle s'est répandue, et ne pas prétendre en savoir assez long sur son compte parce qu'on l'a considérée uniquement dans Myrkhond ou dans Khondemyr. Que dirions-nous d'un Français qui penserait savoir l'histoire de son pays après avoir uniquement feuilleté les pages d'Anquetil?

La prétention de savoir tout après avoir regardé très-peu a causé de grandes erreurs et de bien malencontreuses hypothèses. Comme on ne trouvait pas ce qu'on cherchait, attendu qu'on le cherchait mal, on a déclaré les récits des Persans tout à fait fabuleux et ne valant pas la peine d'être pris en considération. C'était une doctrine, en tout

CHAP. Ier. — L'HISTOIRE IRANIENNE ET SES SOURCES. 269

cas, peu féconde; par bonheur, on en revient. Les indianistes et les philologues occupés du Zend-Avesta ont commencé à s'apercevoir de l'inconsistance de ces sévérités : ils envisagent maintenant comme historiques les personnalités même les plus anciennes et les plus obscures de la légende iranienne. Le caractère de leurs études ne leur permettait pas de méconnaître ce qui est visible quand on consent à le regarder, et ils se sont placés enfin sur un terrain vraiment solide. Mais ce n'est là jusqu'à présent, dans l'état de la science, qu'une inconséquence, une anomalie, inconséquence heureuse, anomalie louable. Mais enfin, hors de tout accord avec ce que l'on continue à enseigner ou du moins à prétendre, c'est-à-dire que les annales persanes ont été brûlées par Alexandre, brûlées de nouveau par les musulmans, encore brûlées par les Mongols, et définitivement anéanties par les Tartares de Tamerlan; que tout ce qu'on a mis à leur place n'est qu'un tissu de souvenirs mal conservés, plus mal compris, plus mal rendus, un mélange de fictions hétérogènes étouffant les dernières et faibles lueurs du vrai, en un mot, un champ dévasté où le mensonge seul pousse à son aise.

La foi aux incendies de bibliothèques a bien diminué, et non sans raison. Il est reconnu désormais que le savant Omar n'a pas porté la flamme dans les collections d'Alexandrie. Il ne l'est pas moins qu'Alexandre n'a pas brûlé Persépolis, qui était encore une ville grande et florissante à l'époque des Sassanides. Les Mongols se sont plus occupés à pendre les hommes qu'à faire la guerre au papier; ils ont d'ailleurs fondé eux-mêmes d'admirables monuments et encouragé la science; Tamerlan, loin d'extirper la littérature, ramassait les livres partout où il en trouvait et les rassemblait à Samarkand, où, par parenthèse, il doit y en avoir encore aujourd'hui en grand nombre, des plus rares et des plus précieux. Je ne crois pas qu'on puisse trouver dans l'Asie centrale d'autres traces certaines de destructions systématiques des documents écrits, que celle qui s'est adressée dans le nord-est, vers le neuvième et le dixième siècle, aux livres bouddhistes, et celle plus ancienne qui, aux quatrième et cinquième siècles de notre ère, a signalé dans la Mésopotamie le zèle des sectes chrétiennes les unes contre les autres. Mais les livres d'histoire, de poésie et de philosophie, sont restés généralement en dehors de ces proscriptions, surtout les premiers. Il n'en est pas moins exact que, graduellement, tous ou presque tous ont péri, mais pour renaître constamment sous de nouvelles formes. Les Perses, moins que toute autre nation, ont pu jamais consentir à s'ignorer eux-mêmes et à laisser leur passé disparaître. La vanité, l'idée immense du rôle qu'ils ont joué dans le monde et du rang qu'ils y tiennent encore, est chez eux, et, je n'en doute pas, a toujours été une préoccupation des petits aussi bien que des grands. Leurs traditions sont d'ailleurs, il faut en convenir, si brillantes, et les dynasties ont toujours apporté, sous l'empire des préventions publiques, un soin si grand à se rattacher à leurs devancières, qu'on ne saurait imaginer un moment où l'invention pure et simple d'annales controuvées aurait pu trouver place. Serait-ce à l'époque de la conquête macédonienne? Mais le nouveau souverain était alors si peu disposé à détruire la nationalité de ses peuples, qu'il prenait le costume mède, qu'il affectait les mœurs de Suse, qu'il conservait les formes du gouvernement des Achéménides, qu'il maintenait dans leurs droits les princes indigènes, qu'il instituait dans les provinces directement mouvantes de sa couronne plus de gouverneurs perses que de grecs. Avec un tel ensemble de mesures d'accord nécessairement avec le respect de la religion locale, une destruction systématique des annales ne s'expliquerait pas, et ce qui s'expliquerait moins encore, c'est que des populations qui ont une mémoire aussi longue que les Orientaux eussent perdu si absolument, entre la mort d'Alexandre et l'avénement du premier Arsace, sous le gouvernement de trois Séleucides devenus aussi Asiatiques qu'eux-mêmes, le souvenir de leur ancienne existence, qu'ils auraient accepté, pour en tenir lieu, les rédactions imaginaires que l'on veut supposer. Si l'on considère la question avec quelque soin, on s'en convaincra : elle ne mérite pas de réponse, et cependant, passé ce moment, il n'y a plus de place pour la fraude. Les Parthes ont bien des manières de montrer qu'ils étaient de véritables Iraniens, Iraniens de la vieille roche et connaissant leurs annales. Après eux, les Sassanides nous exposent la contexture entière des récits venus jusqu'à nous. De leur chute à l'époque où florirent les poëtes des Namehs, il ne s'écoule qu'une période de trois cent soixante ans, qui ne put en aucune manière, et pour les raisons les plus concluantes, voir disparaître les annales d'un peuple qui ne disparaissait pas lui-même, qui perdait son indépendance, mais non pas sa richesse, non pas sa civilisation, non pas sa culture intellectuelle. Il faut donc conclure que si les Français ont réussi, à travers trois siècles de mépris romain et quatre siècles de domination franke, bourguignonne, gothique et autres, à sauver les principaux vestiges de leur origine celtique et de leurs développements subséquents, d'une manière beaucoup plus complète et plus détaillée qu'ils ne le soupçonnent encore eux-mêmes, on ne saurait douter non plus un seul instant que des résultats à tout le moins aussi heureux constatent la longévité et assurent l'authenticité des annales de la Perse.

Il n'y a donc autre chose à faire, on ne saurait trop le répéter, qu'à se laisser guider par ces annales, à les suivre patiemment dans leurs méandres, car elles plongent aux plus profondes ténèbres du passé, à écouter sans humeur leurs divagations, car elles ont été remaniées par bien des esprits, par bien des générations; à ne pas trop s'étonner des couleurs bizarres et peu conformes à la raison européenne dont elles sont revêtues, car c'est un peuple asiatique qui parle de lui-même et qui se voit à sa manière; enfin, à ne rien omettre, à ne rien oublier, à ne rien mépriser, car les moindres fragments de cet édifice antique ont un prix sur lequel il est parfois difficile de se prononcer avec pleine compétence, mais qu'il peut être dangereux de dédaigner.

CHAPITRE II.

RÈGNE DE FÉRYDOUN.

Les annalistes persans attribuent d'un commun accord le renversement de la monarchie de Zohak à des causes religieuses. L'opposition des doctrines amenait pour les populations iraniennes de grandes conséquences, de grandes oppressions civiles. Il n'y a rien là que de vraisemblable, et l'esprit le plus méfiant ne pourrait s'y refuser. Mais la façon dont le fait est présenté ne saurait non plus être exempte de toutes sortes d'exagérations, et, en effet, elle ne l'est pas.

Les sacrifices humains tenaient une place importante dans les cultes chamo-sémites. Toutes les nations qui habitaient les pays situés au delà de l'Euphrate, toutes les villes syriennes de la côte, Carthage et ses colonies, s'attachèrent même jusqu'aux temps romains avec beaucoup de passion à ces rites féroces, et ne purent jamais se décider à y renoncer. Il en devait être de même dans l'empire assyrien, et c'est à l'usage des boucheries hiératiques qu'on rattache l'origine des tribus kurdes.

CHAPITRE II. — REGNE DE FÉRYDOUN.

On prétend que, dès ce monde, Zohak avait été soumis par le diable, avec lequel il avait contracté un pacte, à l'horrible supplice de porter soudés à ses épaules deux serpents qui se repaissaient de sa chair. Pour en obtenir un peu de relâche, il les nourrissait de cervelles humaines, et ses pourvoyeurs avaient charge de parcourir les pays iraniens, d'en enlever les enfants et les jeunes gens, et de préparer ceux-ci pour les repas des deux reptiles. Mais les officiers du grand Roi, moins intéressés que leur maître à bien nourrir ces monstres, se laissaient toucher de pitié à la vue des victimes, et lorsque chaque jour il leur était ordonné d'en immoler deux, ils avaient soin d'en laisser échapper une. Les fugitifs gagnaient les montagnes qu'on nomma plus tard le Kurdistan, ils s'y cachaient, et avec le temps, devenus très-nombreux, ils formèrent le noyau des tribus du pays.

On retrouve ici, assez bien exprimée, l'idée du mode de formation des peuples dont il s'agit. Les Kurdes ne constituent pas une race homogène, car ils ne se ressemblent nullement entre eux. Ceux qui occupent la région méridionale n'ont que peu de rapports de physionomie avec ceux du nord. Les aïeux des uns et des autres ont été des gens d'extraction différente. Leurs dialectes respectifs se présentent sous des apparences très-divergentes, et en connaître un ce n'est pas avoir la clef des autres. La composition de ces dialectes accuse un mélange des langues iraniennes avec l'araméen, auquel a succédé l'arabe, mais ce mélange s'est exécuté dans des proportions complexes. Tandis qu'au nord l'élément iranien maintient sa prépondérance, au sud c'est tout le contraire. Probablement des nations scythiques ont grossi de leurs déserteurs quelques-uns de ces groupes déjà hétérogènes, car dans les temps plus modernes les invasions arabes, mongoles, tartares, fléaux des pays environnants, ont aussi rejeté leur contingent d'alluvion dans ces montagnes. Ce qui est remarquable et paraît bien garantir le décousu de l'agglomération kurde, c'est que n'imitant pas l'exemple des Parthes descendus de l'Elbourz, des Afghans venus du Gour, et de tant d'autres populations de montagne, les Kurdes n'ont jamais cherché à établir leur domination sur les gens du Hamis. Ils ont fourni des individualités extrêmement fortes et brillantes, Saladin au moyen âge, Nadir-Shah presque de nos jours ; ce sont d'intrépides cavaliers, des gens très-intelligents, des agriculteurs très-laborieux, mais aucune aptitude générale à leur race ne les porte à se hausser au rang de nation conquérante. La cause en est qu'ils ne sont de toute antiquité que des amas de détritus formés par des peuples très-contrastants, dont les circonstances n'ont pas déterminé l'amalgame au sein d'un élément plus abondant et suffisamment énergique.

Quand Férydoun eut pris le commandement après la mort d'Abtyn, il trouva l'indignation et la colère des Iraniens portées au comble. Se voyant solidement établi dans le nord et fort d'une influence plus consentie que ne l'avait été celle de son père, il lui fut permis de demander aux événements de plus grands résultats. C'est ce qui ne tarda pas à se montrer.

La population d'Ispahan ne supportait qu'avec colère la coutume des sacrifices humains imposée par Zohak.

Ispahan remplit ici, pour la première fois, le rôle de capitale du pays, de résidence du souverain, mais ce n'est pas à croire. Bien que communément on fasse remonter jusqu'à Housheng la fondation de cette ville, la configuration du pays à cette époque, où la vaste étendue de la mer de Khawer arrêtait l'expansion des Iraniens dans la direction du sud, s'oppose tout à fait à ce que cette opinion soit admise. Ensuite, outre qu'il n'y a pas de raison pour que le grand roi ninivite ait jamais choisi

Ispahan pour sa métropole et que jusqu'ici toutes les légendes ont placé cette métropole dans l'ouest, ce qui convient beaucoup mieux, un détail présenté par le récit tout à l'heure exposé de l'origine des Kurdes achève de trancher la question. Puisque les malheureux épargnés par les bourreaux assyriens gagnaient aussitôt les montagnes du Kurdistan, il faut que ces montagnes n'aient pas été très-éloignées. Or, cette conclusion ne serait pas possible s'il s'agissait d'Ispahan. Au contraire, veut-on parler de Ninive, les montagnes sont extrêmement voisines, et c'est même une opinion répandue dans toutes les tribus kurdes, depuis l'Arménie jusqu'au pays de Shouster, l'ancienne Susiane, qu'autour de Moussoul, c'est-à-dire sur le territoire de l'ancienne capitale d'Assyrie, se parle le dialecte kurde le meilleur, le plus pur, et qui peut être considéré comme le prototype de la langue nationale. Au lieu d'Ispahan, il faut donc entendre ici Ninive, et c'est dans les environs mêmes de cette cité que commença l'insurrection qui vint en aide à Férydoun, ou du moins, si elle n'y commença pas, elle s'y étendit d'abord et de là gagna toute la contrée : ceci, d'ailleurs, nous ramène directement à l'histoire de la révolte d'Arbaces contre Sardanapale.

Quoi qu'il en soit, à Ispahan ou à Ninive, vivait un forgeron appelé Gaweh. Cet homme avait eu deux de ses fils enlevés par ordre du roi. Exaspéré et craignant de perdre encore ses autres enfants, dont l'un, nommé Garen, devait être plus tard un des plus grands hommes de l'Iran, il sortit tout à coup de son atelier en appelant le peuple aux armes, attacha son tablier de cuir à une lance, en fit le drapeau de l'insurrection, et le marteau à la main attaqua les oppresseurs. La population iranienne se souleva sur ses pas. Alors Férydoun descendit comme un torrent des hautes vallées du Laré-

18.

djan aux montagnes de Demawend, où, suivant Abdoullah-Mohammed, fils de Hassan, fils d'Isfendyar, il avait déjà consolidé sa puissance. Il unit ses bandes aux multitudes révoltées qui suivaient l'étendard de Gaweh, et le roi et le forgeron s'emparant de Zohak, le lièrent, et l'attachant sur un chameau, le conduisirent d'abord à Demawend, puis dans un champ situé à une lieue et demie de cette ville.

J'ai vu ce champ. C'est un endroit stérile, semé de cailloux et de blocs de rochers, au versant d'une vallée immense et d'aspect lugubre. Du côté du nord s'élèvent les cimes de l'Elbourz, et dans une échancrure des montagnes on aperçoit le cône neigeux et très-élevé du mont Demawend. C'est un lieu grandiose, triste et sinistre.

Parvenu dans ce champ, Férydoun et Gaweh, aidés de Garen, à ce qu'assure Moslyh-Eddyn-Mohammed-Lary, détachèrent leur captif, le firent descendre du chameau qui le portait, puis, levant leurs épées, se préparèrent à lui donner la mort.

Mais Zohak poussa des cris lamentables, se traîna à leurs genoux et leur dit : « Craignez l'injustice ! Je suis roi, et je n'ai pas abusé de mon pouvoir. M'a-t-on jamais vu porter la main sur une femme iranienne ? »

Férydoun et Gaweh reconnurent la vérité de ces paroles. Ils épargnèrent leur prisonnier, et se contentant de le conduire jusqu'au cratère du mont Demawend, ils l'y enchaînèrent, là où se forment les exhalaisons sulfureuses qui encore aujourd'hui s'échappent du volcan et le couronnent d'un nuage blanc. Le tyran s'y tient, retiré dans le coin le plus obscur, seul avec les serpents qui rongent ses épaules et sont devenus énormes depuis qu'ils dévorent librement sa chair.

« Le sang de son cœur arrose le sol »,

dit Ferdousy. Voilà une version asiatique du mythe de

Prométhée, et l'Elbourz, où s'élève le Demawend, n'est qu'un prolongement du Caucase incertain de la fable grecque.

Une autre version a cours aussi dans le Seystan, au dire de l'auteur du Heya-el-Molouk. Zohak n'aurait pas été enchaîné dans le Demawend, mais bien sur une montagne située au sud de la province. Il n'a pas deux serpents attachés à son corps; il est lui-même un serpent monstrueux, caché dans un antre sur le versant septentrional, tourné du côté du pays des Béloutjes. Quand la fin des jours arrivera, Zohak, identifié avec le Dedjal ou Antechrist, sortira de sa captivité et régnera de nouveau sur le monde. Cette idée qui fait de Zohak et de Prométhée un même personnage et imagine le séjour de cette personnalité non plus dans le Caucase proprement dit, mais fort loin du côté de l'orient et de l'Inde, est très-ancienne, car Mégasthène en fait mention. Il raconte qu'au pays des Parapamisades il existait une caverne dans laquelle vivait le Titan, mis en croix pour avoir dérobé le feu. On peut entendre assez bien que la confusion entre Prométhée et Zohak a dû s'établir par le fait que leur nom et leur action principale se rattachaient en effet au feu. L'un avait profané le feu en le livrant aux humains, l'autre en détournant les hommes de son culte et en propageant une autre religion dans l'Iran [1].

L'aveu d'un mérite quelconque, d'une vertu dans Zohak est en soi assez curieux. La première fois que cette anomalie me fut signalée, ce fut par un cavalier nomade de la tribu des Kourdbatjehs, appelé Mohammed-Taghy. J'en fus étonné. Il m'assura que c'était un point bien connu que l'usurpateur avait toujours respecté la pureté des femmes de l'Iran, et que les habitantes de son harem

---

[1] Mégasthène, p. 417-21, éd. Didot.

venaient toutes soit de l'Arabie, soit de la Géorgie ; que, par conséquent, sous ce rapport, il était irréprochable.

Ce que l'on dit ainsi en faveur de ses mœurs s'ajoute aux éloges que Ferdousy et plus encore Asedy, l'auteur du Kershasep-nameh, donnent à l'étendue de sa puissance, à sa grandeur, à sa magnificence incomparables. Ils s'étendent sur ce sujet avec une complaisance singulière, et on en doit conclure qu'il a existé sur Zohak deux traditions aujourd'hui confondues et produisant un ensemble assez incohérent ; l'une toute de haine, provenue des Iraniens purs ; l'autre mêlée de regrets et de souvenirs d'admiration, qui s'est conservée dans ces populations très-nombreuses déjà, mêlées de sang sémitique aux temps de la chute du premier empire, et dans ces immigrations ninivites répandues par les monarques assyriens sur toute la face de l'ancien Iran, sauf quelques districts de la Montagne. La révolution de Férydoun ne les fit pas sortir d'un pays tout à fait transformé par leur long séjour, pays qui pouvait bien revenir aux mains des Iraniens, mais non pas tout à fait aux mœurs, aux idées, aux formes exclusives de l'antiquité.

Des villes nouvelles avaient été fondées, des temples, des palais, des forteresses s'élevaient partout. Des artisans, des artistes, des philosophes, tout l'appareil d'une civilisation fastueuse, tout le mécanisme d'une administration savante, tombait maintenant sous la direction des guerriers, des pasteurs de Férydoun. Une fois vainqueurs, ce prince et ses compagnons n'avaient rien de mieux à faire qu'à baisser la tête devant les vaincus et à leur demander des leçons. C'était de ceux-là seuls qu'ils pouvaient apprendre les moyens de gouverner avec sûreté et avec gloire des nations dont la composition ethnique ne s'accommodait plus des simples procédés dont s'étaient contentés les aïeux.

Le renversement de l'empire ninivite ne tranchait donc pas la question en faveur de l'ancien Iran. C'était un Iran tout nouveau qui allait commencer ; on allait y voir de nombreux compromis. C'est à cette situation, que les événements développèrent de plus en plus, qu'on doit attribuer la perpétuité de ces souvenirs de sympathie et d'admiration pour Zohak que les entretiens de Mohammed-Taghy me donnèrent lieu de remarquer.

Férydoun poursuivit ses succès en délivrant d'abord d'une manière complète le Kohistan de Rey de l'occupation ennemie. Ce résultat était facile à atteindre. Quelques garnisons étrangères, c'était tout ce qui avait jamais pu s'établir sur ce sol rebelle. C'est là ce qui a constamment assuré à la Montagne une pureté de sang relativement plus grande que dans le reste de l'Iran. Des troupes assyriennes tenaient sans doute le Demawend. La tradition affirme qu'il y en avait à Amol. Une armée gardait le Ghylan pour empêcher les Scythes de secourir les Iraniens. Les auteurs grecs représentent tous ces faits par la mention des entreprises fréquentes des Mèdes contre les Caduses, amis des Parthes. Cette force ninivite, en partie ébranlée déjà par Abtyn, fut définitivement anéantie par Férydoun, qui, s'étant emparé d'Amol, y établit sa capitale, suivant l'auteur du Koush-nameh. Mais Ferdousy et Abdoullah-Mohammed, fils de Hassan, fils d'Isfendyar, nomment la nouvelle métropole Témysheh et la placent dans le voisinage de la grande forêt de Naroun. Comme c'est une allusion évidente aux bois étendus du Mazenderan, il ne paraît pas qu'il y ait contradiction entre les deux récits ; d'ailleurs le second des écrivains que je cite décrit d'une manière très-reconnaissable et qui s'applique bien à la situation d'Amol, ce qui, suivant lui, caractérise le boulough ou la cité de Témysheh : « Elle est située, dit-il,
» en dehors des Portes Caspiennes. Elle appartient au

» Taberystan et au Gourgan (l'Hyrcanie), et a toujours servi
» de résidence aux Merzebans ou feudataires de la pre-
» mière de ces provinces. Son étendue est de quatre far-
» sakhs. Postérieurement au règne de Férydoun, Gourgan,
» fils de Mylad, roi de Rey, put passer pour son fonda-
» teur, parce qu'il s'y établit, et ses bergers, chargés de
» la garde des troupeaux de mulets qu'il possédait dans
» les vastes pâturages situés à l'est du district, y construi-
» sirent, avec le temps, une nouvelle ville, qui prit le nom
» d'Asterabad ou la « demeure des mulets ».

Férydoun, restaurateur de l'empire, au nom de l'ancien principe iranien, ne pouvait se soustraire à la nécessité de subir au moins le plus essentiel de ce principe. Son pays était, à la mort de son père, d'une étendue médiocre, puisqu'il ne comprenait que l'Iran, c'est-à-dire l'Elbourz, la Montagne ; mais, si petit qu'il fût, le représentant des Djems ne le gouvernait pas directement dans son entier. Le fédéralisme, si cher à la race ariane, avait repris toute sa puissance, avec les formes féodales accoutumées. Le roi régnait à Amol ; mais, sous sa suzeraineté, Nestouh résidait à Rey, tandis que Gaweh et son fils Garen tenaient de lui, à fief, le pays de Demawend.

La Chronique persane raconte si expressément que Gaweh avait commencé par être forgeron à Ispahan, qu'il n'y a guère moyen de la démentir. Il est pourtant bien douteux qu'Ispahan ait pu se mettre en relations si intimes avec la Montagne, dont elle était séparée par la mer ; qu'un homme du bas peuple, un artisan, se soit trouvé à la tête d'une insurrection iranienne et s'y soit maintenu ; que ce même homme ait réussi à s'élever au rang de puissant vassal de Férydoun et à devenir le chef et l'ancêtre de la maison la plus considérable de l'Iran occidental ; que ses domaines aient été précisément ceux qui, libres de tout temps, avaient été gouvernés par Selket pendant la jeunesse du Libérateur. De pareilles fortunes sont communes dans l'Asie moderne et dans les pays où les races sont très-mélangées. Elles l'ont toujours été dans les pays chamo-sémites, mais elles sont invraisemblables dans l'Iran de Férydoun, où un homme ne valait que par sa généalogie. Quoi qu'il en soit, il faut se résigner à enregistrer le fait, faute de moyens suffisants pour l'attaquer.

Aussitôt que l'Elbourz fut complétement délivré, le héros s'attacha à la conquête du Khawer, de la Médie. Gaweh s'y employa, mais surtout ses deux fils y brillèrent, Garen et Gobad, qui se montrèrent constamment les conseillers les plus sages et les champions les plus redoutables du camp de Férydoun. Outre que ces chefs possédaient avec leur père le territoire de Demawend, ils tenaient encore la région occidentale de la Montagne depuis les confins du Demawend à peu près, jusqu'à la rivière appelée aujourd'hui Kizil-Ouzen et que l'on rencontre au passage du Kaflan-Kouh. C'était en partie un territoire dû à la conquête récente. C'est pourquoi Garen est toujours donné comme le voisin des Arméniens et des populations scythiques. On voit que l'Iran s'était déjà étendu, car, aux temps primitifs, sa frontière n'atteignait pas même jusqu'à l'emplacement actuel de Kazwyn.

Après des combats nombreux soutenus par les Mèdes contre les Iraniens, le roi Koush « aux dents d'éléphant » fut vaincu par Garen et amené dans le Demawend, où on l'enchaîna à côté de Zohak. Ainsi, au rebours de ce que disent les Grecs, la Médie ne prit pas la Parthyène, mais la Parthyène prit la Médie. La tradition iranienne le veut ainsi, et comme elle est aussi suivie, aussi cohérente, et, dans son ensemble, aussi rationnelle que les détails recueillis à Babylone, à Suse, peut-être à Ecbatane par les historiens grecs, se montrent décousus et difficiles à concilier entre eux, la vérité doit être de son côté.

Hamadan ou Ecbatane suivit le sort du pays dont elle était la métropole. Férydoun l'occupa, mais il n'y transporta pas sa résidence. Il resta à Amol, ou Témysheh. Il ne donna pas non plus la nouvelle conquête aux Gawides, qui en étaient les héros. Ce fut Nestouh, roi de Ragha, qui eut l'investiture. Dans le nom de Nestouh se retrouve celui d'Astyages.

L'empire iranien atteignit ainsi du côté de l'occident une limite qui ne fut pas dépassée jusqu'au règne de Cyrus. La guerre, sinon permanente, du moins fréquente contre les Assyriens, put amener des incursions sur le territoire de la Mésopotamie, mais il n'en résulta pas d'annexions jusqu'à l'époque encore lointaine que j'indique. A l'est, les choses se passèrent différemment et exigent un récit détaillé.

Dans cette partie essentielle du premier empire d'Iran, la domination des Zohakides s'était assise avec assez de facilité, du moins beaucoup mieux que dans la Montagne. On peut s'en étonner parce que ces provinces étaient plus éloignées des territoires assyriens ; mais on revient de cette surprise quand on songe que l'état de civilisation toujours plus avancée des pays djemshydites de l'est avait d'abord favorisé la révolution, et ensuite porté les peuples à s'en accommoder, enfin, s'était prêté à ce que des colonisations telles que celles de Kophen ou Kandahar se formassent et devinssent des points d'appui d'une grande ressource pour l'esprit étranger. Si des oppositions survécurent, elles n'eurent point un caractère activement hostile et surtout ne ressemblèrent en rien à la résistance obstinée des montagnards de l'Elbourz, parce que toute civilisation urbaine développe chez les peuples qui s'y abandonnent un degré d'énervement et de démoralisation proportionnel à ses mérites. C'est ainsi que la Bactriane, la Sogdiane, la Margiane et les autres territoires jusqu'à l'Helmend, que nous avons vus travaillés par le luxe et le bien-être matériels, et qui abondèrent dans des idées contraires au génie arian sous le règne des derniers Djems, portèrent sans trop de protestations le joug des Assyriens.

Dans les temps antiques, le rôle d'un pays conquis laissait plus de place à l'indépendance morale que cela n'a lieu actuellement. Le vainqueur ne manquait pas d'introduire son culte, mais il n'avait pas tous les moyens nécessaires pour expulser définitivement les croyances précédentes. L'inquisition était mal dirigée ; féroce quand elle apercevait sa victime, elle avait le plus souvent de la peine à la découvrir. Il fallait payer un tribut plus ou moins lourd ; il fallait dans les guerres du prince figurer comme auxiliaire. Ces conditions remplies, les dynasties locales conservaient presque toujours leur couronne, et c'était seulement au début de la prise de possession que le souverain vaincu payait de sa vie, de sa liberté ou tout au moins de sa puissance, l'audace qu'il avait eue de résister, et le malheur de s'être laissé vaincre. Mais son frère, son fils ou son cousin, profitait de son infortune. Cette politique était universelle et se pratiquait aussi bien dans l'Inde qu'en Assyrie et dans les pays égyptiens. La raison en est fournie par l'impossibilité absolue où les dominateurs se trouvaient d'établir aucune centralisation, non-seulement parce que les instruments du pouvoir étaient faibles, que l'administration était imparfaite et les voies de communication peu rapides, mais par ce motif plus profond que les distinctions entre les races se maintenaient si tranchées, si puissantes, si inconciliables, qu'elles opposaient une résistance invincible à toute fusion. En conséquence, les monarques les plus despotiques se voyaient contraints de laisser vivre les vaincus à leur mode, n'aspiraient pas à les transformer, et bornaient toute ambition à tirer d'eux une certaine somme d'avantages et de services.

Il est peu question des rois secondaires qui sous la suzeraineté zohakide régnaient à Kandahar, à Hérat, à Kaboul, à Merw, à Balkh; mais on connaît assez bien la maison souveraine du Zawoulistan ou Zaboulistan. Cette contrée est située au nord de Kaboul et à l'est de Balkh. C'est un pays scythe et tout à fait notable pour le monde oriental, car c'est de là que sortirent ces Pandavas dont le rôle se montre tellement prépondérant dans l'Inde antique, que le Mahabharata a été composé pour raconter leurs exploits. L'intérêt excité par une telle race s'accroît encore de cette observation, que les Pandavas sont la dernière grande immigration ariane qui ait traversé les eaux de l'Indus.

La légende généalogique des souverains scythes du Zawoulistan rapporte que dans le temps où Djem-Shyd fuyait vers le nord pour se dérober à la poursuite de Zohak, il était arrivé jusqu'à cette contrée. Il y avait épousé la fille du roi régnant, Koujenk, appelée Loulou, « la perle »; et de ce mariage étaient issues les générations suivantes :

Djem-Shyd et Loulou.	Schem.
Tour ou Touj.	Ezret.
Shydasep.	Kershasep, Kourenk.
Tourek.	

Ces deux derniers frères étaient contemporains de Férydoun, et pour rester dans les limites du synchronisme et ne pas dépasser l'époque où nous sommes parvenus, il faudrait s'arrêter ici; mais comme il importe davantage de faire connaître les causes de la sympathie puissante qui attache les Iraniens à la famille du Zawoulistan, je donnerai encore les quatre générations issues de Kourenk, frère de Kershasep. Ce sont

Nériman.	Zal.
Çam.	Roustem et ses frères.

Dans la personne de Roustem, les Persans placent le

point culminant de l'héroïsme humain, et ce guerrier est pour eux ce que Rama est pour les Indiens, Roland pour nous, le Cid pour les Espagnols, Siegfried pour les Allemands.

Il ne faudrait pas jurer qu'une généalogie si importante appartienne tout entière, et telle qu'elle est donnée, aux temps si reculés où on la place. Elle pourrait bien avoir subi des interpolations, et n'être qu'un mélange de noms revenant à des personnages d'époques différentes. Le Zawoulistan et les pays circonvoisins ont été sans doute, anciennement, le séjour d'une race scythe très-belliqueuse, très-conquérante, très-influente; mais depuis la chute des rois grecs de la Bactriane jusque vers le troisième siècle de notre ère, une autre invasion, également scythe, qui n'a pas eu des qualités moins éminentes et qui a fait de non moins grandes choses par ses conquêtes et sa participation au bouddhisme, peut aisément avoir été confondue plus tard avec sa devancière, et n'avoir laissé avec elle qu'un souvenir commun.

Les Indo-Scythes du troisième siècle ont possédé les deux rives de l'Indus, et sont descendus jusqu'à la mer du Syndhy. Ils ont occupé, à l'égard de la Perse d'alors, une position digne d'être remarquée. Cependant les historiens en font peu ou point mention, et il n'y aurait rien d'extraordinaire à ce que, ne les plaçant pas où ils devraient être, on les eût repoussés avec leurs exploits jusqu'aux jours lointains où d'autres Scythes ayant exercé à peu près la même action, les ont attirés vers eux dans l'éloignement de la perspective. Les noms de Kourenk, frère de Kershasep, et de Koujenk, beau-père de Djem-Shyd, placés à deux points importants du lignage, ont assez de rapports avec celui de Kanerk ou Kanerkès, porté par les rois indo-scythes ou indo-gètes, qui font naître mes doutes pour justifier les réserves que je propose. Mais il faut pourtant se garder d'aller plus loin que l'idée d'une interpolation possible. La table généalogique en elle-même et l'ensemble des faits auxquels elle se rapporte sont authentiques et d'une ancienneté bien supérieure à l'époque des rois indo-scythes du troisième siècle. Seulement il ne faut pas non plus attacher trop d'importance aux rapports donnés de filiation. Tout ici doit rester en dehors d'une conviction absolue.

Le Zend-Avesta impose à la famille le nom patronymique de Çama, qui dans la suite des temps est devenu la propriété exclusive du père de Zal, aïeul de Roustem. Les Çamas, suivant le Yaçna, ont pour auteur Thrita, le premier des humains qui ait pratiqué l'art de guérir [1]. Il est appelé par le texte sacré « le plus utile des Çamas », et ses deux fils sont Urvakhshya et Kereçaçpa ou Kershasep.

Le premier n'est autre que le personnage de la table persane appelé Kourenk. Le Yaçna s'occupe peu de lui : c'est un régulateur de la Loi. Les actions et la personnalité du second sont rendues d'une manière tout à fait mythique. C'était, dit le Yaçna, un jeune homme doué d'une haute efficacité, porteur de la massue Gaeçous ou « à tête de bœuf ». Ce fut lui qui frappa le serpent Çruvara, fatal aux chevaux et aux hommes, venimeux, de couleur verdâtre, distillant un flot de venin vert de l'épaisseur du pouce. Un jour, Kereçaçpa faisait cuire sa nourriture, à l'heure de midi, sur le dos du monstre, ne le connaissant pas pour ce qu'il était. Tout à coup le feu brûla le dragon, il

---

[1] Spiegel, *Vendidad*, t. I, p. 255, et *Yaçna*, ch. I, 1, 11; IX, 30, et p. 71-72. — Il y a ici une confusion intéressante à étudier. Les Indiens considèrent aussi Thrita comme le père des médecins; mais c'est Thraëtaono ou Férydoun qui existe, dans leur pensée, sous ce nom. Hamza-Isfahany, recueillant cette tradition, l'applique aussi non pas à l'éponyme des Çamides, mais à Férydoun lui-même, et il lui attribue l'invention des enchantements, celle des antidotes, comme la thériaque, la découverte des premiers principes de l'art de guérir, l'usage des simples, etc.

[2] *Ibid.*, IX, 31 et seqq.

tressaillit, et, pour se soustraire au chaudron, il se retira vers l'eau courante. Kereçaçpa, stupéfait, s'enfuit. Son sort fut d'être tourmenté par les démons; car une fée, une païrika, appelée Khnanthaïté, s'attacha à lui cruellement[1].

C'est là tout ce que le Yaçna contient sur les Çamides; et comme il compte cette race pour la troisième de celles qui ont été vraiment pures et religieuses dans le monde, la première étant celle des Djemshydites, la seconde celle des Abtiyans ou fils d'Athwya, on peut assez comprendre que, mise en parallèle et sur le même rang que deux lignées si augustes, la légende persane ne saurait être blâmée pour avoir exagéré sa grandeur et son importance. Elle est même beaucoup plus modérée dans ses éloges que le Yaçna, et les traits qu'elle a conservés ne sauraient être considérés comme étant de pure invention, bien que le Yaçna les passe sous silence.

La famille des Çamides est connue aussi des Indiens, dont ses domaines la rendaient voisine. Thrita est pour ceux-ci un guerrier en même temps qu'un médecin, car c'est excellemment un sage. Quant à Çama Kereçaçpa ou Kershasep, c'est Kriçaçva, qui ne paraît pas encore dans les Védas, silence très-compréhensible, car ce héros est moins ancien que ces hymnes; mais le grammairien Panini et les poëmes le connaissent, et le rattachent très-exactement à la famille dans laquelle il faut le compter. Ainsi l'authenticité et l'antiquité des Çamas se trouvent aussi complétement établies qu'on peut le désirer. Le Yaçna, en nommant cette lignée héroïque après celle d'Abtyn ou Athwya, et avant celle d'où sortirent les Achéménides, s'accorde avec le silence des Védas pour ne pas permettre de la croire antérieure à l'époque de Férydoun, et, par induction, on se trouve en droit d'établir du même

[1] *Vendidad*, I, 36.

coup que la rédaction actuelle du premier chapitre du Vendidad, qui semblerait, superficiellement examinée, placer Kereçaçpa à la source même des migrations iraniennes, se reconnaît par là postérieure aux temps assyriens qui ont suivi la chute du premier empire, époque à laquelle remonte réellement l'origine des Çamides. Pour ce qui est de celle des générations de la famille que nous avons en ce moment sous les yeux, elle appartient à l'époque de Férydoun.

La maison du Zawoul ressemblait en ceci à la race royale, qu'elle tirait son extraction des Scythes par le côté féminin. De même que Férareng avait pour père le roi de Bésila, et était née au delà de la Caspienne; de même Loulou, la fille du roi Koujenk, n'avait rien d'iranien, bien que femme de Djem-Shyd; mais ce n'est pas là un des détails de la généalogie dans lequel il soit à propos de mettre le plus de confiance. Les Persans eux-mêmes remarquent que les Çamides s'éloignèrent de plus en plus de la demi-pureté prétendue de leur sang, car, ennemis des Arians sémitisés qui régnaient à Kaboul, ils s'unirent pourtant par mariage à ces constants adversaires. La mère ou la femme de Roustem venait d'eux. Le Tjehar-é-Tjemen l'affirme; de ce côté les Çamides remontaient à Zohak.

Célébrés comme aventureux, intrépides, toujours guerroyants, ils n'éprouvaient aucun regret particulier de la chute du premier empire et des souffrances de la Foi pure. Jusqu'au règne de Kershasep ils restèrent sous l'influence de la fée Khnanthaïté, et très-peu soucieux d'affaires qui n'étaient pas les leurs. Imperturbablement fidèles au roi d'Assyrie et servant ses intérêts, ils avaient leur chaudron placé sur le dos du serpent, mangeaient, et ne s'apercevaient ni que ce fût un serpent, ni de sa bave empoisonnée. De même que le grand monarque de Ninive était l'allié de Mehradj l'Indien, de même Kershasep l'était aussi, ses pères l'ayant été avant lui, et ses plus grands exploits jusqu'à la victoire de Férydoun, ceux qui lui avaient déjà acquis toute sa célébrité, s'étaient accomplis en défendant les Hindous-Sanscrits, les Arians du nord de la Péninsule contre les aborigènes du midi, représentés dans les fables persanes, tout aussi bien que dans le Ramayana, par un roi de Ceylan. Aussi n'y a-t-il rien d'extraordinaire à ce qu'un héros, fort de tant de services rendus à la cause brahmanique, ait trouvé non moins que ses ancêtres quelque gloire au delà de l'Indus, et que son nom ait été conservé avec honneur par les compositions poétiques ou philosophiques de ce grand pays. Indépendamment même de ce que les Hindous savent des faits qui touchent directement à Kereçaçpa, ils ont eu en vue son peuple quand ils ont parlé de certaines émigrations de Çakas ou Scythes établis à l'époque héroïque dans le Pendjab, où la ville de Çakala avait été fondée par ces envahisseurs. Le Mahabharata en dit encore plus lorsqu'il mentionne un empire nommé le Çakaladwipa, qu'il place, divisé en sept provinces, sur la frontière du nord-ouest de l'Inde, ce qui se rapporte bien au Zawoul et à ses dépendances; et en montrant les Çakas ainsi domiciliés dans l'Inde, le narrateur les rattache aux Sogdiens et les Sogdiens à la grande race héroïque et conquérante des Pandavas, par là reconnus pour avoir été des Scythes véritables [1].

Ce ne fut pas seulement dans la guerre que Kershasep fut puissant. Il apparaît encore comme le colonisateur du Seystan. Il y bâtit des villes, il y étendit les cultures. Ainsi est heureusement commentée l'observation de sir H. Rawlinson sur le nom de cette province. Le savant général retrouve dans la forme arabe « Sedjestan » une forme primitive, « Sekestan », que Pline a d'ailleurs très-

[1] Lassen, ouvr. cité, t. 1, p. 652-3.

bien donnée dans le nom de « Sacastania », et l'on doit en induire que les Scythes qui avec Kershasep colonisèrent le pays, se considéraient comme des Saces ou Sakas. La Chronique de Mohammed-Lary confirme cette notion lorsqu'elle raconte que Férydoun accorda l'empire du Turkestan à un certain Keshtasep, de la race de Djem-Shyd, qui fut, dit-il, un des ancêtres des Çamides. Mohammed-Lary recule un peu trop loin dans le nord les domaines de la maison du Zawoulistan; mais il expose suffisamment le fait principal en montrant cette famille parente des Scythes, et de très-près.

L'histoire du Seystan est aussi complète dans son ensemble et remonte aussi haut que celle des pays de l'Elbourz. Elle décrit la contrée avant même le temps de la prise de possession par les premiers Arians, alors que cette terre devint connue sous le nom de Haëtoumat, « la lumineuse ». C'était une région presque entièrement couverte par les eaux. Sept rivières, l'Helmend, le Fourrahroud, le Khekroud, le Héroud, l'Érendab, l'Érenou et le Nérenk, y portaient leurs tributs dans un vaste réservoir qui, à l'époque des crues annuelles, déversait son trop-plein dans le lac Hamoun, c'est-à-dire dans la grande mer intérieure, appelée Pouytika. C'est probablement à cette disposition spéciale du pays que les historiens musulmans se sont rattachés pour dire que lorsque Noé fit sortir la colombe de l'arche, c'est dans le Seystan que cet oiseau prit pied d'abord; le patriarche descendit aussitôt, et, sur le sol délivré du déluge, fit deux rikaats de prières. Dieu sait avec exactitude ce qui en est; mais il est certain que le pays était riche en volatiles de toutes sortes, et particulièrement en espèces aquatiques. Un Djemshydite, que l'auteur du Heya-el-Molouk se plaît à confondre avec Salomon, fut séduit par les beautés naturelles du paysage. C'est le moment décrit par le Vendidad comme étant celui où les Arians s'emparèrent de l'Haëtoumat. Le conquérant força les dyws, les aborigènes noirs, à ramasser et à transporter dans leurs immenses marécages les sables qui abondaient dans le Kharizm, c'est-à-dire au nord de Balkh. Ainsi fut formé un terrain solide et d'une fertilité extraordinaire. Les naturels furent ensuite employés à élever des constructions énormes, et comme on ne se fiait pas à eux et qu'on voulait une population plus sûre, le souverain envoya dans les nouveaux établissements quarante mille captifs étrangers. Dès le temps du premier empire, les habitants de l'Haëtoumat ne passaient donc pas pour être des Iraniens purs. Leur sang avait une base mélanienne comme celui du reste de l'Iran, et de plus il s'était allié à des familles soit sémites, soit scythes, ces dernières arianes sans doute, mais non pas de la migration des Djems.

C'est au milieu des descendants de ces colons qu'arrivèrent les Scythes de Kershasep, sortis du Zawoulistan. Trouvant là des demi-compatriotes, et charmés à l'aspect des grands bois de dattiers et de grenadiers répandus sur le pays, ils s'y établirent en très-grand nombre. Le livre intitulé « Heya-el-Molouk », auquel j'emprunte la plupart de ces détails, et qui est lui-même une histoire de la province, rapporte que toutes les anciennes villes du Seystan étaient placées au bord des rivières ou au pied des montagnes, parce que des eaux on retirait du sable d'or et des pierres précieuses, et que dans les vallées de la région haute on exploitait des mines.

Le nom ancien de Haëtoumat s'effaça pour faire place à celui des nouveaux maîtres. Aujourd'hui encore le dialecte persan particulier au Seystan s'appelle le sekhzy. Le Heya-el-Molouk, citant le nom d'un célèbre auteur indigène, l'écrit Abou-Souleyman-Sekhzy, et le Nasekh-Attevarykh dit du Sassanide Dehram III qu'avant de monter

19.

sur le trône il portait le titre de Sekan-Shah ou roi du Seystan, parce qu'il avait été investi de la souveraineté de cette province, alors appelée « Sekan ». Quant au nom de Haëtoumat, j'ai déjà expliqué ailleurs qu'à l'époque des Grecs on l'appliquait au cours d'eau principal qui traverse toute cette région, et qu'on lui donnait la forme Etymander. Le poëte du Kershasep-nameh écrit Ermend; c'est l'Helmend dans la bouche des Persans actuels.

Un dernier trait reste à noter dans ce qui prouve le caractère scythique de la population du Seystan aux temps héroïques. Le Vendidad reproche à l'Haëtoumat d'aimer la violence, les querelles armées, les blessures, les meurtres. Ce sont bien là les signes du tempérament bouillant de la race déjà modifiés par les progrès de la civilisation chez les Arians-Iraniens, mais restés très-saillants chez leurs frères du nord.

Les Çamides se voyaient possesseurs d'une vaste étendue de pays; ils régnaient à la fois sur la contrée située au-dessus de Bamian et sur les plages du lac Hamoun. Ils disposaient d'une grande force, puisqu'ils s'étaient souvent mêlés avec succès aux affaires de l'Inde. Au moyen de leurs ressources, ils tenaient en échec leurs voisins, grands feudataires comme eux, les rois de Kandahar, de Kaboul, de Tubbet, de Merw. Du reste, ils ne jouissaient pas plus que leurs suzerains, les monarques d'Assyrie, d'un pouvoir illimité. Une telle prérogative était inconnue aux princes des pays arians, quel que fût le degré de leur élévation. Kershasep apparaît entouré de chefs avec lesquels il compte: Herbez, Karahoun, Arfesh, Neshwad, Azershen, Bourz, sont des châtelains maîtres dans leurs domaines comme il l'est chez lui, tenus en bride par les chefs de famille comme il l'est lui-même par eux.

Il ne paraît pas que, malgré la facilité avec laquelle les Çamides avaient accepté le vasselage de Zohak, ils se soient crus obligés de défendre l'empire assyrien contre les succès de Férydoun. La légende ne marque rien de semblable. Elle a pris soin même de donner à penser tout le contraire, puisqu'elle nous a montré déjà, dans l'entretien du messager de Kershasep avec Abtyn au milieu des bois, que les Seystanys observaient avec un intérêt sympathique les efforts des hommes de la Montagne pour secouer le joug. Cependant elle ne va pas jusqu'à dire que les Çamides aient préparé le triomphe. Il semblerait qu'ils se soient bornés à l'accepter une fois accompli, et que pour transporter leur hommage de Zohak à Férydoun, ils aient attendu que celui-ci fût bien en état d'y prétendre.

Une conduite si passive, un tel manque de zèle est exprimé par le mythe qui rapporte qu'un jour Kereçaçpa osa frapper le feu, parce qu'à son gré il ne flambait pas assez vite, et cette action a paru si énorme que les Parsys l'ont punie en reléguant le héros dans l'enfer. D'autre part, les romans représentent comme éternel l'attachement de ce même prince à la païrika qu'ils appellent Pérydokht, « la fille des fées. » Enfin, si Kershasep se soumit à Férydoun, il ne renia pas les traditions de sa famille, et conserva toujours ce que l'on peut appeler exactement ses armoiries, c'est-à-dire des étendards noirs semés de serpents, marque de son ancien attachement à la maison de Zohak ; mais il y ajouta un lion d'or surmonté d'un croissant, c'est-à-dire les insignes mêmes de Férydoun et de l'Iran. C'est le Kershasep-nameh qui donne ce détail, d'autant plus curieux que le poëme est d'une époque où l'usage du blason commençait à peine chez nous. Quant aux serpents considérés comme symboles de la monarchie assyrienne, j'ai dans les mains deux monuments pour en constater l'existence. Le premier est une agate ou cornaline rouge teintée de blanc, de forme ronde et plate, sur laquelle est gravé un dragon ailé entouré d'un serpent. Le second est une épaisse amulette de jade, percée d'un trou pour pouvoir être portée. De deux pouces de large sur trois de haut, elle est taillée en relief assez fort, et on y voit un reptile montrant la tête et la moitié du corps. Cette pierre vient d'Hamadan.

Une fois que Kershasep, et avec lui son neveu Nériman, eut été rattaché au nouvel État, les domaines régis plus ou moins directement par Férydoun présentèrent un ensemble qu'il importe d'examiner, pour bien voir en quoi le troisième empire d'Iran différait territorialement du premier. Ce sera, en même temps, prendre connaissance de certains changements accomplis pendant la longue domination des Zohakides.

Amol ou Témysheh, la capitale, était entourée d'une région allant d'Asterabad à peu près jusqu'aux frontières du Ghylan, peut-être jusqu'au cours inférieur du Kizil-Ouzen. Plus loin, du côté de l'ouest, régnaient les Scythes. C'était le patrimoine royal. Du côté de l'Elbourz, au sud, ce patrimoine était promptement limité par les fiefs des Gawides, puisque ceux-ci possédaient Garen ou Varena, contrée que l'on a appelée plus tard le Roustemdar. Ils tenaient aussi Demawend et les escarpements prolongés jusqu'aux défilés du Kaflan-Kouh.

Au delà d'Asterabad, dans la direction de l'orient, s'ouvrait l'Hyrcanie, le Vehrkana, le Gourgan actuel, pays très-anciennement iranien. Par suite de changements qui devaient avoir à l'avenir de grandes conséquences, cette terre était sortie des mains des Zohakides impuissants à la garder, et les tribus scythiques y dominaient. Cependant l'Hyrcanie continuait à être couverte de villes florissantes et de belles cultures. Les traditions iraniennes, très-différentes en cela de celles des Grecs, ne montrent jamais les Scythes, les Sakas, comme des sauvages. On ne saurait trop insister sur cette vérité

CHAPITRE II. — RÈGNE DE FÉRYDOUN.

et la mettre trop fortement en lumière. L'inimitié entre les deux fractions de la race n'a pas commencé, sans doute, à ce moment de la naissance du troisième empire ; mais, alors même qu'elle sera flagrante, les Iraniens ne considéreront encore les Scythes que comme des adversaires et nullement comme des hommes placés en dehors de toute valeur sociale. Il est bien à supposer que les princes scythes devenus possesseurs du Gourgan avaient fini par reconnaître la suzeraineté plus ou moins effective de l'Assyrie, car, après la révolution ils rendirent hommage à Férydoun et s'avouèrent ses vassaux.

Les rois de Merw et de Balkh, de Moourou la sainte et de Bakhdhy la belle aux drapeaux élevés, firent de même, et aussi les rois de Kaboul, rivaux héréditaires des Çamides, et encore les princes du Kandahar. Il n'est pas question du Syndhy. Probablement le Mekran, peuplé par des dyws, par des noirs indigènes mêlés de métis, resta comme ce pays en dehors de la nouvelle monarchie iranienne. Ces territoires avaient accepté la suprématie de Zohak, mais rien ne dit qu'ils se soient soumis à Férydoun ; il n'est cependant question d'aucune guerre entreprise contre eux.

La partie méridionale de l'Elbourz formait le domaine de la famille de Nestouh, comme le centre et le nord celui des Gawides. Nestouh régissait des États assez dispersés. On a vu qu'outre son fief héréditaire, dont la capitale était Ragha, il possédait Ecbatane et une grande partie de la Médie : Férydoun lui en avait donné l'investiture. De leur côté, les Gawides étaient aussi établis à Ispahan, car, plus tard, cette ville est dans les mains d'une de leurs branches, représentée par Rehham, fils de Kondery, fils de Garen, fils de Gaweh. Ceci pourrait se rattacher à l'opinion qui fait de l'éponyme de cette famille un forgeron de cette cité. L'historien Khondemyr, jaloux de présenter

Nabuchodonosor comme un Iranien, le confond avec Rehham, qui aurait ainsi été le destructeur de Jérusalem.

La tradition iranienne s'est de bonne heure laissée aller à oublier les noms du plus grand nombre des familles puissantes réunies certainement autour du trône de Férydoun, pour attribuer les exploits et la gloire de tant de vassaux aux trois grandes maisons d'Abtyn, de Gaweh et de Çam. Nestouh et les siens ont été les victimes de cet esprit de préférence qui frappa plus encore les rois de Balkh, de Merw, de Kaboul, de Kandahar, de Tubbet, de Gourgan, et fit même disparaître jusqu'à la trace de tous les autres. De sorte qu'il ne faudrait pas donner une créance trop absolue au renseignement qui concède la domination d'Ispahan, c'est-à-dire d'une partie de la Perside, aux descendants de Gaweh. Il est même possible que le désir de revendiquer un rôle considérable pour cette contrée lointaine dans le mouvement qui délivra l'Iran de l'oppression, fût pour quelque chose dans cette version peu probable. Les Perses une fois placés à la tête des nations pures, ont dû vouloir, comme les Mèdes, entrer en partage d'une réputation qui n'était pas la leur. Il leur a paru naturel que tout ce qui avait créé la puissance iranienne ait pris son origine dans leur pays; mais celui-ci, ne l'oublions pas, n'était pas même iranien quand se passaient les faits que je raconte. De là peut provenir la généalogie gawide attribuée à Rehham.

En ce qui concerne Nestouh, roi d'Ecbatane ou de Médie en même temps que de Rhagès ou de la Parthyène méridionale, c'est sans aucun doute l'Astyagas, l'Astyages des Grecs qu'il faut reconnaître en lui. Il représente toute la lignée médique, et il était aussi suzerain de la Perside, de la Susiane, des contrées adjacentes, comme le Kerman. Celles-ci avaient subi la suprématie de Koush « aux dents d'éléphant », et la nouvelle dynastie du compagnon

CHAPITRE II. — RÈGNE DE FÉRYDOUN.

de Férydoun entrait dans les droits de celle qu'elle détrônait. Une marque certaine qu'il faut l'entendre ainsi, c'est qu'à côté de Nestouh se place un personnage un peu subalterne, nommé Shyrouyeh. Celui-ci prend part à tous les exploits de son seigneur, partage ses conquêtes, et cependant on ne trouve nulle part quel lien l'unit au grand vassal de Férydoun. Nulle part il n'est dit qu'il ait été son frère, ou son fils, ou son neveu, ni qu'il lui ait même tenu par un titre quelconque de parenté. C'est toujours un vassal : à Hamadan ou Ecbatane, comme à Ragha, comme dans toute la Médie, il agit sous les ordres de Nestouh.

Ce personnage si peu indiqué, dont la physionomie se montre à demi effacée derrière celle du roi secondaire, présente cependant un très-grand intérêt. Si Nestouh, comme il ne faut pas en douter, personnifie la famille entière des grands vassaux intronisés à Ecbatane par Férydoun, Shyrouyeh, de son côté, n'est rien moins que l'image de la lignée des arrière-vassaux gouvernant la Perside qui devait un jour aboutir à Cyrus. C'est une forme de ce même nom très-ordinaire dans la famille régnante, et, fait digne de réflexion, si Hérodote assure, d'après les renseignements obtenus par lui à Babylone, que Cyrus le Grand était petit-fils d'Astyages par Mandane, Ctésias, se réglant sur ce qu'on lui avait dit à Suse, où il y a lieu de croire qu'on était mieux informé des généalogies royales, soutient de son côté qu'il n'existait absolument aucune parenté entre le conquérant et le roi de Médie. Du reste, ce dernier témoigne dans les pages mêmes d'Hérodote, que l'alliance de Mandane n'était pas un honneur pour sa maison; en conséquence, c'eût été la première fois qu'un pareil lien se fût formé entre les deux familles, et il n'est pas ici question de Cyrus lui-même, mais de ses ancêtres.

Bien que le Ghylan, où régnaient les descendants du roi scythe Béhek, l'ancien ami d'Abtyn, ne fût, à l'égard du nouvel Iran, dans aucun rapport de vassalité, il doit cependant lui avoir été allié et avoir reconnu une sorte de protectorat. Pour le pays de Bésila, domaine du roi Tyhour, grand-père maternel de Férydoun, comme il était fort éloigné, les relations n'étaient pas très-intimes entre l'Iran et lui. Elles l'étaient assez, cependant, pour qu'on ait conservé de ses dynastes les noms de Keshen, fils de Tyhour, et surtout de Garem, son petit-fils, dans lequel on pourrait peut-être retrouver un souvenir du frère de Zeryna ou Férareng, ce roi scythe Kydraios dont parle Ctésias.

J'ai déjà dit que les conquêtes de Férydoun se bornèrent à prendre la Médie et les annexes de ce royaume, la Perside et la Susiane, et que l'Assyrie proprement dite ne fut pas entamée par le Libérateur. Désormais, les frontières de l'Iran longèrent le versant occidental du mont Elwend et de la chaîne dont cette montagne célèbre fait partie. Mais la Médie, je le répète encore, resta définitivement rattachée au nouvel empire sous la domination de la dynastie secondaire connue des annales persanes par le nom de Nestouh, et des Grecs par celui d'Astyages. Avec le temps, quand cette province eut pris une grande place et eut assumé un rôle de premier ordre dans l'agrégation nouvelle, en raison de sa civilisation plus raffinée, plus savante, moins austère que celle du reste de l'Iran, avantage qu'elle devait à sa parenté avec Ninive et aux leçons qu'elle en avait reçues, elle attira à elle la meilleure part de la gloire du passé. En la voyant dominante sur la frontière occidentale, les Grecs ne s'imaginèrent pas qu'elle n'avait été jadis que la vassale de ces peuples belliqueux, agriculteurs, simples de mœurs, qui vivaient, leur disait-

CHAPITRE II. — RÈGNE DE FÉRYDOUN.

on, dans cet Elbourz où ils ne pénétraient pas. On leur parla de Férydoun, le héros national; ils comprirent qu'il avait dû être le roi de la Médie, et, en effet, il l'avait été, mais d'une façon et d'après un système dont la race hellénique avait perdu toute idée depuis les jours lointains d'Agamemnon ; c'est pourquoi, sans trop savoir où le héros avait résidé, où il avait vécu, de quel sang il était sorti, le sachant Iranien et maître suprême de la Médie, ils pensèrent que les Mèdes étant Iraniens eux-mêmes, ce Férydoun, qu'ils appelaient Phraortes, était Mède également et avait régné directement sur la Médie à la manière dont les rois des Lydiens et des Thessaliens régnaient à Sardes et à Larisse.

Cependant la tradition mal comprise qui attribuait aux Mèdes la gloire de Phraortes ne paraît pas avoir été générale en Perse au temps des Achéménides. Si Hérodote la rapporte et s'y tient, Ctésias l'ignore ou la méprise, et il supprime toute mention de Phraortes dans son catalogue des rois mèdes. Diodore apprécie sans doute les motifs de ce silence et les trouve bons, car il préfère aussi cette seconde version à celle d'Hérodote, placée également sous ses yeux. En somme, on s'aperçoit que sur beaucoup de points, et j'en ai déjà fait la remarque et j'aurai d'autres occasions de la faire encore, Ctésias, chroniqueur médiocre, a su mieux les choses que son glorieux devancier. Rien n'est plus explicable. Il vivait à la cour, au milieu des sources d'informations les plus complètes ; il y résida longtemps. Le voyageur d'Halicarnasse, au contraire, n'alla qu'à Babylone, vit les choses en gros, ne reçut que des renseignements de seconde main, et put aisément en altérer la valeur par des appréciations peu exactes. Quoi qu'il en soit, ce qu'il a dit de Phraortes est précieux, et en laissant à l'écart la question de nationalité de ce prince, on trouve dans « les Muses » des points de comparaison avec la légende persane qui confirment les assertions essentielles de celle-ci.

Ainsi il faut commencer par diviser ce qu'Hérodote rapporte de la naissance de Phraortes. Il le dit fils de Déjocès. En tant qu'il eût été roi de Médie, Phraortes, en effet, eût dû avoir un lien de parenté avec Déjocès ou Zohak, et ici Hérodote met Phraortes à la place même que la légende persane attribue à Koush-Héféran, roi d'Ecbatane. Il se trompe de nom et rien de plus; en outre, puisqu'il voulait absolument introduire Phraortes dans la liste des souverains directs de la Médie, il ne pouvait pas lui choisir un autre rang que celui-là. Le prince dont il parle n'est pas assurément le fils de Déjocès, mais il est bien son successeur; seulement c'est en vertu de la force et non de l'hérédité naturelle. Ce qu'Hérodote dit de tout à fait vrai, c'est que les rois mèdes étaient alliés à la famille des rois assyriens. Il fait exécuter à Phraortes la conquête de la Perside, et il ajoute qu'il fut le premier qui ait rattaché ce peuple à la monarchie des Mèdes. Présenté ainsi, le récit est erroné, car la Perside avait été dès longtemps une dépendance du pays mède. On en trouve la preuve dans la fable grecque elle-même, qui ne sépare pas la famille de Persée de celle de Médée. Mais tout devient parfaitement véridique si l'on comprend que Phraortes, roi des Mèdes en même temps que du nouvel Iran, a été le premier des rois iraniens qui ait possédé la Perside. A cette affirmation il n'y a rien à objecter, elle est sûre. Ensuite Phraortes se tourna contre les Assyriens, ceux-là qui habitaient à Ninive et étaient déjà affaiblis par la perte des contrées auxquelles ils avaient commandé autrefois. Hérodote ne dit pas quelles sont ces contrées, mais nous savons que c'est la Médie elle-même et tout l'Iran. Ainsi la réalité des choses est fort bien indiquée. Phraortes ne put conquérir le pays de Ninive; nous avons vu, en effet, que Férydoun ne s'en rendit pas maître. Tels sont les détails donnés par Hérodote sur la personnalité de Phraortes. Il ne s'agit que de comprendre les faits tels qu'ils doivent l'être ; pour cela il convient d'invoquer l'autorité sans réplique du Zend-Awesta.

Dans le premier chapitre ou fargard du Vendidad, on lit qu'à Varéna la carrée naquit Thraëtaono, qui tua le serpent Dahaka. Ainsi Thraëtaono, Férydoun, Phraortes, naquit dans l'Elbourz, là même où la légende persane place son berceau, et il fut le meurtrier de Zohak et son successeur par droit de victoire. L'épithète que, de son côté, le Yaçna donne au héros, c'est Thraëtaono à la vaillante race. Il le dit fils d'Athwya ou Abtyn. Il dit qu'il frappa le serpent Dahaka aux trois gueules, aux trois têtes, aux six yeux, aux mille forces, démon vigoureux né des dyws, redoutable à tous les mondes, méchant, qui avait produit le mauvais esprit et l'avait lancé dans l'univers pour la ruine de toute pureté. Le Yaçna n'est pas partout d'une rédaction très-ancienne, et on voit que sous l'influence d'une mysticité religieuse absolue, il ôte aux faits historiques la meilleure part de leur réalité ; mais pourtant le Yaçna, dans ses versets les plus récents, n'est pas postérieur au deuxième siècle de l'ère chrétienne, et c'est assez pour que ses allégations aient du poids. D'ailleurs il concorde avec ce que les Védas racontent, eux aussi, de Thrita, qui est Thraëtaono. Ils le font combattre avec le serpent à trois têtes et à sept queues, et délivrer les vaches sacrées de la servitude. Ainsi, pour ce récit cette fois très-antique, comme pour le Yaçna, Thraëtaono est bien toujours le vainqueur des serpents d'Assyrie et le héros religieux qui rend à la foi pure sa splendeur avec sa liberté. Je ne crois pas, d'après les trois témoignages que je viens d'alléguer, qu'aucun fait ancien puisse être déterminé d'une manière plus satisfaisante que l'origine, la personnalité et le rôle de Férydoun viennent de l'être.

Ceci posé, on a remarqué sans doute que parmi les grandes nouveautés de l'ère qui commençait, se trouvait celle-ci, que le sang scythique avait pénétré l'Iran d'une façon très-abondante, et cela par plusieurs voies. Au nord et à l'est, la dynastie secondaire des Çamides l'avait introduit au pays de Zawoul et au Seystan ; une autre dynastie vassale en avait inondé le Gourgan ; le lignage de Bébek le maintenait dans l'angle occidental de la Caspienne, et Férydoun lui-même était de race scythique par sa mère. D'ailleurs les masses d'Arians non Iraniens accumulées au nord continuaient à presser dans la direction du midi. Plusieurs de leurs divisions s'étaient fait jour à travers les résistances de leurs anciens frères et avaient acquis le droit de cité dans la société mazdéenne. Mais, très-naturellement, à ceux qui avaient réussi et s'étaient établis au milieu des pays qu'ils convoitaient, d'autres essaims voulaient sans cesse s'ajouter, et ceux-ci devaient trouver pour ennemis principaux leurs associés de la veille, redoutant la dépossession. C'est pourquoi Férydoun n'eut pas seulement à lutter contre les Assyriens. Il soutint des guerres considérables contre les Scythes, et, demi-Scythe lui-même, lança contre eux le Scythe Kershasep à la tête de ses Sakas. La tradition iranienne assure que le théâtre des hostilités se plaça surtout du côté du Gourgan, et on doit la croire avec d'autant plus de facilité que ce fut là désormais que les Scythes cherchèrent à faire brèche.

Hérodote raconte que Phraortes périt dans une expédition contre les Assyriens, après avoir régné vingt-deux ans. Il est difficile d'accepter une telle opinion, d'abord parce que l'on a vu que l'identité de Phraortes est très-obscure pour Hérodote, et il se peut même très-bien qu'un roi des Mèdes de la race de Nestoüh ait fini dans une rencontre de ce genre sans que la lignée des grands rois de l'Iran y fût le moins du monde intéressée, et pour une personnalité aussi illustre que celle de Férydoun. Les textes persans ne présentent guère ce souverain dans ses dernières années, combattant en personne et guidant ses armées; ce soin désormais appartient à ses capitaines, les Gawides, les Çamides et les autres. Ensuite, ces mêmes textes ne disent nulle part que la fin du Libérateur ait été violente. Le Shah-nameh le montre au contraire, après un règne de cinq cents ans, abdiquant en faveur de son petit-fils, qu'il couronna de ses propres mains et recommanda à la fidélité de Çam, fils de Nériman et petit-fils de Kershasep. Après l'accomplissement de cette cérémonie le héros mourut, entouré des siens, et Ferdousy s'étend avec attendrissement sur les regrets dont il fut accompagné au tombeau.

Je préfère beaucoup cette version plus probable, et j'accepte même l'énorme durée du règne de Férydoun, tout en me réservant de la rendre compréhensible, ce qui aura lieu dans le chapitre suivant.

CHAPITRE III.

HISTOIRE DES SUCCESSEURS DE FÉRYDOUN JUSQU'AU RÈGNE DE CYRUS.

Hérodote place après Phraortes Cyaxares, et le dit fils de celui-ci. Diodore, qui prétend cependant rapporter l'opinion de l'annaliste d'Halicarnasse, ayant tout à fait passé Phraortes sous silence, assuré que les Mèdes, longtemps satisfaits de vivre sans chef suprême et de voir leurs villes se gouverner démocratiquement, se résolurent enfin à élire un souverain, qui fut Cyaxares. Celui-ci fit souche royale; ses descendants augmentèrent graduellement le territoire de l'empire. Mais Diodore annonce qu'il ne parlera pas de leurs actions, qu'il ne citera pas même leurs noms, afin d'arriver plus vite aux temps de Cyrus. Il se borne à déclarer que la série de ces rois aboutit à Astyages; il invoque le témoignage de Ctésias, et donne sur cette base le tableau d'une longue suite de rois soi-disant mèdes, qu'en effet Ctésias a pu croire mèdes, mais que j'ai identifiés plus haut avec les Abtiyans iraniens; il ne dit pas un mot de Cyaxares, mais il connaît un roi Maudakès, qu'il suppose fils d'Arbaces, fondateur de la dynastie, et qui pourrait bien être un reflet du Menoutjehr dont il va être question tout à l'heure. Je me hâte de dire qu'une supposition comme celle que j'émets ici n'a guère de valeur positive; en tout cas elle serait sans grande utilité, car Ctésias n'ajoute pas autre chose sur ce Mandakès, sinon qu'il régna sur l'Asie pendant l'espace de cinquante ans.

Ce que je veux surtout faire ressortir, c'est que pour les Grecs il n'est nullement certain ni même affirmé que Cyaxares ait été le fils de Phraortes, non plus qu'il lui ait immédiatement succédé, et que l'opinion persane offre la même incertitude.

En général, Menoutjehr ou Menoushan est donné comme petit-fils de Férydoun par Pesheng, surnommé Iredj. C'est la version qu'adopte Ferdousy dans le Livre des Rois. Mais Abdoullah-Mohammed, fils de Hassan, fils d'Isfendyar, prétend que Menoutjehr n'était que le fils de la fille d'Iredj, mariée par son grand-père Férydoun à un des neveux de ce dernier, par conséquent à un des fils de Kyanwesh ou de Shadekam, issus d'Abtyn aussi bien que le grand roi. De cette façon, Menoutjehr serait encore éloigné de Férydoun d'un degré de plus. Hamza Isfahany dit vaguement que Menoutjehr était un des descendants d'Iredj.

L'auteur de la Chronique du Fars va beaucoup plus loin. Il compte entre Férydoun et Menoutjehr dix générations, et établit la table suivante :

Férydoun.	Pyl.
Iredj.	Peroushenk.
Kourek.	Arenk.
Ferkour.	Wyrek.
Roushenk.	Meshykhouryar.
Ferarweshenk.	Menoutjehr.

Tous ces noms, débris mutilés de formes zendes, sont en réalité bien iraniens, et il n'est pas douteux qu'ils aient été fournis par des souvenirs anciens. L'écrivain qui les donne remarque lui-même, au nom de Meshykhouryar, que cela signifie « l'adorateur perpétuel du Soleil. »

Avec cette liste on n'a pas de quoi combler la période entière de cinq cents ans attribuée au règne de Menoutjehr. Mais si ce chiffre n'est pas une exagération des cinquante années que, suivant Ctésias, a régné Maudakès, il permet du moins de concevoir la possibilité de répartir un si long espace entre un nombre raisonnable des partageants, dont la plupart ont été oubliés par la tradition ; et la série plus ou moins longue de rois entre le fondateur de la monarchie et le prince qui la laissa se perdre, que Diodore aperçoit vaguement, reçoit ici dans tous les cas sa justification.

Quant à l'identification de Menoutjehr avec Cyaxares, elle a déjà été faite par plusieurs auteurs et ressort assez clairement de la comparaison des textes grecs et orientaux pour ne pouvoir être sérieusement mise en doute. Hérodote raconte que Cyaxares, encore plus guerrier que ses ancêtres, inventa une tactique nouvelle et introduisit l'usage de réunir dans des corps différents les archers, les piquiers, les fantassins et la cavalerie; jusqu'alors on avait combattu pêle-mêle. Cyaxares attaqua les Lydiens, et pendant le combat le jour fut changé en nuit. Après avoir soumis toute l'Asie au-dessus du fleuve Halys, c'est-à-dire le nord, il marcha sur Ninive et l'assiégea. Au moment où il allait emporter la place, il fut assailli par une armée innombrable de Scythes que commandait le roi Madyas, fils de Protothyès, et qui, lancés à la poursuite des Cimmériens fugitifs, se trouvaient dans le pays des Mèdes.

Pour arriver jusque-là, il leur avait fallu faire une longue route, non pas celle que connaissaient les Grecs et qui, allant du Palus-Méotide au Phase et à la Colchide, aboutit après trente bonnes journées de piéton, et à travers les montagnes et le pays des Sapires, jusqu'aux terres médiques; ce ne pouvait être le chemin qu'avaient suivi les Scythes vainqueurs des Cimmériens. Ils passèrent plus haut, dit Hérodote, et ils arrivèrent en laissant le Caucase sur leur droite.

Je remarquerai que le Caucase dont il est ici question n'est aucunement celui de Géorgie, car, dans ce cas, venant du Palus-Méotide, il n'y aurait pas besoin de faire observer que les Scythes l'avaient eu à leur droite. Cela s'entendait assez de soi. Mais Hérodote veut dire que les Scythes ne prirent ni le chemin qui vient du pays des Sapires ou mieux Tapoures, ni celui qui partant du Palus-Méotide aboutit à la frontière septentrionale des Mèdes. On lui a raconté, et il n'a pas très-bien compris, que les Scythes, agresseurs de Cyaxares, avaient laissé à leur droite le Caucase persan ou l'Elbourz pour pénétrer sur les territoires iraniens dans la direction de l'Hyrcanie et de la Bactriane, ce que nous avons reconnu plus haut être sur la route ordinaire de ces peuples vers les contrées pures.

Cyaxares et les Mèdes ayant été battus par les Scythes, abandonnèrent pour un temps leurs projets de conquête contre les Assyriens. Mais les vainqueurs, restés seuls maîtres du terrain pendant l'espace de vingt-huit ans, ayant rendu insupportable leur domination déprédatrice, les Mèdes réussirent à inviter le plus grand nombre des chefs à un festin, et les ayant enivrés les massacrèrent. Alors Cyaxares reprit le cours de ses conquêtes. Il se présenta de nouveau devant Ninive, s'en empara, et subjugua tous les Assyriens jusqu'au pays de Babylone exclusivement. Ceci fait, il mourut après un règne de quarante ans, y compris les dix-huit ans qu'il lui avait fallu porter le joug des Scythes.

De tout cela, Diodore ne sait pas un mot, et il se contente de rappeler ce qu'il a déjà dit du peu d'accord des historiens assyriens et mèdes sur cette partie des annales de la dynastie d'Ecbatane. Ctésias, son guide favori, n'avait donc rien raconté de pareil, et par la raison très-simple qu'il ne considérait pas l'ensemble de ces faits comme appartenant à l'histoire de la Médie, non plus qu'il ne prenait Cyaxares pour un roi mède ; car il n'est pas admissible que le Cyaxares placé par lui à la tête de la généalogie médique là où Hérodote a nommé Déjocès, puisse être identifié avec la personne du conquérant de Ninive. Ce n'est que l'écho d'un nom.

Les Asiatiques présentent l'histoire de leur Cyaxares, de Menoutjehr, sous un jour qui, avec plus de poésie, a aussi beaucoup plus d'intensité et de vérité.

Férydoun avait eu trois fils : Iredj, surnommé Pesheng, fils d'une fille d'un des grands vassaux iraniens et qu'on appelait Irandokht ou « la fille de l'Iran », et Tour et Selm, nés l'un et l'autre d'une fille de Zohak. Iredj représentait le sang le meilleur de la race pure, au lieu que ses frères, à demi iraniens, étaient aussi à demi étrangers. Tandis que le premier était la personnification de la nation choisie et du vrai peuple de la Montagne, Tour, son frère, était celle des peuples scythiques, ses parents, mais ses parents avides, ambitieux, perturbateurs de son héritage; et Selm, celle d'autres parents, les peuples de l'Occident, les Assyriens surtout, rancuneux adversaires de l'Iran délivré de leur joug. La tradition rapportée par Ferdousy ne laisse pas oublier un instant ce fait que la famille de Selm était dominée par l'influence d'une origine odieuse, et il a bien soin de remarquer non-seulement pour Selm lui-même, mais encore pour son petit-fils Gherkwy, que c'était là le produit de Zohak à peine modifié.

Ainsi le monde d'alors, en tant que les Asiatiques le connaissaient, se partageait entre l'Iran, la seule partie intéressante, le Touran, où abondaient des masses de cavaliers pillards et menaçants, le pays de Selm enfin ou l'Occident, dans lequel couvaient tous les mauvais vouloirs. En dehors de ces trois éléments principaux, on apercevait encore les Hindous et les vassaux peu fidèles du Kaboul; ces derniers ne perdaient pas une occasion de nuire aux contrées pures, mais ils ne jouaient qu'un rôle secondaire.

Je n'ai pas besoin de rappeler qu'en faisant d'Iredj le fils de Férydoun, je me conforme simplement à la version du Shah-nameh. Je ne veux ni infirmer ni encore moins détruire l'autorité des textes que j'ai cités plus haut et qui tendent à mettre entre Férydoun et Cyrus une longue descendance de souverains. Je me borne à consigner telle quelle la conception idéalement vraie, mais trop grandiose, trop simple, trop absolue pour être matériellement historique, que Ferdousy a conservée de l'état des affaires à l'époque qui nous occupe.

Iredj, attaqué par ses deux frères, trahi et persécuté, fut tué par eux, et Menoutjehr, son fils, lui succéda dans

CHAP. III. — HISTOIRE DES SUCCESS. DE FÉRYDOUN. 309

l'amour de la nation pure. Il était né dans la Montagne, à Manwesch, dit le Borhan-é-Gaté. Toutes les grandes familles fidèles se pressèrent autour de lui, et l'affection qu'elles avaient eue pour son grand-père Férydoun le couvrit d'une sorte d'auréole. Mais tout à coup les guerres qu'il conduisait contre Selm, l'Occidental, furent interrompues dans leurs succès par une attaque désespérée des Touranys qui, venant en aide à leurs alliés, exécutèrent une diversion puissante, couvrirent les frontières du nord de nuées épaisses de cavaliers, et se mirent à ravager l'Iran oriental. Menoutjehr et ses héros, impuissants à contenir une pareille tempête, furent obligés de quitter Rhaga, d'abandonner les plaines et de se réfugier dans la Montagne, où ils résistèrent de leur mieux à leurs innombrables ennemis.

Pendant deux ans, ceux-ci, les tenant bloqués dans les vallées, se comportèrent en maîtres impérieux dans toutes les contrées pures. Mais enfin, lassés par la résistance de Menoutjehr et ne pouvant réussir à le forcer, ils se laissèrent persuader, moitié lassitude, moitié ennui, de lever le siége inutile qu'ils faisaient des défilés du Roustemdar, dans l'Elbourz, et, plus par adresse que par force, on en fut débarrassé, et ils regagnèrent leur pays.

Une fois délivré de ce péril, Menoutjehr, sortant de l'Elbourz, s'avança vers l'occident. Il alla attaquer sur son propre territoire Selm, le représentant de la race de Zohak, le combattit, et le tua de sa propre main. Les documents en prose racontent, à la suite de cet exploit, la conquête de l'Assyrie tout entière, et ils ont un tel sentiment de la façon dont Menoutjehr gouverna cette grande région après l'avoir soumise, qu'ils le présentent comme le premier qui l'ait fertilisée par l'ouverture de canaux d'irrigation, inconnus dans la Mésopotamie avant son règne. Ils ne s'arrêtent pas en si beau chemin, et leur conquérant favori pousse ses triomphes jusqu'en Égypte.

Les poëmes sont moins libéraux envers Menoutjehr, et limitent un peu plus ses succès. Ferdousy ne dit pas même explicitement que la défaite et la mort de Selm aient été suivies de la prise de possession des États de ce dernier. Mais le fait ressort pourtant des détails que le poëte de Nishapour ajoute au sujet de la domination incontestée, qui appartient dès lors à l'Iran, sur les provinces du prince vaincu. Le récit de la mort de Selm tel que le donne le Shah-nameh, assez caractéristique pour être présenté ici, donne lieu à une scène d'une grandeur toute féodale. Menoutjehr vient d'exterminer le dernier souverain ninivite. Les vassaux de Selm, tremblants pour eux-mêmes, se tiennent devant le vainqueur. Celui-ci, debout, armé, à l'entrée de sa tente, écoute leurs sollicitations et leurs prières : ils demandent qu'il leur soit permis de rendre les honneurs funèbres à leur chef. Le monarque iranien leur répond :

« J'ensevelirai l'objet de votre amour, et par là je glo-
» rifierai mon nom. Toute action qui n'est pas dans la
» voie de Dieu est dans celle d'Ahriman. Elle est mau-
» vaise. Qu'elle reste loin de ma pensée! qu'elle aille aux
» méchants et aux monstres! Je ne vous demanderai
» compte ni de votre haine pour moi, ni de votre amour
» pour mes ennemis. Une fois vainqueur, mes rivaux, à
» mes yeux, sont innocents. Aujourd'hui je dois être juste
» ou injuste. Je n'ai plus à frapper, je n'ai plus à sou-
» mettre. Demandez-moi de vous aimer. Commencez donc
» librement vos chants funèbres. Laissez là les instru-
» ments guerriers. De toute race malfaisante détournez-
» vous! et que vos prêtres sages s'assemblent à votre
» appel. Dans vos contrées, dans celles des Turks du
» Tjin, dans les provinces du Roum, choisissez à votre
» gré un lieu brillant pour y placer la sépulture de celui
» qui fut votre roi. Livrez-vous sans crainte à ce pieux

» travail. » — Alors des voix s'élevèrent, sortant des tentures qui voilaient la demeure intérieure : « O héros,
» exemple de vertus et de sagesse, ne songez plus désor-
» mais à verser le sang ! Que la fortune ne soit plus con-
» trainte par vous à troubler l'univers ! »

Voici donc Menoutjehr maître d'une monarchie singulièrement agrandie, et telle que celle de Férydoun pouvait sembler petite en comparaison ; mais la constitution intérieure n'en était pas changée. Les grandes familles vassales des Gawides, des Çamides, des descendants de Nestouh, possèdent leurs anciens fiefs, augmentés ou rehaussés par l'éclat que la victoire fait rejaillir sur leurs maîtres; et à côté de ces races primitives on voit s'en élever une nouvelle, destinée à avoir beaucoup plus de retentissement dans l'histoire du monde. C'est celle d'Aresh, l'éponyme des Arsacides, qu'Abdoullah-Mohammed, fils de Hassan, fils d'Isfendyar, appelle le Razy, ou l'homme de Rhagès, dans sa précieuse Chronique du Taberystan.

Il a déjà été dit plus haut que la population iranienne de l'Hyrcanie, ces anciens colons qui, au temps des Djems, avaient les premiers arraché le pays aux dyws et l'avaient cultivé, avait subi à son tour, avant Férydoun, une invasion de Scythes. Le nom particulier de ces nouveaux arrivants était pour les Grecs, sous Cyrus, les Derbikkes, Derbysses ou Dyrbæi, et le Shahnameh les connaît sous le nom de Berdeh, dont il fait le chef de la nation; quant aux Indiens, ils nomment ces peuples « Paradas », et le zend les appelle « Pouroutas »[1].

Les généalogies en prose, recueillant ces souvenirs et entrevoyant leur véritable portée, ont fait de Bertas ou Pertas un fils de Kemary, fils de Jafès, fils de Nouh. Ainsi

[1] Lassen, ouvr. cité, t. 1, p. 525.

nous trouvons tout à la fois dans les annalistes grecs et dans les Orientaux, le plus ancien souvenir des Arsaces et des Parthes reproduit d'une façon très-concordante.

Ferdousy s'accorde avec Ctésias pour reconnaître que la nation scythe dont il est question occupait l'Hyrcanie, et étendait ses domaines jusque dans le Kohistan de Rey, à l'est, vers la région du bourg actuel de Damghan, là où fut plus tard Hékatompylos. Il paraît que ces tribus étaient venues originairement du Ladakh, où elles s'étaient fait une réputation d'intégrité dont les Grecs eurent connaissance au temps des Achéménides.

« Les Dyrbæi, dit Ctésias, sont heureux, riches et
» justes. Ils ne nuisent à personne. Si quelqu'un d'entre
» eux trouve sur son chemin quelque argent ou des objets
» quelconques, il rend tout au propriétaire. Leur conduite
» est réglée par des rites religieux, et ils ne se nourrissent
» que de végétaux. »

C'est peut-être beaucoup de vertus et bien de la discrétion pour des gens des Montagnes et des Scythes. Mais il faut conserver les paroles de Ctésias[1]. En tout cas, on ne saurait révoquer en doute la gloire des Dyrbæi. Elle avait traversé la région de l'Iran oriental et franchi l'Indus. Les Parthes comptaient au nombre de leurs tribus une race particulière et prééminente. C'étaient les enfants d'Ashek, appelé aussi Aresh et Ashkesh, et dans ces formes d'un même nom on retrouve la double source des

---

[1] Strabon ne parle pas tout à fait d'un ton si élogieux des Derbikkes; ils avaient, suivant lui, l'habitude de tuer et de manger les vieillards au-dessus de soixante-dix ans; quant aux vieilles femmes, ils les pendaient et les enterraient ensuite. Ces renseignements ne paraissent pourtant pas bien sérieux. Élien, Étienne de Byzance, Diodore, Denys d'Halicarnasse et Pomponius Méla ont aussi parlé des Derbikkes, alors considérés comme habitant près de l'embouchure de l'Oxus. Ils avaient à côté d'eux les Parses et les Dahæ, et un peu plus bas, au sud, les Tapoures et les Mardes. Toutes ces populations parentes devinrent plus tard le premier noyau des nations arsacides.

dénominations d'Arsaces et d'Ashkanyans, données aux grands rois parthes par les Grecs et par les Asiatiques [1].

La nation entière avait suivi l'exemple des Çakas du Zawoul et du Seystan, et ses chefs imitaient aussi les Çamides. Comme ces derniers, ils avaient rendu hommage à Menoutjehr, et même déjà à Férydoun, et combattaient sous les enseignes de ces rois.

Les auteurs persans, moins bien renseignés que Ctésias sur les vertus religieuses des Parthes, insistent, en revanche, sur leurs mérites guerriers, et reconnaissent ces cavaliers comme dignes de beaucoup d'éloges, en tant qu'excellant à tirer de l'arc. Il paraît que les Parthes faisaient en ce genre mieux que tous les autres et maniaient merveilleusement ces armes, faites d'un bois léger et lançant des traits courts dont Hérodote leur attribue l'habitude. Les contes orientaux insistent d'autant plus sur ce mérite spécial, qu'ils y rattachent le souvenir d'un service mémorable rendu par la maison régnante des Parthes à la monarchie iranienne.

Quand Menoutjehr fut parvenu, plutôt par ruse que par force, ainsi qu'on l'a vu plus haut, à délivrer son pays de la présence des Scythes, et qu'il eut déterminé leur roi Afrasyab, descendant de Tour, à faire la paix, il fallut fixer la frontière respective des deux États.

Afrasyab prétendait repousser jusqu'au pied de la

[1] Il serait assez admissible de rattacher au nom d'Aresh cette nation des « Aorsi », nommés « Adorsi » par Tacite, et qui habitait entre le Daix l'Yaxartes. Elle faisait à la fois un grand commerce de marchandises indiennes et babyloniennes, allant chercher les dernières jusqu'en Médie avec ses chameaux. Tels sont les détails donnés par Strabon et par Pline, ainsi que par Tacite. Il est vrai que ce récit se rattache à une époque beaucoup plus basse que celle où nous sommes parvenus. Mais, d'un autre côté, je doute que les renseignements possédés par les auteurs que je cite fussent bien récents, et il se pourrait qu'ils remontassent jusqu'à l'époque d'Alexandre. C'est un défaut favori des géographes de tous les temps d'être en retard sur les faits qu'ils exposent.

chaîne de l'Elbourz la limite de l'Iran, et dans ce cas les domaines des Parthes eussent fait partie de la Scythie, puisque l'Hyrcanie aurait cessé d'appartenir aux contrées pures, Menoutjehr n'acceptait pas de pareilles conditions. Pour se mettre d'accord, les Iraniens et les Scythes s'adressèrent à Aresh, le plus directement intéressé dans la question, puisqu'il s'agissait de sa nationalité future.

Le roi des Parthes monta tout armé jusqu'au dernier sommet du Demawend, et là, se tournant du côté de l'est, il saisit son arc, prit une flèche dans son carquois, l'ajusta sur la corde et la fit partir avec force.

La flèche vola depuis le lever du soleil jusqu'à midi et vint tomber sur la rive du Djihoun. Ainsi fut fixée la frontière, et l'Hyrcanie resta annexée aux États du grand roi iranien.

Aresh était d'ailleurs, avant cet exploit, un chef fameux dans les conseils et dans les camps. Au temps où la guerre avait commencé entre l'Iran et le Touran, raconte Abdoullah-Mohammed, le roi, étant occupé dans le sud, chargea de la défense les deux feudataires dont les domaines se trouvaient envahis. C'étaient Garen le Gawide et Aresh le Parthe. Ils firent de leur mieux l'un et l'autre; mais Menoutjehr fut informé que la fidélité de Garen avait été tentée; et, dans un accès de défiance injuste, il ordonna de l'emprisonner.

Aresh, resté seul, fut battu par les Scythes, et les affaires ne se rétablirent que lorsque le Gawide, dont l'innocence avait été reconnue, eut repris sa place auprès de son frère d'armes. Alors les deux chefs réunis attaquèrent les Scythes, qui, ayant passé tous les défilés de l'Elbourz, débouchaient dans la plaine au-dessus de l'emplacement actuel de Téhéran, près du village de Doulab, et marchaient sur Rhagès. Ce fut le théâtre resté fameux d'une des plus terribles défaites qu'aient subies les ennemis de l'Iran. Cependant ils étaient si nombreux qu'ils réparèrent bientôt ce rude échec, et toute la valeur de leurs antagonistes, soutenue par la présence du roi et des vassaux, ne les empêchant pas de pulluler autour des étendards sacrés, força ceux-ci à fuir dans la Montagne, comme je l'ai raconté plus haut. Mais dans ces alternatives de bonne et de mauvaise fortune, la haute réputation d'Aresh ne fut point entamée, et les Parthes, au jour de leur plus grand éclat, tinrent à honneur de se rattacher à lui.

Abdoullah-Mohammed, fils de Hassan, fils d'Isfendyar, a donné la détermination de la Parthyène d'après les documents sassanides qu'il a eus à sa disposition. Il l'appelle Fradeshwad-Gher, le pays de Fradeshwad, ou, dans une forme contractée, Fershwad. Il lui assigne pour limites, à l'ouest, l'Azerbeydjan et l'Ahar ou Arran, petite contrée à côté du Ghylan; au nord, le Taberystan, le Ghylan et le Deïlem; au sud, les plaines de Rey, de Koums et de Damghan; à l'est, le Gourgan. C'est à peu près ce que les Grecs ont dit de l'étendue de la Parthyène; mais le chroniqueur persan ajoute que ce territoire fut ainsi fixé au temps du roi Menoutjehr, et l'on a d'autant moins de sujet de douter de sa parole que rien ne contredit ici ce que l'on sait par ailleurs de l'extension du troisième Iran.

Les circonscriptions ainsi remaniées, la capitale de l'empire cessa d'être Amol ou Témysheh. Il n'était plus possible à un prince dont les États atteignaient à l'orient les rives de l'Indus et à l'occident celles du Tigre, de se tenir enfermé au fond des montagnes, en face des eaux de la Caspienne. La tradition assure donc qu'une autre métropole fut choisie, mais elle ne peut donner que très-vaguement l'indication de cette nouvelle cité. Abdoullah-Mohammed la place dans le Taberystan; d'autres prétendent que ce fut Ragha; plusieurs assurent que ce fut

Pehlou. En réalité, ces avis diffèrent peu. Pehlou est une dénomination idéale qui indique seulement le siége de la race iranienne héroïque ; Pehlou ou Pehlewan signifie précisément « le héros », et on a dit que Fars était fils de Pehlou, fils de Sem, fils de Noé; autrement que les Perses se rattachaient aux anciens patriarches, dont les Arabes ont voulu faire un rameau de la famille sémitique. Les Indiens connaissaient les gens de l'Iran sous le titre commun de Pahlawas. Comme les Pehlewans demeuraient dans la Montagne, Pehlou y était nécessairement situé. Le Taberystan ne s'étend pas tout à fait assez vers le sud pour qu'il y eût utilité à quitter Amol en restant dans ses confins; mais Ragha est à fort courte distance, et on peut, à la rigueur, supposer que cette ville faisait partie de la province royale. Je penche donc à croire que c'est à Ragha, cité ancienne, célèbre et considérable, que s'établit la famille souveraine et qu'elle plaça le siége de son autorité.

Menoutjehr mourut dans sa gloire, et son fils Noouzer lui succéda. On va voir une suite de rois venir après celui-ci et séparer son règne de celui de Cyrus, qui, d'après Hérodote, n'eut qu'Astyages entre lui et Cyaxares. Mais j'ai montré tout à l'heure que les Grecs eux-mêmes n'étaient nullement d'accord sur ce point. Tandis que les savants de la Babylonie, remontant beaucoup plus haut que les Iraniens dans une certaine partie du passé, mêlaient sans doute les faits et les règnes, mais conservaient le souvenir de leur compatriote Déjocès ou Zohak, du vainqueur Phraortes ou Férydoun, du conquérant Cyaxares ou Menoutjehr, gardaient enfin les trois noms principaux qui semblaient résumer l'histoire de leurs rapports avec l'Iran, la cour de Suse ne parlait au médecin de Gnide que de la partie des annales qui intéressait directement soit la famille, soit la monarchie des Achéménides, et à laquelle son histoire propre se rattachait. C'est pourquoi elle mettait Cyaxares ou Menoutjehr à la tête d'une liste beaucoup plus longue que ne le faisait Hérodote. Elle est ici d'accord avec la tradition persane, et elle a raison sans doute. La confusion ne peut naître que de la tentative impossible à laquelle se sont livrés les Grecs, et après eux les modernes, de chercher des points de conciliation entre la table d'Hérodote et celle de Ctésias. Ces tables sont toutes deux vraies au fond, mais ne portent pas sur des synchronismes, et, de plus, celle de Ctésias représente à la fois et la lignée des Abtiyans antérieure à Férydoun, et celle des descendants de Menoutjehr antérieure à Cyrus. Les causes de la confusion, pour Hérodote comme pour Ctésias, sont en ceci, que les Babyloniens et les Perses s'efforçaient de présenter comme leur histoire particulière ce qui était celle des nations iraniennes dont ils faisaient désormais partie, mais auxquelles ils n'avaient jamais appartenu sous le rapport ethnique, et dont le passé par conséquent ne présentait pas pour eux un enchaînement bien net.

Quoi qu'il en soit, l'histoire persane dit la vérité quand elle met plusieurs rois entre Menoutjehr et Key-Khosrou ou Cyrus. Les Indiens, tout à l'heure, nous en donneront la preuve.

Noouzer ne débuta pas d'une manière heureuse; il sembla ne pas devoir marcher sur les pas de son glorieux père. Les annalistes persans traitent avec sévérité ses premières années, et Ferdousy intitule rudement un de ses chapitres : « Désertion de Noouzer des mœurs de Menou- » tjehr ; Çam le remet dans la droite voie. » Les grands vassaux étaient les tuteurs naturels des princes qui avaient besoin d'être morigénés, et nous allons voir se passer dans l'Iran ce qui arriva chez nous quand les Mérovingiens abâtardis ne soutenant plus l'empire, les héros de la maison d'Austrasie violentèrent à la fois les bras et le sceptre de ces suzerains. On accusa Noouzer de passer sa vie dans la mollesse : manger, dormir, ne rendre justice à personne; insulter de ses emportements les prêtres et les seigneurs, rester invisible à ceux qui avaient affaire à lui; se montrer rapace et poursuivre avec tant d'âpreté l'argent de ses sujets, que, pour sauver leurs biens, ceux-ci durent en grand nombre émigrer hors de ses États, voilà ce que la tradition lui reproche; et il en fit tant qu'à la fin les guerriers s'insurgèrent, et l'empire fut rempli de tumulte, de cris et de sédition.

Alors le roi prit peur et écrivit à Çam d'accourir à son aide. Celui-ci se trouvait dans le Mazenderan. Il fit battre le tambour en toute hâte, réunit ses hommes, et, doublant les étapes, s'avança à grandes marches du côté de la capitale.

Aussitôt que le bruit de son arrivée se fut répandu, les rebelles s'empressèrent de toutes parts autour de lui, et lui expliquèrent les motifs qui les avaient poussés à l'insurrection. Çam écouta les plaintes et les griefs; mais quand la foule des vassaux révoltés eut fini de plaider sa cause, il répondit :

« Dieu, qui nous a créés, a établi ce roi; car puisque
» Noouzer est de la race souveraine, et qu'il siége sur le
» trône, honoré de la ceinture, mon devoir est de mettre
» la main à la couronne pour l'affermir sur la royauté. »

Comme personne ne paraissait convaincu, il continua avec plus de véhémence :

« O seigneurs, qui que vous soyez dans le monde,
» est-il possible que quelqu'un de vous ait une telle furie?
» Si une faible fille du roi Menoutjehr occupait ce trône
» et portait la tiare, je voudrais, moi, n'avoir d'autre
» oreiller que la terre de ses pieds, et je la contemplerais
» avec un dévouement sans bornes! Quant à Noouzer,
» son cœur d'enfant a déserté la voie où marchait Menou-

» tjehr; c'est qu'il n'a pas encore beaucoup vécu. L'expé-
» rience de la vie lui manque; il faut lui montrer que ce
» qui lui semble aisé et charmant est difficile et dange-
» reux. Je me charge de ramener au bien cet élu de Dieu
» qui s'égare. Je rendrai le monde heureux de sa lumière.
» Le sol où Menoutjehr a posé son pied est ma place; ma
» couronne est l'empreinte où le cheval de Noouzer a im-
» primé son pas! Je parlerai! je conseillerai! Mes conseils
» rendront la fortune favorable. Quant à vous, repentez-
» vous de ce qui s'est passé; rentrez dans une meilleure
» route! »

Les seigneurs cédèrent enfin à la voix de Çam, et se courbèrent sous le devoir. Pour le héros, il se rendit en hâte auprès du roi, et commença par se prosterner au pied du trône et baiser la terre. Mais aussitôt que Noouzer eut aperçu celui auquel son père mourant l'avait recommandé, il se leva et vint se jeter dans ses bras. Après beaucoup de caresses, le prince écouta ce que le guerrier avait à lui dire :

« Roi, s'écria Çam, tu es tout ce qui nous reste de Féry-
» doun; songe donc à te montrer tel dans le pouvoir et la
» justice, que chacun puisse rendre de toi bon témoi-
» gnage... Tout homme qui attache son âme aux plaisirs
» du monde, les sages le classent parmi les fous... Con-
» duis-toi ainsi dans cette vie passagère, que tu ne sois
» pas déshonoré devant Dieu. Férydoun n'est plus, mais
» il nous reste de lui le chemin de la Loi! Ce qui reste du
» misérable Zohak, c'est la malédiction qui pèse sur lui! »

En donnant ici le récit du poëte du Shah-nameh, je me plais à faire observer combien, même dans le détail, Ferdousy a suivi de près la tradition. Il y a sans doute quelques couleurs empruntées à son temps dans le tableau qu'il a tracé. Mais, en somme, ce n'est pas à la cour d'un prince turk du dixième siècle, hardi aventurier, conquérant despotique élevé contre la légitimité religieuse des kkalifes, que le poëte avait pu recueillir ces maximes toutes féodales du respect dû au rang des souverains et du droit qu'ont les vassaux de régenter leur prince. Il ne faisait là que raconter ce que les Dehkans lui avaient appris, non-seulement de l'histoire, mais encore des mœurs du passé, et je ne fais nulle difficulté d'admettre qu'en somme il a bien rendu l'ensemble des rapports de Noouzer avec son puissant vassal.

Noouzer promit ce qu'on lui demandait, et se déclara repentant de sa mauvaise conduite. Il changea complétement ses mœurs, en effet, et désormais fut un bon roi. Mais de grands événements se préparaient, auxquels il ne prit personnellement que fort peu de part, sinon pour être constamment battu et constamment tiré d'embarras soit par les Çamides, soit par les Gawides, jusqu'au moment où, fait prisonnier par les Touranys, il eut la tête tranchée, après un règne de sept ans. On peut donc supposer que le regret qu'il éprouva des premiers déportements de sa vie royale ne lui donna ni les talents ni l'énergie que réclamaient les circonstances, et qu'il fut, à peu de chose près, ce que nos anciens chroniqueurs appellent un roi fainéant, c'est-à-dire un roi qui n'était pas digne de l'être.

Le trait capital de ce temps-là, ce furent les guerres contre les peuples du nord. Cette situation se conçoit sans aucune peine. Elle est indiquée par l'ensemble des faits.

Le mouvement même qui, sous Abtyn et sous Férydoun, avait affranchi l'Iran de la domination assyrienne, s'il avait pour justification la nécessité de délivrer la race pure du joug de ses ennemis et de faire revivre l'ancien empire des Djems, avait pour véritable raison d'être, pour cause initiale, la recrudescence de forces manifestée par le monde scythique. Abtyn était allié aux Scythes,

Férydoun était leur parent, une partie de ses vassaux étaient des Scythes, et ce fait est parfaitement indiqué par la tradition quand, rattachant l'éponyme Tour au sang de Férydoun lui-même, elle le montre entrant, avec son frère l'Iranien et son autre frère l'Assyrien, en compétition pour l'empire du monde. L'Assyrien, fatigué de ses défaites, épuisé par sa longue domination, n'avait plus qu'à dormir dans la servitude; les Scythes, au contraire, excités par leurs besoins, leur vie guerrière, les succès de leurs parents, faisaient des efforts multipliés pour conquérir et régner. De là les guerres qui suivirent la mort de Férydoun, et dont nous venons de voir que Noouzer fut la victime.

Le nom de Tour, qui, à dater de cette époque, devient la racine de la dénomination géographique Touran et de son dérivé ethnique Tourany, désignera désormais les Scythes de toutes tribus, l'ensemble des races turkes, les Mongols, les Tatars, les Chinois, tout ce qui enfin menacera ou envahira l'Iran du côté du nord-est, quelque divers que soient les instincts de ces multitudes, leurs origines, leurs physionomies, leurs rôles. Par conséquent ce mot signifiera « Turk » ou « Tjyny », qui, suivant le goût des auteurs et les préoccupations des temps, lui seront quelquefois substitués, sans intention chez les annalistes d'indiquer aucune différence de signification. Ce serait d'ailleurs, en ce qui concerne le mot « Turk », une idée peu rationnelle, car il paraît bien que ce n'est qu'une forme du mot original « Tour », devenu « Tourek » ou « Turk » par une habitude commune à tous les peuples iraniens, qui ajoutaient aussi volontiers un *k* final à tous les mots, que les Persans modernes un *h*. Un philologue asiatique attribue l'origine de la langue turke à Aous, fils de « Ter ». Dans l'ancien dialecte, la forme employée était « Tourya ».

Cette dénomination veut dire « ennemi », et n'emporte avec elle aucune désignation qui se puisse appliquer à une race particulière. C'est donc tout à fait à tort que l'on a prétendu réserver cette expression pour indiquer la famille des peuples jaunes. Il en est résulté les notions les plus fausses, et sur la nature des Scythes, pris, sur la foi de ce mot mal entendu, pour des Mongols, et sur la nature des Turks eux-mêmes, atteints sans doute à un certain moment de l'histoire par des mélanges de ce sang, mais qui ne l'étaient pas d'abord et qui ne le furent même jamais dans la somme entière des branches de leur famille; et enfin, sur la nature des Tatars, plus jaunes que les Turks, mais non pas encore à considérer comme appartenant au groupe finnique, car ils n'ont été que des métis, où un certain appoint de sang blanc arian, fort ou faible, s'est toujours et partout conservé [1].

La preuve la plus directe que le mot « Tour », ou « Tourya », ne désigne pas des peuples jaunes, mais seulement des ennemis, c'est que les Afghans, je le tiens du Serdar Kandahary Mir-Elem-Khan, appellent « Tour » les populations noires ou brunes, telles que les nègres et les Hindous, et, par opposition, « Sour » ou « Syriens » les peuples non noirs, Turks, Ouzbeks, Européens, Chinois et Mongols. Si l'on veut prendre le nom de Tour dans le sens que lui accordent les écrivains orientaux, c'est-à-dire comme indiquant les peuples descendant du nord-est, il est clair qu'à un moment donné les Arians, Grecs, Scythes, Iraniens, Hindous, ont été des Touranys. Si, au contraire, on l'entend dans sa véritable portée étymologique, qui est la seule bonne, l'expression de Tour et de Tourany ne signifie plus que des peuples de quelque race ou sang que ce soit, attaquant l'Iran du côté du nord-est. Ce qui achève de rendre cette interprétation nécessaire, c'est que les Indo-Gètes eux-mêmes, Touranys par excellence, ne nous montrent sur les médailles qu'ils nous

[1] *Essai sur l'inégalité des races humaines*, t. I, pass.

ont laissées que des effigies d'un caractère physionomique tout à fait indo-germain, entourées de légendes dont le langage est absolument arian. En conséquence, il restera bien entendu que chaque fois que le mot « Tourany » se présente dans les annales antiques de l'Iran, il équivaut à ceux de « Scythe », de « Turk », de « Tjyny », et qu'ensemble ces appellations indiquent des populations alors hostiles à l'Iran, mais non d'autre race que les Iraniens primitifs [1].

Le personnage appelé « Tour », comme celui appelé Selm, résume une race de souverains qui ne remonte pas plus haut que l'âge de Férydoun. C'est celle de rois arians-scythes, vraisemblablement alliés par le sang aux rois iraniens, et qui guerroyaient avec leurs nations sur la frontière du nord-est dans l'espoir de faire des conquêtes et de s'avancer vers le sud. En lui-même, Tour n'est pas une individualité distincte, et se montre, à l'origine de l'histoire des rois du Touran, tel que l'on a vu Keyoumers, « le Roi des hommes », aux premiers âges de celle des rois iraniens. Bientôt la légende l'abandonne, et passe à un nom fameux qui a déjà paru une fois dans ces pages; c'est Afrasyab [2]. Ce souverain n'est rien moins qu'une sorte de Djem-Shyd scythique. Sa gloire est le centre et sera désormais le point de départ de toute gloire touranienne, et elle ira si loin qu'à l'époque musulmane même des dynasties turkes de la Perse se prétendront descendues d'Afrasyab.

On ne le considère pas comme très-rapproché du temps où Tour a régné; au contraire, il en est séparé par un cer-

---

[1] Ce fait, déjà indubitable par lui-même, est encore plus évident par le témoignage de sculptures que l'on observe à Persépolis, à Bisoutoun et ailleurs. Nulle part les personnages figurés ne montrent le type finnique, ce sont toujours des Arians ou des Sémites, et une des applications de ce qu'on observe si aisément, c'est de faire ressortir l'absurdité criante du système qui voudrait trouver une langue jaune sous les inscriptions cunéiformes de la deuxième espèce. Je m'en suis expliqué dans le *Traité des écritures cunéiformes*, t. I, p. 339 et pass.

[2] Le Yesht-Avan le nomme « Fragharsha ».

tain nombre de générations, et je vais citer à ce sujet deux tables généalogiques fort différentes. La première m'est fournie par le Nasekh-Attevarykh, et elle est ainsi établie :

Férydoun.	Wershyb.
Tour.	Shanpaseb.
Sherwan.	Pesheng ou Zadeshem.
Zow.	Afrasyab.
Terk.	

Le Tarykh-è-Fars, ou Chronique du Fars, présente les noms suivants :

Férydoun.	Bourek.
Tour.	Rayermen.
Tourekh.	Fash.
Tourshesb.	Afrasyab [1].
Asanyaseb.	

J'ai déjà fait observer que si de pareilles listes ont en vérité une grande valeur historique et demandent à être recueillies avec soin, ce n'est nullement qu'il faille accorder une foi implicite à leurs détails, ni même peut-être

---

[1] Maçoudy a sur la descendance des rois touranys une opinion autrement formulée. Suivant lui, il faut concevoir ainsi cette lignée :

Nouh.	Soubyl.
Jafès.	Amour.

Les fils d'Amour, et parmi eux Arou; les descendants d'Arou, qui sont les *Arians*. Parmi ceux-ci les Khozlodjs, beaux et grands par excellence, et issus de ce sang.
Les rois primitifs des Turks, dont

Afrasyab et Shaneh.

Cette opinion contient évidemment un souvenir très-net de l'origine ariane des Touranys, et mêle à des idées bibliques une tradition très-authentique et très-ancienne. Moroudj-Ezzeheb, XV. Ce qui n'est pas moins intéressant dans le passage de haute importance que je viens de citer, c'est que, des tribus issues d'Amour, une partie avait passé dans l'Inde, et y avait pris la coloration et la nature propre aux gens du pays; une autre s'était répandue dans le Thibet. Quant au nom d'Amour, c'est l'Ymir scandinave, le Yima perse, le Yama indien, le Nemr sémitique, dont il a été question plus haut. Et Amour habitait primitivement dans le nord-est, dit Maçoudy.

qu'il soit sage de s'y arrêter beaucoup ; mais parce que le fait de leur existence démontre d'une manière peu réfutable que, dans l'opinion des peuples, une suite de princes tombés d'abord dans l'obscurité, puis en grande partie dans l'oubli, ont séparé des noms éclatants qu'on ne manque pas de rapprocher indûment les uns des autres, comme Hérodote a fait pour Astyages et Cyrus. Ici les deux séries contrastantes que je viens de citer servent à prouver que la généalogie placée entre Férydoun et Noouzer repose sur un fondement solide, et que plusieurs générations séparent ces princes, puisque ces deux listes existent simultanément pour les familles royales du Touran et de l'Iran avant Noouzer et Afrasyab, qui autrement ne pourraient être considérés comme contemporains.

Profitant de la faiblesse que le peu de mérite de Noouzer répandait dans l'empire, et lui opposant sa force, Afrasyab résolut la conquête; quand il eut mis à mort le roi d'Iran, il se déclara son héritier, faisant valoir d'ailleurs qu'il descendait de Tour, frère aîné d'Iredj, et se prétendant ainsi plus autorisé dans son droit que ne l'avaient été les fils de Menoutjehr dans le leur.

Entouré de chefs de guerre dont les poëmes ne firent pas difficulté de célébrer la sagesse et la bravoure, Afrasyab commença par se saisir de l'Hyrcanie; malgré l'héroïque résistance des Parthes, il força ces derniers à céder, et les rejeta dans les montagnes de Rey. Ensuite il envahit le Mazenderan, et ayant pénétré dans le Taberystan, il s'empara d'Amol, l'ancienne capitale : fort de cette situation qui le rendait maître du centre des Pays purs, il se proclama roi de l'Iran.

Ainsi, après une succession assez longue de princes indigènes allant d'Abtyn à Noouzer, qui ont compté des noms si glorieux que les intermédiaires se sont perdus et effacés dans leur rayonnement, la monarchie iranienne réclamée par les Scythes allait tomber entre leurs mains. Ce qui sauva l'empire et lui permit de lutter contre des parents impérieux, plus énergiques, mais moins civilisés, de sang plus pur, mais d'esprit moins aiguisé, ce fut l'organisation féodale du pays. En prenant Amol, Afrasyab n'avait saisi que des murailles de pierre, il ne s'était pas emparé de l'esprit de vie, non pas concentré au cœur, mais répandu dans tous les membres de la communauté. La grande maison des Çamides se roidit contre l'étranger, rejeta ses prétentions, lui refusa l'hommage et le porta à un personnage obscur, Zow ou Zab, issu du sang de Menoutjehr, assurait-on, mais, dans tous les cas, appartenant à la race de Férydoun, et qui surtout avait le mérite d'être Iranien. Ce chef nouveau eut pour principal appui la puissance des grands feudataires, qui l'arrachèrent à son humilité afin de l'opposer à l'invasion étrangère. Zab ou Zow monta donc sur le trône sous la protection et aussi sous l'influence des Seystanys, et Zal ou Zalzer, chef de cette famille, prit en son nom le commandement. Voici la généalogie que le Nasekh-Attevarykh attribue au nouveau monarque :

Menoutjehr.
Noouzer.
Maysoun.
Roumeh.
Artedyh.

Hywaseb.
Kendjehouberz.
Tasmasp.
Zow.

Le Tarykh-è-Fars, qui ne connaît pas Zow, prétend que ce fut un certain Shehryraman, descendu de Menoutjehr, qui fut roi, et il donne ainsi son lignage :

Menoutjehr.
Noouzer.

Abtiyan Maysoun.
Shehryraman.

Suivant cette version, Shehryraman, dont il est curieux de voir le père reprendre le nom générique de la race à laquelle Férydoun avait appartenu, aurait été un des seigneurs de la Montagne, probablement arrière-vassal de la couronne, et signalé au choix des Çamides par l'avantage qu'il procurait de faire continuer plus ou moins réellement la lignée royale après l'extinction des branches directes.

Quoi qu'il en soit, l'empire et surtout le Djebel étaient tombés dans une situation déplorable. La famine épuisait le pays, on ne trouvait plus de pain nulle part, et le peu qu'on en avait venait du dehors, car la guerre faisait tant de ravages que les champs restaient en friche. Une partie des seigneurs étaient prisonniers, les autres se défendaient à grand'peine. Les guerriers de tous les rangs étaient profondément découragés. Le roi Zow, et Zal, le chef des Çamides, réussirent à tenir ferme au milieu de ces désastres, et leur résistance fatigua tellement l'opiniâtreté d'Afrasyab qu'à la fin le roi tourany consentit à traiter.

Suivant le Shah-nameh, on en vint à un accord, par suite duquel le roi Zow reprit possession des territoires compris entre le Djyhoun et la frontière actuelle du Touran, c'est-à-dire toutes les conquêtes d'Afrasyab. A l'est, il recouvra de même la contrée limitrophe du Tjyn et du Khoten, ce qui indique les terres au-dessus de la Bactriane et du Thibet. De son côté, Zal, le Çamide, livra aux Touranys le pays de Khergah; il fut convenu qu'il n'y aurait plus de la part des Scythes d'incursions dans l'Iran ainsi reconstitué, et que Zow en serait reconnu pour le souverain effectif et légitime.

Sans prétendre discuter la valeur de la tradition, on peut cependant remarquer que le traité qu'analyse Ferdousy répond assez mal à l'état des choses au moment où il fut contracté et à celui des temps qui suivirent. En outre, le poëte ne mentionne aucune victoire des Iraniens contre leurs adversaires; tout au contraire, il s'étend avec tristesse sur leurs misères et leur épuisement. Or, les plus beaux triomphes n'auraient pas obtenu de plus complète récompense que précisément les stipulations qui viennent d'être détaillées, et par lesquelles l'empire se serait trouvé reconstitué suivant l'étendue de ses jours de puissance. Enfin, pour dernier trait, il n'est pas dit, et il n'est en effet pas vrai, qu'Afrasyab ait cessé d'avoir sa capitale à Amol. De tout ceci, même en maniant les éléments de la légende avec la plus grande discrétion, il serait prudent d'en extraire l'opposé de ce qu'elle affirme, et, vu les illusions ordinaires de l'amour-propre national, de traduire ainsi le texte de la convention conclue entre l'Iran et le Touran.

Les Iraniens cédèrent définitivement à Afrasyab tout ce que celui-ci avait conquis jusqu'au pied septentrional de l'Elbourz, c'est-à-dire le pays qui va du Djyhoun au Taberystan. Le roi du Touran garda Amol pour capitale, et s'étendit dans l'est, de manière à toucher la frontière des États zawoulys appartenant aux Çamides. Le cœur de la Montagne resta au roi Zow avec les pays situés au sud, jadis occupés par Férydoun et Menoutjehr, Médie, Assyrie moins Babylone, Perside, Susiane, et leurs annexes. Ce qui va suivre démontrera que c'est bien ainsi qu'il faut comprendre les choses.

Zow quitta la Montagne et alla résider dans la Perside. Zal retourna vers le Seystan, siége principal de sa famille. Une prospérité très-grande s'étant rétablie dans toutes les contrées pures, le roi, qui, suivant la parole du poëte, était déjà vieux lorsqu'il avait commencé à régner, et pourtant avait rajeuni le monde, vit arriver, après cinq ans, le terme de son existence : il expira, laissant l'empire désolé de sa perte.

Son fils Kershasep prit la couronne. Mais il semblerait que le traité conclu avec les Scythes n'avait de valeur que tant que Zow vivait, car Afrasyab reprit les armes et attaqua le nouveau souverain. Les Indiens se joignirent à lui, et Kershasep fut réduit à faire face de tous les côtés. Il régna neuf ans sans parvenir à apaiser le tumulte des armes, soutenu par les Çamides, mais suffisant à peine à sa lourde tâche. Au moment de sa mort, sa famille s'éteignit avec lui, et l'Iran, n'ayant plus à porter sur le trône aucun prince du sang de Menoutjehr, tomba dans une confusion qui réduisit encore le peu de moyens qu'on avait eus jusque-là de soutenir les assauts désespérés des Scythes.

J'ai suivi la tradition conservée par Ferdousy, en donnant Kershasep pour le fils de son prédécesseur. D'autres écrivains ne reconnaissent ce prince que pour son neveu; il aurait eu pour père un frère de Zow nommé Keshtasep, qui ne fut pas appelé au trône.

Avec ces rois de descendance un peu incertaine se termine la lignée arbitrairement conçue des souverains commençant à Keyoumers, et comprenant la série étrangère des Zohakides. C'est ce que les écrivains orientaux appellent les « Pyshdadians », ou « monarques primitifs ».

A ceux qui vont suivre et qui se succèdent jusqu'à l'avénement d'Alexandre, on a donné la qualification également vague de « Kayanyans », ou « les Rois ». Une telle classification n'engage à rien, et je ne la cite que pour mémoire; car si elle ne trouble pas l'exposé des faits, elle n'y jette non plus aucune lumière. Je ne pense pas même qu'on soit fondé à lui accorder une valeur chronologique, et c'est ce que j'ai établi déjà en quelques occasions.

Cependant Afrasyab et les Scythes saccageaient l'Iran. L'interrègne eût certainement porté un coup mortel à l'empire et l'eût fait tomber en dissolution, s'il se fût prolongé. Les Çamides, dont la puissance avait jusque-là soutenu un édifice si attaqué et si chancelant, comprirent la nécessité de mettre fin à cet état critique; Zal s'attacha activement à trouver un candidat qui pût être présenté comme possesseur de la qualité suprême à laquelle on pouvait espérer rallier l'amour et le dévouement des Iraniens, c'est-à-dire qui fût issu du sang des rois : il le découvrit là seulement où devait exister un tel personnage, c'est-à-dire dans l'Elbourz.

Je dis que ce fut Zal qui le fit connaître; mais, en réalité, ce fut son fils, Roustem, qui le rencontra dans les solitudes de la Montagne et l'amena à son père. Il fut immédiatement reconnu, proclamé et intronisé. Il s'appelait Key-Gobad, ou suivant le Tjehar-è-Tjemen, Key-Ghobad; c'est le nom que les Grecs ont écrit Gomatas. Un mobed se porta garant de sa descendance véritable et authentique de Férydoun; tout ce qui était Iranien s'attacha à lui pour faire face aux Scythes. Mais les affaires étaient si mauvaises que le nouveau roi, ne pouvant sans doute se maintenir dans l'Elbourz inondé par les envahisseurs, se transporta dans les provinces du sud, fit de la Perside le centre de l'empire, et choisit pour capitale Istakhar, que nous nommons Persépolis. Ainsi, les Perses étaient appelés à jouer désormais le premier rôle dans les affaires de l'Iran.

L'intérêt considérable de cette transformation de la nationalité iranienne a naturellement porté les annalistes à s'enquérir des ancêtres directs de Key-Gobad. La plupart ne remontent pas plus haut que son père, Shenseg. Mais le Nasekh-Attevarykh donne une série plus longue, et rattache le nouveau roi et sa dynastie à Noouzer de la façon suivante :

Noouzer.	Dad.
Mansou.	Key-Gobad.
Nourkan.	

Ce système n'offre aucune vraisemblance, car si Key-Gobad avait pu réellement se relier à Noouzer, la découverte qu'on avait faite de sa personne aurait été moins laborieuse, et Ferdousy surtout ne manquerait pas de lui faire honneur de sa parenté directe avec un prince aussi connu, aussi peu éloigné de lui, au lieu de le dire vaguement issu du lointain Férydoun, et de citer l'autorité contestable du mobed que les Çamides appelaient en témoignage. Le caractère le plus remarquable de la table du Nasekh-Attevarykh, c'est de supposer plus de deux générations entre Noouzer et Key-Gobad, et d'allonger encore la série des âges dans l'histoire de l'Iran antérieure à Cyrus.

La légende donne une grande réputation au règne de Key-Gobad. Puissamment aidé par les Çamides, il bat les Scythes en plusieurs occasions, les réduit à demander la paix, les contraint à céder toutes les provinces iraniennes qu'ils ont envahies, et rétablit les frontières là où Menoutjehr les avait placées. Un roi si glorieux règne cent ans ; il meurt laissant le trône à son fils Kenabyeh, prince obscur, qui n'est nommé que par un seul auteur. Mais il semble d'autant plus nécessaire d'en tenir compte, que la présence de ce nom dans la liste royale sert à faire comprendre le chiffre un peu considérable d'années que ceux qui le suppriment accordent à la domination de Key-Gobad [1].

Après lui vient Key-Kaous, son fils, et l'éclat jeté par le règne de ce prince est tel que, de même que les héros du passé, il est cité par les poëmes de l'Inde, qui le connaissent sous le nom de Kava-Ouçanas. Comme il a vécu cent cinquante ans, il faut admettre encore, d'après ce que nous venons de voir pour Key-Gobad, que des noms royaux se sont perdus autour de sa mémoire.

Cependant une autre supposition est non moins admissible. C'est qu'à cette date où l'histoire persane place un Key-Kaous, c'est-à-dire un roi Cambyse, il y a en effet un

---

[1] Sir John Malcolm, sur l'autorité d'un auteur qu'il ne nomme pas, attribue à Key-Gobad quatre fils : Key-Kaous, qui suit ; Aresh, évidemment l'éponyme des Arsacides ; Roum, celui des peuples de l'Asie Mineure, et Armen, celui des Arméniens. — T. I, p. 25. — Mais on a vu Aresh figurer déjà à une époque antérieure à celle-ci.

Cambyse, mais beaucoup moins notable, beaucoup moins glorieux qu'elle ne le suppose, et elle a transporté à ce plus ancien nom la gloire immense acquise par un autre Cambyse, par le fils de Cyrus, qui a fait oublier tout à fait les actions de son homonyme. La preuve de la justesse de cette observation se trouvera plus tard, quand on verra que le caractère général prêté par la légende au puissant Key-Kaous est absolument identique à celui que les historiens grecs reconnaissent à Cambyse. En conséquence, je ne ferai rien de plus ici que de noter sans le décrire le règne d'un prince appelé Key-Kaous, qui résida dans la Perside comme ses deux prédécesseurs.

Nous sommes arrivés à une époque capitale. Tous les écrivains orientaux sont unanimes pour placer après Key-Kaous le grand nom de Key-Khosrou, ou Cyrus.

Une période imposante finit ici. Une autre qui ne l'est pas moins, et qui présente plus de précision dans ses traits, va commencer; mais il faut, avant de s'y engager, examiner un point très-digne d'être relevé.

Ni Hérodote avec ses renseignements babyloniens, ni Ctésias et Diodore avec leurs connaissances puisées dans les archives de Suse, ne savent absolument rien des rois qui ont suivi Cyaxares, si ce n'est d'Astyages, que l'on a vu ne pouvoir correspondre au rôle à lui assigné par les Grecs, qui n'a certainement pas tenu la place où ils le mettent dans la chronologie, et qui, sur la déclaration péremptoire très-motivée de Ctésias, n'était ni le grand-père ni même le parent de Cyrus.

Cependant nous avons là cette lignée qui s'étend de Noouzer à Key-Kaous, et dont il n'y a pas moyen de discuter la réalité générale.

Si l'on observe qu'une liste royale, celle des Perses, aïeux de Cyrus, nous a été conservée et par Hérodote et par Ctésias; si l'on fait encore attention que la légende persane reconnaît que, depuis Key-Gobad du moins, le séjour du roi a été fixé dans la Perside; si l'on veut se rappeler encore que le nom de Cambyse revient souvent dans cette liste, comme ceux de Kenabyeh et de Kaous, qui le représentent, reparaissent aussi dans la table iranienne; si l'on reconnaît enfin que les généalogistes ont dû attacher un prix considérable à exagérer, sous les règnes de Cyrus et de Cambyse, la renommée et les exploits des aïeux de ces princes en les transformant, eux, simples feudataires de la Médie, en rois de l'Iran, il deviendra très- probable que depuis Key-Gobad jusqu'à Cyrus, il n'y a pas à établir une succession des descendants de Menoutjehr, mais, au contraire, qu'il faut considérer les noms dont je viens de dresser la série comme occupant une position synchronique vis-à-vis de ceux-ci. Ce ne seront plus des héritiers, ce seront des contemporains; ce ne seront plus des monarques suzerains, ce seront des feudataires rehaussés par la gloire et la puissance de leurs descendants. Le résultat de cette façon de comprendre les faits sera de concilier assez complétement les récits grecs avec les récits persans dans tout ce que les uns et les autres ont d'essentiel. L'idée que j'exprime ici ne m'appartient pas. Elle ressort tellement de l'examen des choses, que Hamza Isfahany la consacre comme un fait indubitable. Il dit que Key-Gobad était né sous le règne de Zow, et il ajoute que même Kershasep fut roi dans ce temps-là; en conséquence, il n'accepte pas que Key-Gobad et ses successeurs aient continué la suite des rois de l'Iran, et je pense qu'il a raison de les faire contemporains des derniers de la lignée de Menoutjehr.

De l'amas de noms peu certains, mal comptés sans doute, mais qui tiennent et réservent la place qu'ont occupée des dynasties authentiques, on peut donc composer un tableau qui, vrai quant à l'essentiel, présentera la chronologie iranienne depuis l'origine de la monarchie jusqu'à Cyrus. Voici ce tableau tel que je le comprends :

DYNASTIE ARIANE DANS L'AYRYANA-VAEJA.

KEYOUMERS.

(Manou, Menou, Mann,) les DJEMS (Yima, Yama, Ymir, Nemr).

PREMIER IRAN.

(ASSYRIE, BÉLUS)—(SÉMIRAMIS), (NINYAS), (NITOCRIS), SARDANAPALE.	MÉDIE. *Dynastie scythique sémitisée.* Pyshy. Syamek. Newarek. Taz. Wyzersenk. Denykan. Aroundasep. Peyourasp.	*Dynastie médo-scythique primitive.* Pharnus.	Keyoumers. Masha. Syamek. Ferwal. Housheng et Wygbert Ashkehed. Anykehed. Ankehed. Veyven-Djehan ou Aboun-Djehan. Djem-Shyd, Asfiyour Bawalyk. Houmayoun. Ylyoun.	Durée de 800 ans.	*Feudataires de l'Elbourz.* Keyoumers. Syamek. Housheng. Dyw-Djehan. Tahmouras. Djem. Nounek et Faregh.
	ZOHAK-AJDEHAK (Ninus, fils de Bélus).		SOUMISSION A L'ASSYRIE.		
	Dynastie médique, feudataire de l'Assyrie. Nywaseb (Déjocès). Koush-Héféran. Koush-Pyldendan.	Durée de 1000 ans.	(Perses soumis à la Médie.) (Céphée, fils de Bélus.) (Persée et Andromède.) (Persès.)		*Djemshydites de l'Elbourz soumis à la Médie.* Abtiyan-Byferoust. Abtiyan-Remy-gaw. Abtiyan-Seher-gaw. Abtiyan-Asfyd-gaw. Abtiyan-Siyah-gaw. Abtiyan-Kour-gaw. Abtiyan-Bour-gaw. Abtiyan-Zour-gaw. Abtiyan-Fyl-gaw. Abtiyan-Per-gaw et Ferareng.
	(Cyaxares).		(Parsondès et Zeryna.)		

DEUXIÈME IRAN.

Férydoun (Phraortes), Sewar, Kyanwesh, Shadekam.
Iredj.
Kourek.
Ferkour.
Roushenk.
Ferarweshenk.
Pyl.
Peroushenk.
Arenk.
Wyrek.
Meshykbouryar.

} Durée de 500 ans.

Médie relevant de l'Iran.

Nestouh (Astyages).

(Liste grecque :)

(Arbakès.)
(Maudakès.)

Menoutjehr (Cyaxares), durée de 120 ans.

Noouzer.
Abtiyan-
Maysoun.
Shehryraman.
Zow.
Kershasep.

} Durée de 21 ans.

Perside relevant de la Médie.

Shyrouyeh.
Shenseg.   *(Liste grecque :)*
Key-Gobad.
Kenabyeh.   Cyrus.
Key-Kaous.   Cambyse.
Syawekhsh.
Key-Khosrou.
(Cyrus.)

(Sosarmès.)
(Artykas.)
(Arbyanès.)
(Artakès.)
(Artynès.)
(Astybanès.)
(Aspadas.)
(Astyages.)

CHAPITRE IV.

QUESTIONS CHRONOLOGIQUES.

Ce n'est pas sans une véritable répugnance que je me vois contraint d'exprimer au moins quelques opinions sur l'ordre des temps et sur la durée des faits pendant les périodes dont je viens de rassembler les débris. La chronologie m'a toujours paru la partie la plus faible, très-souvent la plus fantastique, de l'histoire, et, en général, les chiffres, avec leurs prétentions à posséder une réalité supérieure à celle des affirmations auxquelles ils ne s'agrégent pas, sont de toutes les vanités les plus vaines et de toutes les ombres les plus dénuées de corps ; ceux qui les préconisent leur supposent *à priori* des bases sérieuses, et quand on s'est habitué, par la pratique, à comprendre, à voir que des difficultés majeures et souvent insurmontables s'opposent à ce qu'un chiffre soit plus et autre chose que le résultat d'opérations approximatives; le caractère précis, arrogant, rigoureusement déterminatif qui lui est propre, ne paraît que l'insolence de l'erreur, et en vérité n'est pas autre chose. Les sciences appuyées sur de pareilles colonnes ne sont pas des sciences, et on ne risque rien à tenir dans une suspicion éternelle tout ce qui en dehors du terrain mathématique se fonde sur des calculs, c'est-à-dire la chronologie et la statistique.

Rien n'égale pourtant l'étonnante crédulité que les amateurs de chiffres éprouvent pour ces idoles. C'est une superstition sèche, mais la plus exaltée des superstitions. Larcher écrit avec une inébranlable foi, sous la rubrique de l'an 1885 avant Jésus-Christ :

« Tremblement de terre qui sépare l'Ossa de l'Olympe.
» Les eaux qui couvraient la Thessalie s'écoulent dans la
» mer ; elle devient habitable. »

Il ne lui vient pas un instant de doute sur la question de savoir si ce grand événement ne serait peut-être pas arrivé en 1884 ou en 1886. Il jure ce qu'il avance, et ses émules anciens et modernes, entraînés par la puissance latente mais énorme qui existe dans toute hypothèse, au grand détriment de celui qui l'a conçue, et sur lequel elle manque rarement de prendre un souverain empire, sont aussi péremptoires et aussi convaincus que le savant helléniste.

Il n'existe que deux moyens de classer les dates à leur ordre. Le premier, c'est de les rapporter à une ère bien définie et dont on connaît avec précision le commencement. Les temps antiques n'ont rien qui permette l'emploi de ce procédé. La seconde ressource, c'est de s'appuyer sur des synchronismes assez sûrs pour qu'avec leur aide on se croie en état de saisir une série de faits bien constatés, conduisant l'observateur jusqu'à une ère quelconque où il rattachera ses conclusions. Il y a là des difficultés très-grandes; rarement tombera-t-on sur un enchaînement assez incontestable pour assurer aux spéculations un résultat de valeur positive; mais, du moins, on parviendra peut-être ainsi à communiquer à la pensée du lecteur une notion vague constituant dans son genre une vérité. Hors de là, rien n'existe que les prétentions inconsistantes de l'esprit de système.

Cependant l'histoire, même la plus ancienne, même celle des origines perdues au loin dans les temps, ne saurait se passer, suivant nos goûts, de quelque peu d'efforts chronologiques. Nous désirons l'ordre, ou plutôt l'apparence de l'ordre, et nous aimons aussi à disposer toutes choses sous nos regards de telle manière que nos mains y touchent ou croient y toucher. Nous voulons de la précision, fût-elle factice, et des assertions directes et rigoureuses, fussent-elles fausses. L'imagination occidentale est ainsi faite. L'histoire comprise à la façon des Indiens nous indigne, et nous n'admettons pas qu'on puisse lui faire décrire, comme l'osent ses auteurs, des orbites non calculées à travers des espaces vides où l'on ne s'est assuré d'aucun point de repère, et où le sujet du récit privé de toute existence objective raffine à ce point sa subjectivité que c'est tout au plus s'il lui reste rien de réel. Une telle conception est blâmable, en effet; elle souffle sur les réalités et les transforme en fantômes; mais nous, faisons-nous mieux? Nous forçons les fantômes à devenir des corps. Peut-être le résultat final est-il le même.

Quoi qu'il en soit, toute histoire occidentale doit se plier aux volontés de l'esprit de l'Occident, et c'est pourquoi je dirai ici quelques mots de chronologie. Je tâcherai de me tenir dans les limites du vraisemblable, mais je ne saurais affirmer pourtant en aucune manière que les conséquences auxquelles j'arriverai aient une valeur bien solide.

Avant l'avénement de Cyrus, il est impossible de saisir un moment nettement déterminé dans l'existence des nations iraniennes. Lorsqu'on est parvenu à ce monarque, on rencontre pour la première fois des synchronismes qui semblent assez authentiques. Il était contemporain de Crésus; celui-ci, à son tour, l'était de Pisistrate; Zorobabel, sur l'ordre du conquérant, ramenait une colonie juive dans l'ancienne patrie. On ne saurait être bien certain que Cyrus ait commencé à régner en 559, ni qu'il soit mort justement en 530; mais, en somme, en plaçant l'existence de ce prince dans la seconde moitié du sixième siècle avant notre ère, on ne court guère de risques. Ce sera donc le point de départ qui servira à nos supputations.

On doit maintenant faire une autre remarque. C'est que si Key-Kaous a régné 150 ans, et son prédécesseur 100 ans, et Menoutjehr 120 ans, et Férydoun 500, et Zohak 1000, et enfin Djem-Shyd 700 ans, tous les rois qui suivent ne présentent plus que des chiffres d'années contenues dans des limites fort raisonnables : Keyoumers, le plus éloigné de tous, compte 30 ans : Housheng, 40 ; Tahmouras, 30 ; Noouzer, 7 ; Zow, 5 ; Kershasep, 9, ce qui est tout à fait modéré. Mais la tradition persane ayant de bien des manières donné à comprendre que sous les noms de Djem-Shyd, de Zohak, de Férydoun, de Key-Gobad et de Key-Kaous, elle enfermait des séries de princes dont les personnalités ont plus ou moins disparu, on doit admettre que, malgré les apparences, elle n'a nulle part l'intention de supposer des règnes mythiques ; elle raconte ce qu'elle croit vrai et réel avec une mémoire obscurcie mais non pas menteuse ; dès lors, si sur certains points elle a perdu de vue la répartition des années pour n'en conserver qu'une somme applicable par divisions à des absents, elle montre, par la façon dont elle a calculé la vie ou le règne des rois non compris dans ces additions partielles, qu'elle a suivi des traditions fort réelles et obéi à ces mêmes traditions avec d'autant plus de bonne foi que certainement elle n'y mettait pas de prétention.

On ne peut découvrir dans les règnes très-courts attribués à Keyoumers, à Housheng, à Tahmouras, aucune trace d'idées symétriques. Si la légende dit que le premier a gouverné pendant 30 ans, en même temps qu'elle affirme ne pas savoir son nom et ne pouvoir donner que son titre, je ne vois aucun motif valable de suspecter son allégation. Peut-être Keyoumers n'a-t-il pas régné 30 ans, mais aucun moyen n'existe de signaler ici une fraude. Il me paraît, au contraire, incontestable qu'avant l'époque où les listes se sont formées dans leur condition actuelle, c'était là une opinion reçue. En conséquence, j'accepte comme des éléments relativement solides ceux qui me sont ainsi donnés, et je dresse le tableau suivant :

Keyoumers.	30 ans.
Housheng.	40
Tahmouras.	30
Les Djemshydites. . . .	700
Les Zohakides.	1000 moins un jour.
La dynastie de Férydoun.	500
La dynastie de Menoutjehr.	120
Noouzer.	7
Zow.	5
Kershasep.	9
Total.	2441 ans moins un jour.

Par une erreur que je ne comprends pas, l'édition de Bombay du Shah-nameh, tout en présentant les mêmes éléments de calcul, trouve un total plus élevé, et s'exprime ainsi :

« La domination des Pyshdadyans dura en tout 3341 ans moins un jour. »

Le jour en moins peut passer, mais je ne sais où retrouver les 900 ans en plus. Bornons-nous au calcul placé sous nos yeux.

S'il fallait y ajouter maintenant les deux Keyanyans qui précèdent Cyrus :

Dynastie de Key-Gobad. . . . . . . 100 ans.
Dynastie de Key-Kaous. 150

Total. 250

on aurait 2691 ans. Mais pour rester fidèle au système de coordination que j'ai présenté, non sans raisons à l'appui, les règnes des rois de la Perside compris sous les noms de Key-Gobad et de Key-Kaous étant synchroniques avec ceux de Menoutjehr et de ses successeurs jusqu'à Kershasep, on ne peut admettre les 250 ans pour grossir le calcul, et il faut s'en tenir au chiffre des Pyshdadyans, ou 2441 ans; de la sorte, la fondation de l'empire d'Iran, sous le Djem connu comme ayant été le premier Keyoumers ou Roi des hommes, serait à reporter à l'an 2441 avant Cyrus. Dès lors, en supposant que de Cyrus à notre ère les Orientaux calculent un nombre égal d'années à celui que nous trouvons nous-mêmes, ce qui n'est pas tout à fait exact, mais ce qui peut cependant être considéré comme ne s'en éloignant pas beaucoup, on obtiendrait depuis les Djems jusqu'à Jésus-Christ environ 3000 ans. Ainsi, l'empire iranien, ou, pour être plus exact, le mouvement de colonisation des terres iraniennes par les Arians descendus du nord aurait commencé environ trois mille ans avant notre ère.

Si cela n'est pas vrai, cela n'est pas invraisemblable; et il est assurément digne de remarque que des œuvres aussi décriées en Europe que le sont toutes les annales orientales, nous présentent sur un terrain pareil, dans le domaine partout si suspect, mais plus suspect encore chez eux, de la chronologie, un résultat aussi modeste et aussi acceptable. Telles que les choses sont ici, il n'est pourtant pas facile de les faire concorder avec les époques des annales occidentales, car, pour débuter, le déluge universel est placé vers 2500 avant Jésus-Christ. Ainsi les Iraniens auraient fondé leur empire 500 ans auparavant, et nous n'avons rien vu qui puisse nous autoriser à penser que le grand cataclysme ait interrompu leurs travaux. Loin de là, et pour peu que la supposition présentée en son lieu au sujet de Nemrod soit vraie, et que celui-ci soit identique à Yima et à Ymir comme à Yama, il en résulterait que le déluge est beaucoup plus ancien et ne saurait avoir eu lieu qu'à une époque antérieure à l'an 3000. On serait porté dès lors à donner raison au texte d'Hérodote, qui, rapportant l'opinion des Tyriens sur la date de la fondation de leur ville, la placerait peu de temps après, c'est-à-dire vers 2700, ce qui a été contesté sur l'observation que, n'étant qu'une colonie de Sidon, Tyr ne peut remonter si haut, en tenant compte de la date du déluge.

Mais précisément pour ce motif, et jugeant que, dans tous les cas, on a supposé que cet événement était plus rapproché de nous qu'il ne l'est en réalité, j'inclinerais volontiers à croire que les Tyriens n'ont pas trompé Hérodote, que Sidon était plus ancienne qu'on ne le suppose, que l'ensemble de la migration sémitique va au delà de ce qu'on admet, et que l'arrivée première des Chamites est surtout plus éloignée. Je me trouve ainsi d'accord avec ce que dit la Genèse, sinon avec les interprétations qu'on en a faites ; mais il reste évident que tout cet échafaudage est fort problématique. Je n'imagine pas que ni le calcul de l'âge des patriarches, ni tout autre moyen analogue, pas même les prétendus travaux des astronomes antiques expliqués par les modernes, puisse jamais rien résoudre.

Je m'arrête ici, ne prenant aucun plaisir à des difficultés insolubles et partant puériles. J'ai voulu seulement, au moment d'entrer dans des époques plus faciles à reconnaître, insister sur ces deux faits, que les dates de la légende persane ne sont pas inadmissibles, si elles ne sont pas d'une vérité absolue, et que leur supputation juste ou fausse paraît remonter à des temps très-anciens, ce qui leur donne une valeur relative. Ensuite, j'ai fait ce que j'ai pu pour placer la pensée du lecteur dans un certain moment de la durée des siècles qui l'empêchât d'être tout à fait livrée au vague illimité.

LIVRE TROISIÈME

QUATRIÈME FORMATION DE L'IRAN.

CHAPITRE Ier.

NAISSANCE ET JEUNESSE DE CYRUS.

Le bruit de ce grand nom traverse les siècles porté par les ondes de l'histoire, et cependant les souvenirs conservés de l'homme qui l'illustra sont peu de chose. On le cite, sans crainte d'être démenti, parmi les cinq ou six héros, de grandeur incomparable, conducteurs de l'humanité; mais si l'on demande ce qu'il a réellement été, ce que réellement il a fait, les réponses sont courtes et peu claires. De vives lueurs, des lumières étincelantes et diffuses, l'aveuglement de la splendeur, étonnent les yeux; au fait, peu de clarté. Beaucoup de légendes, beaucoup de traditions contradictoires; l'ennuyeux roman de Xénophon, des anecdotes éparses dans les auteurs grecs, s'offrent en foule à l'esprit; mais si on les dédaigne, il ne reste rien que les traces presque effacées de conquêtes médiocres. Ce n'est pas assez pour justifier une gloire pareille.

Néanmoins, il n'est pas douteux que le règne de Cyrus marque dans les annales de l'Asie le commencement d'une ère nouvelle; il ne l'est pas non plus que l'impression produite par les actes de ce souverain a été si forte que rien ne la détruira jamais. Si les annales positives sont peu instruites sur son compte, cet oubli, cette pénurie doivent tenir à des causes toutes particulières; mais incontestablement leur silence est impuissant, et le sera toujours, à rabaisser le monarque que la voix des siècles n'aurait pas élevé sans raison aussi haut qu'elle l'a fait, qu'elle le fait encore, et qu'elle le fera. Il est donc absolument indispensable, pour être ici historique et vrai, de ramasser, de réunir, de condenser, de s'efforcer de comprendre tout ce qui a été dit sur Cyrus dans l'histoire positive, dans les documents sacrés des Hébreux, dans les légendes orientales de toutes provenances. L'esprit du lecteur pourra admettre ou rejeter à son gré ce qui lui paraîtra vraisemblable ou décidément faux. Mais, en somme, il concevra mieux, de ma fidélité à tout rapporter, la hauteur de l'image qui se dresse devant lui, et cette conception sera déjà plus exacte que s'il ne trouvait ici qu'une ombre mesquine et petitement circonscrite d'une si immense renommée.

On connaît le récit d'Hérodote. Il a pris pour guides quelques Perses qui ont moins cherché, dit l'historien, à relever les exploits de Cyrus qu'à écrire la vérité, et bien qu'Hérodote n'ignore pas que trois autres systèmes existent encore, outre celui qu'il adopte, sur ce qui concerne son héros, il passe outre.

Il a raison sous un certain rapport, car il veut conclure; il veut rabaisser Cyrus; la gloire de ce grand novateur ne lui plaît pas, il prend la version la plus rapprochée de l'exactitude, pense-t-il. Nous pouvons bien supposer, sans l'offenser, que ce n'est pas la moins éloignée du dénigrement. Il suffit, dans tous les cas, qu'il reconnaisse l'existence simultanée de trois autres traditions, pour nous autoriser à croire que parmi celles que nous allons citer après la sienne, on en pourra considérer quelqu'une comme tout aussi authentique ou du moins tout aussi ancienne, et partant aussi respectable.

Il rapporte donc qu'Astyages, étant roi des Mèdes, rêva une nuit que sa fille Mandane urinait en si grande abondance que la ville capitale Ecbatane et l'Asie entière en étaient inondées. Les mages consultés effrayèrent tellement le roi qu'il n'osa pas donner Mandane en mariage à un Mède, craignant de trouver dans son gendre un compétiteur dangereux. Il l'unit à un Perse, Cambyse, homme de bonne famille dans son pays, de mœurs douces et pacifiques, et en tout cas bien inférieur, suivant les idées d'Astyages, à tout Mède de médiocre condition.

En effet, les Perses étant les vassaux de l'empire médique, n'étant gouvernés que par des feudataires, Cambyse, eût-il appartenu même à la famille régnante de ce territoire, eût été plus loin du trône de l'État suzerain que quelque grand personnage de celui-ci ayant alliance ou prétendant l'avoir avec la dynastie.

La première année du mariage de Cambyse avec Mandane, Astyages eut un autre songe. Du sein de sa fille sortait une vigne qui couvrait toute l'Asie. La terreur que les interprètes des songes lui inspirèrent de cette nouvelle vision dépassa celle qu'avait causée la première; il obligea Mandane enceinte à venir le trouver; il la retint en quelque sorte prisonnière, s'empara de son enfant quand celui-ci fut au monde, le remit à son parent Harpage avec ordre de le faire périr, et se trouva plus tranquille.

Mais Harpage craignant les retours d'esprit du roi son maître, ou les hasards de sa succession qui pouvait un jour tomber à Mandane et l'exposer au ressentiment d'une mère irritée, se garda d'obéir, et confia le nouveau-né à un des bouviers d'Astyages, nommé Mitradate. Cet homme avait pour femme une certaine Spaco, ce qui, suivant Hérodote, signifie une chienne dans la langue des Mèdes. Ces deux personnes conduisirent l'enfant dans les pâturages au nord d'Ecbatane, tirant vers l'Euxin, au pays des Sapires. Ils avaient ordre de l'exposer sur la Montagne, au fond des bois, afin qu'il devînt la pâture des bêtes féroces. Cependant, comme justement alors Spaco venait d'accoucher d'un enfant mort, ce fut celui-là qu'on exposa, et le fils de Mandane fut préservé par les deux bergers, qui l'élevèrent en le faisant passer pour leur appartenant.

Dix ans après, le jeune Cyrus, qui ne portait pas ce nom-là, mais quelque autre à lui imposé par ses parents putatifs, se fit reconnaître par la hauteur toute royale avec laquelle, en jouant au souverain avec d'autres enfants de son âge, il traita le fils d'un des seigneurs mèdes. Astyages découvrit ainsi la vérité, et blessé de l'infidélité d'Harpage, il punit ce ministre en lui faisant manger son propre enfant. Ainsi vengé, il se calma et s'accommoda de laisser vivre Cyrus, parce que les mages l'ayant assuré que par sa royauté imaginaire il avait rempli les prédictions de l'oracle, il n'existait aucune raison de penser qu'il dût détrôner son grand-père. Dès lors, rien ne s'opposait plus à ce que Cyrus entrât dans sa dignité de prince, ce qui eut lieu en effet; sur l'ordre de son aïeul, il s'en alla chez les Perses retrouver son père Cambyse et sa mère Mandane, et tout le monde crut qu'il avait été nourri par une chienne, parce que sa nourrice s'appelait Spaco.

Voilà ce que raconte Hérodote, et si ce grand homme considère un tel récit comme plus voisin de la vérité que tous les autres, nous sommes obligés d'y reconnaître, nous, une des physionomies les plus franchement romanesques qu'une tradition puisse revêtir. C'est donc sans scrupule que l'on peut passer à une autre version.

Ce que l'on sait de l'avis de Ctésias, c'est qu'il affirmait d'une façon positive que Cyrus n'était uni à Astyages par aucun lien de parenté, et à cette occasion le médecin de Cnide s'élève contre les mensonges d'Hérodote, qui a prétendu le contraire. Toutefois, en supposant que Diodore ait suivi dans cette circonstance le récit perdu de

Ctésias, on induit sans peine, du fragment qui s'est conservé dans la compilation du premier, que si le futur conquérant n'était aucunement apparenté à Astyages, il l'était du moins à sa nation, car c'est par Diodore que nous est parvenu l'oracle de Delphes :

« Lorsqu'un mulet sera roi des Mèdes, alors, ô Ly-
» dien aux pieds délicats, fuis sans retard vers l'Hermus
» sablonneux, et n'aie pas honte d'avoir peur. »

Et Diodore, en rapportant ce dicton, ajoute que le mulet devait s'entendre de Cyrus, Mède par sa mère et Perse par son père. On va voir que l'idée capitale de l'origine de Cyrus se trouve, en effet, concentrée sur ce point qu'il était un métis. Les Orientaux en sont convaincus comme les Grecs. Il paraît que c'était là ce qui avait frappé davantage les contemporains et les successeurs immédiats de l'âge du grand roi, car c'est à peu près le seul point qu'ils aient nettement retenu. Cyrus était le produit d'une alliance entre deux nationalités, peut-être deux races distinctes; c'est ce que le Shah-nameh va confirmer; mais il prend les choses de plus haut que les Grecs, et prélude à l'histoire de Cyrus par celle de son père, dont les aventures et les malheurs exercent naturellement une grande influence sur les débuts du héros.

Kaous, c'est-à-dire Cambyse, non pas ici le fils de Cyrus, bien entendu, mais un des Cambyse de sa lignée ascendante, régnait sur l'Iran, et plusieurs des feudataires de ce roi s'en allèrent chasser sur la frontière du côté des Touranys. Parmi eux se trouvaient ces chefs puissants et célèbres qui reparaîtront dans ces pages, Toous, Gyw, Gouderz et d'autres encore. Ils restèrent longtemps à jouir du plaisir animé qu'ils étaient venus chercher, et prirent et tuèrent une grande quantité de gibier.

Emportés par leur ardeur, ils ne firent pas attention qu'ils étaient sortis peu à peu du territoire iranien, et ils parcouraient une immense forêt appartenant aux Touranys, quand tout à coup ils rencontrèrent une jeune fille de la plus rare et de la plus merveilleuse beauté, qui toute seule errait dans les bois. Les héros, surpris et saisis à son aspect, l'entourèrent et s'enquirent avec empressement de son nom, de sa famille, des causes de sa solitude.

Elle répondit qu'elle était par ses aïeux paternels du sang de Férydoun, et que par sa mère elle appartenait à la race des rois du Touran; qu'elle fuyait parce que son propre père voulait l'épouser, et que combattue par le froid, par la faim, par l'épouvante de ces lieux déserts, elle ne savait que devenir.

Pendant son récit, les héros s'étaient enflammés pour elle d'une passion violente, et brûlant de jalousie les uns contre les autres, Noouzer et Toous principalement, allaient en venir à une lutte acharnée, ou même à faire voler la tête de la jeune fille afin de rendre impossible le triomphe de l'un sur l'autre, quand le roi Kaous, prévenu, les fit comparaître devant lui avec leur captive. Il se fit raconter ce qui était arrivé, devint amoureux à son tour, dédommagea les chefs en leur donnant à chacun dix chevaux de prix, une couronne et un trône, fit conduire la demoiselle errante dans le harem, et au bout de neuf mois elle mit au monde un fils auquel fut donné le nom de Syawesh, ou Syawekhsh.

Les astres, consultés à la naissance de cet enfant, ne lui furent pas favorables. Le roi s'en attrista, et voulut combattre l'influence néfaste en éloignant le nouveau-né de la cour et en lui faisant donner l'éducation la plus propre à le rendre fort contre les adversités qui semblaient le menacer. Il le remit donc au plus puissant de ses feudataires, à Roustem, qui, se chargeant volontiers d'un si noble pupille, l'emmena dans le Zawoulistan, et lui apprit à monter à cheval, à tirer de l'arc, à jeter le lasso, à pratiquer en perfection tous les exercices du corps, à se comporter en homme dans les assemblées d'affaires, dans les réunions de plaisir, à chasser, à jouer à tous les jeux, à détester l'injustice, enfin à savoir porter la couronne, parler aux multitudes, ranger une armée en bataille et l'entraîner.

Le maître était sans rival ; l'élève devint accompli, et il ne se trouva plus dans le monde, dit Ferdousy, un homme qui pût le disputer en nobles perfections au fils de Kaous.

Si je ne me trompe, il y a dans ce que je viens de rapporter beaucoup de traits qui rappellent assez bien le récit d'Hérodote. Seulement il faut laisser Astyages de côté, comme le veut d'ailleurs Ctésias, et se placer en pensée, non pas à Ecbatane, mais dans le pays même de Cambyse, dans la Perside. Cambyse a épousé une femme étrangère, amenée du dehors. Il en a un fils. Ce fils, accueilli par des présages inquiétants, est éloigné par son père. Il ne passe pas son enfance dans la famille, mais il s'en va au loin recevoir une instruction complète, vigoureuse, telle qu'une âme d'élite pouvait seule l'accueillir et se l'approprier. Lorsque Cyrus, renvoyé à sa mère par Astyages, apparut pour la première fois devant les yeux charmés des vassaux de son père Cambyse, il devait ressembler assez bien à ce Syawekhsh de Ferdousy au moment où Roustem le ramena auprès de son père Kaous. On remarque d'ailleurs, sans doute, que l'éducation décrite par le poëte de Nishapour est tout à fait celle dont Hérodote fait honneur aux jeunes Perses de haut rang, et donne en même temps les principaux traits du tableau que Xénophon a amplifié dans la Cyropédie.

Ce fut Syawekhsh lui-même qui prit l'initiative de retourner près de son père. Il se plaignit amèrement à

Roustem de l'exil dont il était la victime, et déclara juste et nécessaire que Kaous pût au moins contempler sa force, sa beauté, juger de son courage, et connaître ses talents. Le héros seystany n'eut rien à objecter aux désirs et à l'indignation de son pupille. Il l'équipa comme il convenait au maître et à l'élève, et se rendit avec lui dans l'Iran, où Kaous, du reste, informé de leur arrivée, se montra tout disposé à les bien accueillir. Il envoya Gyw, Toous et la plupart de ses capitaines au-devant des deux survenants avec toute son armée, et quand il aperçut Syawekhsh, il fut si frappé de sa bonne grâce, de son air de force, de ce qu'il avait appris, de ce qu'il apprit encore de lui, qu'il l'accueillit avec la plus extrême émotion, le combla de présents, remercia le ciel de lui avoir donné un tel fils, et témoigna enfin tout l'amour paternel dont jusque-là il avait été si avare.

On remarquera encore qu'ici, comme dans le récit d'Hérodote, les sentiments du monarque et les mouvements de son cœur sont dominés par les appréhensions que lui causent les interprétations du cours des astres.

Tout allait au mieux, quand les mérites mêmes de Syawekhsh vinrent le précipiter dans un abime de maux et donner finalement raison aux astrologues. Le bruit de ses qualités aimables avait pénétré jusque dans l'Enderoun; et la favorite de Kaous, Soudabeh, en avait été trop frappée.

Dans son amour d'imagination pour Syawekhsh, qu'elle n'avait encore ni entretenu ni vu, elle eut le talent de persuader au roi que celui-ci devait lui envoyer un fils dont il lui faisait tant d'éloges, attendu que, fière de partager les sentiments de son mari, elle prétendait lui servir de mère.

Kaous fut charmé de ces affectueuses dispositions. Il ordonna à Syawekhsh de franchir le seuil sacré de l'Endéroun. En vain celui-ci, aussi prudent que brave, s'efforça-t-il de résister à une pareille contrainte, il lui fallut obéir : peu de temps se passa sans que la favorite lui fît entendre des paroles très-claires et qui donnaient raison à ses répugnances. Il résista avec indignation. Soudabeh, irritée contre cet Hippolyte, se conduisit comme la Phèdre des Hellènes, et Kaous, croyant ouvrir les yeux et venger un crime irrémissible, aurait immédiatement fait périr son fils, si la loi et l'usage ne l'eussent contraint de soumettre avant tout l'accusatrice et l'inculpé à l'épreuve du feu.

Un bûcher énorme fut préparé, allumé en présence des grands et du peuple. Soudabeh se présenta la première pour traverser les flammes; mais sa conscience troublée éveilla la peur, et elle refusa d'avancer. Syawekhsh, au contraire, fort de son innocence, entra d'un pas ferme dans le foyer brûlant, et, couvert d'applaudissements, fut embrassé par son père repentant et convaincu. Roustem, absolu dans ses idées de justice, tua la calomniatrice sur la place.

Mais la bonne harmonie ne se maintint pas longtemps entre le jeune homme et le roi. Les Turks, conduits par Afrasyab, avaient fait une invasion dans l'Iran. Chargé de les repousser, Syawekhsh leur coupa la retraite; il allait leur livrer bataille dans des conditions qui lui assuraient la victoire, quand le monarque tourany offrit de restituer son butin et, ajoute le Heya-el-Molouk, de rendre en même temps les places et les districts dont il s'était emparé, si son adversaire consentait à lui laisser opérer sa retraite. Cent otages devaient répondre de la bonne foi d'Afrasyab.

Syawekhsh accepta ces propositions. Mais Kaous les rejeta; il donna l'ordre à son fils de rompre la trêve et de poursuivre le Scythe. Syawekhsh, pensant que son honneur l'obligeait de garder sa parole, remit le commandement de l'armée à Toous, puis, ayant rendu la liberté aux otages, il passa la frontière et se rendit auprès d'Afrasyab.

Il fut reçu en hôte royal. Le souverain des Turks lui donna même sa fille Férenghys en mariage, et pour dot de vastes provinces. Mais la méfiance apparut bientôt entre le beau-père et le gendre; le premier, méprisant les sages conseils de son ministre Pyran Wyj, ou Pyran le Pur, finit par faire assassiner celui qui lui avait sauvé la vie, et commanda de garder à vue la veuve du mort et le fils issu de leur union. Cet enfant s'appelait Khosrou : nous voilà en présence du jeune Cyrus.

Cependant Kaous, aussi violent et aussi peu conséquent qu'Astyages, s'était repenti de ce qu'il avait fait, et il aurait voulu revoir son fils. En apprenant la triste fin de celui-ci, il éprouva un violent chagrin, et il chargea Gyw, fils de Gouderz le Gawide, de lui ramener au moins Férenghys et Khosrou, tout ce qui restait de celui qu'il avait perdu pour jamais.

Gyw partit en chevalier errant, et pendant sept années pleines il chercha la demeure de Férenghys et de Khosrou sans pouvoir la découvrir. Il parcourut la Scythie entière, s'informant, regardant, attendant, et il désespérait, quand un jour, au traversé d'une vaste plaine, il aperçut un jeune garçon qui chassait les bêtes fauves.

Il le reconnut aussitôt, tant il ressemblait au malheureux Syawekhsh. Il l'aborda, lui parla; lui dit son propre nom, lui raconta l'histoire de sa naissance, le repentir et les désirs de son aïeul, et Khosrou, subitement enflammé à l'idée de voir l'Iran et de venger son père, conduisit le brave cavalier à Férenghys, avec laquelle il fut immédiatement convenu qu'on partirait sans retard.

Les fugitifs furent poursuivis. Ils accomplirent des

CHAPITRE Iᵉʳ. — NAISSANCE ET JEUNESSE DE CYRUS.

exploits dignes d'eux, et arrivèrent enfin sains et saufs dans les bras du roi Kaous, qui les combla de tendresse et à sa mort laissa le trône de l'Iran à Khosrou, au détriment de Fériberz, son second fils. Mais celui-ci, loin d'être offensé de cette préférence, ne témoigna pendant toute sa vie que le plus entier dévouement à son neveu.

Cette version de l'enfance de Cyrus, telle que le Shahnameh la donne, a été adoptée par les historiens en prose, comme Hafez Abrou, Tébéry, Maçoudy et leurs copistes, Myrkhond en tête. On doit donc la considérer comme faisant à peu près loi dans l'Orient actuel, et cela depuis de longs siècles. Hamza-Isfahany, écrivant d'après les relations très-anciennes d'Ibn-el-Mogaffa et du Khodaynameh, ne la contredit pas. Il reconnaît aussi Khosrou ou Cyrus pour le petit-fils et non le fils du roi Kaous ou Cambyse, et appelle son père Syawekhsh, à l'exemple des auteurs dont nous venons de voir l'énumération. Ainsi il est certain qu'à la fin du règne des Sassanides c'était la tradition la plus courante au sujet de Cyrus. Cependant ce n'était pas la seule, et nous allons maintenant en présenter une autre qui à différents genres de mérite ajoute celui de se rapprocher beaucoup plus que celle que nous venons de suivre de différents points du récit d'Hérodote. Je l'emprunte au Koush-nameh.

Ce livre m'a déjà fourni d'inestimables matériaux et va m'en donner de non moins précieux. Je n'en ai cependant pas encore assez parlé pour sa valeur intrinsèque, et aussi pour son extrême rareté. Autant que je puis me le rappeler, n'ayant pas le texte sous les yeux, le Koush-nameh a été cité par Hadjy-Khalfa. Je ne sais s'il en existe un exemplaire dans aucune bibliothèque de l'Europe; mais je suis certain qu'en Perse il est à peu près inconnu. Des hommes très-savants, que je consultai à Téhéran à ce sujet, n'étaient pas sûrs de ne pas avoir entendu parler de cet ouvrage ou lu son titre, mais ils étaient persuadés aussi de ne l'avoir jamais vu. Je le découvris à Tabryz entre les mains d'un Juif, et lorsqu'on sut que je le possédais, on me demanda de toutes parts de le céder, et, sur mon refus, de le laisser copier. J'avoue que je commis la mauvaise action de ne pas me prêter à cette demande, qui, en multipliant les exemplaires d'un manuscrit si rare, aurait servi à assurer sa conservation, en même temps qu'elle en eût répandu la connaissance. Mon excuse doit se trouver en ceci, qu'en laissant sortir l'ouvrage de mes mains je ne me trouvais pas assez convaincu de l'y voir jamais rentrer.

Mon manuscrit est un des plus beaux que j'aie jamais vus. Il contient quatre poëmes, dont les trois premiers sont d'un grand mérite et peu communs : 1° le Kershasep-nameh, d'Asedy ; 2° le Djenghyz-nameh, d'Ahmedy ; 3° le Bahman-nameh, d'Azery ; enfin 4° le Koush-nameh. Il est écrit sur ce gros papier de soie, épais comme du parchemin, qu'on nomme papier de Kambalow, et qui ne se fabrique plus nulle part en Asie avec le même degré de perfection ; ce papier est jaune nankin, d'un grain serré et si fin qu'il est naturellement lustré, et que la plume de roseau y court sans peine. L'écriture, une espèce de neskhy très-fin, en est admirablement lisible d'un bout à l'autre du volume, et sa perfection ne faiblit pas une fois. Partout où il y a lieu, le *d* final est toujours pointé, marque ordinaire des manuscrits anciens écrits avec élégance. Les quatre poëmes sont ornés chacun d'une page de titre faisant frontispice, peinte avec l'amour le plus minutieux et le mieux inspiré. Il est impossible de voir plus de goût, un goût plus grand et plus sévère. Des miniatures sont répandues dans les textes. Elles sont exécutées avec une finesse excessive, et, tant par le caractère des têtes que par le style, rappellent beaucoup l'inspiration mongole formée à l'école des peintres chinois.

Parmi les sceaux de plusieurs propriétaires successifs, dont l'empreinte noire charge çà et là les feuillets, on en distingue un principal dont l'encre ordinaire n'a pas reproduit les caractères; c'est en encre d'or qu'il est appliqué : une fois sur la première page du Bahmannameh, et neuf autres fois à différents endroits. Comme l'encre d'or est de sa nature liquide et ne se prête pas bien à l'usage qu'on en a voulu faire cette fois, aucune des empreintes n'est parfaitement réussie. Cependant, en les comparant les unes aux autres, on parvient sans trop de peine à compléter la phrase arabe suivante, qui remplit tout le champ du cachet :

« Qu'il soit bien dirigé et changé (dans le sens des per-
» fections de la foi) ! Que Dieu perpétue son bien-être, ses
» biens et son empire ! »

Ainsi c'est d'un souverain qu'il s'agit, ce que l'encre d'or indiquait, du reste, déjà; c'est pour un souverain que ce volume de quatre poëmes héroïques a été écrit, et on peut aisément penser que le personnage royal y tenait, puisqu'il l'a timbré dix fois de son sceau. Le nom du prince en question manque; mais peut-être allons-nous pouvoir le trouver.

Sur la feuille de garde du manuscrit, une main inconnue a écrit :

« Le livre intitulé Koush-nameh est d'Azery. »

Azery est déjà connu comme auteur du Bahmannameh; il appartient à ce groupe de poëtes éminents en tête desquels brille Ferdousy, et il ne lui cède guère en mérite. Mais je ne crois pas que le Koush-nameh puisse lui être adjugé. Yakout pensait et a écrit quelque part que l'auteur de cet admirable ouvrage est Koutran-Ibn-Mansour-Edjly, et qu'il a composé son livre pour Mohammed, fils de l'émir Komadj, prince de Balkh. Bien que l'ouvrage lui-même n'en dise rien et soit simplement adressé à un prince qualifié de « Shahin-shah, roi des rois, souverain du monde, égal à Férydoun en sagesse, à Alexandre par la profondeur de ses desseins, à Keyoumers par l'éclat du nom, à Menoutjehr par la beauté », etc., cette merveille du siècle n'est nommée nulle part dans le cours du volume de son vrai et propre nom. A la fin seulement, on trouve cette formule :

« Ce livre a été terminé par la faveur du souverain » Bienfaiteur, dans le mois fortuné de sefer, sous le sceau » de sa perfection, de son accomplissement et de sa réus- » site, dans l'année 800, par la main du serviteur débile » et misérable sur qui soit la miséricorde de son Seigneur, » le Dieu tout-puissant, Mohammed, fils de Sayd, fils » d'Abdallah le lecteur, que Dieu le sauve et donne » force à ses parents et à tous les fidèles, hommes et » femmes ! »

Ainsi le manuscrit est du quatorzième siècle de notre ère, et si l'ouvrage a été écrit pour un prince de Balkh, la copie que je possède en a été faite pour un souverain qui ne saurait être qu'un Seldjoukide. Comme à cette époque cette puissante maison était partagée en plusieurs branches, je n'essayerai pas de rechercher à qui des chefs de la famille a pu appartenir mon volume, et je me bornerai à me rattacher à peu près à l'opinion de Yakout. C'est à la fin du onzième ou au commencement du douzième siècle que le livre a été rédigé, sous le gouvernement d'un des sultans issus de Seldjouk, soit Melek-Shah, soit Mohammed, car l'ouvrage est dédié non pas à un prince, mais à un roi régnant, ainsi qu'on l'a vu. Quoi qu'il en soit, c'est de cet ouvrage important, traité comme tel, reproduit avec une juste magnificence, que je vais tirer ce qui va suivre sur la jeunesse de Cyrus.

CHAPITRE Iᵉʳ. — NAISSANCE ET JEUNESSE DE CYRUS.

Le poëte a résumé d'une manière fort extraordinaire dans la personne de son héros Koush tout ce qu'il a pu trouver de grandes individualités historiques, et il en a formé une figure unique, terrible, mais incomparable. Il n'existe rien de plus immense que cette étrange conception. Si l'auteur a pris pour base de la statue gigantesque qu'il a voulu élever un métal fourni par les matériaux de l'histoire de l'éponyme Koush, père antique des Nemrods, il a façonné le tout sur le personnage de Cyrus, dont les traits principaux servent de grandes lignes, et il ne s'est pas refusé à y joindre ce qu'il savait de Cambyse, le fils insensé mais grandiose du conquérant, sans rejeter non plus beaucoup de linéaments empruntés à la physionomie, tourmentée des plus effrénés Séleucides. Koutran-Ibn-Mansour savait évidemment beaucoup en histoire, et si les documents qui lui ont servi provenaient, comme il l'assure à plusieurs reprises, des manuscrits d'un Dehkan guèbre, il est à jamais regrettable que ces monuments du passé ne soient pas venus jusqu'à nous. Ils nous auraient appris un monde de choses que nous ignorerons toujours. Quant à l'œuvre de Koutran, c'est un résumé, c'est un choix sans doute; mais il semble pourtant qu'il a plus mêlé que travesti et déplacé que mutilé. Il exagère et la taille des héros, et le nombre de leurs conquêtes, et l'étendue inouïe de leurs expéditions; il présente un tableau énorme, souvent magnifique, étincelant de couleurs; mais le tout est composé de parties qui sont restées assez reconnaissables, et qu'on ne trouve pas, heureusement, si bien fondues les unes dans les autres qu'on ne puisse les détacher et les rétablir une à une à leur véritable place dans un état de pureté assez complet.

Il n'est pas invraisemblable qu'une certaine facilité qui se présente pour confondre le nom de Cyrus ou Khosrou avec celui de Koush ait paru suffisante pour justifier l'identification des deux personnages, surtout quand on prend garde que l'esprit qui l'opérait était déjà décidé à la faire.

Le père de Koush, Koush-Héféran, frère de Zohak, roi du Khawer et souverain d'Hamadan (il ne faut pas ici s'effrayer des difficultés de synchronisme), enleva un jour, dans une expédition contre les dyws, une fille d'une beauté sans pareille, dont il s'éprit et qu'il confia aux gardiens de son harem.

Au bout d'un an, l'esclave accoucha d'un fils; mais ce fils, par sa forme épouvantable, remplit d'horreur l'âme de son père. Il avait des dents énormes et proéminentes, des oreilles larges et tombantes, le poil et les cheveux rouges, et ce qui peut-être était pis que tout cela, il avait les yeux bleus. Les populations sémitiques ou sémitisées professent pour cette particularité une répugnance marquée, et un pareil trait a toujours été considéré parmi elles comme le signe infaillible d'une incurable perversité. Ainsi Kédar, un des meurtriers de la chamelle du prophète Saleh, avait les yeux bleus. « Kédar, qui était « bâtard, dit le Rouzet-Essefa, qui avait les yeux bleus, » qui était de petite taille, et qui était un brouillon. » On ne peut voir là qu'une impression produite sur les nations de l'Asie antérieure par les Arians-Scythes, conquérants redoutés.

Aussitôt que Héféran eut contemplé le monstre qui s'offrait à sa paternité : « Malheureuse, dit-il à la mère, » un homme et une femme enfantent un être humain; » mais ton fils est une créature d'Ahriman. »

Ayant ainsi parlé, il tira son sabre et abattit la tête de sa maîtresse. Une sorte de pitié l'arrêta au moment où il allait traiter l'enfant de la même manière. Il le cacha d'abord à tous les yeux, puis l'envoya pour être exposé aux bêtes dans une forêt voisine des montagnes de l'Iran.

Par hasard, le roi Abtyn vint chasser en ces mêmes

lieux. Il entendit des cris aigus qui l'étonnèrent, se dirigea du côté d'où ils partaient, et trouva l'enfant monstrueux étendu sur l'herbe au pied d'un arbre et souffrant de la faim. Surpris d'une pareille rencontre, Abtyn ordonna à ses serviteurs de ramasser l'avorton, qu'il emporta chez lui. Là on plaça le petit Koush devant des chiens, et les chiens s'enfuirent en hurlant; on le mit en face d'un lion, et le lion n'osa pas le toucher; on le posa sur le feu, et le feu ne le brûla pas; on le frappa d'une épée, et l'épée ne put lui nuire.

Après toutes ces épreuves, on ne savait qu'en faire. Alors, malgré la crainte qu'il inspirait, la femme du roi Abtyn, une première femme qui n'était pas Férareng, touchée de son abandon, sentit naître en elle de la compassion pour cet être aussi malheureux qu'horrible, et demanda qu'on lui en fît présent, en déclarant qu'elle voulait l'élever et le traiter avec affection.

Abtyn se refusa à ce désir, ne le trouvant ni naturel ni juste, et ne concevant pas quel bien d'abord pouvait résulter de la conservation d'un si hideux prodige. Mais, enfin, la reine ayant persisté, l'emporta sur les résistances de son époux, et l'enfant lui fut remis.

A sept ans, il se montra plein de force et d'intelligence; à neuf, il tirait de l'arc mieux que personne; toujours prêt à battre les autres garçons, il ne se plaisait que dans les querelles. Chacun le craignait, et on l'appelait « le dyw ».

A dix ans, il était devenu un grand chasseur; mais il ne s'attaquait qu'aux lions et aux panthères.

A quinze ans, c'était un guerrier irrésistible. Si aucun oiseau n'échappait à sa flèche, aucun dragon n'échappait à son épée.

Comme il était encore tout jeune, il avait un précepteur. Mais la férocité de son caractère ne se signalait pas moins contre ce maître que contre ses compagnons de jeu, et celui-ci, poussé à bout, vint un jour se plaindre à Abtyn, qui lui répondit simplement : « Prends sa tête, c'est un » fils de dyw; il est pervers et incorrigible. »

Cette menace ne fut pas exécutée; mais tout à coup l'aversion universelle qu'inspirait Koush se changea en admiration et en amour quand on l'eut vu combattre dans les rangs des Iraniens contre les Mèdes usurpateurs. Pas de défaite là où il était. A chaque rencontre, il forçait les guerriers d'Héféran à plier honteusement; il les massacrait par centaines, et il tua même, sans le connaître, son propre frère Nywaseb, seul fils que le roi d'Hamadan eût auprès de lui. On a vu en son lieu que la légende connaît aussi un autre Nywaseb, qu'elle donne non pour fils, mais pour père à Héféran.

La fortune des Iraniens se relevait, grâce au secours de Koush, et celle des Zohakides était si subitement et si profondément humiliée que ceux-ci ne comprenaient pas d'où leur venaient tant de défaites.

Enfin le bruit circula parmi eux que depuis peu de temps on voyait à la tête de leurs adversaires un jeune homme d'une forme effrayante, et que c'était ce nouveau venu qui causait tout le mal. Héféran averti trouva dans ses souvenirs l'explication des récits qui lui étaient faits. Il reconnut le fils de la dyw, le sien, et voulut l'attirer près de lui. Un homme adroit fut envoyé secrètement auprès de Koush-Pyldendan, de Koush « aux dents d'éléphant »; il lui révéla le secret de sa naissance, lui offrit tous les charmes d'une vie de splendeur dans le palais d'Hamadan, en échange de l'existence rude et misérable qu'il menait auprès d'un roi de proscrits, et fit briller à ses yeux la perspective de l'héritage d'un trône auguste.

Koush n'hésita pas. Il quitta le camp iranien pendant la nuit, et comme le fils d'Abtyn, Sewar, qui l'aimait ten-

CHAPITRE Ier. — NAISSANCE ET JEUNESSE DE CYRUS.

drement, le suivait en l'interrogeant sur la cause de ce départ subit, il l'assassina. C'est ainsi qu'il devint le successeur désigné, puis après la mort d'Héféran le possesseur du trône de Khawer.

Dans cette tradition, on retrouve le mulet de l'oracle de Delphes. Ici le caractère du métis est si fortement marqué que c'est le trait sur lequel la légende insiste le plus. Elle ne se contente pas de faire de Cyrus le fils d'une Mède et d'un Perse, alliance qui, en définitive, ne réunissait que des parents, elle exagère tout : la mère du futur conquérant est une dyw, et le maître de l'Asie est tellement le fils d'une race réprouvée que sa figure en est horrible.

Comme le dit Hérodote, il est exposé dans les montagnes du nord et livré à la dent des bêtes. Un berger, un Athwya, l'homme du Taureau fort, le sauve non par instinct propre, mais contre son gré et par condescendance aux volontés de sa femme. Dès sa première enfance, son caractère impérieux et violent le rend redoutable. Il maltraite à outrance non pas, il est vrai, le fils d'un grand seigneur, mais le gouverneur chargé de lui commander, et ce crime détermine dans l'homme dont il dépend une explosion de colère qui met sa vie en danger. Ici cependant les deux récits se séparent. Cette scène violente amène pour Hérodote la reconnaissance de Cyrus; pour Koutran, ce n'est qu'un épisode de la vie du prince destiné à montrer comment tout à coup on passa à son égard de la haine la plus vive à la plus extrême admiration.

Ferdousy a raconté que les prédictions des astrologues avaient produit les malheurs de Syawekhsh, absolument comme celles des mages déterminent la fâcheuse enfance de Cyrus pour l'historien d'Halicarnasse. Dans Koutran, on retrouve exactement le second songe d'Astyages, celui où il aperçut une vigne qui, sortant du sein de Mandane, couvrait toute l'Asie. Seulement, au lieu d'être attribuée par le poëte persan au père ou à la mère de Koush, cette vision l'est par lui à Abtyn, et au lieu de désigner Cyrus, elle s'applique à Phraortes ou Férydoun. Il n'y a aucun motif qui puisse permettre de discerner si c'est Hérodote ou la légende persane qui se trompe dans cette revendication. Seulement on est en droit d'affirmer avec toute certitude qu'un tel songe était considéré à une époque très-antique, parmi les populations de l'Iran, comme ayant été le prélude de l'avénement et des grandes actions, soit de Férydoun-Phraortes, soit de Khosrou-Cyrus. Voici comment la version persane rapporte le fait :

Abtyn, quelque temps après son mariage avec Férareng, rêva une nuit que son fils Sewar, la victime de Koush, lui apparaissait, tenant à la main un bâton sec. Le fantôme donna à son père ce bâton, qui aussitôt devint vert, se couvrit de fleurs et exhala une odeur exquise. En même temps, de la poitrine du roi sortit une montagne qui enfonça dans la terre de profondes racines, et sur cette montagne s'éleva un arbre immense qui, chargé de feuilles lumineuses aussi éclatantes que des flambeaux, étendit au loin de tous côtés des rameaux sans nombre, et Abtyn s'aperçut que l'univers entier était abrité sous l'arbre immense. Évidemment le bâton fleuri c'était Férareng, mais la montagne issue du sein d'Abtyn était le fils qui devait naître d'elle et de lui, et l'arbre, la monarchie fécondée par le héros que la vision annonçait.

Il est remarquable que dans les trois traditions qui viennent d'être rapportées sur la naissance et les premières années de Cyrus, deux lui sont très-hostiles; la troisième seule cherche à le flatter. « C'est un métis, c'est un mulâtre, dit l'une, poussant la laideur physique jusqu'à la difformité; sa mère était d'une race réprouvée. Non, dit l'autre; bien qu'issu du sang royal par Mandane, il n'avait aucun droit à la couronne, car son père n'était qu'un homme tellement inférieur par le peuple auquel il appartenait, qu'il ne valait pas même un Mède de condition commune.

Quant au caractère moral, les deux légendes sont d'accord : Cyrus était impérieux, violent, brutal; Hérodote, plus modéré que Koutran, n'en fait pas à la vérité un assassin, mais il s'en faut de peu. Il lui donne la superbe et la rigidité impitoyable qu'un Grec pouvait considérer comme la condition essentielle de la tyrannie.

Cette façon de voir disparaît absolument chez Ferdousy et les auteurs de sa suite, pour faire place à l'ensemble des vertus les plus séduisantes, les plus pures, les plus chevaleresques, chez Syawekhsh et chez son fils Khosrou. Là, de l'héroïsme à cœur joie; là, rien qui ne soit beau, noble, élevé. Le caractère est aussi raffiné dans le bien que le cœur dans l'intrépidité. Il y a certainement une cause à cette différence si radicale dans le point de vue et dans les jugements portés sur un si grand prince que le fut Cyrus.

Cette cause est apparente, et la voici. La Médie avait cessé depuis des siècles de jouer vis-à-vis de l'Iran le rôle prédominant. Bien qu'elle n'eût exercé jadis cette suprématie qu'au nom de la puissance assyrienne, elle avait été de fait souveraine des pays purs, et il lui avait fallu se déshabituer de cette position éminente pour en prendre une tout à fait subalterne vis-à-vis de ses anciens vaincus. Mais du moins, dans sa nouvelle situation, elle avait dépendu des grands rois de l'est, des successeurs de Férydoun ou des princes iraniens qui avaient successivement occupé le trône, et sous la dynastie de même sang, maîtresse d'Ecbatane après les feudataires zohakides, sous les seigneurs du sang de Nestouh, elle avait continué à se considérer justement comme la supérieure, comme la suzeraine de cette petite province de Perside dont jusque-là aucune gloire ne s'était approchée, et qui avait toujours occupé dans la hiérarchie de l'empire comme dans ses annales la situation la plus subalterne. Même sous les derniers grands rois, personnages, on peut le craindre, un peu élus au hasard sous l'influence des grands vassaux de l'est, les Çamides, la Médie n'avait pas eu à souffrir dans son orgueil provincial. Avec Cyrus tout changeait. Il lui fallait reconnaître l'omnipotence non-seulement d'une famille jusqu'alors sujette de ses princes, mais d'un groupe de tribus dont les Mèdes n'avaient jamais encore songé à faire cas. Elle devenait vassale de ses vassaux, non plus seulement vassale de l'empire, mais vassale de ses propres sujets, des vavasseurs des anciens grands rois. Évidemment l'orgueil mède devait être révolté, et de là cette haine avouée pour Cyrus, cette manie de dénigrement qui s'attache à tout ce qui le touche, cet acharnement à le représenter comme un métis, comme un homme qui n'est pas Mède, dont le père, prince peut-être, n'était pourtant pas comparable au moindre des descendants directs d'Astyages, et, avec un degré d'exagération de plus, comme à une sorte de demi-homme où la nature bestiale du nègre dominait, comme un méchant dans toute la force du terme. La tradition suivie par Hérodote est bien médique, on le sait; celle dont Koutran s'est inspiré a été incontestablement prise au même endroit; on l'induit sans peine de la richesse de renseignements que l'auteur du Koushnameh possède sur Ecbatane et tout le pays aux environs, et sur la prédilection avec laquelle il fait tourner tous les événements de l'histoire qu'il raconte autour de ce centre. Il est infiniment moins instruit sur l'est de l'Iran.

Ainsi donc, c'est l'orgueil blessé de la race médique qui nous a transmis la conception injurieuse pour Cyrus dont les Grecs nous ont fait hériter, et que jusqu'ici nous voyons reproduite, exagérée par les pages éloquentes de Koutran-Ibn-Mansour.

Mais le Shah-nameh, je le répète, mais les historiens en prose ne sont pas du tout du même avis, et la raison en est qu'ils ont puisé leurs renseignements soit dans la Perside même, soit dans les provinces de l'est, dans les domaines réellement et purement iraniens. Là on voit bien que Cyrus ne descend pas des grands rois; on s'aperçoit bien que c'est grâce à lui seul et pour rehausser sa naissance qu'on a cherché à faire de Kaous et de son père Gobad autre chose et plus que ce qu'ils ont été réellement, c'est-à-dire des feudataires de la Perside, vassaux de la Médie. Cyrus est bien le produit d'un hymen mixte, mais sa mère est issue du sang royal de Scythie; son père Syawekhsh et non pas lui est poursuivi par les mauvais présages; mais ce prince n'est pas coupable, et la mère d'où sort Khosrou, bien que d'origine un peu douteuse, fille errante, perdue, trouvée d'une façon assez romanesque, se rattache en somme à la plus auguste souche. Bref, les excuses, les explications bénévoles, pas toujours claires, pas toujours précises, sont accumulées pour sauver la réputation des premières années du jeune prince comme celle du sang d'où il est issu. Que du côté de son père il n'y eût trop rien à objecter, c'est ce que tout le monde confesse : de ce côté-là, il appartient bien réellement à la maison noble qui gouvernait la Perside. Du côté de la mère, c'est plus douteux : une belle esclave noire, une princesse tourany, une fille de la race royale des Mèdes, il y a à choisir. Mais Ctésias nie ce dernier fait, et assure que Cyrus n'avait rien de commun avec la maison des suzerains de ses pères. Je suis enclin à être de son avis. Tout en maudissant Cyrus, les Mèdes ont dû vouloir plus tard s'en emparer quelque peu. J'admettrais volontiers que Perse, de noble extraction dans la ligne paternelle, le conquérant devait sa mère à l'esclavage, que c'était en effet un bâtard, et comme l'oracle de Delphes le qualifiait de mulet, je ne serais pas non plus très-éloigné de conclure que cette mère appartenait pour le moins à une des races mélangées de Scythe qui se trouvaient dans le pays.

Fut-il ou non confié dans sa première enfance aux Gawides, comme son père l'avait été aux descendants de Çam? Il n'y a guère moyen d'éclaircir l'un ou l'autre de ces faits, pas plus que de savoir d'une manière bien nette si la personne de ce père est réellement historique, et ne constitue pas plutôt un dédoublement de la sienne propre. Quoi qu'il en soit, il résulte de cette difficulté même que les grands vassaux du nord comme ceux de l'est, c'est-à-dire tout ce qui était véritablement iranien et solidement rattaché à la grande monarchie, fut dévoué à Cyrus sans aucune arrière-pensée, ne se formalisa pas de son élévation, et contribua de toutes ses forces à ses entreprises et à sa grandeur. Pour cette partie bien véritable de l'Iran et non pas pour la Médie, qui n'en était et n'en fut jamais qu'une annexe, pour l'Iran arian et à demi scythique, Cyrus fut dès sa jeunesse beau, brave, imposant, accompli, d'autant plus aimé qu'il avait été malheureux, d'autant mieux servi qu'il était le représentant essentiel de la renaissance, de la restauration de la monarchie orientale, terrible aux Occidentaux, tout entière dévouée aux intérêts de l'ancien et véritable Iran.

CHAPITRE II.

DÉVELOPPEMENTS DU RÈGNE DE CYRUS.

Le point de vue évidemment faux qui faisait de la province de Médie le centre de l'empire, qui lui donnait Zohak pour souverain, puis le libérateur Férydoun, et qui de la maison feudataire de Nestouh faisait la race royale de tout l'Iran, exigeait que Cyrus eût à ses débuts l'attitude d'un rebelle vis-à-vis du souverain d'Ecbatane, et de là les anecdotes conservées par Hérodote sur les premières menées du jeune prince.

Celui-ci, content de vivre tranquille dans la Perside auprès de son père Cambyse et de sa mère Mandane, n'eût peut-être pas songé à prendre le rôle important qui l'attendait, si un Mède, Harpage, ne l'y avait excité; car il faut, dans ce système de tradition, que l'esprit mède domine partout, même dans la destruction de la puissance mède. Harpage donc, jugeant que le jeune Cyrus, jadis sauvé par lui, était apte à devenir l'instrument des vengeances qu'il couvait contre son maître Astyages, avait soin d'entretenir avec lui des relations d'amitié; il lui envoyait des présents; il faisait plus, il conspirait en sa faveur auprès des seigneurs mèdes, dès longtemps fatigués de la hauteur et des violences de leur souverain.

Quand tout fut prêt et que la conspiration, suffisamment mûrie, eut réuni toutes les chances possibles de succès, Harpage songea à prévenir Cyrus du rôle important qu'il lui destinait, et afin de conduire cette affaire avec tout le secret désirable, il enferma dans les entrailles d'un lièvre la lettre qui contenait ce que Cyrus avait à faire; ce lièvre fut confié à un serviteur affidé déguisé en chasseur, et celui-ci, trompant la surveillance des gardes qui défendaient à chacun, de la part d'Astyages, l'accès de la Perside, précaution qui semblerait indiquer que, malgré sa tranquillité apparente, le roi des Mèdes nourrissait toujours de très-forts soupçons contre son petit-fils ; le serviteur d'Harpage, dis-je, remit la missive aux mains du jeune prince, avec demande de ne l'ouvrir qu'en secret. Ce qui ayant eu lieu, Cyrus apprit qu'il devait se révolter et qu'il pouvait faire fond sur la complicité non-seulement de son correspondant, mais encore des hommes les plus distingués de la nation mède.

Après avoir réfléchi à ce qu'il venait d'apprendre, Cyrus imagina de supposer une lettre d'Astyages qui l'investissait de toute autorité sur le peuple perse. Il la lut à l'assemblée de la nation, et aussitôt, usant de son pouvoir, il ordonna aux principales tribus de lui envoyer tous leurs hommes armés de faux. En un seul jour, il fit essarter un canton d'environ dix-huit à vingt stades entièrement couvert de ronces et d'épines. Mais le lendemain, par un contraste frappant, il ordonna aux travailleurs le repos et le bain, et les réunit dans un immense festin où il avait fait apprêter tous les troupeaux égorgés de son père. Là les tribus perses firent chère lie, et au moment où elles parurent apprécier le mieux les loisirs qui venaient de leur être faits, Cyrus leur demanda ce qui leur plaisait davantage, ou le traitement de ce jour ou celui de la veille. Elles s'écrièrent naturellement qu'il n'y avait pas de comparaison à établir ; que la veille elles avaient porté lourdement la fatigue, tandis qu'en ce moment elles n'avaient qu'à se féliciter de leur sort.

Aussitôt Cyrus prit la parole, et leur faisant toucher au doigt que la servitude dans laquelle les Perses vivaient à l'égard des Mèdes était comparable à ce qu'ils avaient souffert en arrachant les ronces et les épines d'un sol

CHAP. II. — DÉVELOPPEMENTS DU RÈGNE DE CYRUS.

rebelle; il leur promit pour l'avenir, s'ils voulaient s'insurger contre leurs maîtres, une existence beaucoup plus douce encore que celle à laquelle ils goûtaient à cette heure. Ils ne manquèrent pas d'être sensibles à ce raisonnement, et comme depuis longtemps ils désiraient la liberté, ils se mirent aux ordres de leur jeune chef.

Cependant Astyages, averti de ces menées, manda Cyrus auprès de lui. Celui-ci répondit fièrement que son grand-père le verrait plus tôt qu'il ne voudrait. On courut aux armes des deux parts, et, sous l'empire de cette fatalité si chère à l'imagination hellénique, Astyages, destiné à la ruine, ne manqua pas de donner le commandement de ses troupes à ce même Harpage qui avait tout préparé pour sa chute, après avoir été si barbarement outragé. La bataille fut livrée; une partie des Mèdes passa à Cyrus, et tout alla au gré des conspirateurs.

Aussitôt qu'Astyages eut été averti de la déroute des siens et des causes qui l'avaient déterminée, il s'emporta en sourdes menaces, et cherchant à qui s'en prendre de son malheur, il fit mettre en croix les mages qui avaient, suivant lui, si mal interprété ses songes et l'avaient rassuré mal à propos; puis, entraînant ce qui lui restait d'hommes, jeunes et vieux, il alla se jeter contre les Perses, qui le battirent de nouveau et le firent prisonnier.

Harpage, ravi de voir son maître en cet état, se donna le plaisir de l'insulter, se vantant devant lui d'être le premier auteur de son infortune. Mais le roi tombé lui démontra son injustice et sa lâcheté; sa lâcheté, parce que, pouvant détrôner son souverain au profit de qui il voulait, il n'avait pas eu le courage de prendre lui-même la couronne; son injustice, parce que, pour se venger d'une offense personnelle, il n'avait pas reculé devant le crime d'asservir sa nation innocente à des étrangers. Cyrus n'abusa pas de sa victoire à l'égard d'Astyages ; il ne le fit pas périr, et se contenta de le garder auprès de lui jusqu'à sa mort.

Le récit qu'on vient de lire est inadmissible pour beaucoup de raisons. Harpage et la conspiration des Mèdes contre leur roi y jouant le principal rôle, Cyrus n'est plus qu'un instrument passif, et ce n'est pas là évidemment la situation qui lui convient. Je suis moins révolté de l'histoire du lièvre que je ne le suis de voir Cyrus, du vivant de son père, se faire passer aux yeux des Perses pour leur gouverneur institué par Astyages. Ni Astyages n'avait le droit d'intervenir dans les questions de souveraineté chez ses vassaux, ni Cyrus la possibilité de se substituer à son père avant la mort de celui-ci. Je conçois que les Grecs aient mal apprécié cette condition de l'existence féodale, mais nous ne pouvons la traiter aussi légèrement qu'eux. Enfin ce n'est pas par des apologues que l'on met un peuple sur le pied de guerre ; il faut des raisons plus solides, et celle qu'indique l'historien hellène en disant que les Perses étaient fatigués depuis longtemps de porter le joug des Mèdes serait assez bonne si réellement ils avaient porté un joug ; mais comme ce que le Grec considérait de cette façon n'était que le lien ordinaire de suzeraineté, lien fort léger et existant depuis de longs siècles, auquel tous les peuples de l'Iran étaient accoutumés et qui entraînait fort peu de conséquences, il n'y a pas non plus moyen d'agréer cette explication.

Ctésias ne parait pas s'être préoccupé de ces anecdotes, et, autant qu'on en peut juger par le fragment très-court qui nous est resté de lui sur cette matière, il raconte simplement que Cyrus battit Astyages, qu'il nomme Astyigas et qui n'était nullement le parent du héros, comme je l'ai déjà dit ; qu'Astyigas vaincu s'enfuit à Ecbatane, où sa fille Amytis et son gendre Spitamas le cachèrent dans les souterrains du palais; que Cyrus étant survenu, avait menacé de faire mettre à la torture et cette fille et ce gendre, et encore leurs deux enfants Spitacès et Mégabernes, si on ne lui livrait pas le roi; que, l'ayant obtenu, parce qu'il se présenta de lui-même, OEbaras le fit d'abord enchaîner, mais que Cyrus lui rendit la liberté et lui accorda les honneurs de père, et à Amytis ceux de mère; que peu de temps après, Spitamas ayant été jugé digne de mort et exécuté parce qu'il avait menti en disant qu'il ne connaissait pas Astyigas, Amytis devint la femme du conquérant.

Ce récit est au moins beaucoup plus vraisemblable que celui d'Hérodote, et il est naturel que Cyrus, après avoir envahi la Médie, ait jugé que c'était un moyen de la conserver que de s'allier à la maison régnante de ce pays, dont il devenait ainsi le légitime héritier.

En rapprochant ces versions helléniques, dont l'une est d'origine mède et l'autre de provenance perse, des documents directement orientaux, on est porté à décider que l'un des premiers efforts de Cyrus aspirant au titre de grand roi fut dirigé contre la Médie. En effet, le Koush-nameh nous a déjà parlé des campagnes de son héros contre les Mèdes, et avant de devenir leur roi, il a été leur adversaire victorieux au début de sa carrière. Ferdousy, à la vérité, ne dit rien de semblable; il se préoccupe surtout de nous montrer Khosrou fort de l'affection des Gawides et des Çamides. Il n'y a pas contradiction entre ces deux points de vue, et je vais l'expliquer.

L'Iran, dans une période assez longue avant l'avénement de Cyrus, avait eu une existence extrêmement attristée par les guerres contre les Scythes. L'énorme pression que ces peuples lui faisaient subir dans le nord exigeait de sa part une résistance épuisante, et tantôt victorieux, tantôt battu, l'Iran était fatigué et désorganisé.

Bien que maître de l'Elbourz, il s'y maintenait avec tant de peine que les deux derniers grands rois, Zow et Kershasep, avaient dû renoncer à y conserver le siége de leur puissance, et sentant la nécessité de mettre le centre du gouvernement à l'abri des coups de main, ces princes avaient commencé à résider au milieu de leurs arrière-vassaux, les Perses.

Ce n'était pas une précaution exagérée. Les Scythes, qui, de gré ou de force, avaient pénétré dans le nord, s'étaient avancés jusque dans les contrées méridionales, partout où il y avait des plaines; la Perside même comptait parmi ses propres tribus un certain nombre de groupes venus du Touran à une époque probablement ancienne. Dans tous les cas, ces groupes, comme ceux du Seystan, étaient devenus parfaitement iraniens.

Leur présence néanmoins suffisait pour démontrer à quel point était grand le danger qui menaçait les contrées pures d'être un jour complétement submergées par les invasions des Arians du nord. Le péril était d'autant plus redoutable qu'il ne s'agissait pas, il ne faut jamais l'oublier, de peuplades à demi sauvages, mais bien de nations organisées, fières, se gouvernant d'après des principes larges, libres, féconds, qui savaient être agricoles en même temps que guerrières, et qui avaient tous les moyens de soutenir le plus haut élan de leurs prétentions.

Ainsi, les grands rois de l'Iran avaient tout à craindre, et ne pouvaient plus raisonnablement habiter au nord de leurs États; c'est pourquoi ils s'étaient résignés, bon gré mal gré, à venir résider dans la Perside; la politique de leur empire semblait condamnée sans rémission à avoir pour principal objectif dans le présent et aussi dans l'avenir les régions touraniennes, c'est-à-dire les États scythes étendus depuis le Caucase jusqu'au pied de l'Hindou-koush.

Dans cette situation, qui ressort visiblement non pas de tel ou tel détail, mais de l'ensemble entier des faits que nous avons vus se succéder depuis le règne de Menoutjehr ou Cyaxares, la Médie n'occupait pas dans la monarchie iranienne un rang de première importance. C'était une frontière sans doute, mais une frontière occidentale bordée par des populations dont l'Iran n'avait plus rien à craindre depuis de longs siècles, depuis l'époque de Férydoun-Phraortes, et qui au contraire étaient menacées par l'Iran. Civilisées à l'excès, amollies, riches, vouées aux spéculations intellectuelles et à l'abus des jouissances, soumises à des formes de gouvernement toutes despotiques, elles végétaient; tandis qu'au sein de ses luttes et de ses périls, l'Iran, vaste territoire, pays libre, pays rajeuni par ses malheurs mêmes, fortifié par ses défaites qui lui amenaient sans cesse de nouvelles couches de nations arianes, l'Iran ne songeait et ne devait songer à ses voisins de l'ouest que pour s'en promettre un jour ou l'autre la fructueuse conquête.

Les puissantes maisons des feudataires du Seystan et de la montagne de Rey ayant constamment à repousser les Touranys, attachaient, de toute nécessité, un intérêt suprême à ce que l'empire n'arrivât pas à une dissolution. Un tel malheur les aurait isolés les uns des autres, aurait supprimé pour eux tous les secours qu'ils tiraient des provinces du midi. Aussi les a-t-on vus soigneux de ne pas permettre que la succession des grands rois s'éteignît, et quand la branche directe a fait défaut, on les a trouvés toujours attentifs à découvrir quelque part un maître de l'empire qui, avec ou sans droit, pût être chargé par eux de la continuer.

Ce fut dans un de ces moments de cruel et décisif embarras où les fils de Gaweh et les Çamides, ainsi que leurs covassaux, se trouvaient sans chef, que Cyrus se présenta.

Plus ou moins légitimement, il était le descendant des feudataires de la Perside. Plus ou moins clairement, lui aussi réclamait une origine rattachée à Férydoun. Mais ce qui était sans réplique, il avait les qualités nécessaires pour se placer en face de la redoutable crise au milieu de laquelle se trouvait l'Iran, et, par un hasard qu'un homme comme lui était en état de faire valoir, il se manifestait au sein d'une province où les derniers grands rois avaient eu, accidentellement sans doute, mais certainement, leur séjour. Cette circonstance servit plus tard à donner à ses aïeux l'apparence d'avoir été eux-mêmes ces grands rois; ce n'était pas exact, mais on put le croire, et Gobad et Kaous passèrent pour avoir commandé à toute la monarchie. Les provinces et les familles qui aimaient Cyrus se firent un plaisir d'accepter cette version; les Mèdes, au contraire, tenaient à maintenir la vérité, parce qu'ils ne voulaient pas laisser perdre le souvenir, très-exact d'ailleurs, de l'origine plus humble de la maison de leur vainqueur.

Il n'est pas sans vraisemblance non plus que le fait d'avoir vécu près de la cour à côté du monarque suprême ait contribué à faciliter les premiers pas de Cyrus, ne fût-ce qu'en le mettant en rapport avec les plus puissants feudataires et en se faisant estimer par eux. Une fois apprécié par ces chefs illustres, le rang que sa valeur intrinsèque lui méritait était acquis. Ceux-là qui avaient été chercher dans des ermitages perdus le candidat qu'il leur fallait pour le trône devaient se prêter sans trop de peine à le reconnaître et à l'avouer dans un arrière-vassal de la Médie; ils l'eussent accepté dans un rang inférieur encore, et l'on conçoit bien, par ce qui se passe dans tous les États féodaux en semblable rencontre, que le principal à leurs yeux était d'éviter la suprématie définitive d'un de leurs égaux. C'est ainsi que Cyrus acquit l'amitié, le soutien, le dévouement de toutes les grandes familles de l'est et du nord.

Mais à l'égard de la Médie, sa situation était bien différente. Si l'orgueil des Gawides était sauf du moment que ce n'étaient ni les Çamides ni les enfants d'Aresh qui ceignaient la tiare droite, insigne du rang suprême, la maison de Nestouh devait se sentir cruellement humiliée d'avoir à prêter le serment d'hommage devant le jeune homme issu d'une race à laquelle elle avait toujours commandé. De là sa résistance, de là cette campagne des Perses contre les Mèdes qui dut être en effet une des premières de Cyrus, sinon la première; et s'il faut tenir quelque compte de cette hésitation qui, suivant Hérodote, se manifesta dans les rangs des Mèdes, et par suite de laquelle une partie d'entre eux abandonna Astyages au profit du nouveau venu, on peut y voir ce problème indéchiffrable à l'esprit grec, mais très-compréhensible et très-naturel pour nous, que beaucoup d'entre les Mèdes pensant et agissant moins en provinciaux qu'en Iraniens, estimèrent qu'il ne fallait pas s'élever contre le grand roi, qui, déjà reconnu et soutenu par les autres provinces, semblait seul en état de défendre l'Iran contre les Scythes, et pouvait même le conduire aux nouvelles et glorieuses destinées qu'il lui fit toucher en effet. C'est ainsi que Cyrus accomplit la soumission de la province rebelle et renversa la dynastie des feudataires dont la jalousie avait osé réclamer contre sa grandeur.

Les Orientaux ne nous laissent pas ignorer que le conquérant n'était ni un maître absolu ni un de ces astres qui n'ont pas de satellites. Ils insistent au contraire sur le riche et puissant cortége dont il était entouré, et font connaître les chefs qui se pressaient autour de lui. Il n'y a pas à douter qu'ils aient raison de ne pas concevoir Cyrus comme un de ces ravageurs dont le geste fait tomber des têtes, mais comme un de ces souverains belliqueux dont Charlemagne entouré de ses paladins est pour nous le type. Tout ce que nous avons vu jusqu'ici des institutions de l'Iran ancien nous garantit qu'ils ont tracé un tableau véritable, dont ce qui se passait d'ailleurs sous les yeux des contemporains de ceux à qui nous devons la dernière forme reçue par ces récits ne pouvait d'ailleurs fournir la moindre idée, j'ai déjà eu l'occasion de le faire remarquer.

La belliqueuse famille des feudataires de l'Elbourz entretient près de Khosrou ses deux chefs Garen et Gobad, issus de Gaweh; puis Keshwad et Gouderz; les cinq fils de ce dernier, dignes de leur père, Shydwesh, Gyw, Rehham, Hedjyr et Ferhad, qui ne sont que l'élite de leurs soixante-dix-sept frères. Gyw lui-même amène son fils Pyjen, Rehham ses quatre-vingt-huit descendants, Ferhad, les guerriers d'Ardebyl.

Ensuite les seigneurs de Ragha, Mylad et son fils Ghourghyn, représentants de la branche aînée, probablement de cette maison d'où était sortie la race de Nestouh, qui, devenue exclusivement médique, n'a plus de rapports directs avec le territoire qui fut d'abord son berceau. Mylad, au dire d'Abdoullah-Mohammed, fils de Hassan, fils d'Isfendyar, s'est agrandi des anciens domaines royaux de Férydoun, car il règne à Temysheh, et occupant aussi la région intermédiaire entre sa capitale et cette ville, il pousse encore plus loin vers le nord et domine jusqu'à l'entrée de l'Hyrcanie, où Asterabad devient sa place frontière contre les Scythes. A en croire toujours l'historien du Taberystan, le gouvernement de Mylad était tellement fort et habile que dans les vallées de la Montagne on comptait, du temps de ce seigneur, vingt-huit grandes villes pourvues de marchés et habitées par une population riche et savante.

Après les princes de Ragha et à côté d'eux venaient les Arsacides. Ils étaient représentés par le roi Aresh, propre frère de Kaous, c'est-à-dire oncle ou grand-oncle de Khosrou lui-même. Ce grand vassal voyait autour de lui son fils Ashkesh, son petit-fils appelé Aresh comme lui, et son arrière-petit-fils, paré du nom glorieux de Menoutjehr; à ses côtés encore, et probablement son parent très-proche, Berteh, le chef des Parthes montagnards; de sorte que, pour les écrivains persans, l'Hyrcanie et la Parthyène sont étroitement associées dans l'armée de Cyrus, comme Hérodote les montrera plus tard dans les bandes de Xerxès, au moment où celles-ci franchiront l'Hellespont.

L'Elbourz envoyait encore le fils de Noouzer, Toous, et ses frères Kujdehem et Zeresp, avec Kustehem, le fils du premier, le favori du puissant Garen. Toous, qui d'ailleurs ne vécut pas toujours en paix avec le roi Khosrou, et qui se vit une fois vaincu par le Çamide Roustem, envoyé contre lui, fut le fondateur ou le restaurateur de Sary, au Mazenderan, suivant le dire de Abdoullah-Mohammed, fils de Hassan, fils d'Isfendyar. Le canton qu'il gouvernait s'appelait au moyen âge et s'appelle encore Thousan; c'est le territoire qui entoure Sary.

Entre la famille de Toous et les Parthes, la race de Férydoun avait encore produit un ascète illustre, Houm, qui, retiré dans les montagnes de Berdé, eut un jour la gloire de surprendre et de faire prisonnier le souverain des Turks, Afrasyab.

Sur le même rang que les plus considérables de ces chefs se plaçaient les seigneurs du Seystan et du Zawoul, pays réunis dans les mêmes mains. Zal et ses fils; Roustem, que la légende fait sans égal; Shegad le traître, le Ganelon de ces histoires; Zewareh; puis les fils de Roustem, Sohraq, Djehanghyr, Feramorz, avec leurs vaillantes sœurs Zerbanou et Banou-Koushasp, qui devint la mère de

Péshen; enfin ses petits-fils, Barzou, fils de Sohrab, et Aderberzyn et Çam, fils de Feramorz.

Il y avait en outre Féryberz, le propre frère du roi des rois, issu comme lui de Kaous; quelquefois, on l'a vu, quand Khosrou n'est plus que le petit-fils de ce dernier monarque, Féryberz devient son oncle. Khouzan était le feudataire de la Susiane; Menoushan l'était du Kerman et en même temps du Ghyrwan, district du sud-ouest de la Perside; Zebbakh gouvernait l'Yémen Iredj « au corps d'éléphant », c'est-à-dire gros et puissant, le Kaboul; Shemmakh, la Syrie; ensuite venaient des Occidentaux, des Géorgiens, et la foule. Mais Zebbakh et ceux dont les noms suivent le sien ne parurent naturellement à la suite de Cyrus qu'après les conquêtes opérées par ce prince dans l'ouest de l'empire, et au moment où nous sommes, ils ne s'y montrent pas encore.

Parmi les noms qui viennent de passer sous les yeux du lecteur, quelques-uns sont aujourd'hui très-reconnaissables pour avoir été réellement usités aux époques anciennes. La forme que les mutilations et l'influence des dialectes par lesquels ils ont passé leur ont fait subir n'empêche pas de rétablir au besoin leur assimilation. Garen, c'est Varanes; Gobad, Gomatas; Gouderz, Gotarzès; Ferhad, Phraates; Aresh, Arsace; Zeresp, Zariaspes. En pressant un peu quelques-uns des autres noms, on trouverait sans doute d'autres rapprochements; mais il faudrait pour cela sortir du domaine de la narration pour entrer dans celui de l'analyse philologique, ce qui risquerait de nous mener loin; je me bornerai à faire remarquer que le nom célèbre de Roustem paraît bien être celui d'Artames, et surtout que celui de Feramorz, si l'on fait attention que la première syllabe *fer* est un qualificatif qui signifie « l'illustre, le noble », donne précisément le nom de cet Amorgès, compagnon chéri de Cyrus, dont il sera question tout à l'heure. Enfin OEbaras, un autre de ses fidèles, se retrouve également dans Barzou.

L'idée d'Hérodote est que, par une sorte de hiérarchie établie entre les nations iraniennes, on considérait les Perses comme étant les plus éminents en dignité, et qu'immédiatement après venaient les Mèdes. Une telle notion est absolument étrangère à l'organisation d'un grand empire tel que l'était l'Iran bien des siècles avant Cyrus. Elle répugne aux institutions de cette monarchie, puisque les Mèdes étaient à peine des Iraniens, ou du moins ne l'étaient devenus que par conquête d'abord, par prescription ensuite; enfin il s'en fallait de beaucoup qu'ils constituassent le grand fief le plus puissant de l'État. Dans la liste que nous venons de dresser, leur ancienne maison régnante, celle de Nestouh, n'est pas même nommée : il est vrai que Cyrus l'avait renversée et détruite; dans tous les cas et à aucun moment, cette maison n'avait pu réclamer pour elle-même l'égalité, à plus forte raison la supériorité à l'égard des Gawides de l'Elbourz et des Çamides du Seystan. Il ne se pouvait donc pas faire que les Mèdes occupassent officiellement, à partir de Cyrus, le second rang dans la hiérarchie des peuples de l'empire, et encore bien moins qu'avant lui ils en eussent occupé le premier.

Mais, cependant, l'observation d'Hérodote ne laisse pas que d'être faite sur un fait réel. A dater de Cyrus, la Médie n'a plus constitué un grand fief comme elle l'avait été autrefois, sauf dans des circonstances qui ont peu duré. Ce pays a fait retour à la couronne, et a été administré soit par des princes de la maison régnante qui le recevaient comme apanages temporaires, soit par des satrapes; mais, dans tous les cas, il est devenu partie intégrante du domaine royal. Comme tel, ses habitants ont eu beaucoup plus que les vassaux des pays de l'est des relations suivies avec la cour; celle-ci, d'ailleurs, après

Cyrus, résida régulièrement une partie de l'année à Ecbatane. En outre, les Mèdes étaient accoutumés dès longtemps à toutes les formes et à toutes les notions de la culture assyrienne ; ils avaient des rapports directs ou indirects avec les peuples divers de l'Asie Mineure, et étaient par conséquent plus aptes que les autres nations iraniennes à jouer un rôle dans l'œuvre de centralisation que Cyrus commençait et que ses successeurs allaient poursuivre. De là l'emploi plus fréquent que les grands rois, successeurs du conquérant, furent amenés à faire des Mèdes dans l'administration de l'empire ; la préférence qu'ils se plurent à leur accorder sur tant d'autres tribus qui n'étaient unies à leur trône que par le lien compliqué du vasselage, et qui d'ailleurs, comme on le verra plus tard, goûtaient assez peu la voie nouvelle dans laquelle l'empire iranien avait été engagé. Les Mèdes n'étaient donc en aucune façon la race officiellement dominante ; ce n'était pas non plus une race de souverains, mais c'était la pépinière la plus ordinaire et la mieux cultivée d'où sortirent, à dater de l'époque où nous sommes parvenus, la plupart des fonctionnaires publics que le grand roi se plut à charger du maniement de ses intérêts, particulièrement vis-à-vis des peuples occidentaux.

Ctésias, différant encore en ce point d'Hérodote, assure que Cyrus, une fois maître de la Médie, marcha contre les Bactriens, puis contre les Saces. Hérodote veut, au contraire, qu'il ait tout d'abord attaqué Crésus et les Lydiens. Je ne fais nulle difficulté de croire que Ctésias était mieux informé, attendu qu'avant de franchir les limites occidentales de l'empire, ce qu'aucun de ses prédécesseurs n'avait fait, et ce qui devait passer pour une témérité, il était indispensable d'assurer la soumission intégrale de toute la monarchie. En racontant d'une façon sommaire ce qui se passa dans la Bactriane, le médecin de Gnide ou plutôt les annales où il a puisé prennent le soin le plus raffiné de sauvegarder toutes les gloires. Ni Cyrus ni ses adversaires ne furent, à proprement parler, victorieux les uns des autres. Tous les avantages se balancèrent jusqu'au moment où les Bactriens ayant appris que leur antagoniste était devenu le gendre d'Astyigas et avait épousé sa fille Amytis, se soumirent d'eux-mêmes à lui.

Dans ce système, il faut admettre que les Bactriens se considéraient comme les sujets des Mèdes, ce que l'examen des faits nous a forcé de rejeter absolument comme inadmissible, malgré les dires des Grecs. Mais nous pouvons parfaitement comprendre que s'il importait peu aux Bactriens que Cyrus fût ou ne fût pas de la famille d'Astyages, ils pouvaient se rendre à cette considération qu'il était devenu le maître de la partie occidentale de l'empire, et que par conséquent il n'y avait pas d'opportunité à lui refuser la soumission et à différer plus longtemps de le reconnaître pour Grand Roi. On peut concevoir qu'il ne s'agissait pas là d'une guerre entreprise par un souverain contre des rebelles, ou par un conquérant contre des étrangers ; c'était l'action d'un nouveau suzerain cherchant à faire admettre ses titres par ses vassaux, et y trouvant des difficultés plus ou moins grandes, suivant que sa force paraissait plus ou moins en rapport avec ses prétentions.

Si tant est qu'Œbàras, qui paraîtrait, d'après Ctésias, avoir été un des premiers chefs dévoués à Cyrus, et qui l'aida contre le roi des Mèdes, puisse être identifié avec Barzou, il s'ensuivrait que les Çamides donnèrent au Grand Roi leur concours dès les premiers temps de son élévation. Cependant, en suivant la même voie, on s'aperçoit qu'Amorgès, Feramorz, le fils de Roustem, le chef du

Zawoul et du Seystan, aurait résisté à Cyrus, même après que la soumission des Bactriens se serait opérée. Dans ce cas, il faudrait conclure, ou bien que toute la famille de Çam ne fut pas unanime dans ses sentiments à la première heure, et que les uns refusèrent là où les autres donnèrent leur assentiment, ou bien encore que les Çamides ne se réunirent à Cyrus qu'à la suite de leurs voisins de la Bactriane. Dans tous les cas, leur opposition ne fut ni longue ni envenimée, car les documents de Ctésias paraissent avoir attaché un prix tout particulier à ce que la gloire des vassaux ne soit pas sortie moins brillante de cette campagne que celle du roi lui-même. Les deux partis font assaut d'héroïsme et se partagent les plus éclatants succès.

D'abord Cyrus, attaquant les Scythes du Zawoul, les bat et fait prisonnier leur prince Amorgès, l'illustre Morz, Feramorz. Mais Sparethra, femme du captif, lève aussitôt une nouvelle armée de trois cent mille hommes et de deux cent mille femmes; non-seulement elle force Cyrus à plier, mais elle s'empare de sa personne et l'emmène prisonnier avec le frère d'Amytis, Parmisès et ses trois fils. Les deux armées ayant ainsi perdu leurs chefs, n'eurent plus qu'à les échanger, et dans le sentiment d'une estime et d'une admiration mutuelles, Cyrus et Amorgès s'étant étroitement liés l'un à l'autre, devinrent des amis inséparables.

Je remarque dans ce récit de Ctésias, d'abord qu'il n'a rien à reprocher aux traditions persanes quant à la couleur romanesque, et que le mouvement en est absolument identique à ce qu'on peut voir dans le Shah-nameh; ensuite, qu'il se trouve tout à fait d'accord avec l'opinion de la tradition orientale pour reconnaître comme Scythes les sujets de la famille de Çam; enfin, je considère avec un intérêt tout particulier cette vaillante princesse Sparethra, placée précisément par l'auteur grec dans cette même famille où les Orientaux reconnaissent les deux héroïnes Zerbanou et Banou-Koushasp, ce qui peut contribuer encore à prouver que dans Amorgès il faut positivement reconnaître Fer-Amorz, le Çamide, frère des deux femmes célèbres que je viens de nommer d'après la légende ; mais ce serait trop tenter ici que de prétendre rechercher le détail exact des liens de parenté soit pour Ctésias, soit pour Ferdousy.

Ce qui est tout à fait conforme à l'esprit de la tradition locale, c'est ce que Ctésias ajoute au sujet d'Amorgès. Non-seulement il le représente comme l'ami fidèle de Cyrus, mais le roi lui-même en est si convaincu qu'à son lit de mort il fait jurer à ses enfants de rester étroitement unis avec ce dernier ; il leur fait se donner la main en sa présence et prendre l'engagement d'une éternelle alliance, puis, cette cérémonie accomplie, il élève la voix pour combler de ses bénédictions celui qui gardera ce pacte, et pour maudire celui qui oserait le violer. Voilà bien les rapports que nous avons déjà vus établis entre la maison de Menoutjehr et celle de Çam ; il est très-compréhensible que, pour des raisons toutes semblables, le chef de la nouvelle dynastie considérât comme aussi nécessaire à la continuité de sa maison et au salut de ses États que la famille régnante ne se séparât jamais des puissants feudataires de race scythique qui occupaient et défendaient une partie si considérable du territoire oriental de l'empire.

En somme, le premier soin de Cyrus, et le plus important, fut de se rattacher tous les grands feudataires, tant des familles d'origine iranienne que de celles qui appartenaient à des maisons régnantes d'extraction tourany, et tout confirme qu'il ne rencontra pas de grandes difficultés dans cette œuvre. Comme on ne dit pas dans les auteurs grecs, non plus que dans les annalistes orientaux, qu'il ait jamais dirigé aucune expédition vers l'Elbourz, il est probable que les princes de cette contrée, et à leur tête les Gawides et les Arsacides, ne lui firent pas attendre leur hommage. Ce fut alors que, se trouvant maître incontesté de tout l'empire et entouré des forces complètes de la féodalité iranienne, il vit se produire un événement considérable quant à ses conséquences sur le rôle ultérieur de la Perse dans l'histoire du monde.

On se souvient que Menoutjehr-Cyaxares avait assiégé et pris Ninive, qu'il avait mis fin à l'empire d'Assyrie, et que les territoires de cet ancien État suzerain de l'Iran avaient été annexés, ainsi que la Médie, aux provinces de la Foi pure. Menoutjehr s'était arrêté aux frontières ninivites du côté de l'ouest; il n'avait pas cherché à étendre son action au delà, sauf, dit-on, une courte campagne contre Alyattes, roi de Lydie, qui, vraie ou supposée, n'amena, dans tous les cas, aucun déplacement de limites, et ne dura pas longtemps. Ses successeurs ne se montrèrent pas plus ambitieux que lui, et on en comprend aisément la cause en présence des conflits terribles et constamment renouvelés qui tinrent pendant plusieurs siècles les Iraniens à la merci des invasions scythiques, n'ayant pas trop de toutes leurs ressources pour repousser ou même pour limiter ce fléau. En conséquence, les territoires situés à l'ouest du Tigre n'avaient pas été inquiétés par les Iraniens, et ceux qui étaient au sud des pays assyriens, c'est-à-dire la Babylonie, bien que bornés au nord par les feudataires mèdes, à l'est par le fief de la Perside, au sud par celui de la Susiane, n'avaient pas eu non plus à souffrir de grands démêlés avec ces provinces avancées de la monarchie. D'ailleurs, les seigneurs perses et susiens ne disposaient pas en leur particulier de très-grandes forces. Il est permis de croire que si les Gawides, les Çamides, ou les enfants d'Arsace, avaient été limitrophes de l'opulente Babylonie, cette terre aurait eu des loisirs moins complets. Mais à la façon dont les choses étaient arrangées, Babylone dut se féliciter au contraire de la chute de Ninive. Elle grandit considérablement à la suite de cette catastrophe, attira à elle tous les profits qu'autrefois elle partageait, et pendant longtemps n'eut rien à craindre.

Quant à l'Assyrie proprement dite, on ne voit pas que le régime féodal lui ait été appliqué; du moins aucun fait absolument ne l'indique pour cette première période. Tandis qu'une maison issue du Kohistan de Rey avait reçu l'investiture d'Ecbatane, rien de pareil n'eut lieu pour la région sémitique. Il n'est donc pas sans vraisemblance que la famille de Nestouh-Astyages ait administré cette contrée purement et simplement comme elle avait l'habitude de l'être, c'est-à-dire au moyen de gouverneurs ou satrapes exerçant une autorité discrétionnaire, faisant appliquer les anciennes lois locales et se conformant en général aux habitudes de la race gouvernée. De cette façon, il n'y eut rien entre la Médie et les territoires occidentaux qui n'appartînt pas à l'empire; l'Assyrie fut tout simplement une province conquise, directement administrée par les Mèdes, et ainsi les Mèdes se trouvèrent limitrophes des Lydiens.

Ces derniers étaient Sémites. Leur origine est indiquée au catalogue de la Bible comme les rattachant, à titre fraternel, à Élam, à Assur, à Arphaxad et à Aram, tous fils de Sem. En conséquence, ils étaient étroitement unis par les mœurs, par les habitudes, par le genre de leur civilisation, aux hommes de Ninive et de Babylone, à ceux de la Phénicie comme à ceux du Chanaan tout entier. De même que Babylone, il est à croire que Sardes et son territoire héritèrent d'une partie de la prospérité qu'avait perdue Ninive, devenue sujette des Iraniens. Car il ne faut pas se figurer Ninive détruite, suivant l'opinion communément répandue; cette ville fut abaissée, mais nullement anéantie, et on la retrouve beaucoup plus tard. Quoi qu'il en soit, sa splendeur s'éclipsa, et ses grandes richesses se partagèrent très-probablement entre les États qui lui étaient apparentés par le sang.

On ne remarque pas assez d'ordinaire que la valeur intrinsèque d'un pays ne tient pas à des circonstances fortuites telles que la grandeur d'un règne, le génie d'un souverain, l'habileté des hommes d'État, ni même la découverte inattendue de certains procédés mécaniques, ou d'autres avantages matériels. Elle résulte de l'état de développement où l'esprit d'une race se trouve porté par le degré de maturité auquel il est parvenu, ou bien encore par l'équilibre établi entre les éléments ethniques de différentes origines qui ont contribué à la formation de la race. Dans cette période, dans ce stage de la vie des peuples, leur plus grande somme de force étant acquise, ils en tirent la plus grande somme de prospérité qu'il leur soit possible de réunir. Les circonstances heureuses se présentent alors naturellement, et comme étant elles-mêmes des résultats de la fécondité du milieu qui les voit naître. La prospérité pouvait s'éteindre ou au moins diminuer considérablement à Ninive; il n'était pas possible qu'elle disparût pour l'ensemble de la famille sémitique, et elle se reportait naturellement aux foyers de cette race les mieux disposés pour la recevoir. Aussi je pense que le grand éclat de Sardes, comme celui de Babylone, ne fut causé que par l'abaissement de celui de Ninive.

Mais les Lydiens, tout Sémites qu'ils étaient, présentent cette particularité très-remarquable et qui constitue une grande part de l'intérêt que leur porte l'histoire, d'avoir été dès cette époque en relations intimes avec le monde hellénique. Déjà leur première maison régnante passait pour héraclide. On peut douter que ce fût à bon droit, puisque Bélus et Ninus y figuraient comme descendants du héros. Les Mermnades, qui gouvernaient au moment où nous sommes parvenus, ne semblent pas avoir entretenu de pareilles prétentions, mais ils se tenaient dans des rapports très-multipliés avec les sanctuaires les plus révérés du monde grec, et ce trait est plus concluant que ne pourraient l'être toutes les généalogies. Car un dieu totalement étranger à la race d'un homme ne pouvait alors être son dieu. Ensuite, le Mermnade qui allait se trouver en contact avec Cyrus était Crésus, le prince le plus riche de son temps. Il passait pour être le premier barbare qui eût soumis une partie des Grecs à lui payer tribut et l'autre partie à s'allier à lui. Il s'était rendu tributaires les colonies ioniennes, éoliennes et doriennes de l'Asie, et Sparte était entrée dans son alliance. Outre ces avantages, il avait vaincu et dompté, à l'exception des Ciliciens et des Lyciens, toutes les nations habitant en deçà du fleuve Halys, Phrygiens, Mysiens, Maryandiniens, Chalybes, Paphlagoniens, Thyniens, Bithyniens et Cariens. Crésus se trouvait donc à la tête d'une grande monarchie, et, animé d'une ambition plus vaste encore, il avait caressé, puis abandonné le projet de se soumettre directement les Grecs insulaires.

Sardes, sa capitale, était une ville considérable, peuplée, savante probablement dans les sciences sémitiques, et sans aucun doute la philosophie y tenait le premier rang, car ceux des Grecs qui se piquaient de doctrine, les sages qui se trouvaient alors dans l'Hellade, dit Hérodote, ne manquaient pas de venir à Sardes, comme on alla plus tard à Athènes.

Il est assez naturel que des princes voisins recherchent mutuellement leur alliance, et c'est ainsi que Crésus était devenu le beau-frère du feudataire d'Ecbatane. Lorsqu'il apprit que ce parent avait été détrôné par Cyrus, sans tenir compte de ce qu'il avait trouvé un bon traitement de la part du vainqueur, et que même Amytis avait épousé ce dernier, il fut surtout sensible à l'affront que recevait la famille de l'élévation d'un vassal, et il crut à propos de déclarer la guerre à Cyrus, qui ne le cherchait pas.

Jusque-là, on ne voit pas que les Occidentaux se fussent beaucoup occupés de l'empire iranien. Ils devaient en connaître fort peu et fort mal l'organisation, si différente de celle des États sémites; sa grandeur devait également être très-mystérieuse à leurs yeux, à cause même de ce fractionnement; sa religion, ses lois, ses mœurs, ne pouvaient que leur sembler fort étranges et barbares; enfin, le bruit continuel des guerres dont cet empire était plein résonnait sans doute à leurs oreilles d'une façon peu engageante. L'Iranien n'apparaissait à leur imagination que l'armure sur le dos, et assez peu différent du Scythe, qui était lui-même et devait rester jusqu'à la fin l'épouvantail de tout l'Occident.

La terreur inspirée par les Iraniens aux peuples de l'Asie antérieure fut clairement exprimée quand Crésus se déclara disposé à leur faire la guerre. Un certain Sandanis, qui passait à Sardes pour un homme réfléchi et perspicace, ne se tint pas de blâmer fortement les desseins du roi.

« Tu vas, lui dit-il, attaquer des peuples qui ne sont
» vêtus que de peaux; qui ne se nourrissent que de ce
» que leur fournit leur sol, lequel est rude et stérile; qui
» ne connaissant pas le vin ne boivent que de l'eau, et
» n'ont aucun usage ni des figues ni d'aucun fruit, puis-
» qu'ils n'en voient pas chez eux. Quel profit auras-tu chez
» ces gens-là, si tu peux les vaincre? Et si au contraire tu

» es battu, vois tout ce que tu vas perdre! Dès que ces
» envahisseurs seront entrés chez nous, ils n'en voudront
» plus sortir, et nous n'aurons aucun moyen de les y con-
» traindre! Bénis soient les dieux de ce qu'ils n'inspirent
» pas aux Perses l'envie de venir d'eux-mêmes! »

Nous savons que l'idée que se faisait Sandanis de la pauvreté, de l'austérité, de la rudesse ignorante des Iraniens était fort exagérée; sa description pouvait convenir aux pauvres tribus de la frontière, les seules qu'il eût eu occasion de connaître soit par lui-même, soit par les récits de quelques voyageurs effrayés. Mais, au total, son raisonnement était juste en ce sens qu'une nation riche et abâtardie a tout à perdre vis-à-vis d'un voisin jeune, belliqueux et pauvre. Ce n'est pas que les Lydiens fussent méprisables au point de vue militaire. Ils avaient prouvé le contraire aux peuples successivement asservis par eux, ils l'avaient même montré aux Doriens, assez disposés à se regarder comme invincibles et pourtant rangés, pour leurs colonies asiatiques, au rang des tributaires de la Lydie; mais il est certain que la cavalerie lydienne, si célèbre qu'elle fût, allait affronter une tâche trop rude pour ses forces.

Cependant Crésus, qui n'était pas sans comprendre la gravité de son dessein, s'occupa de réunir autour de lui toutes les chances de succès possibles : il prit l'avis des sanctuaires, et rechercha les alliances les plus capables d'augmenter ses forces. Quant aux oracles, il s'adressa à Delphes, à Abes en Phocide, à Dodone, à Amphiaraüs, à Trophonius, aux Branchiades de Milet, à Ammon en Libye, et probablement aussi, bien qu'Hérodote n'en parle pas, à tous les Chaldéens, les devins, les sorciers en réputation du monde sémitique. Plein de foi, mais en même temps de soupçon, comme le comportait l'esprit de sa race, il rusa avec les conseillers divins qu'il appelait à son aide, et avant de leur poser les questions qui l'intéressaient, il leur donna à deviner ce qu'il se réservait de faire en secret un jour dont il fixa la date.

Tous les oracles ne s'en tirèrent pas également bien ; mais la Pythie de Delphes s'écria, sur son trépied, à la vue des ambassadeurs lydiens épouvantés :

« Je connais le nombre des grains de sable et les bornes
» de la mer ; je connais le langage des muets ; j'entends la
» voix de celui qui ne parle point ! Mes sens sont frappés
» de l'odeur d'une tortue qui cuit avec de la chair d'agneau,
» de l'airain dessous, de l'airain dessus. »

C'était bien trouvé. Crésus s'était arrangé de façon qu'au moment où ses envoyés demanderaient à Apollon ce à quoi il s'occupait, il ferait bouillir ensemble de la tortue et de l'agneau dans une marmite de bronze.

Ce qui à tout jamais combla les Grecs d'admiration, ce fut la magnificence des présents par lesquels Crésus témoigna de son respect pour le dieu et de sa confiance illimitée dans ses lumières. Un sacrifice de trois mille victimes ne fut que le prélude de ses offrandes. Il y joignit des lits dorés et argentés, des vases d'or, des robes et des manteaux de pourpre précieux, qui furent brûlés en l'honneur du Delphien. Pendant ce temps, les Lydiens égorgeaient par ordre les animaux purs dont ils pouvaient disposer. Le roi ne s'en tint pas là. Il fit fondre cent dix-sept demi-plinthes d'or pur, dont les plus longues avaient six palmes et les plus petites trois sur une palme d'épaisseur ; ce fut le soubassement d'un lion d'or fin pesant dix talents. Il y joignit deux immenses cratères, l'un d'or, l'autre d'argent, ce dernier passant pour être le chef-d'œuvre de l'habile artiste Théodore de Samos. Il y ajouta quatre muids d'argent ; deux bassins pour l'eau lustrale, l'un d'or, l'autre d'argent ; des plats d'argent ; une statue d'or de trois coudées de haut, qui passait pour être celle de sa panetière; les colliers et les ceintures de sa femme, et d'autres richesses encore.

Cette grande dévotion à Apollon delphien n'empêcha nullement le roi de se montrer libéral pour les sanctuaires des autres dieux. A Amphiaraüs, il consacra un bouclier d'or massif avec une pique également d'or.

On voit d'après ces détails, comme d'après le don que Crésus fit encore à chaque habitant de Delphes de deux statères d'or, que la piété du prince était égalée par sa richesse. En retour de tant de prodigalités, le Lydien reçut d'Apollon cette réponse ambiguë qui annonçait que, dans le cas où Crésus attaquerait Cyrus, un grand empire serait détruit. Du reste, l'oracle ajoutait que le roi devait rechercher l'alliance des États grecs les plus puissants.

Il ne pouvait être question de s'adresser à Athènes. Pisistrate y était alors occupé d'asseoir son autorité, et ce n'était qu'au moyen d'une surveillance constante et d'une pression attentive qu'il réussissait à se maintenir. Mais les Lacédémoniens venaient de terminer leur guerre contre les Tégéates; la plus grande partie du Péloponnèse reconnaissait leur suprématie et leur fournissait au besoin de l'argent et des auxiliaires. C'était à eux qu'il était surtout naturel de demander de l'aide.

Crésus leur avait déjà rendu certains services dont les hommes de Sparte se montrèrent toujours singulièrement curieux. Il leur avait donné une quantité d'or destinée à l'achèvement d'une statue d'Apollon qui existait plus tard dans un temple du mont Thornax, en Laconie. En mémoire de ce généreux procédé, les députés de Crésus furent bien accueillis, et on leur laissa expliquer ce qu'ils voulaient. Les gens de Sparte promirent vaguement un secours éventuel, reçurent avec satisfaction les nouveaux présents qui leur furent offerts, ne demandèrent rien pour les colonies doriennes qui étaient tombées dans l'esclavage lydien, et se bornèrent à offrir un cratère de bronze chargé de figures d'animaux qui ne parvint jamais à sa destination, sans qu'on sût au juste ce qu'il était devenu. Si l'on en croyait les propos dont les Samiens se montrèrent prodigues dans la suite sur cette affaire, les ambassadeurs lacédémoniens auraient vendu ce cratère à des particuliers qui en firent hommage à Junon, après que la chute précipitée de Crésus eut rendu impossible de lui remettre le cadeau de Sparte.

Hérodote ni Ctésias ne parlent d'aucune autre alliance faite par Crésus. Il est cependant plus que vraisemblable qu'allant chercher si loin et auprès d'une peuplade alors si peu considérable, si peu notable que l'étaient les maîtres indigents d'une portion du petit Péloponnèse, des secours pour appuyer son entreprise, peu approuvée autour de lui et que lui-même jugeait redoutable, il ne manqua pas de s'adresser à son allié et voisin le plus naturel, Labynid ou Nabonid, roi de Babylone, qui pouvait se croire intéressé aussi bien que lui à ne pas laisser Cyrus porter ombrage à ses voisins et se mêler des affaires du monde sémitique. Il recourut à ce prince, au dire des Grecs, mais plus tard. La raison veut qu'il l'ait fait dès ce moment et qu'il se soit efforcé d'attirer de même dans une ligue Amasis, le souverain de l'Égypte. Du reste, il avait, outre l'armée lydienne, de nombreux mercenaires à ses ordres. Suivant les usages du temps, il est à croire que les Cariens, dont c'était le métier, contribuaient pour beaucoup à grossir cette partie de ses forces.

Ainsi l'Asie occidentale était sur pied, avec plus ou moins de fermeté et de bonne foi, contre le monarque iranien. Crésus passa le premier l'Halys, limite qui le séparait des territoires assyriens soumis à la Médie, pour aller chercher son adversaire. Il traversa la Cappadoce en la ravageant, y prit Pteria, qu'il mit en ruine avec

CHAP. II. — DÉVELOPPEMENTS DU RÈGNE DE CYRUS.

d'autres cités de la même province. Cyrus accourait au secours de ses sujets, et ayant rencontré l'armée de Crésus, il lui livra une bataille qui fut sanglante.

Les Grecs prétendent qu'elle resta indécise et que Cyrus s'efforça en vain d'ébranler la fidélité des troupes ioniennes. Si la victoire resta en effet douteuse, les résultats de la bataille ne le furent pas, car Crésus ayant perdu beaucoup de monde, recula, laissa le terrain libre à son adversaire, rentra sur son propre territoire, qui fut vite abandonné aux soldats de Cyrus, et courut s'enfermer dans Sardes, d'où il envoya en toute hâte des messages aux Lacédémoniens, au roi de Babylone et à l'Égyptien, les suppliant de venir promptement à son aide, ce qui doit porter à conclure, comme je l'ai fait tout à l'heure, que l'union était toute formée déjà entre ces puissances. Il leur assignait le cinquième mois pour l'époque où ils auraient à paraître. En même temps, il renvoya les mercenaires, sans doute pour ne pas charger de la présence de cette soldatesque ses sujets de Sardes, et comptant que la façon dont la ville était fortifiée lui répondait de sa sécurité jusqu'au moment où ses alliés arriveraient.

Mais Cyrus ne laissa pas à ces combinaisons le temps d'aboutir. Au lieu de s'arrêter, comme le roi lydien l'espérait, à piller le pays que la retraite de l'adversaire laissait libre, le prince iranien marcha droit sur Sardes, et Crésus averti se vit obligé de sortir de sa capitale pour essayer d'en écarter l'ennemi, avec le concours d'une armée que ses fausses mesures venaient de réduire et que ses alliés n'appuyaient pas encore. Il avait du moins quelque raison d'espérer que la configuration topographique des lieux serait pour ses troupes d'un grand avantage. Dans les plaines immenses qui s'ouvrent et s'étendent à l'est de la ville, la cavalerie lydienne, alors considérée comme la plus leste et la mieux équipée, n'avait pas de rivale, et celle des Iraniens ne la valait pas. Mais Cyrus contrebalança ces inconvénients en mettant sur le front de ses lignes tous les chameaux qui portaient ses bagages, et les chevaux de l'ennemi, effrayés par la forme et par l'odeur de ces animaux, auxquels ils s'accoutument difficilement, devinrent extrêmement difficiles à manier. Le trouble se mit dans tous les rangs, et il fallut que les Lydiens missent pied à terre pour combattre dans des conditions qui ne leur étaient pas favorables. Ils se défendirent pourtant de leur mieux; mais après une mêlée fort rude, les Iraniens les entamèrent, les forcèrent à reculer, et les rejetèrent pêle-mêle dans la ville, que Cyrus investit aussitôt.

Un assaut donné presque immédiatement ne réussit pas. Sardes était grande, fortement défendue, et passait pour imprenable. Il fallait donc se résigner à un blocus qui pouvait durer indéfiniment. Ici se présente une réflexion.

Le siége de Sardes est de 546 avant Jésus-Christ suivant la plupart des chronographes, de 557 suivant d'autres, ce qui ne change nullement la question quant à ce que j'ai à dire. Le prince qui poursuivait cette opération était un prince puissant et à la tête d'une nombreuse armée. Cependant il est à remarquer que les historiens ne mentionnent aucunement qu'il ait songé à employer des machines de guerre pour réduire la place. On verra plus tard encore que dans les siéges exécutés par les généraux iraniens de Cyrus contre les villes qui leur résistèrent, il ne fut jamais question de moyens mécaniques pour pénétrer de vive force dans les villes qui refusaient l'entrée. Les Perses ne recoururent jamais qu'à l'escalade ou au blocus. Incontestablement, si la nature de leurs efforts se montra aussi élémentaire, c'est qu'alors on ne savait pas s'y prendre mieux ni autrement, je ne dirai pas seulement parmi les Iraniens, mais même parmi les populations de l'Asie antérieure; car, s'il s'était trouvé quelque part des ingénieurs assyriens, babyloniens, phéniciens, juifs, grecs ou égyptiens, Cyrus, pour son argent, aurait eu l'appui de leur science autant qu'il l'aurait voulu. J'en conclus qu'au septième siècle avant notre ère, tout comme à l'époque homérique, l'art des siéges, à proprement parler, n'existait pas, et qu'on ne connaissait pas l'usage des machines.

Quand donc on trouve sur les plaques de marbre sculptées qui décorent les palais en ruine dont la vallée du Tigre est encombrée, et que l'on dit assyriens, assyriens d'une date extrêmement antérieure à Cyrus, tant de figurations de villes assiégées sur lesquelles on voit représentés des béliers et des balistes de toutes formes, on peut être, on doit être assuré par l'aspect de ce seul détail que ces palais sont infiniment moins anciens qu'on ne le suppose, et ne sauraient appartenir à la période reculée qu'on leur attribue. Il n'est en effet admissible en aucune manière que Sennachérib et ses prédécesseurs ou même ses successeurs aient eu à leur disposition des moyens militaires inconnus à Cyrus et à ses contemporains.

Il s'agissait donc pour prendre Sardes de la bloquer, de l'affamer ou de s'en emparer par surprise, puisque la première tentative d'escalade n'avait pas réussi, et le siége, conduit de cette manière, menaçait de devenir fort long, quand une circonstance fortuite vint en hâter la conclusion d'une façon inespérée.

La ville, construite sur un escarpement du mont Tmolus, était partout enceinte d'une puissante muraille, sauf d'un côté, où le rocher qu'elle couronnait était tellement à pic, que, dans la conviction générale, ce côté était inabordable. On ne s'était donc aucunement occupé de le fortifier, et il est probable qu'au premier examen des lieux les Iraniens avaient partagé l'opinion commune. Mais une quinzaine de jours après le commencement du blocus, un soldat perse, appelé Hyræades, vit un Lydien, qui avait laissé choir son casque au bas du rocher, descendre lestement sur cette roche, ramasser le casque et remonter. Il comprit tout d'abord qu'on en pouvait faire autant, et, après avoir considéré les lieux, il amena un nombre suffisant de ses compagnons, pénétra par cette voie dans la citadelle, et le reste de l'armée étant accouru, la ville fut prise.

Ce n'est pas là tout à fait la version que donne Ctésias.

Il assure que les habitants de Sardes furent tellement effrayés par des figures d'hommes en bois que, suivant le conseil d'OEbaras, les Perses avaient placées en face des murs de la ville, qu'ils se rendirent tout d'abord. Il ajoute qu'avant même cette conclusion Crésus ayant été abusé par un spectre divin, avait été induit à livrer son fils en otage à Cyrus, et que ce dernier se croyant ensuite trompé par le roi de Lydie, avait fait mettre à mort cet enfant à la vue du père, sur quoi la mère s'était précipitée du haut des murailles et tuée.

Une fois la ville prise, ajoute Ctésias, Crésus se réfugia dans le temple d'Apollon ; mais le vainqueur l'y fit poursuivre ; on l'arrêta et on le chargea de chaînes ; par trois fois, une main invisible détacha les liens, et il fut impossible de savoir comment ce fait était arrivé, bien qu'OEbaras exerçât la plus étroite surveillance. On soupçonna cependant de quelque supercherie les prisonniers qui tenaient compagnie à leur roi, et leur ayant coupé la tête, on tira ce dernier du temple, et on le conduisit dans son propre palais, où il fut encore enchaîné et gardé à vue ; mais, pour une quatrième fois, ses mains se trouvèrent libres, et le tonnerre grondant, la foudre tomba.

CHAP. II. — DÉVELOPPEMENTS DU RÈGNE DE CYRUS.

Cyrus, bien averti désormais et ayant compris la volonté d'Apollon, ne s'obstina pas; il rendit la liberté à Crésus, et non-seulement il le traita avec humanité, mais il lui assigna pour séjour Barene, ville considérable auprès d'Ecbatane, qui contenait une garnison de cinq mille cavaliers et de dix mille archers.

Je crois qu'il faut entendre ici pour Barene, Varena, non pas aux environs d'Ecbatane, mais sur la Caspienne, Sary probablement, ainsi que je l'ai dit en son lieu. Il ne faut pas considérer le chiffre de cinq mille cavaliers et de dix mille archers comme indiquant pour cette cité une garnison permanente, mais bien le nombre et la nature des guerriers que son territoire pouvait fournir. Crésus fut envoyé là non pour y commander, car ce pays n'appartenait pas au roi; on a vu qu'il faisait partie des fiefs des seigneurs de Ragha, Mylad et son fils Gourghyn; en conséquence, le roi ne pouvait en aucune façon en disposer; mais Crésus y fut interné.

Je considère cette partie de la version de Ctésias comme plus vraisemblable et plus admissible que celle d'Hérodote. Suivant celui-ci, aussitôt la ville prise, Crésus fut arrêté et conduit avec quatorze jeunes Lydiens sur un bûcher, où on se prépara à les brûler, soit pour accomplir un vœu, soit pour sacrifier à quelque dieu, soit enfin pour éprouver si Crésus, avec la réputation de piété dont il jouissait, trouverait parmi les immortels une puissance qui interviendrait dans sa cause. Bref, Crésus est attaché sur le bûcher et on y met le feu. Alors le roi vaincu se rappelant les doutes que Solon avait élevés autrefois contre la solidité de son bonheur et qui l'avaient tant scandalisé, soupira profondément et s'écria : « O Solon! Solon! Solon! »

Cyrus ne comprenant pas le sens de cette invocation fit demander à Crésus par les interprètes ce qu'il voulait dire. D'abord le Lydien ne répondit pas ; mais enfin, fatigué de tant d'importunités, il raconta que jadis, fier de ses richesses et de l'étendue de son empire, il avait voulu arracher à Solon, d'Athènes, l'aveu qu'il était le plus fortuné des hommes, mais que ce sage n'en était pas tombé d'accord ; qu'il lui avait conseillé d'attendre la fin de sa vie pour savoir ce qu'il y avait à penser de son bonheur, et que cette observation, qu'il trouvait si juste aujourd'hui, l'était d'autant plus qu'elle s'appliquait non pas à lui-même uniquement, mais à l'universalité des hommes, y compris surtout ceux qui avaient lieu de se croire les plus grands.

Pendant ces demandes, ces réponses, ce discours, le feu avait réussi à saisir le bûcher, dont les extrémités déjà enflammées commençaient à rouler des nuages de fumée et à lancer des langues de feu. Cyrus se sentit touché de ce qu'il venait d'entendre. Il reconnut la profonde vérité de ce que Solon avait prévu, de ce que Crésus confessait dans ce moment suprême ; il s'avoua que lui aussi était homme et que cependant il faisait brûler un homme qui, comme lui, s'était cru heureux et à jamais triomphant ; enfin il se demanda si, les destins de son espèce étant si frêles et si variables, il ne s'exposait pas de gaieté de cœur à la colère de quelque dieu en poursuivant contre Crésus et ses compagnons la redoutable vengeance qu'il avait préparée.

Des réflexions de cette nature amenèrent promptement l'ordre d'éteindre le bûcher et d'en faire descendre en toute hâte Crésus et les quatorze enfants condamnés avec lui. Mais on eut beau vouloir maîtriser la flamme, il était trop tard ; elle s'élevait par épais tourbillons ; on ne pouvait plus pénétrer dans la place dont elle s'emparait ; les captifs allaient périr.

Alors Crésus, versant des larmes abondantes en voyant

les efforts qu'on faisait pour le sauver sur le point de demeurer inutiles, appela à haute voix Apollon, et le conjura de témoigner, dans un si grand péril, si les offrandes dont il avait été comblé lui avaient jamais été agréables. La réponse divine ne se fit pas attendre. Au milieu d'un ciel pur, des nuages épais accourent de toutes parts, et des torrents d'eau éteignent les flammes que les hommes avaient renoncé à combattre.

Cyrus, charmé et frappé de respect, fait descendre du bûcher ce favori des dieux, et s'adressant à lui d'un ton de reproche affectueux : « O Crésus, lui dit-il, qui a pu te conseiller jamais d'entrer dans mon pays pour me combattre, au lieu de me prendre pour ami ?

— C'est mon mauvais destin, répondit le roi vaincu, et ta bonne fortune. Le dieu des Grecs a été mon instigateur ; car, s'il ne m'avait excité, quel homme est assez insensé pour courir à la guerre quand il peut vivre en paix ? Dans la paix, les enfants assistent les pères à leurs derniers moments ; dans la guerre, au contraire, ce sont les pères qui ensevelissent les fils. Mais que dire ? Les dieux avaient ordonné que tout arrivât comme nous le voyons. »

Cyrus ayant fait enlever les fers au roi vaincu, le fit asseoir à ses côtés. Il lui témoigna de l'affection, mais surtout il le considéra avec surprise, et tous les chefs iraniens réunis autour d'eux faisaient de même. Cependant Crésus, abîmé dans ses réflexions, gardait le silence, quand tout à coup, regardant du côté de la ville et montrant les soldats qui se livraient tumultueusement au pillage, forçaient les maisons, emportaient les meubles, les vases précieux et les étoffes brillantes, et poussaient devant eux les captifs, battant ceux qui leur résistaient ou leur déplaisaient :

« Me permets-tu de parler, dit-il à Cyrus, ou penses-tu

que, dans ma condition actuelle, le silence seul me convienne ?

— Parle en assurance, répliqua le roi.

— Eh bien donc, poursuivit le Lydien, apprends-moi ce que font ces soldats ?

— Ils ravagent ta ville ; ils s'emparent de tes trésors.

— Nullement. Ce n'est pas ma ville qu'ils ravagent ; ce ne sont pas mes trésors qu'ils dilapident. Tout cela ne m'appartient plus, et je n'en possède plus rien. Les troupeaux qu'on enlève, les richesses qu'on disperse ou anéantit, tout cela c'est à toi. »

Cyrus fut étonné de cette remarque dont il comprit la justesse. Il écarta ses chefs, puis prenant Crésus à part, il lui demanda conseil, le pria de lui tracer une ligne de conduite dans les circonstances où il se trouvait. Crésus ne se fit pas trop prier, et déclarant qu'étant devenu son esclave il se considérait comme obligé en conscience de veiller à ses intérêts, il lui montra ce qu'il apercevait mieux que lui.

« Les Perses, lui dit-il, sont de nature arrogante, et en ce moment ils sont pauvres. Si tu les laisses s'enrichir par le pillage de Sardes, ils deviendront indisciplinables, et celui qui aura pris davantage deviendra le plus dangereux de tous. Je crois donc à propos de ne pas laisser les choses en venir là, et si tu m'en crois, tu placeras tes gardes particuliers aux portes de la ville, avec ordre d'enlever aux soldats ce qu'ils emportent, sous le prétexte de consacrer le dixième du butin à Jupiter. En agissant ainsi, nul ne pourra t'en vouloir, et au contraire on t'obéira volontiers. »

J'ai raconté cette légende, et elle me paraît instructive. Je ne crois en aucune façon qu'elle ait rien d'historique quant aux faits, pas plus que les détails donnés par Ctésias ; mais elle a cependant une valeur particulière. Il ne me paraît pas possible que Cyrus ait ordonné de brûler vivant son captif; car, en le supposant étranger personnellement à la religion des Iraniens, ce que rien ne rend probable, bien que les populations de la Perside et de la Susiane, mêlées comme elles l'étaient au sang sémitique, n'aient pas été très-pures sous ce rapport, le Grand Roi devait au moins tenir à ménager les sentiments de ses vassaux, et ni ceux du nord ni ceux de l'est ne lui auraient aisément pardonné un crime aussi énorme que celui de souiller la sainteté du feu en lui donnant des chairs humaines à dévorer. Il y a donc là une première impossibilité.

Les Grecs, les Lydiens peut-être, ont arrangé cette mise en scène pour amener l'intervention miraculeuse d'Apollon, et l'action de ce dieu est si mêlée à l'histoire de Crésus, qu'il n'y a pas d'inconvénients à croire que ce dernier était considéré, à l'époque d'Hérodote, comme une espèce de saint dont les actes et les mérites relevaient l'autorité de l'oracle de Delphes. Il a dû tenir une grande place dans la légende particulière du temple de cette ville.

Une autre impossibilité, mais d'un caractère différent, se rencontre encore ici. On y voit que Cyrus est par lui-même un esprit assez passif: il ne sait comment se conduire; il ne démêle pas le parti qu'il doit prendre. On lui suggère toutes ses actions. C'est le pendant de son début, où jamais il n'aurait songé à se révolter contre Astyages, si Harpage ne lui en avait donné les moyens. Ainsi, quand Hérodote réunissait les matériaux de l'histoire du conquérant, il était de mode à Ecbatane de faire honneur à un Mède de ce que Cyrus avait fait de grand, et à Sardes, c'était à un Lydien qu'appartenait la même gloire. Entre ces deux inspirations étrangères, la valeur propre du héros iranien disparaissait, et les vanités nationales se gonflaient en sa place.

Il est assez curieux de voir que les races arianes aiment à exalter les grands hommes, et que, tout au rebours, les races métisses ont un besoin constant de les rabaisser. Au temps d'Homère, dans les pages de l'auteur anglo-saxon de Beowulf, dans les poëmes des Niebelungen, de Roland, du Cid, dans les anciennes traditions de la Perse, il n'y a que des héros; ils font tout, ils n'ont besoin d'aucun secours; ils sont tout; l'intelligence se concentre uniquement dans leur cerveau, la force dans leur bras; les êtres inférieurs disparaissent si bien qu'on pourrait croire qu'ils n'ont jamais existé.

Il en va tout au contraire dans les temps où les gens de basse race écrivent l'histoire. Leur principal souci est de diminuer de leur mieux la hauteur des personnages qui dominent la scène. Nous voyons qu'à ce point de vue Cyrus devient une marionnette inerte; on a essayé de faire croire qu'Alexandre n'était rien sans Parménion; Auguste, sans Mécènes; Louis XIV, sans Colbert. C'est un jeu de l'esprit; mais l'esprit qui s'y amuse porte condamnation contre lui-même et montre sa taille. Il y a des époques entières qui se dénoncent ainsi.

Je mentionne ce singulier conseil en vertu duquel Cyrus aurait risqué d'arracher son butin au soldat iranien pour le consacrer à Jupiter, auquel personne au delà des monts Zagros n'avait foi. Clovis ne put reprendre au guerrier frank le vase de Soissons; il n'eût pas été sans doute plus raisonnable de prétendre dépouiller le combattant de la Loi pure de ce qu'il considérait comme son bien légitime.

Je laisse de côté une foule de prodiges et de pronostics, et les oracles en grand nombre qui ont entouré le fait de la prise de Sardes. On peut les voir soit dans Hérodote, soit dans Ctésias. En réalité, ils appartiennent plutôt à l'histoire de l'esprit grec ou à celle des légendes locales qu'à des annales iraniennes. Ce qui paraît certain et ce qui était assez nouveau dans le monde occidental, c'est que le vaincu, Crésus, non-seulement ne fut pas mis à mort par Cyrus, mais que, soit qu'il ait été interné dans les montagnes Caspiennes, comme l'assure le médecin d'Artaxerxès, soit qu'il ait suivi constamment le vainqueur depuis le jour de sa chute, il fut toujours traité avec honneur. Ni les Sémites ni les Grecs ne connaissaient ce point d'honneur et n'exerçaient cette générosité, et on comprend mieux combien le principe leur était nouveau en voyant que la conduite de Cyrus en ces occasions (car il avait déjà agi de même pour Astyages) ne lui vaut de la part d'Hérodote, pas plus que de celle de Ctésias, un seul mot qui ressemble à un éloge. C'est une simple anecdote que ces historiens rapportent; peut-être est-ce une singularité. Leur parti est pris sur les Perses; ils raconteront froidement que ces peuples condamnaient avant tout le mensonge, regardaient comme déshonorés les débiteurs incorrigibles, croyaient devoir épargner leurs ennemis vaincus, n'accordaient à personne, pas même au souverain, le droit de mettre à mort qui que ce fût pour une seule faute, ni de traiter rudement les esclaves. Tout cela, si différent de leur manière d'agir, leur semble insignifiant; ils ne s'arrêtent pas à y réfléchir, et les Perses restent pour eux des barbares.

Je viens de dire qu'Astyages avait été épargné comme Crésus. D'après Hérodote, Cyrus le gardait auprès de lui, et ne lui fit jamais aucun mal, jusqu'au jour de la mort du dernier roi mède, qui arriva tout naturellement. Mais Ctésias est d'une opinion différente.

Suivant lui, Astyages habitait dans le pays de Barcania, certainement le Vehrkana, l'Hyrcanie, où on lui avait assigné une résidence probablement analogue à celle de Crésus. Comme dans ces deux circonstances Ctésias se sert très-exactement des noms géographiques iraniens, Barena, Varena, et Barcania, Vehrkana; que d'ailleurs il est simple de penser que Cyrus, au lieu de prendre ses deux principaux ennemis pour conseillers intimes, leur avait donné pour séjour les points de l'empire les plus éloignés de leurs anciens domaines, il me paraît que Ctésias a raison.

Cependant la reine Amytis eut grand désir de revoir son père, et Cyrus partagea ce sentiment. Il envoya donc dans l'Hyrcanie l'eunuque favori Pétisacas pour ramener Astyages à la cour. Mais OEbaras, par des motifs que Ctésias ne laisse pas même entrevoir, conseilla à l'eunuque de perdre Astyages dans le désert et de l'y laisser mourir.

En conséquence du complot, Astyages n'ayant pas paru, Amytis fut avertie par un songe de ce qui s'était passé, et elle réclama la punition de Pétisacas, qui lui fut livré; il fut écorché vif, eut les yeux arrachés, et mourut dans les tourments du supplice de la croix. Ce traitement inspira une juste épouvante à OEbaras, qui avait conseillé le crime. Cyrus eut beau le rassurer, il ne put prendre confiance dans l'indulgence du roi en pensant que l'animosité d'Amytis le poursuivrait sans relâche. Il s'enferma, resta dix jours sans prendre aucune nourriture, et expira. Quant au corps d'Astyages, on le chercha avec soin, et on finit par le retrouver intact dans le désert, car des lions l'avaient défendu contre la convoitise des autres bêtes, et ne se retirèrent que pour le laisser enlever. On lui fit de magnifiques funérailles.

Je reviens aux conquêtes de Cyrus. Ce prince était devenu par la prise de Sardes le maître de la Lydie et des provinces que Crésus y avait successivement rattachées, et un maître d'autant plus imposant qu'il avait accompli ces exploits et changé la face de l'Asie à l'aide de forces que l'on n'avait pas connues jusqu'alors et dont on n'avait pas plus de moyens de calculer l'étendue que d'apprécier la nature. Il apparaissait dans le monde occidental, lui et les chefs qui l'entouraient et la nation qui les suivait, comme des intrus sur le compte desquels on ne savait rien ou peu de chose. Les populations sémitiques immédiatement subjuguées baissèrent la tête et se turent; mais les colonies ioniennes et éoliennes s'empressèrent d'envoyer à Sardes des ambassadeurs chargés de négocier et d'obtenir les meilleures conditions. Ce qu'elles demandèrent, ce fut d'être traitées comme l'étaient les sujets directs de Crésus, ce qui semblerait indiquer que la loi du vainqueur ne pesait pas très-rigoureusement sur ceux-ci.

Cyrus ne se montra pas disposé à satisfaire les Grecs, et il leur exprima son sentiment au moyen d'un apologue.

Un joueur de flûte, leur dit-il, s'étant approché du rivage de la mer, y vit des poissons qui nageaient. Il s'imagina qu'en les appelant par les sons de son instrument ils viendraient à lui; mais ils n'en firent rien. Alors il prit un filet, et l'ayant jeté, il en saisit une grande quantité. Comme ils sautaient et se débattaient : « Ne dansez pas » maintenant, leur dit-il, puisque vous n'avez pas voulu » le faire quand j'ai joué de la flûte. »

Il leur indiquait par là, assure Hérodote, que puisqu'ils n'avaient pas accueilli ses propositions d'alliance au temps où il avait jugé à propos de les faire, ils n'avaient désormais à attendre de lui que le traitement qu'il lui conviendrait de leur infliger. Ainsi il leur faisait pressentir un sort plus dur que celui des Lydiens, plus dur même que celui que jadis Crésus, vainqueur, leur avait imposé; car ces dernières conditions, il les accorda aux seuls Milésiens, renvoyant les autres députés fort inquiets.

Lorsque la réponse du conquérant iranien arriva dans les villes grecques, celles-ci s'empressèrent de se fortifier ; leurs mandataires se réunirent au Panionium, lieu ordinaire des assemblées et des délibérations communes de ces établissements d'une même race. Le Panionium était situé sur le mont Mycale, et constituait un sanctuaire dédié à Neptune Héliconien. Les cités commerçantes de Priène, Phocée, Myonte, Éphèse, Colophon, Lébédos, Téos, Clazomènes, Érythres, furent représentées dans cette occasion. Milet, dont le sort était déjà fixé, ne pouvait songer à prendre aucune part dans un conseil nécessairement hostile aux Perses. Samos et Chios, par leur position insulaire, pensaient n'avoir rien à craindre d'une armée privée de marine; du reste, ces îles se soumirent d'elles-mêmes fort peu de temps après.

Les villes des Éoliens délibérèrent à part. L'esprit d'isolement et de malveillance mutuelle constituait le fond des idées de la nation grecque. Les villes éoliennes étaient Cumes, Larisse, Néontichos, Temnos, Cilla, Notium, Ægiroussa, Pitané, Ægées, Myrina et Grynia. Sunium, à l'origine, avait appartenu à ce groupe ; par la suite, elle était devenue ionienne. Dans les circonstances exceptionnelles où l'on se trouvait, et sous la pression d'une crainte légitime, les rivalités ordinaires furent mises de côté, et les Éoliens s'accordèrent à régler leur conduite sur celle des Ioniens; quant aux Doriens répartis dans les cinq villes de Lindus, Ialyssos, Camiros, Cos et Cnide, comme ils n'étaient pas de terre ferme, ils furent d'autant plus résolus à rester indifférents au sort de leurs compatriotes, qu'Halicarnasse, qui aurait pu les intéresser comme dorienne aussi bien qu'eux, avait été exclue de leur confédération.

Les Ioniens et leurs associés, ainsi abandonnés non-seulement des cités que je viens de nommer, mais de toutes les îles grecques, envoyèrent demander du secours à Sparte. Un Phocéen, appelé Pythermus, fut chargé de porter la parole. Afin de piquer la curiosité des Lacédémoniens et d'en attirer un plus grand nombre à l'assemblée convoquée pour l'entendre, Pythermus s'habilla d'une robe de pourpre. L'effet fut considérable dans une bourgade pauvre, où les costumes étaient très-simples. On écouta patiemment l'orateur, qui parla avec abondance, cherchant à persuader de son mieux son auditoire et à en obtenir l'appui. Mais les Lacédémoniens restèrent insensibles, et ils se bornèrent à envoyer en Asie des hommes chargés de les renseigner sur ce qui se passait. Ils le comprenaient mal, car ce qu'on leur racontait depuis quelques mois leur avait fait connaître pour la première fois le nom et l'existence des Perses.

Le navire spartiate arrivé à Phocée, les députés prirent le chemin de Sardes, et s'étant présentés devant Cyrus, Lacrinès, leur chef, avertit le Grand Roi de se donner bien de garde de faire tort à aucune ville grecque, attendu que Sparte ne le souffrirait pas.

Si les Péloponnésiens ignoraient l'empire d'Iran avant la guerre de Lydie, il n'est pas moins certain que Cyrus n'en savait pas davantage sur le municipe perdu au fond d'une obscure vallée de la Laconie. Il regarda donc avec étonnement du côté de quelques Grecs qui se tenaient dans son cortége, et leur demanda ce que c'était que ces Lacédémoniens, et quelles forces ils avaient pour parler si haut. On lui expliqua à peu près la nature du gouvernement de ce peuple. Il n'en conçut pas une haute estime, et se retournant du côté des députés, il leur dit :

« Je n'ai jamais eu grand souci de cette sorte de gens
» qui ont au milieu de leur ville une place publique où ils
» se réunissent afin de se mentir et de se parjurer ; si je
» vis, je leur donnerai des sujets d'aller y gémir sur leurs
» malheurs plutôt que sur ceux des Ioniens. »

Force fut aux hommes de Sparte de se contenter de

cette réponse. Ils la rapportèrent aux deux rois Anaxandridès et Ariston, qui en firent part à leur peuple, lequel y réfléchit et ne bougea pas. Cependant Cyrus n'avait pas jugé que l'importance de ce qu'il faisait dans l'Occident pût se comparer à ce qu'il avait à poursuivre dans la région orientale. Il quitta donc Sardes, emmenant avec lui Crésus, et retourna dans son pays. Suivant l'usage iranien, il avait cru pouvoir laisser le peuple de Lydie complétement libre sous les lois indigènes, et il avait mis à sa tête un homme du pays, Paktyas, qui dans ses idées, sans doute, devait lui être un feudataire comme les autres grands vassaux de l'empire. Mais cette donnée fort naturelle au delà de la Médie, était absolument incompréhensible pour des pays sémitiques, et le premier emploi que fit Paktyas du libre arbitre qui lui était laissé par le vainqueur, fut de se déclarer indépendant. Le gouverneur perse, nommé Tabal, se vit contraint de se renfermer dans la citadelle, où les insurgés l'assiégèrent.

Ces nouvelles donnèrent à Cyrus une idée plus juste qu'il ne l'avait eue jusqu'alors des peuples auxquels il avait affaire. Comprenant l'utilité de certains procédés de la politique sémitique, il laissa entendre à Crésus qu'il ne voyait d'autre ressource pour en finir avec les Lydiens que la transportation et la vente des familles. Il entrait là dans le courant des idées assyriennes.

Hérodote prétend que Crésus vint encore ici éclairer l'esprit du monarque iranien et diriger sa volonté. L'ami de Solon remontra combien il était inutile d'en venir à de pareilles extrémités, des moyens plus doux devaient suffire pour réduire à jamais les Lydiens à l'obéissance. Il fallait leur interdire l'usage des armes, les contraindre à porter des tuniques sous leurs manteaux, leur faire chausser des brodequins, et réduire l'éducation de leurs enfants au jeu de la cithare, à la danse et aux arts qui efféminent.

Ainsi dépouillés de leur valeur première, ils ne seraient plus dangereux.

En somme, le procédé se réduisait à désarmer la nation; Cyrus n'avait pas besoin de conseil pour suivre un pareil système et s'en contenter, étant, comme on l'a vu déjà par plusieurs exemples, disposé de nature aux partis modérés. Les Lydiens représentaient le peuple civilisé du temps; puisque les Grecs, et, parmi eux, ceux qu'on appelait les Sages, se plaisaient à vivre à Sardes. Cette capitale était riche et luxueuse. Elle produisait ces objets d'art qui faisaient l'admiration du monde d'alors et l'envie des temples d'Apollon. Une fois la population détournée des soins militaires, il n'était pas besoin d'en faire plus. Elle ne pouvait que marcher d'elle-même dans la voie étroite des travaux de la paix, et en peu de temps cesser d'être inquiétante pour ses maîtres. Ce fut ce qui arriva dans la suite. Les Lydiens se montrèrent bons commerçants, artistes habiles, musiciens surtout. On vanta leur luxe; on ne parla plus de leur courage, et on n'essaya plus de les constituer sur le modèle des États iraniens de l'intérieur. Leur province ne fut qu'une satrapie, administrée directement par les mandataires du Grand Roi. Toute l'Asie antérieure devait d'ailleurs, à quelques exceptions près, être soumise à ce régime, dont nous aurons occasion d'examiner le mécanisme. Il est permis de croire qu'après le pays de Ninive annexé sous cette forme au fief médique, la Lydie fut le second exemple de l'adoption de ce système dans le réseau des États dépendants de l'Iran.

La révolte de Sardes ne parut pas assez inquiétante à Cyrus pour qu'il allât y mettre ordre en personne. Il y envoya un de ses chefs pour punir Paktyas. Les Lydiens n'essayèrent pas de résister, et Paktyas s'enfuit à Cumes. Passant d'asile en asile, mal protégé par les Grecs, il finit par se réfugier à Lesbos, où, ne se trouvant pas en sûreté, il fut transporté à Chios par la pitié douteuse des Cuméens, assez désireux de le voir échapper, mais plus désireux encore de ne pas se charger de lui. Là, les Grecs de l'île l'arrachèrent du temple de Minerve Poliouchos, et le livrèrent à Mazarès, à condition qu'on leur donnerait l'Atarnée, district situé vis-à-vis de Lesbos, et dont ils avaient grande envie. L'action n'était pas fort honorable, mais les Chiotes calmèrent leurs scrupules en s'abstenant pendant longtemps de faire figurer dans les sacrifices aucun des produits d'Atarnée.

Cependant Mazarès n'avait pas tardé à commencer ses opérations contre les colonies helléniques. Priène, la première attaquée, tomba devant le vainqueur; la plaine du Méandre et le pays de Magnésie furent pillés. Sur ces entrefaites, le général iranien mourut, et un autre chef, Harpage, qu'Hérodote veut avoir été le même que le premier complice de Cyrus, prit le commandement de l'armée. Il la conduisit d'abord contre Phocée, et entoura cette ville de terrassements, afin de la réduire par la famine.

Les Phocéens étaient riches; ils naviguaient fort loin, et ayant étendu leurs courses commerciales jusqu'en Ibérie, ils se vantaient de l'amitié du vieux Arganthonius, roi de Tartesse, qui, disaient-ils, leur avait donné une grosse somme d'argent pour fortifier leur cité, après qu'ils eurent décliné sa bienveillante invitation de venir s'établir dans ses États plutôt que de subir le joug de Crésus. Ils se montrèrent cette fois moins enclins à porter celui des nouveaux maîtres, et probablement plus effrayés des intentions de ces peuples qu'ils ne connaissaient pas, dont les lois, les mœurs, le caractère devaient leur paraître très-suspects. Ils ne se rendirent donc pas aux offres modérées d'Harpage, qui offrait de se contenter de la démolition d'une tour et de la consécration d'une seule maison.

Ils feignirent cependant de prêter l'oreille aux encouragements du Mède, et le prièrent de faire retirer ses troupes et de ne pas les inquiéter pendant le temps qu'ils allaient délibérer entre eux. Harpage accorda cette demande, tout en faisant observer qu'il pénétrait leur dessein.

Ils s'empressèrent d'embarquer tout ce qui, de leurs biens, était transportable; ils emballèrent les images des dieux et les offrandes des temples; ils firent monter sur les navires femmes et enfants, et ouvrant les voiles aux vents, se dirigèrent sur Chios, tandis que les Iraniens s'emparaient de la cité déserte. Hérodote ajoute qu'après avoir été fort mal reçus à Chios par leurs compatriotes, qui leur refusèrent les moyens de s'y établir, les Phocéens se résignèrent à chercher un asile au loin, dans l'île de Corse, où, vingt ans auparavant, ils avaient fondé la colonie d'Alalia. Mais, exaspérés, ils voulurent auparavant se venger des Perses, revinrent à l'improviste à Phocée, surprirent et massacrèrent la garnison, et reprirent la mer. Pourtant, soit que d'avoir revu la terre natale eût ébranlé les résolutions de la majeure partie des émigrants, soit que les perspectives qui s'offraient à eux ne leur parussent pas bien tentantes, plus de la moitié d'entre eux renoncèrent à s'expatrier, et reniant le serment redoutable fait au moment du départ, quand, enfonçant un morceau de fer dans le port, ils avaient juré de ne pas revenir tant que ce fer ne surnagerait pas, ils se réconcilièrent avec Harpage, qui, imperturbable dans la modération systématique dont son souverain lui avait sans doute prescrit la loi, pardonna le meurtre de ses hommes et rendit leur cité aux Phocéens repentants. Les autres partirent pour Alalia, suivant le premier projet, s'unirent aux habitants de cette ville dans une association de piraterie; poursuivis et à moitié exterminés par les Étrusques réunis aux Carthaginois, se réfugièrent à Rhegium, parce que la Corse ne leur présentait plus d'asile sûr, et de là s'enfuirent à Ella ou Velia, dans le golfe de Policastro, au sud de Pæstum.

Après les Phocéens, Harpage attaqua encore les Téiens en les investissant du côté de la terre. Ils s'exilèrent et allèrent rebâtir ou agrandir la ville d'Abdère. Les Ioniens du continent cherchèrent de même à conserver leur indépendance, mais ils furent contraints de se soumettre, ce que voyant, les habitants des îles n'attendirent pas d'être attaqués, et se rendirent aux Perses. Les Éoliens et les Doriens tombèrent aux mains du vainqueur, qui en exigea des troupes auxiliaires, au moyen desquelles il réduisit successivement les Cariens, les Cauniens, les Lyciens et les Pédasiens. Quelques populations sémitiques résistèrent un peu de temps ; mais enfin toutes succombèrent, et les appartenances et même le voisinage immédiat resté jusqu'alors indépendant de l'ancien royaume de Lydie, notamment les îles qui n'en avaient jamais fait partie, se trouvèrent réunies à la monarchie iranienne.

Tandis qu'Harpage plantait ainsi partout les drapeaux victorieux de l'empire, Cyrus en personne allait attaquer Babylone.

CHAPITRE III.

CONQUÊTE DE L'EMPIRE BABYLONIEN.

Depuis la prise de Ninive et des territoires qui en dépendaient, les populations assyriennes et surtout les souverains avaient dû naturellement éprouver la plus grande crainte d'être absorbés à leur tour dans l'empire iranien. Ce malheur leur serait arrivé sans doute si les successeurs de Menoutjehr-Cyaxares avaient conservé une puissance égale à celle de ce monarque, et si les invasions scythiques avaient laissé le temps de songer à faire des conquêtes dans l'ouest ; mais on a vu que tous leurs efforts avaient à peine suffi pour garantir leurs domaines de ces terribles envahisseurs ; puis il est certain que les qualités qui font les conquérants manquèrent à la plupart de ces princes.

Cependant, dans un juste sentiment de ce qu'ils avaient à craindre, les rois de Babylone avaient cherché à multiplier les obstacles et les moyens de défense entre leur capitale et l'ennemi qui devait ou pouvait venir des pays mèdes ; c'est ce qui me porte à penser que le mur de Médie, haut de cent pieds et épais de vingt, développé sur une ligne de soixante-quinze milles et unissant le Tigre à un des principaux canaux de l'Euphrate, datait de cette époque. En outre, aux environs de ce fleuve, de nombreux travaux de défense, consistant surtout en fossés profonds et en larges coupures pratiquées dans le terrain, étaient destinés à embarrasser les progrès d'une armée d'invasion. Aux yeux d'Hérodote, tous ces ouvrages passaient pour être l'œuvre de la reine Nitocris, et celle-ci pour avoir été la mère de ce Labynid qui régnait au moment où Cyrus se présenta en agresseur. Je considère comme plus particulièrement probable que Nitocris, si elle a réellement vécu, doit être reportée à une époque plus ancienne, ou, dans tous les cas, que le mur de Médie et les moyens de défense qui l'accompagnaient avaient été établis au temps où les invasions possibles des Iraniens excitaient le plus d'inquiétude, c'est-à-dire aux environs mêmes de la prise de possession que fit Menoutjehr-Cyaxares du pays d'Ecbatane et de celui de Ninive.

Ces précautions matérielles avaient été soutenues par des mesures d'un autre ordre. Les trois grands États occidentaux de cette époque s'étaient alliés dans ce traité défensif dont l'histoire de Crésus nous a révélé l'existence, et la Babylonie, la Lydie, l'Égypte étaient convenues de joindre leurs efforts contre un ennemi qui les menaçait également. En s'unissant par mariage à la dynastie des feudataires de la Médie, le Lydien avait pensé ajouter à sa sécurité particulière, et en cherchant, d'après les dires et les indications des colonies grecques graduellement fondées sur la côte d'Asie, à nouer des relations d'amitié avec les États de l'Hellade, lointains, pauvres, sans gloire, peu connus, mais qu'on assurait animés d'un grand esprit militaire dont il pouvait être possible de tirer parti à l'occasion, les membres de la ligue avaient travaillé de leur mieux pour se fortifier contre les éventualités menaçantes se produisant à l'est des monts Zagros.

Malheureusement les combinaisons les plus ingénieuses de la politique, comme les plus redoutables accumulations de moyens matériels, ne dispensent pas ceux qui y recourent d'avoir quelque valeur morale. Les empires tombés ont tous eu de grandes ressources, et ne s'en sont pas servis; les lignes de défense analogues au mur de Médie, et on en a vu beaucoup dans le monde, ont été, sans exception aucune, franchies un jour sans difficulté par un ennemi qui ne trouvait plus personne gardant leurs créneaux; et la muraille de la Chine, et le rempart de Derbend, et la fortification byzantine, et les tours placées entre l'Angleterre et les Scots, ont montré ce spectacle. Les armes de tout genre ne valent que par la main qui les manie.

Babylone, au temps de son dernier roi Labynète, était dans toutes les conditions requises pour qu'une monarchie s'écroule devant la moindre force qui voudra l'attaquer. C'était une ville immense, enrichie, augmentée aussi bien que Sardes par la chute de la grande Ninive. Située au milieu des plaines les plus fertiles et les plus abondantes en céréales et en palmiers, elle voyait accourir dans ses murs tous ceux qui voulaient prendre leur profit de ces

CHAP. III. — CONQUÊTE DE L'EMPIRE BABYLONIEN. 415

admirables éléments d'un commerce général, et les marchands de tous les pays, dont les ballots contenaient les productions de tous les climats abondamment versés dans ses bazars. La famine, des années fortuites de stérilité, ne pouvaient tarir un seul instant le mouvement ascendant de ses richesses ni l'arrêter, car elle ne comptait pas sur l'abondance toujours aléatoire des pluies d'automne et des pluies de printemps, comme l'Inde y est assujettie. Les deux grands fleuves, le Tigre et l'Euphrate, arrosant ses plaines, lui fournissaient une quantité d'eau invariable; et augmentant encore à l'infini ce moyen tout-puissant de multiplier ses cultures, un système de canalisation gigantesque avait utilisé les rivières secondaires, les cours d'eau, les ruisseaux venus des montagnes du Kurdistan, et les avait dirigés en un réseau serré, constamment changé suivant les besoins, à travers des campagnes qui, sous le soleil de plomb de cette région méridionale, ne manquaient ainsi ni de fraîcheur ni d'humidité, ni par conséquent des forces créatrices qui préparent, entretiennent, développent, propagent la végétation.

Ce sont les territoires opulents en matières premières, communes, et d'une utilité générale et incessante, qui, dans les conditions normales, doivent attirer à eux la plus grande somme de richesses. L'Égypte en est la preuve éternelle. La Babylonie l'a été également aussi longtemps que la population ne lui a pas manqué. Grâce à son agriculture, elle voyait accourir chez elle le Phénicien, facteur de la Corse, de la Sardaigne, de l'Espagne, des îles Cassitérides; l'Égyptien, qui lui apportait les denrées de son pays et celles qui lui venaient d'Ammon; l'Éthiopien, chargé de l'ivoire et de l'or de l'Afrique; l'Arabe, vendeur de parfums; et l'Indien, dont les marchandises étaient précieuses par leur matière, précieuses aussi par une fabrication qui paraît avoir été, dès ces temps reculés, une des plus avancées, des plus perfectionnées, des plus séduisantes du monde. Tous ces hommes étrangers, différents quant aux traits, à la carnation, à la taille, à la démarche, à la physionomie de toute leur personne, parcouraient incessamment les rues de la grande capitale, y mêlant le bariolage de leurs costumes et les formes bizarres de leurs coiffures nationales aux tuniques longues, aux manteaux blancs, aux tiares de feutre des habitants assyriens, parcourant les rues en s'appuyant sur leurs longues cannes de bois précieux, dont un oiseau, une fleur, un symbole quelconque artistement ciselé rehaussait la valeur.

Ce n'était pas assez que d'être la grande cité commerciale du monde et d'apparaître comme le lieu d'échange nécessaire entre les produits de peuples si nombreux ; ce n'était pas assez que d'être le rendez-vous de tant de voyageurs qui, journellement sans doute, s'étonnaient les uns les autres par les récits échangés sur les conditions climatériques, les mœurs, les habitudes, les lois de leur patrie : Babylone était douée d'un genre de prééminence plus remarquable encore ; c'était le centre, c'était le foyer de la science la plus complète et la plus élevée que connût alors le monde. Ses prêtres et ses docteurs réunis en colléges avaient élaboré un système de connaissances des plus étendus et qui embrassait l'étude de la nature entière, de la nature métaphysique comme du monde matériel, sous la forme d'une théorie dont on peut sans nul doute contester les principes quant à leur justesse, mais dont il y a ignorance plus que rectitude de jugement à contester les qualités grandes et profondes.

Une philosophie source de toute la philosophie occidentale, alors aveuglément admirée dans tout l'Occident ;

des observations astronomiques qu'on ne faisait point ailleurs, pas même dans l'Inde; des recherches d'histoire naturelle, de métallurgie, de botanique; le tout rattaché, comme je viens de le dire tout à l'heure, à un plan général dessiné par la métaphysique la plus aiguisée et ramené aux doctrines d'un panthéisme non pas grossier mais transcendant; la science de l'histoire, des annales vastes et minutieusement tenues, tels étaient les travaux, tels les résultats qui occupaient les Babyloniens. Les prêtres cherchaient sans doute, et rien n'est plus naturel, à imprimer sur toute cette science un cachet sacerdotal et à en faire le privilége des sanctuaires. De là une élaboration puissante et féconde de rites et de formules trouvant leur appui, leur raison d'être, leur développement, leur couronnement dans les emplois multipliés à l'excès des forces talismaniques; mais il paraît bien cependant que, malgré ces efforts intéressés, la science était libre et pratiquée par beaucoup de personnes qui n'avaient rien de commun, pas même la croyance, avec les temples. Des étrangers, comme les Hellènes Thalès et Pythagore, purent apprendre des Assyriens ce qu'ils en voulurent recevoir; des Juifs purent se former à leurs écoles, et combattre avec les armes qu'ils y avaient ramassées et les idées et la nationalité de leurs précepteurs, et l'on entrevoit que des myriades de prophètes errants appartenant à toute espèce de doctrines venaient sans difficulté haranguer les populations sur les places publiques, et faire vibrer comme ils l'entendaient des consciences plus curieuses que persuadées, plus faciles à émouvoir qu'à convaincre, plus disposées à se laisser entraîner qu'à se fixer [1].

Au milieu de cette activité, de cette richesse, de ce débordement d'intelligence, du scepticisme qui naturellement devait en résulter, s'étendait une corruption effré-

[1] *Traité des écritures cunéiformes*, t. II, p. 116.

née. J'en ai déjà dit beaucoup à cet égard dans la première partie de cette histoire, et je ne veux pas y revenir : la débilité morale est le trait dominant de la race sémitique. Une superstition méticuleuse tachait toutes les notions métaphysiques, que dis-je? en formait l'essence même; une idolâtrie répugnante, odieuse dans les formes dont elle avait revêtu l'idée de la Divinité, s'était fait jour à travers le panthéisme fondamental, et avait déjà commencé dès longtemps à déborder sur le monde. Les ignobles poupées de bronze que l'on découvre encore tous les jours dans les îles grecques, qu'on a ramassées en Sardaigne, dont j'ai vu dernièrement un spécimen exhumé de Delphes, que l'on fabriquait en si grand nombre en Phénicie pour les besoins du commerce, avaient eu leurs premiers types dans l'Assyrie, car l'Assyrie était la source de la civilisation propre à toute la famille de Sem; la prostitution était de droit divin, et pesait sur toutes les classes, sans distinction de rangs; beaucoup de cruauté, à l'occasion la violence mise à la place de la force; un grand énervement, un impérieux besoin de tous les genres de jouissances imaginables.

Ce mal, ce bien, ces splendeurs, ces pauvretés, s'agitaient pêle-mêle dans une cité dont l'enceinte énormément étendue, dont la population excessive ont tellement frappé l'esprit de l'antiquité, que l'on peut craindre qu'en essayant de les dépeindre elle ne se soit laissée aller avec plus d'encens qu'à l'ordinaire aux exagérations qu'elle aime.

Un mur de trois cents pieds de haut et de soixante-quinze d'épaisseur, c'est-à-dire une véritable montagne, entourait la ville et formait un carré dont chaque face avait vingt-quatre kilomètres de longueur. Ce mur était ceint, à l'extérieur, d'un fossé profond dont la terre avait servi à fabriquer les briques des murailles. Ce sont des quadrilatères d'un pied à un pied et demi en carré et de quatre pouces d'épaisseur, cuits au four, quelquefois aussi simplement séchés au soleil. La plupart portent l'empreinte d'une matrice gravée sur bois, qui reproduit une formule talismanique destinée à assurer l'éternité du monument. Dans la vie assyrienne, l'idée des énergies de la nature se mêlait à tout et devait être partout représentée [1].

On pénétrait dans la ville par cent portes pourvues de battants d'airain ou revêtus d'airain. Il n'y a rien d'invraisemblable à ce que déjà, dans ces temps reculés, chacune de ces portes fût couverte de briques émaillées dessinant une mosaïque d'arabesques, principalement en bleu, en noir, en jaune et en blanc, au milieu desquelles devait briller la formule talismanique en caractères cunéiformes qui sauvegardait l'entrée de la ville des ennemis matériels et immatériels.

Après cette première enceinte s'en présentait une seconde, un peu moins forte, très-puissante encore cependant, puis on entrait dans la ville proprement dite, dont les rues larges se coupaient à angle droit. Au milieu de la cité coulait l'Euphrate, enserré entre deux lignes de quais maçonnés aussi en briques et qui dominaient son cours; à l'extrémité de chacune des rues aboutissant à ces quais, il se trouvait encore une porte ou poterne de bronze qu'il était facile de tenir fermée, et de cette façon, bien qu'un pont large et commode traversât la rivière sur plusieurs arches et réunît les deux parties de la ville, on pouvait les isoler et transformer chaque moitié en deux forteresses ayant pour remparts leurs quais respectifs.

Dans un des deux quartiers ainsi séparés par le fleuve s'élevait le palais royal avec toutes ses merveilles, et notamment ces fameux jardins suspendus dont les Grecs ont fait tant de bruit; sur l'autre rive, le temple de Bélus

---

[1] *Traité des écritures cunéiformes*, t. I, p. 139 et suiv.

montrait sa masse immense. Construit sur une base de deux cents mètres de côté et entouré d'une enceinte de quatre cents, il s'élançait vers le ciel sous la forme d'une tour qu'une autre tour surmontait, et cela répété huit fois. On y montait par des rampes extérieures. Au sommet était un sanctuaire, dans lequel on ne voyait rien qu'un lit somptueux et une table d'or. Jamais personne n'y passait la nuit, excepté la femme dont, disait-on, le dieu avait fait choix. Les offrandes, les autels, les statues d'or, les idoles de toutes formes remplissaient les parties inférieures de l'édifice.

On s'imagine assez, d'après les villes modernes de la Mésopotamie, et en consultant les bas-reliefs de Khorsabad et de Kouyoundjyk, bien que les monuments ainsi nommés soient postérieurs à Cyrus, quel pouvait être l'aspect d'une rue de Babylone : de grands murs continus n'ayant d'autres ouvertures que des portes basses, sauf lorsqu'un palais quelconque en interrompait le développement uniforme. Alors c'était une entrée pompeuse, reculée en demi-lune, décorée de bancs des deux côtés et recouverte de briques émaillées. Autrement, je le répète, on ne voyait que de petites issues fermées par des portes de bois mal jointes, et çà et là quelque fenêtre carrée regardant timidement au-dehors.

Il paraît qu'il y avait des maisons à plusieurs étages. Ce devait être et c'était en effet une singularité, puisque les observateurs grecs l'ont fait remarquer. Ces maisons contenaient un appartement souterrain, aéré au moyen de ces longues tourelles menues que les Persans appellent des « badgyrs » ou « prises de vent », et qui, apportant l'air extérieur dans ces lieux bien garantis de l'ardeur du soleil, permettaient d'y passer les saisons chaudes dans une atmosphère chargée d'une humidité peut-être fraîche, mais pesante et malsaine. Les Asiati-

CHAP. III. — CONQUÊTE DE L'EMPIRE BABYLONIEN. 421

ques la recherchent pourtant encore maintenant. Il y avait de grandes salles ouvertes de tous les côtés, et ornées de bas-reliefs peints, de ces inscriptions talismaniques en caractères droits dont on jugeait imprudent, dans la vie civile comme dans la vie publique, de ne pas être entouré. Mais si quelques demeures importantes accumulaient les étages, il est certain que la plupart des maisons étaient fort mesquines, composées d'un unique rez-de-chaussée, surmonté tout au plus de petits pavillons portés sur des colonnes entourant une cour dont un bassin plein d'eau formait le centre, et qu'ombrageaient quelques arbres. Du haut des terrasses du palais du roi, du sommet du temple de Bel, la grande ville, ainsi remplie de ces petites cours plantées de palmiers et de platanes, ressemblait à un immense jardin coupé par des rues sans nombre, interrompu par des places publiques où la foule abondait et fourmillait.

Telle était moralement et matériellement la grande Babylone au moment où, ayant terminé la guerre de Lydie, Cyrus se tourna contre elle. Un des alliés était absolument détruit ; l'autre, Amasis, l'Égyptien, ne donnait pas signe d'existence. Labynète dut se croire perdu, et il n'est rien qui assure un tel résultat comme cette conviction.

Aussi, bien qu'il eût une parfaite connaissance des résolutions du Grand Roi iranien à son égard, bien qu'il disposât des ressources considérables qui ont été énumérées plus haut, et qu'il pût comprendre à quel point il lui était possible de se défendre avec succès, combien il était probable que Cyrus ne passerait jamais le mur de Médie s'il voulait le garder, il semblerait qu'il perdit la tête et qu'il ne prit aucun parti.

De tels moments de vertige sont communs dans l'histoire des peuples riches ; je dirais des peuples orientaux, si le monde d'Occident n'en avait pas également présenté tant d'exemples. On voit sans peine, on se figure avec une vivacité de couleurs aussi grande que si on avait soi-même les personnages sous les yeux, ce que Labynète dut penser et sentir le jour où, au milieu de ses savants, de ses riches marchands, de ses concubines, de ses danseuses, de ses cassolettes, de ses statues et tables d'or, trépieds d'argent et vases remplis de fleurs, tapis de l'Inde et curiosités d'Afrique, le messager qui arrivait tout pantelant de Lydie lui apprenait la ruine complète et irrémédiable de son pieux et spirituel allié. On peut bien se l'imaginer appelant ses ministres au conseil; on peut bien évoquer ceux-ci avec l'appareil entier de leurs petites passions, de leurs petits intérêts, de leurs petites suffisances, de leurs petits vices, bagage ordinaire des gens très-cultivés, subordonnant la question capitale aux mille puérilités journalières qui de tout temps ont dominé leurs esprits et dont à cette heure ils ne savent plus se débarrasser. Tandis qu'ils combinent, Cyrus marche; et le danger, au lieu d'être diminué par leurs ingénieuses observations, grossit brutalement. Ce qui contribua peut-être à perdre Babylone, ce fut la précaution prise dès longtemps par ses rois, dit Hérodote, de la tenir approvisionnée de tous les vivres néeessaires pour soutenir un long siége. Ne pouvant tomber d'accord sur les mesures à prendre pour écarter l'ennemi de ses murs, on se consola par l'idée qu'on avait, après tout, de quoi le tenir indéfiniment devant les portes sans les lui ouvrir.

Cependant Cyrus avec ses bandes débouchait des montagnes. Il était déjà entré sur le territoire assyrien, quand au passage du Gyndès, rivière qui venant de l'est se jette dans le Tigre, près de l'emplacement où est aujourd'hui Bagdad, un des chevaux blancs, considérés comme sacrés, qui l'accompagnaient et couraient libres dans l'armée, s'avança en bondissant vers les eaux, et, tout pétulant de

CHAP. III. — CONQUÊTE DE L'EMPIRE BABYLONIEN. 423

force et de jeunesse, se jeta dans le courant pour le traverser à la nage. Les eaux étaient grosses et coulaient bruyantes et écumantes sur un lit de roches, où dans les interstices elles laissaient des abîmes dangereux. Leurs flots entraînèrent le poulain, qui, perdant pied, se débattant, la terreur dans le regard, fut emporté à la vue des guerriers désolés; ceux-ci, arrêtés sur la rive et ne pouvant porter aucun secours à leur favori, le virent bientôt submerger et disparaître.

Le roi, comme l'armée entière, fut pénétré de douleur et de colère. Il jura de châtier la rivière coupable et de l'humilier d'une telle façon que désormais elle ne noierait plus personne, et que les femmes mêmes pour la traverser n'auraient pas à risquer de se mouiller les genoux. Laissant donc Babylone à ses transes et à ses calculs de salut, il s'arrêta pendant tout l'été à faire des coupures et des canaux dans le Gyndès, et le saigna si bien que les eaux, cessant de courir réunies dans un lit unique, se dissipèrent dans trois cent soixante traînées dont chacune n'avait plus qu'un étiage insignifiant. Cela fait, le Grand Roi reprit sa marche.

On peut remarquer sur cette anecdote que la présence des chevaux sacrés dans l'armée de Cyrus et l'amour que le conquérant déploie pour ces animaux ne sont pas du tout conformes aux notions de la théologie mazdéenne, même la plus ancienne. Le cheval était sans nul doute une production pure d'Ormuzd, et comme tel il obtenait beaucoup de sympathie et d'affection, mais non pas à un titre particulier, et surtout les accidents qui pouvaient le priver de la vie n'autorisaient nullement à prétendre offenser un élément aussi sacré que l'eau, à souiller sa pureté par des travaux insultants, à le faire disparaître là où il coulait en liberté. Le châtiment imposé au Gyndès, loin d'être méritoire au point de vue de l'ancien dogme iranien, constituait une impiété au premier chef et qui n'atteignait rien moins qu'Ardvisoura.

Mais si l'on se place dans l'ordre des notions scythiques, il n'en est plus ainsi, et tout au contraire Cyrus venge noblement et justement un des êtres les plus vénérables du monde : le cheval de guerre mérite toute attention et tout respect, on ne saurait trop faire pour lui. En outre, l'honneur offensé du chef militaire a droit de s'en prendre à quoi que ce soit au monde ; il se sent à la hauteur du respect, de la vénération universelle ; il ne recule dans les revendications de sa dignité devant aucune majesté, et la vengeance tirée du Gyndès, petite rivière de ces montagnes du sud, ne fait que précéder et explique celle que plus tard un autre Grand Roi voudra tirer de l'Hellespont. Mais de ces différences religieuses assez considérables que je remarque dans l'esprit de Cyrus à l'égard des opinions purement iraniennes, je crois pouvoir tirer une induction de plus relativement à son origine à demi scythique. Quant à un grand nombre de ses héros et de ses soldats, il n'y a pas de doute à élever, et nous savons d'une manière certaine que ceux qui venaient du nord se rattachaient à la même souche ; que ceux recrutés dans la Médie y appartenaient également pour beaucoup de tribus, et qu'enfin, parmi ceux dont les familles habitaient la Perside, tout ce qui était Daen, Marde, Dropique ou Sagarte en était encore issu.

Mais, pour en revenir au passage du Gyndès, est-ce uniquement le besoin de venger la mort du poulain sacré qui retint pendant près d'une année Cyrus et ses bandes dans le canton frontière de la Babylonie et retarda la chute de la grande ville ? Hérodote le croit, et nous n'avons aucune preuve positive à lui opposer. Cependant, bien des causes peuvent paralyser pendant un temps la marche d'une invasion, soit manque de sécurité dans le

CHAP. III. — CONQUÊTE DE L'EMPIRE BABYLONIEN. 425

pays qu'elle quitte, soit défaut de subsistances, soit nécessité d'attendre le succès ou l'échec de négociations plus ou moins directes ou patentes destinées à faciliter la chute du pouvoir que l'on veut assaillir. Ici tout renseignement fait défaut, et nous savons seulement qu'au printemps Cyrus entra définitivement dans les plaines et marcha vers Babylone. On ne tenta nulle part de l'arrêter dans ses progrès, aucun des obstacles dont le territoire est coupé ne fut utilisé pour embarrasser sa course; devant aucun des innombrables canaux d'irrigation il ne trouva personne disposé à lui rendre le passage difficile. Ce fut seulement à une petite distance de la cité que les Babyloniens, rangés en bataille, firent mine de défendre leur indépendance. Il les battit et les rejeta dans leurs murs. Ils fermèrent les portes, et bien pourvus de vivres comme ils l'étaient, en ayant même pour plusieurs années, ils essayèrent sans doute de se flatter d'une résistance indéfinie et qui surtout leur causerait peu d'efforts, car on a vu que Cyrus n'avait aucun moyen de prendre les places que par surprise ou par la famine, et cette dernière ressource lui manquait avec une cité si bien approvisionnée, et dont l'immense étendue d'ailleurs rendait l'investissement à peu près impossible.

Le conquérant voulut donc agir par surprise. Il commença par établir deux divisions de ses troupes, l'une en amont, l'autre en aval de l'Euphrate, et avec le reste il remonta vers la partie supérieure du cours du fleuve, où d'anciens travaux avaient jadis laissé des coupées considérables et de grands réservoirs où il était facile de faire entrer une partie des eaux. En usant de ces moyens, il eut aussi recours à d'autres, et de la sorte il réduisit l'Euphrate à n'avoir plus que juste assez de profondeur pour qu'un homme pût marcher dans le lit du fleuve, n'ayant de l'eau que jusqu'à la ceinture.

Ces préparatifs achevés, il revint brusquement avec ses forces, et un jour que la population de Babylone était occupée des cérémonies et des joies d'une grande fête, les Iraniens envahirent le cours de l'Euphrate, escaladèrent les quais, enfoncèrent les poternes ouvrant sur les rues latérales, et prirent la ville presque sans coup férir, avant que le gros des habitants, occupés de leurs plaisirs, se doutassent même de ce qui venait d'arriver.

Babylone ainsi réduite ne fut ni maltraitée ni pillée. Cyrus n'abattit pas les murailles, ne fit pas tomber les portes. On ne dit rien de ce que devint Labynète. Une tradition prétendait qu'il avait péri dans la nuit même de la prise de la ville; mais comme les Grecs n'y ont pas insisté et n'eussent pas manqué de charger et de poursuivre la mémoire de Cyrus d'un acte semblable, si le fait était seulement probable, il semble que les récits de Mégasthène et de Bérose, d'après lesquels Labynète aurait été épargné aussi bien qu'Astyages et Crésus, et envoyé dans le Kerman comme ceux-ci l'avaient été dans d'autres cantons éloignés de l'Iran, sont conformes à la fois à la vraisemblance et à la politique ordinaire de Cyrus. Ni le mérite du roi de Babylone, ni son caractère, ne le rendaient d'ailleurs ni bien dangereux ni bien irritant.

Pour les sujets habitants de la grande ville, Cyrus devint purement et simplement un de leurs rois, et il prit place dans les listes de leurs dynasties. Ils n'étaient plus à cet âge des nations où une famille royale indigène, une autonomie clairement définie et évidente passent pour les plus grands des biens. Leur population extrêmement bigarrée attachait infiniment moins d'importance aux idées abstraites de cette nature qu'à son bien-être, et il ne paraît pas qu'il soit venu dans l'esprit des masses de chicaner sur le bon droit du conquérant à devenir leur maître. Sur Cyrus l'impression ne pouvait être la même. La Baby-

CHAP. III. — CONQUÊTE DE L'EMPIRE BABYLONIEN. 427

lonie ne devenait pas à ses yeux son empire, mais une des parties seulement de cet empire, et qui plus est une partie de nature hétérogène.

Bien que ne constituant que le dernier mais magnifique débris de l'antique puissance assyrienne, la Babylonie représentait un État très-vaste, et des ambitions exigeantes s'en fussent contentées. Il est vrai que Babylone, toute grande qu'elle était, ne faisait que rappeler la splendeur et l'étendue incomparables de Ninive ; c'était cependant à cette heure la plus riche, la plus somptueuse, la plus noble, la plus savante, la plus illustre ville du monde, et il s'en fallait de beaucoup que, comme pour tant d'autres États d'alors, la capitale absorbât toute la force du pays. Dans le territoire propre de la Mésopotamie, on comptait bien des cités importantes : Borsippa, Érek, Akkad, Kalné ; des bourgades en grand nombre, des villages en foule. C'était là le domaine assyrien proprement dit. En outre l'autorité des rois avait gagné principalement dans l'ouest et dans le sud, de manière à soumettre ce que la conquête ninivite avait jadis épargné des royaumes juifs et chananéens, de sorte que par domination directe ou influence prépondérante et indiscutée, le roi de Babylone se faisait obéir sur toute la côte syrienne de la Méditerranée, et bordait de ses limites les frontières égyptiennes. Il avait Damas comme il avait Jérusalem, et les vallées sablonneuses des Moabites lui obéissaient aussi bien que les cités militaires des tribus philistines. C'était tout cela qui venait s'ajouter à l'empire de Cyrus, car une fois la capitale prise, il ne semble pas que les provinces aient même songé à tenter une résistance quelconque.

Le monarque iranien ne recommença pas l'expérience qui lui avait si mal réussi en Lydie. Il n'appliqua pas le gouvernement féodal. Laissant ses nouvelles provinces à leurs lois, si commodes pour un maître, il leur donna des gouverneurs, sous le nom de satrapes, et les annexa directement aux domaines royaux, de telle sorte que, dans la conception iranienne, ces acquisitions de l'empire ne furent pas des acquisitions nationales, de nouveaux fiefs ajoutés aux anciens, mais seulement des agrandissements du territoire particulier des Grands Rois. C'était un fait important et d'où allaient découler les conséquences vitales de la formation du nouvel empire iranien.

Les circonstances se prêtaient bien à l'adoption du système suivi par Cyrus. Depuis que les chefs de l'État avaient dû renoncer à avoir leur capitale dans les montagnes du nord, on a vu déjà que, soit par échange, soit par vente, soit par quelque autre forme de cession, ils avaient cessé d'être seigneurs terriens dans ces mêmes lieux, puisque nous avons vu les feudataires de Rey devenus les maîtres de l'ancien domaine royal. D'autre part, il est remarquable que Cyrus, bien qu'appartenant à la maison des princes de la Perside, ne résida pas dans cette province, comme ses prédécesseurs immédiats l'avaient fait. Il eut son siège tantôt et le plus souvent à Suse, tantôt à Ecbatane, et ce fait s'explique très-naturellement. Nous savons que son père Cambyse vivait alors qu'il était déjà devenu conquérant. Hérodote le laisse voir, et les annalistes persans y insistent si bien qu'ils prolongent la vie de Cambyse presque pendant toute la durée du règne de son fils. Il est donc probable que par déférence ou même simplement pour obéir aux lois, Cyrus laissa son père paisible possesseur du fief de la famille, et se retira de sa personne dans l'arrière-fief, dans la Susiane, qui se trouvait à l'égard de la Perside dans une situation analogue à celle où la Perside se trouvait vis-à-vis de la Médie. Quand il fut devenu maître par conquête de cette autre province, il y résida aussi, et alterna entre Suse et Ecbatane, usage qui continua pour tous ses successeurs. Mais la Perside n'était pas à lui et il ne s'y établit pas.

Il est d'autant plus évident qu'une raison puissante l'en tint éloigné, que, malgré les déclarations louangeuses de l'auteur de la Chronique de Shouster, il s'en faut que cette région ait un climat agréable. Une grande fertilité y a régné à une certaine époque, comme on le verra lorsque je parlerai avec détail de Suse, la capitale de l'empire; mais avant que les efforts les plus soutenus eussent amené ce résultat, la nature avait tout fait pour en rendre le séjour peu supportable. Des chaleurs torrides, des marécages pestilentiels, un sol fécond en reptiles venimeux, en scorpions, en araignées énormes et dangereuses, ce n'était pas là de quoi attirer et fixer un souverain. Cependant Cyrus s'accommoda de cette propriété peu désirable au premier abord, et il en fit et elle resta la base de son édifice politique. Au moment de son histoire où nous sommes parvenus, le Grand Roi possédait donc et gouvernait directement la Susiane, d'abord son domaine propre, et un peu plus tard, à la mort de son père seulement, il y joignit la Perside, qui passa à ses successeurs, et cela à juste titre, comme terre royale; puis la Médie, qu'il avait conquise, et qu'un mariage lui avait assurée; puis la Lydie et toutes ses dépendances; puis la Babylonie et les anciennes conquêtes des rois de cette contrée. Ainsi jamais monarque iranien n'avait été de beaucoup aussi riche, aussi prépondérant. Si grands que fussent les feudataires, ils se voyaient désormais un chef qui, au besoin, saurait se passer d'eux, et, au besoin aussi, les presser, de façon à les faire obéir, fussent-ils tous ligués pour résister à son autorité. C'étaient là des nouveautés jusqu'alors inconnues dans l'Iran et qui ne pouvaient manquer d'amener un jour les résultats les plus graves. En outre, il faut observer que la monarchie se trouvait, au point de vue des lois et des mœurs, singulièrement scindée. A l'est des monts Zagros, des habitudes féodales, une grande somme de libertés individuelles, des lois immuables, sur l'application et la perpétuité desquelles le souverain ne pouvait absolument quoi que ce soit. A l'ouest de ces montagnes, le droit absolu du souverain sur les idées, sur les choses, sur les personnes, et, pour augmenter encore cette dangereuse situation, c'était là que s'accumulaient le plus de richesse et de savoir et la plus considérable puissance de travail dans tous les genres. Il est évident que l'équilibre ancien ne pouvait se maintenir et que, ne fût-ce qu'à ce point de vue, le règne de Cyrus marquait une ère nouvelle pour toutes les parties de ses vastes États.

On a pu observer combien le système adopté et suivi par le Grand Roi était modéré. Il avait traité les Occidentaux vaincus non-seulement avec une douceur, mais encore avec une faveur qui avaient dû leur sembler bien étranges. Il était de règle parmi eux, et on n'y voit pas d'exceptions, que lorsqu'une ville était prise, la population aussitôt était massacrée ou vendue. Les Assyriens n'y manquaient pas, les Juifs non plus, les Phéniciens auraient cru faillir en faisant autrement, les Égyptiens tombaient d'accord par leur pratique qu'on ne pouvait agir plus sagement; enfin les Grecs non-seulement exterminaient consciencieusement les étrangers, mais s'exterminaient entre eux et de citoyens à citoyens dans leurs constantes guerres civiles, et ils le faisaient avec une sérénité qui montrait assez combien c'était affaire d'habitude. Cyrus apportait des principes tout nouveaux dont le monde aurait pu faire son profit; mais l'instinct sémitique, l'instinct hellénique, plus tard la brutalité romaine, bien qu'infiniment plus humaine déjà, ne permirent pas à ces façons de procéder de faire école, et il fallut attendre jusqu'aux temps modernes pour les voir s'établir de nouveau.

La conquête de la Babylonie fournit aux Iraniens une occasion sans doute inattendue et d'un caractère peu commun d'appliquer la douceur de leur régime. Parmi les éléments discordants qui composaient la population des villes de cet État déchu, il se trouvait une nation jadis amenée en esclavage, et qui avait peu à peu fait sa place au milieu de ses anciens maîtres, de façon à maintenir sa nationalité et à acquérir aussi assez de moyens de tout genre pour se faire respecter. C'étaient les enfants d'Israël.

En 721 avant notre ère, suivant le calcul ordinaire, les tribus samaritaines avaient été déportées sur les terres ninivites. En 589, les Juifs avaient eu le même sort; on avait égorgé les enfants du roi Sédécias en présence de leur père, et ensuite on lui avait crevé les yeux à lui-même. Depuis lors les Samaritains et les Juifs, conservant précieusement leurs haines et leurs divisions dans l'exil, suivant la coutume sémitique, ne s'en étaient pas moins répandus partout. Leur esprit industrieux, leur soif de savoir, leur indomptable énergie, leur haine de l'étranger, les avaient servis, et, ainsi que je le disais plus haut, ils étaient puissants et même redoutables. Leur séjour forcé dans les centres de la civilisation de leur race les avait mis à même d'acquérir les sciences du temps avec une plénitude qui jadis chez eux ne leur était pas possible. Aussi habiles que les Chaldéens, sur le propre terrain de ceux-ci, ils leur tenaient tête; ils acceptaient une partie de leurs doctrines pour battre en brèche l'autre partie; ils discutaient, invectivaient, dogmatisaient, et leurs prophètes, sur cette terre de servitude, ne se montraient pas moins ardents à l'attaque que leurs devanciers l'avaient été contre les gouvernements nationaux. Tout ce qui, parmi eux, était noble d'ancienne famille, lévite, docteur ou prince, avait puisé dans ses regrets de voir la nationalité détruite une recrudescence religieuse qui pouvait à bon droit s'appeler du fanatisme, qui en avait toutes les qualités et tous les défauts, toutes les grandeurs et toutes les étroitesses. Le rêve commun était le rétablissement du royaume de Juda, mais d'un royaume de Juda tout à fait pur, tout à fait orthodoxe, et où rien ne se reverrait des scandales auxquels on attribuait fermement la ruine méritée de la nation devenue trop coupable.

Cette idée n'avait pas beaucoup de chances de succès tant que régnait la dynastie babylonienne, ennemie de Jérusalem; mais aussitôt que celle-ci fut tombée sous la main de Cyrus et qu'on eut réfléchi à ce qu'était ce Cyrus, les espérances juives prirent un élan extraordinaire, et tout sembla être devenu réalisable.

Cyrus n'adorait pas les idoles; on ne découvrait pas en lui un respect ou du moins des préventions bien grandes en faveur de Bel. Il ne consultait pas les oracles; il professait une religion toute différente de celle de la Mésopotamie. Son pouvoir, qui ne s'appesantissait sur personne, avait ménagé les Juifs comme les autres; enfin il avait précipité dans le néant la maison du persécuteur. On se plut à le vénérer; on fit des vœux pour l'agrandissement de sa puissance; ses armes furent celles de Jéhovah. On fut tenté de croire et peut-être crut-on sincèrement qu'il reconnaissait le vrai Dieu et ne servait que lui; dans tous les cas, il était manifestement l'homme suscité par l'Éternel des armées. Que dire de plus? L'enthousiasme et la foi dans la mission du monarque iranien allèrent si loin et furent si complets, que les prophètes, les prophètes eux-mêmes, lui donnèrent ce titre qui n'a été porté après lui que par Emmanuel; il fut déclaré qu'il était le Christ : « le Christ-Cyrus », c'est Isaïe qui parle ainsi.

CHAP. III. — CONQUÊTE DE L'EMPIRE BABYLONIEN.

« Je suis l'Éternel qui a fait toutes choses..., qui dit à
» Jérusalem : Tu seras encore habitée, et aux villes de
» Juda : Vous serez rebâties...; qui dit de Cyrus : C'est
» mon berger. Il accomplira tout mon bon plaisir, disant
» même à Jérusalem : Tu seras rebâtie, et au Temple : Tu
» seras fondé [1]. »

» Ainsi a dit l'Éternel à son Christ, à Cyrus, duquel
» j'ai pris la main droite, afin que je terrasse les nations
» devant lui et que je délie les reins des rois, afin qu'on
» ouvre devant lui les portes et que les portes ne soient
» point fermées... C'est moi qui ai suscité celui-ci en jus-
» tice, et j'adresserai tous ses desseins... [2]. »

Jérémie avait de même annoncé la délivrance, après avoir justifié le châtiment imminent.

« Voici, les jours viennent, dit l'Éternel, que je ramè-
» nerai les captifs de mon peuple d'Israël et de Juda...
» Je les ferai retourner au pays que j'ai donné à leurs
» pères, et ils le posséderont.

» Faites savoir parmi les nations et publiez-le; publiez-le,
» ne le cachez point ! Dites : Babylone a été prise ! Bel est
» rendu honteux ! Mérodach est brisé !... car une nation
» est montée contre elle de devers l'aquilon qui mettra
» son pays en désolation... Leurs flèches seront comme
» celles d'un homme puissant qui ne fait que détruire...
» Rangez-vous en bataille contre Babylone, mettez-vous
» tous alentour ! Vous tous qui tendez l'arc, tirez contre
» elle et n'épargnez point les traits, car elle a péché contre
» l'Éternel [3] !... Voici un peuple et une grande nation qui
» viennent de l'aquilon, et plusieurs rois se réveilleront
» du fond de la terre ! Ils prendront l'arc et l'étendard !...
» Le roi de Babylone en a entendu le bruit, et ses mains

---

[1] Isaïe, XLIV, 24-28.
[2] Ibid., XLV, 1-2.
[3] Jérémie, XXX, 3.

» en sont devenues lâches !... L'Éternel a réveillé l'esprit
» des rois de Médie[1] ! »

Cyrus rencontrait ainsi au milieu de ses anciens adversaires une nation digne d'être comptée qui non-seulement se soumettait à sa puissance, mais l'accueillait avec la passion, avec le respect, avec le dévouement qu'elle devait naturellement éprouver pour l'instrument sacré de la vengeance de Dieu. Le souverain de l'Iran reçut avec bienveillance les hommages de ce peuple étranger; il écouta ses plaintes et ses supplications avec une telle faveur, que peu après s'être mis en possession de ses nouvelles provinces, il rendit un édit qui comblait les vœux des exilés en leur permettant de rentrer dans leur pays et d'y rebâtir leurs villes. Un de leurs princes, Zorobabel, devait se mettre à la tête de cette expédition.

L'édit de Cyrus a été conservé textuellement par Esdras, et il est ainsi conçu :

« Ainsi a dit Cyrus, roi de la Perse : Jéhovah, le Dieu
» des cieux, m'a donné tous les royaumes de la terre, et
» lui-même m'a ordonné de lui bâtir une maison à Jérusalem qui est en Juda.

» Qui d'entre vous de tout son peuple voudra s'y employer? Que son Dieu soit avec celui-là, et qu'il monte à
» Jérusalem qui est en Juda, et qu'il rebâtisse la maison de
» Jéhovah, le Dieu d'Israël, qui est l'Élohim résidant à
» Jérusalem.

» Et que tous les autres (Juifs) qui ne partiront pas, en
» quelque lieu qu'ils habitent, que ceux-là aident de leur
» argent, de leur or, de leurs biens et de leurs montures,
» ceux de leurs localités qui partiront, outre ce qu'on donnera volontairement pour la maison de cet Élohim qui
» réside à Jérusalem. »

Ce décret royal comblait tous les vœux des Juifs. Le

[1] Jérémie, i, 2, 41, 42, 43.

monarque iranien s'y déclarait inspiré lui-même par le Dieu étranger qui réside à Jérusalem, et il acceptait sans réserve le rôle que les enfants d'Israël lui attribuaient d'être son instrument. En même temps, on peut voir que la question de rétablir la nationalité juive avait, comme on dit aujourd'hui, été étudiée par le prince et par son conseil, et qu'on avait prévu des obstacles dirimants à ce que l'ensemble tout entier du peuple déporté non-seulement eût l'envie de rentrer dans son ancien territoire, mais même à ce qu'il consentît à le faire. Et en effet, depuis que la captivité d'Israël avait commencé, beaucoup de familles juives avaient trouvé dans le pays où elles vivaient alors un emploi fructueux de leur intelligence et de leur travail; les unes exerçaient des offices publics importants, des magistratures élevées; les autres étaient à la tête d'un grand commerce; pour beaucoup sans doute une somme raisonnable d'indifférence pratique se mêlait à une grande effervescence cérébrale quand il s'agissait de religion, et c'est là un état d'esprit très-ordinaire chez les Sémites. Le roi prévoyait que les individus de toutes ces catégories auraient plus de goût à voir partir leurs concitoyens vraiment ardents qu'à les accompagner dans une contrée à laquelle des intérêts positifs les engageaient à renoncer. Ceux-là furent astreints à aider l'œuvre réparatrice par des contributions qui ne restèrent pas absolument volontaires. Il paraît que le résultat de cette mesure fut satisfaisant, du moins Esdras le témoigne.

Cyrus ne se borna pas à autoriser la renaissance d'Israël. Il publia un second décret ordonnant la reconstruction du Temple, statuant que cet édifice fût rebâti pour qu'on y pût faire les sacrifices d'usage, déterminant l'étendue du monument, qui devait être suffisamment fort, d'une hauteur et d'une longueur de soixante coudées, posant sur trois rangées de grosses pierres et une rangée de bois neuf.

Le trésor royal se chargeait généreusement de la dépense. En outre, il restituait les ustensiles d'or et d'argent dont Nabuchodonosor s'était emparé.

Tout étant de la sorte combiné, ceux des Juifs qui voulaient se rapatrier se comptèrent et se trièrent. Quelques familles lévitiques ayant perdu leurs généalogies furent déboutées de leurs prétentions, et on leur ordonna d'avoir à ne pas manger des choses très-saintes. En somme, il se trouva quarante-deux mille trois cent soixante émigrants, emmenant à leur suite sept mille trois cent trente-sept serviteurs et servantes, deux cents chanteurs et chanteuses, sept cent trente-six chevaux, deux cent quarante-cinq mulets, quatre cent trente-cinq chameaux et six mille sept cent vingt ânes. Cette multitude prit la route du territoire sacré, chacun cherchant la ville ou la bourgade qu'avaient habitée ses pères.

Les Livres saints ne nous disent rien de ce qui eut lieu pour le mouvement semblable opéré parmi les Samaritains. Comme ceux-ci avaient vécu en captivité depuis beaucoup plus longtemps que les Juifs, il est à supposer que l'émigration fut encore plus restreinte que parmi leurs rivaux, chez qui évidemment elle ne parvint pas à prendre une grande extension ; car, à en juger d'après les chiffres assez faibles des serviteurs et des bêtes de somme, il est visible qu'elle ne se composa en très-grande majorité que de pauvres gens conduits par quelques zélateurs emportés. Ce furent ces derniers qui firent les frais des soixante et un mille royaux d'or, des cinq mille dariques d'argent et des mille vêtements sacerdotaux dont l'œuvre sainte fut enrichie. On peut donc conjecturer sans malveillance aucune que le plus grand nombre des Juifs qui consentirent à retourner dans leur ancien pays furent entraînés par le sentiment religieux sans doute, mais aussi par un désir assez naturel de chercher un arrangement meilleur de

CHAP. III. — CONQUÊTE DE L'EMPIRE BABYLONIEN.

leurs affaires temporelles. Du reste, l'expédition fut mal reçue en Palestine, et cela pour les deux causes qui l'avaient déterminée.

Aussitôt que Zorobabel avait été en possession du terrain que lui concédaient les décrets de Cyrus, il avait vu accourir à lui les populations locales, qui, se vantant, malgré leur origine assyrienne, d'avoir constamment pratiqué le culte de Jéhovah depuis le temps d'Asar-Haddon, lui demandèrent à partager ses travaux et la propriété du Temple.

Cette prétention n'était pas recevable, si l'on se place au point de vue des émigrants, et elle ne fut pas non plus accueillie. Je crois volontiers que la colonie ninivite avait pu admettre l'adoration de Jéhovah dans l'idée que c'était un dieu topique; mais très-certainement elle devait avoir conservé ses propres usages religieux, et ainsi elle commettait cet adultère si abominable aux yeux des Juifs, et dont leur vie nationale a été tout entière occupée à se défendre.

Ce que l'on voit très-bien aussi, c'est que les survenants réclamaient la propriété de domaines plus ou moins étendus passés depuis longtemps en d'autres mains. Il en résulta des querelles, des rixes, et un état de discorde tel, qu'enfin le Grand Roi, poursuivi de réclamations et de plaintes, entouré de dénonciations constantes, probablement mal satisfait du genre d'explications et de la nature des excuses que Zorobabel avait à faire valoir, se décida à suspendre les effets de ses édits trois ans après les avoir rendus, et voulut être plus amplement informé avant de leur donner complétement cours. C'est ainsi que le gouvernement du Christ Cyrus fut le premier à apprendre ce que l'on gagne à entreprendre la protection de ces intrigantes petites nationalités orientales qui n'ont de force que pour la discorde.

Il ne paraît pas qu'il ait jamais songé à résoudre la question. Des intérêts beaucoup plus grands appelaient ailleurs tous ses soins. Le temps qu'il pouvait donner aux Occidentaux avait pris fin, et il ne fut plus désormais occupé d'autre chose que des guerres scythiques, dans lesquelles nous allons le suivre.

CHAPITRE IV.

ACTION DE CYRUS SUR L'IRAN, ET GUERRES CONTRE LES SCYTHES.

Comme Hérodote ne juge pas conforme au plan de son ouvrage de parler avec détail de ce que le Grand Roi fit dans les provinces héréditaires de la couronne, et qu'il se borne à raconter à cet égard un très-petit nombre d'événements; comme de son côté Ctésias ne nous a presque rien laissé sur cette matière, et que cependant c'est la partie la plus intéressante du rôle de Cyrus, je m'adresserai aux documents orientaux pour combler cette lacune. Je serai obligé, à la vérité, d'entrer avec eux dans beaucoup de détails romanesques; mais je ne m'en fais pas scrupule, puisque la nature même de ces récits est certainement antique. Les emprunts que l'historien d'Halicarnasse nous en a donnés et qui sortaient d'une source médique, ceux que nous tenons de la main de son rival de Gnide et qui provenaient de Suse, nous assurent que la couleur romanesque dont les Orientaux revêtent l'histoire est très-ancienne dans l'Iran. C'est donc, comme je l'ai posé ailleurs en principe, rester fidèle à l'esprit de ces temps que tenir compte de ce procédé, et attacher du prix à cette forme de narration. L'estime que j'en fais est d'autant plus haute, et je trouve un goût d'autant plus profond à ces marques d'une tournure bien particulière de l'intelligence iranienne, que c'est précisément celle des nations germaniques, et qu'il en ressort une preuve de plus, bien frappante, bien imposante, j'ajouterai bien séduisante et bien chère, de la parenté antique des feudataires de Cyrus avec les vainqueurs du monde romain. L'amour de l'aventure, commun aux deux rameaux de la même souche, créa chez l'un comme chez l'autre cette façon de concevoir les faits. L'estime suprême de certaines qualités qui, au point de vue grec et romain, n'existaient même pas, créa là un idéal tout semblable du caractère héroïque, et enfin un amour aussi emporté de l'imprévu conduisit les deux branches de la famille à croire aisément à des modes tout particuliers et peu réalisables. Cependant, bien que je n'aie pas l'intention d'expliquer ce qui doit rester inexplicable, je suis convaincu qu'un filon de vérité sera aisément reconnu et suivi jusqu'au bout par tout le monde dans ce que je vais rapporter.

J'ai dit que les prétentions de Khosrou-Cyrus à la couronne avaient été acceptées et soutenues dès l'abord par la famille des Gawides, feudataire de la Montagne. Les Çamides du Seystan s'étaient montrés également bien disposés, et avec ces deux races de grands vassaux, les plus puissantes assurément de tout l'Iran, les autres maisons régnantes avaient encore donné des preuves non équivoques de leur intelligence; elles avaient compris la nécessité impérieuse d'accepter le chef commun qui se présentait, lui seul pouvant réunir la nation dans une résistance désespérée aux invasions scythiques, ce qui constituait la question de vie ou de mort; car si les Scythes réussissaient à rompre les barrières et à se précipiter sur l'Iran, l'individualité de la race pure allait périr étouffée.

Il est impossible, en quelque temps, en quelque lieu que ce puisse être, et sous la pression des dangers les plus évidents, que les esprits soient absolument unanimes et qu'il ne se manifeste pas de résistances quelconques au vœu le plus général. C'est ce qui arriva, ainsi que je l'ai déjà fait entrevoir. Un grand vassal qui tenait une partie du Khoraçan, Toous, dont la famille remontait à Menoutjehr, s'éleva contre la légitimité de Cyrus et refusa de le reconnaître.

Il s'attira les Gawides sur les bras. Comme, suivant la façon dont les Orientaux ont conçu cette partie de leurs annales, Kaous ou Cambyse avait été le Grand Roi de l'Iran, au lieu d'être relégué au rôle plus modeste mais plus vrai de simple arrière-vassal de la couronne, gouvernant la Perside, fief de la Médie, et qu'en même temps, conformément à ce que dit Hérodote, Kaous survécut à l'élévation de son fils, les auteurs asiatiques ont trouvé, pour tourner la difficulté, que Kaous-Cambyse avait abdiqué en faveur de ce fils ou petit-fils. Toous réclama donc contre l'abdication, et fit valoir les droits supérieurs de Fer-Iberz ou l'illustre Iberz, si bien connu de Ctésias sous le nom d'Œbaras. Le vassal récalcitrant prétendit qu'Iberz avait le double avantage d'être Iranien et par son père et par sa mère, tandis que Cyrus n'était qu'un bâtard qui allait amener sur le trône le sang scythique auquel il ne voulait pas rendre hommage. Le roi Kaous-Cambyse eut quelque peine à calmer les nobles des deux partis, mais enfin il leur proposa une solution qui réunit tous les suffrages.

Du côté d'Ardebyl, c'est-à-dire dans les territoires montagneux situés à l'ouest de la Caspienne, pays déjà inondé par les tribus scythiques, s'élevait une forteresse appelée le château de Bahman, « Dej-è-Bahman », occupée par des suppôts d'Ahriman, et dont l'accès était rendu impossible par leurs enchantements. Si l'illustre Iberz-Œbaras parvenait à débarrasser la frontière de ce fléau, Cyrus ne serait pas roi, mais le vainqueur monterait sur le trône; si au contraire celui-ci échouait et que Cyrus fût plus heureux, il n'aurait plus rien à prétendre. Les deux partis acceptèrent cette épreuve.

Elle tourna mal pour le candidat de Toous. A peine arrivé avec ses partisans dans le pays désigné, il y trouva un sol embrasé; les lances s'enflammaient aux mains des cavaliers; ceux-ci étaient brûlés vifs dans leurs armures, et la citadelle, planant à une hauteur extraordinaire, défiait tous les efforts, car ni Toous ni Fer-Iberz ne savaient comment s'y prendre pour aller porter la guerre dans les airs. Après avoir erré huit jours autour de ces remparts inaccessibles, ils furent d'avis que personne ne pourrait en entreprendre l'escalade, et ils retournèrent dans l'Iran, avouant leur impuissance.

Mais Khosrou-Cyrus, aidé du vieux Gouderz le Gawide, leur ayant succédé dans cette entreprise, s'avisa d'un moyen auquel ils n'avaient pas songé. Il écrivit une sorte de sommation religieuse qu'au bout d'une lance il fit parvenir au sommet des murs, et ces constructions magiques, incapables de résister à la force du nom de Dieu, s'écroulèrent, les feux s'éteignirent, et Khosrou-Cyrus eut la satisfaction d'apercevoir une ville immense, ornée des plus somptueux édifices, ombragée de jardins merveilleux. Il s'en empara, et lorsqu'il reparut dans l'Iran, où le bruit de sa victoire et de sa conquête l'avait devancé, il eut la satisfaction de voir venir à sa rencontre Toous et Fer-Iberz qui voulurent être les premiers à lui rendre hommage, et qui se montrèrent désormais pour toujours ses plus fidèles serviteurs.

Cette légende indique comme le récit des Grecs, et on peut ajouter comme les inductions les plus légitimes du bon sens, que l'avénement de Cyrus au trône suprême ne s'était pas opéré sans opposition. D'une part, les suzerains mèdes de sa famille avaient résisté, parce qu'ils étaient blessés dans leur suprématie ; d'autre part, des feudataires de race anciennement iraniene, des seigneurs qui avaient quelque droit à considérer leur sang comme particulièrement pur, puisqu'ils faisaient remonter leur généalogie jusqu'au libérateur Férydoun-Phraortes, avaient été choqués par la prétention d'un demi-Scythe à les gouverner. On comprend sans peine que cette noble famille récalcitrante ait été possessionnée dans le sud du Khoraçan, la terre iranienne par excellence, et celle qui avait dû échapper le mieux aux influences des invasions scythiques.

Mais il paraît également que cette résistance fut de courte durée, tomba devant les premiers succès de Cyrus, et que le prétendant qu'elle avait mis en avant se rallia aussi sincèrement que ceux dont il avait été le chef. L'illustre Iberz, l'oncle de Cyrus, ou peut-être son frère, est bien cet OEbaras que Ctésias cite tout d'abord, à l'occasion de la guerre contre les Mèdes, comme le lieutenant dévoué du Grand Roi, comme un homme qui aurait pu tout se permettre sans que celui-ci songeât à le punir.

Une fois reconnu par les feudataires de l'Iran, Cyrus avait porté son attention sur l'état du pays. La débilité des derniers règnes, les constantes invasions des Scythes, les succès de ceux-ci, les conséquences des incursions qu'ils avaient poussées jusque dans le centre de l'empire, et par suite desquelles les Grands Rois avaient été obligés de renoncer à leur résidence dans le nord pour venir se mettre à l'abri auprès des arrière-vassaux de la Perside ; tous ces désastres, l'état de malaise qui en était résulté, les longues famines, la dépopulation, avaient réduit le pays à la condition la plus misérable: Cyrus réunit les grands feudataires, et parcourut avec eux les provinces. Il s'arrêta dans toutes les villes et se fit rendre compte de leur situation. Il ordonna de rebâtir les constructions en ruine, fit rétablir des bourgs et des villages qui avaient disparu, et s'attacha avec un soin spécial à relever l'agriculture; c'était entrer tout à fait dans l'ordre d'idées de ses sujets et donner protection à ce qu'ils estimaient davantage. Il appuya l'effet de ses mesures, de ses ordres, de ses conseils, en distribuant là où il le fallait l'argent de son trésor, et il eut la satisfaction de voir l'Iran sortir de ses ruines, reprendre une physionomie animée, vivante, joyeuse, que depuis longues années les contrées de la Loi pure avaient presque entièrement perdue.

La perpétuité d'une œuvre si considérable et si nécessaire, son maintien même pendant la durée de la vie de Cyrus dépendaient essentiellement de ce fait : il fallait repousser définitivement les Arians-Scythes au delà des frontières septentrionales, et leur imprimer la conviction solide que de l'isthme caucasien au pied de l'Hindou-Kouh il n'y avait pas de passage qui ne leur fût à jamais fermé. A moins d'un pareil succès, tout effort d'amélioration était nécessairement faible et temporaire. Le Shah-nameh, auquel j'emprunte les faits et les détails que je consigne ici, est à cet égard aussi explicite que le pourrait être un historien moderne. Il explique avec une précision qui égale sa vivacité de couleurs, que l'invasion scythique, toujours imminente, maintenait l'Iran sur le bord de l'abîme; que Khosrou-Cyrus apprécia ce mal dans toute sa profondeur; qu'il le fit toucher du doigt à l'assemblée de ses feudataires, et qu'après avoir montré et prouvé le besoin d'en finir avec une puissance si menaçante, si démesurément forte, si résolue à ne rien ménager, à ne respecter aucune loi, à ne se tenir dans aucune mesure, à s'abandonner à tous les excès, à mettre sous ses pieds toutes les forces qu'elle jugeait utile d'anéantir, il conclut à la nécessité de lui faire une guerre inexorable, et de mettre cette affaire avant toutes celles que l'Iran pourrait estimer les plus nécessaires.

Il obtint un assentiment général. Les chefs applaudirent à ses projets, et s'engagèrent à les soutenir de leur mieux. Les Seystanys dans l'est, les Gawides dans le nord-ouest, les Parthes au nord, les tribus du Khoraçan et celles qui se groupaient autour de la mer de Khawer, grands et petits, tous se déclarèrent prêts à suivre Khosrou dans l'entreprise vitale qu'il leur proposait, et à fermer à jamais l'accès de l'empire pur, du Vara, du pays de Pehlou, aux Arians-Scythes et à leurs invasions. Le Grand Roi apportait pour sa part dans l'ensemble des ressources qu'il faudrait réunir à cette occasion bien plus qu'aucun de ses glorieux prédécesseurs n'aurait pu donner; il avait les hommes et les contributions de son arrière-fief de Susiane, ce que pouvait fournir le domaine de son père, la Perside, et les énormes ressources de ses récentes conquêtes, la Médie, l'Assyrie, la Lydie, la Babylonie, et leurs annexes, domaines désormais directs de sa couronne.

Cyrus, pour assurer le succès d'une levée si importante, ouvrit ses trésors, et ne réserva rien de ce qu'il possédait. Les troupeaux de chevaux, partie importante de ses richesses, furent amenés au camp et servirent à monter les cavaliers. C'étaient des étalons et des juments d'une parfaite beauté, appartenant sans doute pour la plupart à cette race sacrée qui excitait à un si haut degré l'admiration des Grecs, et pour lesquels les Iraniens et les Scythes surtout éprouvaient une affection qui prenait la forme du respect religieux.

Il fit rassembler les vêtements de prix entassés dans les magasins impériaux, et les distribua dans le camp. Il consigna les valeurs d'or et d'argent de ses coffres dans la caisse militaire, donnant ainsi un exemple d'abnégation d'autant plus mémorable aux yeux des Asiatiques qu'il a été moins imité par leurs souverains successifs. Enfin il combla les différents chefs féodaux de présents dignes de lui et d'eux-mêmes, et leur promit pour l'avenir des largesses encore plus magnifiques s'il pouvait, avec leur aide, atteindre au grand but qu'ils se proposaient en commun.

Animés par une conduite si sage et si généreuse, et entrant dans les vues du roi, les grands combinèrent avec lui un plan de campagne tel que les hommes d'État et les guerriers de l'Iran n'en avaient encore jamais conçu de pareil. Les détails en sont multiples, et il faut les donner tous pour bien faire apprécier à quel point l'ensemble de ce récit est revêtu de ce que l'on peut appeler une certitude historique.

Roustem, le chef de la famille des Çamides, remontra que le premier point d'attaque contre les Scythes devait être le district appelé le canton de Khar ou Khar-gah. C'était une partie du Zawoul dont les Touranys s'étaient tout récemment emparés. Le pays était riche, bien cultivé, et avait jusqu'alors toujours appartenu à l'Iran.

Il n'y a pas de doute que dans ce canton de Khar il faut reconnaître le pays de Gari, indiqué par Isidore de Charax ; c'est le Gor actuel, au sud-est de Ferrah, ou peut-être encore Girany, qui en est à la même distance au nord-est. On voit par ce fait combien il était temps de mettre une barrière solide aux invasions scythiques, puisque déjà elles se multipliaient ainsi jusqu'au cœur de l'Iran ancien, aux environs de Hérat.

Roustem fit remarquer que l'on pouvait attaquer cette position par le sud, par le Syndhy et par l'Inde proprement dite, c'est-à-dire par la rive droite de l'Indus, et enfin par le nord-est en y arrivant du Kashmyr. Au nord-ouest, il n'y avait rien à faire, car les Scythes s'y trouvaient déjà accumulés, ce qui veut dire qu'ils occupaient en tout ou en partie la Bactriane et les provinces supérieures.

Cyrus appuya l'opinion du chef du Seystan, et forma une armée considérable destinée à opérer de ce côté. Il y mit une partie des contingents de l'Elbourz sous Gouderz, fils de Keshwad, sous Koustehem, fils de Koujdehem; il y joignit Ashkesh avec les Parthes, et de nombreuses troupes venues des bords du golfe de Koutj et du pays des Beloutjes. Ces derniers étaient des espèces de sauvages conduits par un chef nommé Arshaw, qui faisait porter devant lui comme étendard une peau de panthère. En outre figuraient dans l'armée Ferhad, dont les drapeaux montraient une gazelle; Kerazeh, qui avait pour signe un sanglier; Zenkeh, fils de Shaweran, dont le blason était un phénix : ce Zenkeh commandait les troupes venues de la Babylonie, qui étaient armées de courtes épées et de lances, ce qui s'accorde bien avec l'équipement des Assyriens sur les bas-reliefs. Hérodote dit de même que ces gens portaient des javelots et des poignards.

Le commandement de cette expédition fut confié à Fer-Amorz le Çamide. Il menait les soldats du Kashmyr, ceux du Kaboul et ceux du Nymrouz ou Seystan. Il semblerait que les longues rivalités entre les familles de Kaboul et de Zawoul avaient abouti dans ces temps à l'annexion du premier de ces pays au second. Les drapeaux de Fer-Amorz étaient noirs avec sept têtes de serpents réunies dans un lien. Il paraîtrait d'après cela que dans quelques familles au moins les insignes héraldiques étaient héréditaires, car nous avons là les armes de Kershasep à très-peu de variantes près.

Ici se trouve une indication si importante que nous ne pouvons passer à côté sans la toucher du doigt. Ctésias racontant la campagne de Cyrus contre les Derbikkes, c'est-à-dire contre les Scythes établis au-dessus des Saces, au-dessus du Seystan, précisément ceux dont il s'agit, attribue la victoire remportée sur eux à Amorgès, c'est-à-dire à Fer-Amorz, qui, à la tête de vingt mille de ses cavaliers, les mit en fuite.

Il y a donc sur ce point accord parfait entre le renseignement de Ctésias et celui de Ferdousy; c'est le même champ de bataille, ce sont aussi les mêmes combattants; c'est du côté des Iraniens le même chef, et, comme on le verra plus loin, c'est aussi le même résultat, la même victoire. Toutefois les deux traditions diffèrent en ceci, que Ctésias place ici la mort de Cyrus, et que le poëte du Shah-nameh est d'autant plus éloigné de le faire, que, pour lui, le Grand Roi ne figure pas même dans cette guerre. Je laisserai cette divergence, et, attentif uniquement aux similitudes qui s'y trouvent mêlées, je continue l'exposé des mesures poursuivies par Cyrus pour délivrer son empire des attaques scythiques.

En même temps que ce prince envoyait contre les envahisseurs du Seystan l'armée considérable dont la description vient d'être donnée, il formait un autre corps d'une puissance égale sous le commandement de Toous. Celui-ci portait pour armoiries un éléphant. Il avait sous ses ordres les hommes du Khoraçan et une partie des tenanciers des Gawides, sous Gouderz et Gyw.

Cette force se dirigea par l'extrémité méridionale de la Caspienne, en tournant vers le nord-est, sur un point nommé Kélat. Je ne suis pas étonné de ne retrouver nulle part la mention de cette localité, attendu que le poëte n'a remarqué qu'un château servant de résidence à un certain jeune frère de Khosrou-Cyrus, Féroud, demeuré parmi les Touranys, et dont la légende ne porte absolument aucun caractère d'authenticité. De Kélat, les Iraniens, inclinant davantage vers l'est, tout en remontant vers le nord, traversent le pays de Djerrym et celui de Mym en chassant devant eux les Scythes.

On reconnaît Djerrym dans l'Isydjerm actuel, sur la

route de Meshhed. De là l'expédition s'avança jusqu'aux contrées lointaines de Mym, qui semble devoir être quelque embranchement de l'Imaüs, et elle arriva au fleuve de Kaseh, la Casia de Ptolémée, pays horrible, montagneux, couvert de neiges, exposé à des dégels non moins désastreux que le froid, et où les Iraniens auraient péri sans l'intrépidité et la constance de Gyw. Ainsi, en même temps que le premier corps d'armée, sous Fer-Amorz-Amorgès le Çamide, attaquait les Scythes dans leur plus récente conquête à l'est, le second corps, sous Toous, les repoussait devant lui, et les poursuivait jusqu'au cœur de leur pays propre, battant les chefs qui s'opposaient à sa marche, Pelashan, Tejad, brûlant les villes et enlevant les troupeaux.

Les vues de Khosrou-Cyrus ne s'arrêtèrent pas à ces deux grandes entreprises. Sur la ligne méridionale de la Caspienne, il chassait les bandes qui s'étaient, de ce côté, glissées entre la mer et les montagnes, et, par une suite d'attaques auxquelles les chefs les plus réputés prêtaient tour à tour leur énergie, il s'efforçait de délivrer la terre iranienne du fardeau qui la chargeait. Le mal était si enraciné, des siècles de pression d'une part, de désastres ou d'impuissance de l'autre, avaient donné aux Scythes tant de facilités pour aborder tous les chemins et menacer toutes les régions de l'empire que dans le sud-est, ces ennemis avaient pu faire alliance avec la population autochthone et mal soumise du Mekran, et s'étaient créé là des alliés sauvages qui leur prêtaient la main depuis les bords de la mer des Indes.

Afin de rompre cette coalition et de la frapper à la fois et dans le nord et dans le sud, Cyrus, au dire du Shahnameh, fit construire sur la mer de Khawer, qu'il nomme de son nom actuel, le Zareh, une flotte nombreuse, puissamment équipée et pourvue de vivres pour une année.

Tel fut l'ensemble des mesures prises par le Grand Roi pour mener à fin ses projets de délivrance, et je note d'autant plus volontiers la mention que fait ici Ferdousy d'une navigation sur la mer Intérieure, qu'il se trouve dans l'histoire peu d'occasions de parler de cette mer, qui, dans les temps postérieurs à ceux du premier empire, bordait surtout des points devenus secondaires, des provinces à peu près inhabitées et des régions occupées par des sauvages.

La tâche poursuivie par le Grand Roi était difficile ; les Scythes opposèrent une résistance formidable. La première expédition, commandée par Fer-Amorz-Amorgès, paraît cependant avoir réussi, et le Zawoul fut débarrassé de ses oppresseurs. L'empire fut étendu et consolidé jusqu'au delà de l'Indus. Jusqu'au Kashmyr, les peuples reconnurent la suzeraineté de l'Iran sous la domination des Çamides, devenus plus puissants et plus forts que jamais. Ailleurs la fortune ne se hâta pas autant de se montrer favorable.

Le corps commandé par Toous, et qui, suivant la légende persane, pénétra jusqu'à Kaseh-roud, ou rivière de Kaseh, la Casia de Ptolémée, ne souffrit pas seulement de la rigueur du climat qui faillit l'anéantir, il fut battu par les Scythes. Toous, rappelé par le Grand Roi, fut châtié pour avoir été vaincu, et Fer-Iberz-OEbaras mis en sa place. Mais le chef scythe, Pyran, fils de Wys, pour lequel les Persans eux-mêmes n'ont pas assez d'éloges, célébrant en toute occasion sa loyauté, sa bravoure, sa douceur, ses talents, battit Fer-Iberz-OEbaras comme son prédécesseur l'avait été, et dans une défaite sanglante, un des principaux chefs iraniens, Behram ou Varanes, resta frappé à mort par le héros scythe Tejad, qui, à son tour, tomba sous les coups de Gyw.

Toous, rentré en faveur à la suite des échecs éprouvés par

Fer-Iberz, reprit le commandement concurremment avec ce dernier. Les exploits se multiplièrent. Malgré des défaites fréquentes, les Iraniens gagnaient du terrain. Toous rétablit sa réputation en remportant deux victoires sur les héros touranys Arzenk et Houman; mais Pyran, fils de Wys, releva les affaires des Scythes, et les Iraniens furent de nouveau mis en déroute; ce fut à grand'peine qu'ils réussirent à se retirer sur le mont Hemawen. Ils se fortifièrent dans les défilés et dans les gorges pour échapper à une extermination totale. En même temps, Toous envoya à Cyrus les nouvelles de ce qui se passait, et lui demanda un prompt secours, sans quoi toute l'armée allait périr. Presque aussitôt Pyran et les Scythes, acharnés à la poursuite des vaincus, accoururent et les bloquèrent dans leur dernier asile. Mais le désespoir électrisa les Iraniens, et ils avaient repoussé les Scythes quand le secours parut, ayant à sa tête Roustem, fils de Zal le Çamide, le grand homme de guerre, le héros de cette époque et de tous les temps de la Perse. En réalité, les Scythes non-seulement avaient perdu beaucoup de territoire, non-seulement ils avaient été repoussés de tous les points de l'intérieur de l'empire où ils avaient récemment fondé des établissements, mais ils s'affaiblissaient visiblement dans leur pays même, malgré des succès partiels, et, la Chronique persane ne le dissimule pas, tout en exaltant la grandeur de leur courage et l'héroïsme de leurs chefs.

Ils tentèrent alors un suprême effort, et trois de leurs monarques, présentés comme étant chacun égal en puissance à Cyrus lui-même, Afrasyab, souverain du Touran, le Khagan et le Fagfour réunirent leurs guerriers et attaquèrent de toutes parts le Grand Roi. Sous les noms du Khagan et du Fagfour, dont l'autorité est évidemment agrandie dans l'esprit du poëte par tout ce que l'on savait de son temps de la puissance des princes mongols et de celle des empereurs chinois, il faut comprendre les masses des tribus scythiques qui occupaient les territoires du nord, derrière les Gètes et les Sakas. La légende suppose qu'à ce moment des guerres de Cyrus il y eut dans toute l'étendue des steppes septentrionales une sorte de rage et d'indignation contre le pouvoir qui prétendait fermer les chemins du midi aux hordes envahissantes, et il en résulta un mouvement général.

Les Iraniens avaient conservé leur position dans le mont Hemawen. Il n'est pas difficile de comprendre qu'il s'agit là d'un des embranchements glacés de ces dépendances de l'Himalaya constamment couvertes de frimas et de neiges, et dont le nom, inconnu à la géographie moderne des Orientaux, se retrouve dans cette dénomination un peu vague d'Imaüs, apprise aux Grécs par les populations antiques. Nous allons voir d'ailleurs qu'il s'agit bien de ces contrées lointaines, et ainsi les Iraniens, en somme, avaient réussi à porter la guerre et ses chances dans le cœur des pays ennemis.

Fer-Iberz-OEbaras fit sa jonction avec l'expédition de secours, et battit un chef tourany, Kamous, fils de Keshany, qui l'avait attaqué. Mais c'était Roustem lui-même qui désormais commandait les Iraniens, et les événements se précipitèrent. Une nouvelle armée de Scythes, sous les ordres d'Ashkebous, fut exterminée. En vain, dans un retour de fortune, Elwa, un des nobles du Seystan, tomba sous les coups de Kamous, revenu à la charge; ce ne fut qu'une lueur de prospérité pour les Touranys, et elle fut courte. Bientôt Kamous périt lui-même de la main de Roustem, ainsi qu'un autre chef, Tjenkesh.

Pyran essaya de nouer des négociations avec les héros seystanys dans le but d'amener la paix. Ce sont probablement ces dispositions à en venir à un accord qui lui ont valu les sympathies de la légende orientale. Mais tout arrangement était impossible, et l'on sent très-bien, sous les raisons un peu romanesques qu'allègue la tradition, sous les expressions de haine non satisfaite, de vengeance restée inachevée, que le véritable obstacle à l'entente était que les Scythes ne donnaient pas des garanties suffisantes qu'ils renonceraient pour toujours à considérer l'Iran comme leur proie.

Les hostilités reprirent. Un guerrier fameux, Shengel, commandait les Touranys. Il fut assez heureux pour échapper au bras du fils de Zal; mais il ne communiqua pas son bonheur à ses compagnons, et bien que les Scythes du Khagan se fussent unis à ceux d'Afrasyab, une bataille effroyable vit tomber successivement deux cavaliers illustres, Saweh et Kehar, fils de Kehany, et au milieu de la défaite et de la fuite désordonnée des siens, le Khagan, pris au lasso par Roustem, fut arraché de son éléphant et fait prisonnier.

Non-seulement tout le territoire primitif de l'Iran était reconquis et la frontière reportée là où elle avait été sous les Djemshydites au delà de la Sogdiane, ce qui avait cessé d'être depuis des siècles, mais les troupes iraniennes, malgré les difficultés rencontrées partout et des défaites partielles, avaient pu se maintenir en dehors du Yaxartes, dans le nord et dans l'est. Cependant Afrasyab, voyant qu'aucun des arrangements proposés et recherchés par Pyran, fils de Wys, n'aboutissait, continua à guerroyer avec ses forces diminuées mais non détruites. Il se jeta de nouveau sur la Sogdiane. Ce fut avec un malheur absolu. La moitié de son armée fut détruite par Roustem et Toous, et il s'enfuit à grand'peine avec son général Pouladwend, ou le « Guerrier ceint d'acier », qui passait cependant pour un diable. Ce fut la fin de cette campagne aussi longue que laborieuse, et dont le succès final semblait devoir assurer le repos de l'Iran. Cependant il n'en fut rien.

CHAPITRE IV. — ACTION DE CYRUS SUR L'IRAN.

Roustem et Toous, revenus près de Khosrou-Cyrus, furent invités par lui à former de nouveaux plans destinés cette fois à délivrer les rives méridionales de la Caspienne des bandes isolées, des tribus errantes qui les occupaient. Nous avons déjà vu que par ce côté les Scythes s'étaient accoutumés à pénétrer très-loin. Ils y étaient pour ainsi dire chez eux, tant il y avait de temps qu'ils désolaient ces régions. C'était d'ailleurs de là que tant de leurs compatriotes étaient partis pour aller s'établir dans l'empire, ceux-là même qui, devenus Iraniens, leur fermaient aujourd'hui si rudement le passage et avaient jadis pris pied dans l'Elbourz, dans la Médie, dans la Perside, dans la Susiane.

Tandis que Roustem attaquait le Scythe Akhwan au centre du Mazenderan, Bijen y poursuivait Keraran, et Toous en venait aux mains avec les bandes éparses du côté d'Asterabad. C'est à ce moment que la Chronique persane place un épisode tout à fait chevaleresque, resté célèbre entre les exploits les plus éclatants des cavaliers iraniens, sous le nom de combat des Onze vaillants. Je remarquerai en passant que l'expression consacrée pour qualifier les onze combattants de l'empire est le mot « rekh », tout à fait identique à l'allemand « rekke », et qui signifie exactement de même un guerrier intrépide, téméraire, et que rien ne fait plier.

Bien que ce que je vais rapporter constitue une pure aventure, le fait est si connu dans toute la Perse, si vanté, il est resté si caractéristique du temps de Khosrou, il est tellement loin des idées, des notions, des mœurs des populations actuelles, que le respect de l'histoire oblige à en faire mention. Je ne sais si le combat des Onze vaillants a réellement eu lieu; mais dès les temps les plus anciens on était convaincu de sa réalité, et il n'est par conséquent pas permis de le passer sous silence. Voici comment les choses se passèrent.

Gouderz avait pris sa part des mouvements guerriers accomplis sur la frontière de ses domaines. Bien qu'avancé en âge, il avait maintenu son ancienne gloire et parcouru l'Elbourz le fer à la main, au grand détriment des Scythes. Enfin il les avait forcés à la retraite, et, comme le dit le poëme, chacun s'était séparé, les uns tournant du côté de la montagne de Kenaboud, les autres du côté de Ribed. Kenaboud est une forme mutilée d'un nom ancien que les Grecs ont rendu par le mot Kambadini, la Cambadène; c'est une contrée montagneuse située au sud-ouest d'Ecbatane ou Hamadan. Nous allons en reparler tout à l'heure.

Quant à Ribed, c'est le pays des Rhibii de Ptolémée, situé sur l'Oxus, dont la capitale se nommait Davaba, pays scythique par excellence, et dont les victoires récentes des Iraniens avaient pu contenir les occupants au delà de leur fleuve, mais ne devaient pas réussir complétement à les faire disparaître, bien qu'ils fussent là couverts par le Yaxartes. Le désert riverain de la Caspienne était à proximité, et ils pouvaient s'y réfugier en cas de besoin, sans que leurs adversaires eussent les moyens de les y atteindre.

Lors donc que Gouderz les eut rejetés dans leur canton et fut retourné à la cour du Grand Roi, il arriva un jour que causant avec son fils Gyw dans les loisirs du camp, celui-ci se vanta d'avoir été chargé par Khosrou de poursuivre Pyran et de le mettre à mort. Le vieux Gouderz, jurant que cette vengeance lui appartenait, traita son fils de présomptueux, et réunissant les meilleurs champions de l'Iran, il les convia à soutenir le défi qu'il allait porter aux hommes les plus valeureux du camp tourany. Les Iraniens se trouvèrent au nombre de onze, sans compter leur chef, et voici leurs noms avec celui de l'adversaire de chacun d'eux.

CHAPITRE IV. — ACTION DE CYRUS SUR L'IRAN.

Gyw fut engagé contre Gourwy-Zereh; Kerazeh contre Syamek; Ferouhel contre Zenkeleh; Rehham contre Barman; Rouyyin contre Bijen; Hedjyr contre Aspehrem; Gourghyn contre Enderyman; Berteh contre Kehrem; Zenkeh, fils de Shahweran, contre Akhast; enfin Fer-Iberz contre Kelbad. Voilà avec leurs antagonistes les onze héros qui tous, à l'exception de trois, appartiennent à la famille des Gawides. Quant à Gouderz, chef de cette maison, il se mit ce jour-là à la tête des siens contre Pyran, ainsi qu'il se l'était promis.

Les Scythes étaient accompagnés de deux de leurs grands, Lehhak et Fershydwerd, qui, étrangers à cette rencontre, devaient, en cas de succès comme en cas de revers, en porter les nouvelles à leur souverain. Le champ clos fut indiqué au pied du mont Kenaboud, dans une vaste plaine qui laissait place à toutes les évolutions des cavaliers. On se donna parole de ne pas se séparer sans résultat, et une foule compacte de guerriers scythes et iraniens entoura le lieu du défi. Il n'y eut pas de mêlée; ce ne fut pas, comme chez nous au combat des Trente, un choc d'hommes d'armes les uns contre les autres, ce fut une série de duels.

Fer-Iberz s'engagea d'abord avec Kelbad, et le tua; ensuite vint Gyw aux prises avec Gourwy-Zereh. Les deux héros s'attaquèrent à la lance et sans avantage, puis, saisissant leurs arcs, ils s'accablèrent d'une grêle de flèches en faisant tourner et galoper leurs chevaux dans la plaine. Gyw finit par atteindre son adversaire, le frappa à coups de massue sur la tête et le jeta sanglant à bas de son cheval. Il le saisit alors, et en brandissant son étendard, il le traîna vivant aux pieds de Cyrus.

Kerazeh tua Syamek, ensuite Ferouhel tua Zenkeleh; le brave Rehham tua Barman, et le jeune fils de Gyw, Bijen, tua Rouyyin. Aspehrem fut tué le septième de la main de Hedjyr; de même, les autres champions iraniens renversèrent et tuèrent les chefs touranys qui leur étaient opposés. C'est ainsi que le brave et vertueux Pyran succomba sous la main de Gyw, seconde victime de ce héros, sur les cadavres de tous les siens.

Aussitôt que ce terrible dénoûment fut accompli, Lehhak et Fershydwerd s'enfuirent, comme il leur avait été commandé, pour aller rapporter à Afrasyab ce qui était advenu. Mais Koustehem se précipita à leur poursuite, les atteignit et les tua. Le désastre des Touranys fut complet. Quant aux morts, on leur fit des funérailles magnifiques, honorant ainsi leur bravoure; le captif de Gyw, Gourwy-Zereh, fut envoyé rejoindre les vaincus.

J'ai insisté sur cette anecdote, comme je l'ai dit en commençant, par un double motif. D'abord je voulais montrer comment les mœurs féodales dans tous les pays occupés par la race ariane ont amené des institutions, des habitudes, des tournures d'idées, des formes de caractères parfaitement analogues. Il est certain que les seigneurs de fiefs, compagnons de Cyrus, et descendants des héros qui faisaient remonter d'orgueilleuses généalogies, les uns jusqu'au temps de Djem-Shyd, les autres jusqu'à ceux de Férydoun, ceux-ci à Zohak, ceux-là aux anciens rois de la Scythie, que ces champions vêtus de fer, chaussés de brodequins dorés, ayant devant eux des tambourins et des écuyers portant leurs enseignes aux couleurs diverses, brodées ou peintes de blasons pour la plupart héréditaires, sont d'une manière absolue les parents des paladins de Charlemagne.

Ensuite j'ai déjà fait remarquer que le combat des onze champions avait eu lieu près d'une résidence royale située entre la Médie et la Perside, dans un canton montagneux que le poëte persan nomme Kenaboud, tout à fait inconnu aujourd'hui des géographes orientaux, et qui n'est autre que le pays dont les auteurs grecs ont parlé en l'appelant Kambadini ou Cambadène. Ainsi, il est clair que le renseignement employé par Ferdousy au onzième siècle de notre ère était beaucoup plus vieux que son temps et remontait aux époques classiques. La présence d'un autre endroit, également ignoré des écrivains musulmans, Ribed, le pays des Rhibii de Ptolémée, achève de donner une physionomie tout à fait antique aux documents mis en œuvre par le poëte de Nishapour.

Mais le district de Kambadini est à identifier incontestablement, ainsi que l'a remarqué avec toute justesse le savant Forbigger, avec cette localité voisine où Diodore a placé le mont Bagistanus, consacré, suivant lui, à Jupiter. Et sir Henry Rawlinson a bien fait de reconnaître la dénomination et le site de Bagistanus dans le lieu appelé aujourd'hui Bisoutoun ou Behistoun, qu'a rendu si remarquable et si célèbre l'immense rocher qu'on y contemple, tout chargé de figures sculptées en bas-relief, et d'une inscription cunéiforme trilingue la plus longue que l'on ait découverte jusqu'ici.

Ce monument, qui révèle chez les hommes qui l'ont exécuté une grande puissance de moyens, a dès longtemps frappé l'imagination des observateurs. Diodore prétend que le rocher était entouré d'un vaste parc de douze stades d'étendue, planté et fermé de murs par Sémiramis; que cette reine s'y était fait représenter sur la pierre vive avec cent gardes du corps, et avait expliqué le sujet par une inscription en caractères syriens.

Diodore est un compilateur qui ne donne les faits que de seconde main sans les comprendre, surtout sans les avoir personnellement observés.

Isidore de Charax, à peu près dans le même cas, copiant des renseignements de nature analogue, réduit tout ce qu'il sait d'une œuvre de sculpture existant dans ces parages à une colonne et à une statue élevées en l'honneur de Sémiramis. Il se peut toutefois qu'il y ait réellement eu là ou dans les environs, comme auprès d'Hamadan, des statues, des colonnes et d'autres bas-reliefs. C'est l'idée que nous ont transmise d'anciens auteurs orientaux [1], et comme toute cette région fut, à dater du règne de Cyrus, honorée du séjour constant de la cour, et que les parcs aussi bien que les palais impériaux y abondèrent, il n'y a rien que de vraisemblable dans cette opinion. Cependant, si des monuments isolés ont pu être renversés en grand nombre dans le cours des âges et ne pas laisser de traces, il ne saurait en être de même de sculptures exécutées sur la roche même. Celles-ci peuvent avoir été mutilées, elles peuvent être aujourd'hui dans un état de destruction plus ou moins avancé, elles ne sauraient avoir complétement disparu ; et comme on connaît assez bien ce qui en reste dans tout le pays observé ici, il n'y a pas de doute que le bas-relief cité par Diodore, où le personnage royal apparaît entouré de ses gardes, est précisément le bas-relief de Bagistanus, celui de la Cambadène, de Kenaboud, du lieu où fut livrée la série de duels héroïques connue de la Chronique persane sous le nom de « guerre des Onze rekhs » ou champions.

Maintenant nous rappellerons le sujet représenté sur la muraille de pierre. Un roi assis reçoit une troupe de neuf captifs qui lui sont amenés. Un dixième personnage est couché sur la terre ; il est mort ou va être frappé de mort. C'est le sujet dont Ferdousy s'est servi dans le combat des Onze. Le lieu, l'ensemble des acteurs de la scène, sauf leur nombre, tout s'accorde ; il devrait y avoir, au rebours de ce qu'on observe ici, dix morts et un captif jeté aux pieds du souverain assis sur son trône ; il manque une figure ; mais dans aucun

[1] *Traité des écritures cunéiformes*, t. II, p. 223.

pays, et en Orient plus qu'ailleurs, ces fautes d'arithmétique ne sont importantes; tout au plus le compte imparfait que nous avons prouverait-il, s'il devait prouver quelque chose, que la tradition n'était pas tout à fait d'accord avec elle-même sur le chiffre des vaincus et peut-être des vainqueurs au temps où fut immortalisé sur le rocher le souvenir du combat.

Je ne crois pas qu'on puisse reporter à l'époque de Cyrus le travail du rocher de Behistoun. Il appartient aux Achéménides, et il est assez grossièrement exécuté pour qu'on l'attribue sans difficulté à une école de décadence.

Il faut le considérer comme provenant des temps derniers de la dynastie achéménide. Alors plusieurs versions du même fait avaient pu se former. Ensuite je ne suis pas convaincu que le bas-relief ait été fait pour la légende; il se pourrait que ce fût la légende qui se fût inspirée du bas-relief. En tout cas, elle-même est ancienne, ainsi que je l'ai expliqué tout à l'heure par la comparaison des dénominations géographiques; elle est antérieure à l'Islam, probablement au règne des Sassanides. Elle a pu acquérir son développement actuel sous les Parthes, grands appréciateurs de semblables récits, et à ce titre elle mérite beaucoup d'attention, comme le monument figuré auquel elle se rattache si visiblement.

Après le combat des Onze champions, les Scythes furent privés d'une partie notable de leurs meilleurs chefs. Ils proposèrent encore la paix; mais le Grand Roi exigeait l'hommage des tribus et leur soumission complète. On ne s'entendit pas, et la guerre recommença sur toute la frontière du nord.

Expulsés de la Sogdiane, les Scythes essayaient d'y rentrer. Quelques-unes de leurs bandes en occupaient même certains points. Cyrus les en chassa définitivement, et pour opposer un obstacle infranchissable à de nouvelles invasions, il envoya des colonies dans le pays, le fit parcourir par deux armées sous les ordres de Koustehem le Gawide et de Roustem; et relevant les villes et les bourgades, rétablissant l'agriculture, encourageant les habitants sûrs de sa protection, il rendit presque impossible désormais aux envahisseurs de se risquer sur un territoire où ils devaient rencontrer à chaque pas une énergique résistance.

Aussi voit-on dorénavant les Scythes concentrer leurs forces dans une contrée que Ferdousy nomme Gengdej, le pays de Geng. C'est le territoire appelé par Strabon du nom des peuples qui l'habitent, les Gangani. Il est situé au nord-est de l'Inde, et s'étend du fleuve Sabar à l'Imaüs. De ce dernier asile, Afrasyab voulut une troisième fois essayer de traiter. Pour réponse, Cyrus vint en personne l'assiéger dans Geng-dej. La ville fut enlevée d'assaut; Afrasyab s'enfuit, mais il tomba bientôt sous la massue d'un ascète appelé Houm, issu de la race de Férydoun.

La guerre était finie; les tribus scythes, désorganisées, s'éloignaient des frontières de l'Iran avec autant de désespoir et de terreur que naguère elles avaient mis d'emportement à les franchir. Les nations lointaines amenées par le Khagan et le Fagfour au secours d'Afrasyab rentrèrent dans les ténèbres du nord et de l'est, où elles avaient vécu jusqu'alors. Cyrus donna pour chef aux bandes désorganisées qui restaient près de son empire, Djehen, parent du dernier roi, qui devint son serviteur et son sujet, et l'Iran délivré de toute crainte vécut désormais dans la joie, la sécurité la plus profonde et l'immense opulence que lui assuraient une paix solidement fondée et la sagesse de Cyrus.

Nous arrivons justement ici au point final de l'histoire du conquérant pour Hérodote et pour Ctésias. L'un et

CHAPITRE IV. — ACTION DE CYRUS SUR L'IRAN.

l'autre s'accordent, à peu de chose près, sur le théâtre de l'action qu'ils dépeignent. Nous venons de voir que les derniers frappés le furent dans la région des Gangani, au nord-est de l'Inde. Hérodote, après avoir dit qu'aucune des nations du nord contre lesquelles Cyrus tourna ses armes ne put éviter le joug, ajoute que ce prince rechercha en mariage Tomyris, veuve du dernier roi des Massagètes. Les Massagètes habitaient au-dessus des Gangani, dans la même direction. Mais Cyrus avait moins de goût pour la personne de la reine des Scythes que pour sa puissance. Elle le comprit, et refusa sa main. Alors Cyrus, jetant de côté tout prétexte, marcha contre les Massagètes. On voit que le même esprit de dénigrement se soutient jusqu'à la fin dans les renseignements où Hérodote a puisé.

Il s'agissait de passer l'Araxe, c'est-à-dire le Yaxartes, frontière de la Sogdiane, et Cyrus préparait à cet effet un pont de bateaux, quand Tomyris lui fit offrir de se retirer avec toutes ses forces à trois journées de marche du fleuve, afin de lui laisser le chemin libre; toutefois, au cas où il préférerait combattre sur son propre terrain, elle se déclarait prête à y venir elle-même satisfaire la passion qu'il paraissait avoir d'éprouver sa prouesse contre celle des Massagètes.

Hérodote nous conserve bien ici le ton chevaleresque que nous avons remarqué si souvent dans ces histoires.

Cyrus, conseillé par Crésus, comme nous l'avons déjà vu tant de fois, préféra passer le fleuve; au moyen d'une ruse assez basse, il abusa de la candeur des Scythes, les enivra, et quand ils furent tombés dans un lourd sommeil, il fit main basse sur eux et les égorgea tous, se contentant de garder prisonnier Spargapithès, fils de Tomyris. Le jeune homme, se sentant déshonoré, se tua.

Le lendemain se livra, dit l'historien, la bataille la plus terrible où jamais les Barbares se soient pris corps à corps. Les Perses furent accablés sous les flèches des Massagètes, atteints partout par leurs épées. Cyrus lui-même périt dans la mêlée. Tomyris fit chercher son corps...

Mais l'histoire de la mort de Cyrus fera l'objet d'un autre chapitre. Je raconterai d'abord la version qui me reste à donner sur cette dernière campagne, et que j'emprunte à Ctésias.

Cyrus, suivant lui, marcha contre les Derbikkes. On se souvient que ce peuple, qui eut une partie de ses tribus sur la Caspienne à une certaine époque, habitait cependant au nord de l'Hindou-Kouh, à peu près là où Hérodote a mis les Massagètes, et à côté des Gangani. Nous sommes donc toujours dans les mêmes lieux.

Ils avaient pour roi Amoræus. Quand la cavalerie perse les attaqua, ils surent l'attirer dans une embuscade où elle se trouva tout à coup entourée par les éléphants des Derbikkes, mise en désordre et ramenée. Cyrus, jeté à bas de son cheval, fut assailli par un Indien et frappé d'une javeline à la cuisse. On le releva et on le rapporta au camp. Dix mille combattants étaient tombés des deux parts dans cette rude affaire.

Mais le lendemain, Amorgès, roi des Saces, dans lequel nous avons déjà reconnu le prince seystany Fer-Amorz, arriva avec vingt mille cavaliers. Il rallia les Perses, et tombant avec eux sur les Derbikkes, les mit en fuite. Amoræus fut tué avec ses deux fils et trente mille des siens. La nation entière n'eut plus qu'à se soumettre.

Ainsi, pour Hérodote, la dernière bataille de Cyrus était une défaite effroyable; pour Ctésias, c'est une victoire complète. Ctésias se trouve donc d'accord ici avec les annalistes orientaux.

Amoræus remplit le rôle d'Afrasyab, aussi bien qu'Amorgès celui de Fer-Amorz. C'est encore un motif de montrer que les sources où Ferdousy a puisé étaient réellement anciennes. Quant au Spargapithès d'Hérodote, peut-être pourrait-on lui trouver quelque ressemblance avec le beau cavalier scythe Aspehrem qui fut tué par le Gawide Hedjyr dans le combat des Onze champions. Il est dit que celui-ci appartenait à la royale famille d'Afrasyab, qu'il était illustre et plein d'honneur. Pour Tomyris, c'est un nom d'Amazone, difficile à retrouver dans les pages du Shah-nameh.

Cependant ce livre et tous les poëmes historiques de la Perse nomment bien des héros et attachent visiblement beaucoup de prix à ce que le souverain, si grand qu'il soit, ne puisse à aucun moment être considéré comme absorbant en lui seul la somme entière de la vie, de la bravoure et de l'intelligence nationales. Il n'est pas question un seul instant de rabaisser par là ni le génie ni l'activité de Cyrus. Au contraire, planant au-dessus de toutes ces grandes têtes, il en devient plus grand lui-même. Mais il n'est pas seul, je le répète, il n'agit pas seul, ses rayons ne dévorent pas tous les rayons; les autres gloires, bien que moindres, ne sont pas éteintes par la sienne; à côté de lui, contre lui, la sympathie trouve où se prendre. Aucun de ses chefs ne joue à son égard le rôle pitoyable d'Harpage ou de Crésus dans les récits grecs, conseillers cauteleux de combinaisons niaises qui n'ont jamais pu se rencontrer dans la pratique de la vie, bons à édifier les pédants, tout en faisant sourire les hommes. Roustem, Gouderz, Gyw et Toous sont des guerriers combattant sous un guerrier; ce sont des seigneurs de manoirs aidant le prince à défendre l'empire et s'inspirant de son génie sans avoir besoin de rien emprunter à son courage. L'œuvre qu'ils poursuivent en commun est grande; ce n'est pas, comme le raconte Hérodote dont j'ose parfois dire quelque mal parce que j'en pense beaucoup de bien, ce n'est pas parce qu'ils ne peuvent se tenir en repos et sont poussés par tempérament à attaquer également tous les peuples, ce n'est pas parce qu'en raison de leur naissance ils se croyaient appelés à tout dominer sans besoin et sans intérêt ; ce sont là des raisons qui n'existent que dans les romans, mais qui n'ont jamais fait monter à cheval un conquérant. Il y faut des causes et des mobiles plus positifs, et j'éprouve une sorte d'étonnement quand je vois les poëtes et les historiens orientaux, qui d'ordinaire ne sont pas cependant très-sages, nous fournir ici les moyens de tracer un tableau plus compréhensible que celui dont les Grecs nous offrent les éléments, et se montrer plus judicieux en même temps que mieux et plus abondamment renseignés.

En somme, pour en revenir aux grandes maisons féodales, nous les avons vues jouer des personnages si considérables, et ce que nous avons enregistré des institutions libres de l'Iran nous a donné si bien la clef de leur rôle, qu'avant de terminer le règne de Cyrus il importe d'épuiser ce qui reste à dire à leur sujet, même au risque de reproduire quelques-uns des détails qui se sont rencontrés déjà çà et là.

CHAPITRE V.

GÉNÉALOGIE DES FEUDATAIRES.

Les poëmes historiques de la Perse ont conservé sous des formes plus ou moins altérées un grand nombre de dénominations féodales qui à elles seules suffiraient pour établir combien profondément l'état des institutions auquel elles appartiennent était entré dans les mœurs antiques ; car la plupart de ces dénominations appartiennent clairement à la langue zende, et par conséquent aux origines de la nation.

Le mot « khshaëta », devenu « shah » dans le persan moderne, était le titre des grands feudataires tout aussi bien que du roi suprême lui-même. Ces grands feudataires étaient considérés comme souverains dans leurs domaines. On verra en son temps que sous les princes achéménides ils possédaient le droit royal par excellence de battre monnaie ; ils le conservèrent sous les Arsaces, et même sous les fils de Sassan. Il a été dit plus haut qu'ils portaient les brodequins dorés comme le Grand Roi, faisaient frapper du tambourin devant eux et déployaient des étendards timbrés de leurs armoiries. Leurs sujets ne connaissaient que leurs ordres. Ces chefs habitaient des « aywans », palais ouverts, peints, sculptés, entourés de vastes corps de logis où logeaient leurs serviteurs, leurs ouvriers en tous genres, leurs danseurs, leurs musiciens, tout ce qui composait leur cour. Ils possédaient, partout où ils le jugeaient nécessaire, des forteresses qui, dans les régions montagneuses, défendaient les passages contre les Scythes, mais quelquefois aussi contre le monarque supérieur. Celui-ci, ainsi que les rois français de la seconde et du commencement de la troisième race, n'était pas toujours riche, souvent même il était plus pauvre et moins puissant que tel de ses vassaux. Nous sommes arrivés au moment où cette situation a changé absolument, et où les conséquences qui vont découler de cette nouveauté ne manqueront pas d'altérer profondément la constitution iranienne. Cependant, si le roi Cyrus s'est enrichi outre mesure, il n'est encore que le premier entre ses pairs, et rien de plus. C'est ce qu'indique très-bien le titre particulier qui lui est affecté, « païti-khshaëta », ou « padishah » dans le persan actuel, c'est-à-dire le maître roi, le Roi par excellence, le Grand Roi, le Roi des rois,

« Shahinshah ». Cette dénomination n'a donc rien de fastueux, comme les Grecs se sont évertués à le répéter. Elle ne répond à aucun sentiment d'orgueil despotique, elle indique un fait matériel : Cyrus, ses devanciers et ses successeurs furent les Rois des rois de l'Iran, les Grands Rois.

Au-dessous des khshaëtas, shahs, ou grands feudataires, venaient les seigneurs qu'on nommait « ratou », « rad » dans la langue moderne. C'étaient les fils, les parents, les alliés des khshaëtas, les possesseurs d'arrière-fiefs considérables. Ainsi, tandis que l'aîné de la maison de Nestouh était khshaëta d'Ecbatane et de la Médie, Kaous était ratou de la Perside. On comprenait donc sous ce titre les grands gentilshommes qui, sans relever immédiatement de l'empire, n'y exerçaient pas moins beaucoup d'autorité. Comme ces ratous tenaient le plus ordinairement de très-près au feudataire auquel ils devaient hommage, ou que, dans le cas contraire, ils avaient à se réclamer de quelque origine très-haute, ils constituaient, à proprement parler, le corps de la noblesse de premier rang, et se trouvaient sans cesse à la tête des troupes. Aussi est-ce parmi eux qu'on rencontre souvent les « acpa-païtis », « spehbed », maîtres de la cavalerie, qui furent jusqu'à la fin de l'empire sassanide non-seulement les généraux, mais encore les gouverneurs de provinces et souvent les ministres de l'État. On verra de nombreux exemples où les hommes de ce rang furent opposés par les Grands Rois à leurs trop puissants feudataires, et commandèrent à des royaumes plus vastes que les domaines des chefs auxquels on ne pouvait disputer l'honneur et le droit de régner. Ce furent quelquefois, sous les premiers Achéménides, les satrapes des provinces royales, les gouverneurs qui relevaient du prince et qu'il pouvait changer à son gré. On appelait volontiers les nobles de cette catégorie « mehteran, bouzourgan », les grands. Ils possédaient une autorité considérable, leurs suzerains directs avaient besoin d'eux ; le Grand Roi cherchait à les attirer et à les gagner à ses desseins ; au pis aller, ils étaient maîtres dans leurs domaines et principalement dans les régions montagneuses. Ils pouvaient, s'il leur plaisait, n'obéir à personne, pourvu qu'ils eussent su conquérir et s'assurer l'affection des « azadéghans » ou hommes libres, « pehlewans », Iraniens par excellence.

Ces azadéghans sont les hommes d'armes et, comme on disait aussi en France au quinzième siècle, les lances fournies qui composent les armées iraniennes. Ils marchent au combat entourés de leurs tenanciers. Ils constituent la base sur laquelle se fonde toute l'organisation militaire et politique. Ils représentent la race pure, la nation sainte ; ils ont les droits étendus que nous avons exposés ailleurs, et se considèrent avec conviction comme le peuple le plus excellent qu'il y ait sur la terre. Hérodote l'a très-bien remarqué, et en a été vivement choqué. Mais son observation subsistait pourtant, et il n'y avait pas de doute pour lui ni pour ses contemporains que les Perses, se tenant pour la population d'élite parmi les habitants du monde, n'estimaient les étrangers que dans la mesure où ils étaient plus rapprochés d'eux-mêmes. C'étaient les azadéghans qui formaient cette nation si fière.

Le nom de « pehlewan », que les poëmes donnent constamment à ces hommes libres et qui a pris avec le temps la signification de « héros » pour désigner aujourd'hui vulgairement des gymnastes, sauteurs de corde et faiseurs de tours de force, ne me paraît pas avoir été d'un emploi très-antérieur au règne de Cyrus ; mais alors il fut très-usité. Les poëmes nomment Pehlou la capitale de l'empire ; Pehlou, c'est aussi l'empire lui-même, et cette confusion de l'empire avec sa capitale a toujours été en usage, car on dit très-bien « Shehr-è-Iran » pour indiquer la métropole de l'Iran et le pays d'Iran, ce qui a

30.

porté les Grecs, comme Hérodote, ainsi qu'Eschyle, à appeler simplement la capitale des Perses, comme les Perses l'appelaient eux-mêmes, Persépolis. En se servant de cette dénomination si vague, ils n'ont pas innové, ils n'ont fait que suivre l'exemple qui leur était donné par les gens du pays. Mais pour en revenir au mot pehlewan, il devint si général pour désigner les nobles de la nation iranienne et par suite la nation iranienne elle-même à un certain moment, que les grands poëmes indiens l'ont adopté. Ils ne connaissent pas les Iraniens, mais ils connaissent très-bien les Pahlawas. Cependant les Iraniens vivaient; c'était tout l'ensemble des habitants de l'Iran, à quelque origine qu'ils appartinssent; l'usage du nom s'était élargi, étendu, vulgarisé. Il s'était fait là ce qui arriva partout; cette désignation, pour être devenue trop commune, ne flattait plus l'orgueil des Iraniens entre eux; mais elle demeura pourtant, parce qu'elle parut toujours très-supérieure aux noms des autres peuples environnant les pays purs.

On voit par les origines assignées à quelques grandes familles et par ce qui est dit de la plupart d'entre elles, que l'ensemble de la noblesse remontait au temps du libérateur Férydoun-Phraortes, et qu'au delà, s'il pouvait y avoir des prétentions, il n'y avait rien de prouvé. Mais à dater de Férydoun, ce corps de la noblesse était reconstitué et comptait ses aïeux. Il était reconstitué sans doute, mais il ne ressemblait pas plus à la caste guerrière de l'empire djemshydite que la chevalerie française du onzième siècle aux leudes de Clovis. C'est absolument le même rapport. Les compagnons des Djems avaient été des Arians de race pure appartenant aux tribus devenues iraniennes, de même que les leudes de Clovis étaient des Franks d'origine bien germanique, mais appartenant exclusivement aux bandes dont la confédération avait envahi et dominait les Gaules septentrionales. Désormais les feudataires de Férydoun et de ses successeurs, les arrière-vassaux de ces feudataires, les gentilshommes qui relevaient de ces arrière-vassaux, s'ils provenaient en partie des familles guerrières du premier Iran, se composaient aussi d'un grand nombre de descendants d'aventuriers scythes, Arians sans doute, mais non Iraniens, et de quelques lignages sémitiques ou sémitisés que le cours des événements avait rattachés à la cause nationale. C'est ainsi que les possesseurs des fiefs français au onzième siècle, ayant cessé d'être exclusivement des Franks, appartenaient en réalité à des origines germaniques très-multiples, gallo-romaines, et même purement celtiques ou aquitaines. Seulement, chez les Iraniens comme chez les Français, le type sur lequel on cherchait à se former, dont on se réclamait et qui continua ainsi à être le type national, c'était le plus ancien. Tous les autres se reniaient eux-mêmes à l'envi pour réclamer celui-là.

Précisément la famille de feudataires la plus considérable que présentât l'Iran a toujours été considérée comme ayant une source très-plébéienne. C'est celle de Gaweh, le forgeron d'Ispahan qui, élevant sur une lance son tablier de cuir et parcourant les rues de la ville en appelant la population aux armes, commença la révolution contre Zohak.

J'ai déjà dit que je n'étais pas convaincu de la valeur de cette tradition sur l'origine des Gawides. Le principal argument sur lequel elle s'appuie, c'est la longue existence de ce fameux tablier de cuir auquel l'Iran devait sa liberté, et qui, conservé précieusement dans le trésor des Grands Rois, couvert d'or et de pierres précieuses, était porté devant les armées royales comme étant l'étendard national par excellence. Au temps de Kishtasp, il fut enlevé par les Touranys. Une sorte de miracle le fit retrouver. Il traversa l'époque des Achéménides, l'invasion macédonienne, le règne des Parthes, celui des Sassanides, et vint tomber pour toujours aux pieds des musulmans à la funeste bataille de Kadessyeh.

Dans le Shah-nameh, le Gawide Gouderz, fils de Keshwad, chef de sa maison, paraît accepter très-franchement que son grand-père ait été un forgeron, un simple artisan. Il s'en vante même. Cependant j'ai peine à croire, en voyant l'élévation de cette famille et le pouvoir territorial qu'elle exerça dans les contrées constamment iraniennes de l'Elbourz, qu'elle ait pu débuter par une destinée si obscure, et qui, surtout par l'usage profane que les forgerons font du feu, n'était pas de nature à lui acquérir l'estime et la considération des Iraniens de race pure, des zélateurs de l'indépendance.

En tous cas, les autres feudataires reprochaient aux Gawides la tradition qui courait sur leur origine, et s'estimaient pour cela même beaucoup au-dessus d'eux, ce qui, il est vrai, n'empêchait pas les Gawides de contre-balancer l'autorité des plus fiers de leurs rivaux.

Après Gaweh le forgeron, le compagnon et l'ami de Férydoun, ses deux fils, Gobad et Garen, régnèrent dans les districts de la Montagne acquis par leur père. Le premier de ces noms est connu par le texte de Justin, c'est Cométès. Gobad est représenté comme un héros intrépide, un vaillant chef d'armée payant bien de sa personne, mais qui n'est pas constamment heureux. Cependant il reste toujours au-dessus du reproche. La situation de ses fiefs, bien que certainement placée non loin du mont Demawend, où régnait son père, demeure douteuse.

Son frère Garen est plus célèbre. Il est aussi brave et plus habile. Il possédait d'abord l'extrémité occidentale de la Parthyène. Voisin des Arméniens, il leur faisait la guerre. Il était chargé de repousser les incur-

CHAPITRE V. — GÉNÉALOGIE DES FEUDATAIRES.

sions que ces peuples tentaient dans l'Iran. Il ravagea plusieurs fois leur pays. Ses expéditions remontèrent assez haut dans le Caucase, et il fut vainqueur des Alains. Comme on le qualifie de roi du Khawer, il y a lieu de penser que ses domaines descendaient dans les plaines septentrionales de l'Aragh jusqu'aux environs de Goum.

Garen est essentiellement le conseiller du suzerain. Férydoun ne fait rien sans avoir pris son avis. Cette situation prédominante s'abaisse un peu sous Keshwad, fils de Garen, qui paraît avoir eu beaucoup d'enfants, car le Shahnameh fait souvent mention des Keshwadyans ou descendants de Keshwad. Mais parmi eux on connaît surtout Gouderz. Celui-ci présente pour la première fois ce nom de Gotarzès, si brillant plus tard au temps des Parthes. Gouderz releva l'autorité de sa famille, et se montra auprès de Cyrus dans la même situation que son aïeul Garen, ou pour mieux dire sans doute son ancêtre, avait occupée auprès de Férydoun.

Il ne faut pas perdre de vue que si beaucoup de générations sont oubliées dans les tables généalogiques des Grands Rois, à plus forte raison en est-il ainsi dans celles des feudataires.

Au temps de Gouderz, non-seulement la race des Gawides est puissante et nombreuse, mais elle se transforme en tribu. A lui seul Gouderz met au monde soixante et dix-huit fils, parmi lesquels on cite Shydwesh, Gyw, Hedjyr, Ferhad et Rehham.

Le premier n'apparaît que comme porte-étendard de son père, élevant devant lui la lance d'or où flotte un drapeau marqué d'un lion, insigne des Gawides. Dans toutes les mêlées, Ferdousy se plaît à laisser voir la figure juvénile de Shydwesh près de la barbe grise du vieux héros Gouderz.

Gyw a l'honneur d'aller chercher Khosrou et sa mère

dans tout le Turkestan, de les ramener, et de préparer ainsi le plus beau moment de l'histoire de son pays.

Hedjyr possède Berdaa, du côté du Shyrwan ; Ferhad réside à Ardebyl, et par là maintient jusque vers la Géorgie la domination de la famille, que Rehham, de son côté, fait trôner à Ispahan, plus loin dans le Khawer que Garen n'était allé autrefois.

Rehham est particulièrement vanté, mais d'une telle façon qu'il est difficile, sinon impossible, de démêler en lui ce qui appartient au fils de Gouderz de ce qui n'est que le résultat d'un placage dont on ne devine pas bien les motifs. Les historiens musulmans tiennent beaucoup à l'identifier avec Bokhtannosr ou Nabuchodonosor. On lui fait faire toutes les campagnes de ce prince assyrien contre les Juifs; on lui attribue la destruction de Jérusalem et du temple, ce qui cadre mal avec l'histoire de Cyrus. Peut-être Rehham a-t-il commandé quelque armée du Grand Roi en Occident. Peut-être aussi y a-t-il eu une confusion amenée par une cause qui nous échappe, entre un personnage quelconque de la lignée des Gawides régnant à Ispahan longtemps après Cyrus, sous Artaxerxès, et le chef perse Rehum qui gouvernait Samarie avec le titre de Beel-theém ou surintendant des ordres royaux, et que le livre d'Esdras représente comme fort hostile au rétablissement des Juifs transportés dans leur ancien pays. En tout cas, cette confusion est curieuse, et donne la preuve que Rehham a certainement vécu sous les Achéménides. On lui attribue quatre-vingt-huit fils, tandis que Gyw, son frère, n'en eut qu'un seul, Bijen, issu de son mariage avec Banou-Koushasp, héroïne célèbre, considérée quelquefois comme la sœur et plus ordinairement comme la fille de Roustem.

Bijen eut une destinée toute particulière. Dans le cours d'une expédition au centre du pays des Touranys, il vit la fille d'Afrasyab, Menijeh, et en devint éperdument amoureux. Aimé d'elle jusqu'à l'adoration, il fut surpris par le père irrité, qui l'enleva et le fit disparaître. Les champions iraniens le cherchèrent pendant longtemps, sans pouvoir découvrir ce qu'Afrasyab en avait fait. Enfin, avec le secours de Menijeh, Roustem le trouva au fond d'un puits où le roi du Touran l'avait enfermé, et opéra sa délivrance à la suite d'exploits qui, mêlés aux récits amoureux colorés d'un intérêt très-vif par les charmants caractères du jeune Bijen et de sa maîtresse, font de cet épisode une des parties les plus poétiques du Shah-nameh.

Avec Bijen finit l'arbre généalogique des Gawides tel que la légende le construit. Il n'est plus question d'eux comme grande famille féodale après Cyrus. Ils deviennent une tribu, et peut-être même se partagent-ils en plusieurs rameaux dans les domaines étendus qu'ils occupent, de telle sorte que, certains de les retrouver au nombre des nations arsacides, nous serons impuissants à les y reconnaître.

Nous avons vu tout à l'heure qu'ils étaient alliés par le mariage de Gyw et de Banou-Koushasp à leurs puissants rivaux, les descendants de Kershasep, souverains du Zawoul et du Seystan, plus tard aussi du Kaboul, du Kashmyr et de plusieurs territoires indiens. Cette situation particulière a eu pour conséquence que la famille des Çamides a été de beaucoup la plus connue, parmi toutes les grandes maisons iraniennes, dans les royaumes brahmaniques, et il est même arrivé que la Chronique persane sait moins de choses sur les descendants de Roustem que les légendes qui se rapportent aux contrées riveraines de l'Indus.

A part Sohrab et Fer-Amorz surtout, dont la gloire, ainsi qu'on l'a vu, a pénétré jusque chez les Grecs eux-mêmes, les Chroniques du pays pur contiennent peu de détails sur les fils de Roustem et sur leurs descendants. Mais les Hindous vantent encore Djehanghyr et Barzou, fils de Sohrab; Azerberzyn et Çam II, fils de Fer-Amorz, et surtout les deux filles de Roustem, Banou-Koushasp, femme du Gawide Gyw et mère de Bijen, et Zerbanou. Ce sont les Hindous qui nous représentent ces deux filles çamides comme de courageuses amazones, telles que Tomyris et Sparethra, dont il est assez singulier que les Grecs aient parlé, tandis que les Iraniens se taisent sur elles. Cependant il est vraisemblable que Banou-Koushasp et Zerbanou sont les originaux dont Hérodote et Ctésias ont tiré leurs copies. Les exploits de ces vaillantes sœurs ont particulièrement l'Inde pour théâtre. Bradamante et Marphise n'ont jamais donné de plus beaux coups d'épée, et la tradition, dans son enthousiasme, a épuisé tous les moyens de les honorer. Les Parsys, qui semblent avoir appris à les connaître depuis leur arrivée dans l'Inde, en font en même temps que des guerrières illustres des ascètes de la plus haute austérité.

Après elles, les Çamides se continuèrent dans les deux lignes de Fer-Amorz et de Sohrab. La première se maintint dans le Seystan, et fournit à la chronique locale, après Azerberzyn et Çam II que j'ai déjà nommés comme fils de Fer-Amorz-Amorgès, Zal II, fils de Çam II. Ce prince se rendit célèbre chez les Iraniens, en ce qu'il abandonna la religion de Zoroastre, imposée à sa famille par les Achéménides, et revint avec toute sa noblesse et tout son peuple à la foi simple des ancêtres.

Il faut savoir beaucoup de gré à la Chronique en prose du Seystan, le Heya-el-Molouk, de nous avoir conservé un pareil détail, car il nous aidera à comprendre plus tard comment il se fit que la religion officielle de l'empire, à la naissance de laquelle nous allons bientôt

CHAPITRE V. — GÉNÉALOGIE DES FEUDATAIRES. 475

assister, n'ait jamais réussi à s'établir d'une manière complète, ni à se faire adopter de bonne foi par un grand nombre de populations iraniennes.

Après Zal II régna Ferrekh, son fils, dont la vie fut à la fois glorieuse et heureuse, sans que le Heya-el-Molouk, qui en fait la remarque, expliqué de quelle façon.

Tersheh succéda à son père. Il n'accomplit rien de mémorable, et laissa la couronne à son fils Tjehrzad.

La chronique locale dit que Tjehrzad posséda en même temps le Kaboul et le Zawoul. Peut-être le premier de ces deux pays avait-il été momentanément détaché des fiefs seystanys, sous les prédécesseurs de Tjehrzad. Il fut alors récupéré, et passa après la mort de ce prince, avec le reste des domaines, sous le sceptre de Poulad.

Poulad est seulement nommé; mais Mehrzad, son fils, souverain comme ses aïeux du Kashmyr et du Petit-Thibet ou Ladakh, transporta sa résidence dans ces contrées, et abandonna le Seystan à son fils Roustem II.

Ici se succèdent en ligne directe et masculine les princes suivants, sur lesquels aucun détail n'a été conservé :

Ispehbed.
Pehlewan.
Gouderz-Aferyn.
Fyrouz.
Ferrekhzad.

Khodaygah.
Shyraryan.
Hourmouzy.
Shah-Fyrouz.

On raconte de Shah-Fyrouz qu'il fut contemporain du roi sassanide Anoushyrwan. Après lui régna, sous la domination de Khosrou-Parwyz, Nedjtiyar, dont les actions, moins obscures que celles de ses derniers ancêtres, ont fourni la matière d'un poëme que je ne connais pas, le « Nedjtiyar-nameh ». Il est à croire que la conversion du héros à l'islamisme en forme le sujet principal.

Depuis l'époque musulmane, les descendants des Çamides ont continué à régner pendant quelque temps.

Mais je ne poursuivrai pas leur lignage au delà du point où je suis arrivé, et encore est-il nécessaire de faire remarquer que, comme toutes les généalogies iraniennes, celle-ci montre un caractère extrêmement suspect. Il n'est pas admissible que dix-huit noms composent une série suffisante pour remplir le long intervalle qui s'est écoulé entre Cyrus et Mahomet. Néanmoins nous avons ici la preuve que pour les auteurs persans il n'y a pas de doute à former sur la longue durée d'une souveraineté féodale dans le Seystan, ni sur ce fait que les princes de ce pays ont longtemps tenu à honneur de rattacher leur famille à la souche scythique des Çamides.

Le Heya-el-Molouk nous fournit encore une branche de ce tronc illustre à Hérat dans la ligne de Barzou, fils de Sohrab et petit-fils de Roustem. Ainsi Hérat, Haroyou, l'Aria des Grecs, avait ses princes particuliers au temps de Cyrus et sous les Achéménides.

On a vu que le Kaboul s'était réuni aux domaines directs des rois seystanys dans des temps qui précèdent de peu l'avénement de Cyrus. La maison qui y régnait semble avoir eu son origine dans quelqu'un des chefs indiens qui, aux derniers jours des Djems, guerroyèrent contre l'empire. En tout cas elle n'était pas iranienne de sang, et c'est l'occasion d'un sarcasme dirigé contre Roustem par un de ses ennemis; car la propre mère du héros, Roudabeh, était fille de Mehrab, feudataire du Kaboul. Sous Cyrus, on trouve encore Iredj « au corps d'éléphant », qui est de cette famille et qui paraît en avoir été le dernier rejeton mâle, de sorte que ses fiefs ont pu passer dans les mains des Çamides du chef de Roudabeh. Les princes du Kaboul avaient toujours joué un rôle douteux, alliés peu sûrs ou vassaux intermittents des Grands Rois, et presque constamment en guerre contre leurs parents, les Çamides. Ainsi que ces derniers, du reste, ils avaient gardé longtemps leur fidélité à la cause assyrienne, et ne s'étaient rattachés au second empire d'Iran qu'avec une lenteur voisine de la répugnance.

L'alliance étroite contractée entre les Gawides et les princes de la maison de Çam par le mariage de Gyw avec Banou-Koushasp nous a entraînés hors de la Montagne, dans la région tout à fait orientale de l'Iran. Il reste à mentionner dans l'Elbourz et aux environs certaines familles de grands feudataires avec lesquelles les Gawides étaient apparentés plus étroitement encore qu'avec les souverains du Seystan. Ce n'est pas ici le lieu de s'étendre sur la généalogie de la maison d'Aresh, d'où devaient sortir les Arsacides, et qui se présente en première ligne. J'aurai tant à en parler dans la suite que je me bornerai à dire ce qui appartient aux temps où nous sommes parvenus, et ce qui a précédé ces temps.

D'ailleurs les détails n'abondent pas. La tradition s'est contentée de conserver la mémoire de quatre générations : Key-Aresh, frère de Gobad, père de Kaous et grand-père de Cyrus; Ashkesh, son fils; Aresh, son petit-fils, et enfin Menoutjehr, roi du Khoten et du Khoraçan. Key-Aresh est feudataire de l'Hyrcanie, et il est intéressant de voir l'Hyrcanie et le Khoten considérés comme faisant partie du domaine de la même famille, quand on se souvient que le Khoten ou Ladakh est le pays primitif des Derbikkes, souche des Parthes, comme je l'ai dit plus haut.

L'itinéraire des tribus arsacides est ainsi tracé par la Chronique persane depuis le Petit-Thibet et l'Hyrcanie jusqu'au Khoraçan, c'est-à-dire jusqu'aux environs d'Hékatompylos; ce qui est en accord parfait avec les documents grecs. La tradition montre même très-bien qu'il existait des éléments divers dans l'ensemble des familles destinées à former un jour la confédération arsacide, car elle nomme à part Berteh, chef des montagnards parthes, et bien que le disant uni à la maison d'Aresh, elle ne le confond pas dans ce lignage.

A côté des Arsacides s'étendait le territoire des Kérazeh. C'est une famille remarquable.

Ils apparaissent comme liés de près avec les Gawides; ils le sont beaucoup moins avec l'Iran. Ce sont plutôt des associés que des compatriotes des hommes de la Loi pure. Ils font assez bien dans l'ouest le même personnage que les souverains du Kaboul dans l'est. Leur nombre est considérable, puisqu'au temps de Cyrus le chef de la maison compte cent cinq fils, qui indiquent autant de branches. Leur étendard porte un sanglier, et leur nom même n'est autre que celui de cet animal, dont le courage aveugle a toujours excité l'admiration de la famille ariane tout entière. Les Scandinaves, qui décoraient de son image, consacrée à Freya, le toit de leurs demeures, le nommaient « Hildigœltr », le porc des combats. Un grand nombre de pierres gravées iraniennes montrent cet emblème jusqu'à des époques assez basses qui dépassent l'islamisme. Les Turks du quatorzième siècle de notre ère, ainsi que l'a montré le docteur Erdmann, avaient conservé l'usage, en Europe et en Asie, de donner le titre de « Khenzyz » ou « sanglier », nom identique à Kérazeh, aux guerriers fameux par leur intrépidité. Les Kérazeh portaient donc un nom qui était à lui seul un défi, et il paraît qu'ils s'en montraient parfaitement dignes. Malheureusement, je viens de le laisser entrevoir, ils ne se considéraient pas comme absolument Iraniens, et il en résulta qu'après la mort de Cyrus ils se laissèrent engager dans les rangs scythiques. On les compta dès lors parmi les hommes du Touran.

Il semblerait que les anciens fiefs de Férydoun-Phraortes étaient restés dans les mains des descendants de Noouzer;

CHAPITRE V. — GÉNÉALOGIE DES FEUDATAIRES.

c'est-à-dire de Toous et de ses enfants, qui possédaient aussi des territoires fort riches dans le Khoraçan méridional, non loin de la grande mer Intérieure. Je n'ai pas de nouveaux détails à joindre ici à ce que j'ai déjà dit de cette famille, qui paraît avoir été une des plus purement iraniennes, aussi bien que celle des enfants de Mylad, seigneurs de Rey, dont une branche parente avait fourni les feudataires de la Médie. Il n'y a pas davantage à ajouter à ce qui a été exposé en son lieu sur ces différentes mouvances de la couronne iranienne. Je ne vois plus à mentionner que les princes du Mekran, peu célèbres, probablement médo-sémites, commandant à une population autochthone, et qui relevaient autrefois et peut-être encore alors d'Hamadan. Koush « aux dents d'éléphant » avait donné l'investiture de ces pays lointains à Menwesh ou Menweshan. Après la chute des Ninivites, ces feudataires s'étaient soumis aux nouveaux Grands Rois iraniens, qui les avaient laissés en possession de leurs brûlants domaines.

Mais au-dessous des grands vassaux, de ces possesseurs de terres considérables, disposant d'une puissance avec laquelle il fallait compter, il existait encore des seigneurs ne relevant de personne que du chef de l'empire. Les contrées montagneuses fort étendues dans l'Iran, principalement la ligne immense des frontières, étaient semées d'une quantité de châteaux et de forteresses dont les maîtres étaient tout à fait indépendants, soit qu'ils dussent cette situation à la force naturelle de leurs asiles, soit que des concessions royales leur eussent donné un droit positif à refuser leurs services à tout autre qu'au souverain suprême. On a vu que Cyrus, pour amener les Çamides à reprendre les provinces envahies par les Scythes, avait d'avance concédé le Kashmyr à Fer-Amorz, et comme c'était surtout par des dons de cette nature qu'il pouvait le mieux encourager ses guerriers, il est à supposer qu'il usa volontiers de ce moyen dans de petites proportions, de manière à s'assurer des secours moins dangereux que ceux des grands feudataires. Tout ainsi favorisait le développement de cette classe de vassaux immédiats ne relevant que du roi ; la configuration du sol, les mœurs libres et guerrières, l'état de guerre constant, l'intérêt du souverain ; et de même que, dans les conditions les plus défavorables pour un pareil état de choses, le brave châtelain Selket avait pu, sous la domination ninivite, se maintenir dans sa forteresse des montagnes et braver toutes les attaques, de même il exista en tout temps de nombreux azadéghans ou pehlewans, de nombreux gentilshommes qui, sans beaucoup d'éclat, vivaient parfaitement maîtres d'eux-mêmes et de leurs hommes. Il ne faut pas oublier que dans un état de société aussi absolument militaire et agricole que l'était celui de l'Iran jusqu'à Cyrus, avec des sentiments de famille extrêmement forts, purs, sévères, exclusifs, un grand orgueil de race, l'unique forme de liberté possible était la féodalité. La féodalité seule reconnaît, suppose même des droits personnels, et met l'homme, sa femme, ses enfants, ses serviteurs, sa maison, tout ce qui le complète et lui donne le sentiment de sa valeur, au-dessus des caprices despotiques des majorités, et en dehors de l'action oppressive d'une magistrature dont les titulaires ne sont que des instruments du pouvoir absolu. L'aspect des institutions iraniennes nous a révélé la haute idée que le guerrier de la Foi pure se faisait de lui-même. Il était donc naturel qu'il recherchât la plus grande somme de liberté dans les circonstances d'alors, et qu'il la trouvât, comme toutes les nations arianes l'ont trouvée, dans une organisation accordant à chaque homme sous des règles fixes, immuables, échappant à la pression de toute volonté, ce qui se pouvait maintenir par l'emploi incessant du courage. C'était une situation violente, sans doute; mais un peuple sous les armes ne hait pas et surtout ne méprise pas une telle situation. Il y vit, y respire à l'aise; il éprouve une grande satisfaction à essayer ce qu'il peut, un grand plaisir à faire ce qu'il veut, une tendance flatteuse à rester à perpétuité en contemplation de ses droits personnels, plus disposé à les exagérer qu'à les laisser abaisser.

Ainsi l'Iran pouvait montrer, outre les grands feudataires se partageant la possession d'une vaste partie de son territoire, outre les vassaux puissants de ces feudataires, et les arrière-vassaux de ces vassaux et les hommes de race noble dépendants de ces arrière-vassaux, une élite de guerriers absolument libres qui constituaient un corps tout semblable à celui des barons et des chevaliers immédiats que le saint-empire germanique créa chez lui par des causes et sous des influences semblables.

Mais avec le temps de Cyrus naquit un nouvel état de choses qui était de nature à modifier profondément les conséquences politiques de l'organisation antérieure.

Les premiers Grands Rois, issus de Férydoun-Phraortes, n'avaient pas été par eux-mêmes très-puissants. Leurs domaines féodaux ne les mettaient pas hors de pair vis-à-vis de leurs vassaux. Si leur titre souverain leur valait l'hommage et l'obéissance légale dans le cercle défini et assez étroit de leurs royales attributions, ils n'avaient pas les moyens suffisants pour troubler l'ordre. Les derniers de leurs successeurs, comme Zow et Kershasep, semblent avoir été tout à fait pauvres, puisqu'on voit que les territoires jadis possédés par Noouzer restèrent dans la famille de celui-ci ; ils n'eurent ni le Khoraçan méridional, ni Amol, ni les districts de la Montagne qui jadis constituaient le patrimoine propre du souverain, et forcés par les malheurs du temps d'habiter dans la Perside, qui ne leur appartenait pas, ils n'eurent à eux que leur dignité suprême, et, pour la soutenir, la bonne volonté des feudataires.

Avec Cyrus cette situation changea. On a observé que d'abord seigneur de la Susiane, ensuite, par droit d'hérédité, de la Perside, la conquête lui avait successivement donné la Médie, la Lydie, toute l'Asie Mineure, puis l'Assyrie, jusqu'à la Judée, jusqu'aux frontières égyptiennes. Elle ne lui fut pas moins favorable dans l'est et le nord-est. A part les domaines qu'il concéda féodalement à ses chefs militaires, il reprit pour lui toutes les provinces de l'ancien Iran dont il opéra de nouveau la réunion, et dont les derniers maîtres avaient laissé les titres se détruire entre les mains des Scythes. Il eut le nord et l'est de l'Hyrcanie, une partie de l'Asie, la Bactriane, les Champs niséens, la Sogdiane, la Margiane, tout ce que ses prédécesseurs immédiats n'avaient pas, et il le garda. Ce ne furent plus des provinces gouvernées par des familles de princes héréditaires, mais des appartenances directes du Grand Roi ; il les avait rattachées à l'empire, l'épée à la main ; elles étaient à lui et rien qu'à lui. Aussi peut-on très-bien comprendre tous les présents qu'il fait dans ces régions, qui n'avaient plus d'autre propriétaire. Quand Ctésias rapporte que Cyrus en mourant laissa à son fils cadet, Tanyoxarcès, une satrapie qui s'étendait sur les Bactriens, les Choramniens, les Parthes et les Carmaniens, on pense assister au testament de quelque roi mérovingien faisant la part d'un de ses fils. La Bactriane, le pays des Choramniens, le nord tout entier des territoires qu'avaient jadis occupés les tribus parthes, étaient, ainsi qu'on l'a vu, de nouvelles conquêtes. Le Grand Roi en disposait sans léser aucun droit acquis. Le Kerman était fort éloigné de ces régions contiguës ; mais c'était une dépendance antique de la Perside, et qui jusqu'alors n'en avait jamais été séparée. Cyrus pouvait donner à son fils cadet ce démembrement du patrimoine de la famille. Quand ensuite il lègue à Spitacès, fils de Spitamas, le pays des Derbikkes, c'est encore, nous l'avons vu également, un fruit de ses victoires; et le pays des Barcaniens ou terre de Vehrkana, l'Hyrcanie, c'est ce qu'il a acquis par les armes sur le rivage oriental de la Caspienne. Mais on ne trouve nulle part qu'il ait disposé d'aucune contrée pour laquelle il existât une maison régnante. Il ne lui eût pas été possible d'exécuter une pareille spoliation, et il n'eût pu la tenter que par une violence déplaisant à tous ses vassaux, grands et petits.

Quoi qu'il en soit, le Roi des rois était devenu démesurément riche. Il contre-balançait par ses possessions la force de ses feudataires réunis, et les provinces de l'ouest entrées désormais dans son patrimoine lui assuraient, outre l'opulence territoriale, des ressources dont son autorité allait tirer un parti bien inattendu. La constitution iranienne venait par là de recevoir une atteinte de la nature la plus dangereuse, et dont on ne verra que trop se développer les conséquences sous les successeurs du conquérant. Cependant, comme il arrive d'ordinaire, ce fut à ce moment si critique pour la vie féodale de l'Iran, qu'elle atteignit, comme je l'ai montré, par l'effet des grandes et brillantes guerres dont le règne de Cyrus fut rempli, son zénith le plus éclatant. Jamais les héros ne furent plus animés, plus nombreux; jamais les exploits ne furent plus extraordinaires; les succès surpassèrent tout ce que les âges précédents avaient célébré, et les caractères furent à la hauteur des succès.

Si le merveilleux Cyrus dépasse assurément de sa taille gigantesque tous ses compagnons, il est difficile de ne pas s'intéresser aussi à ces compagnons eux-mêmes. Les Grecs n'ont pu l'éviter, bien que ne comprenant pas ce dont il s'agissait, n'ayant aucune idée des mœurs, des notions;

des prétentions, des passions de ces intrépides seigneurs, qu'ils se plaisaient, du fond de leurs petites villes marchandes de la côte ou de leurs obscures vallées de l'Attique et du Taygète, à considérer comme de purs barbares. Ils ont cependant entendu l'écho de la gloire de Fer-Amorz, du seigneur Amorz, leur Amorgès, et du dévoué parent du Grand Roi, le seigneur Iberz, leur OEbaras. Ils ont multiplié les erreurs, mais ils ont pourtant pressenti la vérité; et nous en donnerons comme preuve assez curieuse un exemple qui terminera bien ce coup d'œil jeté sur les mœurs chevaleresques de l'Iran, en mettant sous les yeux du lecteur le commentaire d'une anecdote également racontée par Ctésias et par Ferdousy.

Ctésias prétend, et je l'ai déjà dit précédemment, que Cyrus éprouvant ainsi que sa femme Amytis un grand désir de revoir Astiygas, son beau-père, qu'il avait envoyé résider en Barcanie, c'est-à-dire en Hyrcanie, Vehrkana, chargea un certain eunuque, appelé Pétisacas, de lui ramener ce roi détrôné de la Médie. Mais OEbaras conseilla à l'eunuque de perdre Astiygas dans le désert, et de l'y faire périr de faim et de soif, ce que l'eunuque exécuta. Il serait resté impuni si un songe n'avait révélé son crime à Cyrus. Amytis, furieuse, le fit saisir, écorcher vif, lui fit arracher les yeux et mettre en croix, où il expira.

Quant à OEbaras, bien que Cyrus se fût efforcé de le rassurer en lui jurant que jamais il ne tolérerait qu'un pareil traitement lui fût infligé, il se laissa mourir de faim après un jeûne de dix jours. Le corps d'Astiygas, retrouvé dans le désert sans que les animaux sauvages y eussent touché, avait été gardé par des lions jusqu'au moment où Pétisacas était venu l'enlever.

Cette légende n'a pas le sens commun. On ne devine pas pourquoi OEbaras conseille de faire périr cruellement

CHAPITRE V. — GÉNÉALOGIE DES FEUDATAIRES. 485

le beau-père qu'aime Cyrus; pourquoi il est écouté dans ses conseils absurdes par un homme de la cour, qui pouvait bien prévoir la juste vengeance de la reine ; pourquoi cet eunuque va ensuite chercher le cadavre dans le désert; pourquoi enfin un seigneur aussi puissant qu'OEbaras, que protége la parole du souverain, se résout de lui-même à une mort lente et inutilement cruelle, afin d'éviter ce qui ne pouvait guère être pire. Il n'a fallu rien moins que la tendance à la niaiserie dont l'imagination grecque est si souvent entachée, pour comprendre et reproduire de la sorte un récit que nous allons maintenant lire dans le Shah-nameh avec un tout autre caractère et une tout autre portée.

Un jour que Cyrus était dans son palais avec Gouderz, fils de Keshwad, et les deux fils de ce héros, Gyw et Ferhad, Gourgyn, fils de Mylad, le seigneur de Rey, Shapour, Kherad, Toous et Bijen, et qu'assis dans un riche pavillon au milieu des arbres et des fleurs du jardin, il s'occupait à boire et à causer, des Arméniens habitant la frontière vinrent se plaindre en pleurant que leurs champs étaient ravagés depuis quelque temps par un sanglier énorme, qui fouillait de ses défenses monstrueuses la terre cultivée, déracinait les arbres et causait les plus grands dommages. Il n'est pas sans intérêt de comparer cette réclamation adressée à des héros par des paysans, avec l'histoire du sanglier de Calydon et celle non moins intéressante de la mort du fils de Crésus à la chasse du mont Olympe.

Cyrus, ému de pitié, engagea ses héros à entreprendre la destruction du monstre. Il mit à cet exploit un prix élevé, promettant de donner au vainqueur, à celui qui lui rapporterait la hure de la bête, une table d'or enchâssée de pierreries, et dix chevaux harnachés d'or et d'étoffes syriennes.

Bijen, brûlant de jeunesse et de témérité, se leva aussitôt et demanda à accomplir l'aventure. En vain son père, Gyw, chercha-t-il à s'opposer à sa résolution, le jugeant encore trop jeune et trop inexpérimenté, il persista dans son dire, et Cyrus, charmé de le voir si vaillant, prit son parti contre Gyw, l'encouragea, et sachant que le jeune homme ne connaissait pas les chemins de l'Arménie, il ordonna à Gourghyn, fils de Mylad, de lui servir de guide et d'ami, et de le soutenir au besoin.

Mais Gourghyn, blessé du rôle inférieur qui lui était assigné dans cette affaire, ne se montra nullement disposé à prêter son secours à Bijen, et quand celui-ci, arrivé dans la forêt où le sanglier avait sa bauge, voulut prendre des dispositions communes avec son compagnon, il lui déclara que puisque à lui seul étaient promises les brillantes récompenses dont Cyrus avait parlé, à lui seul aussi devaient revenir toute la peine et tout le danger. Bijen, piqué de cette réponse, laissa Gourghyn et pénétra seul dans le bois, où, attaqué bientôt par la bête énorme qu'il venait chercher, et dont la stature, les défenses, les yeux ardents, la force sauvage et la brutalité terrible eussent effrayé plus d'un guerrier de valeur, il réussit à l'abattre après un dur combat, lui trancha la tête pour la porter en trophée au roi de l'Iran, et laissa le corps sur la terre nue.

Cependant Gourghyn avait quitté la forêt, dans les profondeurs de laquelle il avait vu disparaître le jeune chevalier. Il espérait bien que jamais celui-ci n'en sortirait, et qu'il périrait victime de sa témérité. Mais en songeant aussi que l'abandon où lui, Gourghyn, avait laissé son frère d'armes, deviendrait la honte et le désespoir du coupable, si jamais on pouvait savoir la vérité, il craignait, et son cœur se remplissait de doute et de chagrin. Son regret fut donc égal à sa colère quand il vit reparaître Bijen victorieux, et la jalousie croissant encore, il se résolut à le faire périr dans quelque piége.

Après l'avoir félicité de sa victoire, il lui raconta cauteleusement que la grande connaissance qu'il avait acquise de tout ce pays dans les différentes occasions où il était venu y guerroyer, tantôt avec Roustem, Gyw et Koustehem, tantôt avec Koujdehem et Toous, lui avait appris que le chemin pour aller de là dans le Touran n'était pas long, et d'ailleurs si beau, si agréable, si parsemé de belles prairies en fleur, d'arbres feuillus et odorants, que c'était merveille de faire cette route. Tout le temps le chant des rossignols et d'autres oiseaux charmait les oreilles, non moins que le paysage enchantait les yeux. Si nous poussons, ajouta-t-il, de ce côté et que nous marchions seulement pendant une journée, nous tomberons au milieu des Touranys, et nous enlèverons de belles captives que nous ramènerons au roi et qui nous feront honneur.

Bijen ne manqua pas de donner dans le piége, et enthousiasmé de la perspective que faisait miroiter à ses yeux son perfide compagnon, il le suivit au delà des frontières de l'Arménie et pénétra avec lui sur les terres des Scythes. D'après la description qui est faite, d'après la position des lieux, d'après la longueur du chemin, qui fut beaucoup plus grande que Gourghyn ne l'avait dit, il paraît que les deux jeunes gens traversèrent le Ghylan, les forêts mazenderanys, et entrèrent sur le territoire hyrcanien, là où Ctésias dit qu'Astiygas avait été relégué.

Gourghyn savait bien où il menait sa victime. C'était dans ce canton retiré qu'habitait avec ses femmes et ses serviteurs la fille chérie d'Afrasyab, le roi du Touran. Bijen aperçut cette jeune merveille, entourée des plus belles filles de la Scythie, au moment où il entrait dans une grande prairie. A cette vue, il s'enflamma d'un amour qui tout d'abord ne connut pas de bornes. Il s'avança lentement sous le couvert des branches, s'étudiant à faire assourdir par l'herbe épaisse les pas de son cheval ; quand il se trouva assez près des jeunes filles, il mit pied à terre sous l'ombre d'un saule et s'approcha doucement de l'endroit où était assise Menijeh. Là, il se cacha et resta longtemps livré au bonheur de la contempler.

Mais tout à coup il fut aperçu, et la fille du Touran, effrayée et honteuse, s'empressa de se couvrir de son voile. Cependant elle avait eu le temps de regarder ce jeune homme richement vêtu, noblement armé, et qui, à la forme de son casque, était certainement Iranien. Elle avait, comme Bijen, ressenti une atteinte qui l'empêchait de fuir ; elle hésitait, elle s'arrêta, et commença à l'interroger sur ce qu'il était.

Je m'attarde un peu dans ces détails, parce que je les prends directement et avec un grand scrupule dans le poëme, qu'ils n'ont rien d'asiatique à la façon dont nous entendons ce mot, et qu'ils sont au plus haut degré pareils à ceux que l'on est habitué à trouver dans la chevalerie occidentale, ce qui me garantit l'antiquité des documents dans lesquels Ferdousy les a puisés. Mais je n'oublie pas qu'au fond je ne veux que retrouver l'anecdote racontée par Ctésias sur Astiygas et l'eunuque Pétisacas.

Menijeh, éprise de Bijen, lui laissa voir tout son amour. Elle lui permit d'entrer dans le palais qu'elle habitait, et là les deux amants furent surpris par Afrasyab. Dans le premier moment de fureur, le roi scythe voulait tuer le cavalier de l'Iran ; mais son sage ministre, Pyran, intervint, et à force de remontrances et de supplications, il obtint que Bijen aurait la vie sauve. On l'enchaîna étroitement, et les serviteurs d'Afrasyab l'entraînant dans un lieu désert, le précipitèrent au fond d'une citerne vide dont ils s'empressèrent de fermer l'ouverture avec des pierres et de la terre. Le cavalier était ainsi condamné à

CHAPITRE V. — GÉNÉALOGIE DES FEUDATAIRES.

mourir de faim et de soif dans la solitude, comme Astiygas l'avait été par l'eunuque, au dire de Ctésias.

Mais Menijeh veillait sur son amant. Quand elle avait appris ce qui avait été décidé pour lui, ses joues s'étaient couvertes de larmes brûlantes, puis elle s'était levée, elle s'était enfuie de son palais, elle était accourue nu-pieds et tête nue jusqu'à la citerne. A force de peine et de travail, elle réussit à déblayer un peu l'ouverture, et elle put enfin y faire entrer la main. Ainsi elle rendit le courage au captif, et lui fit passer du pain pour soutenir sa vie.

Cependant Gourghyn, qui avait plongé Bijen dans tous ces malheurs, n'avait pas accompagné le jeune homme au fort du danger, qui lui était bien connu. Mais quand il n'avait plus revu son compagnon, il éprouva de nouveau quelques remords. L'horreur de sa conduite depuis le jour où il avait quitté avec Bijen la cour de Cyrus se montra graduellement à ses yeux ; il se repentit profondément de ce qu'il avait fait, et poussé par ce sentiment plus digne de lui, il pénétra dans les jardins, afin de savoir au moins ce qu'était devenu le fils de Gyw. Il les parcourut en vain ; ils étaient abandonnés. Il retrouva errant dans les prairies le cheval du jeune aventurier, la selle vide et souillée de terre, car sans doute le coursier s'était roulé ou couché sur le sol.

Gourghyn reprit seul le chemin de l'Iran. Quand on annonça son retour et que Bijen n'était plus avec lui, le vieux Gyw, dans un désespoir furieux, courut à sa rencontre et lui demanda compte de la vie de son fils.

Gourghyn, bien qu'ayant un profond chagrin, ne se dénonça pas lui-même ; il répondit au père désolé que revenant avec Bijen de la chasse victorieuse qu'ils avaient faite ensemble, un âne sauvage, un « gour », d'une taille, d'une force, d'une beauté, d'une rapidité prodigieuses, s'était tout à coup montré à leurs regards. Le gour était le gibier favori des héros de l'Iran, précisément parce qu'il est à la fois très-difficile à atteindre et très-dangereux dans sa fureur. Bijen n'avait pas su résister à la tentation. Il s'était lancé sur les pas de l'animal léger, et lui avait jeté le lasso pour le saisir. Il l'avait atteint; mais le gour, continuant sa course, avait entraîné cheval et cavalier, et lui, Gourgyn, les poursuivant d'abord sur la trace des tourbillons de poussière élevés sous leurs pas, les avait vus disparaître, les avait perdus, et enfin n'avait plus rien retrouvé, après de longues recherches, que le cheval souillé de terre qu'il ramenait.

Ce discours vraisemblable, s'il éclaira la douleur du vieux Gyw, ne fit qu'exciter son besoin de donner le change à cette douleur par une explosion de colère; il se mit à jeter des cris affreux contre Gourghyn et à l'accuser de trahison et de lâche abandon de son fils, et le traînant devant le roi, il exigea une vengeance terrible. Cyrus, presque aussi désolé que le père de la perte de son héros, accabla Gourghyn d'outrages, et consentit à ce qu'il fût jeté en prison. Ici c'est le vieux Gyw qui remplit le personnage de la reine Amytis et qui, comme elle, veut des châtiments. En emprisonnant Gourghyn, on se réservait d'ailleurs de soumettre sa conduite à une épreuve redoutable.

Cyrus consulta l'oracle de la coupe. Cette coupe merveilleuse, sur laquelle étaient gravés les contours des sept parties du monde, montrait à ceux qui savaient la consulter le secret de tout ce qui se passait sur la terre. Ainsi fut découvert le crime de Gourghyn et le lieu où Bijen souffrait captif, et c'est ainsi que l'endroit du désert où Astiygas gisait abandonné par son traître guide fut indiqué au même Cyrus par un songe. Le songe fatidique fournissait à l'esprit et à l'imagination d'un Grec une

CHAPITRE V. — GÉNÉALOGIE DES FEUDATAIRES. 491

explication naturelle, tandis que le même Grec n'aurait rien compris à l'intervention d'une coupe.

Il était urgent de délivrer Bijen de son horrible captivité, et dans tout l'Iran un seul homme était capable de tenter une si redoutable entreprise, car il fallait à la fois de la ruse et de la force. Toute la puissance, toute la haine du souverain des Touranys se trouvaient là en jeu. Roustem était le héros pour une telle aventure. Sollicité par Gyw, comme Pétisacas l'avait été sans doute par la reine Amytis, lorsqu'il s'agit de retrouver et de rendre Astiygas, Roustem consentit à ce qu'on demandait de lui, et se porta généreusement à ce nouvel exploit. Dans le récit de Ctésias, on ne comprend pas du tout ce que Pétisacas, dont la mort ignominieuse a déjà été racontée, vient faire en cette circonstance; mais tout s'explique fort bien quand on considère ce nom même de Pétisacas. C'est incontestablement « Païti-Saka » qu'il faut lire, le roi des Sakas, le roi du Seystan, et le roi du Seystan n'est pas un eunuque, c'est Roustem, fils de Zal, lui-même. Ctésias a été trompé par la coutume établie de son temps à la cour de Suse de mettre les eunuques du palais à la tête de toutes les affaires. Il a cru que cet usage existait déjà au temps de Cyrus. Le Païti-Saka dont il s'agit ici n'étant autre que Roustem, nous voyons que l'antiquité grecque, sans le savoir, a connu et indiqué le héros typique de l'Iran.

Du moment qu'un pareil libérateur se présentait pour Bijen, il ne pouvait pas échouer, et le Païti-Saka Roustem tira le jeune homme de son tombeau anticipé avec l'aide affectueuse et dévouée de Menijeh. Les deux amants trouvèrent sur la terre iranienne le bonheur qu'ils avaient si bien mérité par la force de leur amour.

Ainsi un guide infidèle jette celui qu'il est chargé de protéger et de conduire dans un danger mortel qui vaut à la victime un enterrement prématuré dans le désert. Par un secours surnaturel, la trahison est découverte, et les amis de celui qui est perdu retrouvent sa personne. La violente colère éprouvée par le cœur qui s'intéresse le plus à lui est approuvée de Cyrus. Le coupable va recevoir un châtiment terrible. Mais le chef des Sakas, Pétisacas, Païti-Saka, Roustem, ramène celui qu'on croyait perdu pour toujours. Voilà au fond le récit de Ctésias, l'étoffe dont il est composé. Il n'y a non plus rien d'essentiel qui soit ajouté à la version de Ferdousy. Seulement il faut avouer que cette version est mieux liée, plus vraisemblable, plus conforme aux mœurs iraniennes. Je pense donc que cette légende doit être considérée comme le texte même que Ctésias a défiguré, pour y trouver des personnages et des combinaisons qui lui fussent plus connus et plus accessibles.

Il y aurait encore à ajouter peut-être aux détails que contient ce chapitre sur les grandes familles de l'Iran; mais l'occasion se présentera maintes fois d'y revenir.

CHAPITRE VI.

TRADITIONS DIVERSES SUR LA MORT DE CYRUS.

L'imagination des peuples s'accommode difficilement de l'idée d'une fin naturelle pour la plupart des grands hommes. Il semblerait que l'attention constamment fixée sur eux ne devrait pas permettre au plus petit doute de se produire sur la manière dont ils ont quitté ce monde. Un pareil moment devrait être comparable pour les contemporains à un passage de la lumière aux ténèbres, et on serait en droit de s'attendre à ce que les esprits attachés à constater avec une affection soutenue et inquiète chacune des phases de la catastrophe réussissent aisément à les fixer à jamais dans le souvenir des générations.

Cependant c'est le contraire qui a lieu, et il en a été ainsi pour Cyrus. L'intensité même des préoccupations a empêché sans doute qu'on se contentât des faits tels qu'ils semblaient être. L'opinion si haute, ombre restée du prince disparu, a contraint la réalité, jugée trop mesquine, à reculer devant des suppositions, des prétendues divinations, des combinaisons de circonstances que l'on jugea sans doute plus dignes de lui et qui répondaient mieux, dans tous les cas, au sentiment commun sur la nécessité de ne pas terminer d'une manière vulgaire une existence dont les actes avaient si puissamment ému les imaginations.

De là l'oubli profond et de bonne heure complet de la vérité vraie et simple sur la mort du conquérant. Personne n'avait voulu l'admettre, la jugeant mesquine et insuffisante. Quand un certain nombre d'années eut passé sur le fait, on prit tant d'intérêt à imaginer quelque chose de mieux qu'on se perdit dans les différents récits produits pour expliquer ce qui était inexplicable, et très-promptement les contradictions les plus complètes se partagèrent les convictions populaires. Au temps d'Hérodote, il y avait déjà plusieurs versions du grand événement. L'historien l'affirme, et il a pris celle qui, dit-il, lui a paru la plus vraisemblable.

Ce caractère plus grand de vraisemblance n'a pas été déterminé dans son esprit sans l'aide des sentiments que nous lui avons déjà vus sur Cyrus. Il ne lui est pas bienveillant. Il le considère comme un perturbateur du monde, comme un guerrier impatient, aimant la guerre pour la guerre, prenant les conquêtes et les ravages pour le droit et le devoir de sa naissance. Aussi peut-on s'attendre que ce qui paraît admissible et probable à Hérodote sera injurieux à Cyrus.

Dans la guerre injuste qu'il fait aux Massagètes, il s'est avancé sur leur territoire, et, à l'aide d'un subterfuge, il a vaincu les Scythes dans une première bataille. Tomyris, montrant une modération magnanime, l'engage à se contenter de cette victoire et à se retirer, promettant de ne pas troubler sa marche. « Mais si tu t'obstines, fait-elle
» dire par un héraut au roi des Perses, j'en jure par le
» Soleil, maître des Massagètes! quelque altéré de sang que
» tu puisses être, je t'en rassasierai! »

Cyrus livra bataille, et après une mêlée terrible, les Perses vaincus prirent la fuite. Mais le roi ne se retrouva pas parmi eux. Il était tombé dans la foule des morts, où Tomyris le ramassa. Elle fit mutiler son cadavre, lui fit trancher la tête et la plongea dans une outre remplie de sang. Elle avait accompli sa promesse.

Le récit accepté par Ctésias est tout différent, et ne porte d'ailleurs aucune empreinte de haine; seulement Cyrus y joue un personnage assez inférieur. C'est Amorgès qui est le héros, il bat les Derbikkes dans le lieu où Cyrus a été vaincu par eux.

Cyrus a été blessé à la cuisse; on l'a relevé mourant. Amorgès l'a fait transporter dans son camp, et là le roi a dicté ses dernières volontés. Il a choisi pour son successeur Cambyse, l'aîné de ses fils. A Tanyoxarcès, le cadet, il a laissé le gouvernement des Bactriens, celui des Choramniens, des Parthes et des Carmaniens, et il a ordonné que cet apanage fût libre à l'égard de la couronne de toute redevance. A Spitacès, fils de Spitamas, il a accordé la satrapie des Derbikkes vaincus; à son frère Mégabernes, celle des Barcaniens. Il a recommandé à ces jeunes gens de rester en tout soumis à leur mère, et toujours étroitement unis avec Amorgès. Il a voulu que ses héritiers se donnassent la main devant lui en se jurant une sincère amitié, et comblant d'avance de ses bénédictions ceux qui sauraient y rester fidèles, il a prononcé les plus redoutables imprécations contre tel qui oserait y manquer.

Ces grands intérêts étant ainsi réglés, Cyrus, le troisième jour après avoir reçu sa blessure, expira.

Il ne se trouvera personne qui n'accorde à cette narration le mérite que prétendait rechercher Hérodote, celui de la vraisemblance. Assurément elle est plus naturelle et expose des faits plus simples que celle dont l'historien d'Halicarnasse a fait choix. J'ai déjà remarqué que la façon dont Cyrus y distribue des fiefs est tout à fait conforme à l'institution de l'État iranien; que le roi ne donne que ce qu'il peut donner et dont il a droit de disposer; il ne blesse par là aucun droit. Aussi je considérerais ce récit de la mort du Grand Roi comme authentique, s'il suffisait de la probabilité pour créer la réalité. Comme il n'en est point ainsi, je me contente de l'apprécier comme il le mérite, et je passe à l'exposé d'autres opinions qui cette fois nous sont fournies par des textes orientaux.

Le Shah-nameh rapporte ce qui suit :

Cyrus étant arrivé au comble des prospérités, maître du monde, n'ayant plus rien à souhaiter, surtout rassasié de gloire, sentit le vide profond des grandeurs humaines. Il ne voyait plus rien au-dessus de lui, rien à côté. Désormais donc rien ne lui dérobait la claire vue du ciel. Il compara ce qu'il était et ce qu'il avait accompli à l'immensité même, et se trouva si petit, que le mépris absolu de toute chose s'empara de son cœur.

Il résolut de renoncer au trône, et déclara cette volonté à ses héros. Zal et les autres lui faisant observer qu'il n'avait pas d'héritier de son empire, lui proposèrent chacun un candidat. Le roi du Seystan sollicita pour son fils Roustem. Le chef des Gawides, le vieux Gouderz, énuméra les mérites de son fils Gyw. Toous, descendu de Férydoun-Phraortes et de Menoutjehr-Cyaxares, d'ailleurs puissant par ses domaines, par ses vassaux, par l'éclat de ses succès, revendiqua ses propres droits. Mais le vieux monarque, à tous ces nobles prétendants, préféra le pieux Lohrasp, un Bactrien, issu de la race de l'Elbourz, son parent, car il se rattachait aussi au roi Gobad, et d'ailleurs remontait à Housheng, un des premiers rois de la Montagne. Il lui mit la tiare sur la tête, et assista à l'hommage que rendirent au nouveau souverain les grands et le peuple.

Je n'insiste pas en ce moment sur ce détail de la narration, parce que j'aurai à montrer plus tard qu'il est tout à fait inacceptable. Je me borne à le donner tel qu'il est, afin de ne pas mutiler le récit.

Le trône pourvu, Cyrus monta à cheval avec ses vassaux. Il s'achemina vers la contrée pure par excellence, celle où avaient régné Abtyn, Férydoun et Menoutjehr; il entra dans l'Elbourz sacré. Il s'enfonça, suivi de son cortége auguste, dans ces solitudes redoutables. Les peuples désolés et comprenant bien la perte qu'ils allaient faire accompagnaient leur maître en pleurant. Enfin il leur ordonna de se retirer, de se disperser, de rentrer dans leurs demeures, de retourner aux soins ordinaires de leur vie. Ils lui dirent adieu. Mais les grands champions qui avaient partagé ses fatigues et ses triomphes ne consentirent pas à se séparer de leur chef, et ils voulurent s'anéantir avec lui dans l'ascétisme.

Zal, Roustem, Gouderz, Gyw, Bijen, Koustehem, Fer-Iberz, Toous, l'imitèrent avec ferveur quand ils le virent déboucler sa cuirasse et la laisser sur l'herbe. Ils jetèrent leurs casques quand il jeta sa tiare. Ils déposèrent leurs épées quand il déposa son sceptre, et, tous ensemble, se consacrèrent avec lui à la vie contemplative. Roustem pourtant n'y resta pas fidèle; il rentra plus tard dans le monde pour aller mourir misérable victime des embûches de son frère Shegad.

CHAP. VI. — TRADITIONS SUR LA MORT DE CYRUS.

Quant aux autres paladins, on n'en entendit plus parler. Les rochers et le désert gardèrent le secret de leur vie. On ne sait pas quand ils moururent ni même s'ils moururent. Ils s'étaient donnés à Dieu, et ce que devinrent leurs âmes et leurs corps, lui seul put le savoir. Avec eux disparurent de la terre les splendeurs du quatrième Iran; la grande féodalité, la rudesse généreuse, la force chevaleresque disparurent aussi. Des temps nouveaux allaient commencer qui eurent également leur magnificence, mais d'une façon bien étrangère à ce que l'empire avait voulu et admiré jusqu'alors.

Le récit de Ferdousy est aussi enthousiaste que ceux d'Hérodote et de Ctésias le sont peu, le dernier se montrant toutefois assez adouci. En réalité, c'est ici une conception très-ariane. Les peuples héroïques ont aisément admis qu'au-dessus du guerrier fameux il y avait encore un degré sublime à franchir, celui de l'anachorète; chez les Hellènes, avant Homère, c'était une sorte d'ascétisme qu'avait pratiqué Chiron et qui avait fait sa grandeur. Hercule gagnait quelque chose en montant sur le bûcher fatal. La douleur le faisait dieu. De même les Scandinaves trouvaient l'apothéose dans la mort, et les leudes des Mérowings admirent sans peine aussitôt qu'ils furent chrétiens, et par une suite d'idées découlant des habitudes antérieures de leur pensée, que le général d'armée, le gouverneur de province, le chef puissant et victorieux n'avait pas atteint le comble de la gloire tant que ne déposant pas les insignes mêmes de la force, ne renonçant pas pour toujours au glaive, au bouclier, au commandement militaire, il n'avait pas reçu la consécration épiscopale et adopté le renoncement ecclésiastique. Il est inutile de parler des sentiments professés par les rois indiens. Le dernier terme de la perfection d'un kjattriya était de rompre avec la vie active et de s'élever aux austérités d'un ermitage. Le tableau présenté par le Shahnameh est donc d'un sentiment très-antique, très-conforme à tous ceux de la race, très-digne d'être compris, apprécié, admiré par elle, et il n'y a rien d'extraordinaire à ce que Cyrus, dans l'élévation de son âme, ait réalisé une fin dont les mérites et les avantages se sont présentés sans doute plus d'une fois à la réflexion de Charlemagne.

Mais comme il ne s'agit nullement de déterminer ici ce qui a été, mais seulement ce que l'imagination iranienne s'est plu à se figurer sur le compte du Grand Roi, je laisse ce qu'a dit Ferdousy sans en tirer aucune conclusion définitive, et je passe à une dernière version, qui de toutes est certainement la plus extraordinaire et la plus grandiose.

On a vu qu'à l'exemple des Mèdes qui ont renseigné Hérodote, et des habitants de Suse dont les rapports ont instruit Ctésias, l'auteur du Koush-nameh, Koutran-Ibn-Mansour, ne se montrait pas favorable à Cyrus, du moins aux débuts du conquérant et à son origine. Cependant, en tant qu'Iranien, en tant que libre de certaines préventions locales bien effacées par le temps, il s'est débattu contre des impressions qui contrastaient trop avec la gloire de son héros ; et il a tant multiplié ses efforts, qu'après avoir commencé dans les rangs ennemis, il s'est élevé plus haut dans l'enthousiasme que Ferdousy lui-même.

Cyrus ou Koush était donc, à son dire, un monstre métis, fils d'une esclave diabolique, horriblement difforme lui-même, pourvu de dents semblables à des défenses, et d'oreilles dont l'amplitude rappelait celles de l'éléphant. Il était fort, il était intrépide, on ne peut le nier ; mais il était ingrat, et il récompense les bienfaits d'Abtyn en tuant le fils de son père nourricier ; il déserte la cause de l'Iran, et devient roi des Mèdes.

Le tort qu'il fait dès lors à ceux qui l'ont sauvé, nourri

et élevé, est incalculable. Cependant ses exploits, bien que dirigés contre eux, prouvent un tel héroïsme, que le poëte, tout en les détestant, ne peut s'empêcher de les admirer.

Tels qu'ils sont, ils n'arrivent pas à prévaloir contre la cause sainte de la nation pure. Cette cause l'emporte. Koush est vaincu. Garen le Gawide l'affronte, le renverse à bas de son cheval d'un coup de son irrésistible massue; il l'emporte à Amol, et le jette aux pieds du trône de Férydoun, qui le condamne à aller vivre enchaîné auprès de Zohak dans les cavernes sulfureuses du Demawend. C'était agir contre les décrets de la destinée. Koush, indispensable à la grandeur de l'Iran, ne pouvait pas finir ainsi. C'est ce que devina Garen. Il remontra à Férydoun que son captif était seul capable de tenir tête aux redoutables essaims d'ennemis soulevés par l'Occident contre les nations de la Bonne Loi. Sans la force de son âme, sans la hauteur de son génie, sans la vigueur de son bras, l'Iran succomberait aux dangers innombrables que préparait l'avenir.

Dans cette atmosphère d'histoire idéalisée, où Férydoun, comme un immortel, plane dans un éther presque céleste, et où il n'est tenu compte ni des temps ni des espaces, le déroulement successif des époques et des transformations de l'Iran est tout entier et tout à la fois étalé sous les yeux du poëte qui le montre à ses auditeurs.

Férydoun accueille la proposition de Garen. Koush, détaché de la roche où il a gémi pendant quarante années, est ramené à Amol. Il rend hommage au souverain typique de l'Iran, qui lui pardonne, le comble de dons magnifiques, et lui confère la royauté de l'Occident. Koush se met alors à la tête de l'armée iranienne, armée non moins gigantesque que lui et par la stature et par l'énergie des guerriers qui la composent, par conséquent non moins fantastique, et les campagnes de Cyrus contre les Lydiens, les Assyriens et les autres peuples de l'Asie antérieure commencent.

Ces campagnes atteignent beaucoup au delà des conquêtes réelles du vainqueur de Crésus. Cyrus voit ici sa gloire agrandie de toute celle de Cambyse, de celle de tous les Achéménides pris en masse, de celle des Séleucides, de celle des Ptolémées, de ce que les Asiatiques ont pu savoir des triomphes des Grecs et des Romains. De même que dans le passé Cyrus touche aux origines du troisième empire, de même son action se poursuit indéfiniment dans l'avenir, et tout ce que l'Iran a fait ou croit avoir fait, tout ce qui a été accompli dans le monde, c'est Cyrus qui l'a accompli.

Koutran-Ibn-Mansour déploie dans cette partie de ses chants un luxe extrême de descriptions géographiques. Ses vers sont bigarrés de noms de villes et de pays étrangers défigurés le plus souvent de manière à rester méconnaissables. Cyrus prend Moussoul-Ninive, et contemple avec admiration les monuments énormes de ce pays ennemi. Il détruit tout, temples et palais; il fait disparaître de la face de la terre ces témoignages orgueilleux de la puissance des anciens rois, dont il pense ainsi humilier la mémoire; et plus belles sont les choses qu'il extermine, plus incontestable et plus complet lui semble son triomphe. Il veut que tout commence à lui; c'est une idée de despote. Mais l'Iran reste bien vengé du mal que les Zohakides lui ont fait jadis.

Puis Cyrus franchit le désert, et commande au roi arabe Ous de lui envoyer des pionniers, les vivres d'une année, des chameaux pour porter ces provisions, et de disposer sur la ligne qu'il doit parcourir les magasins nécessaires. C'est là une action empruntée à Cambyse.

Il s'empare de la contrée chananéenne. Il conquiert l'Égypte, encore avec Cambyse; et avec Darius il écrit aux grands de Carthage, que Koutran-Ibn-Mansour nomme Kerthyeh. Seulement Darius se borne à traiter de loin les suffètes en sujets de l'empire. Cyrus va chez eux, et entre dans leur ville. Il prend l'Afrique occidentale tout entière; il passe le détroit de Gibraltar, envahit l'Espagne, et ne s'arrête qu'aux rivages de cet Océan auquel on donne le nom de mer de Tarbès.

Arrêté par les ondes sans fond, il revient alors sur ses pas, achève de purger de noirs anthropophages les contrées de l'Afrique qu'il parcourt. Il fonde partout des villes. Partout il rassure les populations épouvantées d'une si irrésistible puissance et d'une activité si inouïe. Il relève la culture et les arts de la paix, et maître désormais paisible de l'empire immense que lui a donné Férydoun, il bâtit la ville de Kélenkan, dans laquelle il est possible de reconnaître Séleucie, et il y fixe sa résidence.

Koush avait accumulé les succès de toutes sortes; il avait fait beaucoup de bien. L'Iran le bénissait; ses sujets vivaient en paix sous son ombre, et cependant le mauvais esprit ne l'avait pas abandonné. L'ancienne perversité du fils de la dyw subsistait au fond de son cœur. Les cavaliers iraniens, ses compagnons, avaient été surpris et indignés plus d'une fois par la férocité bizarre des supplices qu'il infligeait à ses prisonniers noirs. Son orgueil n'avait jamais cessé d'être délirant. Il se croyait dieu, et bien que depuis sa délivrance il n'eût pas favorisé ouvertement l'idolâtrie, en réalité il n'avait d'autre culte que lui-même.

Ces indices sinistres aperçus par Férydoun troublaient l'âme du monarque d'inquiétudes secrètes. Assis dans son palais d'Amol, il ne recevait pas sans appréhension les nouvelles éclatantes et multipliées des lointains triomphes de son vassal. En vain Garen s'efforçait de rassurer le vieux roi en cherchant à lui faire partager les illusions d'une âme loyale. Férydoun eut tristement raison. Koush, se voyant plus puissant qu'il n'avait jamais été, s'abandonna à la révolte; il recommença à se faire adorer; il releva les idoles; il persécuta les hommes de la Bonne Loi; il redevint ce qu'il avait été jadis, et pire encore. Garen, honteux de sa noble méprise, s'arma de nouveau pour combattre Koush.

Ici le théâtre de la scène dépasse toute limite, et dans l'étendue fantastique où se place le poëte, il n'y a plus de prétention à une réalité historique quelconque. L'imagination voit apparaître et se heurter les fantômes gigantesques et indistincts des héros acharnés à s'entre-détruire, et de l'Espagne à la Médie circulent des armées innombrables qui tourbillonnent, et s'effacent comme des rêves. Mais ce moment de délire, imposé sans doute comme le reste par les documents anciens au génie de Koutran-Ibn-Mansour, ne dure pas longtemps, et on revient à une sorte de vérité symbolique.

Koush, malgré des efforts et des exploits surhumains, va cependant succomber sous les assauts de Selm, fils de Férydoun, de Garen et de Gobad les Gawides, et de Nestouh, roi d'Hamadan, quand soudain Selm et Tour se tournent contre leur père, traitent avec Koush, et lui cèdent ce qui reste du monde en dehors de leurs propres possessions et de l'Iran, où Menoutjehr demeure invincible. Alors Koush devient le maître incontesté de la Syrie, de l'Égypte, de l'Yémen, de tout le Bakhter, c'est-à-dire ici de l'Asie antérieure, représentant l'empire des Séleucides et des Ptolémées. A ce moment, l'image de Koush, ainsi conçue, n'a par le fait plus rien d'iranien; cependant c'est une conséquence lointaine peut-être, mais une conséquence de l'œuvre de Cyrus; Cyrus est donc toujours présent dans Koush, et il doit nécessairement se manifester encore d'une façon tout à fait claire, ce qui arrive en effet.

Il y a huit cents ans que le roi Koush occupe le trône. Il est à la chasse à la tête de son armée. C'est un de ces grands rassemblements d'hommes et d'animaux, un de ces plaisirs fastueux encore familiers aujourd'hui aux souverains persans. Des essaims de cavaliers courent de toutes parts dans l'immense forêt où se passe la scène suprême que je raconte. Tout à coup un hémione, un âne sauvage d'une taille énorme apparaît au milieu des arbres, et le roi se précipite à sa poursuite. L'hémione, agile et vigoureux, se dérobe, entraîne son ennemi à travers les taillis et les clairières, et jusqu'au soir fait battre les fourrés par le chasseur étonné qui ne réussit pas à l'atteindre.

Koush s'arrête en voyant les ombres de la nuit l'envelopper. Il veut rejoindre sa suite. Il ne la trouve plus. La forêt est sans bornes. Pendant quarante jours, le roi erre de tout côté sans découvrir d'issue. Une horreur secrète l'a saisi. Il ne peut se défendre d'attribuer à quelque cause inconnue, contre laquelle échoue sa puissance, l'emprisonnement étrange dans lequel il se sent enserré. Déjà sa confiance superbe est ébranlée, et sans y rien comprendre encore, il doute de lui-même.

Enfin il aperçoit une petite maison de pierre. Il y court; il frappe à la porte. Un vieillard décrépit apparaît:

« Que veux-tu? demande le solitaire.

— Indique-moi ma route, répond le souverain.

— Ne sais-tu la trouver?

— Non; depuis quarante jours, je suis perdu dans la forêt.

— Qui es-tu donc, malheureux, toi qui ne peux pas te conduire?

— Je suis le roi Koush.

— Le roi, réplique le vieillard, qui se prend pour un dieu, qui se fait rendre un culte, qui ne reconnaît rien au-dessus de lui, qui n'a confiance qu'en sa force? Cherche ton chemin. »

Et là-dessus l'ermite referme sa porte.

En vain le roi supplia, ce qui lui était bien nouveau. Le vieillard ne voulut rien entendre. Cependant, à la longue, il reparut, et par des sarcasmes amers il continua à humilier Koush. Il lui prouva sa faiblesse, et lui fit sentir son infirmité; il lui prouva surtout ses crimes et ses folies, et le guerrier sauvage, bravé pour la première fois, et par qui? par un ascète sans force et sans richesses, sans jeunesse et sans beauté, par une sorte de squelette à peine animé, contre lequel pourtant il ne pouvait rien et duquel il attendait tout, se sentit intérieurement, pour la première fois aussi, tellement convaincu de son humiliation, que son orgueil plia.

Koush demanda à être instruit autrement qu'il ne l'avait été jusqu'alors. Mais l'ermite exigea des preuves complètes d'abnégation. Il lui fit déposer son harnais de guerre. Il l'épuisa par de longs jeûnes et ne lui accorda pour satisfaire sa faim que quelques fruits sauvages et quelques poignées d'herbe. Il le désabusa de la gloire, et au-dessus des choses sensibles il lui fit apercevoir la Toute-Puissance qui a créé l'univers et qui l'avait créé lui-même.

Koush, abattu, faible, amaigri, languissant, et qu'un enfant aurait pu vaincre, ne savait plus que croire, ni quelle idée se faire désormais du monde et de lui-même. Peu à peu une nouvelle clarté se leva et resplendit sur son âme; c'était une lumière bien différente de celle dont les éblouissements d'enfer l'avaient jusqu'alors égaré, une clarté pure et douce rayonnant du foyer des vertus que jusqu'alors il n'était jamais parvenu à comprendre.

Après avoir changé son cœur, l'ascète transforma son intelligence; il éveilla en lui l'amour endormi de la science.

Il rendit Cyrus maître absolu du monde intellectuel comme il l'était de tant de royaumes. Il lui apprit tout, et en fit en même temps le meilleur des hommes et le plus savant des enchanteurs.

La figure étrange et hideuse du fils de la dyw ne pouvait plus envelopper une âme si parfaite, une raison si divine. Les dents et les oreilles d'éléphant disparurent. La forme extérieure du héros devint aussi harmonieuse que l'était son être intérieur, et le sage précepteur, dans lequel on reconnut plus tard un descendant de Djem-Shyd, ordonna alors à son illustre élève de retourner dans le monde dont il devait désormais faire les délices.

Koush obéit avec respect, et après quarante-six ans d'épreuves, il remonta sur son trône, comme Nabuchodonosor repentant était jadis remonté sur le sien. Les idoles furent renversées, les temples de Dieu s'élevèrent dans toute l'étendue de l'empire, qui redevint alors l'empire illimité de Cyrus, et l'univers se réjouit d'un bonheur que rien ne vint plus obscurcir. Ici finit le poëme.

Ainsi donc Cyrus ne meurt pas; il ne disparaît pas. Il règne à jamais. Il a fait beaucoup de mal, il fait encore plus de bien; il est éternel sous la main de Dieu dans un Iran éternel comme lui. Il remplit non-seulement le passé, mais encore l'avenir. Son histoire ignore en avant comme en arrière toute limite de temps, comme le théâtre de ses faits toute limite de lieux. L'enthousiasme d'aucune nation n'a jamais élevé autour d'un nom, autour d'une patrie, un monument qui approchât des proportions inouïes, de la grandeur impossible, de la disposition incomparable que l'on contemple ici.

Sans doute il s'en faut que la façon dont Koutran-Ibn-Mansour a compris le personnage de Cyrus soit une œuvre historique dans aucun des sens connus de ce mot. Non-seulement la gloire ou les méfaits de dynasties entières y sont attribués au seul fils de Cambyse, et rien qu'à lui; non-seulement on assigne à ce potentat un cercle de conquêtes qui a de beaucoup dépassé le rayon où la race iranienne s'est étendue, mais la signification symbolique est elle-même distancée de bien loin. Il n'y a pas de symbole là où par-dessous ne se trouve d'autre réalité qu'une idée infinie de l'importance d'un peuple dans les annales du monde, et pourtant en avouant tout cela, il faut reconnaître aussi que l'histoire de Cyrus n'est pas comprise comme elle doit l'être, n'est pas complète, si l'on ne tient compte de cette extraordinaire tension que les imaginations iraniennes ont acquise en s'y appliquant; cette extravagance même, si l'on veut employer l'expression la plus dédaigneuse, a une profonde signification. Sans le poëme que je viens d'analyser sommairement, et en laissant à l'écart les beautés dont il resplendit pour m'en tenir uniquement à la conception dont il résulte, on ne devinerait rien de ce qui constitue l'essentiel de la personnalité de Cyrus. On ne comprendrait pas cet incroyable réseau de haines et d'admirations que les intérêts, les opinions, les instincts, les répugnances, les vanités, la gratitude des différentes nations iraniennes ont tissu autour de ce prince et de son vivant et après sa mort. On ne verrait pas sur quel piédestal la mémoire infidèle, l'imagination surexcitée de ses compagnons, de ses vaincus, de ses opprimés, et surtout celle de leurs descendants, ont dressé sa statue. On ne sentirait pas de quelle renommée sans pareille a été récompensé ce génie, qui, bien plus que tous les autres de même race, a répandu dans l'univers l'idée extraordinaire qu'on y a conservée touchant la grandeur des anciens Perses.

Pour en revenir à la manière dont s'est terminé le règne de Cyrus, il est clair qu'on n'en saura jamais rien. Hérodote a conservé la version qui devait se répéter dans la maison des Mèdes humiliés ou sur le chariot des Scythes rancuneux. Ce que Ctésias rapporte est vraisemblable; mais, ainsi que je l'ai fait remarquer déjà, une vraisemblance n'est pas une vérité. Ferdousy accumule toutes les puissances sur la tête du héros, et n'ose pas le montrer une seule fois vaincu, même par la mort. On vient de voir que Koutran-Ibn-Mansour pousse plus loin encore l'exaltation. Ces différentes conceptions sont également sorties de la pensée traditionnelle. Dans l'impossibilité d'accepter les unes, de choisir telle autre et de s'y tenir, il ne reste qu'à abandonner la difficulté pour contempler avec l'attention la plus extrême et la plus soutenue la figure du personnage historique autour de laquelle elle se maintient.

Si l'on considère du point de vue le plus général et en dehors de la tradition et des prédilections patriotiques de l'Iran l'impression produite sur le monde par le nom de Cyrus, on reconnaît sans peine, on avoue sans difficulté que cette impression est une des plus fortes que l'homme ait jamais reçues. Les temps se sont succédé les uns aux autres, les institutions les plus dissemblables ont réglé des sociétés absolument différentes qui se sont dissoutes pour faire place à d'autres, et dans l'héritage transmis par les générations successives, le nom de Cyrus s'est constamment maintenu au premier rang des plus imposants souvenirs. Les Indiens l'ont connu, et dans les Hébrides, sous les chaumes de la plus lointaine Thulé et depuis qu'il existe une Amérique, tout ce qui a appartenu aux races européennes n'a pas manqué de répéter ce même nom d'un monarque asiatique avec lequel il semblait pourtant que l'on n'avait rien à démêler, de le répéter, dis-je, aux échos de toutes les écoles.

Était-il donc si important de le retenir? Est-ce parce que les prophètes ont donné à celui qui le portait le titre de Christ? Mais, de l'aveu de ces mêmes prophètes, Cyrus n'a guère montré en pratique pour la restauration de Jérusalem qu'une bonne volonté assez temporaire, et dont lui-même s'est désisté. Ce n'est pas lui qui a envoyé Ezra. Serait-ce pour ce qu'on sait de ses victoires, de ses succès? Succès et conquêtes, tels que les a connus jusqu'ici l'Occident, ont-ils donc un caractère si unique, si frappant, si exceptionnel d'héroïsme, de force et d'étendue?

En aucune manière. A ne prendre que ce que dit Hérodote, et jusqu'à présent on n'avait rien été chercher ailleurs sur ce sujet, Cyrus s'est emparé de la Babylonie et en partie de l'Asie Mineure, puis il a été se faire battre et mourir chez les Massagètes, médiocres triomphes pour un conquérant! Plus d'un qui n'est pas cité parmi les premiers a fait beaucoup mieux.

Il y a donc dans les causes de la renommée éternelle du Grand Roi de l'Iran autre chose et plus que ce dont les hommes se souviennent. De même que nous admirons sur parole tant d'habiles artistes de l'antiquité dont nous ne connaissons pas les œuvres, n'ayant même vu venir jusqu'à nous que les noms de quelques-unes, ce qui n'ôte rien à la gloire acquise, de même il est évident que ce que nous éprouvons de respect pour Cyrus a pour motif une bien plus grande somme d'exploits, de mérites, de grandes actions, de grandes entreprises, de grands résultats obtenus, que nous ne pouvons le savoir, ou du moins qu'on n'avait réussi à le reconnaître jusqu'ici; mais je crois que, sans entrer le moins du monde dans le champ des hypothèses, et en se bornant à tirer les conséquences de l'histoire du héros telle que le rapprochement des documents grecs et des annales orientales nous a permis de la présenter, il est désormais possible de voir nettement et en face le fait caractéristique de l'action produite par le grand homme dans les affaires du monde. Ce fait capital, c'est d'avoir définitivement fermé la route des contrées méridionales aux peuples blancs agglomérés dans le nord.

Voici ce qui est arrivé. Les Iraniens, issus eux-mêmes de la souche ariane, n'avaient guère pu empêcher pendant de longs siècles les populations identiques qui les suivaient de près de prétendre à une part des territoires dont ils s'étaient rendus maîtres. A la vérité, ceux des envahisseurs qui réussissaient à se glisser parmi eux devenaient aussitôt leurs alliés contre les frères de la veille, et les aidaient à repousser ces derniers. Mais la pression était telle, que si cette lutte avait continué dans les conditions où elle s'était soutenue jusque-là, il n'y a nul doute que toutes les nations blanches auraient fini par se déverser sur l'Asie centrale, puis auraient débordé dans les plaines syriennes, en prenant possession de l'Asie Mineure, et enfin seraient descendues indéfiniment vers le sud. Déjà quelques invasions scythiques avaient autrefois percé jusqu'à l'Égypte; c'est Hérodote qui le raconte.

Mais Cyrus parut. Aux moyens de résistance que l'Iran possédait et qui chaque jour étaient reconnus plus insuffisants, quoique les Grands Rois, abandonnant leurs domaines et leur capitale du nord, avaient dû placer désormais leur point d'appui sur la Perside, à ces moyens, grands encore cependant, il joignit tous ceux que lui fournirent en abondance et la puissante monarchie lydienne, devenue sa proie, et la force des États si opulents groupés sous le sceptre de l'empire de Babylone. Ainsi pourvu, plus riche qu'aucun de ses prédécesseurs, plus obéi, ayant plus de moyens de l'être, doué d'ailleurs de tout le génie nécessaire pour employer, combiner et appliquer ses ressources, il se jeta à outrance au-devant des nations scythiques, les battit, les maltraita, les repoussa, et les effraya tellement, qu'il leur apprit à regarder les frontières iraniennes avec autant d'épouvante pour le moins que de convoitise. Il leur arracha ce qu'elles en avaient déjà pris, et les rejeta dans leurs déserts, dont il ferma les passages. Il leur démontra l'impossibilité de sortir par cette voie de ces régions inhabitables, et les contraignit à se résigner à ne plus désormais songer pour émigrer à la direction qu'elles avaient voulu prendre, mais à se tourner vers celle de l'Occident qui leur restait accessible. Elle semblait moins tentante. Le pays était moins beau, le climat moins heureux, le butin infiniment moins abondant. Il se présentait de ce côté une perspective de rudes combats à soutenir contre l'empire des Ases scandinaves[1], existant déjà sur le bas Volga. C'était néanmoins la seule route possible désormais pour eux, et puisqu'il fallait quitter les anciens pays, sous la pression incessante des masses accumulées dans le nord-est, c'était aussi celle qu'il fallait chercher, et qu'à dater du septième siècle avant notre ère les populations arianes de l'Europe se résolurent à suivre. Telle fut l'œuvre de Cyrus.

Admettons un instant que ce grand travail de défense n'eût pas réussi et que les populations arianes, ouvrant définitivement les brèches qu'elles pratiquaient depuis des siècles, eussent couvert le monde méridional, l'Europe n'aurait pas eu de populations germaniques. Les Ases, immobilisés dans leurs établissements du bas Volga, se fussent graduellement absorbés au sein des masses slaves, et n'auraient pas, remontant vers le pôle, créé dans la Suède, dans la Norvége, dans le Jutland, cette agglomération de peuples qui, au cinquième siècle, valut à ces parages redoutés la dénomination de matrice des nations. Il n'y aurait pas eu de Germains, disais-je tout à l'heure, ni partant de monde romain de la seconde période, ni surtout notre société barbare, ni par conséquent le moyen

---

[1] *Essai sur l'inégalité des races humaines*, t. III, p. 375.

âge, ni rien des principes constitutifs de la civilisation moderne [1]. L'Europe actuelle n'eût jamais existé. A sa place on n'eût vu qu'une continuation prolongée jusqu'à nos jours de la putridité impériale.

En revanche, ce sang généreux, vigoureux, régénérateur, dont nos veines n'auraient pas une seule goutte, aurait afflué dans les régions méridionales. Les Germains, porteurs peut-être d'un autre nom, les Saxons, les Franks, les Goths, les Normands, se seraient trouvés sur les rives du Nil, sur les bords de la mer des Indes, dans des cités construites au fond du golfe d'Oman, non moins que sur les plaines centrales de la Perse, de la Mésopotamie et du Taurus. L'histoire entière eût été changée, et nous ne pouvons guère nous rendre un compte quelque peu exact des immenses différences que l'humanité pensante aurait eu à subir. Cependant nous parvenons à comprendre que le centre du monde fût resté aux environs de la Mésopotamie, et que Londres et Paris ne se seraient jamais mirées, telles qu'elles sont aujourd'hui, dans les eaux de la Tamise et de la Seine. Ainsi ce que nous sommes nous-mêmes, Français, Anglais, Allemands, Européens du dix-neuvième siècle, c'est à Cyrus que nous le devons. Je voudrais que le lecteur prît la peine d'examiner ce fait sous toutes ses faces, de le creuser du mieux qu'il lui sera possible, d'en peser toute l'importance, toute la gravité. Il n'y a rien d'un intérêt aussi intense dans toutes les annales humaines.

Je reconnais qu'Alexandre a opéré une révolution considérable. Il a uni d'une manière qui est restée indissoluble le monde grec au monde asiatique, et les faisant se pénétrer l'un l'autre, il a conduit les idées helléniques jusqu'au delà de l'Indus, en même temps qu'il ouvrait aux idées orientales un lit bien plus large encore qui, avec

[1] *Essai sur l'inégalité des races humaines*, t. IV, p. 99, 171.

le temps, les amena à déborder jusque sur l'occident de l'Europe. Ce fut un fait immense et dont les conséquences ne se sont jamais épuisées; mais tel qu'il est, il ne porte pourtant que sur des détails : qu'Alexandre eût manqué, les choses étaient disposées de telle façon qu'inévitablement ce qu'il a fait se serait accompli de même. Il n'est nullement certain qu'au défaut de Cyrus qui que ce soit eût empêché la catastrophe arrêtée par lui. Elle était imminente. Lui en moins, le monde changeait pour toujours, et c'est tout dire. Cyrus est donc un plus grand agent de l'histoire que ne l'a été Alexandre. Après ces deux grands noms, il n'y a plus personne que les prophètes; la sphère religieuse est une autre sphère que la leur, plus élevée, mais d'une nature différente : on ne saurait donc y chercher des points de comparaison. Le Bouddha et Mahomet mis à part, que reste-t-il? des hommes comme César et Charlemagne, dignes d'étude et d'admiration, cela n'est pas douteux, mais qui n'ont agi que dans des lieux et des temps spéciaux, et dont les créations n'ont pas eu de durée. Ce que César avait songé, Auguste l'a fait mieux que lui, sans peut-être sembler aussi grand. Ce que Charlemagne a tenté, une reconstitution de l'empire romain d'après des principes mixtes, venait trop tôt, ou trop tard, et en tout cas a échoué. Et d'ailleurs, quel rapport entre les intérêts et la vie de la société romaine ou de l'organisation franke avec des combinaisons de la grandeur de celles qui résultèrent des existences de Cyrus et d'Alexandre? Pourtant on voit que le premier, au nom de cette grandeur même, a un avantage immense sur le second.

Que si l'on veut cependant être tout à fait juste, on objectera que Cyrus non plus qu'Alexandre ne se doutaient pas de l'étendue de leurs triomphes; que, dans les moments où ils purent avoir sur eux-mêmes la plus clairvoyante opinion, ils n'allèrent jamais jusqu'à supposer la plus faible part de l'importance de leur tâche, et qu'il appartient aux siècles seuls de tirer les conséquences des faits que leur génie inconscient avait produits. Ceci est vrai. Mais c'est un des priviléges des têtes puissantes de mettre au jour de ces productions grosses de mérites inaperçus même de ceux qui les donnent au monde. Écrivains, artistes, philosophes, poëtes, hommes d'État, tous jouissent également de cette prérogative, et s'il est exact de dire que Cyrus, qu'Alexandre ne savaient pas ce qu'ils faisaient, on doit le dire aussi et avec tout autant de justice de Michel-Ange, de Dante, d'Aristote et de Cuvier. Le dieu est dans l'homme; l'homme le porte, lui sert d'instrument, et ne le voit pas et ne le sent pas; il n'en est pas moins beau de renfermer le dieu en soi.

On pourrait peut-être essayer des parallèles qui donneraient pour résultat des rapports plus égaux entre les personnages augustes que j'ai nommés tout à l'heure, en comparant leurs caractères, en énumérant leurs vertus, en tenant compte de chacune de leurs qualités intrinsèques. Tâche difficile : Cyrus ne s'y prêterait pas, sa figure personnelle est trop effacée par le temps ; tâche inutile aussi, car qui sait si dans les plus obscurs bas-fonds de l'oubli il ne tombe pas chaque jour des noms auxquels la puissance, le milieu, l'opportunité, les moyens d'action ont manqué pour se produire, et qui auraient tout autant valu que les plus éclatants météores dont l'histoire est illuminée? Il y a en ces matières le choix, l'élection d'une Providence suprême dont les mobiles restent inconnus, et c'est une gloire immense pour les plus grands des hommes que, dans les nécessités de l'univers, cette Providence les ait soulevés du doigt, eux et non pas d'autres, pour leur confier l'accomplissement de ses volontés et la conduite de ses lois.

Cyrus domine sur ces conducteurs de nations. Il n'eut jamais son égal ici-bas. Le monde a bien fait de le proclamer et de le maintenir dans le rang élevé où il l'honore, et l'on ne peut qu'applaudir quand on voit nos Livres saints déclarer qu'il est le Christ ; c'est un Christ en effet, un homme prédestiné par-dessus tous les autres ; et Eschyle, le plus profond penseur, l'âme la plus religieuse en même temps que le poëte le plus magnifique de toute l'antiquité, a parlé juste, comme d'ordinaire, lorsqu'il a dit dans la tragédie des « Perses » :

« Cyrus, mortel fortuné, répandit le repos sur tous ses » sujets. La Lydie et la Phrygie devinrent ses conquêtes ; » il dompta l'Ionie ; il fut toujours aimé des dieux, parce » qu'il était plein de raison. »

CHAPITRE VII.

RÈGNE DE CAMBYSE.

L'étendue des conquêtes n'est pas une mesure vraie du mérite des chefs d'empire. C'est leur opportunité et la solidité des acquisitions qui en font la valeur réelle. Aussi dans le portrait que j'ai tracé de Cyrus ai-je d'autant moins insisté sur cette partie de son œuvre, qu'en vérité il pourrait, sous ce rapport, être éclipsé par beaucoup de noms fameux sans doute, mais qui sont loin de valoir le sien. Dans le nord, il n'a guère fait davantage que de reprendre possession des anciennes provinces iraniennes et de rétablir les frontières primitives ; dans l'ouest, il a annexé une partie de l'Asie Mineure et de la Babylonie, et, je l'ai déjà dit, les différents âges de l'histoire ont connu des vainqueurs plus insatiables et plus opulents. Mais ce qu'il a pris a été acquis pour toujours sinon à la circonscription politique de l'Iran, du moins à l'influence morale de ce pays. Il a su le souder très-fortement aux contrées de la Loi pure. Là serait la principale gloire du conquérant. Il n'a pas seulement envahi, il a possédé; pas seulement dominé, il a incorporé; et ce qui sous lui est devenu perse est resté perse à jamais d'esprit et de forme, de fait et d'instinct, et peut le redevenir aujourd'hui même si les circonstances s'y prêtent.

Pour être tout à fait exact, il faut remarquer que ce résultat est dans la nature des choses autant et plus même que dans la virtualité de la race iranienne ou dans le génie de son grand conducteur. On comprend que chaque fois qu'un État fort sera constitué au centre de l'Asie et mettra à profit les ressources de cet énorme foyer, qui d'un côté touche à l'Indus, de l'autre à l'Euphrate, il sera inévitable que cette puissance déborde et domine d'un côté sur la région des Sept-Fleuves et de l'autre sur les plaines mésopotamiques, et que les courants d'idées établis aux deux revers des plateaux, trouvant leur point de jonction sur ces plateaux mêmes, s'y laissent aisément rallier. De là pour l'Iran une assez grande facilité naturelle à devenir une monarchie considérable et jouant dans le monde le rôle le plus imposant.

Lorsque Cyrus mourut, ce territoire sacré n'avait pas pris encore son extension la plus grande; mais, ce qui valait mieux, il avait acquis son extension normale. Tel qu'il était, il représentait incontestablement l'empire souverain et dominateur du monde. Rien sur la terre ne pouvait alors lui être comparé à aucun point de vue. Ce n'était pas la Chine, divisée en principautés qui se faisaient la guerre les unes aux autres, toutes sans gloire et sans richesse, et tendant lentement vers une fusion dont la réalisation devait être tardive. En tout cas, la Chine représentait un univers à part, et de même qu'elle était à l'intérieur sans majesté, à l'extérieur elle restait sans expansion. Une querelle avec les tribus frontières mettait aux abois chacune de ces parties.

Ce n'était pas non plus l'Inde, qui, de même que la Chine, trompe notre esprit par une dénomination unique usitée par nous, mais inconnue de ses habitants. Là encore vivait un monde isolé et morcelé. Les nombreux États se partageant la péninsule luttaient difficilement les uns contre les autres, et le sang arian, infiltré dans la masse, réagissait péniblement contre le génie des autochthones.

Là où la fusion était le plus avancée, la querelle commençait entre les brahmanes et les çramanas bouddhistes, et allait entretenir de longs troubles dans la sphère de la politique autant que dans celle du dogme. En tout cas, il y avait abondance de royaumes et de principautés, beaucoup de monarques, beaucoup de dynasties; il n'y avait pas d'empire.

La Lydie était tombée. Un moment les Grecs avaient admiré dans la lignée des Mermnades l'image de la plus haute puissance royale que l'homme pût concevoir. Mais on a vu comment Cyrus précipita cette magnificence dans la poussière. Babylone n'avait pas semblé moins auguste, et s'était écroulée de même et sous la même main; l'Égypte était forte encore, en décadence cependant, et la triple alliance dont il a été question et qui unissait cet État à Sardes et à Babylone pour la défense de son indépendance, l'avait trouvé infidèle à des obligations impérieuses, mais trop pénibles pour la torpeur dans laquelle il était tombé. C'était encore un pays riche, ce n'était plus un pays puissant; la vie s'y usait ou plutôt s'y était usée déjà. Nous en verrons plus tard les marques, et devant les agglomérations considérables d'intérêts qui occupaient l'attention du monde, Babylone, Sardes, l'Égypte, les cités phéniciennes ne jouaient plus qu'un bien petit rôle. Carthage, la colonie tyrienne, n'avait pas encore atteint son apogée. Les Étrusques et leur confédération de douze villes n'étaient remarqués que dans l'extrême Occident. Les colonies grecques de l'Italie commençaient leur ère municipale. Tout cela était mesquin, petit dans les forces, petit dans les prétentions, et ne glissant une faible influence qu'à l'aide d'occasions imprévues.

La Grèce proprement dite représentait moins encore. L'état de misère, on peut dire de sauvagerie, dans lequel elle végétait, l'absence presque absolue de culture intellectuelle sur les points même les plus favorisés, à Athènes notamment; complète et totale partout ailleurs, en Béotie, en Arcadie, en Thessalie, en Phthiotide, dans le Péloponnèse, à Sparte, étaient des faits si patents, qu'il existe évidemment un abîme entre cette époque et l'âge héroïque tel qu'Homère le représente.

Plus de palais massifs, superbes, plus de richesses accumulées, plus de ces nobles puissants assemblés autour d'un roi de grande race, plus de sceptres d'ivoire ni de meubles somptueux, et surtout plus de poëtes comme Démodocus. Le génie antique était éteint; le génie nouveau n'était pas né. A lire avec attention ce qu'Hérodote raconte d'Athènes à ce moment, ce n'était qu'un village d'une certaine étendue habité par des gens dont la crédulité rustique étonne l'homme d'Halicarnasse lui-même. Pisistrate cherchait à créer là un gouvernement et à faire éclore une vie nationale. Il en était encore aux premiers expédients des civilisations qui commencent : il faisait réunir les poëmes homériques non pas tant par goût littéraire, comme on l'a trop souvent répété, que par besoin de donner aux Athéniens une raison d'être, et de leur inspirer une sorte de conscience d'eux-mêmes en tant qu'Hellènes et descendants des sujets de Thésée. En réalité, le sol de l'Attique ne possédait qu'une misérable bourgade, réunion imparfaite d'habitations éparses au milieu de plantations d'oliviers.

Cette singulière décadence qui aurait saisi les Grecs au sortir de l'époque chantée par Homère et se serait prolongée jusqu'au temps de Pisistrate et au-dessous, est de nature aussi difficile à expliquer qu'elle est évidente. Pour ma part, ne trouvant rien qui la justifie, ni grands déplacements de peuples, ni conquêtes opérées par des races inférieures, ni calamités politiques bien remarquables, ni domination d'étrangers, je reste convaincu que notre jugement sur cette question est seulement égaré par suite de l'habitude prise de transporter et de voir en Grèce le théâtre de la légende héroïque grecque. J'ai montré ailleurs que l'erreur était manifeste pour plusieurs des plus importantes traditions éoliennes, et que les événements auxquels ces traditions se rapportent s'étaient accomplis en Asie et même dans la très-lointaine Asie, nullement à Corinthe ou à Athènes, comme le supposent les mythographes. Il serait raisonnable et juste, à mon avis, d'étendre davantage ce mode d'interprétation; il faut renvoyer bien loin dans l'est et les dynasties, et les champions, et les peuples, et même les montagnes, les fleuves, les villes qui figurent dans les récits des temps fabuleux. Ce qui reste en propre aux territoires hellènes, ce sont les œuvres de la famille pélasgique, soit qu'il faille comprendre sous ce nom des Celtes, des Slaves ou des demi-Arians. Des Celtes mêlés de Finnois sont surtout probables; c'est ainsi qu'il convient de se figurer le peuple minyen d'Orchomène et de la région entière du Copaïs, ces gens qui ont laissé dans le terrain de Marathon, en Épire et presque partout sur le continent et dans les îles, cette abondance d'instruments en obsidienne, têtes de flèches, couteaux, haches, pointes de lances, que l'on y recueille encore si aisément. Les Hellènes proprement dits, venus plus tard, les Ioniens de l'Attique, les Doriens du Péloponnèse, avaient eu leur passé ailleurs ; au septième siècle avant notre ère, ils n'étaient pas les débris des royaumes héroïques en décadence. C'étaient des fils d'émigrés qui commençaient leur vie sociale, et venaient à peine de réussir à se fondre avec les aborigènes. C'est pourquoi la nouvelle famille était jeune; c'est pourquoi elle était encore naïve et grossière. En fait de forteresses, elle ne connaissait que celles des Pélasges; en fait de palais, que les cabanes de terre mal durcie au soleil, dont la réunion irrégulière formait les dèmes athéniens; en fait de temples, elle n'avait que les bois sacrés, quelques antres consacrés par la dévotion des temps, des statues informes de bois ou de pierre, ou plutôt des troncs d'arbres dégrossis et des blocs mal taillés; en fait de connaissances intellectuelles, elle se contentait de ce que des hommes mieux doués ou plus curieux que les autres allaient apprendre en Asie, à Sardes, à Babylone, où la plupart du temps ils se fixaient, par manque d'estime sans doute pour leurs concitoyens; elle n'avait pas de poésie lyrique, mais une musique sauvage, les Spartiates disaient austère; et pour principal métier, ils avaient celui dont on leur sait généralement le moins de gré et dont les écrivains anciens et modernes parlent à peine : ils étaient soldats mercenaires, rivalisant sous ce rapport avec les Cariens, allant porter partout en Asie leur courage gagé. Dès le commencement du septième siècle avant notre ère, c'est-à-dire de 600 à 580, Antiménidas, frère d'Alcée le poëte, avait à ce titre servi dans l'armée babylonienne. On doit admettre que les habitants du continent se vendaient de cette façon aussi bien que ceux des îles.

Je ne parle pas de ces îles, je ne dis rien des colonies helléniques de la côte d'Asie. Sur ces points très-sémitisés régnait une culture un peu plus avancée. Seulement l'isonomie n'existait que d'une manière imparfaite. On cédait sans résistance à l'impulsion donnée par les Asiatiques.

La Perse dépassait de beaucoup et de très-haut toutes ces existences politiques. Elle était dans le monde ce que l'empire romain fut plus tard. La vraie civilisation, la grande culture intellectuelle, le vaste commerce, les plus savantes institutions et les mieux élaborées, tout ce que les religions atteignaient de plus pur et aussi de plus complexe, tout ce que la philosophie connaissait se concentrait dans ces frontières immenses, à l'intérieur desquelles s'unissaient le magicien de Chaldée, le brahmane, le prophète juif et l'athrava de la Loi pure. Une seule puissance avait essayé de lutter contre cette domination, c'était l'esprit fougueux du Touran. Il avait été vaincu, dispersé au loin, dépouillé de ses anciennes conquêtes, rejeté dans les déserts du nord. Tout pliait sous l'autorité qui a paru réaliser le plus complétement dans le monde le rêve de la monarchie universelle. Alexandre, comme soldat et comme administrateur, n'eut que la vision de cette ombre. Du reste, au temps de ce héros naissaient les Romains. Rome elle-même ne cessa jamais de regarder avec inquiétude d'abord les Parthes, ensuite les Sassanides, et d'éprouver ce que pesaient les coups des uns et des autres. A la mort de Cyrus, l'Iran se croyait incomparable dans le rang unique où la fortune l'avait placé, et le souverain de cet Iran était dans toutes les conditions voulues d'omnipotence et de sécurité pour que l'ivresse du trop plein, du trop lourd, égarant sa raison, il devînt ce qu'il fut : Cambyse.

Au dire d'Hérodote, ce prince était fils de Cyrus et de Cassandane, fille de Pharnaspes ; et Cyrus avait tellement aimé cette princesse, qu'ayant eu le malheur de la perdre, il voulut que tous ses sujets en portassent le deuil. Elle était, disaient plus tard les Perses, issue du sang des Achéménides. Il ne serait pas impossible qu'une telle assertion ait été inventée pour rattacher la race royale au conquérant. Nous avons déjà vu, nous verrons toujours les Iraniens extrêmement préoccupés de l'idée de transmission perpétuelle de la couronne dans une seule et même lignée. Ils veulent que les dynasties sortent les unes des autres, et ils répugnent extrêmement à admettre que des familles nouvelles aient jamais pu s'élever jusqu'à les commander. On trouve la même tendance chez les Normands d'Angleterre, et auparavant chez les Franks à l'égard des Carlovingiens, puis plus tard des descendants de Hugues Capet.

Mais en acceptant que Cassandane ait été Achéménide, il paraît néanmoins, d'après l'historien d'Halicarnasse, qu'on ne convenait pas unanimement qu'elle eût été la mère de Cambyse. Les Égyptiens, dit-il, soutenaient que ce roi devait le jour à la fille d'un de leurs souverains, Apriès, accordée par Amasis, successeur de ce monarque, à Cyrus, qui lui avait demandé sa propre fille non pas avec le dessein de l'épouser, mais pour la mettre dans son harem. Amasis n'osant résister ouvertement, avait donné Nitétis, fille d'Apriès, pour la sienne. Hérodote rejette ce récit comme entaché de faux, et trouve étrange que les Égyptiens aient même essayé de le faire admettre, attendu qu'étant de tous les peuples les mieux instruits des usages et des lois des Perses, ils ne pouvaient ignorer que chez ceux-ci les fils naturels ne succèdent pas à l'empire quand il y a un fils légitime, et il leur suppose l'intention d'avoir voulu par une fable rattacher Cambyse à leur nationalité et s'en faire honneur.

Mais ce calcul n'est guère probable. Outre que Cambyse n'a rien fait qui pût porter les Égyptiens à le désirer pour compatriote, il est tout aussi flatteur ou tout aussi honteux pour eux qu'une fille de leur maison royale ait été l'esclave de Cyrus, et je trouve un point à relever dans l'anecdote concernant la fille d'Apriès, dont il est ici question, qui pourrait bien donner raison au récit des Égyptiens contre celui d'Hérodote.

Cyrus, en présence de la triple alliance des Lydiens, des Babyloniens et du roi d'Égypte, avait attaqué victorieusement deux des membres de la ligue ; mais nous n'avons pas trouvé trace d'une relation de sa part avec le troisième. Il ne se peut pas cependant qu'il n'ait eu, sous une forme ou sous une autre, un contact quelconque avec Amasis. Or celui-ci ne secourut pas ses alliés ; on peut en induire qu'il traita particulièrement avec Cyrus, et obtenant la paix, la scella par un mariage, ce qui est tout à fait dans les usages de la diplomatie asiatique. Que Nitétis ait été sa fille ou celle de son prédécesseur, et même qu'elle soit entrée dans les palais impériaux comme reine ou comme concubine, c'est une question qui restera toujours insoluble.

L'observation d'Hérodote contient cependant une partie vraie, c'est ce qui est affirmé au sujet de la légitimité de naissance nécessaire aux princes iraniens pour pouvoir succéder au trône. Cette remarque implique que la polygamie n'était pas autorisée par la loi religieuse, ce que nous savons du reste d'une manière très-certaine, sans quoi il n'y aurait pas eu, à proprement parler, de bâtards, non plus que dans les sociétés musulmanes d'aujourd'hui. Cette condition n'appartient guère qu'aux enfants adultérins ou incestueux, ou dont le père est inconnu. Mais, autrement, tous ceux qui sont nés d'une servante sont réputés légitimes, bien que moins honorés, en principe du moins, que ceux qui appartiennent aux épouses légales. Malgré la réprobation dont se trouvait ainsi frappée la polygamie, il est certain néanmoins qu'au temps de Cambyse, à celui de Cyrus, et probablement depuis Férydoun-Phraortes, cet usage, sinon de droit, du moins de fait, était pratiqué par les grandes familles de l'Iran,

CHAPITRE VII. — RÈGNE DE CAMBYSE.

et ne rencontrait plus d'obstacles insurmontables dans les mœurs. La domination zohakide, l'annexion de la Médie, les rapports de plus en plus multipliés avec les populations assyriennes, avaient amené ce relâchement, et il est bien curieux d'observer qu'il en fut absolument de même chez les Mérovingiens ; ceux-ci, comme leurs anciens parents iraniens, circonvenus par une société très-corrompue, pervertis par la bassesse et la flatterie gallo-romaines, prirent une foule d'épouses et les prirent partout, au mépris des mœurs nationales et de la religion ; ils laissèrent aux sujets l'observance de la retenue, possédèrent des gynécées qui rivalisèrent avec tout ce que les gynécées ninivites et les villas romaines du Bas-Empire avaient pratiqué de débordements. Chez les Iraniens, chez les Franks, ce fut un droit de la royauté. Cependant l'opinion publique retint ses anciennes préventions. Ce que les souverains et les très-grands personnages se permettaient dans le déchaînement de leurs passions n'était nullement accordé à la masse du peuple, et les hommes des provinces de Cambyse, non plus que les leudes de Chilpéric, n'eussent pas supporté sans humiliation et sans blâme, sans colère et sans récriminations, que leur maître pût être ce que les uns et les autres nommaient toujours un bâtard.

Il n'y a pas de doute que le Kaous des Orientaux est bien le Cambyse des Grecs, et comme le père de Cyrus s'appelait Kaous ou Cambyse tout aussi bien que le fils du conquérant, les auteurs des annales indigènes ont pris les deux homonymes l'un pour l'autre, avec d'autant plus de facilité qu'il leur paraissait opportun et agréable de faire sortir Cyrus d'un Grand Roi, au lieu de le rattacher modestement à un simple feudataire de la Perside. J'ai déjà annoncé cette intervention de personnes et de faits, et la comparaison du Kaous des Asiatiques avec le Cambyse des Grecs en démontre très-complétement la réalité.

Ferdousy rapporte que lorsque Kaous-Cambyse fut monté sur le trône, il s'impressionna vivement de la grandeur de son autorité, de l'étendue de ses possessions et de la richesse de ses trésors. Il se considéra comme le seul roi digne de ce nom qui fût alors, et ne connut rien qui pût lui être comparé, ni surtout qui pût lui résister.

Il était dans ces dispositions quand, un jour, un chanteur tourany récita devant lui des vers à la louange du Mazendéran, peignit cette contrée comme un pays vraiment céleste où la terre, l'air et l'eau étaient de la plus incomparable beauté, où toutes les plantes étaient plus vivaces et plus merveilleuses qu'ailleurs, et où surtout les femmes dépassaient en grâces, en perfections et en éclat celles du reste du monde.

L'imagination de Kaous-Cambyse s'exalta en même temps que ces poétiques images lui étaient présentées; il annonça aux grands de l'empire que sa résolution était prise, et qu'il allait se mettre avec eux à la conquête d'une région si admirable.

On voit d'une manière très-claire dans ce passage de Ferdousy et dans beaucoup d'autres encore, que ce qu'il faut entendre ici par le Mazendéran n'est en aucune façon la contrée riveraine de la Caspienne, bien connue alors des populations iraniennes, immédiatement voisine du séjour des rois successeurs de Férydoun, et qui, souvent parcourue et même temporairement possédée par des bandes scythiques, n'en appartenait pas moins à l'empire. Le Mazendéran dont il s'agit, et qui représente une terre merveilleuse, aux abords redoutables, peuplée d'habitants que rien ne peut dompter, dont l'intelligence supérieure attirait constamment l'accusation de magie, est un pays lointain situé dans le nord-est, et je n'hésite pas à penser que les relations transmises de bouche en bouche à travers les nations scythiques apportaient sous ce nom à l'Iran une notion telle quelle des royaumes arians. C'était ces États, fort oubliés aujourd'hui, que Kaous ou Cambyse se proposait d'atteindre, et il estimait peu les innombrables obstacles que l'accumulation des tribus touranys mettait à l'accomplissement de ses désirs, sans parler du climat, des difficultés de la route et de la distance.

Mais les grands feudataires, premiers confidents de ces projets irréfléchis, furent frappés tout d'abord de ce que le roi ne voyait pas. Les Gawides, les seigneurs de Rey, la maison de Toous, c'est-à-dire tous ceux sur lesquels le poids de la guerre menaçait surtout de tomber, parce que leurs possessions étaient les plus rapprochées de la frontière septentrionale, se communiquèrent leurs craintes, et s'étant réunis dans l'entente d'une opposition commune, prirent le parti de fortifier leur alliance en amenant les Çamides à leur avis. Ils avertirent donc Zal, le chef de la famille seystany, de ce qui se passait, et lui demandèrent son opinion. Zal déclara que les projets de Kaous-Cambyse étaient absolument insensés, et partant de son pays en toute hâte, il vint se joindre aux chefs qui avaient sollicité son intervention, et se rendit avec eux auprès du roi pour le faire changer de sentiment.

Il lui remontra qu'aucun de ses prédécesseurs, pour grands qu'ils aient été, n'avait jamais conçu d'idées aussi présomptueuses; qu'il n'y avait pas d'apparence de succès à aller attaquer des territoires défendus par des forces invincibles, et surtout par des enchantements et des ressources surnaturelles contre lesquels le courage ne pouvait rien; que c'était vouloir dissiper inutilement et l'énergie des héros et toutes les richesses de l'empire. Qu'à la vérité le roi était le chef de l'Iran, mais qu'il ne devait pas oublier que ses sujets étaient comme lui les serviteurs de Dieu; qu'il ne lui convenait pas de les contraindre; qu'enfin il eût à prendre garde de ne pas se charger du sang de tant de braves gens, et de ne pas s'exposer à un poids de malédictions publiques dont ses prédécesseurs avaient toujours pris grand soin d'éloigner le fardeau.

Kaous-Cambyse répondit à ces discours qu'il n'y avait aucune proportion entre les ressources de ses prédécesseurs et les siennes; qu'il était infiniment plus riche et plus puissant qu'eux tous, et que ce qu'ils n'auraient pu tenter en effet avec la moindre chance de réussite lui étant devenu possible, il répondait du succès; que les forces célestes se rangeaient à son parti, il le savait, et les têtes des ennemis lui étaient données à l'avance. D'ailleurs il se chargeait de cette grande affaire, et Zal avec son fils Roustem n'étaient pas appelés à faire partie de l'expédition. Ils devaient rester l'un et l'autre occupés de l'administration de l'empire pendant l'absence du roi.

En voyant une résolution si nette et si bien prise, les seigneurs n'eurent qu'à baisser la tête. Zal eut beau faire entendre encore de tristes avertissements, Kaous-Cambyse trouva réponse à tout, et bien que les assistants fussent profondément soucieux et irrités, Zal réussit à leur imposer la prudence, la modération et l'obéissance dans une occasion que lui-même reconnaissait désastreuse.

L'expédition fut donc résolue, l'armée réunie; Gouderz le Gawide, et Toous, le chef khoraçany, la commandèrent sous les ordres du roi. Nous allons maintenant voir la preuve directe qu'il ne s'agit nullement de la province caspienne du Mazendéran, mais d'un pays beaucoup plus reculé dans le nord-est.

Après de longues marches, Kaous et ses troupes arrivèrent dans la contrée montagneuse appelée Asperouz ; « là, dit Ferdousy, où le soleil se cache, et où règnent le repos et le sommeil. »

Ce sont les « Aspisii montes » de Ptolémée, embranchements de l'Oural qui descendent au sud-est, en se dirigeant vers cette partie de l'ancien Imaüs appelée aujourd'hui le Bolourtagh et le Mouztagh.

Dans cette contrée était la ville de Khym, demeure de Rehym ou Rhym, un démon de l'espèce la plus arrogante et la plus dangereuse. C'est ici le moment de se souvenir d'une façon toute particulière de l'avertissement donné par le Tjéhar-è-Tjémen que le mot « dyw » ou « démon » employé dans les traditions n'indique nullement un être d'une espèce surnaturelle, mais seulement un ennemi que sa force ou son audace rend redoutable. En effet, le démon Rhym, qui n'est que cité par Ferdousy, et que ce poëte ne fait pas même figurer activement dans les événements qui suivirent, n'est pas un guerrier fameux, c'est un peuple. C'est la représentation des Rhymmi que le géographe grec cité tout à l'heure plaçait entre le Wolga et le fleuve appelé le Rhymmus ou Rhymnus, aujourd'hui le Cjasouri, qui, sortant du groupe ouralien nommé autrefois « Rhymmici montes », vient se jeter dans la Caspienne par le 91ᵉ degré de longitude et le 48ᵉ degré 15, de latitude est du Wolga.

Nous nous trouvons donc amenés à peu de chose près dans cette région où l'histoire d'Abtyn nous avait montré la grande ville scythique de Bésila ou dans des pays assez voisins; et ainsi que l'autorité des géographes grecs avait appuyé alors les indications de la légende persane, leur donnant une valeur inattendue, ainsi encore cette fois le même accord, la même identité dans les allégations nous rendent de plus en plus attentifs à ce fait si considérable que les royaumes scythiques du nord étaient des États véritables et jouissant, sous une règle sociale qui se peut appeler civilisation, d'une prospérité et d'une puissance très-réelles.

La situation assignée au royaume du Mazendéran par les renseignements qui viennent d'être analysés est propre à donner l'idée qu'il s'agit ici de l'empire des Ases scandinaves, dont nous avons déjà, je pense, entrevu les frontières. La grande terreur qui s'étendait autour de cette région, l'idée immense que les Iraniens se faisaient de la bravoure et des ressources des guerriers qu'ils venaient combattre, la situation géographique, la date approximative, tout paraît favoriser cette identification, et bien qu'il soit difficile de la démontrer d'une manière assurée, si l'on trouve cependant à propos d'adopter comme suffisamment probable cette image séduisante qui nous ferait apercevoir nos ancêtres germains en contact direct avec les Perses de Cambyse, leurs parents, il faudrait conclure aussi que Khym, la ville de Rhym ou Rehym, n'est autre que la puissante Asgard, la « ville des dieux »; car Ferdousy la nomme « Shehr-è-Mazendéran », la « métropole du Mazendéran ». Je remarquerai encore ici, comme je l'ai déjà fait à propos de Shehr-è-Iran, « la métropole de l'Iran », qui était Suse, suivant toute probabilité, tandis que Persépolis, la « métropole des Perses », devait être la capitale particulière de la Perside, que cet usage de désigner d'une manière si vague la ville principale d'une nation, et sans lui donner un nom réellement particulier, existait aussi chez les Ases, car leur ville d'Asgard n'a pas d'autre dénomination que les villes persanes : c'est « l'enceinte des Ases ».

Kaous-Cambyse étant arrivé dans les environs de Khym s'arrêta, et chargea Gyw le Gawide d'aller surprendre la place avec deux mille hommes choisis.

Gyw en pénétrant dans la cité y trouva de grandes richesses dignes d'un pays dont le poëte raconte que « les flancs des montagnes semblaient revêtus d'un tissu d'or », ce qui indique la beauté des moissons, tandis que « l'air était plein d'une odeur de vin parfumé ». Tous ces territoires sont en effet d'une fertilité extraordinaire, bien que soumis à l'action d'un climat qui les rend aussi froids l'hiver que chauds pendant l'été.

Quand le roi du Mazendéran, dans lequel il faudrait voir ici un des types des dieux futurs du Nord, eut connaissance de ce qui venait de se passer, il demanda du secours à une autre nation scythique habitant le pays de Djerrem, que nous savons déjà être le Kharizm actuel, la Chorasmia des Grecs, sur la rive gauche de l'Iaxartes. Cette nation est représentée par Ferdousy comme gouvernée par un chef qu'il appelle le « Diable blanc ». Il ne lui attribue pas de ville, mais une sorte d'existence belliqueuse assez sauvage, et on peut comprendre que c'était une agglomération de tribus demeurées en deçà du fleuve ou y étant revenues malgré les victoires de Cyrus, qui, bien qu'ayant chassé de tous ces pays le gros des nations scythiques, n'avait pu empêcher des bandes aventureuses de franchir les frontières et d'errer sur les limites.

Le Diable blanc avec ses troupes s'empressa de prendre parti pour le roi du Mazendéran, et vint tourner autour du camp où les Iraniens s'étaient établis. Mais avant qu'il eût trouvé l'occasion de les attaquer, ceux-ci, par des circonstances que Ferdousy attribue aux arts magiques des gens du pays et surtout du Diable blanc, se trouvèrent tout à coup frappés de cécité et hors d'état d'attaquer leurs ennemis et même de se défendre. Kaous-Cambyse fut atteint par le fléau comme ses vassaux et leurs soldats. L'épouvante se mit dans l'armée ; un certain nombre d'hommes se laissèrent entraîner par la terreur, jusqu'au point d'abandonner les drapeaux et de s'enfuir vers l'Iran : ce qui semblerait prouver que la cécité n'était pas si complète qu'ils ne pussent discerner et suivre leur chemin. De son côté, Kaous, au désespoir, envoya un messager à Zal pour lui demander du secours. On entrevoit ici que la longueur des nuits d'hiver dans les pays du septentrion, combinée avec la rigueur du froid et probablement avec les affections ophthalmiques causées par le reflet éblouissant et dangereux de la neige, souffrance qui oblige les habitants de ces régions à se couvrir les yeux quand ils voyagent dans de telles circonstances, explique suffisamment le désarroi de Kaous et de son armée, sans qu'il soit besoin de recourir à la supposition de sorcellerie, à laquelle du reste Ferdousy n'attache pas beaucoup d'importance, puisqu'il montre lui-même que l'aveuglement dont les Iraniens étaient frappés n'empêchait nullement les lâches de retourner chez eux ni les messagers du roi de monter à cheval et de faire leur office. Il s'agit donc ici d'une de ces calamités naturelles qui assaillent les armées dans les régions septentrionales.

La conséquence en fut cette fois que Kaous, avec ses héros, ses hommes d'armes, tout son monde enfin, fut forcé de se rendre au Diable blanc, et l'Iran eut la fleur de sa population prisonnière des Scythes avec son souverain.

Ferdousy prête ici au vainqueur une parole très-digne d'observation. Dans la joie de son triomphe, le Diable blanc déclare qu'il aurait tué ses captifs jusqu'au dernier, s'il ne s'était jadis solennellement engagé vis-à-vis de Kershasep, « le Briseur d'armées », à ne pas attaquer l'Iran. Il se contenta donc de charger de chaînes ceux qu'il avait pris, de les mettre sous la garde de douze mille guerriers d'élite, et ayant donné avis au roi du Mazendéran, que l'on apprend ici s'être appelé Arjenk, du succès complet qu'il venait d'obtenir, il l'engagea à prendre les hommes et le butin, lui remit tout entre les mains, et s'en retourna dans son pays. Kaous, prisonnier d'Arjenk avec ses gens, n'eut plus rien à faire qu'à se dire, comme le remarque Ferdousy : « C'est ma faute ! »

CHAPITRE VII. — RÈGNE DE CAMBYSE.

La conduite extrêmement modérée du Diable blanc et la raison qu'il en allègue sont, comme je l'ai dit, remarquables. Un traité avec Kershasep, l'ancien Kereçaçpa qui vivait au temps de Férydoun, n'est pas très-admissible ; mais il est concevable que, si, comme je l'ai supposé tout à l'heure, la nation que commandait le Diable blanc n'était qu'une de ces bandes errantes vivant un peu sur tous les territoires sans avoir des demeures fixes, elle ait hésité à appeler sur elle la vengeance irrémissible de l'Iran par des cruautés dont elle n'avait pas besoin. La politique des tribus est pleine de moyens termes. Obligés de vivre un peu partout, il est naturel que le Diable blanc et ses conseillers aient voulu ménager à la fois et le Mazendéran et l'Iran, afin de pouvoir se couvrir auprès de ce dernier, en cas de retour agressif, du souvenir d'une atténuation dans l'offense.

Quand Zal reçut la nouvelle du désastre, il tomba dans un profond désespoir, et sans s'arrêter à récriminer contre Kaous, qui, dans ses lettres, faisait d'ailleurs bon marché de son imprudence et de sa folie, il chargea Roustem, son fils invincible, de voler au secours du Grand Roi, et de mettre fin le plus tôt possible à une situation qui pouvait amener les conséquences les plus fatales.

Ici Ferdousy, il faut l'avouer, perd de vue toute conception historique, et laisse son récit se charger de couleurs exclusivement chevaleresques. Il ne s'agit plus pour lui que de glorifier le héros favori de la nation. Sans mentionner en aucune sorte les forces que le roi du Seystan était en mesure d'envoyer en aide au souverain, sous la conduite de son fils, il montre ce fils tout seul, avec son cheval Rekhs, partant pour délivrer Kaous et l'armée, et raconte la série d'aventures connue sous le nom des « Sept khans » de Roustem, et qui sont autant à la louange de son sagace et vaillant coursier qu'à la sienne.

Ni le Bayard de Renaud, ni le Bride d'or de Roland, ni le Rabican de Roger, ne firent jamais mieux.

D'abord, tandis que Roustem est endormi dans un fourré de roseaux au milieu des vastes steppes qu'il traverse, Rekhs tue un lion. Puis homme et cheval, tourmentés par une chaleur dévorante et ne trouvant d'eau nulle part, supportent des souffrances inouïes qui sont sur le point de les faire périr l'un et l'autre, quand la rencontre d'un mouton les sauve. En le suivant, ils trouvent une source et la fin de leur tourment.

Avant de s'abandonner au repos, Roustem recommande amicalement à Rekhs de ne pas profiter de son sommeil pour chercher querelle aux démons errants et se battre contre eux. Jusqu'à minuit, tout se passe bien; mais à cette heure, des serpents attaquent le héros, qui, avec l'aide de Rekhs, les extermine. C'est la troisième épreuve.

Une sorcière tombe sous la main du vaillant aventurier qui la tue. C'est la quatrième épreuve.

Pour la cinquième, il lutte contre des nomades maîtres des plaines, et leur arrache les oreilles, ce qui veut dire qu'il les disperse et les fait fuir.

Pour la sixième, il se voit assaillir par le roi du Mazendéran, Arjenk, et le tue.

Pour la septième enfin, il en fait autant au Diable blanc, et Kaous et les Iraniens sont délivrés par cette main puissante.

Voilà ce qu'on appelle les Sept khans de Roustem.

Rentrons dans l'histoire en suivant les traces mêmes de Ferdousy, et restant dans son sillon, en changeant seulement quelques images et quelques mots pour des indications plus réelles. Kaous-Cambyse, à la tête des vassaux du nord, avait été battu et fait prisonnier; Roustem l'a délivré au moyen des Seystanys. Cependant la puissance du Mazendéran demeure entière, et le prince qui a succédé à

Arjenk, et que le poëte ne nomme pas, peut-être parce qu'Arjenk n'était pas lui-même le chef suprême, soutient la guerre, et ne veut pas céder.

Kaous lui envoie Ferhad pour l'engager à se soumettre et à reconnaître sa suzeraineté. Le Mazendérany répond avec hauteur. Roustem se rend alors lui-même auprès du prince récalcitrant, et le traite avec une dureté de paroles tout à fait conforme à ce que les ambassadeurs germaniques et ceux du moyen âge considéraient comme le devoir de leur vaillance et de leur fierté. Le roi ennemi, frappé d'admiration, chercha à corrompre le héros et à l'engager dans sa cause; mais un refus dédaigneux fut naturellement tout ce qu'il obtint; la bataille fut livrée, le roi mazendérany tué, et la nation entière s'étant soumise, Kaous fit amener devant lui les fils du prince défunt, les assura de sa protection, et en ayant placé un sur le trône du pays en lui faisant promettre fidélité, il reprit avec son armée victorieuse le chemin de la terre d'Iran.

Ctésias ne dit absolument rien, dans les fragments que l'on a conservés de son histoire, d'une expédition de Cambyse contre les peuples du nord; seulement, par la façon dont il raconte que ce fut ce prince qui ordonna de ramener en Perse le corps de son père et qui en chargea Bagapates, il indique suffisamment que le nouveau Grand Roi était lui-même dans ces régions, sur les frontières septentrionales de l'empire, et même au delà de ces frontières, quand son règne commença. Il y a donc des probabilités pour que Cambyse ait eu à poursuivre contre les Scythes les hostilités commencées, et il faudrait faire abstraction du caractère attribué à ce prince, de son impétuosité, de sa hauteur, de sa passion pour toute domination, si l'on voulait douter qu'il ait commencé par guerroyer contre les adversaires qu'il avait justement sous la main, et qui d'eux-mêmes pouvaient très-bien être excités par la mort de Cyrus à des espérances que l'on ne pouvait autoriser. Ainsi, tout en ne donnant pas un assentiment direct au récit de Ferdousy, ce que nous savons de Ctésias induit à l'admettre.

Hérodote est absolument muet sur ce point, et après avoir raconté que Cambyse devint roi après son père, il dit immédiatement qu'il marcha contre les Égyptiens. Mais comme l'auteur des « Neuf Muses » avait laissé dans l'ombre de la même façon la presque totalité de l'action de Cyrus dans les affaires de l'Iran et vis-à-vis des nations scythiques, probablement, comme je l'ai remarqué, parce que l'intérêt grec ne s'y rattachait pas même indirectement, ce silence ne me paraît pas suffisant pour infirmer les inductions qu'on peut tirer de la manière dont Ctésias présente son récit, et surtout des détails donnés par Ferdousy et après lui par tant d'annalistes orientaux, détails qui se trouvent confirmés par la présence d'un certain nombre d'indications géographiques manifestement anciennes de ces territoires et déjà oubliés au temps où Ferdousy écrivait. Maintenant je reviens au texte de ce poëte, qui du reste est plus complet et plus directement inspiré par les documents parsys que les récits des historiens en prose, ces derniers n'ayant fait autre chose que de le copier avec plus ou moins d'exactitude.

Roustem, appelé souvent aussi Tehméten, a été reconnu par nous, grâce à l'anecdote de Bijen, pour le même que le Pétisacas de Ctésias, puisque « Païti-Saka » ne signifie autre chose que « roi des Sakas » ou du Seystan, titre particulier à Roustem. Du temps de Cyrus, ce héros était déjà considérable et très-haut dans l'estime du roi; cette situation ne diminua pas sous Cambyse, car Ctésias met le chef de l'est dans les affaires du monarque tellement en première ligne, que ce ne fut qu'après sa mort, dit-il, que Bagapates, qui lui succéda, marcha à la tête de l'armée envoyée

CHAPITRE VII. — RÈGNE DE CAMBYSE.

contre les Égyptiens. Ainsi ce fut le roi du Seystan, autrement dit Roustem-Tehméten, qui devint le général préféré de Cambyse. C'est aussi l'opinion de Ferdousy.

Aussitôt l'expédition du nord terminée, raconte le poëte, le roi, de retour dans la capitale de l'Iran, distribua à ses feudataires de grandes et riches récompenses. Roustem fut surtout comblé. Un trône et une couronne semés de pierreries, cent belles esclaves aux ceintures d'or, cent chevaux de prix avec des harnachements précieux, des étoffes, des parfums, tout ce qu'il y avait au monde de plus magnifique lui fut donné, et enfin, comme si Ferdousy tenait à confirmer le texte de Ctésias, la souveraineté de tout le pays de Nymrouz, c'est-à-dire de tous les domaines de sa maison, de tout le pays des Sakas, lui fut accordée, ce qui, soit dit en passant, indique que Zal était mort sur ces entrefaites, ou bien que Roustem attachait de l'importance, ainsi que du reste cela a eu lieu dans tous les temps et dans tous les pays féodaux, à obtenir une nouvelle et solennelle confirmation des anciennes investitures.

A Toous et à Gouderz, le roi fieffa des terres nombreuses dans le Mazendéran conquis, bien que la domination de ce pays fût demeurée en somme à la maison régnante indigène.

Après quelque temps de repos, Kaous-Cambyse conduisit ses vassaux contre le Mekran, habité, ainsi qu'on l'a vu, par des tribus sauvages, que Ferdousy, se servant du terme consacré chez toute la race blanche pour désigner les peuples étrangers, appelle les Berbers ou Barbares. C'étaient les restes des noirs indigènes plus ou moins purs, plus ou moins mélangés, que nous avons vus aux époques primitives occupant toute la surface de l'Iran et au delà encore dans la direction septentrionale.

Tous les héros prirent part à cette expédition : Gouderz,

Toous, Feryberz, Koustehem, Kherrad, Gourghyn, Gyw; il ne faut pas perdre de vue que si la plupart d'entre eux figurent parmi les paladins qui se sont retirés du monde avec Cyrus, c'est que Ferdousy place le règne de ce roi après celui de Kaous, ainsi que cela a été expliqué en son lieu. Tous se couvrirent de gloire dans cette nouvelle occasion. Les Berbers furent complétement soumis. Peut-être Cyrus n'avait-il pas eu le temps de s'occuper d'eux, peut-être étaient-ils devenus turbulents et indociles depuis sa mort; en tout cas, ils furent mis à la raison, et se rendirent. Kaous les traita bien, et quittant leur pays, il remonta avec ses guerriers vers le nord-ouest, traversa les montagnes qui descendent du Caucase indien, et marcha vers l'Orient.

Ce chemin menait l'armée dans les domaines de Roustem. Ce chef des Sakas saisit cette occasion pour donner des fêtes brillantes à son souverain et à ses compagnons. Après un séjour d'un mois, la nouvelle étant arrivée que les Arabes s'étaient révoltés et abjuraient l'autorité des rois, Kaous voulut aller faire face à la révolte.

Le poëte rapporte que l'armée iranienne, pour trouver ses ennemis, dut s'embarquer. « Le roi, dit-il, fit passer l'armée de la plaine sur la mer. » Si l'on remarque bien la position où elle était alors et le pays qu'elle occupait, il ne peut y avoir aucun doute que ce fut la grande mer intérieure, le lac Hamoun agrandi, le lac Pouytika, qui fut ainsi traversée, et voici encore une confirmation de plus, si désormais il en était besoin, et de l'existence de cette mer et de l'emploi dont elle fut dans le parcours du plateau central de l'Iran.

Un nombre considérable de vaisseaux et d'embarcations furent construits. C'était un voyage de très-long cours qui se préparait, fait encore observer le poëte; « car, dit-il, » si l'on avait dû le faire à pied sec, il n'aurait pas été

» de moins de mille farsakhs », et ceci correspond à seize ou dix-sept cents lieues, ce qui indique suffisamment que Ferdousy n'entendait pas parler du petit lac Zareh tel que ses contemporains pouvaient le connaître, et dont l'étendue, peut-être plus grande au onzième siècle qu'elle ne l'est aujourd'hui, était cependant alors fort médiocre.

Insistant sur le détail, Ferdousy dit encore : « Le roi et » son armée naviguèrent ainsi pendant trois mois, ayant à » main gauche le pays d'Égypte et à droite celui des » Berbers. »

En effet, en naviguant pour atteindre les rivages du nord-ouest, Kaous-Cambyse avait sur sa gauche l'Arabie insurgée, qu'il allait soumettre, placée entre lui et l'Égypte, où Ferdousy va le mener tout à l'heure ; et sur sa droite, la terre des Berbers, qu'il avait parcourue et soumise peu auparavant.

« Et il faisait route directement entre les deux côtés », ce qui indique qu'il allait chercher pour lieu de débarquement la côte médique et quelque point comme les environs de Sawa.

La nouvelle de la prochaine arrivée du roi de l'Iran et de son armée se répandit bientôt dans le pays du Hamaweran, « belliqueux parmi toutes les contrées du monde ».

Alors le roi et les habitants se préparèrent à résister aux Iraniens, et appelèrent à leur aide les Berbers ou Barbares. Comme le poëte ne fait aucune remarque sur la réapparition si subite de ces Berbers sur le champ de bataille où Kaous vient de les exterminer, il est évident qu'il ne s'agit nullement ici des Barbares du Mekran, mais d'autres Barbares qui venaient porter secours aux Arabes, c'est-à-dire de ces tribus éthiopiennes alors en contact étroit avec les populations de la péninsule.

Quant au pays du Hamaweran, nous sommes prévenus

expressément par le poëte qu'il s'agit d'une province arabe placée sur la route de l'Égypte et située entre ce dernier pays et les possessions iraniennes. Je ne fais pas difficulté en conséquence d'y reconnaître le Havran d'Ézéchiel, le Hauran moderne. Il est à remarquer que le prophète hébreu ne comprend sous ce nom qu'un district assez peu étendu situé sur la rive orientale du Jourdain, tandis que les Arabes d'aujourd'hui s'accordent à reconnaître à la contrée du Hauran une importance très-supérieure. Il est possible qu'au temps de Cambyse, ce pays du Hamaweran ou du Havran ait formé à lui seul un de ces États arabes qui, dans tous les temps, se sont assez facilement constitués, péniblement soutenus, et ont disparu sans laisser beaucoup de traces dans l'histoire.

Hérodote vient confirmer cette supposition. Il dit que lorsque Cambyse voulut passer en Égypte pour en faire la conquête, un certain condottiere appelé Phanès, Grec, natif d'Halicarnasse, et qui était à la solde d'Amasis, se dégoûta du service de ce prince, et noua des relations secrètes avec les Perses. Il persuada au Grand Roi que le seul moyen d'atteindre les territoires dont il voulait s'emparer était d'obtenir des Arabes l'autorisation de passer sur leurs terres; car, ajoute l'historien, depuis Cadytis jusqu'à Ienysus, la côte méditerranéenne et les villes qu'elle possède sont aux Arabes. De Ienysus au lac Serbonis, on trouve les Syriens-Palestiniens et la frontière égyptienne. Mais l'espace compris entre Ienysus, le mont Casius, qui s'étend jusqu'à la mer, et le lac Serbonis, forme un désert de trois jours de marche, absolument dénué d'eau, et qu'on ne saurait traverser sans l'assentiment et le secours des Arabes. Phanès donc, en homme d'expérience, conseilla à Cambyse, avant de songer à envahir l'Égypte, de faire une alliance étroite avec ces peuples, et c'est ce qui eut lieu.

Il faut avouer que la tradition persane, en racontant que Kaous-Cambyse trouva les hommes du Hamaweran ou du Hauran plus disposés à le traiter en ennemi qu'à lui accorder le passage, expose un fait très-conforme au tempérament habituel non-seulement des Arabes, mais des peuples libres de tous les temps. On se soucie peu d'introduire chez soi un conquérant dont les succès doivent inquiéter. Tout en remarquant donc qu'Hérodote et Ferdousy rapportent un fait à peu près identique quant au fond, j'incline à penser que les renseignements du second sont les meilleurs, et qu'il parut à l'impétueux et orgueilleux Cambyse plus digne de lui et plus simple d'imposer ses volontés aux Arabes que de nouer avec eux des négociations dont le résultat eût été douteux.

Ceux-ci, pour continuer le récit persan, livrèrent aux Iraniens, avec l'aide de leurs alliés barbares, une bataille qui fut longtemps disputée; mais enfin les Iraniens l'emportèrent, et s'avançant vers la capitale de la contrée, la ville de Hamaweran, ils s'en emparèrent. La résistance avait été vive, et Cambyse victorieux voulut ménager les vaincus. Il traita avec leur roi, ce qui rentre dans le récit d'Hérodote; il en reçut un tribut considérable et des dons magnifiques, et ce fut à Hamaweran que les souverains des Barbares, ceux d'Égypte et de Syrie, envoyèrent au prince iranien des ambassades apportant des paroles d'amitié et des propositions d'alliance.

Ici nous avons clairement les souverains dont Ferdousy entend parler. Soit qu'il anticipe sur les événements, soit au contraire qu'Hérodote les retarde, il est évident que le roi des Barbares, c'est celui des Libyens, qui s'imposa à lui-même un tribut et envoya des présents à Cambyse aussitôt que celui-ci, étant entré en Égypte, eut pris Memphis; et pour les rois des

Syriens, ce sont les chefs de Barcé et de Cyrène, imitateurs de la conduite politique des voisins méridionaux de l'Égypte.

Cependant, tandis que Kaous-Cambyse était occupé à traiter et s'arrêtait dans le pays du Hamaweran, on lui rapporta que le souverain de la contrée avait une fille unique d'une beauté merveilleuse et qu'il aimait avec une passion peu commune. Elle lui tenait lieu des fils que le Ciel ne lui avait pas accordés. On dit à Cambyse que, par ses perfections, cette jeune princesse était digne de s'asseoir sur le trône de l'Iran, et que le Grand Roi seul devait posséder un pareil trésor.

Cambyse fut séduit par ce tableau, et, sans tarder, il fit faire des propositions de mariage. Le roi du Hamaweran les reçut avec la plus vive douleur. Il lui paraissait extrêmement dur de perdre sa fille unique et de la livrer à un vainqueur. Il la fit venir, lui annonça le malheur qui les frappait, et tous les deux, après s'être longuement lamentés, tombèrent d'accord que le mal était sans remède, qu'aucun moyen n'existait de résister à la volonté du plus fort, et bref, se résignant bien à contre-cœur, Soudabeh, c'était le nom de la fiancée royale, fut envoyée à Kaous avec une suite et des atours dignes de son rang.

Aussitôt mariée, la jeune femme changea d'opinion, et s'attacha à Kaous, tandis que le père, malheureux et humilié, cherchait au contraire un moyen de se venger de la contrainte qu'il avait subie. Dans cette idée de rancune, il invita Kaous-Cambyse à une grande fête.

Soudabeh engagea son mari à refuser; mais Kaous ne suivit pas ses conseils, et toujours emporté et irréfléchi dans ses actions, il se rendit au lieu qui lui avait été assigné dans une ville appartenant au roi du Hauran, et appelée Shaheh.

CHAPITRE VII. — RÈGNE DE CAMBYSE.

Ici il semble y avoir une confusion, et comme nous avons relevé plus haut les fautes de ce genre commises par Hérodote, nous en ferons autant pour celles de Ferdousy. On a déjà retrouvé sans doute dans cette histoire du mariage de Kaous-Cambyse avec la fille d'un roi arabe qui, ainsi qu'on va le voir tout à l'heure, amènera les conséquences les plus graves, l'anecdote du médecin d'Amasis conseillant au même Cambyse de solliciter la main de la fille de son roi. Quand Amasis reçut cette demande, il tomba exactement dans le même désespoir que le roi du Hamaweran en pareille circonstance; seulement il imagina, au lieu de marier sa propre fille à son dominateur, d'user de ruse, et d'envoyer à sa place Nitétis, fille de son prédécesseur Apriès, et fort belle également. Celle-ci, comme la princesse arabe de Ferdousy, se montra affectionnée à son mari, l'avertit de la tromperie dont il était l'objet, ce qui détermina Cambyse à marcher contre l'Égypte, afin de punir Amasis en le renversant.

J'ai déjà dit que, tout en racontant cette anecdote, Hérodote ne s'en fait pas le garant, car il donne encore immédiatement une autre version. Quant à Ctésias, il ne sait pas un mot de cette histoire. Amasis n'existe pas pour lui comme roi d'Égypte, mais bien Amyrtée. Cet Amyrtée n'a pas de médecin que Cambyse lui demande pour guérir ses yeux malades, comme le rapporte Hérodote, mais bien un eunuque nommé Combaphée, qui se trouve avoir tout pouvoir sur le roi, et qui en abuse pour livrer à Cambyse les ponts, on ne sait trop quels ponts. Combaphée est le cousin d'Ixabates, un des ministres favoris du Grand Roi; il s'est laissé corrompre par cet Ixabates, qui lui a promis, en récompense de sa trahison, le commandement de toute la cavalerie égyptienne. Il n'est pas question de mariage, il n'est pas question de fille royale.

On ne saurait trop constamment se mettre devant les yeux la façon dont Ctésias et Hérodote surtout ont composé leurs livres. Ce n'est pas en compulsant, en coordonnant des renseignements écrits, datés, précis, mais en recueillant des conversations et en cousant des anecdotes les unes au bout des autres. On conçoit sans peine qu'une pareille méthode ne puisse pas donner des résultats bien réguliers. De son côté, Ferdousy a travaillé sur des documents positifs; mais ces documents, produits par des remaniements nombreux, traduits et retraduits d'une langue dans une autre, souvent incomplets, souvent mutilés, ont dû également prêter à des erreurs, et c'est ainsi que le roi du Hamaweran ou Havran, possesseur de Shaheh, qui semble bien indiquer ici Saïs, la ville égyptienne du Delta, paraît avoir été confondu avec un roi d'Égypte, à moins que ce roi ne soit à identifier avec l'Amyrtée, connu du seul Ctésias, et ne représente un roi arabe possessionné à cette époque dans une partie du Delta, ce qui n'est pas en dehors de toute possibilité.

Quoi qu'il en soit, et pour continuer le récit, Kaous-Cambyse arriva à Shaheh ou Saïs, où il s'était rendu malgré l'opposition de sa femme Soudabeh, et il fut d'abord reçu et traité avec l'hospitalité et les respects qu'il avait droit d'attendre. Mais une nuit les troupes arabes attaquèrent subitement les Iraniens. Les Barbares, que l'on croyait dans leurs déserts, se présentèrent tout à coup pour aider les hommes du Hamaweran. Gyw, Gouderz, Toous, Gourghyn, Zenkeh, tous les chefs iraniens furent saisis et enchaînés, et Kaous lui-même éprouva le même sort. Il fut aussitôt envoyé avec ses compagnons de malheur dans une forteresse située au sommet d'une montagne isolée et dont la garde était confiée à une garnison de mille hommes d'une valeur éprouvée, et dans cette seconde captivité, il n'eut plus qu'à déplorer l'inconsistance de son jugement et son imprévoyance qui le faisaient tomber en de telles disgrâces.

Aussitôt que la nouvelle de ce qui venait d'arriver se fut répandue, les ennemis de l'Iran dressèrent la tête. Ils prirent les armes, on n'entendit plus que tumulte, et les Scythes, franchissant la frontière, menacèrent de nouveau d'envahir l'Iran. La nation effrayée se tourna vers le seul homme en qui elle avait confiance. Roustem fut supplié de sauver l'empire. Il mit immédiatement ses Seystanys sur pied, et traitant l'invasion scythique comme chose secondaire, bien qu'elle menaçât plus directement son propre pays de Nymrouz, il s'occupa d'abord du sort du roi.

Je remarque, en ce qui concerne les Scythes, que le nom d'Afrasyab étant là prononcé par le poëte, il s'agit des Gètes, c'est-à-dire des populations de l'est, et comme elles avaient été très-maltraitées et rejetées très-loin par les guerres précédentes, elles devaient disposer d'assez peu de forces pour expliquer le dédain de Roustem, malgré la proximité de leurs attaques.

Le Païti-Saka informa Kaous de sa prompte arrivée, et l'engagea à avoir bon courage. En même temps, il écrivit au roi du Hamaweran pour lui reprocher sa lâcheté et sa perfidie, et lui promettre que le même homme qui avait su triompher des difficultés de la guerre du Mazendéran saurait encore venir à bout de lui.

L'effet suivit bientôt la menace. Les hommes du Zawoul rencontrant l'armée du Hamaweran la battirent, et elle s'enfuit en désordre. Le roi démoralisé appelle à son secours les Berbers, ses alliés, et les Égyptiens. C'est la première fois que Ferdousy mentionne ces derniers comme intéressés dans cette guerre, et là évidemment se trouve pour lui et pour la Chronique persane le motif qui amena les Iraniens contre leur pays. A ce point de vue, qui paraît fort raisonnable, Kaous-Cambyse conquit l'Égypte parce que l'Égypte avait prêté son aide aux Arabes ennemis de l'Iran, et ceci rentre tout à fait dans ce que nous avons déjà dit de la triple alliance des Lydiens, des Babyloniens et du gouvernement de l'Égypte, au moment des conquêtes de Cyrus en Occident.

Quoi qu'il en soit, les Égyptiens s'étaient rendus aux raisons alléguées par le roi du Hamaweran et avaient pris son parti. Celui-ci reforma ses troupes, et se présenta de nouveau contre les Iraniens, appuyé de ses deux alliés.

Une bataille se donna sans résultats décisifs ; mais dans une troisième rencontre, la victoire des Iraniens fut complète : le roi des Barbares fut fait prisonnier avec quarante de ses principaux chefs ; le roi d'Égypte, assailli par Roustem en personne, essaya vainement de résister à cette force surhumaine, et recevant sur le crâne un coup de l'épée de son adversaire, il tomba à bas de cheval, fendu jusqu'à la moitié du corps. Le carnage était effroyable ; des monceaux de morts s'entassaient sur la plaine, et le roi du Hamaweran épouvanté voyait tomber de toute part et ses soldats et ses amis. Il fit dire à Roustem qu'il renonçait à la résistance, rendait la liberté à Kaous, et le renverrait comblé de présents ; il ne demandait que la paix et le pardon du passé, promettant soumission et dévouement absolu à l'Iran.

Ces propositions furent acceptées. Le Hamaweran, l'Égypte, le pays des Barbares, devinrent des possessions de l'empire, et Kaous, rétabli sur le trône, convoqua les troupes de ces nouvelles provinces pour faire avec elles dans l'Iran une rentrée qui pût effacer jusqu'au dernier souvenir de sa légèreté et des malheurs auxquels ce défaut l'avait exposé. Il voulait reparaître dans ses États nonseulement au milieu de ses feudataires délivrés comme lui, non-seulement avec le Païti-Saka et les Seystanys, auxquels il devait toute sa gloire, mais encore avec cent mille cavaliers barbares, arabes et égyptiens, parfaitement équipés, ce qui portait son armée à plus de trois cent mille hommes, et les rois, ses serviteurs, marchant devant lui.

Tout fut ordonné ainsi qu'il l'avait souhaité; mais cela ne lui suffit pas encore. Il voulut avoir des auxiliaires grecs, et bien que Ferdousy parle ici du César de Rome et que l'on puisse aisément comprendre que les documents dont il se servait, rédigés dans leur dernière forme au temps des Sassanides, aient considéré comme exact de supposer dans le passé lointain du roi Kaous que le pays du Roum, c'est-à-dire l'Asie Mineure et la Grèce, avait toujours été organisé tel qu'on l'avait vu sous les empereurs byzantins; comme nous savons que les Grecs fournissaient déjà des troupes mercenaires à tous les États à l'époque de Cyrus et même auparavant, et que les Perses en eurent alors à leur solde, rien ne s'oppose à ce que nous entendions d'une manière rationnelle le passage dont il est ici question, et que nous placions les compagnons du condottiere Phanès, d'Halicarnasse, dans leur vrai jour. Ce qui est certain, c'est que les Grecs accordèrent sans difficulté les auxiliaires qui leur étaient demandés, et Kaous en grossit l'armée, avec laquelle il se mit en route pour l'Iran. Il voulait, après avoir triomphé aux yeux de ses peuples, aller attaquer les Touranys, et forcer ces pillards à sortir de l'empire.

Cette campagne fut heureuse. Les Touranys battus s'enfuirent. Le repos fut rendu au monde; mais une calamité d'une autre sorte s'abattit sur l'Iran. Le roi, qui avait montré suffisamment jusqu'alors combien il était présomptueux et emporté, imprudent et irréfléchi, eut la tête absolument tournée par ses prospérités; il s'abandonna sans réserve aux plus folles imaginations. Il se fit construire au fond des montagnes désolées de l'Elbourz deux cellules en pierre extrêmement dure; elles furent garnies au dedans de plaques d'acier et de clous; on y attacha des chevaux de guerre et des mulets. Il fit faire deux autres maisons de la même grandeur, mais cette fois tout en glaces; il voulut avoir un kiosque pour les repas, et une coupole pour les prières; ensuite ce furent deux salles pour garder les armes, et il ordonna qu'elles fussent construites tout en argent, et au-dessus il fit mettre un pavillon d'or massif. Les ornements de toute sorte, les incrustations de pierreries ne furent pas épargnés.

Ce n'était pas sans intention qu'il avait installé toutes ces magnificences, d'ailleurs mal conçues, dans des lieux absolument déserts où personne ne pénétrait. Il ne s'occupait plus en aucune façon des affaires de l'empire, et se livrant là jour et nuit à la joie, il s'abandonnait aux fantaisies d'une imagination malade et aux suggestions du démon. Ses grands succès, bien qu'ils ne fussent pas dus assurément à sa sagesse et à son courage, lui parurent, comme jadis à Djem-Shyd, des preuves manifestes qu'il avait en lui quelque chose de divin. Il se crut au-dessus de tout, et pensa que tout lui était permis. Bref, le Créateur de l'univers lui sembla peu de chose en comparaison de ce qu'il se croyait lui-même; il finit par se prendre pour ce Créateur, et il donna des marques d'un déréglement d'esprit qui, croissant chaque jour, arriva à la folie la plus complète. C'est ainsi qu'il demanda aux savants à quelle distance de la terre était la sphère de la lune; quand il eut obtenu une réponse, il commanda qu'on dénichât une grande quantité de jeunes aiglons, qu'il nourrit avec soin, et lorsqu'ils eurent acquis toute leur vigueur, il fit construire une sorte de trône en bois de l'Inde, de cette espèce qu'on nomme « gemary », y fit atteler quatre aigles des plus forts à des cordages éprouvés, en les disposant de telle manière qu'au dessus de la tête de chacun de ces aigles était suspendu un morceau de chair. On avait eu soin d'affamer ces oiseaux, et, lorsque le roi eut pris place sur le trône, on les lâcha; ils s'élancèrent en haut pour saisir leur proie, et comme plus ils montaient, plus cette proie montait devant eux, l'équipage et Kaous disparurent à tous les yeux.

Quelques-uns ont prétendu, dit Ferdousy, qu'il parvint ainsi à une telle hauteur, qu'il dépassa l'atmosphère terrestre, et s'éleva jusque dans le ciel; d'autres assurent au contraire qu'il n'alla que précisément assez loin pour pouvoir lancer des flèches contre l'éther en manière de défi. Quoi qu'il en puisse être de ces deux opinions, le voyage eut son terme, et Kaous reparut bientôt, car ses aigles ayant épuisé leurs forces, redescendirent malgré lui. Il mit donc pied à terre, fort triste de son impuissance, et il s'aperçut qu'il était dans une forêt aux environs d'Amol, l'ancienne capitale du troisième empire, seul, avec son trône volant renversé, dans un état très-misérable, mais de plus humilié et comprenant son impiété pour avoir constaté sa faiblesse.

Cette histoire d'aigles attelés à une machine destinée à fendre les airs, cette fantaisie de monter jusqu'au ciel par un pareil procédé, a ceci de curieux que, dans la vie d'Ésope, composée par Planude, une anecdote semblable est mise sur le compte du roi de Babylone, Lycérus, contemporain de Crésus de Lydie, et probablement le même que Labynète, détrôné par Cyrus. Soit que ce fût ce Lycérus ou Labynète qui ait provoqué réellement l'invention d'Ésope, soit qu'une fantaisie aussi folle ait passé par la tête de Cambyse, bien digne d'ailleurs de la concevoir, soit enfin que ce fût alors une de ces conceptions à la mode comme les imaginations en produisent de temps en temps avec complaisance, il me paraît certain en voyant un pareil récit chez les Orientaux comme chez les Grecs, que le fait qui a pu y donner lieu est très-antique, et soit qu'on ait essayé de le réaliser, soit qu'on en ait seulement caressé le projet, on peut, je pense, le considérer comme appartenant aux époques où nous sommes ou à telle autre qui ne saurait en être éloignée.

Lorsque Roustem eut reçu l'avis que Kaous avait été trouvé dans les bois des environs d'Amol, seul, et dans une situation d'esprit qui touchait au désespoir, il se rendit auprès de lui avec Gyw, Toous et une suite convenable. Mais les vassaux étaient mécontents de leur souverain, et Gouderz déclara en termes fort rudes à Roustem que jamais pareil fou n'avait existé.

Le Païti-Saka se fit l'interprète de ces sentiments, et les exposa à Kaous sans aucun détour. Il lui remit sous les yeux tout ce qu'il avait fait de nuisible depuis qu'il était sur le trône; il lui rappela surtout sa triste expédition du nord, et l'engagea à changer de conduite. Kaous versa d'abondantes larmes, reconnut et confessa tous ses torts en présence de ses héros. Il fit même une pénitence de quarante jours, et comme chacun comprit qu'il était réellement venu à résipiscence, la joie se répandit dans tout l'empire.

L'histoire de Kaous-Cambyse finit ici pour les historiens et pour les poëtes persans. Le Shah-nameh n'a plus rien à raconter des actions de ce roi, et il ne dit rien non plus de sa mort. Non-seulement il ne sait pas comment elle eut lieu, mais il ne la mentionne même pas.

Cette lacune bien évidente a une cause qui nous est déjà connue : c'est que dans l'embarras où la tradition s'est trouvée de voir avant Cyrus un Cambyse et un autre après lui, elle a pris le mauvais parti d'attribuer tout ce qui était rapporté des actes d'un monarque de ce nom au père du conquérant. Elle s'est vue alors à la fois dans la nécessité de refuser un fils à Cyrus et de ne pas savoir quand et comment Cambyse, le Cambyse vraiment connu de l'histoire, était mort. Dans les pages du Shah-nameh qui suivent ce qui vient d'être dit, il s'agit pendant quelque temps encore des exploits particuliers de Roustem contre les Touranys, puis vient l'histoire de Syawekhsh, père de Cyrus, dans laquelle Cambyse joue un rôle tellement passif et débonnaire, qu'on ne le reconnaît plus. Il est évident que là on se trouve en face de cet autre Cambyse qu'Hérodote a représenté, bien que de profil, mais sous les mêmes traits, en qualité de mari de Mandane. Voyons maintenant ce que les Grecs ont su de Cambyse, fils de Cyrus.

Ctésias nous montre d'abord ce prince très-fidèle aux dernières volontés de son père, et administrant l'empire suivant les règles fixées. Il a auprès de lui pour conseillers intimes : Artasyras d'Hyrcanie, dans lequel nous avons cru reconnaître le chef de la maison des Arsacides; Ashkesh, possessionné dans ce pays ; Ixabates, assurément un titre et celui de « Oushya-pati », « le chef, le seigneur, le roi des Uxiens ». Cette tribu habitait la Susiane, et devait donc relever directement de Cambyse comme feudataire de cette province en même temps que Grand Roi ; dans Bagapates, nous trouvons de même le « Bagouspati » ou « roi de Bagous » dans l'Aria, probablement Toous, seigneur de cette partie du pays ; enfin Aspadates était un des serviteurs du Grand Roi, et comme il s'agit ici probablement du titulaire d'une des charges de la cour, et qu'Aspadates semble vouloir dire « l'écuyer », il se peut que Ctésias ait raison de faire de ce dernier personnage un eunuque. Sur les sculptures, l'écuyer royal est en effet de cette condition.

J'ai déjà indiqué que Ctésias passe sur tous les faits de

la vie de Cambyse pour ne s'occuper que de l'Égypte, non qu'il ignore que le fils de Cyrus a accompli d'autres actions, mais parce que celle-là seule l'intéresse ou lui est suffisamment connue. C'est au début de cette campagne que meurt le Païti-Saka, Roustem. Les Persans ne sont pas de cet avis, et nous verrons encore ce héros figurer longtemps après. Quoi qu'il en soit, à la place de Roustem, Ctésias place désormais le chef du Khoraçan oriental, Toous, le Bagous-pati, Bagapates, et le nomme comme chef de l'armée iranienne opérant en Égypte. Suivant lui, ce n'est pas à son mérite que les Perses doivent leur victoire, mais à la trahison de l'eunuque favori du roi des Égyptiens, Combaphée, qui était cousin de l'Oushyapati ou Ixabates, ce qui paraît assez peu vraisemblable. Ce Combaphée voulait être général de la cavalerie égyptienne; son parent et ensuite Cambyse le lui avaient promis. Il livra les ponts et les passages; mais il n'y en eut pas moins une bataille vigoureusement disputée, et si les Perses la gagnèrent, ils y perdirent vingt mille des leurs contre cinquante mille indigènes qui restèrent sur la place. Le roi vaincu fut fait prisonnier. Cambyse le traita généreusement, et l'envoya à Suse, où il lui fixa sa résidence, lui donnant un grand état de maison, et six mille serviteurs égyptiens dont il lui laissa le choix. C'est ainsi que Cyrus avait agi envers Astyages et Crésus.

Ctésias appelle Amyrtée le prince dépossédé, et ce nom, inconnu d'Hérodote, n'a absolument rien d'égyptien; mais en revanche il est arabe, c'est « Émyr » ou «Amyr-tay», «le chef du désert», et précisément de ce désert où les Israélites errèrent pendant quarante ans à leur sortie de l'Égypte. Ainsi nous nous trouvons avec Ctésias non pas dans l'histoire de l'Égypte, mais bien dans celle du Hamaweran ou Havran, et il y a ici une confusion analogue à l'erreur qui a porté Ferdousy à attribuer au roi de cette dernière contrée la possession de Shaheh ou Saïs, ville qui n'est nullement située dans une province arabe, mais dans le delta du Nil.

Voilà tout ce que nous apprennent les fragments restés de Ctésias au sujet des opérations militaires de Cambyse dans l'Occident. Hérodote nous en dit davantage. Il nous montre Cambyse, fils de Cyrus et de Cassandane, fille de Pharnaspes, partant avec l'armée nationale et des auxiliaires ioniens et éoliens qu'il regardait comme les esclaves de son père, et allant attaquer l'Égypte pour venger l'insulte qu'il avait reçue d'Amasis lorsque celui-ci lui avait envoyé pour femme la fille d'Apriès, son prédécesseur, au lieu de sa propre fille, ou bien encore pour accomplir une menace qu'il avait faite dans son enfance d'aller punir le mépris témoigné à sa mère Cassandane par Cyrus au profit de Nitétis, fille d'Apriès, car Hérodote ne tranche pas la question de savoir si c'était Cyrus ou Cambyse qui avait épousé l'Égyptienne.

A lui-même, cette double et douteuse explication ne paraît pas suffisante pour expliquer la guerre contre l'Égypte. Il raconte encore que le condottiere Phanès d'Halicarnasse, au service d'Amasis, avait cherché à attirer Cambyse dans le pays, induit à cette trahison par certains sujets de mécontentement. Comme Phanès était homme d'expérience et de bravoure, il avait du crédit sur l'esprit des troupes, et Amasis ayant appris que son général s'était échappé du pays pour aller s'entretenir avec le Grand Roi, le fit poursuivre par une de ses trirèmes. On l'atteignit en Lycie, on le ramena; mais il trouva moyen d'enivrer ses gardes et de leur échapper. Arrivé à Suse, il donna à Cambyse les directions nécessaires pour assurer le succès d'une expédition.

Phanès joue donc ici le rôle que Ctésias prête à l'eunuque Combaphée. Ce fut lui qui eut l'idée de demander au roi des Arabes de faire disposer dans toute la traversée du désert des stations de chameaux chargés d'outres remplies d'eau. De cette manière, l'armée iranienne ne courut pas le danger de périr de soif. J'ai montré déjà que la tradition iranienne n'a pas oublié cette circonstance. Seulement le Koush-nameh, qui la rapporte, la rattache à l'histoire de Cyrus.

Hérodote avait encore entendu une autre version. Cambyse n'aurait pas eu recours au moyen que je viens d'exposer; mais agissant plus en grand, il aurait obtenu du roi des Arabes qu'un fleuve nommé Corys, qui se jette dans la mer Rouge, fût détourné dans des tuyaux confectionnés avec des peaux de bœuf et étendus sur un espace de douze journées de marche, jusqu'au désert que l'armée perse avait à franchir. Arrivés là, des citernes disposées à l'avance recevaient les apports abondants qui coulaient des tuyaux, et il y eut trois de ces appareils qui fonctionnèrent sur trois points différents du trajet. Je ne me lasse pas d'admirer combien les récits des Grecs pour cette partie de l'histoire dépassent en romanesque tout ce que la tradition persane raconte, bien que des opinions préconçues, mais, on le voit, injustes, considèrent celle-ci comme particulièrement suspecte. Je ne m'étonne pas cependant de ce que je signale. Hérodote a puisé ses renseignements dans les dires populaires, et les Perses ont pris les leurs dans les débris de leurs annales.

Amasis était mort quand l'armée envahissante arriva. Psamménite, son fils, campé près de la branche pélusienne du Nil, comptait parmi ses troupes beaucoup de Grecs et de Cariens mercenaires.

Une bataille terrible fut livrée, et après une résistance énergique, les Égyptiens battus s'enfuirent, et s'enfermèrent dans Memphis. Un héraut que leur envoya Cambyse, sur un vaisseau de Mitylène, fut égorgé par les assiégés; ce crime contre le droit des gens ne leur porta pas bonheur. Ils furent serrés de si près que bientôt il fallut se rendre.

A la vue de ce qui se passait en Égypte, les Libyens et leurs voisins, les gens de Barcé et de Cyrène se rendirent sans conditions, et offrirent des tributs et des présents qui furent diversement accueillis, car Cambyse reçut gracieusement ceux des Libyens et des Barcéens, mais trouva insuffisants et mesquins ceux de Cyrène. Ils n'étaient pas en effet d'une grande valeur, ne dépassant pas cinq cents mines d'argent, et le conquérant, avec mépris, distribua à ses soldats cet indigne cadeau.

Cependant Psamménite avait été pris dans Memphis. Cambyse voulant éprouver la force du caractère de ce roi, affecta d'abord de le traiter avec la plus extrême rigueur. On lui fit voir sa fille habillée en esclave, suivie des filles des grands du royaume dans le même abaissement, et contraintes d'aller puiser de l'eau aux fontaines. Cette misère et les cris de douleur et d'épouvante que poussaient tous ces enfants n'arracha à Psamménite aucune plainte, aucune marque de faiblesse; seulement il baissa les yeux.

Aussitôt après, on fit défiler devant lui deux mille jeunes gens égyptiens, tous de race noble, la corde au cou et un mors dans la bouche. Son propre fils marchait en tête du cortége. On menait toute cette jeunesse à la mort comme châtiment du meurtre du héraut et des Mityléniens. Telle avait été la sentence de ceux qu'Hérodote appelle les « juges royaux », et qui étaient probablement les chefs de l'armée réunis en conseil de guerre. Ils avaient ordonné que pour chacune des victimes de la perfidie égyptienne dix enfants des premières familles du pays fussent sacrifiés.

Psamménite, à ce spectacle plus cruel encore que le précédent, ne changea pas de contenance, et ne faiblit pas. Mais tout à coup ses regards tombèrent sur un vieillard, pauvre homme sans ressources, brisé par l'âge, qui, dépouillé par la conquête et ne pouvant plus comme autrefois s'asseoir à la table de Psamménite, s'en allait maintenant tendant la main aux soldats, aux seigneurs égyptiens, à Psamménite lui-même. Ce spectacle, auquel il n'était pas préparé, et la comparaison qu'il lui fit faire de l'état passé avec l'état présent, ébranlèrent les nerfs du roi captif, et fondant en larmes et se frappant la tête, il plaignit le vieillard à haute voix.

Cambyse lui fit demander pourquoi les malheurs d'un étranger semblaient lui causer tant de peine, quand on lui avait vu supporter si patiemment ceux de sa propre maison. « Mes chagrins sont tels, fils de Cyrus, répondit Psamménite, que les pleurs n'y peuvent correspondre. Mais quand j'ai vu mon vieil ami, mendiant, sans ressources, humilié, je n'ai pu retenir mes larmes. »

Cambyse fut attendri par cette réponse, ainsi que Crésus, qui se trouvait encore là, et tous les chefs perses. L'ordre fut donné d'aller en toute hâte délivrer le fils de Psamménite; mais il était trop tard, on l'avait mis à mort le premier. Pour compenser ce malheur autant qu'il était en lui, Cambyse décida que Psamménite passerait le reste de ses jours dans son intimité, et reprendrait les honneurs auxquels son rang lui donnait droit. On lui eût même rendu le trône à titre d'hommage, si l'on n'avait eu des soupçons sur sa fidélité, qui bientôt se changèrent en certitude, de sorte que l'ayant surpris intriguant contre l'État et fomentant des troubles, on le jugea, et après l'avoir convaincu, on lui fit boire du sang de taureau, dont il mourut.

Hérodote rend ici hommage à l'extrême modération de la politique perse, qui, en règle générale, répugnait à enlever le trône aux princes vaincus, et qui du moins se plaisait toujours à le rendre aux fils de ceux-ci. Il en cite deux exemples qui sont pour nous d'un réel intérêt, et dont je vais parler quand j'aurai exprimé mon sentiment sur l'anecdote que je viens de rapporter.

La ressemblance avec celle dont Crésus est le héros saute aux yeux. Il s'agit, dans les deux cas, de montrer les chances de la fortune, la connexion facile des plus hautes prospérités et des chutes les plus profondes, et de construire au moyen de ces matériaux une scène où puissent se rencontrer les excitations les plus vives pour la sensibilité. La présence même de Crésus à la tragédie de Psamménite achève de démontrer le fait : il ne s'agit ici que d'un des lieux communs de la philosophie morale de l'Orient mis en action.

Ce n'est pas à dire cependant que des accidents semblables n'aient pu arriver. Tout au contraire, ils ont dû se produire plus d'une fois, et tout porte à croire qu'il a été dans le goût même des vainqueurs de se donner de tels spectacles, et par suite matière à réflexions et à conversations sur l'instabilité des affaires humaines; mais la banalité de ces combinaisons empêche aussi de considérer les récits que les historiens en font comme nécessairement vrais; il suffit que le narrateur ait cru avoir un prétexte suffisant d'embellir son thème de cet ornement familier pour que le lecteur soit autorisé de son côté à prendre le fait comme vraisemblable en général et très-suspect en particulier. J'ajouterai même que, s'il est tout à fait conforme au génie sémitique d'inventer de pareilles scènes et de prendre autant de plaisir à ce qu'elles ont de factice qu'aux poignantes émotions de la réalité; que si d'autre part il n'est pas moins agréable au génie grec de rechercher avec soin toutes les occasions de faire des phrases, rien n'est plus étranger à l'esprit sérieux et positif de la race ariane que toutes ces comédies; sa sincérité brutale ne les comprend pas. D'ailleurs

Hérodote le dit lui-même : c'était l'usage des Perses de conserver le trône aux fils des princes dépossédés. Il le dit même en parlant de Psamménite. Si le meurtre du héraut et des marins de Mitylène demandait une vengeance, c'était naturellement sur Psamménite que devait tomber le coup et nullement sur son successeur désigné. Ces considérations me portent donc à douter que le récit d'Hérodote, récit qu'il serait extrêmement fâcheux de ne pas voir figurer dans ses pages charmantes, ait la moindre vérité historique.

Je viens maintenant aux exemples que le même écrivain donne en ce lieu de la fermeté avec laquelle les Perses maintenaient leur principe de ne pas détrôner les maisons régnantes.

« Je pourrais, dit-il, rapporter plusieurs exemples pour
» preuve de cette coutume; mais je me contenterai de ceux
» de Thannyras, fils d'Inaros, roi de Libye, à qui ils ren-
» dirent le royaume que son père avait possédé, et de Pau-
» siris, fils d'Amyrtée, qui rentra aussi en possession
» des États de son père, quoique jamais aucuns princes
» n'eussent fait plus de mal aux Perses qu'Inaros et
» Amyrtée. »

Il est ici évident que le témoignage d'Hérodote confirme indirectement, mais avec beaucoup de force, la narration de Ferdousy, et que Cambyse, avant de combattre contre les Égyptiens, avait eu en effet à vaincre la résistance des Barbares, c'est-à-dire des Libyens unis aux Arabes, c'est-à-dire aux sujets d'Amyrtée. Cet Amyrtée trouve ainsi la parfaite affirmation de son existence. C'est le roi du Havran ou Hamaweran qui est là indiqué, et Ctésias, en en faisant un souverain de l'Égypte, est tombé dans une erreur qu'Hérodote nous montre manifeste. Cet Amyrtée, c'est l'« Amyr-tay » ou « prince du désert » que j'ai déjà indiqué, et son fils Pausiris, qui lui succéda, doit s'être appelé réellement dans sa langue naturelle « Beshyr », « l'agréable, l'accueillant ».

Cependant, à la suite de la conquête de l'Égypte, les Phéniciens et les populations de la côte syrienne comprenant que désormais il n'y avait pour elles aucune chance de succès à lutter contre la puissance des Perses, s'étaient soumises volontairement au Grand Roi. A dater de cette époque, les Perses possédèrent une flotte dans la Méditerranée. Cambyse voulut s'en servir pour soumettre Carthage; mais les Phéniciens lui firent observer qu'ils étaient liés à ce pays par le sang, par des cultes communs, par des intérêts tels, que c'était trop exiger d'eux que de vouloir les employer à lui nuire. Le Grand Roi se rendit à ces raisons. Il retira ses ordres, content d'avoir acquis au delà de la mer la souveraineté de Chypre, qui avait agi comme les Phéniciens, probablement à cause des liens ethniques unissant ses habitants à ceux des villes maritimes sémitiques, qui d'eux-mêmes s'étaient placés sous le joug.

Vers ce temps-là, les actes de folie que le Shah-nameh déclare s'être manifestés chez Cambyse se montrent également dans le récit d'Hérodote. Le roi fit une expédition insensée contre les Éthiopiens d'Afrique, et eut grand'peine à ramener les débris de son armée, fondue avant même d'avoir atteint les frontières du pays ennemi. Un corps de troupes envoyé contre l'oasis d'Ammon périt tout entier, et on n'en eut jamais de nouvelles. C'est ainsi que les entreprises mal combinées de Kaous trouvent leur reflet dans l'historien grec.

L'impiété de ce prince n'y est pas moins caractérisée par la façon brutale dont il s'en prit au dieu égyptien Apis. Il le frappa de son poignard, et le taureau sacré mourut de cette blessure. Mais la Chronique persane, qui après tout ménage tant qu'elle peut la mémoire de Kaous, ne lui reproche pas positivement de crimes. Il n'en est pas de même des Grecs : ceux-ci lui en attribuent un nombre plus ou moins considérable ; ils font de lui dans les derniers temps de sa vie un véritable frénétique. Je ne dis rien du meurtre de son frère, dont je parlerai plus tard avec détail ; c'est assez de rapporter ici les autres emportements auxquels Cambyse se livra.

Il fit violer le tombeau d'Amasis, et en ayant arraché le cadavre royal, il le fit jeter dans le feu. C'était une monstruosité aux yeux des Perses, et si les Égyptiens étaient déjà autorisés par sa conduite envers Apis à le considérer comme un sacrilége, ses propres sujets avaient le même droit désormais.

Il avait épousé ses deux sœurs. Hérodote prétend que c'était une nouveauté. Il se trompe évidemment, et en assurant que les juges royaux décidèrent, sur la demande de Cambyse, que si une telle alliance n'était pas légitime en elle-même, elle le devenait par cela seul que le roi la voulait, il commet une seconde erreur plus forte encore que la première. S'il avait réfléchi quelque peu avant de raconter une pareille absurdité, il aurait compris lui-même que dans un pays dont il savait que les lois étaient immuables, c'est-à-dire absolument hors de l'atteinte de la volonté du souverain, il ne pouvait pas être question d'un principe tel que celui qu'il fait émettre aux juges royaux.

Cambyse avait donc épousé ses deux sœurs, et il tua, dit-il, la plus jeune en Égypte, parce qu'elle montra ses regrets pour son frère assassiné.

Ensuite il perça d'une flèche le fils de Prexaspes, pour prouver au père son adresse. Ce Prexaspes, dont le nom parait avoir été, dans la langue zende, Pouroushaspa, remplissait auprès de Cambyse des fonctions d'une extrême importance, puisqu'il était chargé de lui présenter toutes les requêtes.

Une autre fois, il fit enterrer vifs, la tête seule dehors,

douze nobles perses, sans alléguer aucun prétexte pour une si grande cruauté.

Enfin Hérodote ajoute qu'il voulut faire périr Crésus, et qu'il en donna l'ordre, mais qu'on hésita, de peur que, venant à se repentir, il ne punît ceux qui auraient été trop prompts à obéir. Il se repentit en effet, fut charmé d'apprendre qu'on eût sursis à la condamnation ; mais pourtant il punit de mort ceux qui s'étaient permis de peser la valeur de ses ordres.

Au milieu de ces violences et de ces folies, Cambyse était triste, comme il arrive d'ordinaire aux êtres dont la raison s'éclipse et reparaît par instants. Il demandait avec anxiété ce que les Perses pensaient de lui et s'ils ne le croyaient pas fou. Hérodote prétend qu'il avait toujours été sujet à des attaques d'épilepsie. Les fantômes de ses victimes le troublaient, et enfin l'heure de sa mort arriva.

J'ai retardé jusqu'à ce moment de raconter les circonstances qui influèrent sur ses derniers jours.

CHAPITRE VIII.

LA MORT DE CAMBYSE ET LES ÉVÉNEMENTS QUI L'ACCOMPAGNÈRENT.

Ctésias fournit peu de renseignements sur les membres de la famille royale réunis après la mort de Cyrus autour de Cambyse. Il se borne à nommer un frère cadet qu'il appelle Tanyoxarcès, et auquel le conquérant avait laissé, comme il a été dit plus haut, la seigneurie de la Bactriane, celle des Choramniens, des Parthes et des Carmaniens, le tout libre de redevance à l'égard du Grand Roi. C'est tout ce que raconte Ctésias. Mais Hérodote et Justin donnent pour frère à Cambyse Smerdis, que le dernier appelle

Cométès, forme latine du nom iranien de Gobad porté par le grand-père de Khosrou-Cyrus. Hérodote montre ce Smerdis figurant dans la suite du Grand Roi pendant l'expédition contre l'Égypte. Plus tard, il fut renvoyé à Suse. Il n'est pas question qu'il ait régné dans le nord. Outre son frère Smerdis, Cambyse avait quatre sœurs de père, dont deux devinrent ses épouses.

Le nom de Tanyoxarcès, attribué au second fils de Cyrus par Ctésias, n'est nullement un obstacle à ce que celui de Smerdis, Cométès ou Gobad, soit authentique; car Tanyoxarcès n'est autre que le titre de « Daynhukhshathra », « roi des provinces », parfaitement convenable pour un grand feudataire du sang royal, et sous cette qualification, un nom propre a dû exister qui n'a pu, suivant l'usage le plus ordinaire des Iraniens, s'éloigner du cercle des choix déjà faits dans la famille; comme le père de Cyrus s'appelait Cambyse, et aussi l'aîné des fils de ce prince, il est naturel que l'on ait nommé le second Gobad, Cométès ou Smerdis, toutes formes diverses d'un même mot, et emprunté au souvenir de l'aïeul.

Au dire d'Hérodote, le « Roi des provinces » ayant suivi Cambyse en Égypte, eut le malheur de s'y distinguer par un exploit qui lui devint fatal. Les Ichthyophages avaient présenté au monarque perse, de la part du roi des Éthiopiens, un arc d'une force extraordinaire, avec le défi de le tendre. Cambyse, en effet, malgré sa vigueur ne put y parvenir; mais le Roi des provinces réussit à deux doigts près.

Cambyse, transporté de jalousie, fit aussitôt partir son frère pour Suse. Mais probablement la forte et malveillante impression qu'il avait reçue du mérite du jeune prince continua à le préoccuper en secret, car une nuit il rêva qu'un courrier venait lui annoncer en toute hâte de la part des Perses que Smerdis, assis sur le trône royal, était si grand et si haut, que de la tête il touchait la voûte du ciel.

Cette vision menaçante fut tenue pour un avertissement. Un seigneur du nom de Prexaspes partit pour Suse, afin de mettre ordre à ce qui s'y passait. Il assassina Smerdis, les uns disent à la chasse, les autres en l'attirant sur les bords de la mer Persique, où il le noya.

Ctésias raconte différemment les choses. Suivant lui, le « Roi des provinces » ayant trouvé en faute un mage appelé Sphendadates, le condamna à recevoir un certain nombre de coups de fouet. Cet homme, plein de rancune, alla persuader à Cambyse que son frère conspirait contre lui, et pour lui donner une preuve évidente de son assertion, il ajouta que si le roi ordonnait au prince de se rendre à la cour, il n'obéirait pas.

Cambyse manda immédiatement Cométès-Gobad, qui, ne soupçonnant pas la gravité que devait avoir sa négligence, resta à ses affaires, et ne se pressa nullement d'arriver. Un second messager ne le décida pas davantage. Ce ne fut qu'au troisième avis qu'il se mit en route. Cambyse irrité couvait une résolution violente, quand sa mère Amytis, s'apercevant de ses dispositions d'esprit et se doutant des intrigues du prêtre, engagea le roi à s'en défier, et celui-ci, sans renoncer le moins du monde à son projet, eut peur de sa mère, et ajourna son crime. Il cherchait un moyen de le commettre sans se heurter contre une opposition aussi directe.

Sphendadates vint à son aide. Il se trouva qu'il ressemblait d'une manière extraordinaire au « Roi des provinces ». Il engagea Cambyse à feindre d'avoir découvert sa culpabilité dans les affaires du prince et à le condamner à perdre la tête par le glaive. Cependant on ferait périr Cométès-Gobad ou Smerdis en secret, et lui, Sphendadates, serait montré publiquement revêtu des habits et des ornements de la victime, afin de tromper ceux qui le verraient.

Les choses se passèrent d'abord comme le prêtre l'avait conseillé. Le Roi des provinces fut saisi et jeté en prison sans qu'Amytis en sût rien, et on lui fit boire du sang de taureau, dont il mourut. Sphendadates, paré comme un frère de Cambyse devait l'être, fut montré en public. Chacun se trompa à la ressemblance; nul ne soupçonna la fraude. Cependant trois des confidents intimes du roi avaient connaissance de ce qui se passait : c'étaient Artasyras ou Ashkesh le Parthe, Bagapates ou Toous, roi de l'Arie, et Ixabates ou le roi des Uxiens.

Quelque temps après, Cambyse, curieux d'éprouver la force de l'illusion derrière laquelle il dissimulait son fratricide, fit venir Labyze, chef des eunuques du prince assassiné, avec les autres serviteurs, et leur demanda si le personnage en présence duquel il les amenait n'était pas véritablement son frère.

Ils se montrèrent fort étonnés de cette question, et ils affirmèrent qu'ils étaient bien convaincus que le Roi des provinces était là réellement en personne, tellement, ajoute Ctésias, la ressemblance était saisissante et complète. Cambyse désormais rassuré renvoya Sphendadates dans la Bactriane, et mit tout ce pays sous ses ordres, qui se crut gouverné par son prince légitime.

L'erreur se prolongea pendant cinq années; mais un eunuque nommé Tibéthée, ayant été cruellement battu par l'ordre du prêtre, s'enfuit, et alla tout révéler à Amytis. Celle-ci exigea de Cambyse que Sphendadates lui fût remis; n'ayant pu l'obtenir, elle s'emporta contre le roi à des imprécations solennelles, et ayant pris du poison, elle mourut.

Le roi fut extrêmement frappé de la malédiction de sa mère. Il fit tout au monde pour en détourner les effets. Il offrit des sacrifices dans lesquels furent présentées de nombreuses victimes; mais le sang ne coula pas sous les couteaux sacrés. La terreur de Cambyse s'en accrut.

Quelque temps après, la reine Roxane accoucha d'un enfant sans tête. Cambyse consulta les devins sur ce prodige, et il en apprit qu'il ne laisserait pas de fils pour lui succéder. Alors le spectre de sa mère lui apparut, et lui annonça que le châtiment de son crime était proche.

Le roi était alors à Babylone, et un jour qu'il s'amusait par désœuvrement à couper un morceau de bois avec un couteau, il se blessa à la cuisse et se coupa le muscle; il mourut après onze jours de souffrance.

Ainsi, pour Ctésias, il existe une connexité étroite d'une part entre la mort du Roi des provinces et le remplacement de ce fils de Cyrus sur le trône de la Bactriane par un mage, et de l'autre la mort de Cambyse lui-même; tandis qu'au point de vue où se place Hérodote, le mage ne joue absolument aucun rôle dans le meurtre de Smerdis, uniquement amené par la jalousie du Grand Roi et exécuté par un des personnages les plus affidés de la cour. Par suite, la fin de Cambyse n'a aucun rapport avec celle du Roi des provinces.

Un mage nommé Patizithès avait été laissé en Perse par Cambyse pour y exercer la régence pendant l'expédition d'Égypte. Ce Patizithès, dont le nom signifie « fils de roi », et qui d'après cela pourrait bien avoir été quelque agnat d'une grande famille attaché à la fortune de Cambyse, avait un frère qui ressemblait parfaitement à Smerdis et que pour cette cause il mit sur le trône. En même temps il envoya des messagers dans toutes les parties de l'empire, et notamment en Égypte, afin de détourner les peuples et les armées du service de Cambyse, et de les appeler à l'obéissance du nouveau souverain.

36.

Cette révolution s'autorisait de la conviction générale de la folie de Cambyse. On était las de ses violences.

Quand le héraut député par Patizithès arriva à l'armée d'Égypte, celle-ci avait déjà quitté cette contrée, et dans sa marche de retour vers la Perse avait atteint Agbatane de Syrie. Le héraut de Patizithès remplit sa charge intrépidement, et proclama la déchéance de Cambyse à haute voix au milieu des troupes.

Cambyse, plus étonné qu'effrayé, et soupçonnant Prexaspes-Pouroushaspa de n'avoir pas rempli ses intentions et d'avoir laissé vivre son frère, l'interrogea sévèrement à cet égard. Prexaspes soutint qu'il avait tué Smerdis, suivant l'ordre qu'il en avait reçu; Cambyse fit comparaître le héraut, et il résulta des déclarations de cet officier qu'il n'avait pas vu le nouveau souverain au nom duquel il parlait, mais que les instructions dont il était porteur lui avaient été transmises par le mage Patizithès, demeuré régent de l'empire en l'absence de Cambyse.

Ce point éclairci, et Cambyse cherchant avec anxiété à comprendre ce que cette affaire pouvait signifier et sur quoi elle reposait, Prexaspes-Pouroushaspa s'écria que tout était clair, et qu'il s'agissait d'une conjuration ourdie par Patizithès et son frère Smerdis.

A ce nom, Cambyse fut pénétré d'une lumière soudaine. Il se rappela le songe qu'il avait eu et qui lui avait montré ce Smerdis assis sur son trône. Il s'était trompé à la ressemblance. Rempli de douleur d'avoir fait périr son frère innocent, brûlant de le venger, tourmenté des périls qui le menaçaient, emporté par la fougue de son imagination malade, il courut à son cheval, dans la volonté de marcher vers Suse à l'instant même; mais dans sa précipitation et avec ses mouvements violents, son glaive sauta hors du fourreau et s'enfonça dans sa cuisse, à la place même où il avait frappé le dieu Apis. Il pensa de suite que la blessure était mortelle, et demanda le nom de la ville près de laquelle il se trouvait. On lui dit qu'elle s'appelait Agbatane. A ce mot, il ne douta plus de sa fin, car l'oracle de Buto lui avait prédit jadis qu'il mourrait à Agbatane; il avait cru que c'était Ecbatane de Médie. Pour la seconde fois, les avertissements divins se jouaient de lui.

Il languit pendant vingt jours. Au bout de ce temps, il assembla autour de son lit tous les seigneurs et les chefs de l'armée, leur avoua le meurtre de Smerdis en le déplorant, mais aussi en cherchant à l'excuser par la vision qu'il avait eue, et qui s'appliquait, sans qu'il pût le deviner, à l'autre Smerdis, frère de Patizithès, en ce moment usurpateur de la couronne ou du moins cherchant à le devenir. Il supplia les Perses, et principalement ceux qui appartenaient à la tribu achéménide, de ne pas tolérer que des mages, c'est-à-dire des Mèdes, s'emparassent de l'empire. Il les conjura de ne pas souffrir une telle ignominie, et les combla de bénédictions dans le cas où ils uniraient leurs efforts pour empêcher un si grand mal. Il les maudit, au contraire, et appela sur eux une fin pareille à la sienne s'ils manquaient à donner satisfaction à ses derniers désirs.

A ces paroles du Grand Roi, les assistants éprouvèrent la plus violente émotion, et pleurèrent sur leur malheureux prince en proie à d'atroces douleurs; peu de temps après, Cambyse expira. Il ne laissait aucun enfant, et ses dernières paroles étaient faites pour jeter le trouble et la méfiance dans tous les esprits.

Mais personne ne crut que Smerdis eût péri. Prexaspes-Pouroushaspa voyant le roi mort, soutint hardiment qu'il n'avait pas exécuté les ordres sanguinaires de son maître. Il craignait d'avouer qu'il eût trempé ses mains dans le sang d'un fils de Cyrus. Chacun se rappela que Cambyse était fou. On soupçonna quelque fantaisie de haine posthume, et en conséquence toute la nation perse reconnut le mage Smerdis pour son souverain, et le règne de cet imposteur commença sans difficulté.

Il régna sept mois, et montra une douceur et une partialité extrêmes à tous les Occidentaux sujets de l'empire. Il les avait exemptés pour trois ans de tout subside et du service militaire. Mais comme il ne sortait jamais de la citadelle de Suse et ne laissait surtout venir jusqu'à lui aucun des seigneurs perses, un d'entre eux, Otanès, fils de Pharnaspes, conçut des soupçons. Probablement les dernières adjurations de Cambyse n'avaient pas tout à fait disparu de sa mémoire; il voulut s'éclaircir de ce qui lui semblait suspect, et il en trouva aisément le moyen.

Une de ses filles, appelée Phédime, avait été épousée jadis par Cambyse, et désormais, avec les autres femmes de ce prince, elle appartenait à Smerdis. Son père lui fit demander si son mari était bien réellement le fils de Cyrus. Phédime s'excusa sur ce qu'elle n'avait aucun moyen de le savoir, n'ayant pas vu son nouvel époux avant la mort de Cambyse. Otanès l'engagea à consulter sur ce point sa compagne Atossa, fille de Cyrus, qui certainement connaissait son propre frère. Mais parler à Atossa ne se pouvait faire, car les épouses royales étaient rigoureusement séparées l'une de l'autre, et ne communiquaient point ensemble.

Cette précaution inusitée augmenta les soupçons d'Otanès, qui rappela alors à sa fille qu'elle était de noble naissance, et lui ordonna de risquer sa vie s'il le fallait, mais de profiter de la première fois que le souverain viendrait partager sa couche pour s'assurer s'il avait ou non les oreilles coupées. Otanès savait que le mage, frère de Patizithès, avait subi autrefois ce supplice par ordre de Cambyse.

CHAPITRE VIII. — MORT DE CAMBYSE.

Phédime obéit à son père, et trouva en effet que l'homme endormi à ses côtés n'avait plus d'oreilles.

Otanès fut averti dès l'aube du jour. Il s'ouvrit de sa découverte à deux autres chefs, Aspathinès et Gobryas. Ils s'adjoignirent Intaphernes, Mégabyze et Hydarnes; et sur ces entrefaites, Darius, fils d'Hystaspes, étant arrivé à Suse du pays de Perside, dont son père était satrape, les conjurés se l'associèrent également, ce qui porta leur nombre à sept.

Darius les engagea à agir immédiatement. Il leur remontra, contre l'avis d'Otanès, que des entreprises telles que celle qu'ils méditaient se perdaient par la temporisation; il parla si bien qu'il les entraîna, et ils marchèrent tous ensemble vers le palais dans la ferme résolution d'y pénétrer de gré ou de force et de mettre à mort l'usurpateur.

Dans ce même moment, les mages inquiets avaient fait venir Prexaspes-Pouroushaspa, et sachant qu'il était le seul homme véritablement instruit de la mort de Smerdis, fils de Cyrus, ils cherchèrent à le gagner à leur cause, et à obtenir de lui la déclaration publique que le souverain régnant était en réalité celui qu'il avait mis à mort, c'est-à-dire Smerdis lui-même. Ils le menèrent au sommet d'une tour, et lui dirent de parler au peuple; mais Prexaspes saisi d'une généreuse résolution, proclama la vérité, célébra les louanges des Achéménides, de Cyrus, de toute leur race, et maudit les Perses dans le cas où ils laisseraient régner les mages. Cela fait, il se précipita du haut de la tour. « Ainsi, ajoute Hérodote, mourut Prexaspes, qui avait toute sa vie été réputé homme de bien. »

Je relève avec soin toutes les mentions qui sont faites de ce Prexaspes et le ton qu'emploie Hérodote pour en parler. Ce n'est pas sans un motif puissant, et on aura lieu plus tard d'apprécier l'importance de ce personnage ; mais pour le moment je continue l'analyse, qu'il faut mener à fin.

Tandis que se passait la scène qui vient d'être rapportée, les sept conjurés marchaient vers le palais. En chemin, l'émotion de la foule et les propos de ceux qui couraient çà et là leur ayant appris l'événement, Otanès, malgré Darius, recommença à insister sur la nécessité d'être prudent ; il arrêta ses amis, et leur conseilla avec force de laisser les événements amener une solution ; mais tout à coup, au milieu du débat, sept couples d'éperviers apparurent dans le ciel. Ils poursuivaient deux couples de vautours. Ils les atteignirent, et de leurs becs et de leurs serres ils les déchirèrent en pièces.

Ce spectacle était facile à comprendre et à interpréter. Les sept chefs, pleins d'espérance et soutenus par les dieux, reprirent leur marche vers le palais, passèrent devant les gardes qui parurent à peine les apercevoir, rencontrèrent des eunuques chambellans, et comme ceux-ci, étonnés de l'audace des conjurés, s'écrièrent, et voulurent leur barrer le passage et les arrêter, ils mirent l'épée à la main, et tombant sur ces hommes mal inspirés, ils les massacrèrent ; puis foulant aux pieds leurs cadavres, ils pénétrèrent jusqu'auprès des deux frères mages, qui, dans ce moment même, délibéraient sur l'embarras où l'action de Prexaspes venait de les plonger.

Le bruit du combat, les cris des mourants, le tumulte des agresseurs les avaient tirés de leur entretien. En voyant apparaître les conjurés, ils comprirent de suite ce dont il s'agissait ; l'un sauta sur un arc, l'autre sur une lance, les premières armes qui se trouvèrent sous leurs mains. Mais l'arc ne pouvait être d'aucun usage, on était corps à corps ; avec la lance, il y avait plus de ressource. Aspathinès fut blessé à la cuisse, Intaphernes à l'œil.

C'était de quoi irriter les vengeances et non pas éteindre les courages. Un des mages tomba percé de coups; l'autre s'enfuit et voulut tirer la porte derrière lui, mais Darius et Gobryas l'en empêchèrent. Il courut, ses deux ennemis l'atteignirent dans un réduit obscur où on ne se distinguait plus l'un de l'autre. Cependant les deux seigneurs tenaient leur victime; Gobryas surtout s'y cramponnait de tous ses doigts. « Pourquoi ne frappes-tu pas? dit-il à Darius. — Je n'y vois pas, et crains de te blesser, répondit l'autre. — Frappe néanmoins! » Le mage tomba, et expira.

Le sacrifice consommé, les seigneurs ayant tranché la tête des deux imposteurs, se jetèrent dans les rues et les parcoururent, brandissant leurs trophées sous les yeux des Perses, et les appelant aux armes. Toute la population de Suse voyant comment les choses avaient tourné, s'unit sans hésiter à ses libérateurs, et rendant solidaires de ses griefs tous les mages qui se trouvaient dans la ville, fit main basse sur eux, et massacra ceux qu'elle put rencontrer. Ce fut pour l'avenir une date mémorable, une grande journée, une fête nationale; on l'appela « la magophonie », « le massacre des mages », et il était ordonné pendant la célébration de cette fête que les personnes de cette caste eussent à se renfermer chez elles.

Le premier acte de la révolution était accompli; il restait maintenant à savoir comment on voulait s'organiser. Le cinquième jour après l'événement, les sept conjurés, qui jusqu'alors avaient sans doute exercé une sorte d'autorité provisoire, mirent en délibération la forme du gouvernement futur.

Otanès recommanda l'abolition de la royauté et l'établissement de l'isonomie. Mégabyze proposa une institution oligarchique. Mais Darius soutint que la monarchie était dans les traditions nationales; que le mieux qu'on pouvait attendre de la démocratie était précisément d'y aboutir; que le pouvoir d'un chef était le gouvernement par excellence, le seul fort et capable de secret dans les résolutions et d'unité dans l'action, et qu'en conséquence c'était la monarchie qui convenait le mieux aux Perses. Tous les assistants se rangèrent à cet avis. La monarchie fut donc décrétée, seulement on décida qu'Otanès et ses descendants resteraient libres, et ne serviraient la couronne qu'autant qu'ils le voudraient, avec cette condition toutefois de ne pas transgresser les lois du pays. D'ailleurs Otanès déclara renoncer à tous ses droits éventuels au trône, et comme dédommagement, il fut résolu que lui-même et après lui le chef de sa maison recevraient tous les ans un habit à la mode médique, et d'autres présents honorables. Il obtint ces distinctions non-seulement en échange de sa renonciation au pouvoir, mais aussi en mémoire de ce qu'il avait été le premier à se soulever contre les mages.

La situation d'Otanès ainsi fixée, les autres chefs décidèrent que chacun des sept aurait ses entrées libres au palais, et pourrait se présenter devant le roi sans se faire annoncer, en tout temps, en tout lieu, sauf le cas où le monarque serait avec sa femme. En outre, celui-ci n'épouserait jamais qu'une fille issue du sang d'un des six autres; enfin le souverain allait être élu de la manière suivante : le lendemain matin, au soleil levant, les six qui n'avaient pas abjuré leurs droits à l'empire quitteraient ensemble la ville à cheval, et le premier dont le cheval hennirait serait immédiatement reconnu et proclamé par les autres.

Les choses se passèrent comme on l'avait décidé. Les prétendants sortirent au petit jour. Le disque du soleil s'éleva sur l'horizon, et aussitôt le cheval de Darius se mit à hennir; à ce signe, ses cinq compagnons descendirent de leurs montures, se prosternèrent, et proclamè-

CHAPITRE VIII. — MORT DE CAMBYSE.

rent roi des Perses l'Achéménide Darius. Cependant un éclair brilla et un coup de tonnerre retentit dans l'air serein : c'était la consécration des dieux.

Hérodote ne trouve pas que l'autorité céleste ait suffi pour amener un pareil résultat. Il ajoute qu'il y avait bien aussi une part d'intrigue et de ruse dans cette affaire. L'écuyer de Darius, appelé Œbaras, avait eu soin, de façon ou d'autre, car l'historien présente deux versions, de mettre le cheval de son maître en excitation pour la cavale favorite du haras, et grâce à la fourberie de ce serviteur, Darius l'emporta sur ses rivaux trompés.

Voilà comment Hérodote rapporte les événements relatifs à la mort de Smerdis, fils de Cyrus, la fin de Cambyse, l'usurpation des mages, et finalement le renversement de ceux-ci et l'avénement de la nouvelle dynastie.

Voyons maintenant comment Ctésias explique la partie de ces événements sur laquelle nous ne l'avons pas encore interrogé. Sa façon de concevoir les choses est plus simple que celle de son glorieux devancier.

Suivant lui, le chef des Bagous et l'Arsacide Artasyras avaient résolu avant la mort de Cambyse de placer sur le trône le faux satrape déjà maître de la Bactriane, à la faveur de sa ressemblance avec le second fils de Cyrus. Leurs menées eurent un plein succès. Mais quand Ixabates ou Oushya-pati, le roi des Uxiens, arriva de Babylone, ramenant avec lui en Perse le corps de Cambyse, et qu'il trouva à la tête de la nation l'aventurier dont il savait toute l'histoire, il s'empressa de faire connaître la vérité à l'armée, et se réfugia aussitôt après dans un temple. Les partisans du mage l'y poursuivirent, et il eut la tête tranchée. Ici c'est le roi des Uxiens qui remplit à peu près le rôle qu'Hérodote attribue à Prexaspes.

Cette mort ne sauva pas les mages. Sept chefs particulièrement puissants, Onuphas, Idernès, Norondabates,

Mardonius, Barissès, Artaphernes et Darius, fils d'Hystaspes, se mirent à la tête des mécontents. Ils se rattachèrent Bagapates, chef des Bagous, et Artasyras, qui, probablement émus par l'indignation générale, n'osèrent pas soutenir plus longtemps leur créature. Ils faisaient partie de la maison du souverain qu'ils avaient créé. Bagapates tenait même les clefs du palais. Il ouvrit les portes. Sphendadates, surpris tandis qu'il était couché avec une courtisane de Babylone et se voyant sans armes, se défendit avec un siége d'or; mais pressé par les sept, il ne prolongea pas sa résistance, et tomba criblé de blessures. Il avait régné sept mois.

La fête de la magophonie est celle du jour où le mage fut tué.

Darius monta sur le trône parce que son cheval avait henni le premier parmi ceux de ses rivaux au lever du soleil. Il avait trouvé pour obtenir cet avantage un moyen sur lequel Ctésias ne s'explique pas.

Maintenant, on doit comparer les textes respectifs des deux historiens grecs. Nulle part, dans tout son ouvrage, Hérodote ne montre plus clairement les mérites et les défauts de sa manière. Rien n'est vivant, intéressant comme son récit. Rien aussi n'est plus systématique : pour ne pas s'écarter d'une ligne des opinions de ceux qui, à Babylone, lui ont raconté les faits, et qui assurément n'étaient pas des Perses, mais des Araméens ou des Grecs domiciliés, il embrouille tout, et ne se met en peine d'aucune contradiction avec ce qu'il a dit lui-même des mœurs, des croyances et des idées des Perses. Ce n'est pas assez que son Cambyse ait été fou à lier, ce qui d'ailleurs est incontestable, il l'entoure de rêves, de visions, de prédictions, d'oracles, et ce même personnage qui, au rebours du tolérant Cyrus, paraît avoir éprouvé le dégoût le moins dissimulé pour les dieux étrangers, cet homme, ce furieux qui tue Apis d'une manière si brutale, qui viole les tombeaux des rois égyptiens, et insulte aux idoles de ces peuples, excès que l'on admettrait d'un bon Mazdéen, il le rend crédule à l'oracle étranger de Buto, avec lequel il n'avait rien à faire. C'est qu'Hérodote frayait surtout avec les gens pieux de sa croyance et de sa race. Il n'avait pas l'idée de s'écarter un instant de leurs points de vue et de leurs prédilections. De même que son histoire de Crésus n'est qu'un éloge d'Apollon, de même que celle qu'il donne de Cyrus a surtout pour but de nous montrer ce roi soumis à toutes sortes d'influences qui le diminuent, et surtout à celle de l'ancien ami de Solon, de même encore Cambyse, contre lequel il se fait Égyptien, lui sert principalement à glorifier la puissance mystérieuse et terrible de l'onéiromancie et celle de la voix des Butades. On reconnaît dans cette manière de représenter les choses non pas une chronique de la famille de Cyrus, mais un réquisitoire porté sur cette famille par les sujets araméens et grecs de l'empire. C'est le ton qui régnait dans ces groupes sous le gouvernement des Achéménides en parlant de leurs maîtres et des prédécesseurs de ceux-ci. C'est le mode de leur opposition et la mesure de leur haine assez impuissante d'ailleurs, en tant qu'une animosité latente mais persistante peut être considérée comme telle.

En se nourrissant d'oracles et de visions, en se consolant ainsi de leur abaissement, les habitants des contrées sémitiques et les Grecs mêlés avec eux ressemblaient beaucoup aux Juifs de la même époque, qui, répandus dans les mêmes contrées, avaient eux aussi des rancunes, des colères sourdes et cachées, et une passion vive pour exprimer leur résistance en faisant courir des anecdotes malveillantes. Ce qui tranche vigoureusement sur ce caractère des races vaincues, c'est ce qu'Hérodote laisse aussi très-bien apercevoir de l'attitude des Perses eux-mêmes vis-à-vis de Cambyse. Malgré ce qu'ils avaient à souffrir de ses accès de frénésie, malgré le tort qu'ils éprouvaient de ses conceptions insensées, ils ne songèrent jamais à se révolter; ils repoussèrent toujours fermement les tentatives des conspirateurs. Quand il mourut, ils le pleurèrent. Il était pour eux le fils de Cyrus, et quand plus tard des générations qui ne l'avaient pas connu essayèrent de se le rappeler, il se trouva que les aïeux, ses contemporains, en avaient laissé à leurs enfants un souvenir redoutable, mais en même temps profondément respectueux. Ils appelèrent Cyrus « le père », et Cambyse fut pour eux « le maître », un maître terrible sans doute, mais digne de vénération, et c'est cette impression qui se maintient autour de la figure de Kaous représentée par la tradition persane. Les accès de démence et même d'impiété du roi ne sont pas niés; cependant, c'est toujours Kaous, c'est toujours le Grand Roi. On suppose qu'il est revenu des uns, qu'il s'est repenti des autres, et c'est absolument ainsi et sous l'influence de ce sentiment arian commun aux deux peuples, que les Franks considéraient et jugeaient les Mérowings et particulièrement les descendants de Clovis. Une telle manière de penser creusait un abîme entre les Perses et les Grecs asiatisés, à plus forte raison entre eux et les Sémites. Hérodote ne l'a pas compris, et ne pouvait pas le comprendre.

Ctésias est naturellement sous l'empire des mêmes influences que son émule. Il n'entoure pas la mort de Cambyse des marques de la réprobation divine, mais il croit aussi à la haine des dieux pour le conquérant iranien, et il lui faut des signes funestes. Il raconte ce qu'il en a appris dans les maisons qu'il fréquentait et qui n'étaient pas iraniennes. Un médecin étranger, touchant la solde et sollicitant les cadeaux des Perses, ne manquait pas d'occasions de dénigrer ceux dont il mangeait le pain et de rencontrer des gens disposés à l'imiter. J'ai vu bien des hôtes de cette espèce dans les mêmes lieux. Le cours des siècles n'y a rien changé.

Maintenant vient l'histoire du mage qui succéda frauduleusement à Cambyse et dont le règne dura sept mois, au dire des deux historiens.

Si par la dénomination de « mage » on entend désigner un prêtre mazdéen, et c'est en effet ainsi qu'on envisage les choses d'ordinaire, on tombe dans une erreur qui n'est pas soutenable. Il n'existait pas encore de mazdéisme à cette époque. L'ancienne religion de l'Iran durait toujours. Ses ministres, les athravas, ne formaient pas une caste à part, et à plus forte raison il est impossible d'admettre que la tribu médique portant le nom de « mages », c'est-à-dire « les grands », ait pu constituer, comme on l'a voulu prétendre, une caste sacerdotale pour l'Iran entier. Ce que nous avons vu jusqu'ici des annales, de la constitution géographique, du mode de formation politique, des institutions de l'empire, tout absolument interdit jusqu'à la pensée d'une semblable organisation. Nous savons même que, jusqu'au temps de Cambyse, l'athrava n'était prêtre qu'en certaines occasions, comme de nos jours le garde national est soldat; le sacerdoce était une occupation temporaire et non une profession; tout père de famille était athrava chez lui au moment de la prière, au moment du sacrifice; il n'y avait ni clergé ni temples. Ainsi les deux mages dont il est question ne pouvaient pas être des prêtres, ou s'ils l'étaient, ils appartenaient à quelque culte étranger.

Le nom de Sphendadates, attribué par Ctésias à l'usurpateur du trône de la Bactriane, est toutefois très-iranien : c'est « Çpentadata », qui signifie « donné par le Pur », c'est-à-dire par le génie de la terre. Ce nom peut être ancien et contemporain de Cambyse; mais il n'est pas certain, d'autre part, qu'il n'ait pas été appliqué plus tard, sous les Achéménides, à l'imposteur que d'autres écrivains grecs appellent Smerdis, Merdis et Cométès. On ne saurait donc rien fonder sur cette rencontre, sinon un doute de plus quant au caractère sacerdotal du premier successeur de Cambyse. Ce doute est fortifié par les noms des deux frères qu'Hérodote substitue à ce Sphendadates non pas seulement dans le fief de la Bactriane, mais dans la possession immédiate de l'empire. J'ai fait remarquer déjà que Patizithès signifiait autant que « Pati-zata », « fils de prince ou de seigneur »; ce n'est pas une qualification qui eût pu convenir à un ministre d'un culte quelconque. Pour Smerdis, l'autre frère, c'est assurément un nom iranien comme le précédent, et à moins qu'on ne veuille admettre qu'un religionnaire étranger à la race et aux idées iraniennes ait cependant porté un nom appartenant à cette origine, observation qui s'appliquerait du reste à Sphendadates et à Patizithès également, il n'y a pas moyen de résoudre la difficulté. Mais ici, nous trouvons justement que le fait est très-admissible; qu'il est même tout à fait normal, et c'est la Bible qui nous le dit et nous explique comment une même personne portait à la fois plusieurs noms. C'était un usage des Assyriens adopté par les Perses, et en vertu duquel un fonctionnaire hébreu, par exemple, prenait en entrant en charge un nouveau nom araméen, sous lequel il était connu dans son office. Ainsi Daniel avait jadis reçu le nom de Beltesatsar, Hanania celui de Sadrach, Misaël celui de Mésach, Azaria celui d'Abednégo. Plus tard, au temps d'Artaxerxès, on voit que Néhémie, échanson favori du roi, était appelé Attirsatha, ce qui paraît bien être le composé iranien « Atar-zata », « fils du feu ».

Rien ne s'oppose donc à ce que les prétendus mages qui voulurent succéder à Cambyse aient pu avoir des noms iraniens et cependant ne pas appartenir à cette nationalité.

Les obscurités du récit d'Hérodote s'éclaircissent sensiblement par cette seule remarque. Des prêtres mazdéens ne sont pas possibles à l'époque de Cambyse; mais des prêtres quelconques non iraniens le sont parfaitement, et du moment que des gens de cette dernière espèce ont pu porter des noms perses sans être Perses eux-mêmes, et, bien plus, ont dû le faire; du moment qu'ils étaient au service du roi, il n'y a plus de difficulté : ceux dont il s'agit ici, ce sont des Chaldéens; nous pouvons en être sûrs. Hérodote, Ctésias, toute l'antiquité grecque et la plus grande partie des historiens modernes ont absolument confondu deux sacerdoces qui ont de la ressemblance sans doute, mais qui diffèrent par ce qu'il y a de plus essentiel; ils n'auraient jamais consenti à se laisser considérer comme identiques, pas plus que les prophètes hébreux et les sages de Ninive, ou que les ecclésiastiques catholiques et les pasteurs de l'Église protestante, dont les dogmes principaux sont assurément les mêmes.

Les prêtres chaldéens, au temps de Cambyse et bien avant, formaient un corps; ils étaient puissants et nombreux; ils étaient à la tête d'adhérents dévoués; ils dirigeaient beaucoup de consciences; ils pouvaient échauffer, exciter les imaginations et faire mouvoir beaucoup de bras; enfin ils représentaient bien les populations sémitiques si nouvellement rattachées à l'empire, et qui renfermaient dans leur cause celle des colons grecs de l'Asie Mineure; ils constituaient toute l'intelligence, toute la science, toute l'activité morale des Babyloniens, Syriens, Lydiens, Phrygiens, Cariens, qui se sentaient humiliés et blessés par la conquête iranienne, et qui ne comprenaient quoi que ce fût aux institutions et aux formes sociales de maîtres si différents de ce qu'ils étaient eux-mêmes, et qui leur apparaissaient en toute sincérité comme des barbares, quoique nous ayons vu qu'en somme les vaincus fussent très-doucement traités par ces conquérants.

En considérant les choses de cette manière, il devient compréhensible et tout à fait conforme au développement naturel des faits, que la mort de Cambyse, de ce prince à moitié fou, qui avait dû effrayer et scandaliser étrangement les sujets occidentaux, ait déterminé chez ces derniers des tentatives pour se délivrer de la suprématie iranienne. Le Grand Roi ne laissait ni fils ni frères, la race de Cyrus finissait avec lui; c'était un moment favorable. Je dis que les Assyriens devaient le saisir; j'ajoute que, seuls, ils pouvaient désirer une révolution, et que les Mèdes n'étaient aucunement poussés à éprouver des tentations semblables.

Les Mèdes, vassaux directs de l'empire, y étaient rattachés depuis longtemps. Dans toute leur histoire, ils n'avaient jamais eu qu'une position subordonnée, d'abord vis-à-vis de Ninive, ensuite d'Amol. La suprématie était toujours restée au-dessus de leur portée; pourquoi l'eussent-ils réclamée alors? C'était une population mixte. Elle pouvait être plus ou moins dévouée, mais elle n'avait pas à beaucoup près l'homogénéité qui faisait la force des sujets sémites et grecs et qui aussi explique leur irritation. Elle n'avait aucun motif de nourrir la même malveillance et les mêmes ambitions.

Est-ce à la faveur d'une ressemblance fallacieuse avec le fils cadet de Cyrus que la tentative de s'emparer de la couronne fut conduite? On ne saurait rien décider là-dessus. Les auteurs orientaux n'en parlent pas; ils traitent cette partie de l'histoire perse d'une autre manière qui va être exposée tout à l'heure. Acceptons donc ce qui ne se peut contrôler, et laissons régner le faux Smerdis à la place que le véritable eût dû remplir. Ce qui est certain, c'est qu'il s'occupa tout d'abord de satisfaire aux deux réclamations les plus vives des nations conquises : il supprima pour trois ans et les impositions et la milice. C'était annoncer, par le dernier point surtout, que le régime iranien, essentiellement militaire, avait pris fin.

Quand la fraude fut découverte, quand les deux mages, c'est-à-dire les deux prêtres chaldéens, eurent été mis à mort par des seigneurs appartenant aux familles de la Loi pure, la vengeance des Perses s'exerça à loisir sur les gens de leur espèce, nous dirions de leur robe, qui furent massacrés partout où on les trouva. C'est la magophonie. Il paraît que l'erreur qui confondait les Chaldéens avec les mages mazdéens avait déjà cours du temps de Ctésias, car celui-ci limite ce châtiment au seul auteur de l'usurpation, et il ne dit rien d'une défense générale faite aux prêtres mazdéens de se montrer dans les rues lors de la célébration de la fête annuelle consacrée à la commémoration de l'événement. Cette défense en effet est inadmissible, en ce sens qu'elle se serait appliquée à un sacerdoce respecté et puissant. Mais il est croyable que les devins assyriens et les prêtres des idoles, en tout temps peu estimés des Iraniens, aient été soumis à quelque humiliation de ce genre. Je considère donc et le massacre des mages chaldéens comme possible et la fête de la magophonie comme probable. Maintenant il se présente une difficulté qui n'a pas été examinée suffisamment.

Hérodote et Ctésias assignent l'un et l'autre sept mois de règne au mage imposteur, et tout de suite après ces sept mois commence le règne de Darius. Mais Eschyle n'est nullement de cet avis. Après Merdis, qu'il appelle l'opprobre de la Perse et du trône, sans s'expliquer autrement sur la façon dont ce personnage était parvenu à la couronne, il place Artaphrenès, qui pour lui est le véritable libérateur, celui qui tua le tyran avec l'aide de ses amis. Cependant il ne prit pas d'abord la couronne ; ce fut Maraphis qui régna, et quand il quitta le pouvoir, d'une façon que le poëte n'explique pas non plus, Artaphrenès commanda à son tour, et après ces deux seulement, Maraphis et Artaphrenès, s'éleva Darius.

Plusieurs critiques ont conseillé de considérer comme interpolé le vers de la tragédie des Perses dont il s'agit ici. D'autres s'y sont opposés, et je pense qu'ils ont raison. Rien n'indique la nécessité d'un retranchement que le désir de se conformer aux opinions répandues par Hérodote. Je suppose que la méthode tout anecdotique de ce grand homme n'exige aucun sacrifice de ce genre quand on voit quelques-unes de ses assertions formellement contredites. Cela mènerait trop loin. La tragédie des Perses fut représentée à Athènes, sur le théâtre de Bacchus, l'an 473 avant Jésus-Christ, à ce qu'on assure, et l'on fait mourir Cambyse en 522. Eschyle n'était donc séparé que par quarante-neuf ans tout au plus des faits qu'il reproduit dans sa pièce, tandis qu'Hérodote, qui écrivit son histoire avant 444, environ soixante-dix ou soixante-dix-huit ans plus tard, comme j'ai eu l'occasion de le dire, d'une façon peu favorable à la parfaite exactitude et au complet et irréprochable enchaînement des faits, avait déjà eu tout le temps de laisser les convenances légendaires s'interposer entre lui et la vérité.

Hérodote ne nomme pas du tout Artaphrenès, qu'Eschyle honore d'une épithète si noble, et qu'il fait roi plus tard, après l'avoir présenté dès l'abord comme le chef unique de la conjuration. Peut-être pourrait-on retrouver ce personnage dans l'Intaphernes qu'Otanès enrôla ; mais Intaphernes ne figure pas autrement dans le récit que pour avoir été blessé par l'un des deux mages et avoir eu l'œil crevé d'un coup de lance. Ctésias est plus

CHAPITRE VIII. — MORT DE CAMBYSE.

près d'Eschyle ; il nomme Artaphernes et ne connaît pas Intaphernes. Seulement, au lieu de sept conjurés, il en a neuf, et les deux derniers, Artasyras et Bagapates, jouent un rôle considérable dans l'événement : d'abord ce sont les deux personnages les plus puissants de la troupe, ils ont mis le mage sur le trône ; puis ils sont maîtres du palais, et ils introduisent leurs complices jusqu'au lit du tyran.

Il est encore à relever que quatre noms cités par Ctésias, en laissant à l'écart Artasyras et Bagapates, n'ont pas leurs analogues dans la liste d'Hérodote ; ce sont : Onuphas, Norondabates, Mardonius et Barissès.

D'Onuphas je ne saurais rien faire, et la physionomie du mot semble plutôt sémitique qu'iranienne. Norondabates pourrait cacher un des noms fournis par Hérodote, car c'est un titre : « Norounda-pati » ou « Nabounda-pati », « seigneur de Nabounda », pays situé vers l'embouchure de l'Indus, près de la Pattalène ; mais ceci est une appropriation peu probable. De même Mardonius pourrait être et plus vraisemblablement le « Mardana-khshathra » ou « Mardan-shah », « le roi de la Mardène », contrée de la Perside ; alors ce roi aurait encore porté un des noms propres fournis par l'historien d'Halicarnasse. Enfin Barissès n'offre d'autre remarque que d'être une forme probable du nom connu de Varanes, qui ne sert à rien ici.

Au fond, et malgré tous les efforts que l'on pourrait tenter, les deux listes de conjurés ne concordent ni en nombre ni en désignations de personnes. Je pense qu'il est prudent de les considérer comme suspectes et assez légendaires l'une et l'autre, et de s'en tenir à la seule impression que l'intrus chaldéen fut renversé par une conjuration des nobles iraniens, parmi lesquels figurait Artaphrenès.

Mais il est possible, si nous voulons suivre Eschyle, que la parfaite entente entre les conjurés n'ait pas continué après la victoire; qu'un certain Maraphis ait d'abord pris la couronne pour un temps plus ou moins long; qu'Artaphrenès, qui y avait plus de droits que lui, l'ait renversé; qu'ensuite soit venu Darius. Peut-être toutes ces révolutions successives, ces déplacements qui ne sont pas rares dans les moments de grande émotion, où l'on sait qui l'on ne veut pas, mais beaucoup moins nettement qui l'on veut, n'ont-ils pas occupé un bien long espace de temps. A considérer ce qui se passe lorsqu'une dynastie aimée se termine brusquement et qu'on ne sait à quel chef obéir, je suis tenté de croire qu'Eschyle a été dans le vrai, et ici vient se placer une question chronologique.

Suivant Hérodote, Cyrus avait régné vingt-neuf ans, Cambyse sept ans et cinq mois, le mage sept mois, ce qui embrasse une période de trente-sept ans. Pour Ctésias, Cyrus occupa le trône pendant trente ans, Cambyse pendant dix-huit, et le mage pendant sept mois. Les deux auteurs sont d'accord sur ce dernier point; mais la somme totale de l'un donne trente-sept ans, celle de l'autre en produit quarante-huit, plus sept mois.

Le calcul est tout différent pour les Orientaux : Key-Kaous règne cent cinquante ans et Cyrus soixante ans. Je ne suis pas étonné de la longueur du règne de Kaous-Cambyse, parce que j'en rejette ce qu'elle a d'excessif sur la confusion qui du père et du fils de Cyrus fait une seule et même personne, et sur les ténèbres de cette dynastie particulière de la Perside avant son avénement au trône. Mais la longueur attribuée au règne de Cyrus, et qui, prise en elle-même, n'aurait rien d'improbable, si l'autorité double de Ctésias et d'Hérodote ne semblait ici devoir être considérée comme préférable, me fait réfléchir, et peut-être faut-il y chercher la durée des règnes de Merdis, de Maraphis et d'Artaphrenès, indûment confondus sous le nom du dernier descendant des feudataires de la Perside. Ceci n'est qu'une indication assez vague et la seule possible en pareille matière.

Il ne reste plus qu'un seul point à examiner, pour en avoir fini tant bien que mal avec l'époque de Cambyse et du mage. Hérodote doutait que beaucoup de Grecs pussent croire que les Perses aient discuté, après la mort de l'usurpateur, sur la forme de gouvernement la plus convenable. Je ne partage pas cette incrédulité, et je suis persuadé que, sinon dans la forme, au moins dans le fond, sinon quant aux personnages mis en scène, au moins quant à la totalité des seigneurs iraniens, la discussion survenue entre les chefs doit être absolument vraie.

L'État était bien changé de ce qu'il avait été autrefois. Ce n'était plus, comme au temps des Djems, une monarchie composée de populations régnantes toutes homogènes ; ce n'était pas non plus, comme après la délivrance par Férydoun, une confédération de grands fiefs luttant contre les envahissements des Scythes, contre les attaques des Indiens, surveillant la frontière occidentale, et réunis plutôt que dominés et régis sous un pouvoir central le plus souvent très-faible. On y voyait désormais une immense agglomération des territoires les plus divers, où tout ce qui avait pu autrefois s'appeler équilibre était sinon déjà détruit, au moins fort ébranlé. Le roi, nous l'avons dit, était devenu tout-puissant; il avait acquis les moyens de l'être : de là, menace permanente pour les indépendances anciennes; plus de la moitié de l'empire, et la plus intelligente, la plus riche, la plus apparente, non pas la plus morale, à coup sûr, ni la plus brave, ne comprenait rien à l'organisation féodale et n'admettait que le pouvoir absolu. Au dehors, terreur universelle devant le colosse qui avait réussi à saisir dans ses vastes bras les forces rassemblées du monde d'alors, partant sécurité profonde vis-à-vis de l'étranger, repos dans les esprits, loisir, besoin d'activité, recherche de quelque chose à faire, appétition de nouveautés ; c'est dans de pareils moments que les peuples, que les sociétés se jettent dans des voies inconnues. Devenues grandes, elles veulent briser leur berceau et repousser dédaigneusement comme des jouets de leur enfance ce qui les a faites ce qu'elles sont. C'est ce qui allait arriver dans l'Iran. Nous allons voir les institutions anciennes s'altérer, la religion changer, le vieux sang arian avoir peine à maintenir ses droits, et n'y parvenir qu'à l'aide et aux dépens des concessions les plus fâcheuses; il est donc naturel qu'en un pareil moment les théories politiques les plus diverses aient été débattues entre les hommes d'État.

Tout cela serait faux si l'on voulait s'obstiner à considérer l'empire perse comme un simple produit de la violence heureuse et comme un monument de la force aveugle et irraisonnée. Je suppose que les lecteurs de ce livre n'accepteront plus une façon si superficielle d'apprécier les faits. Nous avons vu comment l'Iran s'était fondé par la colonisation agricole, et sous l'action d'un régime politique très-libre et très-moral ; comment, après un temps d'éclipse, sa nationalité vivace avait reparu plus forte que jamais ; comment elle avait résisté à la pression des Scythes, à l'énervement qui lui venait de l'ouest ; comment enfin Cyrus, l'établissant définitivement dans sa gloire, avait mis Cambyse en état de faire flotter en même temps les étendards du soleil et sur les confins du Thibet, et sur les dernières plages caspiennes, et aux extrêmes limites de l'Égypte, et sur les murs des cités grecques de la Propontide. Un État barbare ne possédant qu'une force brutale peut, à la rigueur, accomplir de pareilles conquêtes ; mais les tenir fermes et honorées pendant de longs siècles, c'est ce qui lui est impossible, et pourtant c'est ce que fit la Perse.

CHAPITRE VIII. — MORT DE CAMBYSE.

Maintenant que l'empire était fondé dans tout son développement, car les quelques autres acquisitions qu'il fit encore plus tard sont relativement insignifiantes, comment allait-il être gouverné? Voilà la question que, suivant Hérodote, se posèrent les conjurés après le meurtre du mage. L'isonomie était-elle à admettre? Elle l'était sans doute, et les Iraniens de vieille souche et ceux d'origine scythique devaient la comprendre dans tous ses avantages et la préférer, car nous verrons qu'après la chute des Achéménides et la mort d'Alexandre, ce fut précisément à ces principes que revinrent les Arsacides. Mais il n'était pas question d'une isonomie à la manière grecque; les villes n'étaient rien dans l'Iran, les campagnes y étaient tout. Il s'agissait donc, non pas comme à Athènes, à Argos ou ailleurs, d'une communauté de citoyens décidant de tout sur un agora, en présence de métœques et d'esclaves impuissants, mais d'un peuple de propriétaires ruraux, de seigneurs féodaux maîtres chez eux à différents degrés et n'obéissant qu'à des lois coutumières que personne n'avait qualité pour changer. Telle était l'isonomie dont voulait parler Otanès.

L'oligarchie proposée par Mégabyze était manifestement le gouvernement par les grands feudataires réunis en conseil. Évidemment cette doctrine n'avait aucune chance de succès. Les Iraniens et les Scythes devaient la repousser avec horreur; les Occidentaux n'y pouvaient rien comprendre. La monarchie fut préférée; mais il est à remarquer toutefois que, dans l'extension qu'on allait lui donner, extension que l'état des choses rendait inévitable, chacun, Darius lui-même, qui en profitait, savait tout ce qu'un Arian y éprouvait de répugnance. Aussi des exemptions, des priviléges, des garanties de dignité et d'indépendance furent-ils stipulés en faveur de ceux qui avaient délivré l'Iran de la révolution essayée par les mages. La monarchie fut donc adoptée, mais non pas sans réserves, et le régime inauguré par le premier Achéménide ne se présenta pas comme un système absolu. C'est ce que nous allons constater dans le quatrième livre de cette histoire.

FIN DU TOME PREMIER.

TABLE
DU TOME PREMIER

LIVRE PREMIER.
PREMIÈRE ET SECONDE FORMATION DE L'IRAN.

Chapitre Ier. — Aperçus géographiques 1
Chapitre II. — Premiers habitants des contrées iraniennes. 15
Chapitre III. — La société ariane. 21
Chapitre IV. — Les derniers rois de l'Ayryana-Vaëja. 51
Chapitre V. — Les Djemshydites de l'Iran. 91
Chapitre VI. — Décadence et chute du premier empire. 109
Chapitre VII. — Règne de Zohak. 128
Chapitre VIII. — Aspect de l'Elbourz. 149
Chapitre IX. — Histoire de l'Elbourz. 157
Chapitre X. — Contrées situées autour de l'Elbourz. 177
Chapitre XI. — Guerres d'Abtyn. 211

LIVRE DEUXIÈME.
TROISIÈME FORMATION DE L'IRAN.

Chapitre Ier. — Façon de comprendre l'histoire iranienne et ses sources. 241
Chapitre II. — Règne de Férydoun. 272
Chapitre III. — Histoire des successeurs de Férydoun jusqu'au règne de Cyrus. 303
Chapitre IV. — Questions chronologiques. 335

LIVRE TROISIÈME.
QUATRIÈME FORMATION DE L'IRAN.

Chapitre Ier. — Naissance et jeunesse de Cyrus. 343
Chapitre II. — Développements du règne de Cyrus. 367
Chapitre III. — Conquête de l'empire babylonien. 412
Chapitre IV. — Action de Cyrus sur l'Iran, et guerres contre les Scythes. 438
Chapitre V. — Généalogie des feudataires. 464
Chapitre VI. — Traditions diverses sur la mort de Cyrus. 492
Chapitre VII. — Règne de Cambyse. 514
Chapitre VIII. — La mort de Cambyse et les événements qui l'accompagnèrent. 559

FIN DE LA TABLE DU TOME PREMIER.

www.ingramcontent.com/pod-product-compliance
Lightning Source LLC
Chambersburg PA
CBHW070357230426
43665CB00012B/1156